经济应用数学

主　审　李贤瑜
主　编　涂　青　赵　欢
副主编　刘晓春　戴新财
编　者　赵　慧　曹海勇　陈嘉兴　郑莉莉
陈园园　乐志峰　刘云珠

北京邮电大学出版社
www.buptpress.com

内容简介

本书是高等院校金融和经济管理类各专业经济数学基础课教材。全书共分14章，内容包括：函数、极限与连续、导数与微分、导数的应用、不定积分、定积分及其应用、多元函数微分学、行列式、矩阵、线性方程组、事件与古典概型、随机变量的分布及数字特征、极限定理、统计推断。全书例题、习题丰富，节末配有适当的练习题，章后配有复习题，与正文密切配合。书中还相应介绍了三个数学模型案例，展示了所学知识在实际问题中的应用。

图书在版编目（CIP）数据

经济应用数学 / 涂青，赵欢主编. -- 北京：北京邮电大学出版社，2017.10（2021.8重印）

ISBN 978-7-5635-5235-1

Ⅰ.①经… Ⅱ.①涂… ②赵… Ⅲ.①经济数学－高等学校－教材 Ⅳ.①F224.0

中国版本图书馆CIP数据核字（2017）第197174号

书　　名：经济应用数学
著作责任者：涂　青　赵　欢　主编
责 任 编 辑：满志文
出 版 发 行：北京邮电大学出版社
社　　址：北京市海淀区西土城路10号（邮编：100876）
发　行　部：电话：010-62282185　传真：010-62283578
E-mail：publish@bupt.edu.cn
经　　销：各地新华书店
印　　刷：唐山玺诚印务有限公司
开　　本：787 mm×1 092 mm　1/16
印　　张：20
字　　数：524千字
版　　次：2017年10月第1版　2021年8月第2次印刷

ISBN 978-7-5635-5235-1　　定　价：45.00元

· 如有印装质量问题，请与北京邮电大学出版社发行部联系 ·

前　　言

经济应用数学是高等学校财经类、管理类和商务类等专业的一门重要专业基础理论课程.本着"强化应用,培养能力"为目的,和"以应用为目的,以够用为度"为原则,体现"数学为本,经济为用"的经济数学特点,更加有利于应用型人才的培养.在总结多年的经济数学教学实践经验的基础上编写而成.可作为高等专科(高职)经济类文科各专业的教材外,也可作为专科各层次成人教育和专业技术干部培训及自学辅导教材.

本书分为微积分、线性代数、概率论与数理统计三大部分,共十四章.主要内容包括:函数、极限与连续、导数与微分、导数的应用、不定积分、定积分及其应用、多元函数微分学、行列式、矩阵、线性方程组、事件与古典概型、随机变量的分布及数字特征、极限定理、统计推断.

本书的特色主要反映在以下几个方面:

(1) 以实用和够用为原则,在保持大学数学知识体系的完整性的基础上,淡化了理论方面的定理论证,强化实例说明,降低了知识难度,缩减了学习内容,以适应文科专业学生的数学基础和需求.

(2) 注重数学的实际应用.结合多年的教学经验,在数学体系的基础上,引入大量经济函数和数学模型,将经济理论和数学方法有机结合.强化应用数学知识解决实际问题的能力训练,为学习后继经济管理课程奠定必要的数学基础.

(3) 课后习题由浅入深,并配套了《经济应用数学学习辅导与习题全解》,供教师和学生参考.每章都配有复习题,能更好地检验学生当前章节的总体学习情况.

本书主审为原江西师范大学校长、硕士生导师李贤瑜教授,审定了编写大纲和各章内容.主编为涂青、赵欢,编写了教材编写大纲和各章内容.副主编为刘晓春、戴新财,拟定了各章编写计划.赵慧编写了第 1 章,赵欢编写了第 2 章、第 10 章和案例教学 2,涂青编写了第 3 章、第 4 章和案例教学 1,曹海勇编写了第 5 章,刘晓春编写了第 6 章、第 14 章和案例教学 3,戴新财编写了第 7 章,陈嘉兴编写了第 8 章,郑莉莉编写了第 9 章,陈园园编写了第 11 章,乐志峰编写了第 12 章,刘云珠编写了第 13 章.书稿由涂青、赵欢、刘晓春、戴新财修改审核,由涂青定稿.

本书在编写过程中,王克美老师提出了许多宝贵意见,参阅了有关的文献和教材,在此一并表示感谢.限于编者的水平,如有不足之处,敬请批评指正.

编　者

2017 年 3 月

目　录

第 1 章

函　　数

本章目标

函数是微积分学的关键概念,没有函数,就没有微积分学.深刻理解函数的定义,掌握函数定义域的求法;了解函数的表示法;理解反函数、复合函数、分段函数以及邻域的概念;熟练掌握函数四种特性的判断方法;熟练掌握基本初等函数及其图形,并了解初等函数的定义;了解几种常用的经济函数.

1.1 函数的概念

一、集合的概念

1. 集合

集合是指具有某种特定性质的事物的总体.例如,某班全体同学,整数的全体,方程 $x^2-5x+6=0$ 的所有根,直线 $x-y=0$ 上所有的点等,都分别组成一个集合.组成集合的事物称为该集合的元素,通常用大写字母 $A,B,C,\cdots$ 表示集合,用小写字母 $a,b,c,\cdots$ 表示集合中的元素,如果 a 是集合 A 中的元素,就说 a 属于 A,记作 $a\in A$,如果 a 不是集合的元素,就说 a 不属于 A,记作 $a\notin A$.含有有限个元素的集合,称为有限集,否则称为无限集.

2. 集合的表示法

表示集合的方法通常有两种.

(1) 列举法:按任意顺序列出集合的所有元素,并用花括号{}括起来.

例如:小于 10 的正偶数组成的集合可表示成 $A=\{2,4,6,8\}$.

用列举法表示集合时,必须列出集合的所有元素,不能遗漏和重复.

(2) 描述法:若集合 M 是由具有某种性质 P 的元素 x 的全体组成的,则可表示成 $M=\{x|x$ 具有性质 $P\}$.

例如:$A=\{2,4,6,8\}$ 也可表示成 $A=\{x|x$ 是小于 10 的正偶数$\}$.又如:$C=\{x|x^2-5x+6=0\}$ 表示由方程 $x^2-5x+6=0$ 的根所组成的集合.

习惯上,全体非负整数即自然数的集合记作 $\mathbf{N}$,即

$$\mathbf{N}=\{0,1,2,\cdots,n,\cdots\}$$

全体正整数的集合为 $\quad \mathbf{N}^+=\{1,2,\cdots,n,\cdots\}$

全体整数的集合记作 $\mathbf{Z}$,即

$$\mathbf{Z}=\{\cdots,-n,\cdots,-2,-1,0,1,2,\cdots,n,\cdots\}$$

全体有理数的集合记作 $\mathbf{Q}$，即

$$\mathbf{Q}=\{\frac{p}{q}\mid p\in\mathbf{Z},\ q\in\mathbf{N}^{+}\text{ 且 } p \text{ 与 } q \text{ 互质}\}$$

全体实数的集合记作 $\mathbf{R}$，$\mathbf{R}^{*}$ 为排除数 0 的实数集，$\mathbf{R}^{+}$ 为全体正实数的集合.

3. 子集

设 A、B 是两个集合，如果集合 A 的元素都是集合 B 的元素，则称 A 是 B 的子集，记作 $A\subset B$（读作 A 包含于 B），或 $B\supset A$（读作 B 包含 A）.

如果集合 A 与集合 B 互为子集，即 $A\subset B$ 且 $B\subset A$，则称集合 A 与集合 B 相等，记作 $A=B$，例如，设 $A=\{2,3\}$，$B=\{x\mid x^{2}-5x+6=0\}$，则 $A=B$.

若 $A\subset B$ 且 $A\neq B$，则称 A 是 B 的真子集，记作 $A\subsetneq B$，例如 $\mathbf{N}\subsetneq\mathbf{Z}\subsetneq\mathbf{Q}\subsetneq\mathbf{R}$.

不含任何元素的集合称为空集，记为 $\varnothing$，例如 $\{x\mid x\in\mathbf{R}\text{ 且 }x^{2}+1=0\}$ 是空集.

规定空集是任何集合 A 的子集，即 $\varnothing\subset A$.

二、集合的运算

集合的最基本的运算是并、交、差，这如同数与数之间有加、减、乘、除等各种运算一样，集合与集合之间也有一些特定的运算及运算规律.

设 A、B 是两个集合，由所有属于 A 或者属于 B 的元素组成的集合，称为 A 与 B 的并集，记作 $A\cup B$，即

$$A\cup B=\{x\mid x\in A\quad\text{或 }x\in B\}$$

由所有既属于 A 又属于 B 的元素组成的集合，称为 A 与 B 的交集，记作 $A\cap B$，即

$$A\cap B=\{x\mid x\in A\text{ 且 }x\in B\}$$

由所有属于 A 而不属于 B 的元素组成集合，称为 A 与 B 的差集，记作 $A\backslash B$，即

$$A\backslash B=\{x\mid x\in A\text{ 且 }x\notin B\}$$

例 1 设 $A=\{1,2,3,4,5\}$，$B=\{3,4,5,6,7\}$，则

$$A\cup B=\{1,2,3,4,5,6,7\}$$
$$A\cap B=\{3,4,5\}$$

例 2 设 $A=\{x\mid -1\leqslant x\leqslant 1\}$，$B=\{x\mid x>0\}$，则

$$A\cup B=\{x\mid x\geqslant -1\}$$
$$A\cap B=\{x\mid 0<x\leqslant 1\}$$

例 3 如果 $A=\{1,2,3,4\}$，$B=\{1,5\}$，则

$$A\backslash B=\{2,3,4\}$$

集合的运算满足如下运算律：

设 A、B、C 为任意三个集合，则有下列法则成立：

(1) 交换律　$A\cup B=B\cup A$，$A\cap B=B\cap A$；

(2) 结合律　$(A\cup B)\cup C=A\cup(B\cup C)$，$(A\cap B)\cap C=A\cap(B\cap C)$；

(3) 分配律　$(A\cup B)\cap C=(A\cap C)\cup(B\cap C)$，

$(A\cap B)\cup C=(A\cup C)\cap(B\cup C)$；

(4) 对偶律　$\overline{A\cup B}=\overline{A}\cup\overline{B}$，$\overline{A\cap B}=\overline{A}\cup\overline{B}$.

注意：根据逻辑“且”“ 或”“ 非”的运算关系，可以得出集合“交”“并”“补”存在一一对应的关系.

三、区间和邻域

1. 区间

区间是用得较多的一类数集，设 a 和 b 都是实数，且 $a<b$.

(1) 开区间 $(a,b)=\{x|a<x<b\}$.

(2) 闭区间 $[a,b]=\{x|a\leqslant x\leqslant b\}$.

(3) 半开区间 $[a,b)=\{x|a\leqslant x<b\}$ $(a,b]=\{x|a<x\leqslant b\}$. 三类区间为有限区间，右端点 b 与左端点 a 的差 $b-a$ 称为区间的长，还有下面几类无限区间：

(4) $(a,+\infty)=\{x|x>a\}$ $[a,+\infty)=\{x|x\geqslant a\}$.

(5) $(-\infty,b)=\{x|x<b\}$ $(-\infty,b]=\{x|x\leqslant b\}$.

(6) $(-\infty,+\infty)=\{x|-\infty<x<+\infty\}$. 此区间表示全体实数的集合.

此处，“$+\infty$”(读作正无穷大)，“$-\infty$”(读作负无穷大)是引用的符号，不是数.

以后在不需要辨明区间是否包含端点，是否有限或无限，常将其简称为区间，且常用大写字母 I 表示.

2. 邻域

邻域也是一个经常用到的概念，设 a 与 δ 是两个实数且 $\delta>0$，数集 $\{x|a-\delta<x<a+\delta\}$ 称为点 a 的 δ 邻域，记为 $\cup(a,\delta)$，即

$$\cup(a,\delta)=\{x|a-\delta<x<a+\delta\}$$

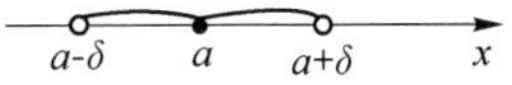

图 1-1

其中点 a 为该邻域的中心，δ 为该邻域的半径，如图 1-1 所示.

由于 $a-\delta<x<a+\delta$ 相当于 $|x-a|<\delta$，因此 $\cup(a,\delta)=\{x|\ |x-a|<\delta\}$.

例如，(1) $|x-5|<0.5$，即以点 $x_0=5$ 为中心，以 0.5 为半径的邻域，也就是开区间 $(4.5,5.5)$.

(2) $\cup(1,2)=\{x|\ |x-1|<2\}$ 表示以点 $x_0=1$ 为中心，以 2 为半径的邻域，也就是开区间 $(-1,3)$ 若把邻域 $\cup(a,\delta)$ 的中心去掉，所得的邻域称为点 a 的去心 δ 邻域，记为 $\mathring{\cup}(a,\delta)$，即

$$\mathring{\cup}(a,\delta)=\{x|0<|x-a|<\delta\}$$

一般地，以 a 为中心的任何开区间均是点 a 的邻域，当不需要特别辨明邻域的半径时，可简记为 $\cup(a)$.

例如，$0<|x-1|<2$，即以点 $x_0=1$ 为中心，以 2 为半径的空心邻域 $(-1,1)\cup(1,3)$.

四、函数的概念

函数是描述变量间相互依赖关系的一种数学模型. 在某一自然现象或社会现象中，往往同时存在着多个不断变化的量(变量)，这些变量并不是孤立的，而是相互联系并遵循一定的规律，函数就是描述这种联系的一种法则.

例如，生产某种产品的固定成本为 6 800 元，每生产一件产品，成本增加 90 元，那么该种产品的总成本 y 与产量 x 之间的相依关系由公式

$$y=90x+6\,800$$

给定，当产量 x 取任何一个合理的值时，成本 y 有相应的数值与之对应.

1. 函数的定义

定义 1 设 x 和 y 是两个变量，D 是一个给定的非空数集. 如果对于任何 $x\in D$，按照一定的对应法则 f 都有唯一确定的 y 值和它对应，则称 y 是 x 的函数，记作

$$y=f(x),x\in D$$

式中,x 称为**自变量**,y 称为**因变量**,数集 D 称为这个函数的**定义域**,也记为 D_f,即 $D_f=D$. 对 $x_0\in D$,按照对应法则 f,总有唯一确定的值 y_0 与之对应,称 y_0 为函数 $y=f(x)$在点 x_0 处的函数值,记为 $f(x_0)$. 因变量与自变量的这种相依关系通常称为**函数关系**.

当自变量 x 取遍 D 的所有数值时,对应的函数值 $f(x)$的全体组成的集合称为函数的值域,记为 R_f,即

$$R_f=\{y\,|\,y=f(x),x\in D\}$$

注意:①函数的定义域和对应法则称为函数的两个要素. 两个函数为同一函数的充分必要条件是它们的定义域和对应法则均相同.

②关于函数的定义域. 在实际问题中根据实际意义具体确定,如果讨论的是纯数学问题,则往往取使函数的表达式有意义的一切实数所组成的集体作为该函数的定义域,这种定义域又称为函数的自然定义域.

例 4 已知 $f(x)=x^2-1,\varphi(x)=\sin x$,求 $f[\varphi(x)],\varphi[f(x)]$.

解:$f[\varphi(x)]=\sin^2 x-1=-\cos^2 x$

$\varphi[f(x)]=\sin(x^2-1)$.

例 5 下列各对函数是否相同,为什么?

(1) $f(x)=\dfrac{x^2}{x},p(x)=x$;

(2) $f(x)=x,p(x)=\sqrt{x^2}$;

(3) $f(x)=\lg x^2,p(x)=2\lg x$;

(4) $f(x)=\sqrt{x},p(t)=\sqrt{t}$.

解:(1) 不相同,因为定义域不同,$f(x)$的定义域为$(-\infty,0)\cup(0,+\infty)$,而 $p(x)$的定义域为$(-\infty,+\infty)$;

(2) 不相同,因为对应法则不同,$f(x)=x,p(x)=|x|$;

(3) 不相同,因为定义域不同,$f(x)$的定义域为$(-\infty,0)\cup(0,+\infty)$,而 $p(x)$的定义域为$(0,+\infty)$;

(4) 相同,定义域和对应法则都相同.

例 6 求下列函数的定义域:

(1) $f(x)=\dfrac{3}{5x^2+2x}$;

(2) $f(x)=\sqrt{x+3}+\ln(x-2)$;

(3) $f(x)=\lg(4x-3)-\arcsin(2x-1)$.

解:(1) 在分式$\dfrac{3}{5x^2+2x}$中,分母不能为零,所以 $5x^2+2x\neq0$,解得 $x\neq-\dfrac{2}{5}$且 $x\neq0$,即定义域为$(-\infty,-\dfrac{2}{5})\cup(-\dfrac{2}{5},0)\cup(0,+\infty)$.

(2) 该函数的定义域应满足不等式组

$$\begin{cases}x+3\geqslant0\\x-2>0\end{cases}$$

解得 $x>2$,即定义域为$(2,+\infty)$.

(3) 该函数的定义域应满足不等式组

$$\begin{cases} 4x-3>0 \\ |2x-1|\leqslant 1 \end{cases}$$

解此不等式组，得其定义域为$\frac{3}{4}<x\leqslant 1$，即$\left(\frac{3}{4},1\right]$.

在函数的定义中，对每个 $x\in D$，对应的函数值 y 总是唯一的，这样定义的函数称为单值函数，否则称为多值函数.

例如，方程 $x^2+y^2=a^2(a>0)$在闭区间$[-a,a]$上确定了一个以 x 为自变量，y 为因变量的函数，对每个 $x\in(-a,a)$，都有 $y=\pm\sqrt{a^2-x^2}$ 两个值相对应，因此 y 为多值函数.

注意：今后若无特殊说明，函数均指单值函数.

2. 函数的表示法

函数的常用表示法有三种，分别为：

表格法. 用一个表格反映两个变量之间的函数关系.

图形法. 用坐标系中的图形反映两个变量之间的函数关系.

公式法(解析法). 将两个变量之间的关系用数学表达式(又称解析表达式)来表示的方法，根据函数的解析表达式的形式不同，函数也可分为显函数、隐函数和分段函数三种.

(1) 显函数：函数 y 由关于 x 的解析式直接表示，例如，$y=2x^2+x-1$.

(2) 隐函数：由方程 $F(x,y)=0$ 来确定函数中自变量 x 与因变量 y 的对应关系，例如，$e^{xy}=1+\sin(x+y)$.

(3) 分段函数：函数在其定义域的不同范围内，具有不同的解析表达式.

以下为几种典型的分段函数：

例 7　绝对值函数

$$y=|x|=\begin{cases} x & x\geqslant 0 \\ -x & x<0 \end{cases}$$

其定义域为 $D=(-\infty,+\infty)$，值域为 $R_f=[0,+\infty)$，图形如图 1-2 所示.

例 8　符号函数

$$y=\operatorname{sgn} x=\begin{cases} 1, & x>0 \\ 0, & x=0 \\ -1, & x<0 \end{cases}$$

其定义域为 $D=(-\infty,+\infty)$，值域为 $R_f=\{-1,0,1\}$，图形如图 1-3 所示.

例 9　取整函数

$$y-[x]$$

式中$[x]$表示不超过x 的最大整数，例如$[\pi]=3$，$[-2.3]=-3$，$[\sqrt{3}]=1$. 易见，取整函数的定义域 $D=(-\infty,+\infty)$，值域为 $R_f=\mathbf{Z}$，其图形如图 1-4 所示.

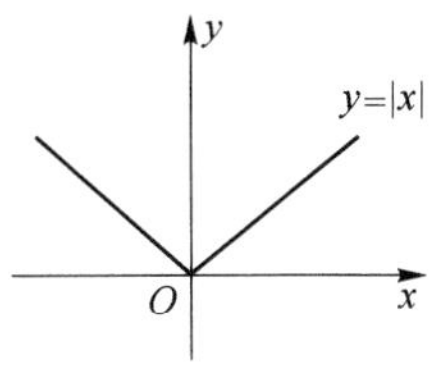

图 1-2

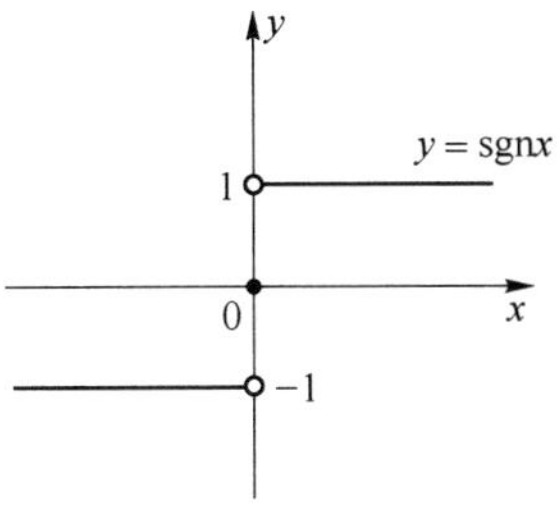

图 1-3

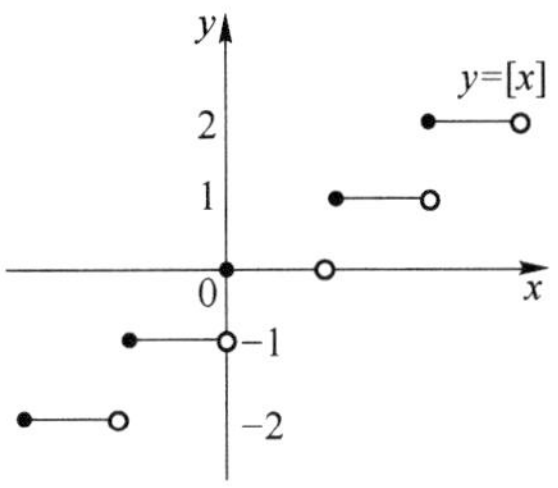

图 1-4

例 10 某化肥厂生产某种产品 1 000 吨，每吨定价为 130 元，销售量在 700 吨以下时，按原价出售，超过 700 吨时，超出部分打九折出售，试将销售总收益与总销售量的函数关系用数学表达式表出.

解：根据题意，可列出函数关系如下：

$$y=\begin{cases}130x & (0\leqslant x\leqslant 700)\\ 130\times 700+130\times 0.9(x-700) & 700<x\leqslant 1\,000\end{cases}$$

习题 1-1

1. 用描述法表示下列集合：

(1) 不大于 10 的全体实数的集合；

(2) 直线 $y=3-x$ 与直线 $y=x+1$ 的交点的集合；

(3) 点 5 的去心 $\frac{1}{2}$ 邻域.

2. 设 $A=\{x|0\leqslant x<3\}$，$B=\{x|x\leqslant 3\}$，求

(1) $A\cup B$；　　(2) $A\cap B$.

3. 设 $M=\{x|x-1\leqslant 0\}$，$N=\{x|x^2+x-2<0\}$求

(1) $M\cup N$；　　(2) $M\cap N$.

4. 设 $A=(-\infty,-1)\cup(1,+\infty)$，$B=[-5,2)$，求

(1) $A\cup B$；　　(2) $A\cap B$；　　(3) $A\backslash B$.

5. 下列各对函数中，哪些是同一函数？哪些不是？

(1) x 与 $(\sqrt{x})^2$；　　(2) $y=\sqrt{x}\sqrt{1-x}$ 与 $\sqrt{x(1-x)}$；　　(3) x 与 $\ln e^x$；

(4) $\sqrt{x}$ 与 $2^{\frac{1}{2}\log_2 x}$；　　(5) $\frac{1}{x+1}$ 与 $\frac{x-1}{x^2-1}$；　　(6) x 与 $\sin(\arcsin x)$.

6. 求下列函数的定义域：

(1) $f(x)=\sqrt{3+2x-x^2}+\ln(x-2)$；　　(2) $y=\frac{1}{\sqrt{x+2}}+\sqrt{x^2-x}$；

(3) $y=\frac{\lg(3+x)}{\sqrt{x-1}}$；　　(4) $y=\frac{1}{x-1}+\arccos x$；

(5) $y=\begin{cases}-x, & -1\leqslant x\leqslant 0\\ \sqrt{3-x}, & 0<x<2\end{cases}$；　　(6) $y=\sqrt{\sin x}$.

7. (1) 若 $f(x)$的定义域是$[-2,2]$，求 $f(x^2)$的定义域.

(2) 若 $f(x)$的定义域是$(0,1)$，求 $f(\ln x)$的定义域.

8. 设 $f(x)=\arcsin(\lg x)$，求 $f(10^{-1})$，$f(1)$，$f(10)$.

1.2　函数的特性

一、单调性

有时想了解函数 $f(x)$随 x 变化的大概情况，是随 x 的增大而增大还是相反的情形？于是需要引入单调性的定义.

定义 1　设函数 $y=f(x)$在区间 I 上有定义，对于任意的 $x_1,x_2\in I$，若当 $x_1<x_2$ 时，都有 $f(x_1)<f(x_2)$成立，则称 $f(x)$在区间 I 上**单调增加**，区间 I 称为**单调增区间**；若当 $x_1<x_2$ 时，都有 $f(x_1)>f(x_2)$成立，则称 $f(x)$在区间 I 上**单调减少**，区间 I 称为**单调减区间**，单调增区间和单调减区间统称为**单调区间**.

单调增加的函数的图像是一条沿着 x 轴正向上升的曲线，如图 1-5 所示；单调减少的函数的图像是一条沿着 x 轴正向下降的曲线，如图 1-6 所示.

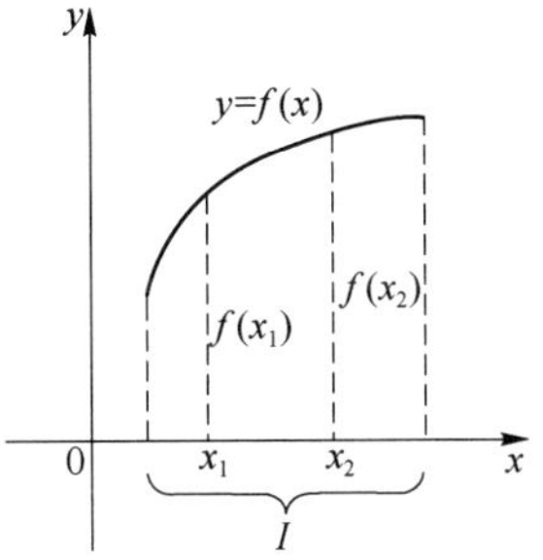

图 1-5

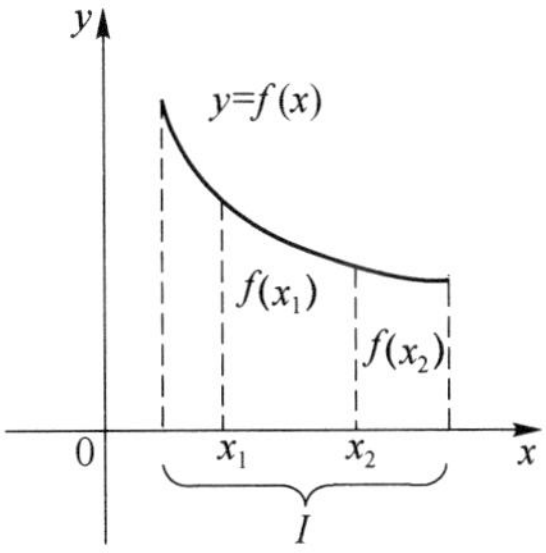

图 1-6

例 1　判断函数 $y=\sqrt{x}$的单调性.

解：函数定义域为$[0,+\infty)$，任取两数 $x_1,x_2\in[0,+\infty)$，若 $x_1<x_2$，则 $\sqrt{x_1}<\sqrt{x_2}$，因此，$y=\sqrt{x}$在$[0,+\infty)$内单调增加.

例 2　判断函数 $y=x^2$ 的单调性.

解：设 $y=f(x)=x^2$，其定义域为$(-\infty,+\infty)$，任取两数 $x_1,x_2\in(-\infty,0)$，若 $x_1<x_2$，$f(x_1)-f(x_2)=x_1^2-x_2^2=(x_1-x_2)(x_1+x_2)$.

由于 $x_1,x_2<0$，$x_1<x_2$，所以$(x_1-x_2)<0$，$(x_1+x_2)<0$，于是 $f(x_1)-f(x_2)>0$，由单调减少的定义知 $f(x)$在$(-\infty,0)$内单调减少.

类似地，可得出 $f(x)$在$(0,+\infty)$内单调增加.

二、奇偶性

在 $f(x)$的定义域 D 内，是否由一部分区间内的情况就可推知 $f(x)$在整个定义域内的情况呢？具有某些性质的函数就可做到这点，满足下面定义的函数就可由 $x<0$ 时函数的情况推知 $x>0$ 时函数的情况.

定义 2　设函数 $y=f(x)$的定义域 D 关于原点对称，若对于任意 $x\in D$，都有

$$f(-x)=-f(x)$$

成立，则称 $f(x)$为**奇函数**；若对于任意 $x\in D$，都有

$$f(-x)=f(x)$$

成立，则称 $f(x)$为**偶函数**.

对于奇函数，因 $f(-x)=-f(x)$，所以如果点 $Q(x,f(x))$在图形上，则与它关于原点对称的点 $Q'(-x,-f(x))$也在此图形上. 因此，奇函数的图形关于原点对称，如图 1-7 所示.

对于偶函数，因 $f(-x)=f(x)$，所以如果点 $P(x,f(x))$在图形上，则与它关于 y 轴对称的点 $P'(-x,f(x))$也在此图形上. 因此，偶函数的图形关于 y 轴对称，如图 1-8 所示.

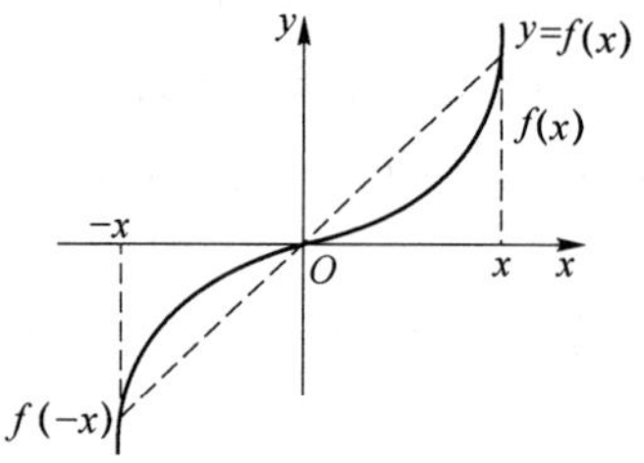

图 1-7

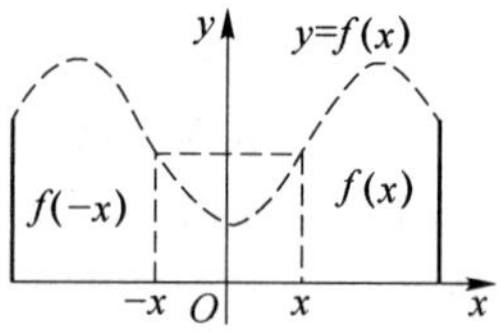

图 1-8

例 3 讨论下列函数的奇偶性.

(1) $f(x)=x^2\cos x$；　　(2) $f(x)=\lg\dfrac{1-x}{1+x}$；

(3) $f(x)=x^3+1$；　　(4) $f(x)=\begin{cases}1-e^{-x}, & x\leqslant 0\\ e^x-1, & x>0\end{cases}$.

解：(1) 由于 $f(-x)=(-x^2)\cos(-x)=x^2\cos x=f(x)$，故 $f(x)=x^2\cos x$ 是偶函数；

(2) 由于 $f(-x)=\dfrac{a^{-x}-1}{a^{-x}+1}=\dfrac{1-a^x}{1+a^x}=-f(x)$，故 $f(x)=\lg\dfrac{1-x}{1+x}$是奇函数；

(3) 由于 $f(-x)=-(x)^3+1=-x^3+1$，故 $f(x)=-x^3+1$ 是非奇非偶函数；

(4) 由于 $f(-x)=\begin{cases}1-e^{-(-x)}, & -x\leqslant 0,\\ e^{-x}-1, & -x>0\end{cases}=\begin{cases}1-e^{x}, & x\geqslant 0,\\ e^{-x}-1, & x<0\end{cases}=\begin{cases}-(e^{x}-1), & x>0,\\ -(1-e^{-x}), & x\leqslant 0\end{cases}=-f(x)$，故 $f(x)$是奇函数.

例 4 设 $f(x)$，$g(x)$都是$[-a,a]$上的偶函数，证明 $f(x)+g(x)$也是$[-a,a]$上的偶函数.

证明：设 $\varphi(x)=f(x)+g(x)$，则

$$\varphi(-x)=f(-x)+g(-x)=f(x)+g(x)=\varphi(x)$$

$\varphi(x)$满足偶函数的定义，故是偶函数.

用类似的方法可证明下列结论：

设所考虑的函数都在$[-a,a]$上有定义，则

(1) 两个偶函数之和、之积为偶函数；

(2) 两个奇函数之和为奇函数，之积为偶函数；

(3) 一个奇函数与一个偶函数之积为奇函数.

常见函数有奇函数，有偶函数，也有的即非奇函数也非偶函数，例如，$f(x)=x^4+x^2+1$，$f(x)=\sqrt{1-x^2}$，$f(x)=|x|$，$f(x)=\sqrt[3]{x^2}$，$f(x)=e^{-x^2}$，$f(x)=\cos x$，$f(x)=\dfrac{\sin x}{x}$等皆为偶函数；$f(x)=\sqrt[3]{x}$，$f(x)=\sin x$，$f(x)=\dfrac{2x}{1+x^2}$，$f(x)=x\cos x$ 等皆为奇函数；而 $f(x)=x^3+x^2$，$f(x)=\lg x$，$f(x)=\sin x+\cos x$ 等皆为非奇非偶函数.

三、有界性

有时候，想要对函数 $f(x)$在定义域 D 上的取值有一个"概貌"，即要了解 $f(x)$的取值是否在一个有限范围内，于是引入了有界性的定义.

定义 3　设函数 $y=f(x)$ 在区间 I 上有定义，若存在正数 M，使得对于区间 I 内所有 x，恒有 $|f(x)|\leqslant M$，则称 $f(x)$ 在 I 上**有界**或称 $f(x)$ 是 I 上的**有界函数**，如果这样的 M 不存在，则称 $f(x)$ 在 I 上**无界**或称 $f(x)$ 是 I 上的**无界函数**.

例如，$f(x)=\sin x$ 在 $(-\infty,+\infty)$ 内有界，因为对任何实数 x，恒有 $|\sin x|\leqslant 1$；而 $y=\dfrac{1}{x}$ 在 $(-1,0)\cup(0,1)$ 内无界，在 $(-\infty,-1]\cup[1,+\infty)$ 内有界.

例 5　证明函数 $y=\dfrac{x^2}{x^2+1}$ 是有界函数.

证明：$y=\dfrac{x^2}{x^2+1}$ 的定义域为 $(-\infty,+\infty)$，且 $|y|=\left|\dfrac{x^2}{x^2+1}\right|=\dfrac{x^2+1-1}{x^2+1}=1-\dfrac{1}{1+x^2}<1$.

因此，$y=\dfrac{x^2}{x^2+1}$ 是有界函数.

四、周期性

满足下面定义的函数可由在部分定义域 $[0,T]$ 内的情况反映出它在整个定义域内的情况.

定义 4　设函数 $f(x)$ 的定义域为 D，若存在一个正数 T，使得对于任意 $x\in D$，有 $(x+T)\in D$，且

$$f(x+T)=f(x)$$

恒成立，则称 $f(x)$ 为**周期函数**，T 称为 $f(x)$ 的**周期**，通常就说周期函数的周期是指最小正周期.

例如，$y=\sin x$，$y=\cos x$ 都是以 2π 为周期的周期函数；$y=\tan x$，$y=\cot x$ 都是以 π 为周期的周期函数.

例 6　设函数 $f(x)$ 是以 $T(T>0)$ 为周期的周期函数，证明 $f(ax)(a>0)$ 是以 $\dfrac{T}{a}$ 为周期的周期函数.

证明：　依题意，$f(x)$ 是以 T 为周期的周期函数，所以有

$$f(ax+T)=f(ax)$$

因此，有

$$f\left[a\left(x+\frac{T}{a}\right)\right]=f(ax+T)=f(ax)$$

即是以 $\dfrac{T}{a}$ 为周期的周期函数.

根据例 6，我们可知 $\sin kx$ 和 $\cos kx$ 以 $\dfrac{2\pi}{|k|}$ 为周期；$\tan kx$ 和 $\cot kx$ 以 $\dfrac{\pi}{|k|}$ 为周期. 例如，$y=\sin\dfrac{3}{2}x$ 是以 $\dfrac{2\pi}{\frac{3}{2}}=\dfrac{4}{3}\pi$ 为周期的周期函数，$\tan(-2x)$ 是以 $\dfrac{\pi}{|-2|}=\dfrac{\pi}{2}$ 为周期的周期函数.

例 7　求函数 $f(x)=\cos^4 x-\sin^4 x$ 的周期.

解：$f(x)=\cos^4 x-\sin^4 x=(\cos^2 x-\sin^2 x)(\cos^2 x+\sin^2 x)=\cos^2 x-\sin^2 x=\cos 2x$

因为 $\cos x$ 的周期是 2π，所以 $\cos 2x$ 的周期是 $\dfrac{2\pi}{2}=\pi$.

因此，$f(x)=\cos^4 x-\sin^4 x$ 的周期为 π.

习题 1-2

1. 讨论下列函数的单调性：

(1) $y=\log_a x(a>0,a\neq 1)$； (2) $y=2-\ln x$；

(3) $y=2^x$； (4) $y=(x-1)^2$.

2. 判断下列函数的奇偶数：

(1) $f(x)=x^4-2x^2$； (2) $h(x)=\dfrac{e^x-e^{-x}}{2}$；

(3) $f(x)=\sin x+\cos x$； (4) $g(x)=x(x-1)(x+1)$；

(5) $F(x)=\lg\left(x+\sqrt{1+x^2}\right)$； (6) $f(x)=\begin{cases}1-x, & x<0\\ 1+x, & x\geqslant 0\end{cases}$.

3. 判断下列函数在所给定区间上的有界性：

(1) $y=x^2(-\infty,+\infty)$； (2) $y=\cos x(-\infty,+\infty)$；

(3) $y=\ln x(0,+\infty)$； (4) $y=\dfrac{1}{x+1}[0,1]$；

(5) $y=\tan x\left(0,\dfrac{\pi}{2}\right)$； (6) $y=\sin\dfrac{1}{x}(0,+\infty)$.

4. 下列各函数中，哪些是周期函数？对于周期函数，指出其周期.

(1) $y=\cos 2x$； (2) $y=\sin^2 x$； (3) $y=x\sin x$；

(4) $y=\sin x+\cos x$ (5) $y=\tan\left(2x+\dfrac{\pi}{4}\right)$ (6) $y=\left|\sin\dfrac{x}{2}\right|$.

5. 已知 $f(x)$是周期为 1 的周期函数，在$[0,1)$上 $f(x)=x^2$，求 $f(x)$在$[0,2]$上的表达式.

1.3 初等函数

一、反函数

函数关系的实质就是从定量分析的角度来描述运动过程中变量之间的相互依赖关系. 但在研究过程中，哪个量作为自变量，哪个量作为因变量(函数)是由具体问题来决定的.

例如，某种商品的单价为 p，销售量为 x，则对收入 y 有：$y=Px$. 这时 x 是自变量，y 是 x 的函数. 若已知收入 y，反过来求销售量 x，则有 $x=\dfrac{y}{P}$. 这时 y 是自变量，x 变成 y 的函数了.

上面的两个式子是同一关系的两种写法，但从函数的角度来看，由于对应法则不同，它们是两个不同的函数，一般称它们互为**反函数**.

定义 1 设 $y=f(x)$为定义在 D 上的函数，其值域为 R_f. 若对于数集 R_f 中的每个数 y，数集 D 中都有唯一的一个数 x，使 $f(x)=y$，这就是说变量 x 是变量 y 的函数，这个函数称为 $y=f(x)$的**反函数**，记为 $x=f^{-1}(y)$，其定义域为 R_f，值域为 D_f.

函数 $y=f(x)$与 $x=f^{-1}(y)$两者的图形是相同的.

由于人们习惯于用 x 表示自变量，用 y 表示因变量，因此，我们将函数 $y=f(x)$ 的反函数 $x=f^{-1}(y)$ 用 $y=f^{-1}(x)$ 表示. 注意，这时两者的图形关于直线 $y=x$ 对称，如图 1-9 所示.

由函数 $y=f(x)$ 求它的反函数的步骤是：由方程 $y=f(x)$ 解出 x，得到 $x=f^{-1}(y)$；将函数 $x=f^{-1}(y)$ 中的 x 和 y 分别换为 y 和 x，这样，得到反函数 $y=f^{-1}(x)$.

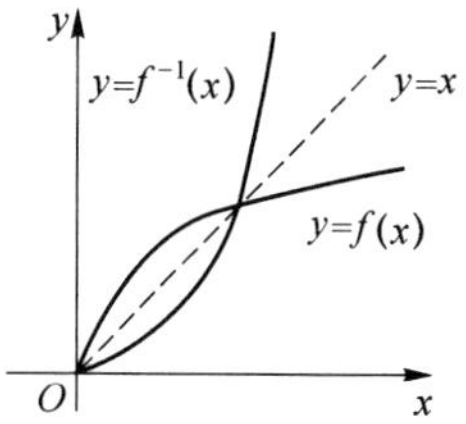

图 1-9

例 1 求函数 $y=\dfrac{2x}{x-1}$ 的反函数.

解：由原式解得 $x=\dfrac{y}{y-2}$，把 x 和 y 分别换为 y 和 x，即得所求的反函数

$$y=\frac{x}{x-2}$$

二、基本初等函数

常值函数、幂函数、指数函数、对数函数、三角函数和反三角函数是六类基本初等函数. 由于在中学数学中，已经深入学习过这些函数，这里只作简要介绍.

1. 常值函数

常值函数 $y=c$，定义域为 $(-\infty,+\infty)$，值域为单点集 $\{c\}$. 它的图像是平行于 x 轴的直线，如图 1-10 所示.

2. 幂函数

幂函数 $y=x^{\alpha}$（α 是任意实数），其定义域要与 α 的取值有关. 当 $\alpha=1,2,3,\dfrac{1}{2},-1$ 时是最常用的幂函数，如图 1-11 所示.

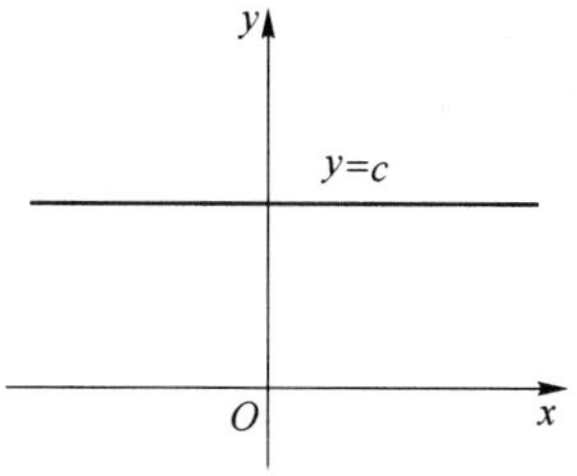

图 1-10

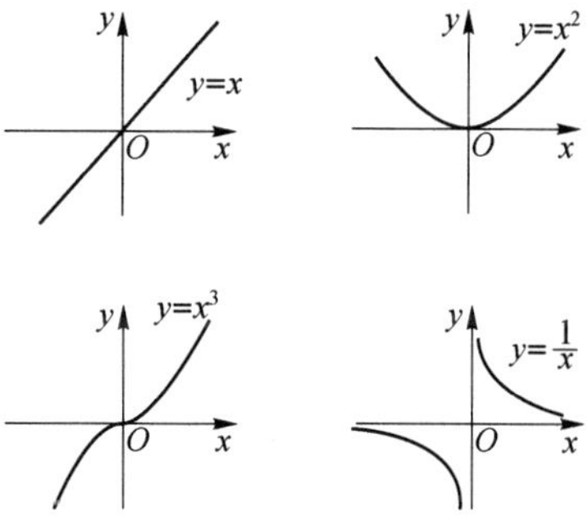

图 1-11

3. 指数函数

指数函数 $y=a^x$（a 为常数，且 $a>0,a\neq1$），其定义域为 $(-\infty,+\infty)$. 当 $a>1$ 时，指数函数 $y=a^x$ 单调增加；当 $0<a<1$ 时，指数函数 $y=a^x$ 单调减少. $y=a^{-x}$ 与 $y=a^x$ 的图形关于 y 轴对称，如图 1-12 所示. 其中最为常用的是以 $\mathrm{e}=2.718\,281\,8\cdots$ 为底数的指数函数 $y=\mathrm{e}^x$.

4. 对数函数

指数函数 $y=a^x$ 的反函数称为对数函数，记为 $y=\log_a x$（a 为常数，且 $a>0,a\neq1$）. 其定义域为 $(0,+\infty)$. 当 $a>1$ 时，对数函数 $y=\log_a x$ 单调增加；当 $0<a<1$ 时，对数函数 $y=\log_a x$ 单调减少，如图 1-13 所示.

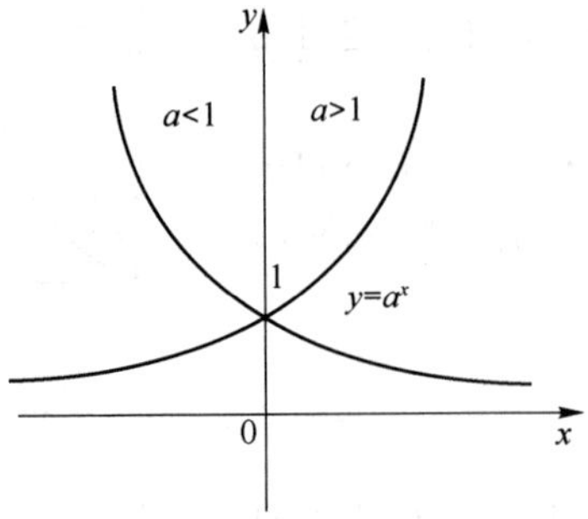

图 1-12

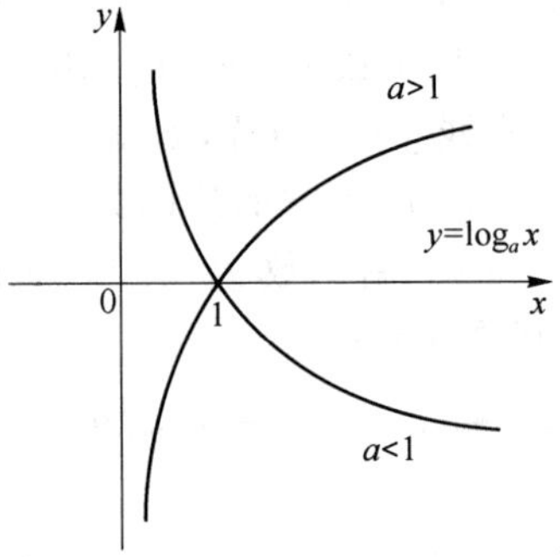

图 1-13

其中以 e 为底的对数函数称为自然对数函数，记为 $y=\ln x$.

5. 三角函数

常用的三角函数有：

(1) 正弦函数 $y=\sin x$，其定义域为$(-\infty,+\infty)$，值域为$[-1,1]$，是奇函数及以 2π 为周期的周期函数，如图 1-14 所示.

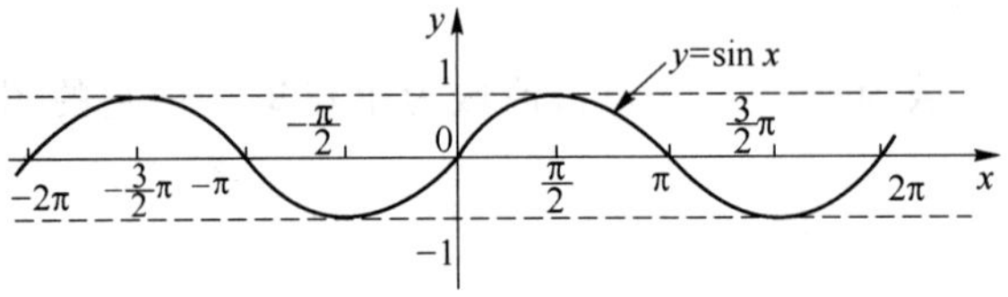

图 1-14

(2) 余弦函数 $y=\cos x$，其定义域为$(-\infty,+\infty)$，值域为$[-1,1]$，是偶函数及以 2π 为周期的周期函数，如图 1-15 所示.

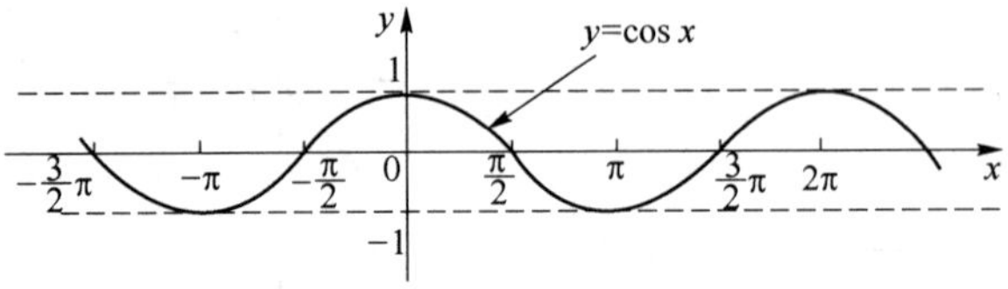

图 1-15

(3) 正切函数 $y=\tan x$，其定义域为$\{x\,|\,x\neq k\pi+\pi/2,k\in\mathbf{Z}\}$，值域为$(-\infty,+\infty)$，是奇函数及以 π 为周期的周期函数，如图 1-16 所示.

(4) 余切函数 $y=\cot x$，其定义域为$\{x\,|\,x\neq k\pi+\pi,k\in\mathbf{Z}\}$，值域为$(-\infty,+\infty)$，是奇函数及以 π 为周期的周期函数，如图 1-17 所示.

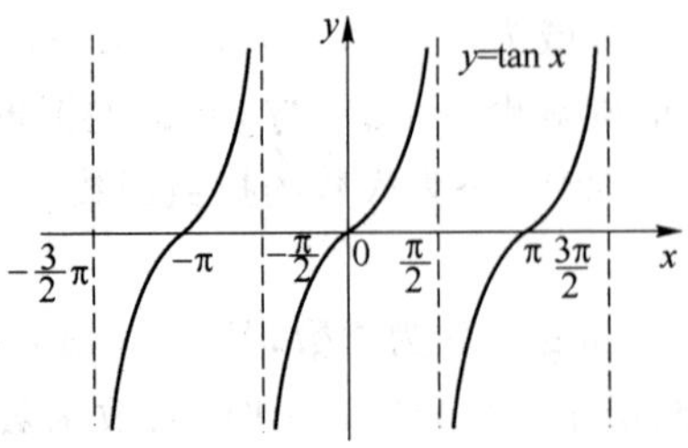

图 1-16

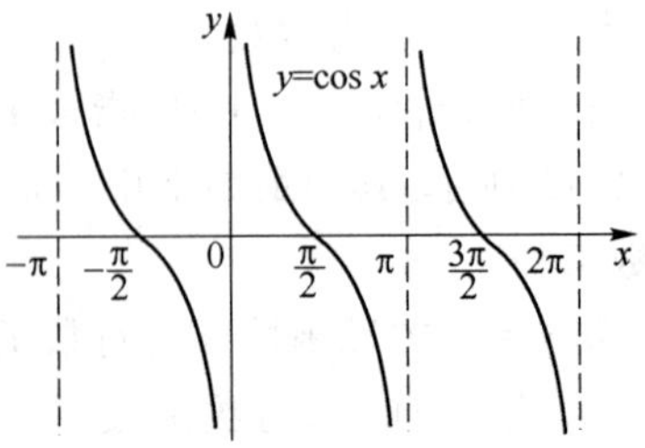

图 1-17

6. 反三角函数

三角函数的反函数称为反三角函数，由于三角函数 $y=\sin x$，$y=\cos x$，$y=\tan x$，$y=\cot x$ 不是单调的，为了得到它们的反函数，对这些函数限定在某个单调区间内来讨论. 一般地，取反三角函数的“主值”. 常用的反三角函数有：

（1）反正弦函数 $y=\arcsin x$，定义域为 $[-1,1]$，值域为 $\left[-\frac{\pi}{2},\frac{\pi}{2}\right]$，如图 1-18 所示.

（2）反余弦函数 $y=\arccos x$，定义域为 $[-1,1]$，值域为 $[0,\pi]$，如图 1-19 所示.

（3）反正切函数 $y=\arctan x$，定义域为 $(-\infty,+\infty)$，值域为 $\left(-\frac{\pi}{2},\frac{\pi}{2}\right)$，如图 1-20 所示.

（4）反余切函数 $y=\operatorname{arccot} x$，定义域为 $(-\infty,+\infty)$，值域为 $(0,\pi)$，如图 1-21 所示.

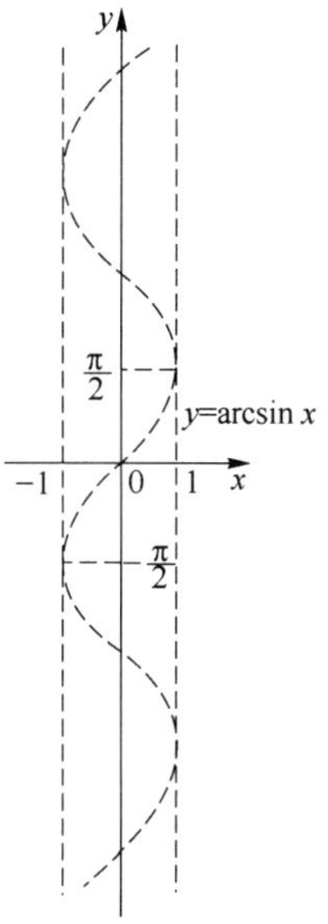

图 1-18

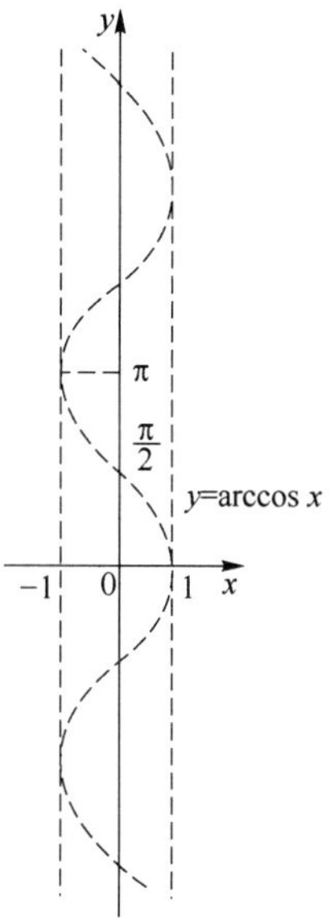

图 1-19

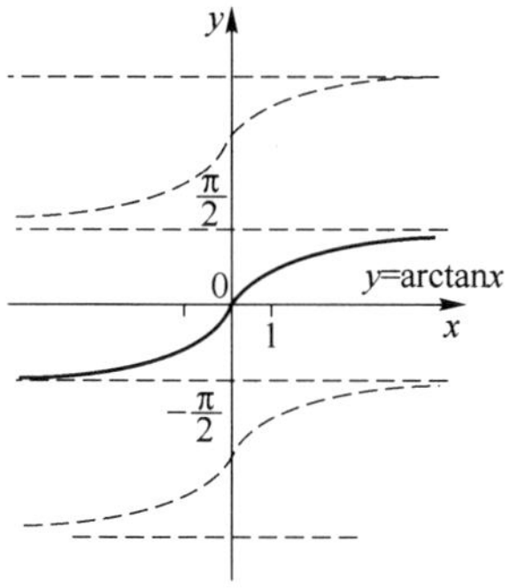

图 1-20

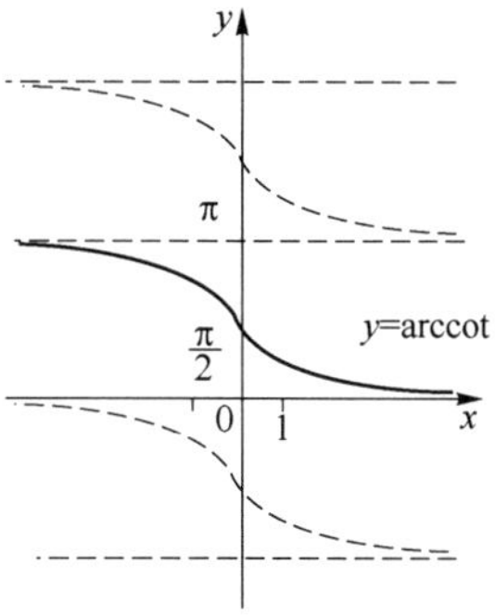

图 1-21

三、复合函数

定义 2　设函数 $y=f(u)$ 的定义域为 D_f，而函数 $u=g(x)$ 的值域为 R_g. 若 $D_f\cap R_g\neq\varnothing$，则称函数 $y=f[g(x)]$ 为由 $y=f(u)$，$u=g(x)$ 所构成的复合函数，其中 x 称为自变量，y 称为因变量，u 称为中间变量.

例如，函数 $y=\sin^2 x$ 是由 $y=u^2$，$u=\sin x$ 复合而成的复合函数，其定义域为 $(-\infty,+\infty)$，它也是 $u=\sin x$ 的定义域.

函数 $y=\sqrt{1-x^2}$ 是由 $y=\sqrt{u}$，$u=1-x^2$ 复合而成的，其定义域为 $[-1,1]$，它是 $u=1-x^2$ 的定义域的一部分.

函数 $y=\arcsin u$，$u=2+x^2$ 不能构成复合函数，因为 $y=\arcsin u$ 的定义域为 $D_f=\{u\,|\,u\in[-1,1]\}$，$u=2+x^2$ 的值域为 $R_g=\{u\,|\,u\in[2,+\infty)\}$，$D_f\cap R_g=\varnothing$.

有了复合函数的概念，就可将一个较复杂的函数看成由几个简单函数复合而成的函数，这对于进一步分析函数的结构和今后研究微积分运算是非常重要的.

例 2 指出下列函数的复合结构

(1) $y=e^x$； (2) $y=\ln(2+\cos x)$； (3) $y=\arcsin(2x+1)$

解： (1) $y=e^u, u=x$；

(2) $y=\ln u, u=2+\cos x$；

(3) $y=\arcsin u, u=2x+1$.

有时，一个复合函数可能由三个或更多个的函数构成. 例如，$y=e^{\sin(x^2+1)}$ 是由 $y=e^u$，$u=\sin v, v=x^2+1$ 复合而成的，其中，u、v 都是中间变量.

例 3 设 $f(x)=x^2, g(x)=2^x$，求

(1) $f[g(x)]$； (2) $g[f(x)]$.

解：(1) $f[g(x)]=[g(x)]^2=(2^x)^2=4^x$；

(2) $g[f(x)]=2^{f(x)}=2^{x^2}$.

四、初等函数

由常数和基本初等函数经过有限次四则运算和有限次的函数复合所构成，且可用一个式子表示的函数，称为**初等函数**. 例如，$y=e^{\sin x}$，$y=\dfrac{x+1}{x-1}$，$y=\ln(x+\sqrt{1+x^2})$ 等都是初等函数. 符号函数 $y=\operatorname{sgn} x$，取整函数 $y=[x]$ 等分段函数都不是初等函数.

初等函数的基本特征：在函数有定义的区间内，初等函数的图形是不间断的.

习题 1-3

1. 求下列函数的反函数

(1) $y=\sqrt[3]{x+2}$； (2) $y=\dfrac{2-x}{2+x}$；

(3) $y=\dfrac{ax+b}{cx+d}(ad-bc\neq 0)$； (4) $y=2\sin 3x\left(-\dfrac{\pi}{6}\leqslant x\leqslant\dfrac{\pi}{6}\right)$；

(5) $y=1+\ln(x+2)$； (6) $y=\dfrac{2^x}{2^x+1}$.

2. 将 y 表示为 x 的函数：

(1) $y=\arcsin u, u=e^x$； (2) $y=e^u, u=\sin x$；

(3) $y=u^2, u=\lg t, t=\tan\dfrac{x}{2}$； (4) $y=\sqrt{u}, u=\cos t, t=2^x$.

3. 指出下列函数是由哪些简单函数复合而成的：

(1) $y=\sin x^2$； (2) $y=e^{e^x}$； (3) $y=\sqrt{3x-1}$；

(4) $y=\sqrt{\lg\sqrt{x}}$； (5) $y=\tan\sqrt{x+1}$； (6) $y=\cos^2(1+2x)$；

(7) $y=[\arcsin(1-x^2)]^3$； (8) $y=\ln\tan\dfrac{1}{x}$.

4. 设 $f(x)=\dfrac{x}{1+x}, g(x)=e^x$，求 $f[g(x)], g[f(x)]$.

5. 设

$$f(x)=\begin{cases} x, & x<0 \\ x+1, & x\geqslant 0 \end{cases}$$

求 $f(x+1)$，$f(x-1)$.

6. 设 $f(\sin x)=\cos 2x$，求 $f(x)$.

1.4　常用的经济函数

一、单利与复利

利息是指借款者向货款者支付的报酬，它是根据本金的数额按一定比例计算出来的. 利息又有存款利息、贷款利息、债券利息、贴现利息等几种主要形式.

单利计算公式. 设初始本金为 p(元)，银行年利率为 r，则：

第一年末本利和为　　$s_1=p+rp=p(1+r)$

第二年末本利和为　　$s_2=p(1+r)+rp=p(1+2r)$

⋮　　　　⋮

第 n 年末本利和为　　$s_n=p(1+nr)$

复利计算公式. 设初始本金为 p(元)，银行年利率为 r，则：

第一年末本利和为　　$s_1=p+rp=p(1+r)$

第二年末本利和为　　$s_2=p(1+r)+rp=p(1+r)^2$

⋮　　　　⋮

第 n 年末本利和为　　$s_n=p(1+r)^n$

例 1　某人现有 500 元存入银行，已知现行储蓄年利率为 9%，试求：

(1) 按单利计算 5 年后的本利和为多少？

(2) 按复利计算 3 年后的本利和为多少？

解：(1) 已知 $p=500$，$r=0.09$，由单利计算公式得

$$s_3=p(1+5r)=500\times(1+5\times 0.09)=725\text{ 元},$$

即 5 年末的本利和为 725 元.

(2) 由复利计算公式得

$$s_3=p(1+r)^3=500\times(1+0.09)^3\approx 647.5\text{ 元}$$

即 3 年末的本利和为 647.5 元.

二、多次付息

前面是对确定的年利率及假定每年支付利息一次的情形来讨论的. 下面再讨论每年多次付息的情况.

单利付息情形. 因每次的利息都不计入本金，故若一年分 n 次付息，则年末的本利和为

$$s=p\left(1+n\frac{r}{n}\right)=p(1+r)$$

即年末的本利和与支付利息的次数无关.

复利付息情形.因每次支付的利息都记入本金,故年末的本利和与支付利息的次数是有关系的.

设初始本金为 p(元),年利率为 r,若一年分 m 次付息,则一年末的本利和为

$$s=p\left(1+\frac{r}{m}\right)^{m}$$

易见本利和是随付息次数 m 的增大而增加的.而第 n 年年末的本利和为

$$s_n=p\left(1+\frac{r}{m}\right)^{mn}$$

三、贴现

票据的持有人,为在票据到期以前获得资金,从票面金额中扣除未到期期间的利息后,得到剩余金额的现金称为贴现.

钱存在银行里可以获得利息,如果不考虑贬值因素,那么若干年后的本利和就高于本金.如果考虑贬值的因素,则在若干年后使用的未来值(相当于本利和)就有一个较低的现值.例如,若银行年利率为 7%,则一年后的 107 元未来值的现值就是 100 元.

考虑更一般的问题:确定第 n 年后价值为 R 元钱的现值.假设在这 n 年之间复利年利率 r 不变.

利用复利计算公式有 $R=p(1+r)^n$,得到第 n 年后价值为 R 元钱的现值为

$$p=\frac{R}{(1+r)^n}$$

式中,R 表示第 n 年后到期的票据金额,r 表示贴现率,而 p 表示现在进行票据转让时银行付给的贴现金额.

若票据持有者手中持有若干张不同期限及不同面额的票据,且每张票据的贴现率都是相同的,则一次性向银行转让票据而得到的现金为

$$p=R_0+\frac{R_1}{(1+r)}+\frac{R_2}{(1+r)^2}+\cdots+\frac{R_n}{(1+r)^n}$$

式中,R_0 为已到期的票据金额,R_n 为 n 年后到期的票据金额.$\frac{1}{(1+r)^n}$ 称为贴现因子,它表示在贴现率 r 下 n 年后到期的 1 元钱的贴现值.由它可给出不同年限及不同贴现率下的贴现因子表.

例 2 某人手中持有票据三张,其中一年到期的票据面额为 300 元,二年到期的票据面额为 600 元,三年到期的票据面额为 700 元,银行贴现率为 7%,若去银行进行一次性票据转让,银行所付的贴现金额是多少?

解:由贴现计算公式,贴现金额为

$$p=\frac{R_1}{(1+r)}+\frac{R_2}{(1+r)^2}+\frac{R_3}{(1+r)^3}$$

式中,$R_1=300$,$R_2=600$,$R_3=700$,$r=0.07$,故

$$p=\frac{300}{(1+0.07)}+\frac{600}{(1+0.07)^2}+\frac{700}{(1+0.07)^3}\approx 1\ 375.83 \text{ 元}$$

即银行的贴现金额为 1 375.83 元.

四、需求函数

需求函数是指在某一特定时期内，市场上某种商品的各种可能的购买量和决定这些购买量的诸因素之间的数量关系.

假定其他因素(如消费者的货币收入、偏好和相关商品的价格等)不变，则决定某种商品需求量的因素就是这种商品的价格. 此时，需求函数表示的就是商品需求量和价格这两个经济变量之间的数量关系

$$Q=f(P)$$

其中，Q 表示需求量，P 表示价格. 需求函数的反函数 $P=f^{-1}(Q)$ 称为价格函数，习惯上将价格函数也统称为需求函数.

一般地，商品的需求量随价格的下降而增加，随价格的上涨而减少. 因此，需求函数是单调减少函数.

例如，函数 $Q_d=aP+b(a<0,b>0)$ 称为线性需求函数，如图 1-22所示.

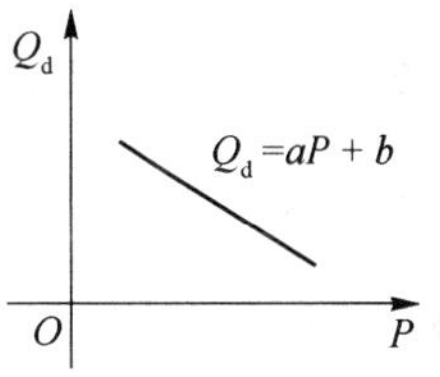

图 1-22

例 3　某厂生产的 150 克袋装方便面，每袋出厂价为 0.3 元，销量总在一万袋左右徘徊，通过革新，提高效率后，逐步降低价格占领市场. 据统计，每袋降低 3 分钱，市场需求量增加约 0.3 万袋，试求价格为 p 时的需求量 Q，并求出当 $p=0.21$ 时的需求量.

解：设线性需求函数为 $Q_d=a-bp(a>0,b>0$ 且为常数)

由题意得方程组
$$\begin{cases}a-0.3b=1\\a-0.27b=1.3\end{cases}$$

解得 $a=4,b=10$. 故所求线性需求函数为

$$Q_d=4-10p$$

于是当 $p=0.21$ 时，$Q_d=1.9$，即当价格为 0.21 时，需求量为 1.9 万袋.

五、供给函数

供给函数是指在某一特定时期内，市场上某种商品的各种可能的供给量和决定这些供给量的诸因素之间的数量关系.

假定生产技术水平、生产成本等其他因素不变，则决定某种商品供给量的因素就是这种商品的价格. 此时，供给函数表示的就是商品的供给量和价格这两个经济变量之间的数量关系为

$$S=f(P)$$

式中，S 表示供给量，P 表示价格. 供给函数以列表方式给出时称为供给表，而供给函数的图像称为供给曲线.

一般地，商品的供给量随价格的上涨而增加，随价格的下降而减少，因此，供给函数是单调增加函数.

例如，函数 $Q_S=cP+d(c>0)$ 称为线性供给函数，如图 1-23 所示.

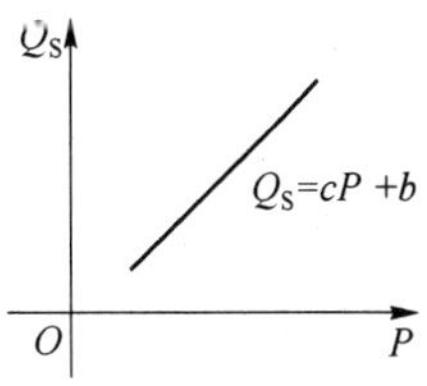

图 1-23

六、市场均衡

对一种商品而言，如果需求量等于供给量，则这种商品就达到了市场均衡. 以线性需求函数和线性供给函数为例，令

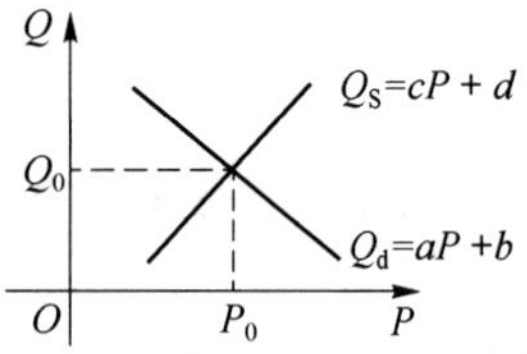

图 1-24

$$Q_d=Q_S, aP+b=cP+d, P=\frac{d-b}{a-c}\equiv P_0$$

这个价格 P_0 称为该商品的市场均衡价格，如图 1-24 所示.

市场均衡价格就是需求函数和供给函数两条直线的交点的横坐标. 当市场价格高于均衡价格时，将出现供过于求的现象，而当市场价格低于均衡价格时，将出现供不应求的现象. 当市场均衡时，有

$$Q_d=Q_S=Q_0$$

称 Q_0 为市场均衡数量.

根据市场的不同情况，需求函数与供给函数还可以是二次函数、多项式函数与指数函数等. 但其基本规律是相同的，都可找到相应的市场均衡点(P_0,Q_0).

例 4 某种商品的供给函数和需求函数分别为：$q_s=25p-10$，$q_d=200-5p$，求该商品的市场均衡价格和市场均衡数量.

解：由市场均衡条件：$q_d=q_s$，得到：$25p-10=200-5p$ 解出：$p_0=7$，$q_0=165$

例 5 已知下列需求函数和供给函数，求相应的市场均衡价格 P^*.

(1) $Q_d=\frac{100}{3}-\frac{2}{3}p, Q_S=-20+10p$；

(2) $p^2+2Q_d^2=114, p=Q_S+3$.

解：设市场均衡价格 P^*，则由等式 $Q_d(p)=Q_S(p)$，得

(1) $\frac{100}{3}-\frac{2}{3}p=-20+10p$，即 $p=5$；

(2) 将 $Q_S=p-3$，代入 $p^2+2Q_d^2=114$ 解得 $p=-4$(舍)或 $p=8$.

七、成本函数

产品成本是以货币形式表现的企业生产和销售产品的全部费用支出，成本函数表示费用总额与产量(或销售量)之间的依赖关系，产品成本可分为固定成本和变动成本两部分，所谓固定成本，是指在一定时期内不随产量变化的那部分成本；所谓变动成本，是指随产量变化而变化的那部分成本. 一般地，以货币计值的(总)成本 C 是产量 x 的函数，即

$$C=C(x) \quad (x\geqslant 0)$$

称其为成本函数. 当产量 $x=0$ 时，对应的成本函数值 $C(0)$就是产品的固定成本值，

$$\overline{C}(x)=\frac{C(x)}{x} \quad (x>0)$$

称为单位成本函数或平均成本函数.

成本函数是单调增加函数，其图像称为成本曲线.

例 6 某工厂生产某产品，每日最多生产 150 单位. 它的日固定成本为 100 元，生产一个单位产品的可变成本为 8 元，求该厂日总成本函数及平均单位成本函数.

解： 根据 $C(x)=C_{固}+C_{变}$，可得总成本

$$C(x)=100+8x, x\in[0,150]$$

平均成本
$$\overline{C}(x)=\frac{C(x)}{x}=8+\frac{100}{x}$$

例 7 生产某商品的总成本是 $C(q)=500+2q$，求生产 50 件商品时的总成本和平均成本.

解： 成本 $C(q)=500+2q$

平均成本 $\overline{C}(q)=\dfrac{C(q)}{q}=\dfrac{500+2q}{q}=\dfrac{500}{q}+2$

$C(50)=500+2\times 50=600$，$\overline{C}(50)=\dfrac{500}{50}+2=12$

八、收入函数与利润函数

销售某产品的收入 R，等于产品的单位价格 P 乘以销售量 x，即 $R=Px$，称其为收入函数. 而销售利润 L 等于收入 R 减去成本 C，即 $L=R-C$，称其为利润函数.

当 $L=R-C>0$ 时，生产者盈利；

当 $L=R-C<0$ 时，生产者亏损；

当 $L=R-C=0$ 时，生产者盈亏平衡. 使 $L(x)=0$ 的点 x_0 称为盈亏平衡点(又称为保本点).

一般地，利润并不总是随销售量的增加而增加(如例 7)，因此，如何确定生产规模以获取最大的利润对生产者来说是一个不断追求的目标.

例 8　设销售商品的总收入 R 是销售量 x 的二次函数，已知 $x=0,2,4$ 时，相应的 $R=0,6,8$，试确定 R 与 x 的函数关系.

解：由题意设总收入 R 与 x 的函数关系为

$$R=ax^2+bx+c$$

将 $x=0,R=0$；$x=2,R=6$；$x=4,R=8$ 分别代入关系式中，得

$$\begin{cases} c=0 \\ 4a+2b+c=6 \\ 16a+4b+c=8 \end{cases}$$

即 $a=-\dfrac{1}{2}$，$b=4$，$c=0$ 故所求总收益函数为

$$R=-\frac{1}{2}x^2+4x$$

例 9　某种玩具定价 5 元/件，每月可售出 1 000 件，若每件售价降低 0.01 元，则可多售出 10 件，试将总收入表示为多售出件数的函数.

解：设总收入为 R，多售出件数为 x 件，则每件应降低$\dfrac{0.01}{10}x$ 元，于是总收入为

$$R=\left(5-\frac{0.01}{10}x\right)(1\,000+x)=5000+4x-0.001x^2$$

所以将总收入 R 表示为多售出件数 x 的函数关系为

$$R=5\,000+4x-0.001x^2(\text{元})$$

例 10　某商业机械厂根据市场需要，生产电梯踏板，固定成本为 20 000 元，每生产 100 个单位产品，成本增加 50 元，销售收入 900 元，每年最多生产 100 000 个单位产品. 如果年产量为 x 个单位产品，试把一年的总利润 L 表示为 x 的函数.

解：$L(x)=\dfrac{900}{100}x-20\,000-\dfrac{50}{100}x=8.5x-20\,000\quad(0\leqslant x\leqslant 100\,000)$.

例 11　设某产品生产 q 个单位的收益 R 为 $R(q)=200q-0.01q^2$. 求生产 50 个单位产品时的收益、平均单位产品收益和边际收益.

解：$R(50)=200(50)-0.01(50)^2=9\,975$

$\frac{R(50)}{50}=\frac{9\ 975}{50}=199.5$

$R'(q)=200-0.02q, R'(50)=199$

习题 1-4

1. 某工厂生产积木玩具，每生产一套积木的可变成本为 15 元，每天的固定成本为2 000 元. 如果每套积木的出厂价为 20 元，为了不亏本，该厂每天至少生产多少套这种积木玩具？

2. 某公司全年需购某商品 1 000 台，每台购进价为 4 000 元，分若干批进货，每批进货台数相同，一批商品售完后马上进下一批货. 每进货一次需消耗费用 2 000 元，商品均匀投放市场(即平均年库存量为批量的一半)，该商品每年每台库存费为进货价格的 4%，试将公司全年在该商品上的投资总额表示为每批进货量的函数.

3. 设某商品的价格 P 与需求量 Q 的关系为：$P=24-2Q$，试将该商品的市场销售总额 R 表示为商品价格 P 的函数.

4. 火车站收取行李费的规定如下：当行李不超过 50 kg 时，按基本运费计算，如从上海到某地每千克收 0.15 元. 当超过 50 kg 时，超重部分按每千克 0.25 元收费. 试求上海到该地的行李费 y(元)与重量 x(千克)之间的函数关系式.

5. 用 p 代表单价，某商品的需求函数为 $Q=D(p)=7\ 000-50p$，当 Q 超过 1 000 时成本函数为 $C=20\ 000+25Q$，试确定能达到损益平衡的价格（提示：当总收入＝总成本时，便达到损益平衡）.

6. 已知华氏温度(℉)与摄氏温度(℃)是线性关系，在标准大气压下，水的冰点温度为 32℉或 0℃，水的沸点温度为 212℉或 100℃. 求(1)华氏温度(℉)与摄氏温度(℃)的函数关系；(2)20℃相当于华氏几度？

7. 某批发商店按照下列价格表整盒在批发销售某种盒装饮料：

当购货量小于或等于 20 盒时，每盒 2.50 元；

当购货量小于或等于 50 盒时，其超过 20 盒的饮料每盒 2.30 元；

当购货量小于或等于 100 盒时，其超过 50 盒的饮料每盒 2.00 元；

当购货量大于 100 时，其超过 100 盒的饮料每盒 1.80 元.

设 x 是销售量，y 是总价，试建立总价 y 和销售量 x 之间的函数关系式.

8. 在半径为 r 的球内嵌入一个内接圆柱，试将圆柱的体积 V 表示为圆柱的高 h 的函数，并求此函数的定义域.

9. 某商品的供给函数为 $S(p)=a+bc^p$，已知 $S(2)=30, S(3)=50, S(4)=90$，求 a, b, c.

10. 某厂生产某产品 2 000 吨，其销售策略如下：购买 800 吨以下时按每吨 130 元出售，超过 800 吨的部分按九折出售，求销售收入与销售量之间的函数关系.

11. 已知某产品的价格为 p 元，需求函数为 $Q=50-5p$，成本函数为 $C=50+2Q$ 元，求产量 Q 为多少时利润 L 最大？最大利润是多少？

12. 某商品的成本函数与收入函数分别为：$C=21+5q, R=8q$，求该商品的盈亏平衡点.

复习题 1

一、选择题(20 分)

1. 函数 $y=\sqrt{1-\left|\frac{x-4}{x}\right|}$ 的定义域是(　　).

A. $[-1,1]$　　B. $[-1,1)$　　C. $[2,\infty)$　　D. $(-1,1)$

2. 下列各对函数中,是相同函数的是(　　).

A. $\ln x^2$ 与 $2\ln x$　　B. $e^{-\frac{1}{2}\ln x}$ 与 $\frac{1}{\sqrt{x}}$

C. $(\sqrt{x})^2$ 与 $\sqrt{x^2}$　　D. x 与 $\sin(\arcsin x)$

3. 下列函数中,是偶函数的是(　　).

A. $f(x)=\sin x$　　B. $f(x)=\cos x$　　C. $y=x^3$　　D. $h(x)=\ln\frac{1+x}{1-x}$

4. 下列函数中,不是周期函数的是(　　).

A. $y=x\cos x$　　B. $y=\cos(x-2)$　　C. $y=\cos 4x$　　D. $y=1+\sin \pi x$

5. 下列函数中,不能构成复合函数的是(　　).

A. $y=\log_a u, u=3x^2+2$　　B. $y=a^u, u=x^2$

C. $y=\sqrt{u}, u=\sin x-2$　　D. $y=x^3, x=\sin t$

二、填空题(20 分)

1. 函数 $y=\arcsin(x-1)$ 的定义域为__________.

2. $f(x+1)=x^2-2$,则 $f(x)=$__________.

3. 设 $f(x)=x^2, g(x)=2^x$,则 $g[f(x)]=$__________.

4. 考虑函数奇偶性,$f(x)=x\cos x$ 是__________函数.

5. 函数 $y=1+\lg(x+2)$ 的反函数是__________.

三、计算题(48 分)

1. 若 $M=\{x/x^2-6x\leqslant 0\}, N=\{x/x^2+x-12<0\}$,求 $M\cup N$ 和 $M\cap N$.

2. 求 $y=\arccos\frac{x-1}{2}+\log_a(4-x^2)$ 的定义域.

3. 设 $f(x)$ 的定义域为 $(0,1)$,求 $f(\tan x)$ 的定义域.

4. 设 $y-f(x+1)-x^2-3x$,求 $f(x)$.

5. 求函数 $y=\lg(1-2x)$, $(x<0)$ 的反函数及其定义域.

6. 已知 $f(x)=\begin{cases}1 & x<0\\ 0 & x=0\\ 1 & x>0\end{cases}$,求 $f(x+1), f(x^2-1)$.

四、综合题(12 分,2 选 1)

1. 某商场以每件 a 元的价格出售某种商品,若顾客一次购买 50 件以上,则超出 50 件的商品以每件 $0.8a$ 元的优惠价出售. 试将一次成交的销售收入 R 表示成销售量 x 的函数.

2. 假设某种商品的收益函数为 $R(q)=305q-5q^2$,总成本函数是 $C(q)=1\,600+65q-2q^2$. 求达到最大利润时产量 q 以及这个最大利润值.

第 2 章

极限与连续

在16～17世纪，随着生产实践和科学技术的发展，迫切需要解决以下几类问题：寻求曲线的切线，确定物体运动的速度，计算平面曲边图形的面积和空间中表面弯曲的立体的体积等.在这些问题面前，初等数学的概念和方法已无能为力，急切需要数学突破研究常量的传统，提供能用以描述和处理运动即变化过程的新理论和新方法——变量数学，而微积分作为变量数学的主体，随之而来，极限理论和方法是阐述微积分的概念和方法的基础，是整个微积分学的理论基础.

本章目标

理解极限的概念、性质；理解无穷大量和无穷小量的概念和性质；掌握极限的运算法则；掌握两个重要极限；理解函数的连续性概念以及闭区间上连续函数的性质；理解间断点的概念，掌握第一类和第二类间断点的判断方法.

2.1 数列极限

一、数列极限的定义

极限的思想是由于求某些实际问题精确解答而产生的.例如，我国古代数学刘徽(公元3世纪)利用圆内接正多边形来推算圆面积的方法——割圆术，就是极限思想在几何学上的应用.

设有一圆，首先作内接正六边形，把它的面积记为 A_1；再作内接正十二边形，其面积记为 A_2；再作内接正二十四边形，其面积为 A_3；循环下去，每次边数加倍，一般的把内接正 $6\times 2^{n-1}$ 边形的面积记为 A_n.这样，就得到一系列内接正多边形的面积：

$$A_1, A_2, A_3, \cdots, A_n, \cdots$$

它们构成一列有次序的数.当 n 越大，内接正多边形与圆的差别就越小，从而以 A_n 作为圆面积的近似值也越精确.正如刘徽所说："割之弥细，所失弥少，割之又割，以至于不可割，则与圆周合体而无所失矣".

先说明数列的概念.在某一对应法则下，当 $n(n\in \mathbf{N}^+)$ 依次取 $1,2,3,\cdots$ 时，对应的实数排列成一列数：

$$a_1, a_2, a_3, \cdots, a_n, \cdots$$

这列数称为数列，简记为 $\{a_n\}$，其中每一个数称为数列的项，a_n 称为数列的一般项，也称为通项.

例1 以下都是数列

(1) $1, \frac{1}{2}, \frac{1}{4}, \cdots, \frac{1}{2^{n-1}}, \cdots$；

(2) $1,-\frac{1}{2},\frac{1}{3},-\frac{1}{4},\cdots,\frac{(-1)^{n+1}}{n},\cdots$;

(3) $3,5,7,\cdots,2n+1,\cdots$;

(4) $1,-1,1,-1,\cdots,(-1)^{n+1},\cdots$;

(5) $1,\sqrt{2},\sqrt{3},\cdots,\sqrt{n},\cdots$.

以上数列的一般项依次为：

$$\frac{1}{2^{n-1}},\frac{(-1)^{n+1}}{n},2n+1,(-1)^{n+1},\sqrt{n}$$

二、数列极限的定义

对于数列，应该密切关注：它在无限变化过程中的发展趋势，即当 n 无限增大时，a_n 是否无限趋于一个确定的常数.

例如，对于割圆法所讲到的数列 $A_1,A_2,\cdots,A_n$，从几何上可以知道，随着 n 无限增大，A_n 的值也逐渐增大，并且无限接近于圆的面积 A.

定义 1 给定数列$\{a_n\}$，如果当 n 无限增大时，其一般项 a_n 无限趋近于某个确定的常数 a，则称常数 a 为数列$\{a_n\}$的极限，或称数列$\{a_n\}$收敛于 a，记为

$$\lim_{n\to\infty} a_n=a \text{ 或 } a_n\to a(n\to\infty)$$

反之，若数列$\{a_n\}$没有极限，则称该数列发散，或称$\lim\limits_{n\to\infty} a_n$ 不存在.

例 2 判别例 1 中的数列是否收敛，收敛时求其极限.

解：(1) 数列当 n 无限增大时，$\frac{1}{2^{n-1}}$无限接近于 0，故数列$\left\{\frac{1}{2^{n-1}}\right\}$收敛，其极限为 0.

(2) 数列虽然在 0 点两侧无限次地来回变动，但当 n 无限增大时，$\frac{(-1)^{n+1}}{n}$也是接近于 0，故$\left\{\frac{(-1)^{n+1}}{n}\right\}$收敛于 0.

(3) 数列当 n 无限增大时，$2n+1$ 无限增大，故数列$\{2n+1\}$发散.

(4) 数列无限次的在 1 和 -1 中来回取值，故不可能存在一个常数 a，使得当 n 无限增大时$(-1)^{n+1}$与 a 无限接近，故数列$\{(-1)^{n+1}\}$发散.

(5) 数列随着 n 无限增大，$\sqrt{n}$无限增大，故数列$\{\sqrt{n}\}$发散.

前面的数列定义是借助于直观理解给出的一种描述性定义，它不够严密，例如，“无限接近”的意义就不够具体. 因此，我们有必要用数学语言将其精确化，给出数列极限的精确定义.

定义 2 设$\{x_n\}$为一数列，如果存在常数 a，对于任意给定的正数 ε(不管它有多么小)，总存在正整数 N，使得当 $n>N$ 时，不等式

$$|x_n-a|<\varepsilon$$

都成立，那么就称常数 a 是数列$\{x_n\}$的极限，或称数列$\{x_n\}$收敛于 a，记为

$$\lim_{n\to\infty} x_n=a \text{ 或 } x_n\to a(n\to\infty)$$

如果不存在这样的常数 a，就说数列$\{x_n\}$没有极限，或者说数列$\{x_n\}$是发散的.

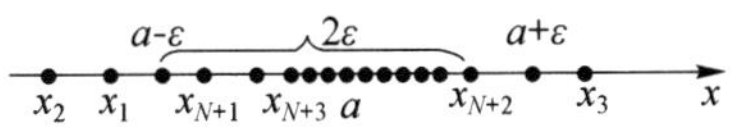

图 2-1

下面给出数列$\{x_n\}$的极限为 a 的几何意义：

将常数 a 及数列 $x_1,x_2,x_3,\cdots,x_n,\cdots$用数轴上来表示出它们的对应点，并在数轴上作点 a 的 ε 邻域即 $U(a,\varepsilon)$，如图 2-1 所示.

注意:不等式$|x_n-a|<\varepsilon$等价于$a-\varepsilon<x_n<a+\varepsilon$,所以$\{x_n\}$的极限为$a$在几何上可表示为:当$n>N$时,所有的点$x_n$都落在开区间$(a-\varepsilon,a+\varepsilon)$内,而且只有有限个点在这个区间之外.

例 3 证明数列$2,\frac{1}{2},\frac{4}{3},\frac{3}{4},\cdots,\frac{n+(-1)^{n-1}}{n},\cdots$的极限为1.

证明:由于$|x_n-1|=\left|\frac{n+(-1)^{n-1}}{n}-1\right|=\frac{1}{n}$,

对于任意给定的正数ε(设$\varepsilon<1$),要使$|x_n-1|<\varepsilon$,

只要$\frac{1}{n}<\varepsilon$,即$n>\frac{1}{\varepsilon}$,取$N=\left[\frac{1}{\varepsilon}\right]$,则对任意给定的$\varepsilon>0$,当$n>N$时,就有

$$\left|\frac{n+(-1)^{n-1}}{n}-1\right|<\varepsilon,\text{即}\lim_{n\to\infty}\frac{n+(-1)^{n-1}}{n}=1$$

三、收敛数列的性质

下面三个定理都是有关收敛数列的性质:

定理 1(极限的唯一性) 如果数列$\{a_n\}$收敛,那么它的极限唯一.

利用定理1可以判断某些数列的极限不存在.例如,数列$a_n=(-1)^n$,当n为奇数时等于-1,当n为偶数时等于1,因此当$n\to\infty$时,数列不收敛于唯一的一个数,所以数列发散,即它的极限不存在.

定理 2(收敛数列的有界性) 如果数列$\{a_n\}$收敛,那么数列$\{a_n\}$一定有界.

根据上述定理可知,如果数列$\{a_n\}$无界,则数列一定发散.据此可判定一类数列的敛散性.例如,数列$a_n=2^n$无界,所以发散,即极限$\lim\limits_{n\to\infty}2^n$不存在.

如果数列$\{a_n\}$有界,不能判定数列$\{a_n\}$一定收敛.例如,数列$\{(-1)^{n+1}\}$有界,但它是发散的.这就是说,数列有界是数列收敛的必要条件而非充分条件.

定理 3(收敛数列的保号性) 假设数列$\{a_n\}$收敛,其极限为a.

(1) 若有正整数N,使得当$n>N$时$a_n>0$(或$a_n<0$),则$a\geqslant0$(或$a\leqslant0$).

(2) 若$a>0$(或$a<0$),有正整数N,使得当$n>N$时,则$a_n>0$(或$a_n<0$).

习题 2-1

1. 写出下列数列$\{a_n\}$的前5项,并观察数列$\{a_n\}$的变化趋势,写出它们的极限:

(1) $a_n=\frac{1}{2^n}$; (2) $a_n=(-1)^n\frac{2}{n+2}$; (3) $a_n=3$;

(4) $a_n=2+\frac{1}{n}$; (5) $a_n=\frac{n-1}{n+1}$; (6) $a_n=(-1)^{n+1}n$;

(7) $a_n=4n$; (8) $a_n=[(-1)^n+1]\frac{n+1}{n}$.

2. 观察下列数列变化趋势,写出它们的极限:

(1) $\lim\limits_{n\to\infty}\frac{1}{n^2}$; (2) $\lim\limits_{n\to\infty}\frac{2n-1}{3n+2}$; (3) $\lim\limits_{n\to\infty}\frac{\sqrt{n^2+2}}{2n+3}$; (4) $\lim\limits_{n\to\infty}0.\underbrace{999\cdots9}_{n\text{个}9}$.

3. 根据数列极限的定义验证:

(1) $\lim\limits_{n\to\infty}\frac{n+(-1)^{n+1}}{n}=1$; (2) $\lim\limits_{n\to\infty}\frac{3n+1}{2n+1}=\frac{3}{2}$.

4. 据我国史书记载，公元前 4 世纪战国时期一位思想家提出“一尺之棰，日取其半，万世不竭”的极限思想. 将一尺长的木棒“日取其半”，把每日剩下的部分表示成数列，并观察它的极限.

2.2　函数的极限

数列$\{a_n\}$可看作自变量为正整数 n 的函数：$a_n=f(n)$，数列$\{a_n\}$的极限为 a，即当自变量 n 取正整数且无限增大(即 $n\to\infty$)时，对应的函数值 $f(n)$无限接近数 a. 将数列极限概念中的函数为 $f(n)$而自变量的变化过程为 $x\to\infty$ 等特殊性撇开，可以引出函数极限的一般概念：在自变量 x 的某个变化过程中，如果对应的函数值 $f(x)$无限接近于某个确定的常数 A，则称 A 为函数 $f(x)$在此变化过程下的极限.

一、函数极限的定义

关于函数 $f(x)$的极限所讨论的自变量的变化过程，主要分成两种情况：

(1) 自变量 x 无限接近于有限值 x_0(记为 $x\to x_0$)时，函数 $f(x)$的变化趋势；

(2) 自变量 x 的绝对值$|x|$无限增大(记为 $x\to\infty$)时，函数 $f(x)$的变化趋势.

1. 自变量趋于有限值时函数的极限

对一般函数 $y=f(x)$而言，x 无限接近 x_0 时，函数值 $f(x)$无限接近 A 的情况，只需要对 x 无限接近 x_0 做出确切的描述即可. 在这里首先假定在点 x_0 的任何一个去心邻域内都存在 $f(x)$有定义的点.

定义 1　设函数 $f(x)$在点 x_0 的某一去心邻域内有定义. 如果存在常数 A，对于任意给定的正数 ε(不论它有多么小)，总存在正数 δ，使得当 x 满足不等式 $0<|x-x_0|<\delta$ 时，对应的函数值 $f(x)$都满足不等式

$$|f(x)-A|<\varepsilon$$

则称 A 为当 $x\to x_0$ 时函数 $f(x)$的极限. 记为

$$\lim_{x\to x_0} f(x)=A \text{ 或 } f(x)\to A\ (\text{当 } x\to x_0)$$

研究 $f(x)$当 $x\to x_0$ 的极限时，我们关心的是 x 无限趋近 x_0 时 $f(x)$的变化趋势，而不关心 $f(x)$在 $x=x_0$ 处有无定义、大小如何，因此定义中使用去心邻域.

函数 $f(x)$当 $x\to x_0$ 的极限为 A 的几何解释如下：任意给定一个正数 ε，作平行于 x 轴的两条直线 $y=A+\varepsilon$ 和 $y=A-\varepsilon$，介于这两条直线之间是一横条区域. 根据定义，对于给定的 ε，存在着点 x_0 的一个 δ 邻域$(x_0-\delta,x_0+\delta)$，当 $y=f(x)$的图形上的点的横坐标 x 在邻域$(x_0-\delta,x_0+\delta)$内，但 $x\neq x_0$ 时，这些点的纵坐标 $f(x)$满足不等式

$$|f(x)-A<\varepsilon| \text{ 或 } A-\varepsilon<f(x)<A-\varepsilon$$

亦即这些点落在上面所做的横条区域内，如图 2-2 所示.

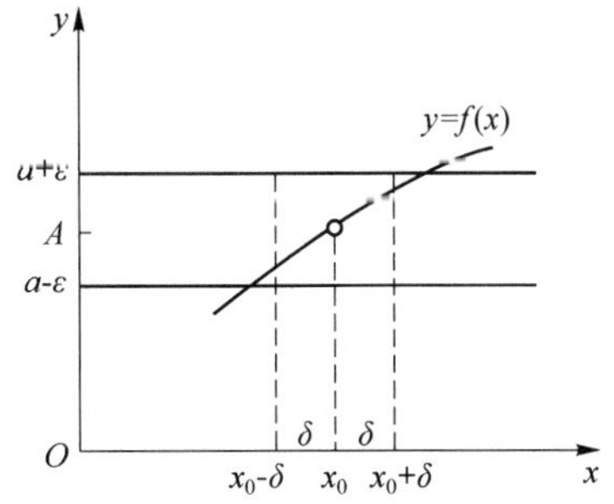

图 2-2

例 1　证明$\lim\limits_{x\to 1}\dfrac{x^2-1}{x-1}=2$.

证明：$\forall\varepsilon>0$，要找 $\delta>0$，使 $0<|x-1|<\delta$ 时，$\left|\dfrac{x^2-1}{x-1}-2\right|=|x-1|<\varepsilon$ 恒成立.

因此，$\forall\varepsilon>0$，据上可取 $\delta=\varepsilon$，则当 $0<|x-1|<\delta$ 时，$\left|\dfrac{x^2-1}{x-1}-2\right|<\varepsilon$ 恒成立，

所以$\lim\limits_{x\to 1}\dfrac{x^2-1}{x-1}=2$.

在函数极限的定义中，当 $x\to x_0$ 时，x 既可以从 x_0 的左侧也可以从 x_0 的右侧趋于 x_0. 考虑到 $f(x)$的定义域 D 或某些问题的具体情况，有时只能考虑 x 从 x_0 的左侧趋于 x_0 或 x 从 x_0 的右侧趋于 x_0.

为此，通常将

$x<x_0$ 且 $x\to x_0$ 的情况记为 $x\to x_0^-$（或 x_0-0）；

$x>x_0$ 且 $x\to x_0$ 的情况记为 $x\to x_0^+$（或 x_0+0）；

下面给出 $x\to x_0$ 时函数单侧极限的定义.

定义 2 设 $f(x)$在 x_0 的一个左邻域中定义. 如果存在常数 A，使得当 $x\to x_0^-$ 时，相应的函数值 $f(x)$无限接近于 A，则称为 $f(x)$当 $x\to x_0^-$ 时的左极限，记为 $f(x_0^-)$，即

$$f(x_0^-)=\lim_{x\to x_0^-}f(x)=A$$

类似地，设 $f(x)$在 x_0 的一个右邻域中定义. 如果存在常数 A，使得当 $x\to x_0^+$ 时，相应的函数值 $f(x)$无限接近于 A，则称为 $f(x)$当 $x\to x_0^+$ 时的右极限，记为 $f(x_0^+)$，即

$$f(x_0^+)=\lim_{x\to x_0^+}f(x)=A$$

定理 1 当 $x\to x_0$ 时函数 $f(x)$以 A 为极限的充分必要条件是 $f(x)$在 x_0 的左、右极限都存在并均为 A，即

$$\lim_{x\to x_0}f(x)=A\Leftrightarrow f(x_0^-)=f(x_0^+)=A$$

例 2 求符号函数 $\operatorname{sgn} x$ 在 $x\to 0$ 时的极限.

解：由符号函数 $\operatorname{sgn} x$ 的图形可知：

当 $x<0$ 时，$\operatorname{sgn} x=-1$；当 $x>0$ 时，$\operatorname{sgn} x=1$.

所以 $\lim\limits_{x\to 0^-}\operatorname{sgn} x=-1\neq\lim\limits_{x\to 0^+}\operatorname{sgn} x=1$.

故 $\lim\limits_{x\to 0}\operatorname{sgn} x$ 不存在.

例 3 设 $f(x)=\dfrac{1}{x}$，求 $f(0^-)$，$f(0^+)$.

解：由 $f(x)=\dfrac{1}{x}$的函数图形可知：

$$f(0^-)=\lim_{x\to 0^-}\frac{1}{x}=-\infty,\ f(0^+)=\lim_{x\to 0^+}\frac{1}{x}=+\infty$$

例 4 设 $f(x)=\begin{cases}x, & x\geqslant 0\\ -x+1, & x<0\end{cases}$，求$\lim\limits_{x\to 0}f(x)$.

解：由于 $\lim\limits_{x\to 0^-}f(x)=\lim\limits_{x\to 0^-}(-x+1)=1$；$\lim\limits_{x\to 0^+}f(x)=\lim\limits_{x\to 0^+}x=0$.

所以 $\lim\limits_{x\to 0^-}f(x)\neq\lim\limits_{x\to 0^+}f(x)$，故 $\lim\limits_{x\to 0}f(x)$不存在.

例 5 设 $f(x)=\dfrac{x^2-1}{x-1}$，求$\lim\limits_{x\to 1}f(x)$.

解：$f(x)$在点 $x=1$ 没有定义，当 $x\to 1$ 时 $x\neq 1$，

故 $\lim\limits_{x\to 1}\dfrac{x^2-1}{x-1}=\lim\limits_{x\to 1}(x+1)=2$.

注意：函数值和极限值是两个不同的概念，一定要加以区分.

2. 自变量趋于无穷大时函数的极限

如果在 $x\to\infty$ 的过程中，对应的函数值 $f(x)$ 无限接近于确定的数值 A，那么 A 称为函数 $f(x)$ 当 $x\to\infty$ 时的极限.

定义 3　设函数 $f(x)$ 在 $|x|$ 大于某一正数时有定义. 如果存在常数 A，对于任意给定的正数 ε（不论它有多么小），总存在正数 X，使得当 x 满足不等式 $|x|>X$ 时，对应的函数值 $f(x)$ 都满足不等式

$$|f(x)-A|<\varepsilon$$

则称 A 为当 $x\to\infty$ 时函数 $f(x)$ 的极限. 记为

$$\lim_{x\to\infty} f(x)=A \quad 或 \quad f(x)\to A(当\ x\to\infty)$$

与 $x\to x_0$ 时函数的单侧极限相类似，设 $f(x)$ 在 $U(-\infty)$ 中有定义，如果存在常数 A，使得当 $x\to-\infty$，即 $x<0$ 且 $|x|$ 无限增大时，$f(x)$ 无限接近于 A，则称 A 为函数 $f(x)$ 当 $x\to-\infty$ 时的极限，记为

$$\lim_{x\to-\infty} f(x)=A$$

类似的，设 $f(x)$ 在 $U(+\infty)$ 中有定义，如果存在常数 A，使得当 $x\to+\infty$，即 $x>0$ 且 $|x|$ 无限增大时，$f(x)$ 无限接近于 A，则称 A 为函数 $f(x)$ 当 $x\to+\infty$ 时的极限，记为

$$\lim_{x\to+\infty} f(x)=A$$

由定义，可得：$\lim\limits_{x\to\infty} f(x)=A \Leftrightarrow \lim\limits_{x\to-\infty} f(x)=\lim\limits_{x\to+\infty} f(x)=A$.

例 6　对于函数 $f(x)=\dfrac{1}{x}$，由图形可知：

由于 $\lim\limits_{x\to-\infty}\dfrac{1}{x}=0$，$\lim\limits_{x\to+\infty}\dfrac{1}{x}=0$，故 $\lim\limits_{x\to\infty}\dfrac{1}{x}=0$.

例 7　对于反正切函数函数 $f(x)=\arctan x$，由图形可知：

由于 $\lim\limits_{x\to-\infty}\arctan x=-\dfrac{\pi}{2}$，$\lim\limits_{x\to+\infty}\arctan x=\dfrac{\pi}{2}$.

所以极限 $\lim\limits_{x\to\infty}\arctan x$ 不存在.

二、函数极限的性质

与数列极限性质类似，函数极限也具有下述性质，且其证明过程与数列极限相应定理的证明类似. 下面以 $x\to x_0$ 为例给出极限的性质.

性质 1　(函数极限的唯一性) 若 $\lim\limits_{x\to x_0} f(x)=A$，$\lim\limits_{x\to x_0} f(x)=B$，则 $A=B$.

性质 2　(函数极限的有界性) 假定 $\lim\limits_{x\to x_0} f(x)$ 存在，则 $f(x)$ 在点 x_0 的某一去心邻域 $\mathring{U}(x_0,\delta)$ 中有界，即有常数 $M>0$，使得在 x_0 的某个去心邻域 $\mathring{U}(x_0,\delta)$ 中，有 $|f(x)|<M(\forall x\in\mathring{U}(x_0))$.

性质 3　(函数极限的保号性) 若 $\lim\limits_{x\to x_0} f(x)=A$.

(1) 若 $A>0(<0)$，则对 x_0 的某一去心邻域中的所有 x，有 $f(x)>0(<0)$.

(2) 若对 x_0 的某一去心邻域中的所有 x，$f(x)\geqslant0(\leqslant0)$，则 $A\geqslant0(\leqslant0)$.

函数极限的性质可根据函数极限的定义进行证明，在此从略.

习题 2-2

1. 对图 2-3 所示的函数 $f(x)$，求下列极限，如极限不存在，说明理由.

(1) $\lim\limits_{x\to-2} f(x)$；

(2) $\lim\limits_{x\to-1} f(x)$；

(3) $\lim\limits_{x\to0} f(x)$.

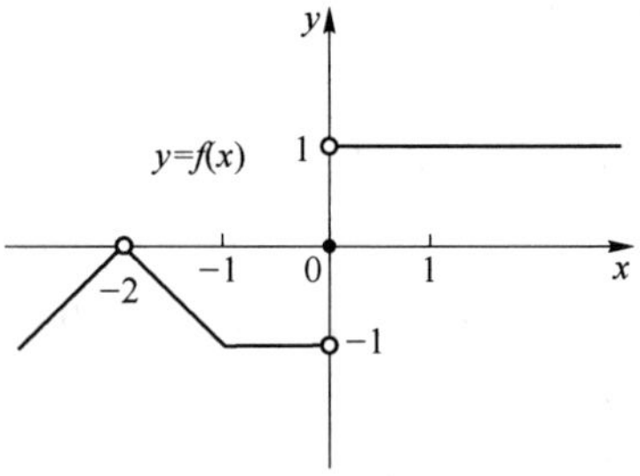

图 2-3

2. 求下列函数在指定点处的左右极限，并判定函数在该点的极限是否存在：

(1) $f(x)=\dfrac{|x|}{x}, x=0$；

(2) $f(x)=\dfrac{x^2-9}{x+3}, x=-3$；

(3) $f(x)=\begin{cases} 2x, & x<2 \\ 3x-1, & x\geqslant 2 \end{cases}, x=2$；

(4) $f(x)=\begin{cases} 2^x, & x<0 \\ \cos x+1, & x\geqslant 0 \end{cases}, x=0$.

2.3 无穷小量与无穷大量

对无穷小量的认识，可以追溯到古希腊，那是阿基米德曾用无限小量方法得到许多重要的数学结果，但他认为无限小量方法存在着不合理的地方. 直到 1821 年，柯西在他的《分析教程》中才对无限小量这一概念给出了明确的回答. 而有关无穷小量的理论就是在柯西的理论基础上发展延伸的.

一、无穷小量

无穷小量的概念在微积分的创建过程中起着至关重要的作用，它与极限概念有密切的关系.

定义 1 如果函数 $f(x)$ 当 $x\to x_0$（或 $x\to\infty$）时的极限为 0，那么称为函数 $f(x)$ 当 $x\to x_0$（或 $x\to\infty$）时的无穷小量.

特别强调，无穷小量不能与很小的数（如千万分之一）混淆，但零是可以作为无穷小量的唯一常数. 无穷小量是相对 x 的某个变化过程而言的.

例如：当 $x\to\infty$ 时，$\dfrac{1}{x}$ 是无穷小量；而当 $x\to2$ 时，$\dfrac{1}{x}$ 不是无穷小量.

例如：由于 $\lim\limits_{x\to1}(x^2-1)=0$，故当 $x\to1$ 时，x^2-1 是无穷小量.

例如：$\lim\limits_{x\to\infty}\dfrac{1}{x}=0$，故当 $x\to\infty$ 时，$\dfrac{1}{x}$ 为无穷小量.

无穷小量与变量极限的关系表现在以下定理中：

定理 1　在自变量的同一变化过程 $x\to x_0$（或 $x\to\infty$）中，函数 $f(x)$ 极限为 A 的充分必要条件是 $f(x)=A+\alpha$，其中 α 是无穷小量.

证明：必要性　设 $\lim\limits_{x\to x_0} f(x)=A$，令 $a=f(x)-A$，

则
$$\lim_{x\to x_0} a=\lim_{x\to x_0}[f(x)-A]=\lim_{x\to x_0} f(x)-A=A-A=0$$

即 a 是当 $x\to x_0$ 时的无穷小量. 由于 $a=f(x)-A$，

所以
$$f(x)=A+a$$

充分性：设 $f(x)=A+a$ 其中 A 为常数，a 是当 $x\to x_0$ 时的无穷小量，则 $\lim\limits_{x\to x_0} f(x)=\lim\limits_{x\to x_0}(A+a)=A$.

类似地可证明当 $x\to\infty$ 等其他情形.

由极限的运算法则和无穷小量的定义，可以得出无穷小量的以下定理：

定理 2　有限个无穷小量的和仍是无穷小量.

例如：$\lim\limits_{n\to\infty}\left(\dfrac{1}{n}+\dfrac{1}{n}+\dfrac{1}{n}\right)=\lim\limits_{n\to\infty}\dfrac{3}{n}=0$.

定理 3　有限个无穷小量的乘积仍是无穷小量.

例如：$\lim\limits_{n\to\infty}\left(\dfrac{1}{n}\times\dfrac{1}{n}\times\dfrac{1}{n}\right)=\lim\limits_{n\to\infty}\dfrac{1}{n^3}=0$.

定理 4　有界函数与无穷小量的乘积是无穷小量.

例如：$\lim\limits_{x\to 0} x\cdot\sin\dfrac{1}{x}=0$.

推论 1　常数与无穷小量的乘积是无穷小量.

例如：$\lim\limits_{x\to 0} a\cdot\sin x=0$.

例 1　根据指数函数和对数函数的图形，可得

当 $x\to-\infty$ 时，$a^x(a>1)$ 是无穷小量；

当 $x\to+\infty$ 时，$a^x(0<a<1)$ 是无穷小量；

当 $x\to 1$ 时，$\log_a x$ 是无穷小量.

例 2　求 $\lim\limits_{x\to 0} x^3\left(2-\sin\dfrac{1}{x}\right)$.

解：由于 $\left|\sin\dfrac{1}{x}\right|\leqslant 1(\forall x\neq 0)$，

故变量 $\sin\dfrac{1}{x}$ 有界，因为 $\left|2-\sin\dfrac{1}{x}\right|\leqslant 2+\left|\sin\dfrac{1}{x}\right|\leqslant 3$，从而 $2-\sin\dfrac{1}{x}$ 有界.

当 $x\to 0$ 时 $x^3\to 0$，即 x^3 是无穷小量，所以 $\lim\limits_{x\to 0} x^3\left(2-\sin\dfrac{1}{x}\right)=0$.

二、无穷大量

定义 2　如果函数 $f(x)$ 当 $x\to x_0$（或 $x\to\infty$）时，对应的函数值的绝对值 $|f(x)|$ 无限增大，那么称函数 $f(x)$ 为当 $x\to x_0$（或 $x\to\infty$）时的无穷大量.

特别强调，无穷大量不能与很大的数混为一谈，例如，10^{1000} 是一个很大的数，但它是一个常数，它的极限是它本身，故不是无穷大量. 无穷大量是相对 x 的某个变化过程而言的，能够作为无穷大量的只能是变量或者函数.

例如，当 $x\to\infty$ 时，x 是无穷大量；而当 $x\to\infty$ 时，$\frac{1}{x}$ 不是无穷大量.

例如，由于 $\lim\limits_{x\to 0}\frac{1}{x^2}=\infty$，故当 $x\to 0$ 时，$\frac{1}{x^2}$ 是无穷大量.

例 3 由于

$$\lim_{x\to\frac{\pi}{2}}\tan x=\infty,\ \lim_{x\to 0^+}\log_a x=\infty$$

故在相应的极限过程中 $\tan x$ 和 $\log_a x$ 是无穷大量.

同样，当 $x\to+\infty$ 时，$a^x(a>1)$ 是无穷大量，当 $x\to-\infty$ 时，$a^x(0<a<1)$ 是无穷大量.

三、无穷大量与无穷小量的关系

定义 3 在自变量的同一变化过程中，如果 $f(x)$ 为无穷大量，则 $\frac{1}{f(x)}$ 为无穷小量；反之，如果 $f(x)$ 为无穷小量，且 $f(x)\neq 0$，则 $\frac{1}{f(x)}$ 为无穷大量.

例 4 求 $\lim\limits_{x\to\infty}\frac{x^3}{x^2+5}$.

解：因为 $\lim\limits_{x\to\infty}\frac{x^2+5}{x^3}=\lim\limits_{x\to\infty}\left(\frac{1}{x}+\frac{5}{x^3}\right)=0$.

所以根据无穷大量与无穷小量的关系有 $\lim\limits_{x\to\infty}\frac{x^3}{x^2+5}=\infty$.

例 5 求 $\lim\limits_{x\to\infty}\frac{8x^2+6x-3}{2x^2-4x+7}$.

解：$\lim\limits_{x\to\infty}\frac{8x^2+6x-3}{2x^2-4x+7}=\lim\limits_{x\to\infty}\frac{8+\frac{6}{x}-\frac{3}{x^2}}{2-\frac{4}{x}+\frac{7}{x^2}}=4$.

例 6 求 $\lim\limits_{n\to\infty}(\sqrt{n+1}-\sqrt{n})$.

证：
$$\begin{aligned}\lim_{n\to\infty}(\sqrt{n+1}-\sqrt{n})&=\lim_{n\to\infty}\frac{(\sqrt{n+1}-\sqrt{n})(\sqrt{n+1}+\sqrt{n})}{\sqrt{n+1}+\sqrt{n}}\\&=\lim_{n\to\infty}\frac{(n+1)-n}{\sqrt{n+1}+\sqrt{n}}=\lim_{n\to\infty}\frac{1}{\sqrt{n+1}+\sqrt{n}}\end{aligned}$$

由于 $\lim\limits_{n\to\infty}(\sqrt{n+1}+\sqrt{n})=+\infty$，故 $\lim\limits_{n\to\infty}\frac{1}{\sqrt{n+1}+\sqrt{n}}=0$，即 $\lim\limits_{n\to\infty}(\sqrt{n+1}-\sqrt{n})=0$.

习题 2-3

1. 观察下列各题中，哪些是无穷小量？哪些是无穷大量？

(1) $0(x\to\infty)$；　(2) $\frac{1+2x}{x^2}(x\to\infty)$；　(3) $\tan x\left(x\to\frac{\pi}{2}\right)$；

(4) $e^{-x}(x\to+\infty)$；　(5) $\sin\frac{1}{x}(x\to 0)$；　(6) $\frac{x-3}{x^2-9}(x\to 3)$.

2. 两个无穷小量的商是否一定是无穷小？举例说明.

3. 求下列极限：

(1) $\lim\limits_{x\to 0} x^2\sin\frac{1}{x^2}$；　(2) $\lim\limits_{x\to +\infty}\frac{\arctan x}{x}$；　(3) $\lim\limits_{x\to\infty}\frac{\sin x+\cos x}{x}$.

4. 计算下列极限

(1) $\lim\limits_{x\to 2}\frac{x^3+2x^2}{(x-2)^2}$；　(2) $\lim\limits_{x\to\infty}\frac{x^2}{2x+1}$；

(3) $\lim\limits_{x\to\infty}(2x^3-x+1)$；　(4) $\lim\limits_{x\to\infty}\frac{(2x-1)^{10}(3x+2)^5}{(4x-5)^{15}}$.

2.4　极限运算法则

利用无穷小量的性质及无穷小量与函数极限的关系，可以得出极限运算法则.

一、极限的四则运算法则

在下面的讨论中，凡不标明自变量变化过程的极限号 lim，均表示变化过程适用于 $x\to x_0$，$x\to\infty$等各种情形.

定理 1　如果 $\lim f(x)=A$，$\lim g(x)=B$，则

(1) $\lim[f(x)\pm g(x)]=\lim f(x)\pm\lim g(x)=A\pm B$；

(2) $\lim[f(x)\cdot g(x)]=\lim f(x)\cdot\lim g(x)=A\cdot B$；

(3) $\lim\frac{f(x)}{g(x)}=\frac{\lim f(x)}{\lim g(x)}=\frac{A}{B}\,(B\neq 0)$.

证明：先证(1)

因为 $\lim f(x)=A$，$\lim g(x)=B$. 则有

$$(x)=A+\alpha,\ g(x)=B+\beta\ (\alpha、\beta\text{ 都是无穷小})$$

于是
$$f(x)\cdot g(x)=(A+\alpha)\pm(B+\beta)=(A\pm B)+(\alpha\pm\beta)$$

由无穷小的性质知 $\alpha\pm\beta$ 为无穷小，再由极限与无穷小的关系，得

$$\lim[f(x)\pm g(x)]=\lim f(x)\pm\lim g(x)=A\pm B$$

再证(2)

因为 $\lim f(x)=A$，$\lim g(x)=B$. 则有

$$f(x)-A+\alpha,\ g(x)=B+\beta(\alpha、\beta\text{ 都是无穷小})$$

于是
$$f(x)\cdot g(x)=(A+\alpha)(B+\beta)=AB+A\beta+B\alpha+\alpha\beta$$

由无穷小的性质知 $A\beta+B\alpha+\alpha\beta$ 仍为无穷小，再由极限与无穷小的关系，得

$$\lim[f(x)\cdot g(x)]=\lim f(x)\cdot\lim g(x)=A\cdot B$$

关于(3)的证明，建议读者仿照上述过程自行练习.

注意：(1)、(2)均可推广到有限个函数的情形. 例如，若 $\lim f(x)$，$\lim g(x)$，$\lim h(x)$都存在，则有

$$\lim[f(x)+g(x)-h(x)]=\lim f(x)+\lim g(x)-\lim h(x)$$
$$\lim[f(x)\cdot g(x)\cdot h(x)]=\lim f(x)\cdot\lim g(x)\cdot\lim h(x)$$

推论 1　如果 $\lim f(x)$存在，C 为常数，则

$$\lim[Cf(x)]=C\lim f(x)$$

推论 1 表明，在在求极限时，常数因子可以移到极限符号外.

推论 2 如果 $\lim f(x)$ 存在，n 是正整数，则

$$\lim\left[f(x)\right]^n=\left[\lim f(x)\right]^n$$

上述法则给求极限带来很大方便，但应注意，运用该法则的前提是被运算的各个变量的极限必须存在，并且在除法运算中，还要求分母的极限不为零.

例 1 求极限 $\lim\limits_{x\to 1}(2x^2+3x-1)$.

解：
$$\lim_{x\to 1}(2x^2+3x-1)=\lim_{x\to 1}2x^2+\lim_{x\to 1}3x-\lim_{x\to 1}1=2\lim_{x\to 1}x^2+3\lim_{x\to 1}x-1$$
$$=2\times 1+3\times 1-1=4$$

例 2 求极限 $\lim\limits_{x\to -1}\dfrac{x^2+2x-2}{x^2+1}$.

解：当 $x\to -1$ 时，所给函数的分子、分母的极限都存在，且分母极限 .

$$\lim_{x\to -1}(x^2+1)=(-1)^2+1=2\neq 0$$

所以 $\lim\limits_{x\to -1}\dfrac{x^2+2x-2}{x^2+1}=\dfrac{\lim\limits_{x\to -1}(x^2+2x-2)}{\lim\limits_{x\to -1}(x^2+1)}=\dfrac{(-1)^2+2\times(-1)-2}{(-1)^2+1}=-\dfrac{3}{2}$.

例 3 求极限 $\lim\limits_{x\to\infty}\dfrac{3x^2-2x-1}{2x^3-x^2+5}$.

解：
$$\lim_{x\to\infty}\frac{3x^2-2x-1}{2x^3-x^2+5}=\lim_{x\to\infty}\frac{\frac{3}{x}-\frac{2}{x^2}-\frac{1}{x^3}}{2-\frac{1}{x}+\frac{5}{x^3}}=\frac{0}{2}=0.$$

例 4 求极限 $\lim\limits_{x\to 3}\dfrac{x^2-5x+6}{x^2-x-6}$.

解：当 $x\to 3$ 时，分子和分母的极限都是零，此时应先约去不为零的无穷小因子后再求极限.

$$\lim_{x\to 3}\frac{x^2-5x+6}{x^2-x-6}=\lim_{x\to 3}\frac{(x-2)(x-3)}{(x+2)(x-3)}=\lim_{x\to 3}\frac{x-2}{x+2}=\frac{1}{5}$$

例 5 求极限 $\lim\limits_{x\to 1}\dfrac{4x-1}{x^2+2x-3}$.

解：因为 $\lim\limits_{x\to 1}(x^2+2x-3)=0$，商的法则不能用. 又 $\lim\limits_{x\to 1}(4x-1)=3\neq 0$. 故

$$\lim_{x\to 1}\frac{x^2+2x-3}{4x-1}=\frac{0}{3}=0$$

由无穷小与无穷大的关系，得

$$\lim_{x\to 1}\frac{4x-1}{x^2+2x-3}=\infty$$

通过例 3、例 4、例 5，可以推出以下结论：

当 $a_0\neq 0,b_0\neq 0,m$ 和 n 为非负整数时，

$$\lim_{n\to\infty}\frac{a_0x^m+a_1x^{m-1}+\cdots a_{m-1}x+a_m}{b_0x^n+b_1x^{n-1}+\cdots b_{n-1}x+b_n}=\begin{cases}0, & m<n\\ \dfrac{a_0}{b_0}, & m=n\\ \infty, & m>n\end{cases}$$

例 6 求下列极限：

(1) $\lim\limits_{x\to 2}\left(\dfrac{1}{x-2}-\dfrac{12}{x^3-8}\right)$；　　(2) $\lim\limits_{x\to 0}\dfrac{1-\sqrt{1+x^2}}{x^2}$.

解：(1) 当 $x\to 2$ 时，$\frac{1}{x-2}$ 和 $\frac{12}{x^3-8}$ 极限均不存在，可以先通分，再求极限.

$$\lim_{x\to 2}\left(\frac{1}{x-2}-\frac{12}{x^3-8}\right)=\lim_{x\to 2}\frac{x^2+2x-8}{(x-2)(x^2+2x+4)}=\lim_{x\to 2}\frac{(x-2)(x+4)}{(x-2)(x^2+2x+4)}$$

$$=\lim_{x\to 2}\frac{x+4}{x^2+2x+4}=\frac{1}{2}$$

(2) 当 $x\to 0$ 时，分子、分母极限均为零，不能直接用商的极限法则，可先对分子有理化，再求极限.

$$\lim_{x\to 0}\frac{1-\sqrt{1+x^2}}{x^2}=\lim_{x\to 0}\frac{(1-\sqrt{1+x^2})(1+\sqrt{1+x^2})}{x^2(1+\sqrt{1+x^2})}=\lim_{x\to 0}\frac{-x^2}{x^2(1+\sqrt{1+x^2})}$$

$$=\lim_{x\to 0}\frac{-1}{1+\sqrt{1+x^2}}=-\frac{1}{2}$$

二、两个重要极限

有些函数的极限不能直接应用极限运算法则求得，通常需要先判定极限存在，然后再用极限的其他方法求得，下面介绍几个常用的判定函数极限存在的定理.

定理 1(夹逼定理)　如果数列 $\{x_n\}$，$\{y_n\}$，$\{z_n\}$ 满足下列条件：

(1) 从某项起，即 $\exists n_0\in N$，当 $n>n_0$ 时，有

$$y_n\leqslant x_n\leqslant z_n$$

(2) $\lim\limits_{n\to\infty} y_n=a$，$\lim\limits_{n\to\infty} z_n=a$.

那么数列 $\{x_n\}$ 的极限存在，且 $\lim\limits_{n\to\infty} x_n=a$.

例 7　证明：$\lim\limits_{n\to\infty}\left(\frac{1}{\sqrt{n^2+1}}+\frac{1}{\sqrt{n^2+2}}+\cdots+\frac{1}{\sqrt{n^2+n}}\right)=1$.

证明：因为

$$\frac{n}{\sqrt{n^2+n}}\leqslant\frac{1}{\sqrt{n^2+1}}+\frac{1}{\sqrt{n^2+2}}+\cdots+\frac{1}{\sqrt{n^2+n}}\leqslant\frac{n}{\sqrt{n^2+1}}$$

又因为 $\lim\limits_{n\to\infty}\frac{n}{\sqrt{n^2+n}}=1$；$\lim\limits_{n\to\infty}\frac{n}{\sqrt{n^2+1}}=1$

根据夹逼定理，则 $\lim\limits_{n\to\infty}\left(\frac{1}{\sqrt{n^2+1}}+\frac{1}{\sqrt{n^2+2}}+\cdots+\frac{1}{\sqrt{n^2+n}}\right)=1$.

定理 2(单调有界准则)　单调有界数列必有极限.

两个重要极限是微积分中某些基本的微分公式和积分公式的基础，通过该问题的研究可以带动一系列相关问题的解决，使两类常用极限得以应用.

1. $\lim\limits_{x\to 0}\frac{\sin x}{x}=1$

图 2-4 中，圆的半径为 1，圆心角为 $\angle AOB=x\left(0<x<\frac{\pi}{2}\right)$

$AD\perp OA$，$BC\perp OA$，则

$BC=\sin x$，$AD=\tan x$

$S_{\triangle AOB}<S_{扇形AOB}<S_{\triangle AOD}$

所以 $\frac{1}{2}\sin x<\frac{1}{2}x<\frac{1}{2}\tan x$

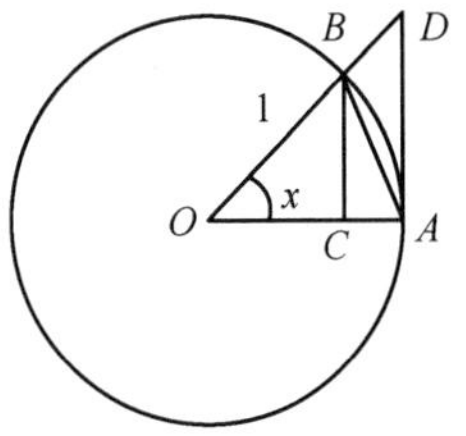

图 2-4

即 $\sin x < x < \frac{\sin x}{\cos x}$

因为 $0 < x < \frac{\pi}{2}$ 可知，$\sin x > 0, \tan x > 0$，

所以 $\cos x < \frac{\sin x}{x} < 1$

由于 $\lim\limits_{x \to 0} \cos x = 1$

根据夹逼定理，$\lim\limits_{x \to 0} \frac{\sin x}{x} = 1$.

注意：$\frac{\sin x}{x}$，$\cos x$ 都是偶函数，从而当 $-\frac{\pi}{2} < x < 0$ 时也成立.

$$\lim_{x \to 0^-} \frac{\sin x}{x} = \lim_{x \to 0^-} \frac{\sin(-x)}{-x} \overset{\text{令}t=-x}{=} \lim_{t \to 0^-} \frac{\sin t}{t} = 1$$

例 8 求下列极限：

(1) $\lim\limits_{x \to 0} \frac{\tan x}{x}$；　(2) $\lim\limits_{x \to 0} \frac{\arcsin x}{x}$；　(3) $\lim\limits_{x \to 0} \frac{\sin \omega x}{x} (\omega \neq 0)$；　(4) $\lim\limits_{x \to 0} \frac{1-\cos x}{x^2}$.

解：(1) $\lim\limits_{x \to 0} \frac{\tan x}{x} = \lim\limits_{x \to 0} \left(\frac{\sin x}{x} \cdot \frac{1}{\cos x} \right) = \lim\limits_{x \to 0} \frac{\sin x}{x} \cdot \lim\limits_{x \to 0} \frac{1}{\cos x} = 1$.

(2) 令 $t = \arcsin x$ 则 $x = \sin t$，当 $x \to 0$ 时，$t \to 0$.

则 $\lim\limits_{x \to 0} \frac{\arcsin x}{x} = \lim\limits_{t \to 0} \frac{t}{\sin t} = 1$.

(3) 令 $t = \omega x$，当 $x \to 0$ 时，$t \to 0$

则 $\lim\limits_{x \to 0} \frac{\sin \omega x}{x} = \lim\limits_{x \to 0} \frac{\sin \omega x}{kx} \cdot k = k \cdot \lim\limits_{t \to 0} \frac{\sin t}{t} = k$.

(4) $\lim\limits_{x \to 0} \frac{1-\cos x}{x^2} = \lim\limits_{x \to 0} \frac{2\sin^2 \frac{x}{2}}{x^2} = \frac{1}{2} \lim\limits_{x \to 0} \frac{\left(\sin \frac{x}{2}\right)^2}{\left(\frac{x}{2}\right)^2} = \frac{1}{2} \left(\lim\limits_{x \to 0} \frac{\sin \frac{x}{2}}{\frac{x}{2}} \right)^2 = \frac{1}{2}$.

注意：实际上，$\frac{\sin \frac{x}{2}}{\frac{x}{2}}$ 可看作由 $\frac{\sin t}{t}$ 和 $t = \frac{x}{2}$ 复合构成，因此原式也可写成：

$$\lim_{x \to 0} \frac{1-\cos x}{x^2} = \frac{1}{2} \lim_{t \to 0} \frac{(\sin t)^2}{(t)^2} = \frac{1}{2} \left(\lim_{t \to 0} \frac{\sin t}{t} \right)^2 = \frac{1}{2}$$

2. $\lim\limits_{n \to \infty} \left(1 + \frac{1}{n}\right)^n = e$

思考：$1^\infty = ?$，是否会等于 1 呢？

设 $x_n = \left(1 + \frac{1}{n}\right)^n$，证明数列 $\{x_n\}$ 是单调增加且有界.

证明：当 $n = 1$ 时，$x_1 = 2$

当 $n = 2$ 时，$x_2 = \left(\frac{3}{2}\right)^2 = \frac{9}{4}$

当 $n > 2$ 时，由牛顿二项公式，有

$$x_n=\left(1+\frac{1}{n}\right)^n$$

$$\xlongequal{\text{展开式}}1+\frac{n}{1!}\cdot\frac{1}{n}+\frac{n(n-1)}{2!}\cdot\frac{1}{n^2}+\frac{n(n-1)(n-2)}{3!}\cdot\frac{1}{n^3}+\cdots+\frac{n(n-1)\cdots[n-(n-1)]}{n!}\cdot\frac{1}{n^n}$$

$$=1+1+\frac{1}{2!}\left(1-\frac{1}{n}\right)+\frac{1}{3!}\left(1-\frac{1}{n}\right)\left(1-\frac{2}{n}\right)+\cdots+\frac{1}{n!}\left(1-\frac{1}{n}\right)\left(1-\frac{2}{n}\right)\cdots\left(1-\frac{n-1}{n}\right)$$

同理，$x_{n+1}=\left(1+\dfrac{1}{n+1}\right)^{n+1}$

$$=1+1+\frac{1}{2!}\left(1-\frac{1}{n+1}\right)+\frac{1}{3!}\left(1-\frac{1}{n+1}\right)\left(1-\frac{2}{n+1}\right)+\cdots+$$

$$\frac{1}{n!}\left(1-\frac{1}{n+1}\right)\left(1-\frac{2}{n+1}\right)\cdots\left(1-\frac{n-1}{n+1}\right)+$$

$$\frac{1}{(n+1)!}\left(1-\frac{1}{n+1}\right)\left(1-\frac{2}{n+1}\right)\cdots\left(1-\frac{n}{n+1}\right)$$

将 x_n 与 x_{n+1} 做比较，等式右边的前两项相同，x_n 从第三项起的每一项都比 x_{n+1} 的对应项小，x_{n+1} 比 x_n 多了最后一项，因此 $x_{n+1}<x_n$.

这说明数列$\{x_n\}$是单调增加的，而且是有界的.

因为 $x_n<1+1+\dfrac{1}{2!}+\dfrac{1}{3!}+\cdots+\dfrac{1}{n!}<1+1+\dfrac{1}{2}+\dfrac{1}{2^2}+\cdots+\dfrac{1}{2^{n-1}}$

$$=1+\frac{1-\frac{1}{2^n}}{1-\frac{1}{2}}=1+2\left[1-\frac{1}{2^n}\right]=3-\frac{1}{2^{n-1}}<3$$

综上所述，数列$\{x_n\}$是单调增加且有界，根据定理 2，数列$\{x_n\}$的极限存在，一般用字母 e 来表示，故

$$\lim_{n\to\infty}\left(1+\frac{1}{n}\right)^n=\mathrm{e}=2.718\,281\cdots$$

注意：当 $x\to+\infty$ 或 $x\to-\infty$ 时，函数$\left(1+\dfrac{1}{x}\right)^x$ 的极限都存在且都等于 e，即

$$\lim_{x\to\infty}\left(1+\frac{1}{x}\right)^x=\mathrm{e} \qquad (*)$$

因此，(*)式变形为另一种形式：

令 $t=\dfrac{1}{x}$，当 $x\to\infty$时，$t=0$，因此

$$\lim_{t\to0}(1+t)^{\frac{1}{t}}=\mathrm{e}，即\lim_{x\to\infty}\left(1+\frac{1}{x}\right)^x=\mathrm{e}$$

函数 $y=\left(1+\dfrac{1}{x}\right)^x$ 在区间$(0,+\infty)$上的图形如图 2-5 所示，当 $x\to0$ 时函数 $y=(1+x)^{\frac{1}{x}}$ 的图形如图 2-6 所示.

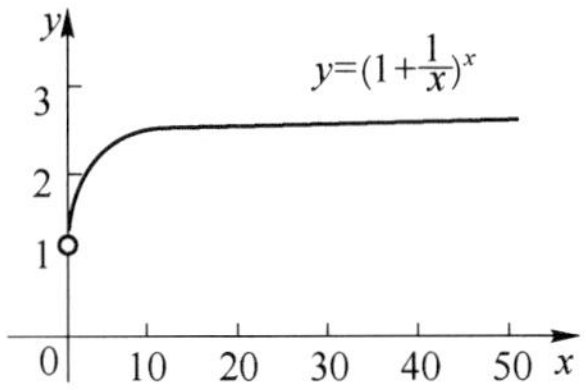

图 2-5

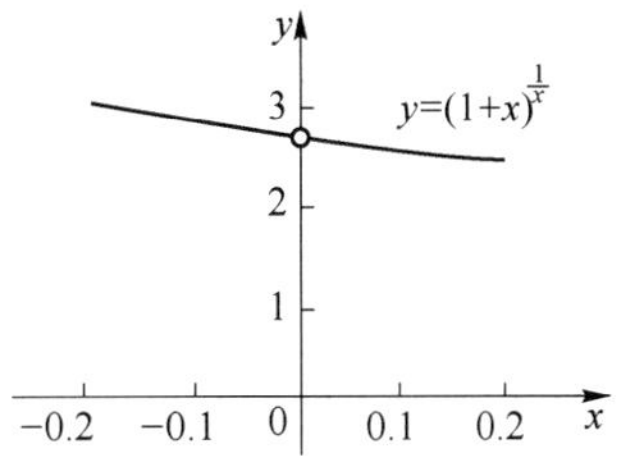

图 2-6

例 9 求$\lim\limits_{x\to\infty}(1+\frac{1}{x})^{x+3}$.

解:$\lim\limits_{x\to\infty}(1+\frac{1}{x})^{x+3}=\lim\limits_{x\to\infty}\left[\left(1+\frac{1}{x}\right)^{x}\right]^{\frac{1}{x}\cdot(x+3)}=\lim\limits_{x\to\infty}\mathrm{e}^{\frac{x+3}{x}}=\mathrm{e}$.

例 10 $\lim\limits_{x\to\infty}\left(1+\frac{k}{x}\right)^{x}$.

解:$\lim\limits_{x\to\infty}(1+\frac{k}{x})^{x}=\lim\limits_{x\to\infty}\left[(1+\frac{k}{x})^{\frac{x}{k}}\right]^{\frac{k}{x}\cdot x}=\lim\limits_{x\to\infty}\mathrm{e}^{\frac{k}{x}\cdot x}=\mathrm{e}^{k}$.

例 11 $\lim\limits_{x\to 0}(1-2x)^{\frac{1}{x}}$.

解:$\lim\limits_{x\to 0}(1-2x)^{\frac{1}{x}}=\lim\limits_{x\to 0}[(1-2x)^{\frac{1}{-2x}}]^{(-2x)\cdot\frac{1}{x}}=\lim\limits_{x\to 0}\mathrm{e}^{-2x\cdot\frac{1}{x}}=\mathrm{e}^{-2}$.

三、连续复利

在工程经济中,就项目的经济效益而言,投资是为了货币的不断增值,也就是说资金是具有时间价值的,其具体表现形式为利息和利润.从理论上说,资金的时间价值应该是指资金连续的增值,即计息时间应该是连续性的.

资金的时间价值表明,在不同时点上投资项目所投入的资金及其产生的效益,它们的价值是不同的.资金时间价值是资金在周转使用中产生的,是资金所有者让渡资金使用权而参与社会财富分配的一种形式,可以从绝对和相对两个方面加以衡量.利息和盈利是衡量资金时间价值的绝对尺度,利率和收益率则是衡量资金时间价值的相对尺度.为了获得经济效果的正确评价,必须把不同时点的金额换算成同一时点的金额,然后在相同的时间基础上进行比较,这是量度价值的先决条件.

下面我们给出连续复利的计算公式的推导:

设本金 P,年利率为 i,当每年含有 m 个复利结果周期(若按季度复利计息,则 $m=4$,若按月复利计息,则 $m=12$)时,则 n 年后的本利和为

$$F=P\left(1+\frac{i}{m}\right)^{mn}$$

当复利结算的周期数 $m\to\infty$(即成为连续复利)时:

$$F=\lim_{m\to\infty}P\left(1+\frac{i}{m}\right)^{mn}=P\left[\lim_{m\to\infty}\left(1+\frac{i}{m}\right)^{\frac{m}{i}}\right]^{in}$$

根据两个重要极限公式:$\lim\limits_{x\to\infty}\left(1+\frac{1}{x}\right)^{x}=\mathrm{e}$,则

$$F=P\mathrm{e}^{in} \tag{2.1}$$

根据式(2.1)称为连续复利公式,公式中的名义年利率 i 只有在 $m\to\infty$ 时成为连续复利的利率,而当 $m=1$ 时名义年利率等于实际年利率且都为间断复利.如果按照同一投资现值 P,在用连续年复利 $i_{连}$ 和名义年复利 $i_{名}$ 计算等值的要求,可以得到

$$F=P_{\mathrm{e}}{}^{i_{连}n}=P\left(1+\frac{i_{名}}{m}\right)^{mn}$$

即:$i_{连}=m\ln\left(1+\frac{i_{名}}{m}\right)$或 $i_{名}=m(\mathrm{e}^{i_{连}/m}-1)$.特别地,当 $m=1$ 时,$i_{名}=\mathrm{e}^{i_{连}}-1$.

在复利计算中,当计息周期与付息周期不一致时(旺旺前者小于后者),就会产生名义利率与实际利率的问题.

名义利率：不考虑复利效果的年利率，即计息周期利率与付息周期内的计息周期数之乘积.

实际利率：考虑复利效果的年利率.

用 r 表示名义利率，i 表示实际利率，m 表示一年中的计息次数，则一年的本利和为

$$F=P\left(1+\frac{i}{m}\right)^{m}$$

实际利率为：

$$i=\frac{F-P}{P}=\frac{P\left(1+\frac{r}{m}\right)^{m}-P}{P}=\left(1+\frac{r}{m}\right)^{m}-1 \tag{2.2}$$

式(2.2)即为名义利率与实际利率的关系.

例如：某银行没 6 个月支付 2%的利息，其名义利率 $r=2\times2\%=4\%$.

实际利率为 $i=\left(1+\frac{4\%}{2}\right)^{2}-1=4.04\%$.

例 12　设今年我国国民生产总值为 A_0，又设年平均增长率为 10%，求 10 年后的国民生产总值 A.

解：由于国民生产总值不是到年底才增长，而是每日每时都在增长的，

因此有 $A=A_0e^{rt}$.

本例中，$r=0.1$，$t=10$，所以 $A=A_0e^{0.1\times10}=A_0e=2.7183A_0$.

即 10 年后的国民生产总值为今年的 2.7183 倍.

若按公式 $A=A_0(1+r)^t$，计算，则 $A=2.593A_0$.

这里的问题是：

(1) 用 $A=A_0(1+r)^t$ 计算，得到一年后国民生产总值 $1.1A_0$，两年后为 $1.21A_0$，10 年后为 $A=A_0(1+10\%)^{10}=2.593A_0$. 这些量不就是在一年内、两年内、10 年内国民生产总值“每日每时增长”的吗？

(2) 用 $A=A_0e^{rt}$ 计算，得到 10 年后国民生产总值为 $A=A_0e^{0.1\times10}=A_0e=2.7183A_0$. 这个式子就是

$$A=A_0\left[1+(e^{0.1}-1)\right]^{10}=A_0(1+10.517\%)^{10}=2.7183A_0$$

实际就是将年增长率由 10%变成了所谓精确的年增长率 10.517%.

四、无穷小量的比较

在前面我们介绍了，两个无穷小量的和、差、积仍是无穷小量，但是两个无穷小量的商，会出现不同的情况.

例如，当 $x\to0$ 时，$3x$，x^2，$\sin x$ 都是无穷小量，而

$$\lim_{x\to0}\frac{x^2}{3x}=0,\lim_{x\to0}\frac{3x}{x^2}=\infty,\lim_{x\to0}\frac{\sin x}{3x}=\frac{1}{3}$$

两个无穷小量商的极限之所以会出现不同的情况，因为各个无穷小量趋于零的快慢程度不同.

当 $x\to0$ 时，$x^2\to0$ 比 $3x\to0$ 更快；

当 $x\to0$ 时，$3x\to0$ 比 $x^2\to0$ 更慢；

当 $x\to0$ 时，$\sin x\to0$ 和 $3x\to0$ 快慢程度相仿.

那么,如何对无穷小量这种快慢程度进行描述呢?

定义 在同一极限过程中,α 和 β 都是无穷小量,且 $\alpha\neq0$.

如果 $\lim\dfrac{\beta}{\alpha}=0$,则 β 是比 α 高阶的无穷小量,记为 $\beta=o(\alpha)$;

如果 $\lim\dfrac{\beta}{\alpha}=\infty$,则 β 是比 α 低阶的无穷小量;

如果 $\lim\dfrac{\beta}{\alpha}=C$,则 β 与 α 是同阶无穷小量;

如果 $\lim\dfrac{\beta}{\alpha}=1$,则 β 与 α 是等价无穷小量,记为 $\beta\sim\alpha$.

根据上述定理,对上例进行描述:

因为 $\lim\limits_{x\to0}\dfrac{x^2}{3x}=0$,所以当 $x\to0$ 时,x^2 是比 $3x$ 的高阶无穷小量,记:$x^2=o(x)$.

因为 $\lim\limits_{x\to0}\dfrac{3x}{x^2}=\infty$,所以当 $x\to0$ 时,$3x$ 是比 x^2 的低阶无穷小量.

因为 $\lim\limits_{x\to0}\dfrac{\sin x}{3x}=\dfrac{1}{3}$,所以当 $x\to0$ 时,$\sin x$ 和 $3x$ 是同阶无穷小量.

例 13 证明:当 $n\to+\infty$ 时,$\sqrt{n-1}-\sqrt{n}$ 与 $\dfrac{1}{\sqrt{n}}$ 是同阶无穷小量.

证明: 因为
$$\lim_{n\to+\infty}\frac{\sqrt{n+1}-\sqrt{n}}{\frac{1}{\sqrt{n}}}=\lim_{n\to+\infty}\frac{(\sqrt{n+1}-\sqrt{n})(\sqrt{n+1}+\sqrt{n})}{\frac{1}{\sqrt{n}}(\sqrt{n+1}+\sqrt{n})}$$
$$=\lim_{n\to+\infty}\frac{1}{\sqrt{1+\frac{1}{n}}+1}=\frac{1}{2}$$

所以,当 $n\to+\infty$ 时,$\sqrt{n+1}-\sqrt{n}$ 与 $\dfrac{1}{\sqrt{n}}$ 是同阶无穷小量.

为了引入常用的等价无穷小量,下面先介绍两个定理:

定理 1 β 与 α 是等价无穷小量的充分必要条件是 $\beta=\alpha+o(\alpha)$.

证明: 充分性 设 $\beta=\alpha+o(\alpha)$,则
$$\lim\frac{\beta}{\alpha}=\lim\frac{\alpha+o(\alpha)}{\alpha}=\lim\left(1+\frac{o(\alpha)}{\alpha}\right)=1,$$
因此 $\alpha\sim\beta$.

必要性 设 $\alpha\sim\beta$,则
$$\lim\frac{\beta-\alpha}{\alpha}=\lim\left(\frac{\beta}{\alpha}-1\right)=\lim\frac{\beta}{\alpha}-1=0$$
因此 $\beta-\alpha=o(\alpha)$,即 $\beta=\alpha+o(\alpha)$.

定理 2 设 $\alpha\sim\alpha_1$,$\beta\sim\beta_1$,且 $\lim\dfrac{\beta_1}{\alpha_1}$ 存在,则 $\lim\dfrac{\beta}{\alpha}=\lim\dfrac{\beta_1}{\alpha_1}$.

证明: $\lim\dfrac{\beta}{\alpha}=\lim\left(\dfrac{\beta}{\beta_1}\cdot\dfrac{\beta_1}{\alpha_1}\cdot\dfrac{\alpha_1}{\alpha}\right)$
$$=\lim\frac{\beta}{\beta_1}\cdot\lim\frac{\beta_1}{\alpha_1}\cdot\lim\frac{\alpha_1}{\alpha}=\lim\frac{\beta_1}{\alpha_1}$$

综上所述,求两个无穷小量商的极限时,分子和分母都可用等价无穷小量来替代,因此,如果用等价无穷小量来求解极限,可大大简化求极限的步骤.

下面介绍常用的等价无穷小量：

当 $x\to 0$ 时，$\sin x\sim x$，$\arcsin x\sim x$

$\tan x\sim x$，$\arctan x\sim x$

$\ln(1+x)\sim x$，$e^x-1\sim x$

$1-\cos x\sim\frac{1}{2}x^2$，$a^x-1\sim x\cdot\ln a$，$(1+x)^\alpha-1\sim\alpha x$

例 14 求 $\lim\limits_{x\to 0}\frac{\sin x}{\tan 4x}$.

解：当 $x\to 0$ 时，$\sin x\sim x$，$\tan 4x\sim 4x$，则

$$\lim_{x\to 0}\frac{\sin x}{\tan 4x}=\lim_{x\to 0}\frac{x}{4x}=\frac{1}{4}$$

例 15 求 $\lim\limits_{x\to 0}\frac{\ln(1+x)}{x^2+3x}$.

解：当 $x\to 0$ 时，$\ln(1+x)\sim x$

$$\lim_{x\to 0}\frac{\ln(1+x)}{x^2+3x}=\lim_{x\to 0}\frac{x}{x(x+3)}=\lim_{x\to 0}\frac{1}{x+3}=\frac{1}{3}$$

例 16 求 $\lim\limits_{x\to 0}\frac{(1+x^2)^{\frac{1}{2}}-1}{1-\cos x}$.

解：当 $x\to 0$ 时，$(1+x^2)^{\frac{1}{2}}-1\sim\frac{1}{2}x^2$，$1-\cos x\sim\frac{1}{2}x^2$

$$\lim_{x\to 0}\frac{(1+x^2)^{\frac{1}{2}}-1}{1-\cos x}=\lim_{x\to 0}\frac{\frac{1}{2}x^2}{\frac{1}{2}x^2}=1$$

例 17 求 $\lim\limits_{x\to 0}\frac{\tan x-\sin x}{x}$.

解：$\lim\limits_{x\to 0}\frac{\tan x-\sin x}{x}=\lim\limits_{x\to 0}\frac{\frac{\sin x}{\cos x}-\sin x}{x}=\lim\limits_{x\to 0}\frac{\sin x\cdot(1-\cos x)}{x\cdot\cos x}$

由于，当 $x\to 0$ 时，$\sin x\sim x$；$1-\cos x\sim\frac{1}{2}x^2$；$\cos x=1$.

所以，$\lim\limits_{x\to 0}\frac{\sin x\cdot(1-\cos x)}{x\cdot\cos x}=\lim\limits_{x\to 0}\frac{x\cdot\frac{1}{2}x^2}{x\cdot 1}\lim\limits_{x\to 0}\frac{1}{2}x^2=0$.

习题 2-4

1. 计算下列极限：

(1) $\lim\limits_{x\to 2}\frac{x-1}{x^2-1}$；

(2) $\lim\limits_{x\to 4}\frac{x^2-6x+8}{x^2-5x+4}$；

(3) $\lim\limits_{x\to\infty}\frac{2x^2+x-1}{x^3-4x^2+2}$；

(4) $\lim\limits_{x\to\infty}\left(2+\frac{1}{x}\right)\left(3-\frac{1}{x^2}\right)$；

(5) $\lim\limits_{x\to 2}\left(\frac{1}{x-2}-\frac{4}{x^2-4}\right)$；

(6) $\lim\limits_{x\to+\infty}(\sqrt{x+3}-\sqrt{x})$；

(7) $\lim\limits_{h\to 0}\dfrac{(x+h)^2-x^2}{h}$；　　(8) $\lim\limits_{x\to 1}\dfrac{\sqrt{x+1}-\sqrt{2}}{x-1}$；

(9) $\lim\limits_{n\to\infty}\left(1+\dfrac{1}{3}+\dfrac{1}{9}+\cdots+\dfrac{1}{3^n}\right)$；　　(10) $\lim\limits_{n\to\infty}\dfrac{1+2+3+\cdots+n}{n^2}$.

2. 计算下列极限：

(1) $\lim\limits_{x\to\infty}x\cdot\sin\dfrac{1}{x}$；　　(2) $\lim\limits_{x\to 0}\dfrac{\arctan x}{x}$；　　(3) $\lim\limits_{x\to 0}\dfrac{\sin 3x}{\sin 4x}$；

(4) $\lim\limits_{x\to 0}x\cdot\cot x$；　　(5) $\lim\limits_{x\to 0}\dfrac{1-\cos 2x}{x\sin x}$；　　(6) $\lim\limits_{n\to\infty}3^n\cdot\sin\dfrac{x}{3^n}$.

3. 计算下列极限：

(1) $\lim\limits_{x\to\infty}\left(1+\dfrac{2}{x}\right)^{2x}$；　　(2) $\lim\limits_{x\to\infty}\left(1-\dfrac{2}{x}\right)^{\frac{x}{3}+1}$；

(3) $\lim\limits_{x\to\infty}\left(\dfrac{1+x}{x}\right)^{2x}$；　　(4) $\lim\limits_{x\to 0}\sqrt[3x]{1+2x}$.

4. 设$\lim\limits_{x\to 1}\dfrac{3x^2+bx+c}{x^2-1}=2$，求 b,c.

5. $\lim\limits_{x\to\infty}\left(\dfrac{x+a}{x-a}\right)^x=4$，求 a.

6. 利用复利公式求解以下各题：

(1) 某人有 10 000 元存入银行，按年利率 5%进行连续复利计算，问 10 年后的本利和为多少？

(2) 某项工程四年建成，每年初向银行贷款 100 万元，年名义利率 8%，每月计息一次，工程建成后应向银行偿还的本利和是多少.

7. 判定当 $x\to 1$ 时，(1)$1-x$ 和 $1-x^3$；(2)$1-x$ 和$\dfrac{1}{2}(1-x^2)$是同阶无穷小量还是等价无穷小量？

8. 利用等价无穷小量求解下列极限：

(1) $\lim\limits_{x\to 0}\dfrac{\arctan 2x}{\sin 3x}$；　　(2) $\lim\limits_{x\to 0}\dfrac{e^{2x}-1}{x}$；

(3) $\lim\limits_{x\to 0}\dfrac{\ln(2x+1)}{\arcsin x}$；　　(4) $\lim\limits_{x\to 0}\dfrac{\cos x-1}{\sin^2 x}$.

2.5　函数的连续性和连续函数

自然界中有许多现象，如气温的变化、河水流动、植物的生长等，都是连续变化的，这些连续变化的现象反映在函数关系上就称为函数的连续性. 连续性是微积分的研究现象，而且在微积分的概念、定理、公式中，通常都要求函数具有连续性.

一、函数的连续性

设变量 u 从一个初值 u_1 变到另一个 u_2，说明这个变化的幅度的量 u_2-u_1 称为 u 的增量，记为 Δu，即 $\Delta u=u_2-u_1$.

注意:Δu 可以是正也可以是负的,Δu 是一个整体,表示变量 u 的增量.

定义 1　设函数 $y=f(x)$在点 x_0 的某一邻域内有定义,当自变量 x 在 x_0 处取得增量 Δx,相应地函数 $y=f(x)$从 $f(x_0)$变到 $f(x_0+\Delta x)$,则称

$$\Delta y=f(x_0+\Delta x)-f(x_0)$$

为函数 $f(x)$的对应增量.

定义 2　设函数 $y=f(x)$在点 x_0 的某一邻域有定义,如果

$$\lim_{\Delta x\to 0}\Delta y=\lim_{\Delta x\to 0}[f(x_0+\Delta x)-f(x_0)]=0$$

那么就称函数 $y=f(x)$在点 x_0 连续.

定义 3　设函数 $y=f(x)$在点 x_0 的某一邻域有定义,如果

$$\lim_{x\to x_0}f(x)=f(x_0)$$

那么就称函数 $f(x)$在点 x_0 连续,x_0 就称为函数 $f(x)$的连续点.

综上所述,函数 $f(x)$在点 x_0 连续$\Leftrightarrow \lim\limits_{\Delta x\to 0}\Delta y=0$ 或$\lim\limits_{x\to x_0}f(x)=f(x_0)$

例 1　证明函数 $f(x)=2x^2-1$ 在 $x=1$ 处连续.

证明:因为$\lim\limits_{x\to 1}f(x)=1$,$f(1)=1$,所以$\lim\limits_{x\to 1}f(x)=f(1)$

即 函数 $f(x)=2x^2-1$ 在 $x=1$ 处连续.

例 2　证明函数 $f(x)=\begin{cases}x^2\cdot\sin\dfrac{1}{x}, & x\neq 0\\ 0, & x=0\end{cases}$,在 $x=0$ 处连续.

证明:因为 $\lim\limits_{x\to 0}x^2\cdot\sin\dfrac{1}{x}=0$,且 $f(0)=0$,所以$\lim\limits_{x\to 0}f(x)=f(0)$,即函数 $f(x)$在 $x=0$ 处连续.

相应于函数左、右极限的概念,关于连续性有:

定义 4　设函数 $y=f(x)$在点 x_0 的一个左(右)邻域中有定义,如果

$$\lim_{x\to x_0^-}f(x)=f(x_0)\left(\lim_{x\to x_0^+}f(x)=f(x_0)\right)$$

则称函数 $f(x)$在点 x_0 左(右)连续.

定理 1　函数 $f(x)$在点 x_0 连续的充分必要条件是函数 $f(x)$在点 x_0 左、右都连续,即

$$f(x_0^-)=f(x_0^+)=f(x_0)$$

注意:左极限=右极限=函数值.

例 3　设 $f(x)=\begin{cases}a\cdot e^{-x}, & x\leqslant 0\\ 2+\cos x, & x>0\end{cases}$是连续函数,求 a.

解:因为 $f(0^-)=\lim\limits_{x\to 0^-}f(x)=\lim\limits_{x\to 0^-}a\cdot e^{-x}=a$(左极限)

$f(0^+)=\lim\limits_{x\to 0^+}f(x)=\lim\limits_{x\to 0^+}(2+\cos x)=3$(右极限)

$f(0)=a$(函数值)

又因为 $f(x)$在点 $x=0$ 处连续

故 $f(0^-)=f(0^+)=f(0)$,即 $a=3$.

二、函数的间断点

根据 $f(x)$在点 x_0 连续的定义,如果函数 $f(x)$有下列三种情况之一:

(1) 在 $x=x_0$ 没有定义；

(2) 虽在 $x=x_0$ 有定义，但$\lim\limits_{x\to x_0} f(x)$不存在；

(3) 虽在 $x=x_0$ 有定义，且$\lim\limits_{x\to x_0} f(x)$存在，但$\lim\limits_{x\to x_0} f(x)\neq f(x_0)$.

则称函数 $f(x)$在点 x_0 为不连续(间断)，点 x_0 称为函数 $f(x)$的不连续点(间断点).

例如，(1) 函数 $f(x)=\dfrac{1}{x-1}$在 $x=1$ 时，函数 $f(x)$没有定义，故 $x=1$ 为间断点.

(2) 符号函数 $f(x)=\operatorname{sgn} x=\begin{cases}1, & x<0\\ 0, & x>0\\ -1, & x=0\end{cases}$

由于 $\lim\limits_{x\to 0^-}\operatorname{sgn} x=-1$，$\lim\limits_{x\to 0^+}\operatorname{sgn} x=1$，故 $\lim\limits_{x\to 0^-}\operatorname{sgn} x\neq\lim\limits_{x\to 0^+}\operatorname{sgn} x$，

即 $f(x)=\operatorname{sgn} x$ 在点 $x=0$ 为间断点.

(3) 函数 $f(x)=\begin{cases}1, & x\neq 0\\ 0, & x=0\end{cases}$，

由于 $\lim\limits_{x\to 0^-} f(x)=\lim\limits_{x\to 0^+} f(x)=1\Rightarrow\lim\limits_{x\to 0} f(x)=1$，

又由于 $f(0)=0$，故$\lim\limits_{x\to 0} f(x)\neq f(0)$，即 $f(x)$点 $x=0$ 为间断点.

上述各种不同的类型的间断点，应该如何判定和分类呢？

间断点类型分类，如表 2-1 所示.

表 2-1

分类			
第一类间断点	左、右极限都存在的间断点	可去间断点	左、右极限都存在且相等
		跳跃间断点	左、右极限都存在但不相等
第二类间断点	左、右极限至少有一个不存在的间断点	无穷间断点	左、右极限至少有一个是∞
		振荡间断点	左、右极限至少有一个不存在，且不为∞

例 4 讨论正切函数 $y=\tan x$ 在 $x=\dfrac{\pi}{2}$处属于哪一类间断点.

解：因为 $y=\tan x$ 在 $x=\dfrac{\pi}{2}$处没有定义，所以 $x=\dfrac{\pi}{2}$是函数 $y=\tan x$ 的间断点；

又因为$\lim\limits_{x\to\frac{\pi}{2}}\tan x=\infty$，则 $x=\dfrac{\pi}{2}$为函数 $y=\tan x$ 的无穷间断点.

例 5 讨论函数 $f(x)=\begin{cases}x+1, x>0\\ x-1, x\leqslant 0\end{cases}$，在 $x=0$ 处属于哪一类间断点.

解：因为 $\lim\limits_{x\to 0^-} f(x)=\lim\limits_{x\to 0^-}(x-1)=1$；$\lim\limits_{x\to 0^+} f(x)=\lim\limits_{x\to 0^+}(x+1)=1$

故 $\lim\limits_{x\to 0^-} f(x)\neq\lim\limits_{x\to 0^+} f(x)$(左、右极限都存在且不相等).

即函数 $f(x)$在 $x=0$ 处属于跳跃间断点.

例 6 讨论函数 $y=\dfrac{x^2-1}{x-1}$在点 $x=1$ 属于哪一类间断点.

解：因为$\lim\limits_{x\to 1}\dfrac{x^2-1}{x-1}=\lim\limits_{x\to 1}(x+1)=2$，所以 $\lim\limits_{x\to 1^-}\dfrac{x^2-1}{x-1}=\lim\limits_{x\to 1^+}\dfrac{x^2-1}{x-1}=2$，

故函数 $y=\frac{x^2-1}{x-1}$ 在点 $x=1$ 处左、右极限都存在且相等.

即函数 $y=\frac{x^2-1}{x-1}$ 在点 $x=1$ 处属于可去间断点.

三、连续函数的基本性质

由连续函数的定义及极限的运算法则和性质，立刻可以得到连续函数的下列性质和运算法则.

定理 2　若函数 $f(x)$，$g(x)$ 在点 x_0 处连续，则

(1) $Cf(x)$（C 为常数）；　　(2) $f(x)\pm g(x)$；

(3) $f(x)\cdot g(x)$；　　(4) $\frac{f(x)}{g(x)}$ $(g(x_0)\neq 0)$.

均在点 x_0 连续.

例如，函数 $f(x)=\sin x$ 和 $g(x)=\cos x$ 在 $(-\infty,+\infty)$ 内连续，故

(1) $2\sin x$；　(2) $\sin x\pm\cos x$；　(3) $\sin x\cdot\cos x$；　(4) $\frac{\sin x}{\cos x}=\tan x$.

以上(1)、(2)、(3)、(4)在其定义域内均连续.

定理 3　设函数 $y=f(\varphi(x))$ $(x\in I)$ 是由函数 $y=f(u)$，$u=\varphi(x)$ 构成的复合函数，如果 $u=\varphi(x)$ 在点 $x_0\in I$ 连续，又 $y=f(u)$ 在相应点 $u_0=\varphi(x_0)$ 处连续，则 $y=f(\varphi(x))$ 在点 x_0 处连续.

例如，函数 $y=\sin\frac{1}{x}$ 在 $x\in(-\infty,0)\cup(0,+\infty)$ 时，可以看作是由 $u=\frac{1}{x}$ 及 $y=\sin u$ 复合构成的. 当 $x\in(-\infty,0)\cup(0,+\infty)$ 时，$u=\frac{1}{x}$ 是连续点；当 $-\infty<u<+\infty$ 时，$y=\sin u$ 是连续的. 所以，函数 $y=\sin\frac{1}{x}$ 在 $x\in(-\infty,0)\cup(0,+\infty)$ 内是连续的.

定理 4　若某极限过程有 $\lim\varphi(x)=A$，且 $y=f(u)$ 在 $u=A$ 处连续，则 $\lim f(\varphi(x))=f(A)$，即 $\lim f(\varphi(x))=f(\lim\varphi(x))$.

例 7　求 $\lim\limits_{x\to 0}\frac{\ln(1+x)}{x}$.

解：$\lim\limits_{x\to 0}\frac{\ln(1+x)}{x}=\lim\limits_{x\to 0}\ln(1+x)^{\frac{1}{x}}=\ln[\lim\limits_{x\to 0}(1+x)^{\frac{1}{x}}]=\ln e=1$.

例 8　求 $\lim\limits_{x\to 0}(1+3x)^{\frac{4}{\sin x}}$

解：$\lim\limits_{x\to 0}(1+3x)^{\frac{4}{\sin x}}=\lim\limits_{x\to 0}[(1+3x)^{\frac{1}{3x}}]^{3x\cdot\frac{4}{\sin x}}$

由于 $\lim\limits_{x\to 0}(1+3x)^{\frac{1}{3x}}=e$；$\lim\limits_{x\to 0}3x\cdot\frac{4}{\sin x}=12$

故 上式 $=e^{12}$.

注意：函数 $f(x)^{g(x)}$ $(f(x)>0,f(x)\neq 1)$ 的函数，称为幂指函数. 在求极限、求导的计算中都可以把它转化为复合函数：$f(x)^{g(x)}=e^{\ln f(x)^{g(x)}}=e^{g(x)\ln f(x)}$.

在例 5 中，也可以利用下述方法求解：

$$\lim_{x\to 0}(1+3x)^{\frac{4}{\sin x}}=\lim_{x\to 0}e^{\frac{4}{\sin x}\cdot\ln(1+3x)}=\lim_{x\to 0}e^{\frac{12x}{\sin x}\cdot\ln(1+3x)^{\frac{1}{3x}}}=e^{\lim\limits_{x\to 0}\left[\frac{12x}{\sin x}\cdot\ln(1+3x)^{\frac{1}{3x}}\right]}=e^{12}.$$

四、在闭区间上的连续函数的性质

在闭区间上连续的函数有一些重要的性质，可以作为分析和解决某些问题的理论依据，将通过这些性质的几何意义直观地来理解.

在说明最大值和最小值的概念，对于在区间 I 上有定义的函数 $f(x)$，如果有 $x_0\in I$，使得对于任一 $x\in I$ 都有

$$f(x)\leqslant f(x_0)\quad (f(x)\geqslant f(x_0))$$

则称 $f(x_0)$ 是函数 $f(x)$ 在区间 I 上的最大值(最小值).

例如，函数 $f(x)=\sin x$ 在区间 $[0,2\pi]$ 上有最大值 1 和最小值 -1；

函数 $f(x)=\operatorname{sgn} x$ 在区间 $(-\infty,+\infty)$ 上有最大值 1 和最小值 -1.

定理 5(最值定理) 在闭区间上的连续函数必有最大值和最小值.

根据定理 1，如果函数 $f(x)$ 在闭区间 $[a,b]$ 上连续，则至少存在一点 $\xi_1\in[a,b]$，使 $f(\xi_1)$ 是 $f(x)$ 在 $[a,b]$ 上的最大值，又至少有一点 $\xi_2\in[a,b]$，使 $f(\xi_2)$ 是 $f(x)$ 在 $[a,b]$ 上的最小值.

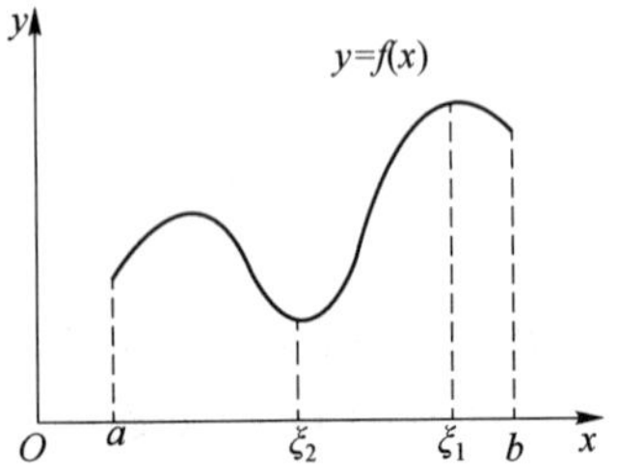

图 2-7

定理 5 中的条件："闭区间"和"函数连续".

例如，函数 $f(x)=\dfrac{1}{x}$ 在区间 $(0,1)$ 上是连续的，但无界. 既无最大值又无最小值.

因为 $x=1\notin(0,1)$.

又如函数 $g(x)=\begin{cases}\dfrac{1}{x}, & 0<x\leqslant 1\\ 0, & x=0\end{cases}$

由于 $g(0^+)$ 不存在，$g(x)$ 在 $[0,1]$ 上不连续，它无最大值，但有最小值 $g(0)=0$.

定理 6(有界性定理) 闭区间上的连续函数必有界.

如果函数 $f(x)$ 在 $[a,b]$ 上连续，则必有常数 $M>0$，使得 $|f(x)|<M$.

定理 7(零点定理) 设 $f(x)$ 在闭区间 $[a,b]$ 上连续，

且 $f(a)$ 与 $f(b)$ 异号 $(f(a)\cdot f(b)<0)$，那么在开区间 (a,b) 内至少存在一点 ξ，使 $f(\xi)=0$.

从几何上看，如果连续曲线弧 $y=f(x)$ 的两个端点位于 x 轴上下两侧，因此 $y=f(x)$ 与 x 轴至少有一个交点，如图 2-8 所示.

例 9 证明：方程 $x=a\cdot\sin x+b(a>0,b>0)$ 在区间 $[0,a+b]$ 中至少有一个根.

证明： 设 $F(x)=x-a\cdot\sin x-b$，在闭区间 $[0,a+b]$ 上连续，而 $F(0)=-b<0$；

$$\begin{aligned}F(a+b)&=a+b-a\cdot\sin(a+b)-b\\&=a\cdot[1-\sin(a+b)]\end{aligned}$$

如果 $\sin(a+b)=1$，则 $\xi=a+b$ 就是方程 $F(x)$ 的一个根；

如果 $\sin(a+b)<1$，则 $F(a+b)>0$，根据零点定理：

$F(x)$ 在闭区间 $[0,a+b]$ 上连续，$F(0)<0$，$F(a+b)>0(F(0)\cdot F(a+b)>0)$，

故在 $(0,a+b)$ 内至少存在一点 ξ，使 $f(\xi)=0$.

即方程 $x=a\cdot\sin x+b(a>0,b>0)$ 在区间 $[0,a+b]$ 中至少有一个根.

定理 8(介值定理) 设 $f(x)$ 在闭区间 $[a,b]$ 上连续，且 $f(a)\neq f(b)$，C 为介于 $f(a)$ 和 $f(b)$ 之间的任意一个数，则至少存在一点 $\xi\in(a,b)$，使得 $f(\xi)=C$.

推论：若 $f(x)$ 在闭区间 $[a,b]$ 上连续函数，那么必能取得介于最大值 M 和最小值 m 之间的任意值.

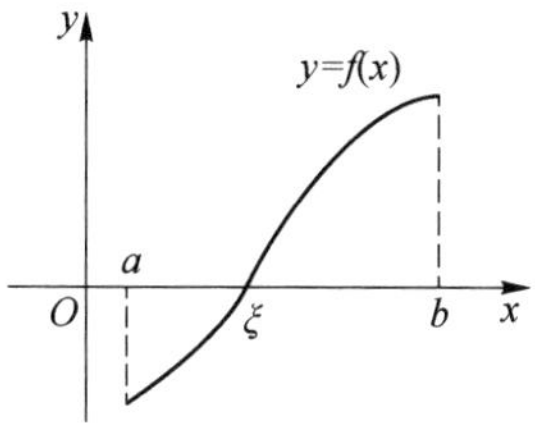

图 2-8

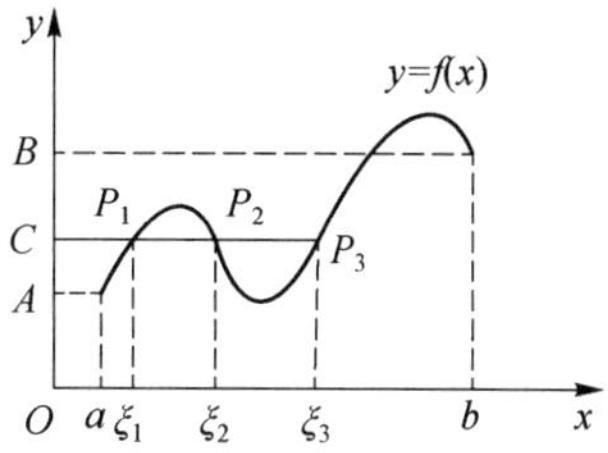

图 2-9

习题 2-5

1. 设函数 $f(x)=\begin{cases}3x+a, & x<0\\ x^2+1, & x>0\\ b+x, & x=0\end{cases}$，在 $(-\infty,+\infty)$ 上连续，求 a,b.

2. 讨论下列函数的连续性，并画出函数的图形：

(1) $f(x)=\begin{cases}x^2, & 0\leqslant x\leqslant 1\\ 2-x, & 1<x\leqslant 2\end{cases}$；　　(2) $f(x)=\begin{cases}x, & -1\leqslant x\leqslant 1\\ 1, & x<-1 \text{ 或 } x>1\end{cases}$.

3. 判定下列函数在指定点属于哪一类间断点：

(1) $f(x)=\dfrac{1}{x+1}$，$x=-1$；　　(2) $f(x)=\dfrac{x^2-1}{x^2-3x+2}$，$x=1$，$x=2$.

4. 证明方程 $x^3=4x^2-1$ 在区间 $(0,1)$ 至少有一个根.

5. 若 $f(x)$ 在 $[a,b]$ 上连续，$a<x_1<x_2<\cdots<x_n<b(n\geqslant 3)$，则在 (x_1,x_n) 内至少有一点 ξ，使 $f(\xi)=\dfrac{f(x_1)+f(x_2)+\cdots+f(x_n)}{n}$.

复习题 2

一、选择题(20 分)

1. 当 $x\to 0^+$ 时，下列变量为无穷小量的是(　　).

A. $e^{\frac{1}{x}}$　　B. $\ln x$　　C. $x\sin\dfrac{1}{x}$　　D. $\dfrac{1}{x}\sin x$

2. 下列各式正确的是(　　).

A. $\lim\limits_{x\to 0^+}\left(1+\dfrac{1}{x}\right)^x=1$　　B. $\lim\limits_{x\to 0^+}\left(1+\dfrac{1}{x}\right)^x=e$

C. $\lim\limits_{x\to\infty}\left(1-\dfrac{1}{x}\right)^x=-e$　　D. $\lim\limits_{x\to\infty}\left(1+\dfrac{1}{x}\right)^{-x}=e^{-1}$

3. 已知极限 $\lim\limits_{x\to\infty}\left(1+\dfrac{1}{2x}\right)^{bx}=e^2$，则 $b=$(　　).

A. 1　　B. 2　　C. 3　　D. 4

4. $\lim\limits_{n\to\infty}\left(\frac{1}{n}\sin n-n\sin\frac{1}{n}\right)=$(　　).

A. -1　　B. 0　　C. 1　　D. ∞

5. 点 $x=1$ 是函数 $f(x)=\begin{cases}3x-1, & x<1\\ 1, & x=1\\ 3-x, & x>1\end{cases}$ 的(　　).

A. 连续点　　B. 第一类非可去间断点

C. 可去间断点　　D. 第二类间断点

二、填空题(20 分)

1. 数列极限 $\lim\limits_{n\to\infty}\frac{2^{n+1}}{2^n+1}=$______.

2. 极限 $\lim\limits_{x\to0}\ln(1+x)\cdot\sin\frac{1}{x}=$______.

3. 求极限 $\lim\limits_{x\to0}\frac{\sqrt{1+x}-\sqrt{1-x}}{\sin x}=$______.

4. 设函数 $f(x)=\begin{cases}(1+x)^{\frac{2}{x}}, & x<0\\ a\cdot\cos x, & x\geqslant0\end{cases}$ 在点 $x=0$ 处连续,则 $a=$______.

5. 若当 $x\to0$ 时 $f(x)$ 是比 x^2 高阶的无穷小量,则 $\lim\limits_{x\to0}\frac{f(x)}{\sin^2x}=$______.

三、计算题(48 分)

1. $\lim\limits_{n\to\infty}\left(1-\frac{1}{2^2}\right)\left(1-\frac{1}{3^2}\right)\cdots\left(1-\frac{1}{n^2}\right)$.

2. 求极限 $\lim\limits_{x\to0}(1+\sin 2x)^{\frac{1}{x}}$.

3. 求 $\lim\limits_{x\to\infty}\left(\frac{x+1}{x-1}\right)^x$.

4. 求极限 $\lim\limits_{x\to+\infty}x[\ln(1+x)-\ln x]$.

5. 设 $\lim\limits_{x\to0}\frac{f(2x)}{x}=3$,求 $\lim\limits_{x\to0}\frac{x}{f(3x)}$.

6. 求函数 $f(x)=\frac{|x|}{x(x-1)}$ 的间断点,并判别其类型.

四、综合题(12 分,2 选 1)

1. 证明:方程 $x-2\sin x=1$ 在区间(0,3)内至少有一个实根.

2. 设 $\lim\limits_{x\to-1}\frac{x^3-ax^2-x+4}{x+1}=l$,求 a,l 的值.

第 3 章

导数与微分

导数与微分都是微分学的基本概念,本章在极限概念基础上研究导数与微分.导数概念在理论和实践中有着广泛的应用,物理学、几何学、经济学、管理学等学科中的一些重要概念都可以用导数来表示,如速度、切线斜率、边际函数、弹性函数等.本章将从实例引出导数概念,并研究导数的计算法则和微分的概念.

本章目标

深刻理解导数的定义,理解可导与连续的关系及其几何意义;熟练掌握基本初等函数的求导公式,导数的四则运算法则及复合函数求导法则;了解高阶导数的定义;理解微分的定义、可导和可微的关系及一阶微分形式不变性,掌握函数微分法.

3.1 导数的概念

17 世纪的欧洲,由于资本主义的萌芽,生产力的大发展推动了自然科学和技术的发展.在前人创造性研究的基础上,牛顿和莱布尼茨等数学家都从不同角度系统地研究了微积分.其中牛顿在力学基础上结合运动学理论,从变速直线运动的瞬时速度问题出发进行分析;莱布尼茨主要运用分析学方法,从曲线的切线和面积问题出发进行分析.这些问题在数量关系上都归结于**函数的变化率**.

一、引例

1. 变速直线运动的瞬时速度

设一物体作变速直线运动,其运动方程为 $s=s(t)$,求该物体在 t_0 时刻的瞬时速度 $v(t_0)$.

物体由 t_0 到 $t_0+\Delta t$ 这段时间间隔内,经过的路程为 $\Delta s=s(t_0+\Delta t)-s(t_0)$.

于是比值$\dfrac{\Delta s}{\Delta t}=\dfrac{s(t_0+\Delta t)-s(t_0)}{\Delta t}$为物体在 t_0 到 $t_0+\Delta t$ 这段时间间隔内的平均速度,记作 $\bar{v}$,即

$$\bar{v}=\frac{\Delta s}{\Delta t}=\frac{s(t_0+\Delta t)-s(t_0)}{\Delta t}$$

当时间间隔 $|\Delta t|$ 很小时,可以认为物体在时间 $[t_0,t_0+\Delta t]$ 内近似的做匀速运动.$\bar{v}$ 可作为物体在 t_0 时刻的瞬时速度 $v(t_0)$ 的近似值,且 $|\Delta t|$ 越小,$\bar{v}$ 就越接近 $v(t_0)$,当 $\Delta t\to 0$ 时,由极限定义可得

$$v(t_0)=\lim_{\Delta t\to 0}\bar{v}=\lim_{\Delta t\to 0}\frac{\Delta s}{\Delta t}=\lim_{\Delta t\to 0}\frac{s(t_0+\Delta t)-s(t_0)}{\Delta t}$$

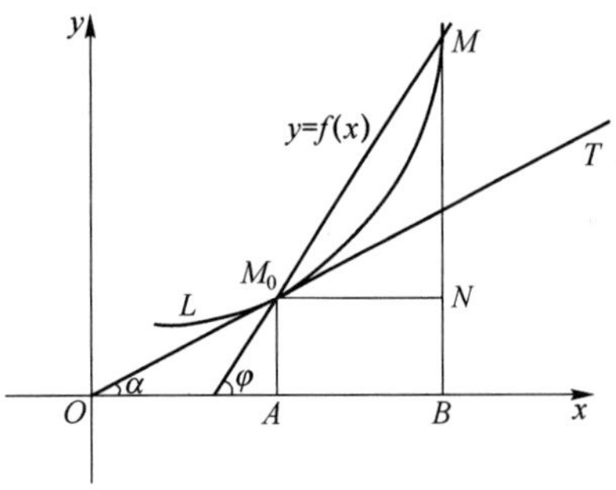

图 3-1

由此可见，物体运动的瞬时速度就是当时间改变量趋于零时，路程函数的增量和时间增量之比的极限.

2. 平面曲线的切线斜率

设点 M_0 为曲线 L 上一定点，在曲线上另取一点 M，当点 M 沿曲线 L 移动而趋向于 M_0 时，割线 M_0M 的极限位置 M_0T 称为曲线 L 在点 M_0 处的切线.

设函数 $y=f(x)$ 的图像，如图 3-1 所示，$M_0(x_0,f(x_0))$ 和 $M(x,f(x))$ 为曲线 L 上的两点，它们在 x 轴上的投影分别为 A 和 B，作 M_0N 垂直 BM 并交 BM 于 N. 则 $M_0N=\Delta x=x-x_0$，$NM=\Delta y=f(x)-f(x_0)$.

割线 M_0M 的斜率 $\tan\varphi=\dfrac{\Delta y}{\Delta x}=\dfrac{f(x)-f(x_0)}{x-x_0}=\dfrac{f(x_0+\Delta x)-f(x_0)}{\Delta x}$.

当 $\Delta x\to 0$ 时，点 M 沿曲线 L 无限趋近于点 M_0，则割线 M_0M 的斜率 $\tan\varphi$ 趋近于切线 M_0T 斜率 $\tan\alpha$. 因此曲线 L 在点 M_0 的切线斜率为

$$\tan\alpha=\lim_{\Delta x\to 0}\tan\varphi=\lim_{\Delta x\to 0}\frac{\Delta y}{\Delta x}=\lim_{\Delta x\to 0}\frac{f(x_0+\Delta x)-f(x_0)}{\Delta x}$$

由此可见，曲线 $y=f(x)$ 在点 M_0 处的切线斜率是纵坐标 y 的增量 Δy 与横坐标 x 的增量 Δx 之比，当横坐标 x 的增量 Δx 趋于零时的极限.

上述两个例子，一个是物理问题，另一个是几何问题，他们的具体意义不同，但是从数量关系来看，都是研究函数的增量与自变量增量之比的极限问题，这类极限问题在其他领域和问题上也会同样遇到，因此将这种特定的极限称为函数的导数. 就如法国数学家拉格朗日在 1797 年所提出的：**导数就是增量比的极限.**

二、导数的概念

1. 导数的定义

定义 1 设函数 $y=f(x)$ 在点 x_0 的某一邻域内有定义，当自变量 x 在 x_0 处有增量 Δx（$\Delta x\neq 0$ 且 $x_0+\Delta x$ 仍在该邻域内）时，相应地函数有增量 $\Delta y=f(x_0+\Delta x)-f(x_0)$，如果极限

$$\lim_{\Delta x\to 0}\frac{\Delta y}{\Delta x}=\lim_{\Delta x\to 0}\frac{f(x_0+\Delta x)-f(x_0)}{\Delta x}$$

存在，则称函数 $y=f(x)$ 在点 x_0 处可导，此极限值称为函数 $y=f(x)$ 在点 x_0 的导数. 记作 $f'(x_0)$，也记为 $y'|_{x=x_0}$、$\left.\dfrac{\mathrm{d}f(x)}{\mathrm{d}x}\right|_{x=x_0}$ 或 $\left.\dfrac{\mathrm{d}y}{\mathrm{d}x}\right|_{x=x_0}$.

即
$$f'(x_0)=\lim_{\Delta x\to 0}\frac{\Delta y}{\Delta x}=\lim_{\Delta x\to 0}\frac{f(x_0+\Delta x)-f(x_0)}{\Delta x}$$

反之，如果上述极限不存在，则称函数 $y=f(x)$ 在点 x_0 处不可导，称 x_0 为 $y=f(x)$ 的不可导点.

导数也可以采取不同的表达形式. 如果令 $x_0+\Delta x=x$，则当 $\Delta x\to 0$ 时，有 $x\to x_0$，故函数在 x_0 处的导数 $f'(x_0)$ 也可表示为

$$f'(x_0)=\lim_{x\to x_0}\frac{f(x)-f(x_0)}{x-x_0}$$

根据导数的定义，计算函数 $y=f(x)$ 在点 x_0 处的导数 $f'(x_0)$，一般可分为以下三个步骤：

(1) 求函数的增量：$\Delta y=f(x_0+\Delta x)-f(x_0)$；

(2) 求两增量的比值：$\dfrac{\Delta y}{\Delta x}$；

(3) 求极限：$\lim\limits_{\Delta x\to 0}\dfrac{\Delta y}{\Delta x}=f'(x_0)$.

例 1　求函数 $f(x)=x^2$ 在 $x=1$ 处的导数 $f'(1)$.

解：方法一：(1) 求增量 Δy：$\Delta y=f(1+\Delta x)-f(1)=(1+\Delta x)^2-1^2=2\Delta x+(\Delta x)^2$；

(2) 求比值$\dfrac{\Delta y}{\Delta x}$：$\dfrac{\Delta y}{\Delta x}=\dfrac{2\Delta x+(\Delta x)^2}{\Delta x}=2+\Delta x\quad(\Delta x\neq 0)$；

(3) 求极限：$\lim\limits_{\Delta x\to 0}\dfrac{\Delta y}{\Delta x}=\lim\limits_{\Delta x\to 0}(2+\Delta x)=2$. 所以 $f'(1)=2$.

方法二：$f'(1)=\lim\limits_{x\to 1}\dfrac{f(x)-f(1)}{x-1}=\lim\limits_{x\to 1}\dfrac{x^2-1}{x-1}=\lim\limits_{x\to 1}(x+1)=2$.

2. 导函数的定义

定义 2　如果函数 $y=f(x)$在区间 I 内每一点都可导，则称 $y=f(x)$在区间 I 内可导. 那么对应于 I 中的每一个确定的 x 值，都唯一对应着一个确定的导数值 $f'(x)$，这样就确定了一个新的函数，称为函数 $y=f(x)$的导函数. 记作 $f'(x)$，y'，$\dfrac{dy}{dx}$或$\dfrac{df(x)}{dx}$，即

$$f'(x)=\lim_{\Delta x\to 0}\frac{f(x+\Delta x)-f(x)}{\Delta x}$$

在不致发生混淆的情况下，导函数也简称为导数.

显然，函数 $y=f(x)$在点 x_0 处的导数 $f'(x_0)$，就是导函数 $f'(x)$在点 $x=x_0$ 处的函数值，即

$$f'(x_0)=f'(x)\big|_{x=x_0}$$

例 2　求函数 $y=x^2$ 的导数.

解：(1) 求增量 Δy：$\Delta y=f(x+\Delta x)-f(x)=(x+\Delta x)^2-x^2=2x\Delta x+(\Delta x)^2$；

(2) 求比值$\dfrac{\Delta y}{\Delta x}$：$\dfrac{\Delta y}{\Delta x}=\dfrac{2x\Delta x+(\Delta x)^2}{\Delta x}=2x+\Delta x\quad(\Delta x\neq 0)$；

(3) 求极限：$(x^2)'=\lim\limits_{\Delta x\to 0}\dfrac{\Delta y}{\Delta x}=\lim\limits_{\Delta x\to 0}(2x+\Delta x)=2x$.

即
$$(x^2)'=2x$$
因此例 1 中 $f'(1)=2x\big|_{x=1}=2\times 1=2$.

例 3　求函数 $y=c$ 的导数(c 是常数).

解：(1) 求增量 Δy：因为 $y=c$，即不论 x 取什么值，y 的值总等于 c，所以 $\Delta y=0$；

(2) 求比值$\dfrac{\Delta y}{\Delta x}$：$\dfrac{\Delta y}{\Delta x}=0$；

(3) 求极限：$y'=\lim\limits_{\Delta x\to 0}\dfrac{\Delta y}{\Delta x}=\lim\limits_{\Delta x\to 0}0=0$.

即
$$(C)'=0$$

例 4　求函数 $y=x^n$(n 为正整数)的导数.

解：求极限：$y'=\lim\limits_{\Delta x\to 0}\dfrac{\Delta y}{\Delta x}=\lim\limits_{\Delta x\to 0}\dfrac{(x+\Delta x)^n-x^n}{\Delta x}=\lim\limits_{\Delta x\to 0}\left[nx^{n-1}+\dfrac{n(n-1)}{2!}x^{n-2}\Delta x+\cdots+(\Delta x)^{n-1}\right]=nx^{n-1}$.

即
$$(x^n)'=nx^{n-1}(n\text{ 为正整数})$$
一般地，对 $y=x^\mu(\mu\in R)$，也有 $(x^\mu)'=\mu x^{\mu-1}$这个公式.

例如：

$$(\sqrt{x})'=(x^{\frac{1}{2}})'=\frac{1}{2\sqrt{x}},\left(\frac{1}{x}\right)'=(x^{-1})'=-\frac{1}{x^2}$$

例 5 求对数函数 $y=\log_a x(a>0,a\neq1,x>0)$ 的导数.

解：$y'=\lim\limits_{\Delta x\to0}\frac{\Delta y}{\Delta x}=\lim\limits_{\Delta x\to0}\frac{\log_a(x+\Delta x)-\log_a x}{\Delta x}=\lim\limits_{\Delta x\to0}\frac{1}{x}\log_a\left(1+\frac{\Delta x}{x}\right)^{\frac{x}{\Delta x}}=\frac{1}{x}\log_a e=\frac{1}{x\ln a}$

即
$$(\log_a x)'=\frac{1}{x\ln a}$$

特别地，当 $a=e$ 时，得自然对数的导数 $(\ln x)'=\frac{1}{x}$.

例 6 求函数 $y=\sin x$ 的导数.

解：
$$y'=\lim_{\Delta x\to0}\frac{\Delta y}{\Delta x}=\lim_{\Delta x\to0}\frac{\sin(x+\Delta x)-\sin x}{\Delta x}=\lim_{\Delta x\to0}\cos\left(x+\frac{\Delta x}{2}\right)\frac{\sin\frac{\Delta x}{2}}{\frac{\Delta x}{2}}$$

$$=\lim_{\Delta x\to0}\cos\left(x+\frac{\Delta x}{2}\right)\lim_{\Delta x\to0}\frac{\sin\frac{\Delta x}{2}}{\frac{\Delta x}{2}}=\cos x.$$

即
$$(\sin x)'=\cos x$$
同理求得：
$$(\cos x)'=-\sin x$$

三、左、右导数

类比于左、右极限的概念，如果左极限 $\lim\limits_{\Delta x\to0^-}\frac{\Delta y}{\Delta x}$ 存在，则称此极限值为 $f(x)$ 在 x_0 处的**左导数**，记为 $f'_-(x_0)$；如果右极限 $\lim\limits_{\Delta x\to0^+}\frac{\Delta y}{\Delta x}$ 存在，则称此极限值为 $f(x)$ 在 x_0 处的**右导数**，记为 $f'_+(x_0)$，即

$$f'_-(x_0)=\lim_{\Delta x\to0^-}\frac{\Delta y}{\Delta x}=\lim_{\Delta x\to0^-}\frac{f(x_0+\Delta x)-f(x_0)}{\Delta x}$$
$$f'_+(x_0)=\lim_{\Delta x\to0^+}\frac{\Delta y}{\Delta x}=\lim_{\Delta x\to0^+}\frac{f(x_0+\Delta x)-f(x_0)}{\Delta x}$$

定理 1 $f(x)$ 在点 x_0 处可导的充分必要条件是 $f(x)$ 在点 x_0 的左、右导数存在且相等.

注：此定理常被用于判定分段函数在分段点处是否可导.

如果函数 $f(x)$ 在开区间 (a,b) 上每一点可导，且 $f'_+(a)$ 和 $f'_-(b)$ 都存在，则称函数 $f(x)$ 在闭区间 $[a,b]$ 上可导.

例 7 讨论 $f(x)=\begin{cases}x^2+2, & x\leqslant1\\ 2x, & x>1\end{cases}$ 在点 $x=1$ 处的可导性.

解：方法一：$f'_-(1)=\lim\limits_{\Delta x\to0^-}\frac{\Delta y}{\Delta x}=\lim\limits_{\Delta x\to0^-}\frac{(1+\Delta x)^2+2-3}{\Delta x}=\lim\limits_{\Delta x\to0^-}\frac{(\Delta x)^2+2\Delta x}{\Delta x}=2$

$$f'_+(1)=\lim_{\Delta x\to0^+}\frac{\Delta y}{\Delta x}=\lim_{\Delta x\to0^+}\frac{2(1+\Delta x)-2}{\Delta x}=\lim_{\Delta x\to0^+}\frac{2\Delta x}{\Delta x}=2$$

方法二：$f'_-(1)=\lim\limits_{x\to1^-}\frac{f(x)-f(1)}{x-1}=\lim\limits_{x\to1^-}\frac{(x^2+2)-3}{x-1}=\lim\limits_{x\to1^-}(x+1)=2$

$$f'_+(1)=\lim_{x\to1^+}\frac{f(x)-f(1)}{x-1}=\lim_{x\to1^+}\frac{2x-2}{x-1}=2$$

因为左导数等于右导数，所以 $f(x)$ 在 $x=1$ 可导.

四、导数的几何意义

根据前面引例 2 平面曲线的切线斜率的求法和导数的定义可以知道，函数 $y=f(x)$ 在点 x_0 处的导数等于函数 $y=f(x)$ 所代表的曲线 L 在相应点 (x_0,y_0) 处的切线斜率，这就是导数的几何意义. 即

$$\tan\alpha=f'(x_0)$$

因此，由直线的点斜式方程，曲线 $y=f(x)$ 在点 $M(x_0,y_0)$ 处的切线方程为

$$y-y_0=f'(x_0)(x-x_0)$$

特别地，若 $f'(x_0)=\infty$，则切线垂直于 x 轴，切线方程就是 x 轴的垂线 $x=x_0$.

过切点 $M(x_0,y_0)$ 且与切线垂直的直线为曲线 $y=f(x)$ 在点 $M(x_0,y_0)$ 处的法线，其法线方程为

$$y-y_0=\frac{-1}{f'(x_0)}(x-x_0)(f'(x_0)\neq 0)$$

例 8　求抛物线 $y=x^2$ 在点 $(1,1)$ 处的切线方程和法线方程.

解：由前面的例 1 可知，$f'(1)=2$. 即曲线 $y=x^2$ 在点 $(1,1)$ 处的切线斜率为 2，所以，所求的切线方程为

$$y-1=2(x-1)，即\ y=2x-1$$

法线方程为

$$y-1=-\frac{1}{2}(x-1)即\ y=-\frac{1}{2}x+\frac{3}{2}$$

五、可导与连续的关系

函数 $y=f(x)$ 在点 x_0 连续是指 $\lim\limits_{\Delta x\to 0}\Delta y=0$，而在点 x_0 可导是指 $\lim\limits_{\Delta x\to 0}\frac{\Delta y}{\Delta x}$ 存在，那么这两种极限有什么关系呢？

定理 2　函数 $y=f(x)$ 在点 x_0 处可导，则 $y=f(x)$ 在点 x_0 处连续.

证明：设函数 $y=f(x)$ 在点 x_0 处可导，有 $\lim\limits_{\Delta x\to 0}\frac{\Delta y}{\Delta x}=f'(x_0)$，则

$$\lim_{\Delta x\to 0}\Delta y=\lim_{\Delta x\to 0}\left(\frac{\Delta y}{\Delta x}\cdot\Delta x\right)=\lim_{\Delta x\to 0}\frac{\Delta y}{\Delta x}\cdot\lim_{\Delta x\to 0}\Delta x=f'(x_0)\cdot 0=0$$

由此可见 $y=f(x)$ 在点 x_0 处连续.

但这个定理的逆定理不成立，即如果 $y=f(x)$ 在点 x_0 处连续，不一定能得出函数 $y=f(x)$ 在点 x_0 处可导，参见例 9.

例 9　讨论函数 $f(x)=|x|=\begin{cases}-x, & x<0\\ x, & x\geqslant 0\end{cases}$ 在点 $x=0$ 的连续性和可导性.

解：因为 $\Delta y=f(0+\Delta x)-f(0)=|\Delta x|$，有 $\lim\limits_{\Delta x\to 0}\Delta y=\lim\limits_{\Delta x\to 0}|\Delta x|=0$，所以函数 $y=f(x)$ 在点 $x=0$ 处连续.

而 $y=f(x)$ 在点 $x=0$ 的左导数是

$$f'_-(0)=\lim_{x\to 0^-}\frac{f(x)-f(0)}{x-0}=\lim_{x\to 0^-}\frac{-x-0}{x}=-1$$

右导数是

$$f'_+(0)=\lim_{x\to 0^+}\frac{f(x)-f(0)}{x-0}=\lim_{x\to 0^+}\frac{x-0}{x}=1$$

因为左、右导数不相等，故函数在该点不可导.

因此函数 $f(x)=|x|$ 在 $x=0$ 处连续但不可导.

习题 3-1

1. 设函数 $f(x)=3x^2$，利用导数定义求 $f'(x)$ 和 $f'(2)$.

2. 设函数 $f(x)=\cos x$，利用导数定义求 $f'(x)$ 和 $f'\left(\frac{\pi}{2}\right)$.

3. 已知函数 $f(x)$ 在点 x_0 处可导，且 $f'(x_0)=A$，求 $\lim\limits_{\Delta x\to 0}\frac{f(x_0-5\Delta x)-f(x_0)}{\Delta x}$.

4. 如果函数 $f(x)$ 在点 x_0 可导，求 $\lim\limits_{h\to 0}\frac{f(x_0-h)-f(x_0)}{h}$.

5. 求抛物线 $f(x)=x^2+2x-2$ 在点 $(1,1)$ 处的切线方程和法线方程.

6. 求曲线 $y=\cos x$ 在点 $\left(\frac{\pi}{6},\frac{\sqrt{3}}{2}\right)$ 处的切线方程和法线方程.

7. 讨论函数 $f(x)=\begin{cases}\cos x, & x\leqslant 0\\ 1, & x>0\end{cases}$ 在 $x=0$ 点的可导性.

8. 讨论函数 $f(x)=\begin{cases}2, & x\leqslant 0\\ 3x+1, & 0<x\leqslant 1\\ x^3+3, & x>1\end{cases}$ 在 $x=0$ 和 $x=1$ 处的连续性与可导性.

9. 设函数 $f(x)=\begin{cases}x^2, & x\leqslant 1\\ ax+b, & x>1\end{cases}$，试确定 a,b 的值，使 $f(x)$ 在 $x=1$ 处连续且可导.

3.2 导数的运算

求导数是微分学最基本的一种运算，是理论研究和实践应用中经常遇到的一类问题. 前一节中，我们运用导数的定义求解了一些简单函数的导数，但是对于一些复杂函数，往往会遇到困难，有时甚至不可能. 能否找到一些求导的法则和公式，使求导运算变得更加简单易行呢？牛顿和莱布尼茨等早期的数学家们做了大量工作，特别是数学符号大师莱布尼茨. 本节将介绍一些求导法则和基本初等函数的求导公式，借由这些法则和公式，将能方便地求出初等函数的导数.

一、导数的四则运算求导法则

定理 1 设函数 $u=u(x)$ 与 $v=v(x)$ 在点 x 处可导，则它们的和、差、积、商在点 x 处也可导，且有以下法则：

(1) $[u(x)\pm v(x)]'=u'(x)\pm v'(x)$；

(2) $[u(x)v(x)]'=u'(x)v(x)+u(x)v'(x)$；

特别地，$[Cu(x)]'=Cu'(x)$（C 为常数）；

(3) $\left[\frac{u(x)}{v(x)}\right]'=\frac{u'(x)v(x)-u(x)v'(x)}{v^2(x)}$ $(v(x)\neq 0)$.

特别地，当 $u(x)=C$（C 为常数）时，有

$$\left[\frac{C}{v(x)}\right]'=-\frac{Cv'(x)}{v^2(x)}\quad (v(x)\neq 0)$$

下面给出法则(2)的证明,法则(1)、(3)的证明略.

证明:$[u(x)v(x)]'=\lim\limits_{\Delta x\to 0}\dfrac{u(x+\Delta x)v(x+\Delta x)-u(x)v(x)}{\Delta x}$

$$=\lim_{\Delta x\to 0}\frac{[u(x+\Delta x)v(x+\Delta x)-u(x)v(x+\Delta x)]+[u(x)v(x+\Delta x)-u(x)v(x)]}{\Delta x}$$

$$=\lim_{\Delta x\to 0}\frac{\Delta u\cdot v(x+\Delta x)+u(x)\cdot\Delta v}{\Delta x}=\lim_{\Delta x\to 0}\frac{\Delta u}{\Delta x}\lim_{\Delta x\to 0}v(x+\Delta x)+u(x)\lim_{\Delta x\to 0}\frac{\Delta v}{\Delta x}$$

$$=u'(x)v(x)+u(x)v'(x)$$

注:法则(1)和(2)可推广到有限多个函数运算的情形.例如:设 $u=u(x)$、$v=v(x)$、$w=w(x)$在点 x 处均可导,则有

$$[u(x)\pm v(x)\pm w(x)]'=u'(x)\pm v'(x)\pm w'(x)$$

$$[u(x)v(x)w(x)]'=u'(x)v(x)w(x)+u(x)v'(x)w(x)+u(x)v(x)w'(x)$$

例 1 设 $y=x^3+2\sin x-3$,求 y'.

解:$y'=(x^3+2\sin x-3)'=(x^3)'+(2\sin x)'-3'=3x^2+2(\sin x)'-0=3x^2+2\cos x$.

例 2 设 $y=x^2\ln x$,求 y'.

解:$y'=(x^2\ln x)'=(x^2)'\ln x+x^2(\ln x)'=2x\cdot\ln x+x^2\cdot\dfrac{1}{x}=2x\cdot\ln x+x$.

例 3 求 $y=\tan x$ 的导数.

解:$y'=(\tan x)'=\left(\dfrac{\sin x}{\cos x}\right)'=\dfrac{(\sin x)'\cos x-\sin x(\cos x)'}{\cos^2 x}=\dfrac{\cos^2 x+\sin^2 x}{\cos^2 x}=\dfrac{1}{\cos^2 x}=\sec^2 x$

即
$$(\tan x)'=\sec^2 x$$
同理可得
$$(\cot x)'=-\csc^2 x$$

例 4 设 $y=\sec x$,求 y'.

解:$y'=(\sec x)'=\left(\dfrac{1}{\cos x}\right)=-\dfrac{(\cos x)'}{\cos^2 x}=\dfrac{\sin x}{\cos^2 x}=\sec x\tan x$

即
$$(\sec x)'=\sec x\tan x$$
同理可得
$$(\csc x)'=-\csc x\cot x$$

例 5 设 $y=x\cdot\sin x\cdot\ln x$,求 y'.

解:$y'=(x\cdot\sin x\cdot\ln x)'=(x)'\sin x\cdot\ln x+x\cdot(\sin x)'\cdot\ln x+x\cdot\sin x\cdot(\ln x)'$

$$=\sin x\cdot\ln x+x\cdot\cos x\cdot\ln x+x\cdot\sin x\cdot\frac{1}{x}$$

$$=\sin x\cdot\ln x+x\cdot\cos x\cdot\ln x+\sin x$$

二、反函数的求导法则

定理 2 如果函数 $x=\varphi(y)$在某区间 I_y 内单调、可导且 $\varphi'(y)\neq 0$,那么它的反函数 $y=f(x)$在对应区间 I_x 也可导,且有

$$f'(x)=\frac{1}{\varphi'(y)}\text{或}\frac{dy}{dx}=\frac{1}{\frac{dx}{dy}}$$

即:**反函数的导数等于其直接函数的导数的倒数.**

例 6 求 $y=a^x(a>0,a\neq 1)$的导数.

解:$y=a^x$ 是 $x=\log_a y$ 的反函数,且 $x=\log_a y$ 在$(0,+\infty)$内单调、可导,又$\dfrac{dx}{dy}=\dfrac{1}{y\ln a}\neq 0$.

所以

$$\frac{\mathrm{d}y}{\mathrm{d}x}=\frac{1}{\frac{\mathrm{d}x}{\mathrm{d}y}}=y\ln a=a^x\ln a$$

即 $$(a^x)'=a^x\ln a$$

特别地，有 $$(\mathrm{e}^x)'=\mathrm{e}^x$$

例 7 求 $y=\arcsin x$ 的导数.

解：$y=\arcsin x$ 是 $x=\sin y$ 的反函数，$x=\sin y$ 在区间$\left(-\frac{\pi}{2},\frac{\pi}{2}\right)$内单调、可导，且$\frac{\mathrm{d}x}{\mathrm{d}y}=\cos y>0$.

所以 $$\frac{\mathrm{d}y}{\mathrm{d}x}=\frac{1}{\frac{\mathrm{d}x}{\mathrm{d}y}}=\frac{1}{\cos y}=\frac{1}{\sqrt{1-\sin^2 y}}=\frac{1}{\sqrt{1-x^2}}$$

即 $$(\arcsin x)'=\frac{1}{\sqrt{1-x^2}}\quad(-1<x<1)$$

同理可得$(\arccos x)'=-\frac{1}{\sqrt{1-x^2}}\ (-1<x<1)$，$(\arctan x)'=\frac{1}{1+x^2}$，$(\mathrm{arccot}\, x)'=-\frac{1}{1+x^2}$.

三、基本初等函数求导公式

基本初等函数的导数公式在求导运算中起着非常重要的作用，在前面的例题中求解出了所有基本初等函数的导数，现将公式归纳如下：

序号	基本导数公式	序号	基本导数公式
(1)	$(c)'=0$（c 为常数）	(6)	$(\cos x)'=-\sin x$
(2)	$(x^\mu)'=\mu x^{\mu-1}$	(7)	$(\tan x)'=\sec^2 x$
	$\left(\frac{1}{x}\right)'=-\frac{1}{x^2}\ (x\neq 0)$	(8)	$(\cot x)'=-\csc^2 x$
	$(\sqrt{x})'=\frac{1}{2\sqrt{x}}\ (x>0)$	(9)	$(\sec x)'=\sec x\tan x$
(3)	$(\log_a x)'=\frac{1}{x\ln a}\ (a>0,a\neq 1)$	(10)	$(\csc x)'=-\csc x\cot x$
	$(\ln x)'=\frac{1}{x}$	(11)	$(\arcsin x)'=\frac{1}{\sqrt{1-x^2}}\ (-1<x<1)$
(4)	$(a^x)'=a^x\ln a\ (a>0,a\neq 1)$	(12)	$(\arccos x)'=-\frac{1}{\sqrt{1-x^2}}\ (-1<x<1)$
	$(\mathrm{e}^x)'=\mathrm{e}^x$	(13)	$(\arctan x)'=\frac{1}{1+x^2}$
(5)	$(\sin x)'=\cos x$	(14)	$(\mathrm{arccot}\, x)'=-\frac{1}{1+x^2}$

四、复合函数的求导法则

我们知道$(\sin x)'=\cos x$，那么是否有$(\sin 2x)'=\cos 2x$呢？答案当然是否定的.在前面应用导数的四则运算法则和基本初等函数的导数公式解决了一些比较复杂的初等函数的导数，但我们应该注意到，产生初等函数的方法，除了四则运算外，还有像 $\sin 2x$ 这一类通过函数复合形成的初等函数，我们将不能直接运用公式.那如何去求解呢？下面的内容将给出很好的解答.

定理 3　如果函数 $u=\varphi(x)$ 在点 x 处可导，而函数 $y=f(u)$ 在对应的点 $u=\varphi(x)$ 处可导，那么复合函数 $y=f[\varphi(x)]$ 也在点 x 处可导，且有

$$\{f[\varphi(x)]\}'=f'(u)\varphi'(x)\left(\text{或 } y'_x=y'_u\cdot u'_x \text{ 或} \frac{\mathrm{d}y}{\mathrm{d}x}=\frac{\mathrm{d}y}{\mathrm{d}u}\frac{\mathrm{d}u}{\mathrm{d}x}\right)$$

证明：　当自变量 x 的改变量为 Δx 时，对应的函数 $u=\varphi(x)$ 与 $y=f(u)$ 的改变量分别为 Δu 和 Δy. 由于函数 $u=\varphi(x)$ 在 x 处可导，则有 $u=\varphi(x)$ 在 x 处连续，即 $\lim\limits_{\Delta x\to 0}\Delta u=0$.

当 $\Delta u\neq 0$ 时，有　$\lim\limits_{\Delta x\to 0}\dfrac{\Delta y}{\Delta x}=\lim\limits_{\Delta x\to 0}\dfrac{\Delta y}{\Delta u}\cdot\dfrac{\Delta u}{\Delta x}=\lim\limits_{\Delta u\to 0}\dfrac{\Delta y}{\Delta u}\cdot\lim\limits_{\Delta x\to 0}\dfrac{\Delta u}{\Delta x}=y'_u\cdot u'_x$

当 $\Delta u=0$ 时，上述结论仍成立，证明过程略.

注：(1) 上述定理可表述为：**复合函数对自变量的导数，等于函数对中间变量的导数乘上中间变量对自变量的导数**. 因此在求导过程中中间变量的确定是十分重要的.

(2) 该定理可以推广到有限次复合的复合函数的求导. 例如若 $y=f(u)$、$u=\varphi(v)$ 和 $v=\psi(x)$ 均可导，则复合函数 $y=f\{\varphi[\psi(x)]\}$ 也可导，且有 $y'_x=y'_u\cdot u'_v\cdot v'_x$ 或 $\dfrac{\mathrm{d}y}{\mathrm{d}x}=\dfrac{\mathrm{d}y}{\mathrm{d}u}\dfrac{\mathrm{d}u}{\mathrm{d}v}\dfrac{\mathrm{d}v}{\mathrm{d}x}$.

例 8　求 $y=\sin 2x$ 的导数.

解：函数 $y=\sin 2x$ 可以看作由函数 $y=\sin u$ 与 $u=2x$ 复合而成，所以

$$y'_x=y'_u\cdot u'_x=(\sin u)'_u\cdot(2x)'_x=2\cos u=2\cos 2x$$

例 9　求 $y=(1+3x)^3$ 的导数.

解：函数 $y=(1+3x)^3$ 可以看作由函数 $y=u^3$ 与 $u=1+3x$ 复合而成，所以

$$y'_x=y'_u\cdot u'_x=(u^3)'_u\cdot(1+3x)'_x=3u^2\cdot 3=9u^2=9(1+3x)^2$$

例 10　求 $y=\mathrm{e}^{\sin x}$ 的导数.

解：函数 $y=\mathrm{e}^{\sin x}$ 可以看作由函数 $y=\mathrm{e}^u$ 与 $u=\sin x$ 复合而成，所以

$$y'_x=y'_u\cdot u'_x=(\mathrm{e}^u)'_u\cdot(\sin x)'_x=\mathrm{e}^u(\cos x)=\mathrm{e}^{\sin x}\cdot\cos x$$

对于复合函数的分解和求导比较熟悉后，就不必再写出中间变量，而可以采用下列例题的方式来计算.

例 11　求 $y=\sqrt{1+x^3}$ 的导数.

解：$y'=\dfrac{1}{2}(1+x^3)^{-\frac{1}{2}}(1+x^3)'=\dfrac{1}{2}(1+x^3)^{-\frac{1}{2}}\cdot 3x^2=\dfrac{3x^2}{2\sqrt{1+x^3}}$

例 12　求 $y=\ln\tan\dfrac{x}{2}$ 的导数.

解：这是由 3 个函数复合而成的复合函数，先把 $\tan\dfrac{x}{2}$ 看成整体，再把 $\dfrac{x}{2}$ 看成整体.

$$y'=\left(\ln\tan\frac{x}{2}\right)'=\frac{1}{\tan\frac{x}{2}}\left(\tan\frac{x}{2}\right)'=\frac{1}{\tan\frac{x}{2}}\cdot\sec^2\left(\frac{x}{2}\right)\cdot\left(\frac{x}{2}\right)'=\frac{\cos\frac{x}{2}}{\sin\frac{x}{2}}.\frac{1}{\cos^2\frac{x}{2}}.\frac{1}{2}=\frac{1}{\sin x}=\csc x.$$

上例中，我们可以使表达过程再简洁点，将各层的计算一气呵成，有

$$y'=\frac{1}{\tan\frac{x}{2}}\cdot\sec^2\left(\frac{x}{2}\right)\cdot\frac{1}{2}=\frac{1}{\sin x}=\csc x$$

例 13　求 $y=x^2\cdot\sin 3x$ 的导数.

解：这是由两个复合函数 $\sin 2x$ 和 x^2 通过四则运算的乘法所形成的初等函数，需先用四则运算法则再运用复合函数求导法则进行求解.

$$y'=(x^2)'\cdot\sin 3x+x^2\cdot(\sin 3x)'=2x\cdot\sin 3x+x^2\cdot\cos 3x\cdot(3x)'$$
$$=2x\sin 3x+3x^2\cdot\cos 3x$$

综上所述，可以看出，要学好复合函数的求导，必须掌握以下几点内容：

(1) 复合函数的分解.

(2) 基本初等函数的求导公式.

(3) 导数的四则运算法则.

(4) 复合函数的求导法则.

在求导过程中应注意对函数进行适当的初等变形，往往能简化求导过程，减少计算量.

例 14 求函数 $y=\dfrac{2x^2+5x-6\sqrt{x}}{x}$ 的导数.

解：这个题如果直接用分式的求导法则，求解过程比较麻烦，可以尝试先分解再求导.

$$y'=(2x+5-6x^{-\frac{1}{2}})'=(2x)'+(5)'-(6x^{-\frac{1}{2}})'=2+\frac{3}{\sqrt{x^3}}$$

例 15 求函数 $y=\ln\left(\dfrac{a}{x^4}\right)(a>0)$ 的导数.

解：这个题如果直接用分式的求导法则，求解过程比较麻烦，可以尝试先恒等变形再求导.

$$y'=(\ln a-\ln x^4)'=(\ln a-4\ln x)'=-\frac{4}{x}$$

五、* 三种特殊的求导法

1. 隐函数求导法

前面我们讨论的函数，例如 $y=x^2$、$y=\sin 2x$ 等，都是用 $y=f(x)$ 这样的形式表示的函数，一般称为**显函数**. 但是在实际问题中，还会遇到由方程 $F(x,y)=0$ 所确定的变量 x 与 y 之间的函数关系式，例如，$x^2+y^2=4$、$y+x^y=0$ 等，一般称为**隐函数**.

有的隐函数容易化为显函数，如 $y+2x-1=0$ 可化为 $y=1-2x$；有的隐函数则很难化为显函数，如由方程 $y+x^y=0$ 所确定的函数. 因此有必要找出直接由方程 $F(x,y)=0$ 来求隐函数的导数方法.

隐函数 $F(x,y)=0$ 所确定的函数关系为 $y=f(x)$，求导数 $\dfrac{\mathrm{d}y}{\mathrm{d}x}$ 的基本步骤：

(1) 方程 $F(x,y)=0$ 两边同时对 x 求导. 但应注意，当方程 $F(x,y)=0$ 的两端对 x 求导时，要记住 y 是关于 x 的函数，求含 y 的项的导数都要用复合函数求导法则来求导.

(2) 将关于 y' 的项都移到等号的左边，其他项都移到等号的右边，化为 $G(x,y)y'=H(x,y)$.

(3) 将 $G(x,y)$ 除到等号右边，化为 $y'=\dfrac{H(x,y)}{G(x,y)}$.

注：隐函数的导数中允许含有 y.

例 16 求由方程 $x^2+y^2=R^2$ 所确定的函数 $y=f(x)$ 的导数 $\dfrac{\mathrm{d}y}{\mathrm{d}x}$.

解：方程两端对 x 求导，得

$$2x+2y\cdot y'=0$$

移项得

$$2yy'=-2x$$

解得

$$\frac{\mathrm{d}y}{\mathrm{d}x}=y'=-\frac{x}{y}(y\neq 0)$$

例 17　求曲线 $3y^2=x^2(x+1)$ 在点 $(2,2)$ 处的切线方程.

解: 方程两边对 x 求导,可得　　$6yy'=3x^2+2x$

解得　　$$y'=\frac{3x^2+2x}{6y}(y\neq 0)$$

将点(2,2)代入上式解得切线斜率　　$$k=y'|_{(2,2)}=\frac{4}{3}$$

因而所求切线方程为　　$y-2=\frac{4}{3}(x-2)$,即 $4x-3y-2=0$

2. 对数求导法

根据隐函数求导法,还可以得到一个简化求导运算的方法,它适合于由几个因子通过乘、除、乘方、开方所构成的比较复杂的函数(包括幂指函数 $u(x)^{v(x)}$)的导数问题,这种方法一般称为**对数求导法**. 对数求导法的过程是先对方程两边取对数,化乘、除、乘方、开方为加、减、乘、除,然后利用隐函数求导法求导.

例 18　求 $y=x^x(x>0)$ 的导数 y'.

解: 对 $y=x^x(x>0)$ 两边取对数. 得

$$\ln y=x\ln x$$

两边求导,得　　$$\frac{1}{y}y'=1+\ln x.$$

所以　　$$y'=y(1+\ln x)=x^x(1+\ln x).$$

3. 由参数方程所确定的函数求导法

y 与 x 之间的函数关系间接通过含参数 t 的方程组 $\begin{cases}x=\varphi(t)\\y=\psi(t)\end{cases}$ 来确定的,此函数关系所表示的函数为由参数方程所确定的函数.

由参数方程所确定的函数若能消去参数 t,则可利用之前所学的求导方法求出 $\frac{dy}{dx}$,但是消去参数 t 有时会非常困难,因此,需要寻找一种方法能直接由参数方程求出它所确定的函数的导数.

如果函数 $x=\varphi(t)$、$y=\psi(t)$ 都可导,且 $\varphi'(t)\neq 0$,又 $x=\varphi(t)$ 具有单调连续的反函数 $t=\varphi^{-1}(x)$,则参数方程确定的函数可以看成 $y=\psi(t)$ 与 $t=\varphi^{-1}(x)$ 复合而成的函数. 根据复合函数与反函数的求导法则,有

$$\frac{dy}{dx}=\frac{dy}{dt}\frac{dt}{dx}=\frac{dy}{dt}\frac{1}{\frac{dx}{dt}}=\psi'(t)\frac{1}{\varphi'(t)}=\frac{\psi'(t)}{\varphi'(t)}$$

例 19　设参数方程 $\begin{cases}x=a\cos t\\y=b\sin t\end{cases}$(椭圆方程,其中 $0\leqslant t\leqslant 2\pi$)确定了函数 $y=f(x)$,求 $\frac{dy}{dx}$.

解: $\frac{dy}{dx}=\frac{(b\sin t)'}{(a\cos t)'}=\frac{b\cos t}{-a\sin t}=-\frac{b}{a}\cot t.$

习题 3-2

1. 求下列函数的导数:

(1) $y=2x-6\sqrt{x}$;　　(2) $y=5x^3-2^x+\sin x$;　　(3) $y=\tan x+\sec x-1$;

(4) $y=x^2\ln x$；　(5) $y=\mathrm{e}^x\cdot\cos x$；　(6) $y=\dfrac{\ln x}{x}$；

(7) $y=\dfrac{\arcsin x}{x^2}$；　(8) $y=x\cdot\ln x\cdot\csc x$.

2. 求下列函数的导数：

(1) $y=(2x+3)^2$；　(2) $y=\sqrt{2-x^3}$；　(3) $y=\mathrm{e}^{x^2}$；

(4) $y=3^{\sin x}$；　(5) $y=\ln\ln x$；　(6) $y=\sin(4+3x)$；

(7) $y=\tan\sqrt{x}$；　(8) $y=\sec(1-x^2)$；　(9) $y=\arctan 2x$；

(10) $y=\arccos\dfrac{1}{x}$.

3. 求下列函数的导数：

(1) $y=\sin^2(3x-1)$；　(2) $y=\mathrm{e}^{\cos x^2}$；

(3) $y=\ln\ln\ln x$；　(4) $y=\ln\left(x+\sqrt{x^2+a^2}\right)$.

4. 求方程 $\mathrm{e}^y=xy$ 确定的隐函数 $y=f(x)$的导数.

5. 用对数求导法求函数 $y=(\sin x)^{\cos x}(\sin x>0)$的导数.

6. *设参数方程$\begin{cases}x=\ln t\\ y=t^3\end{cases}$确定了函数 $y=f(x)$，求$\dfrac{\mathrm{d}y}{\mathrm{d}x}$.

3.3 高阶导数

由前面 3.1 节的引例知道，物体做变速直线运动，其瞬时速度 $v(t)$是路程 $s(t)$关于时间 t 的导数，即

$$v(t)=s'(t)\text{或}v(t)=\frac{\mathrm{d}s}{\mathrm{d}t}$$

根据物理学中加速度的定义，加速度 $a(t)$是速度 $v(t)$关于时间 t 的导数，则有加速度 $a(t)$是路程 $s(t)$关于时间 t 的导数的导数，即

$$a(t)=v'(t)=[s'(t)]'\text{或}a(t)=\frac{\mathrm{d}v}{\mathrm{d}t}=\frac{\mathrm{d}}{\mathrm{d}t}\left(\frac{\mathrm{d}s}{\mathrm{d}t}\right)$$

我们称 $[s'(t)]'$或$\dfrac{\mathrm{d}}{\mathrm{d}t}\left(\dfrac{\mathrm{d}s}{\mathrm{d}t}\right)$为路程 $s(t)$关于时间 t 的二阶导数，记作 $s''(t)$或$\dfrac{\mathrm{d}^2s}{\mathrm{d}t^2}$.

所以，物体运动的加速度 $a(t)$是路程 $s(t)$关于时间 t 的二阶导数.

一、高阶导数的概念

如果函数 $y=f(x)$的导函数 $y'=f'(x)$关于 x 仍可导，则称 $y'=f'(x)$的导数为函数 $y=f(x)$的**二阶导数**，记作 y''，$f''(x)$或$\dfrac{\mathrm{d}^2y}{\mathrm{d}x^2}$，即

$$y''=(y')'=f''(x)\text{或}\frac{\mathrm{d}^2y}{\mathrm{d}x^2}=\frac{\mathrm{d}}{\mathrm{d}x}\left(\frac{\mathrm{d}y}{\mathrm{d}x}\right)$$

类似地，二阶导数的导数称为 $f(x)$的三阶导数，三阶导数的导数称为 $f(x)$的四阶导数，……，一般地，函数 $f(x)$的 $n-1$ 阶导数的导数称为 $f(x)$的 n 阶导数. 分别记作

$$y''',y^{(4)},\cdots,y^{(n)};f'''(x),f^{(4)}(x),\cdots,f^{(n)}(x)\text{或}\frac{d^3y}{dx^3},\frac{d^4y}{dx^4},\cdots,\frac{d^ny}{dx^n}$$

且有
$$y^{(n)}=[y^{(n-1)}]',\text{或}\frac{d^ny}{dx^n}=\frac{d}{dx}\left(\frac{d^{n-1}y}{dx^{n-1}}\right)$$

二阶及二阶以上的导数统称为**高阶导数**.相应地,$f(x)$称为**零阶导数**,$f'(x)$ 称为**一阶导数**.

二、高阶导数的计算

由上述可知,求函数的高阶导数并不需要新的方法,仍可用前面学过的求导法则和公式,对函数由低到高逐阶求导,直到所要求的阶数即可.

例 1　求函数 $y=x^3$ 的二阶及三阶导数.

解:$y'=3x^2$,　$y''=(y')'=(3x^2)'=6x$,　$y'''=(y'')'=(6x)'=6$

注:对于幂函数,每经过一次导数运算,函数的指数就降低一次.可见,对于一个指数为 n 的幂函数,它的 $n+1$ 阶以上的导数都为 0.

例 2　求 $y=e^x$ 的 n 阶导数.

解:$y'=e^x,y''=e^x,\cdots,y^{(n)}=e^x$

例 3　求 $y=\sin x$ 的 n 阶导数.

解:$y'=(\sin x)'=\cos x=\sin\left(x+\frac{\pi}{2}\right)$

$$y''=\left[\sin\left(x+\frac{\pi}{2}\right)\right]'=\cos\left(x+\frac{\pi}{2}\right)=\sin(x+\pi)=\sin\left(x+2\cdot\frac{\pi}{2}\right)$$

$$y'''=[\sin(x+\pi)]'=\cos(x+\pi)=\sin\left(x+3\cdot\frac{\pi}{2}\right)$$

依此类推,可得　$y^{(n)}=(\sin x)^{(n)}=\sin\left(x+n\cdot\frac{\pi}{2}\right)$.

同理可得　$(\cos x)^{(n)}=\cos\left(x+n\cdot\frac{\pi}{2}\right)$.

习题 3-3

1. 求下列函数的二阶导数.

(1) $y=x^3+3x^2+2$;　(2) $y=e^{3x+2}$;　(3) $y=x\cos x$;

(4) $y=\ln x^3$;　(5) $y=\sqrt{1+2x}$;　(6) $y=\tan x$.

2. 求函数 $y=\sin 2x$ 的三阶导数 y'''.

3. 求对数函数 $\ln(1+x)$的 n 阶导数.

4. 设 $f''(x)$存在,求函数 $y=f(x^2)$的二阶导数 y''.

5. 已知质点做直线运动,方程为 $s=9\cos\frac{\pi t}{3}+t$,试求在第一秒末的加速度为多少?(s 单位为米,t 单位为秒.提示:加速度 $a=v'(t)$).

3.4 函数的微分

微分是对函数的局部变化率的一种线性描述，它与导数有着紧密的联系.在理论研究和实际应用中，需要计算当自变量 x 取得微小改变量 $|\Delta x|$ 时，函数 $y=f(x)$ 的微小改变量 $\Delta y=f(x+\Delta x)-f(x)$.但是，有些函数非常复杂，改变量 Δy 不易求得，另外，许多实际问题并不需要求得 Δy 的精确值.因此，将 Δy 表示成 Δx 的线性函数，将复杂问题简单化，微分就是实现这种线性化的数学模型.

一、微分的概念

1. 引例

一块边长为 x_0 的正方形金属薄片，如图 3-2 所示，由于温度变化的影响，边长变为 $x_0+\Delta x$，问此薄片的面积改变了多少？

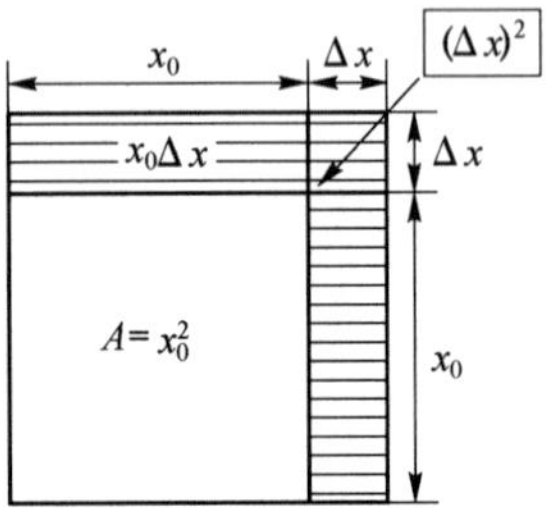

图 3-2

解：金属薄片原面积为 $A=x_0^2$，温度影响后，面积变为 $(x_0+\Delta x)^2$，故面积的改变量为

$$\Delta A=(x_0+\Delta x)^2-x_0^2=2x_0\Delta x+(\Delta x)^2$$

上式可见，面积增加量由两部分组成：

第一部分：$2x_0\Delta x$ 是 Δx 的线性部分，为增量的主体部分.

第二部分：$(\Delta x)^2$ 是比 $\Delta x(\Delta x\to 0)$的高阶无穷小.

由此可知，当边长的改变量 $|\Delta x|$ 非常微小时，高阶无穷小部分 $(\Delta x)^2$ 可以忽略不计，而面积增加量可以近似表示为线性部分 $2x_0\Delta x$，即 $\Delta A\approx 2x_0\Delta x$.我们将线性部分 $2x_0\Delta x$ 称为 $A=x_0^2$ 在点 x_0 的微分.

根据上面的实例，产生如下两个问题：

(1) 是否所有函数的改变量都能在一定条件下表示为一个线性函数与一个高阶无穷小的和？

(2) 这个线性部分是什么？如何求？

2. 微分的定义

定义 1 设函数 $y=f(x)$在某区间 I 内有定义，且 $x\in I$，$x+\Delta x\in I$.若函数 $y=f(x)$在点 x 处的改变量 $\Delta y=f(x+\Delta x)-f(x)$可以表示成 $\Delta y=A\cdot\Delta x+o(\Delta x)$，其中 A 是与 Δx 无关的常数，$o(\Delta x)$为比 $\Delta x(\Delta x\to 0)$高阶的无穷小，则称函数 $f(x)$在点 x 处可微，并称其线性主部 $A\cdot\Delta x$ 为函数 $y=f(x)$在点 x 处的微分，记为 $\mathrm{d}y$ 或 $\mathrm{d}f(x)$，即

$$\mathrm{d}y=A\cdot\Delta x$$

例 1 求函数 $y=x^2$ 在 $x_0=2$ 处的微分.

解：$\Delta y=(x_0+\Delta x)^2-x_0^2=(2+\Delta x)^2-2^2=4\Delta x+(\Delta x)^2$.

上式可以看成两部分组成，第一部分是具有 $A\cdot\Delta x$ 形式的 $4\Delta x$，第二部分是 $(\Delta x)^2$，它是比 $\Delta x(\Delta x\to 0)$的高阶无穷小量.因为

$$\lim_{\Delta x\to 0}\frac{(\Delta x)^2}{\Delta x}=\lim_{\Delta x\to 0}\Delta x=0$$

因此 $y=x^2$ 在 $x_0=2$ 处的微分为 $\qquad \mathrm{d}y=4\Delta x$

微分定义中的 A 应该如何去求得？在例 1 中 $A=4$，正好是 $y=x^2$ 在 $x_0=2$ 的一阶导数值，那么会不会有 $A=f'(x_0)$ 呢？我们将在下面讨论此问题.

二、函数可微的条件

定理 1　函数 $y=f(x)$ 在点 x 可微的充分必要条件是函数 $y=f(x)$ 在点 x 可导，且有 $\mathrm{d}y=f'(x)\Delta x$.

定理表明，一元函数的可微和可导是等价的.

如果 $y=x$，则 $\mathrm{d}y=\mathrm{d}x=(x)'\Delta x=\Delta x$. 因此我们规定自变量的微分等于自变量的增量，所以

$$\mathrm{d}y=f'(x)\mathrm{d}x$$

上式两边同除以 $\mathrm{d}x$，有 $\frac{\mathrm{d}y}{\mathrm{d}x}=f'(x)$. 由此可见，导数等于函数微分与自变量微分之商，因此导数也称为"微商"，而微分的比值 $\frac{\mathrm{d}y}{\mathrm{d}x}$ 也常常被用作导数的符号.

由于求微分的问题归结为求导数的问题，所以将求导数和求微分的方法统称为**微分法**.

应当注意到，微分与导数虽然有着密切的联系，但它们是有区别的：导数是函数在一点处的变化率，而微分是函数在一点处由自变量增量所引起的函数变化量的主体部分；导数的值只与 x 有关，而微分的值与 x 和 Δx 都有关.

关系小串联：可微⇔可导⇒连续⇒极限存在.

例 2　求函数 $y=x^3$ 在 $x=2$ 处的微分，并求当 x 由 2 改变到 2.01 的函数增量 Δy 和微分值 $\mathrm{d}y$.

解：$\mathrm{d}y=f'(x)\mathrm{d}x=3x^2\mathrm{d}x$. 所以 $y=x^3$ 在 $x=2$ 处的微分为

$$\mathrm{d}y=(3\times 2^2)\mathrm{d}x=12\mathrm{d}x$$

$\mathrm{d}x=\Delta x=2.01-2=0.01$，所以

$$\Delta y=(2.01)^3-2^3=0.1206$$

$$\mathrm{d}y=12\cdot\Delta x=12\times 0.01=0.12$$

三、微分的几何意义

为了更直观地了解微分，再从图形上说明增量 Δx，微分 $\mathrm{d}y$ 和导数 $f'(x)$ 之间的关系.

函数 $y=f(x)$ 的图形是一条曲线，如图 3-3 所示，MP 是曲线上点 $M(x_0,y_0)$ 处的切线，设 MP 的倾角为 α，当自变量 x 有改变量 Δx 时，得到曲线上另一点 $N(x_0+\Delta x,y_0+\Delta y)$，

从图中可知，

$$MQ=\Delta x,QN=\Delta y$$

则 $QP=MQ\cdot\tan\alpha=\Delta x\cdot f'(x_0)$

即 $\mathrm{d}y=QP$

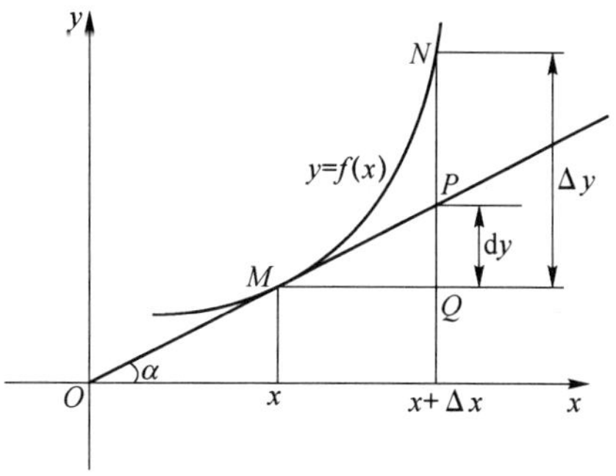

图 3-3

由此可知，微分 $\mathrm{d}y=f'(x_0)\Delta x$，是当自变量 x 有改变量 Δx 时，曲线 $y=f(x)$ 在点 (x_0,y_0) 处的切线的纵

坐标的改变量.用 dy 近似代替 Δy 就是用点 $M(x_0,y_0)$ 处的切线纵坐标的改变量 QP 来近似代替曲线 $y=f(x)$ 的纵坐标的改变量 QN,并且有 $|\Delta y-dy|=PN$.

四、微分公式与运算法则

根据微分表达式 $dy=f'(x)dx$,参照导数公式和运算法则,得到了相应的微分公式与运算法则.

1. 基本初等函数的微分公式

序号	基本导数公式	序号	基本微分公式
(1)	$(c)'=0$ (c 为常数)	(1)	$d(c)=0$ (c 为常数)
(2)	$(x^\mu)'=\mu x^{\mu-1}$	(2)	$d(x^\mu)=\mu x^{\mu-1}dx$
	$\left(\frac{1}{x}\right)'=-\frac{1}{x^2}$		$d\left(\frac{1}{x}\right)=-\frac{1}{x^2}dx$
	$(\sqrt{x})'=\frac{1}{2\sqrt{x}}$		$d(\sqrt{x})=\frac{1}{2\sqrt{x}}dx$
(3)	$(\log_a x)'=\frac{1}{x\ln a}$ ($a>0,a\neq1$)	(3)	$d(\log_a x)=\frac{1}{x\ln a}dx$ ($a>0,a\neq1$)
	$(\ln x)'=\frac{1}{x}$		$d(\ln x)=\frac{1}{x}dx$
(4)	$(\arcsin x)'=(-\arccos x)'=\frac{1}{\sqrt{1-x^2}}$ $(-1<x<1)$	(4)	$d(\arcsin x)=d(-\arccos x)=\frac{1}{\sqrt{1-x^2}}dx$ $(-1<x<1)$
(5)	$(\arctan x)'=(-\text{arccot}\, x)'=\frac{1}{1+x^2}$	(5)	$d(\arctan x)=d(-\text{arccot}\, x)=\frac{1}{1+x^2}dx$
(6)	$(a^x)'=a^x\ln a$ ($a>0,a\neq1$)	(6)	$d(a^x)=a^x\ln a dx$ ($a>0,a\neq1$)
	$(e^x)'=e^x$		$d(e^x)=e^x dx$
(7)	$(\sin x)'=\cos x$	(7)	$d(\sin x)=\cos x dx$
(8)	$(\cos x)'=-\sin x$	(8)	$d(\cos x)=-\sin x dx$
(9)	$(\tan x)'=\sec^2 x$	(9)	$d(\tan x)=\sec^2 x dx$
(10)	$(\cot x)'=-\csc^2 x$	(10)	$d(\cot x)=-\csc^2 x dx$
(11)	$(\sec x)'=\sec x\tan x$	(11)	$d(\sec x)=\sec x\tan x dx$
(12)	$(\csc x)'=-\csc x\cot x$	(12)	$d(\csc x)=-\csc x\cot x dx$

2. 微分的四则运算法则

假定函数 $u=u(x)$ 与 $v=v(x)$ 在点 x 处可微,则有

(1) $d[u(x)\pm v(x)]=du(x)\pm dv(x)$;

(2) $d[u(x)\cdot v(x)]=v(x)du(x)+u(x)dv(x)$;

(3) $d[Cu(x)]=Cdu(x)$(C 为常数);

(4) $d\left[\frac{u(x)}{v(x)}\right]=\frac{v(x)du(x)-u(x)dv(x)}{v^2(x)}$ $(v(x)\neq0)$.

例 3　求函数 $y=3x^4+e^x$ 的微分.

解:方法一,用微分运算法则:

$$dy=d(3x^4+e^x)=3dx^4+de^x=12x^3dx+e^xdx=(12x^3+e^x)dx$$

方法二,用微分定义:

$$y'=12x^3+e^x,$$

所以

$$dy=(12x^3+e^x)dx$$

例 4　求函数 $y=x^2\ln x$ 的微分.

解:方法一,用微分运算法则:

$$dy=d(x^2\ln x)=\ln x\cdot dx^2+x^2d\ln x=2x\ln xdx+x^2\cdot\frac{1}{x}dx=(2x\ln x+x)dx$$

方法二,用微分定义:

$$y'=\ln x\ (x^2)'+x^2\ (\ln x)'=2x\ln x+x$$

所以

$$dy=(2x\ln x+x)dx.$$

例 5　求函数 $y=\frac{\cos x}{x}$的微分.

解:方法一,用微分运算法则:

$$dy=d\left(\frac{\cos x}{x}\right)=\frac{xd\cos x-\cos xdx}{x^2}=\frac{-x\sin x-\cos x}{x^2}dx$$

方法二,用微分定义:

$$y'=\frac{x\ (\cos x)'-\cos x\cdot x'}{x^2}=\frac{-x\sin x-\cos x}{x^2}$$

$$dy=\frac{-x\sin x-\cos x}{x^2}dx$$

3. 复合函数的微分法则

定理 2　设 $y=f(u)$,$u=\varphi(x)$均可微,则 $y=f[\varphi(x)]$也可微,且

$$dy=y'_xdx=f'(u)\varphi'(x)dx$$

由于 $du=\varphi'(x)dx$,故上式也可写为　$dy=f'(u)du$

函数 $y=f(u)$,根据微分的定义,当 u 是自变量时,函数 $y=f(u)$的微分是

$$dy=f'(u)du$$

由此可见,不论 u 是自变量还是复合函数的中间变量,函数 $y=f(u)$的微分总保持同一形式 $dy=f'(u)du$,这一性质称为**一阶微分形式不变性**. 有时,利用一阶微分形式不变性求复合函数的微分比较方便,且不容易出错.

例 6　设 $y=e^{2x}$,求 dy.

解:方法一,用公式 $dy=f'(x)dx$,得

$$dy=(e^{2x})'dx=2e^{2x}dx$$

方法二,用一阶微分形式不变性,得

$$dy=de^{2x}=e^{2x}d2x=2e^{2x}dx$$

例 7　设 $y=\sin\sqrt{x}$,求 dy.

解:方法一,用公式 $dy=f'(x)dx$,得

$$dy=(\sin\sqrt{x})'dx=\frac{\cos\sqrt{x}}{2\sqrt{x}}dx$$

方法二，用一阶微分形式不变性，得

$$dy=d(\sin\sqrt{x})=\cos\sqrt{x}\,d\sqrt{x}=\cos\sqrt{x}\cdot\frac{1}{2\sqrt{x}}dx=\frac{\cos\sqrt{x}}{2\sqrt{x}}dx$$

五、微分在近似计算中的应用

近似计算是科技工作常遇到的问题，用什么公式做近似计算？一般对近似公式总要求两条：足够好的精度和计算简便．用微分来做近似计算常常能满足这些要求．

设函数 $y=f(x)$ 在 x_0 处的导数 $f'(x_0)\neq0$，且 $|\Delta x|$ 很小时，有近似公式

$$\Delta y=f(x_0+\Delta x)-f(x_0)\approx f'(x_0)\Delta x \tag{3.1}$$

或

$$f(x_0+\Delta x)\approx f(x_0)+f'(x_0)\Delta x \tag{3.2}$$

上式中令 $x+\Delta x=x$，则

$$f(x)\approx f(x_0)+f'(x_0)(x-x_0) \tag{3.3}$$

特别地，当 $x_0=0$，$|x|$ 很小时，有

$$f(x)\approx f(0)+f'(0)x \tag{3.4}$$

这里，式(3.1)可以用于求函数增量的近似值，而式(3.2)、式(3.3)、式(3.4)可用来求函数的近似值．并且应用式(3.4)可以推得一些常用的**近似公式**．当 $|x|$ 很小时，有：

$$\sqrt[n]{1+x}\approx1+\frac{1}{n}x$$

$$e^x\approx1+x$$

$$\ln(1+x)\approx x$$

$$\sin x\approx x\ (x\text{ 用弧度作单位})$$

$$\tan x\approx x\ (x\text{ 用弧度作单位})$$

例 8　计算 $f(x)=\arctan 0.99$ 的近似值．

解： 设 $f(x)=\arctan x$，由近似公式(3.2)，有

$$\arctan(x_0+\Delta x)\approx\arctan x_0+\frac{1}{1+x_0^2}\Delta x$$

取 $x_0=1$，$\Delta x=-0.01$ 有

$$\arctan 0.99=\arctan(1-0.01)=\arctan 1+\frac{1}{1+1^2}\times(-0.01)=\frac{\pi}{4}-0.005\approx0.78$$

例 9　计算 $\sqrt[3]{1\,004}$ 的近似值．

解： 因为 $\sqrt[3]{1\,004}=\sqrt[3]{1\,000+4}=\sqrt[3]{1\,000\left(1+\frac{4}{1\,000}\right)}=10\sqrt[3]{1+\frac{4}{1\,000}}$，由近似公式 $\sqrt[n]{1+x}\approx1+\frac{1}{n}x$ 得

$$\sqrt[3]{1\,004}=10\sqrt[3]{1+\frac{4}{1\,000}}\approx10\left(1+\frac{1}{3}\times\frac{4}{1\,000}\right)=10+\frac{4}{300}\approx10.013.$$

例 10　设国民经济消费模型为 $y=10+0.4x+0.01\sqrt{x}$．其中，y 为总消费(单位：千亿元)，x 为可支配收入(单位：千亿元)，当 $x=100.05$ 时，求总消费是多少？

解： $x_0=100$，$\Delta x=0.05$，则有

$$f(x_0+\Delta x)\approx f(x_0)+f'(x_0)\Delta x=10+0.4\times 100+0.01\times\sqrt{100}+\left(0.4+\frac{0.01}{2\sqrt{100}}\right)\times 0.05$$
$$=50.12\text{（千亿元）}$$

习题 3-4

1. 求函数 $y=x^2-x$ 在 $x=1$ 处，当 Δx 分别为 1，0.1，0.01 时的 Δy 及 dy.

2. 求下列函数的微分.

（1）$y=x^2+3x+4$；　（2）$y=x\cos x$；　（3）$y=\dfrac{\tan x}{x}$；

（4）$y=x\ln x-x^2$；　（5）$y=\sqrt{1+x^3}$；　（6）$y=(\arctan x)^2-x$；

（7）$y=e^x\cos 2x$；　（8）$y=\ln\sqrt{1-2x}$.

3. 在下列括号中填入适当的函数，使等式成立.

（1）$3x^2dx=d(\qquad)$；　（2）$\dfrac{1}{1+x^2}dx=d(\qquad)$；

（3）$\dfrac{1}{x^2}dx=d(\qquad)$；　（4）$2\cos 2x dx=d(\qquad)$.

4. 利用函数的微分代替函数的增量，求 $\sqrt{65}$ 的近似值.

5. 半径为 10 m 的圆盘，当半径改变 1 cm 时，其面积大约改变多少？

复习题 3

一、选择题（20 分）

1. 设函数 $f(x)$ 在点 a 可导，且 $\lim\limits_{h\to 0}\dfrac{f(a+5h)-f(a)}{2h}=1$，则 $f'(a)=(\qquad)$.

A. $\dfrac{2}{5}$　B. $\dfrac{5}{2}$　C. 2　D. $\dfrac{1}{2}$

2. 在 $x=0$ 处，连续但不可导的函数是（　　）.

A. $y=|x|$　B. $y=(x-1)^{\frac{1}{3}}$　C. $y=\ln x-1$　D. $y=\arctan x$

3. 设 $f(x)=\sin\dfrac{1}{x}$，则 $f'\left(\dfrac{1}{\pi}\right)=(\qquad)$.

A. 1　B. -1　C. π^2　D. $-\pi^2$

4. 设 $y=x^n$（n 为正整数），则 $y^{(n)}(1)=(\qquad)$.

A. 0　B. 1　C. n　D. $n!$

5. 设函数 $y=f(x)$ 在点 x_0 处可微，则它在点 x_0 处一定（　　）.

A. 不可导　B. 无极限　C. 连续　D. 不连续

二、填空题（20 分）

1. 已知函数 $f(x)=x(2x+1)(3x+2)$，则 $f'(0)=$__________.

2. 设函数 $y=\sqrt{\sin x^2}$，则 $y'=$__________.

3. 设函数 $y=\cos 2x$，则 $y''=$____________.

4. 设函数 $y=2x^2$，已知其在点 x_0 处自变量增量 $\Delta x=0.2$ 时，对应函数增量 Δy 的线性部分为 -0.8，则 $x_0=$____________.

5. 一质点沿直线运动，设其运动规律为 $S=\frac{1}{4}t^4-4t^3+5$，则 $t=8$ 时，其加速度为________.

三、计算题(48 分)

1. 求曲线 $y=2\ln x$ 在点 $(1,0)$ 处的切线方程和法线方程.

2. 讨论 $f(x)=\begin{cases} x\sin\frac{1}{x}, & x\neq 0 \\ 0, & x=0 \end{cases}$ 在 $x=0$ 的连续性和可导性.

3. 设函数 $y=x\sin 2x+\sqrt{4-x^2}$，求 y'.

4. 求函数 $y=\sqrt{2x-1}$ 的二阶导数 y''.

5. 设 $y=\ln\sin 3x$，求 $\mathrm{d}y$.

6. 利用近似计算公式 $\sqrt[n]{1+x}\approx 1+\frac{1}{n}x$ 计算 $\sqrt[2]{101}$ 的近似值(精确到 0.001).

四、综合题(12 分,2 选 1)

1. 有一批半径为 1 cm 的钢球，为了提高钢球表面的亮洁度，要镀上厚为 0.01 cm 的一层铜，若铜的密度为 8.9 g/cm^3，试估计一下每个钢球需用多少 g 铜(精确到 0.001).

2. 半径为 10 cm 的圆形金属薄片加热后，半径增加了 0.02 cm，问面积增大了多少?(精确到 0.001)

第 4 章

导数的应用

导数作为函数的变化率,在研究函数变化的性态中有着十分重要的意义.因而在经济、工程等领域得到了广泛的应用.

在上一章从实际问题中引出了导数的概念,并讨论了导数的计算方法.本章将利用导数知识来研究函数及其性态,并用这些知识解决一些实际问题.

本章目标

了解罗尔和拉格朗日微分中值定理的条件与结论;熟练掌握洛必达法则;理解函数极值的概念,掌握用导数判断函数单调性和极值;熟练掌握利用导数求解实际问题中最值的方法;掌握常用的经济模型,并会进行边际和弹性分析.

4.1 中值定理

中值定理是用导函数研究函数在区间上整体性质的有力工具,是导数应用的理论基础,也是连接导数与导数在实际问题应用之间的桥梁.由于它是能解决微分学自身发展的一种理论模型,所以又称为微分中值定理.

一、罗尔定理

定理 1(罗尔定理) 如果函数 $y=f(x)$满足条件:

(1) 在闭区间$[a,b]$上连续;

(2) 在开区间(a,b)内可导;

(3) 在区间端点的函数值相等,即 $f(a)=f(b)$.

那么至少存在一点 $\xi\in(a,b)$,使得 $f'(\xi)=0$.

几何意义:若连续函数曲线弧除端点外有处处不垂直于 x 轴的切线,且两端点处的纵坐标相等,则在曲线弧 AB 上至少存在一点C,使曲线弧在 C 点的切线平行 x 轴,如图 4-1 所示,证明从略.

注意:定理中的三个条件缺一不可,否则结论不一定成立.图 4-2 中的三个图直观地反映了其中一个条件不满足时,结论不成立.图(a)在 $x=b$ 不连续,不满足条件(1);图(b)在 $x=0$ 不可导,不满足条件(2);图(c)$f(a)\neq f(b)$,不满足条件(3).

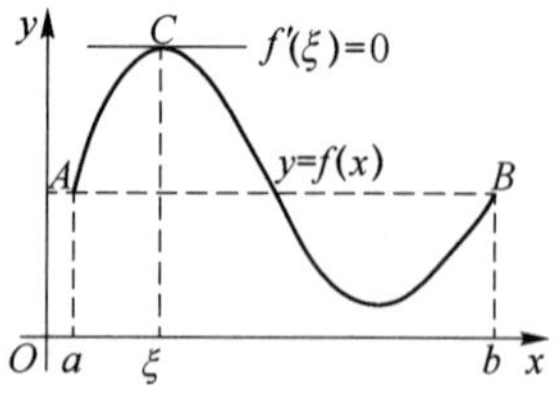

图 4-1

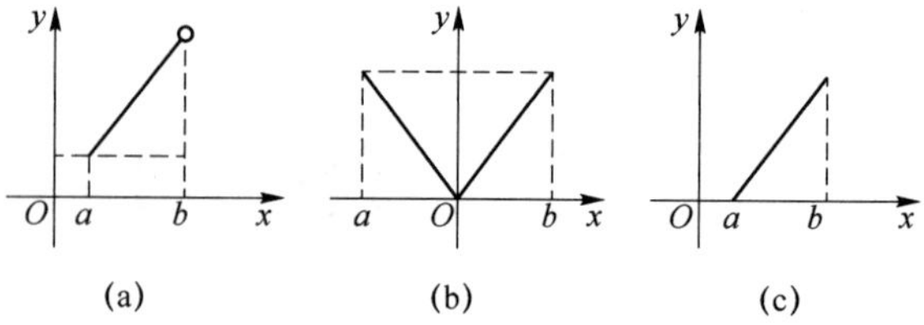

图 4-2

二、拉格朗日中值定理

定理 2(拉格朗日中值定理) 如果函数 $y=f(x)$满足条件：

(1) 在闭区间$[a,b]$上连续.

(2) 在开区间(a,b)内可导.

那么至少存在一点 $\xi\in(a,b)$，使得

$$f(b)-f(a)=f'(\xi)(b-a)$$

拉格朗日中值定理也可以写成如下形式：

$$f'(\xi)=\frac{f(b)-f(a)}{b-a}$$

注意：在拉格朗日中值定理中，若 $f(a)=f(b)$，则有 $f'(\xi)=0$，此定理就称为罗尔定理，所以罗尔定理只是拉格朗日中值定理的特殊情况.

几何意义：若连续函数曲线弧除端点外有处处不垂直于 x 轴的切线，则在曲线弧 AB 上至少有一点 $C(\xi,f(\xi))$，在该点处的切线平行于弦 AB，其中 $\frac{f(b)-f(a)}{b-a}$是弦 AB 的斜率，$f'(\xi)$为曲线弧在点 C 处的切线斜率，如图 4-3 所示，证明从略.

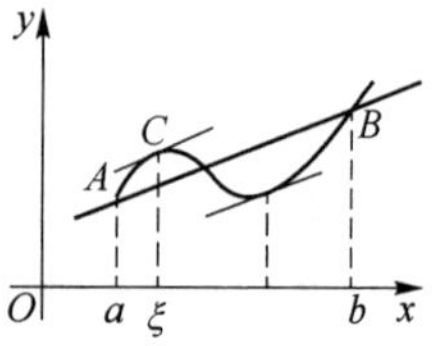

图 4-3

拉格朗日中值定理是微分学的一个基本定理，它精确地表达了函数在一个区间上的增量与函数在这区间内某点处的导数之间的关系，使我们有可能利用导数去研究函数在区间上的性态.

在上一章可知，常数的导数等于零，那么导数等于零的函数是否是常数函数呢？将在下文中找到答案.

推论 1 如果函数 $f(x)$在区间(a,b)上的导数恒为零，则 $f(x)$在区间(a,b)上是一个常数.

证明：在区间(a,b)上任取两点 $x_1,x_2(x_1<x_2)$，函数 $f(x)$在区间$[a,b]$上满足拉格朗日中值定理的条件，得

$$f(x_2)-f(x_1)=f'(\xi)(x_2-x_1)\ (x_1<\xi<x_2)$$

由假设 $f'(\xi)=0$，所以 $f(x_2)-f(x_1)=0$，即

$$f(x_2)=f(x_1)$$

因为 x_1、x_2 是区间(a,b)上任意两点，所以上式表明 $f(x)$在区间(a,b)上任意点处的函数值都相等，即 $f(x)$在区间(a,b)上是一个常数.

推论 2 如果对(a,b)内任意 x，均有 $f'(x)=g'(x)$，则在(a,b)内 $f(x)$与 $g(x)$之间至多差一个常数，即 $f(x)=g(x)+C$.

此推论由推论 1 易得证.

例 1　如果函数 $y=x^3$ 在区间 $[1,2]$ 上满足拉格朗日中值定理，求满足定理的 ξ 值.

解: 因为函数 $y=x^3$ 在区间 $[1,2]$ 上满足拉格朗日中值定理，则有

$$f(2)-f(1)=f'(\xi)(2-1) \quad (1<\xi<2)$$

即

$$2^3-1^3=3\xi^2$$

故

$$\xi_1=\frac{\sqrt{21}}{3},\xi_2=-\frac{\sqrt{21}}{3}(\text{舍})$$

例 2　证明当 $x>0$ 时，$e^x>1+x$.

证明: 设 $f(x)=e^x$，显然 $f(x)$ 在区间 $[0,x]$ 上满足拉格朗日中值定理的条件，则有

$$f(x)-f(0)=f'(\xi)(x-0) \quad 0<\xi<x$$

由于 $f(0)=1,f'(x)=e^x$，因此上式为

$$e^x-1=xe^{\xi}, \text{即 } e^{\xi}=\frac{e^x-1}{x}$$

又由 $0<\xi<x$，有

$$\frac{e^x-1}{x}=e^{\xi}>1$$

即

$$e^x>1+x$$

三、柯西中值定理

定理 3(柯西中值定理)　如果函数 $f(x)$ 及 $g(x)$ 满足条件：

(1) 在闭区间 $[a,b]$ 上连续.

(2) 在开区间 (a,b) 内可导.

(3) $g'(x)$ 在 (a,b) 内的每一点处均不为零.

那么在 (a,b) 内至少存在一点 ξ，使得

$$\frac{f(b)-f(a)}{g(b)-g(a)}=\frac{f'(\xi)}{g'(\xi)}$$

注意: 在柯西中值定理中，若 $g(x)=x$，则此定理就成为拉格朗日中值定理，所以拉格朗日中值定理只是柯西中值定理的特殊情况.

习题 4-1

1. 求下列函数在对应区间满足拉格朗日中值定理的 ξ 值：

(1) $f(x)=x-x^3, x\in[0,1]$；　　(2) $f(x)=5x^2-x+2, x\in[0,1]$.

2. 证明不等式：当 $x>1$ 时，$e^x>ex$.

3. 证明不等式：当 $x_1<x_2$ 时，$\arctan x_2-\arctan x_1\leqslant x_2-x_1$.

4.2　洛必达法则

当 $x\to x_0$ (或 $x\to\infty$) 时，两个函数 $f(x)$ 和 $g(x)$ 都趋于零或都趋于无穷大，则极限 $\lim\limits_{x\to x_0}\frac{f(x)}{g(x)}$

（或$\lim\limits_{x\to\infty}\dfrac{f(x)}{g(x)}$）可能存在，也可能不存在，通常把这种极限称为**未定式**，并分别简记为$\dfrac{0}{0}$型或$\dfrac{\infty}{\infty}$型.

在第 2 章中也曾讨论过$\dfrac{0}{0}$型或$\dfrac{\infty}{\infty}$型极限的计算，主要以变形为主，属于特定的方法. 本节利用柯西中值定理来导出一种利用导数来计算这种未定式极限的一般计算方法——洛必达法则.

一、$\dfrac{0}{0}$型未定式

定理 1 如果 $f(x)$ 和 $g(x)$ 满足下列条件

(1) 当 $x\to x_0$ 时，函数$\lim\limits_{x\to x_0} f(x)=0$ 及$\lim\limits_{x\to x_0} g(x)=0$.

(2) 在 x_0 的某去心邻域内，$f'(x)$ 及 $g'(x)$ 都存在且 $g'(x)\neq 0$.

(3) $\lim\limits_{x\to x_0}\dfrac{f'(x)}{g'(x)}$存在（或不存在且为无穷大）.

则
$$\lim_{x\to x_0}\frac{f(x)}{g(x)}=\lim_{x\to x_0}\frac{f'(x)}{g'(x)}$$

证明： 因为求$\dfrac{f(x)}{g(x)}$当 $x\to x_0$ 时的极限与 $f(x)$、$g(x)$ 在 x_0 的函数值无关，因此可以假定 $f(x_0)=g(x_0)=0$，于是由条件(1)、(2)知道 $f(x)$ 及 $g(x)$ 在点 x_0 的某一邻域内是连续的. 设 x 是这邻域内的一点，则在以 x 及 x_0 为端点的区间上，柯西中值定理的条件均满足，因此有
$$\frac{f(x)}{g(x)}=\frac{f(x)-f(x_0)}{g(x)-g(x_0)}=\frac{f'(\xi)}{g'(\xi)}\quad(\xi \text{ 在 } x \text{ 与 } x_0 \text{ 之间})$$
当 $x\to x_0$ 时，有 $\xi\to x_0$，所以对上式两端求极限，便得到要证明的结论.

例 1 求$\lim\limits_{x\to 0}\dfrac{\sin ax}{x}$ $(a\neq 0)$.

解： 这是$\dfrac{0}{0}$型未定式，显然 $f(x)=\sin ax$，$g(x)=x$ 在 $x_0=0$ 满足洛必达法则条件(1)、(2)，且有
$$\lim_{x\to 0}\frac{(\sin ax)'}{x'}=\lim_{x\to 0}\frac{a\cos ax}{1}=a$$
因此条件(3)也满足，所以有
$$\lim_{x\to 0}\frac{\sin ax}{x}=\lim_{x\to 0}\frac{(\sin ax)'}{x'}=\lim_{x\to 0}\frac{a\cos ax}{1}=a$$

例 2 求$\lim\limits_{x\to 2}\dfrac{x^3-8}{x-2}$.

解： 这是$\dfrac{0}{0}$型未定式，由洛必达法则，有
$$\lim_{x\to 2}\frac{x^3-8}{x-2}=\lim_{x\to 2}\frac{(x^3-8)'}{(x-2)'}=\lim_{x\to 2}\frac{3x^2}{1}=12$$

例 3 求$\lim\limits_{x\to 0}\dfrac{\ln(1+x)}{x^2}$.

解： 这是$\dfrac{0}{0}$型未定式，由洛必达法则，有

$$\lim_{x\to 0}\frac{\ln(1+x)}{x^2}=\lim_{x\to 0}\frac{[\ln(1+x)]'}{(x^2)'}=\lim_{x\to 0}\frac{\frac{1}{1+x}}{2x}=\infty$$

如果$\lim\limits_{x\to x_0}\frac{f'(x)}{g'(x)}$仍是$\frac{0}{0}$型，且 $f'(x)$及 $g'(x)$也能满足定理 1 中的条件，则可继续使用洛必达法则，即

$$\lim_{x\to x_0}\frac{f(x)}{g(x)}=\lim_{x\to x_0}\frac{f'(x)}{g'(x)}=\lim_{x\to x_0}\frac{f''(x)}{g''(x)}$$

且可以依次类推.

例 4　求$\lim\limits_{x\to 1}\frac{x^3-3x+2}{x^2-2x+1}$.

解:这是$\frac{0}{0}$型未定式，由洛必达法则，有

$$\lim_{x\to 1}\frac{x^3-3x+2}{x^2-2x+1}=\lim_{x\to 1}\frac{(x^3-3x+2)'}{(x^2-2x+1)'}=\lim_{x\to 1}\frac{3x^2-3}{2x-2}$$

$\lim\limits_{x\to 1}\frac{3x^2-3}{2x-2}$仍是$\frac{0}{0}$型，且满足洛必达法则的条件，所以我们再次使用洛必达法则，有

$$\lim_{x\to 1}\frac{3x^2-3}{2x-2}=\lim_{x\to 1}\frac{(3x^2-3)'}{(2x-2)'}=\lim_{x\to 1}\frac{6x}{2}=3$$

注意:上式中的$\lim\limits_{x\to 1}\frac{6x}{2}$已不是未定式，不能再对它应用洛必达法则，否则会导致错误，以后使用洛必达法则时应当经常注意这一点，如果不是未定式，就不能直接应用洛必达法则.

例 5　求$\lim\limits_{x\to 0}\frac{1-\cos x}{x^2}$.

解:$\lim\limits_{x\to 0}\frac{1-\cos x}{x^2}=\lim\limits_{x\to 0}\frac{\sin x}{2x}=\lim\limits_{x\to 0}\frac{\cos x}{2}=\frac{1}{2}$.

对于 $x\to\infty$时的$\frac{0}{0}$型未定式，也有相应的洛必达法则. 如果 $f(x)$和 $g(x)$满足下列条件

(1) 当 $x\to\infty$时，函数$\lim\limits_{x\to\infty}f(x)=0$ 及$\lim\limits_{x\to\infty}g(x)=0$.

(2) 当充分大的$|x|$，$f'(x)$及 $g'(x)$都存在且 $g'(x)\neq 0$.

(3) $\lim\limits_{x\to\infty}\frac{f'(x)}{g'(x)}$存在(或不存在且为无穷大).

则

$$\lim_{x\to\infty}\frac{f(x)}{g(x)}=\lim_{x\to\infty}\frac{f'(x)}{g'(x)}$$

例 6　求 $\lim\limits_{x\to+\infty}\frac{\frac{\pi}{2}-\arctan x}{\frac{1}{x}}$.

解:

$$\lim_{x\to+\infty}\frac{\frac{\pi}{2}-\arctan x}{\frac{1}{x}}=\lim_{x\to+\infty}\frac{-\frac{1}{1+x^2}}{-\frac{1}{x^2}}=\lim_{x\to+\infty}\frac{x^2}{1+x^2}=1$$

例 7　$\lim\limits_{x\to 0}\frac{x^2\cdot\sin\frac{1}{x}}{\sin x}$.

解:$\lim\limits_{x\to0}\dfrac{x^2\cdot\sin\dfrac{1}{x}}{\sin x}=\lim\limits_{x\to0}\dfrac{2x\cdot\sin\dfrac{1}{x}-\cos\dfrac{1}{x}}{\cos x}$,此极限式的极限不存在(属于振荡型),故洛必达法则失效,但原式极限是存在的,方法如下:

$$\lim_{x\to0}\frac{x^2\cdot\sin\dfrac{1}{x}}{\sin x}=\lim_{x\to0}\frac{x}{\sin x}\cdot x\sin\frac{1}{x}=\frac{\lim\limits_{x\to0}x\sin\dfrac{1}{x}}{\lim\limits_{x\to0}\dfrac{\sin x}{x}}=\frac{0}{1}=0$$

注意:如果$\lim\limits_{x\to x_0}\dfrac{f'(x)}{g'(x)}$不存在且不为无穷大,则洛必达法则失效,但这并不意味着$\lim\limits_{x\to x_0}\dfrac{f(x)}{g(x)}$极限不存在,此时可以改用其他方法来求解.

二、$\dfrac{\infty}{\infty}$型未定式

定理 2 如果 $f(x)$和 $g(x)$满足下列条件:

(1) 当 $x\to x_0$ 时,函数$\lim\limits_{x\to x_0}f(x)=\infty$及$\lim\limits_{x\to x_0}g(x)=\infty$.

(2) 在 x_0 的某去心邻域内,$f'(x)$及 $g'(x)$都存在且 $g'(x)\neq0$.

(3) $\lim\limits_{x\to x_0}\dfrac{f'(x)}{g'(x)}$存在(或不存在且为无穷大).

则
$$\lim_{x\to x_0}\frac{f(x)}{g(x)}=\lim_{x\to x_0}\frac{f'(x)}{g'(x)}$$

对于 $x\to\infty$时的$\dfrac{\infty}{\infty}$型未定式,上述定理同样适用.

例 8 求$\lim\limits_{x\to0^+}\dfrac{\ln\cot x}{\ln x}$.

解:这是$\dfrac{\infty}{\infty}$型未定式,由洛必达法则,有

$$\lim_{x\to0^+}\frac{\ln\cot x}{\ln x}=\lim_{x\to0^+}\frac{(\ln\cot x)'}{(\ln x)'}=\lim_{x\to0^+}\frac{\dfrac{1}{\cot x}(-\csc^2x)}{\dfrac{1}{x}}=-\lim_{x\to0^+}\frac{x}{\sin x\cos x}$$

$$=-\lim_{x\to0^+}\frac{x}{\sin x}\lim_{x\to0^+}\frac{1}{\cos x}=-1$$

例 9 求$\lim\limits_{x\to+\infty}\dfrac{\ln x}{x^n}$ $(n>0)$

解:$\lim\limits_{x\to+\infty}\dfrac{\ln x}{x^n}=\lim\limits_{x\to+\infty}\dfrac{\dfrac{1}{x}}{nx^{n-1}}=\lim\limits_{x\to+\infty}\dfrac{1}{nx^n}=0$.

例 10 求$\lim\limits_{x\to+\infty}\dfrac{x^n}{e^{\lambda x}}$($n$ 为正整数,$\lambda>0$).

解:连续应用 n 次洛必达法则,得

$$\lim_{x\to+\infty}\frac{x^n}{e^{\lambda x}}=\lim_{x\to+\infty}\frac{nx^{n-1}}{\lambda e^{\lambda x}}=\lim_{x\to+\infty}\frac{n(n-1)x^{n-2}}{\lambda^2e^{\lambda x}}=\cdots=\lim_{x\to+\infty}\frac{n!}{\lambda^ne^{\lambda x}}=0$$

洛必达法则虽然是求未定式的一种有效方法,但若能与其他求极限方法结合使用,效果会更好.

例 11 $\lim\limits_{x\to0}\dfrac{\tan x-x}{x^2\sin x}$.

解:当 $x\to0$ 时,$\sin x\sim x$,$\tan x\sim x$,所以

$$\lim_{x\to 0}\frac{\tan x-x}{x^2\sin x}=\lim_{x\to 0}\frac{\tan x-x}{x^3}=\lim_{x\to 0}\frac{\sec^2 x-1}{3x^2}=\lim_{x\to 0}\frac{\tan^2 x}{3x^2}=\lim_{x\to 0}\frac{x^2}{3x^2}=\frac{1}{3}$$

三、其他类型的未定式

除了上述两种未定式外，还有其他的未定式，例如 $0\cdot\infty$，$\infty-\infty$，0^0，1^∞，∞^0 等. 由于可以通过适当的变换将其化为$\frac{0}{0}$型或$\frac{\infty}{\infty}$型，所以一般也常用洛必达法则求解这些未定式.

(1) 对于 $0\cdot\infty$型，可将乘积化为除的形式，即化为$\frac{0}{0}$型或$\frac{\infty}{\infty}$型的未定式来计算.

例 12　求 $\lim\limits_{x\to 0^+} x^2\ln x$.

解：$\lim\limits_{x\to 0^+} x^2\ln x=\lim\limits_{x\to 0^+}\dfrac{\ln x}{\frac{1}{x^2}}=\lim\limits_{x\to 0^+}\dfrac{\frac{1}{x}}{-\frac{2}{x^3}}=-\lim\limits_{x\to 0^+}\dfrac{x^2}{2}=0$

(2) 对于$\infty-\infty$型，可利用通分化为$\frac{0}{0}$型的未定式来计算.

例 13　求$\lim\limits_{x\to\frac{\pi}{2}}(\sec x-\tan x)$.

解：$\lim\limits_{x\to\frac{\pi}{2}}(\sec x-\tan x)=\lim\limits_{x\to\frac{\pi}{2}}\left(\dfrac{1}{\cos x}-\dfrac{\sin x}{\cos x}\right)=\lim\limits_{x\to\frac{\pi}{2}}\dfrac{1-\sin x}{\cos x}=\lim\limits_{x\to\frac{\pi}{2}}\dfrac{-\cos x}{-\sin x}=0$

(3) 对于 0^0，1^∞，∞^0 型，可先化为以 e 为底的指数函数的极限，再利用指数函数的连续性，化为直接求指数的极限，而后把 $0\cdot\infty$型的指数的极限再化为$\frac{0}{0}$型或$\frac{\infty}{\infty}$型的未定式来计算，下面以 0^0 为例.

例 14　求 $\lim\limits_{x\to 0^+} x^x$.

解：$\lim\limits_{x\to 0^+} x^x=\lim\limits_{x\to 0^+} \mathrm{e}^{\ln x^x}=\lim\limits_{x\to 0^+} \mathrm{e}^{x\ln x}=\mathrm{e}^{\lim\limits_{x\to 0^+} x\ln x}$，其中

$$\lim_{x\to 0^+} x\ln x=\lim_{x\to 0^+}\frac{\ln x}{\frac{1}{x}}=\lim_{x\to 0^+}\frac{\frac{1}{x}}{-\frac{1}{x^2}}=-\lim_{x\to 0^+} x=0$$

所以 $\lim\limits_{x\to 0^+} x^x=\mathrm{e}^0=1$.

习题 4 2

1. 用洛必达法则求下列极限：

(1) $\lim\limits_{x\to 0}\dfrac{\sin ax}{\sin bx}(b\neq 0)$；　(2) $\lim\limits_{x\to a}\dfrac{\sin x-\sin a}{x-a}$；　(3) $\lim\limits_{x\to 1}\dfrac{x^3-3x+2}{x^2-2x+1}$；

(4) $\lim\limits_{x\to 0}\dfrac{\tan x-x}{x-\sin x}$；　(5) $\lim\limits_{x\to 0}\dfrac{\mathrm{e}^x-\cos x}{x\sin x}$；　(6) $\lim\limits_{x\to\frac{\pi}{2}}\dfrac{\sec x}{\sec 5x}$；

(7) $\lim\limits_{x\to 0}\left(\dfrac{1}{x}-\dfrac{1}{\mathrm{e}^x-1}\right)$；　(8) $\lim\limits_{x\to 0^+} x^{\tan x}$.

2. 验证极限 $\lim\limits_{x\to +\infty}\dfrac{x+\cos x}{x}$存在，但不能用洛必达法则求出.

4.3 函数的单调性与极值

函数的单调性是函数非常重要的一个性态,在第 1 章已经给出了单调性的定义,同时也给出了判断方法及技巧,但是这些技巧都不具有一般性,本节以导数为工具,介绍函数的单调性与导数的关系.

一、函数的单调性

下面先从图形中获得直观的认识.

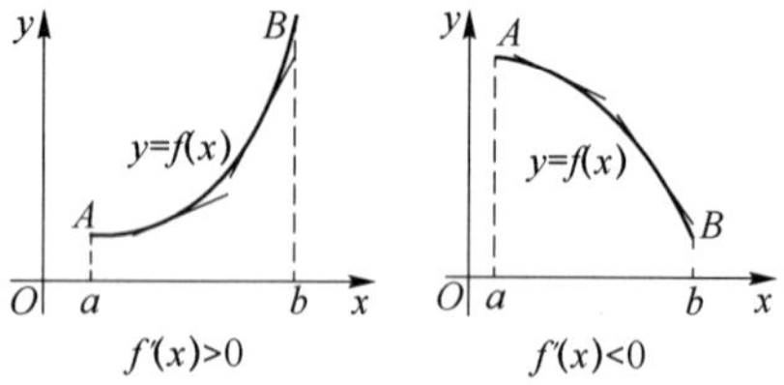

图 4-4

由定义可知,单调增加(减少)的函数图形是一条沿 x 轴正向上升(下降)的曲线.从图 4-4 观察可知曲线 $y=f(x)$ 在 (a,b) 上各点处的切线斜率均为正的(负的),即 $y'=f'(x)>0$ ($y'=f'(x)<0$),由此可见,函数的单调性与其导数的符号有关,因此,可以利用导数的符号来判定函数的单调性.

定理 1 设函数 $y=f(x)$ 在 $[a,b]$ 上连续,在 (a,b) 内可导.

(1) 若在 (a,b) 内 $f'(x)>0$,则函数 $y=f(x)$ 在 $[a,b]$ 上单调增加.

(2) 若在 (a,b) 内 $f'(x)<0$,则函数 $y=f(x)$ 在 $[a,b]$ 上单调减少.

证明:任取两点 x_1、$x_2\in(a,b)$,设 $x_1<x_2$,由拉格朗日中值定理知,存在 $\xi\ (x_1<\xi<x_2)$,有

$$f(x_2)-f(x_1)=f'(\xi)(x_2-x_1)$$

(1) 若在 (a,b) 内 $f'(x)>0$,则 $f'(\xi)>0$,所以 $f(x_2)>f(x_1)$,即函数 $y=f(x)$ 在 $[a,b]$ 上单调增加;

(2) 若在 (a,b) 内 $f'(x)<0$,则 $f'(\xi)<0$,所以 $f(x_2)<f(x_1)$,即函数 $y=f(x)$ 在 $[a,b]$ 上单调减少.

例 1 讨论函数 $y=x+\cos x$ 在 $[0,2\pi]$ 上的单调性.

解:在 $(0,2\pi)$ 内有

$$y'=1-\sin x>0$$

由定理 1 可知,函数 $y=x+\cos x$ 在 $[0,2\pi]$ 上单调增加.

例 2 讨论函数 $y=e^x-x-1$ 在 $(-\infty,+\infty)$ 上的单调性.

解:此函数的定义域为 $(-\infty,+\infty)$,有

$$y'=e^x-1$$

因为在 $(-\infty,0)$ 内 $y'<0$,所以函数在 $(-\infty,0]$ 上单调减少;因为在 $(0,+\infty)$ 内 $y'>0$,所以函数在 $[0,+\infty)$ 上单调增加,但是 $y=e^x-x-1$ 在 $(-\infty,+\infty)$ 没有单调性.

注意:(1) 将定理 1 中的闭区间换成其他各种区间(包括无穷区间),结论仍成立.

(2) 函数的单调性是一个区间上的性质,要用导数在这一区间上的符号来判定,而不能用导数在某一点处的符号来判别函数在该区间上的单调性.

(3) 区间内的个别点导数为零,不影响函数在该区间的单调性. 例如,函数 $y=x^3$ 的导数 $y'=3x^2$,显然 $y=x^3$ 在整个定义域 $(-\infty,+\infty)$ 内是单调增加的. 但在 $x=0$ 处有 $y'=0$.

例 3　确定函数 $f(x)=x^3-3x$ 的单调区间.

解:此函数的定义域为 $(-\infty,+\infty)$,有

$$f'(x)=3x^2-3=3(x-1)(x+1)$$

令 $f'(x)=0$,解得 $x_1=1,x_2=-1$. 这两个根将 $(-\infty,+\infty)$ 分为三个子区间 $(-\infty,-1)$、$(-1,1)$、$(1,+\infty)$.

表 4-1

x	$(-\infty,-1)$	-1	$(-1,1)$	1	$(1,+\infty)$
$f'(x)$	+	0	−	0	+
$f(x)$	↗	2	↘	−2	↗

由表 4-1 可知,函数 $f(x)$ 在 $(-\infty,-1]$、$[1,+\infty)$ 内单调增加,在 $[-1,1]$ 上单调减少.

例 4　确定函数 $f(x)=\sqrt[3]{x^2}$ 的单调区间.

解:此函数的定义域为 $(-\infty,+\infty)$,有

$$f'(x)=\frac{2}{3\sqrt[3]{x}}(x\neq 0)$$

显然,当 $x=0$ 时,函数 $f(x)=\sqrt[3]{x^2}$ 的导数不存在.

表 4-2

x	$(-\infty,0)$	0	$(0,+\infty)$
$f'(x)$	−	不存在	+
$f(x)$	↘	0	↗

由表 4-2 可知,函数 $f(x)$ 在 $(-\infty,0]$ 内单调减少,在 $[0,+\infty)$ 上单调增加.

综上所述,可得求函数单调区间步骤如下:

(1) 确定函数的定义域.

(2) 求出 $f'(x)=0$ 和使 $f'(x)$ 不存在的点,并以这些点作为分界点,将定义域分成若干个子区间.

(3) 判断 $f'(x)$ 在各个子区间内的符号,通过定理 1 确定 $f(x)$ 的单调性.

利用函数的单调性可以证明较为复杂的函数不等式.

例 5　证明:当 $x>1$ 时,$2\sqrt{x}>3-\frac{1}{x}$.

证明:令 $f(x)=2\sqrt{x}-(3-\frac{1}{x})$,则

$$f'(x)=\frac{1}{\sqrt{x}}-\frac{1}{x^2}=\frac{1}{x^2}(x\sqrt{x}-1)$$

因为 $f(x)$ 在 $[1,+\infty)$ 上连续,在 $(1,+\infty)$ 内 $f'(x)>0$,因此 $f(x)$ 在 $(1,+\infty)$ 上单调增加,所以当 $x>1$ 时,有

$$f(x)>f(1)=0$$

即
$$2\sqrt{x}-(3-\frac{1}{x})>0$$

所以
$$2\sqrt{x}>3-\frac{1}{x}\quad(x>1)$$

二、函数的极值

定义 1 设函数 $f(x)$在 x_0 的某领域内有定义,对于该邻域内任何异于 x_0 的点 x,恒有

(1) $f(x)<f(x_0)$,则称 $f(x_0)$是函数 $f(x)$的极大值,并称 x_0 为 $f(x)$的极大值点.

(2) $f(x)>f(x_0)$,则称 $f(x_0)$是函数 $f(x)$的极小值,并称 x_0 为 $f(x)$的极小值点.

极大值与极小值统称为函数的**极值**;极大值点与极小值点统称为**极值点**.

注意:(1) 函数的极值是一个局部性概念.如果 $f(x_0)$是函数 $f(x)$的一个极大值(或极小值),只是对 x_0 的一个局部范围内,$f(x_0)$是最大的(或最小的),但对函数 $f(x)$的整个定义域来说,$f(x_0)$就不一定是最大值(或最小值)了.

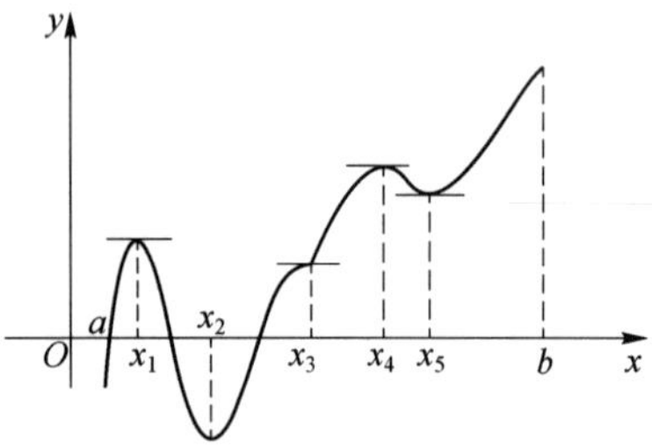

图 4-5

(2) 函数的极大值不一定大于极小值,如图 4-5 所示,$f(x_1)<f(x_5)$.

(3) 函数在一个区间上可能有多个极大值和多个极小值.如图 4-5 所示,$f(x_2)$,$f(x_5)$都是极小值,$f(x_1)$,$f(x_4)$都是极大值.

(4) 函数的极值一定出现在区间内部,在区间端点不能取得极值.

(5) 从图 4-5 中可以看出,在可导函数取得极值之处,曲线的切线是水平的,即可导函数在极值点处的导数等于零.但曲线上有水平切线的点并不一定都是极值点,例如点 x_3.

定理 2 (极值的必要条件) 设函数 $f(x)$在点 x_0 处可导,且在 x_0 处取得极值,那么函数在 x_0 处的导数为零,即 $f'(x_0)=0$.

证明:不妨设 $f(x)$是极大值(极小值的情形可类似地证明).根据极大值的定义,对于 x_0 的某个去心邻域内的一切点 x,恒有 $f(x)<f(x_0)$.于是

当 $x<x_0$ 时,$\frac{f(x)-f(x_0)}{x-x_0}>0$,因此

$$f'(x_0)=\lim_{x\to x_0^-}\frac{f(x)-f(x_0)}{x-x_0}\geqslant 0$$

当 $x>x_0$ 时,$\frac{f(x)-f(x_0)}{x-x_0}<0$,因此

$$f'(x_0)=\lim_{x\to x_0^+}\frac{f(x)-f(x_0)}{x-x_0}\leqslant 0$$

从而得到
$$f'(x_0)=0$$

使 $f'(x_0)=0$ 的点,称为函数 $f(x)$的**驻点**.

注意:(1) 可导函数 $f(x)$的极值点必定是它的驻点,但函数的驻点却不一定是极值点.例如 $f(x)=x^3$ 在 $x=0$ 处的导数等于零,是函数 $f(x)$的驻点,但显然 $x=0$ 不是函数的极值点.

(2) 极值点也不一定在驻点处取得.例如, $f(x)=|x|$ 在 $x=0$ 处取得极小值,但是 $f(x)$ 在 $x=0$ 处的导数不存在.也就是说极值点还有可能在不可导点处取得,如图 4-6 所示.

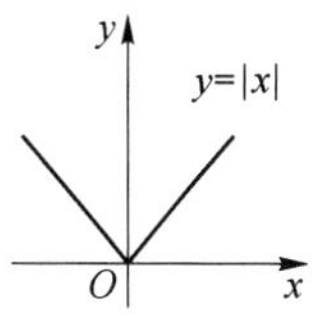

图 4-6

驻点和不可导点都有资格成为极值点,那么,如何判断这些点是否真为极值点,是极大值点还是极小值点,下文将给出两个充分条件.

定理 3 (极值的第一充分条件)　设函数 $f(x)$ 在点 x_0 连续,且在 x_0 的某个去心 δ 邻域内可导,

(1) 如果在 $x\in(x_0-\delta,x_0)$,有 $f'(x)>0$,在 $x\in(x_0,x_0+\delta)$,有 $f'(x)<0$,则函数 $f(x)$ 在 x_0 处取得极大值 $f(x_0)$.

(2) 如果在 $x\in(x_0-\delta,x_0)$,有 $f'(x)<0$,在 $x\in(x_0,x_0+\delta)$,有 $f'(x)>0$,则函数 $f(x)$ 在 x_0 处取得极小值 $f(x_0)$.

(3) 如果当 $x\in(x_0-\delta,x_0+\delta)$ 时, $f'(x)$ 不变号,那么函数 $f(x)$ 在 x_0 处没有极值.

定理 3 也可简单地这样说:如果在 x_0 的左右两侧, $f'(x)$ 的符号由正变负,那么 $f(x)$ 在 x_0 处取得极大值;如果 $f'(x)$ 的符号由负变正,那么 $f(x)$ 在 x_0 处取得极小值;如果 $f'(x)$ 不变号,那么 $f(x)$ 在 x_0 处没有极值.

由上述定理可知,求函数 $f(x)$ 极值的基本步骤如下:

(1) 确定函数的 $f(x)$ 定义域,并求其导数 $f'(x)$.

(2) 求出 $f(x)$ 全部驻点和一阶不可导点.

(3) 讨论 $f'(x)$ 在邻近每个驻点和不可导点的左、右两侧符号的变化情况,判断极值点.

(4) 求出各极值点的函数值.

例 6　求函数 $f(x)=x-\dfrac{3}{2}x^{\frac{2}{3}}$ 的极值.

解:(1) 函数的定义域为 $(-\infty,+\infty)$,且 $f'(x)=1-x^{-\frac{1}{3}}$.

(2) 令 $f'(x)=0$,求得驻点 $x_1=1$;且当 $x=0$ 时, $f'(x)$ 不存在.

(3) 列表讨论如下:

x	$(-\infty,0)$	0	$(0,1)$	1	$(1,+\infty)$
$f'(x)$	+	不存在	−	0	+
$f(x)$	↗	极大值	↘	极小值	↗

(4) 极大值 $f(0)=0$,极小值 $f(1)=-\dfrac{1}{2}$.

定理 4(极值的第二充分条件)　设函数 $f(x)$ 在 x_0 处具有二阶导数,且 $f'(x_0)=0$, $f''(x_0)\neq0$,则

(1) 当 $f''(x_0)<0$ 时,函数 $f(x)$ 在 x_0 处取得极大值.

(2) 当 $f''(x_0)>0$ 时,函数 $f(x)$ 在 x_0 处取得极小值.

注意:若 $f''(x_0)=0$ 或 $f'(x_0)$ 不存在时,定理 4 失效, x_0 不一定是 $f(x)$ 的极值点,仍需用定理 3 判断.

例 7　求函数 $f(x)=x^3-3x^2-9x+5$ 的极值.

解:函数的定义域为 $(-\infty,+\infty)$,且 $f'(x)=3x^2-6x-9$, $f''(x)=6x-6$.

令 $f'(x)=0$,求得驻点 $x_1=-1$, $x_2=3$. $f''(-1)=-12<0$, $f''(3)=12>0$.

由定理 4-9 可知，$x=-1$ 是函数 $f(x)=x^3-3x^2-9x+5$ 极大值点，极大值为 $f(-1)=10$，$x=3$ 是极小值点，极小值为 $f(3)=-22$.

习题 4-3

1. 求下列函数的单调区间和极值：

(1) $f(x)=\frac{1}{3}x^3-x^2-3x$； (2) $f(x)=2x+\frac{8}{x}(x>0)$； (3) $f(x)=(x-1)\cdot\sqrt[3]{x^2}$；

(4) $f(x)=(1+\sqrt{x})x$； (5) $f(x)=2x^2-\ln x$； (6) $f(x)=x+\sqrt{1-x}$；

(7) $f(x)=x-\ln(1+x)$； (8) $f(x)=\frac{\ln^2 x}{x}$.

2. 证明当 $x>1$ 时，$e^x>e\cdot x$.

4.4 函数曲线的凹向性

函数的单调性反映在图形上，就是曲线的上升或下降. 但如何上升，如何下降？这其中还有一个弯曲方向的问题，如图 4-7、图 4-8 所示，虽然都是单调上升，但图形却有显著的不同. 图 4-7 是向上凹的曲线弧，而图 4-8 是向下凹的曲线弧，它们的凹向是不同的. 下面就来研究曲线的凹向性及其判定方法.

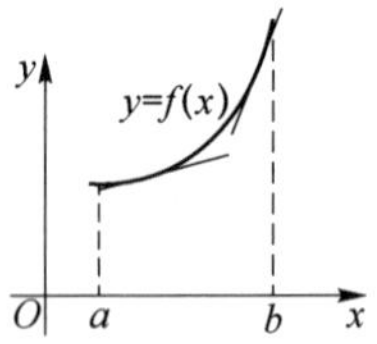

图 4-7

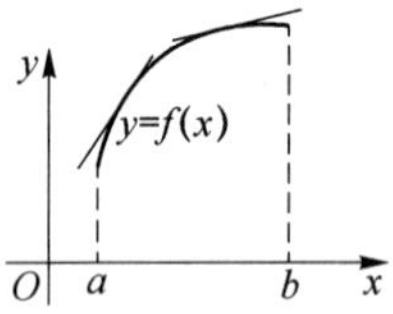

图 4-8

一、曲线的凹向性及其判定方法

定义 1 设曲线方程 $y=f(x)$ 在区间 (a,b) 内处处有切线. 若在此区间内，曲线弧总位于其上任意一点切线的上方，则称曲线弧在 (a,b) 内是向上凹的，简称上凹（也称为凹的）；若在此区间内，曲线弧总位于其上任意一点切线的下方，则称曲线弧在 (a,b) 内是向下凹的，简称下凹（也称为凸的）.

从图 4-7 中可以看出，曲线弧是上凹的，它的切线斜率从左至右是递增的；从图 4-8 中可以看出，曲线弧是下凹的，它的切线斜率从左至右是递减的. 联系上一节所给出的函数增减性的导数判断方法，我们得到了通过 $f'(x)$ 的单调性（即 $f''(x)$ 的符号）来判断曲线凹向性的定理.

定理 1 设 $f(x)$ 在 $[a,b]$ 上连续，在 (a,b) 内具有一阶和二阶导数，则

(1) 若在 (a,b) 内 $f''(x)>0$，则 $f(x)$ 在 $[a,b]$ 上的图形是上凹的.

(2) 若在 (a,b) 内 $f''(x)<0$，则 $f(x)$ 在 $[a,b]$ 上的图形是下凹的.

例 1 判断曲线 $y=x^3$ 的凹向性.

解：函数 $y=x^3$ 的定义域为 $(-\infty,+\infty)$，且 $y'=3x^2$，$y''=6x$，

当 $x<0$ 时，$y''<0$，所以曲线在 $(-\infty,0]$ 内为下凹的.

当 $x>0$ 时，$y''>0$，所以曲线在 $[0,+\infty)$ 内为上凹的.

二、曲线的拐点及其求法

在例 1 中我们注意到 $(0,0)$ 是曲线由下凹变为上凹的分界点. 下面来给这种分界点下定义.

定义 2　连续曲线 $y=f(x)$ 的上凹与下凹的分界点称为曲线的拐点.

如何去寻找曲线 $y=f(x)$ 的拐点呢？由于拐点是曲线凹向的分界点，因此 $f''(x)$ 在拐点的左右两侧邻近异号，所以在拐点处 $f''(x)=0$ 或 $f''(x)$ 不存在.

综上所述，求曲线 $y=f(x)$ 的拐点的基本步骤为：

(1) 确定函数 $y=f(x)$ 的定义域并求 $f''(x)$.

(2) 求出 $f''(x)=0$ 和 $f''(x)$ 不存在的所有点 x_i.

(3) 判断 $f''(x)$ 在这些点 x_i 左、右两侧邻近的符号，当 $f''(x)$ 的符号相反时，点 $(x_i,f(x_i))$ 是曲线 $y=f(x)$ 的拐点；当 $f''(x)$ 的符号相同时，点 $(x_i,f(x_i))$ 不是曲线 $y=f(x)$ 的拐点.

例 2　求曲线 $y=(x-2)^{\frac{5}{3}}$ 的拐点及凹向区间.

解：(1) 函数 $y=(x-2)^{\frac{5}{3}}$ 的定义域为 $(-\infty,+\infty)$，且

$$y'=\frac{5}{3}(x-2)^{\frac{2}{3}},\quad y''=\frac{10}{9}(x-2)^{-\frac{1}{3}}=\frac{10}{9\sqrt[3]{x-2}}$$

(2) 当 $x=2$ 时，$y=0$，y'' 不存在.

(3) 列表讨论如下：

x	$(-\infty,2)$	2	$(2,+\infty)$
y''	$-$	不存在	$+$
y	下凹	拐点 $(2,0)$	上凹

所以 $y=(x-2)^{\frac{5}{3}}$ 在区间 $(-\infty,2]$ 是下凹的，在区间 $[2,+\infty)$ 上是上凹的. $(2,0)$ 是这曲线的拐点.

习题 4-4

1. 求下列函数图形的凹凸区间及拐点：

(1) $y=x+\dfrac{1}{x}(x>0)$；　(2) $y=x\arctan x$；　(3) $y=(x+1)^4$；

(4) $y=\ln(x^2+1)$；　(5) $y=\mathrm{e}^{\arctan x}$；　(6) $y=x+\dfrac{x}{x^2-1}$.

4.5　导数在经济分析中的应用

随着市场经济的不断发展，利用数学知识解决经济问题显得越来越重要，其应用也越来越

广泛. 导数作为经济分析中的重要工具,可以对经济活动中的实际问题进行量化分析,比如优化分析、边际分析、弹性分析,从而为企业经营者科学决策提供依据. 本节着重讨论导数在经济分析中的简单应用.

一、函数的最值及其判断方法

定义 1 设函数 $y=f(x)$在闭区间 $[a,b]$上连续,若存在 $x_0\in[a,b]$,有对于任意 $x\in[a,b]$,均有 $f(x)\geqslant f(x_0)$(或 $f(x)\leqslant f(x_0)$)成立,则称 $f(x_0)$为函数 $y=f(x)$在区间 $[a,b]$上的最小值(最大值). 点 x_0 称为 $y=f(x)$在闭区间 $[a,b]$上的最小值点(最大值点). 最大值和最小值统称为最值.

由极值和最值的定义可知,它们区别是很明显的. 极值是局部性概念,而最值是整体性概念.

假定函数 $y=f(x)$在闭区间 $[a,b]$上连续,则函数在该区间上必能取得最大、最小值. 如果函数的最值在开区间 (a,b)内达到,则最大值(最小值)同时也是极大值(极小值). 此外,最值还可能在区间的端点处取得.

综上所述,求函数在 $[a,b]$上的最值的基本步骤如下:

(1) 计算函数 $y=f(x)$在区间 $[a,b]$内的一切可能极值点(包括驻点和不可导点)的函数值,并将它们与区间端点的函数值 $f(a)$、$f(b)$相比较,这些值中最大的为最大值,最小的为最小值.

(2) 对于闭区间 $[a,b]$上的连续函数 $y=f(x)$,如果在这个区间上有且只有一个可能极值点,而函数在该点确有极值,则该点就是函数 $y=f(x)$在闭区间 $[a,b]$上的最值点.

例 1 求函数 $f(x)=x^3-6x^2+9x+1$ 在$[-1,4]$上的最大值和最小值.

解:因为 $f(x)=x^3-6x^2+9x+1$ 在$[-1,4]$上连续,所以函数在该区间上一定存在最大值和最小值,有

$$f'(x)=3x^2-12x+9=3(x-1)(x-3)$$

令 $f'(x)=0$,得驻点 $x_1=1,x_2=3$,

$$f(1)=5,f(3)=1,f(-1)=-15,f(4)=5$$

比较各值可得,函数 $f(x)$在$[-1,4]$上的最大值为 $f(1)=f(4)=5$,最小值为 $f(-1)=-15$.

二、最值的应用

在实际应用中,常常会遇到如容量最大、用料最省、成本最低、收益最高、利润最大等问题,此类问题往往可以归结为求某一函数的最大、最小值问题.

1. 最值的几何应用

例 2 一块边长为 24 cm 的正方形纸板,四角各截去一个大小相同的小正方形,将四边折起做一个无盖的方盒,如图 4-9 所示. 问截去的小正方形边长为多少时方盒容积最大?

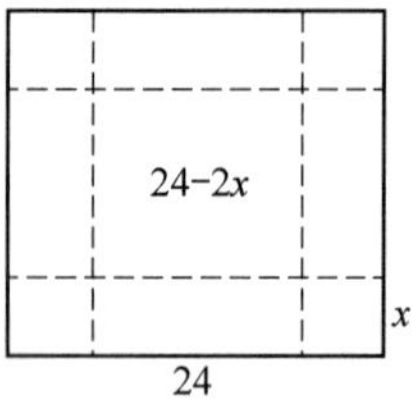

图 4-9

解:设小正方形的边长为 x cm,则方盒底的边长为 $24-2x$,因此方盒容积 V 和 x 的函数关系为

$$V(x)=x(24-2x)^2\quad x\in(0,12)$$

求导得 $$V'(x)=(24-2x)^2-4x(24-2x)$$

令 $V'(x)=0$,得驻点 $x_1=4,x_2=12$(舍)

因为当 $x\in(0,4)$ 时有 $V'(x)>0$，当 $x\in(4,12)$ 时有 $V'(x)<0$，

所以 $x=4$ cm 是极大值点. 由于在 $(0,12)$ 内只有一个极值点且是极大值点，因此 $x=4$ cm 就是最大值点. 最大容积 $V(4)=1\,024\ \text{cm}^2$.

例 3　设计一个容积为 $V=54\pi\text{m}^3$ 的圆柱形有盖贮油桶，图 4-10 所示. 问铁桶的底面半径为多少时，用料最省？

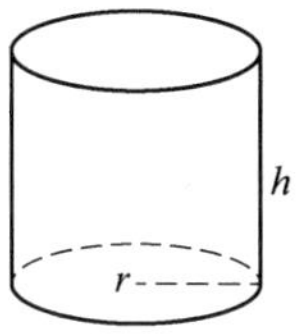

图 4-10

解：设圆柱形贮油桶底半径为 r，侧面高度为 h，则由 $V=\pi r^2 h$ 可得 $h=\dfrac{V}{\pi r^2}$，储油桶上盖和下底面积都是 πr^2，侧面积是 $2\pi r\cdot h=\dfrac{2V}{r}=\dfrac{2\times 54\pi}{r}=\dfrac{108\pi}{r}$. 若用 A 表示贮油桶的表面积，则贮油桶的表面积 A 和底半径为 r 的函数关系为

$$A(r)=2\pi r^2+\frac{108\pi}{r}\quad r\in(0,+\infty)$$

求导得

$$A'(r)=4\pi r-\frac{108\pi}{r^2}=\frac{\pi(4r^3-108)}{r^2}$$

令 $A'(r)=0$，得驻点 $r=3$.

因为 $r=3$ m 是函数 $A(r)$ 在定义域内唯一的驻点，所以 $r=3$ m 是函数 $A(r)$ 的极小值点，并且也是函数 $A(r)$ 的最小值点. 故底面半径为 3 m 时，用料最省.

2. 最值的经济应用

例 4（最低成本问题）　某产品计划在一个生产周期内的总产量为 a 吨，分若干批生产. 设每批产品需要投入固定成本 2 000 元，而每批生产直接消耗的变动成本与产品数量的立方成正比. 如果每批生产 20 吨时，直接消耗成本 4 000 元. 问每批生产多少吨时，才能使总成本最省？

解：设每批生产 x 吨，则共有 $\dfrac{a}{x}$ 批，又设总成本为 C，直接生产成本为 C_1，固定成本有 $\dfrac{2\,000a}{x}$，依题意有 $C_1=kx^3$，当 $x=20$，$C_1=4\,000$ 时，于是 $4\,000=k\ (20)^3$，解得 $k=\dfrac{1}{2}$，所以 $C_1=\dfrac{1}{2}x^3$，故总成本为固定成本与直接消耗成本之和，即

$$C=\frac{2\,000a}{x}+\frac{1}{2}x^3\cdot\frac{a}{x}=\frac{2\,000a}{x}+\frac{1}{2}ax^2\quad x\in(0,a)$$

令 $C'=-\dfrac{2\,000a}{x^2}+ax=0$，解得 $x=\sqrt[3]{2\,000}=12.6$（吨）.

因为 $x=12.6$ 是函数 $C=\dfrac{2\,000a}{x}+\dfrac{1}{2}ax^2$ 在定义域内唯一的驻点，所以 $x=12.6$ 是函数的极小值点，并且也是函数的最小值点. 故每批生产 12.6 吨时，可使总成本最省.

例 5（最大收益问题）　经市场调研，彩虹牌绵袜在某地区每周的需求 Q（单位：件）与其价格 p（单位：元/件）之间的关系是 $Q=1\,600-40p$，问价格 p 为多少的时候，总收益最大.

解：收益函数为　$R(p)=Q\cdot p=(1\,600-40p)p=1\,600p-40p^2\quad p\in(0,40)$

求导得

$$R'(p)=1\,600-80p$$

令 $R'(p)=0$，得驻点 $p=20$（元/件）.

因为 $p=20$ 是函数 $R(p)$ 在定义域内唯一的驻点，所以 $p=20$ 是函数的极大值点，并且也是函数的最大值点. 故价格为 20 元/件时，总收益最大，最大收益为 $R(20)=16\,000$ 元.

例 6(最大利润问题) 设某厂商的总收益 $R(x)$ 和总成本 $C(x)$ 与产量 x 分别为

$$R(x)=40x-4x^2, \qquad C(x)=2x^2+4x+10$$

求产量为多少的时候，厂商能获得最大利润.

解：总利润函数为

$$\begin{aligned}L(x)&=R(x)-C(x)=(40x-4x^2)-(2x^2+4x+10)\\&=-6x^2+36x-10 \quad x\in(0,+\infty)\end{aligned}$$

求导得

$$L'(x)=-12x+36,$$

令 $L'(x)=0$，得驻点 $x=3$.

因为 $x=3$ 是函数 $L(x)$ 在定义域内唯一的驻点，所以 $x=3$ 是函数的极大值点，并且也是函数的最大值点. 故产量为 3 时，总利润最大，最大利润为 $L(3)=44$.

例 7(存货总费用最低问题) 某企业每月需要均匀使用某种零件 4 800 件，且不允许缺货，每件每月的库存费为 1.5 元，每次订货费为 100 元，试确定每批订货量为多少时，才能使每月的库存费与订货费之和最低，并求出最低费用.

解：设每批订货量为 x 件，由于这种库存属于最简单的库存模型，所以根据分析，仓库的平均库存量为每批次订货量的一半，则每月的库存费与订货费之和 y 与 x 的关系为

$$y=\frac{x}{2}\times1.5+\frac{4\,800}{x}\times100 \quad x\in(0,4\,800)$$

求导得

$$y'=0.75-\frac{4.8\times10^5}{x^2}$$

令 $y'=0$，得驻点 $x=800$(件).

因为 $x=800$ 是函数 $y(x)$ 在定义域内唯一的驻点，所以 $x=800$ 是函数的极小值点，并且也是函数的最小值点. 故每批订货量为 800 件时，费用最低，最小费用为 $y(800)=1\,200$(元).

三、边际分析

在经济学中，我们习惯上用平均和边际这两个概念来描述一个经济变量 y 对于另一个经济变量 x 的变化. 平均概念表示 y 在自变量 x 的某一变化范围内的平均值，它随着 x 的取值范围不同而不同. 边际概念是表示在经济变量 x 的某一个值的“边缘上”经济变量 y 的变化情况，即 x 从一个给定值发生微小变化时 y 的变化情况. 显然，这是 y 的瞬时变化率，也就是变量 y 对变量 x 的导数. 即**边际的概念就是导数的经济意义**.

1. 边际函数

设函数 $y=f(x)$ 可导，则 $\frac{\Delta y}{\Delta x}=\frac{f(x_0+\Delta x)-f(x_0)}{\Delta x}$ 表示 $f(x)$ 在区间 $(x_0+\Delta x,x_0)$ 或 $(x_0,x_0+\Delta x)$ 内的平均变化率. 导函数 $f'(x)=\lim\limits_{\Delta x\to0}\frac{\Delta y}{\Delta x}=\lim\limits_{\Delta x\to0}\frac{f(x+\Delta x)-f(x)}{\Delta x}$ 在经济学中称为边际函数.

在点 $x=x_0$ 处，当 $\Delta x=1$ 时(Δx 相对于 x_0 来说很小)，有 $f'(x_0)\approx f(x_0+1)-f(x_0)$，它的经济意义是：当经济变量 x 在 x_0 处产生一个单位的变化时，经济变量 $f(x)$ 的改变量可近似地变化 $f'(x_0)$. 在解释边际函数值的具体意义时，常略去“近似”二字.

2. 边际成本

平均成本是生产一定量产品，平均每单位产品的成本. 有

$$\overline{C}(x)=\frac{C(x)}{x}\ (x\text{是产量})$$

从数学的角度来说，边际成本就是总成本 $C(x)$ 关于产量 x 的导数，即 $MC=C'(x)$，其经济意义为：当产量为 x 时，产量再改变一个单位，成本将改变 $C'(x)$ 个单位.

3. 边际收益

平均收益是生产者出售一定数量的产品，平均每单位产品所得到的收益，即单位商品的售价. 有

$$\overline{R}(x)=\frac{R(x)}{x}\ (x\text{是销量})$$

从数学的角度来说，边际收益就是总收益 $R(x)$ 关于销量 x 的导数，即 $MR=R'(x)$，其经济意义为：当销量为 x 时，销量再改变一个单位，收益将改变 $R'(x)$ 个单位.

4. 边际利润

从数学的角度来说，边际利润就是总利润 $L(x)$ 关于产量 x 的导数，即 $ML=L'(x)$，其经济意义为：当生产并销售 x 单位个产品时，销售量再改变一个单位，利润将改变 $L'(x)$ 个单位. 固有

$$L'(x)=R'(x)-C'(x)$$

下面讨论**最大利润原则**：

根据极值存在的必要条件，如果产量 $x=x_0$ 时利润最大，则有

$$L'(x_0)=R'(x_0)-C'(x_0)=0,\text{即 } R'(x_0)=C'(x_0)$$

上式表明，取得最大利润的必要条件是：边际收益等于边际成本.

取得最大利润的充分条件为

$$L''(x_0)=R''(x_0)-C''(x_0)<0,\text{即 } R''(x_0)<C''(x_0)$$

即：边际收益变化率小于边际成本变化率.

例 8　某煤炭公司每天生产 x 吨煤，总成本函数为 $C(x)=2\,000+450x+0.02x^2$，如果每吨煤的销售价为 490 元，求：

(1) 边际成本；(2) 边际收益；(3) 边际利润；(4) 产量为多少时总利润最大？

解：(1) $MC=C'(x)=450+0.04x$；

(2) 收入函数 $R(x)=490x$，故 $MR=R'(x)=490$；

(3) 边际利润 $L'(x)=R'(x)-C'(x)=490-(450+0.04x)=40-0.04x$；

(4) 由 $L'(x)=0$，解得 $x=1\,000$，且有 $L''(1\,000)=-0.04<0$，符合最大利润原则. 所以当产量为 1 000 吨时，总利润最大，最大利润为 $L(1\,000)=18\,000$ 元.

四、弹性分析

前面所谈的函数改变量与函数变化率是绝对改变量与绝对变化率. 在实际经济活动分析中，仅仅研究函数的绝对改变量及绝对改变率是不够的. 例如，设有 A 和 B 两种商品，其单价分别为 10 元和 100 元. 同时涨价 1 元，虽然两种商品价格的绝对改变量相同，但涨价的百分比却有很大的不相同，分别为 10% 和 1%. 前者是后者的 10 倍，因此有必要研究函数的相对改变量与相对变化率.

若变量 x 在某一点处取得改变量 Δx，则称 Δx 为 x 的绝对改变量. 称导数 $y'=\frac{\mathrm{d}y}{\mathrm{d}x}$是 x 与 y 的绝对改变量的比值$\frac{\Delta y}{\Delta x}$的极限. 称$\frac{\Delta x}{x}$为 x 的相对改变量. 在经济学中，称 x 与 y 的相对改变量的比值$\frac{\Delta y/y}{\Delta x/x}$的极限为 y 对 x 的弹性. 它定量地反映了经济量 x 变动时，另一个经济量 y 随之变动的灵敏程度.

1. 弹性函数

定义 2 设函数 $y=f(x)$在点 x_0 处可导，称比值

$$\frac{\Delta y/f(x_0)}{\Delta x/x_0}=\frac{f(x_0+\Delta x)-f(x_0)/f(x_0)}{\Delta x/x_0}$$

为函数 $y=f(x)$在点 x_0 与点 $x_0+\Delta x$ 之间的弧弹性. 如果极限

$$\lim_{\Delta x\to 0}\frac{\Delta y/f(x_0)}{\Delta x/x_0}=\lim_{\Delta x\to 0}\frac{f(x_0+\Delta x)-f(x_0)/f(x_0)}{\Delta x/x_0}$$

存在，则称此极限值为函数 $y=f(x)$在点 x_0 处的点弹性，记为$\left.\frac{Ey}{Ex}\right|_{x=x_0}$或$\frac{E}{Ex}f(x_0)$.

点弹性$\frac{E}{Ex}f(x_0)$的经济意义是：当 $x=x_0$ 时，变量 x 产生 1%改变时，$f(x)$近似改变$\frac{E}{Ex}f(x_0)$%. 在实际应用问题中，常略去“近似”二字.

对于一般的 x，若 $f(x)$可导，则

$$\frac{Ey}{Ex}=\lim_{\Delta x\to 0}\frac{\Delta y/y}{\Delta x/x}=\lim_{\Delta x\to 0}\frac{\Delta y}{\Delta x}\cdot\frac{x}{y}=y'\cdot\frac{x}{y}$$

称为 $y=f(x)$的点弹性函数，简称弹性函数.

注意：(1) 弧弹性是有方向性的，因为“相对性”是相对初始值而言.

(2) 由定义可知，弹性是一种无纲量，即与各变量所用的计量单位无关，所以比较不同的弹性时，可以不受计量单位的限制.

2. 需求价格弹性

设某商品的市场价格为 p，有需求函数 $Q=Q(p)$，如果需求函数可导，则称

$$\frac{EQ}{Ep}=Q'(p)\frac{p}{Q(p)}$$

为该商品的需求价格弹性，简称为需求弹性，常记为 ε_p，即 $\varepsilon_p=Q'(p)\frac{p}{Q(p)}$.

需求弹性 ε_p 表示某种商品需求量 Q 对价格 p 变化的敏感程度. 由于需求函数为价格的递减函数，即需求弹性 ε_p 一般为负值. 所以其经济含义为：当某种商品的价格为 p 时，价格下降(或上升)1%，其需求量将增加(或减少)$|\varepsilon_p|$%.

(1) 当 $\varepsilon_p=-1$(即 $|\varepsilon_p|=1$)时，称为单位弹性，即商品需求量的相对变化与价格的相对变化基本相等.

(2) 当 $\varepsilon_p<-1$(即 $|\varepsilon_p|>1$)时，称为高弹性(或富有弹性)，即商品需求量的相对变化高于价格的相对变化，价格变动对需求量的影响较大，奢侈品多属于这种情况.

(3) 当 $-1<\varepsilon_p<0$(即 $|\varepsilon_p|<1$)时，称为低弹性(或缺乏弹性)，即商品需求量的相对变化

低于价格的相对变化，价格变动对需求量的影响较小，生活必需品多属于这种情况.

(4) $\varepsilon_p=\infty$时，称为完全弹性，表示在既定的价格水平下，需求量是无限的. 但只要价格有一个微小的变化，都会使无穷大的需求量一下减少为零.

(5) $\varepsilon_p=0$ 时，称为完全无弹性，表示无论价格如何变，需求量固定不变.

3. 需求价格弹性与收益的关系

在商品经济中，商品经营者关心的是价格的变化 Δp 对总收益 R 的影响. 设 $R=Qp$(Q 为销售量，p 为价格)，则当价格 p 有微小改变量 Δp 时，有

$$\Delta R\approx \mathrm{d}R=\mathrm{d}(Qp)=Q\mathrm{d}p+p\mathrm{d}Q=\left(1+\frac{p}{Q}\cdot\frac{\mathrm{d}Q}{\mathrm{d}p}\right)Q\mathrm{d}p=(1+\varepsilon_p)Q\mathrm{d}p$$

由 $\varepsilon_p<0$，知 $\varepsilon_p=-|\varepsilon_p|$，有

$$\Delta R=(1-|\varepsilon_p|)Q\mathrm{d}p=(1-|\varepsilon_p|)Q\Delta p$$

(1) 当 $|\varepsilon_p|=1$ 时，商品涨价或降价对商品销售总收益基本没有影响. 此时，总收益 R 取得最大值.

(2) 当 $|\varepsilon_p|>1$ 时，商品降价($\Delta p<0$)可使商品销售总收益增加($\Delta R>0$)；商品涨价可使总收益减少.

(3) 当 $|\varepsilon_p|<1$ 时，商品降价($\Delta p<0$)可使商品销售总收益减少($\Delta R<0$)；商品涨价可使总收益增加.

例 9　某商品的需求函数为 $Q(p)=75-p^2$(Q 为需求量，p 为价格)，求：

(1) $p=4$ 时的边际需求，并说明其经济意义.

(2) $p=4$ 时的需求弹性，并说明其经济意义.

(3) 当 $p=4$ 时，若价格 p 上涨 1%，总收益将变化百分之几？是增加还是减少.

(4) 当 $p=6$ 时，若价格 p 上涨 1%，总收益将变化百分之几？是增加还是减少.

解：(1) 边际需求为 $Q'(p)=-2p$，所以当 $p=4$ 时，边际需求 $Q'(4)=-8$. 经济意义是：当价格为 4 时，价格再上涨 1 个单位，需求量将减少 8 个单位.

(2) 需求弹性为 $\varepsilon_p=Q'(p)\dfrac{p}{Q(p)}$，所以当 $p=4$ 时，需求弹性为

$$\varepsilon_p(4)=Q'(4)\frac{4}{Q(4)}=-8\times\frac{4}{75-4^2}=-\frac{32}{59}\approx-0.54$$

经济意义是：当价格为 4 时，价格上涨 1%，需求量将减少 0.54%.

(3) $R'(p)=(1+\varepsilon_p)Q(p)$，所以当 $p=4$ 时，$R'(4)=(1+\varepsilon_p(4))Q(4)=\left(1-\dfrac{32}{59}\right)\times59=27.$

由 $R(p)=pQ=75p-p^3$，可得 $R(4)=236$，则 $p=4$ 时收益价格弹性为

$$\frac{E}{Ep}R(4)=R'(4)\frac{4}{R(4)}=27\times\frac{4}{236}\approx0.46$$

所以当 $p=4$ 时，价格上涨 1%，总收益将增加 0.46%.

(4) $p=6$ 时收益价格弹性为

$$\frac{E}{Ep}R(6)=R'(6)\frac{6}{R(6)}=(-33)\times\frac{6}{234}\approx-0.85$$

所以当 $p=4$ 时，价格上涨 1%，总收益将减少 0.85%.

习题 4-5

1. 求函数 $f(x)=2x^3-3x^2-12x+5$ 在 $[0,3]$ 上的最大值和最小值.

2. 求函数 $f(x)=x^4-2x^2+3$ 在区间 $[-2,2]$ 的最大值与最小值.

3. 在半径为 R 的球内作一个内接圆锥体,问此圆锥体的高、底半径为何值时,其体积 V 最大.

4. 工厂 C 与铁路线的垂直距离 AC 为 20 km,A 点到火车站 B 的距离为 100 km. 欲修一条从工厂到铁路的公路 CD,已知铁路与公路每公里运费之比为 3∶5,为了使火车站 B 与工厂 C 间的运费最省,问 D 点应选在何处?

5. 某工厂每月生产某品牌衣服 100 万件,分批生产并全部存放仓库,均匀投放市场,且市场不能缺货,若每件衣服的月库存费为 0.05 元,每次开工的生产准备费为 1 000 元,问应分几批生产,才能使每月的库存费与生产准备费之和最低,并求出最低费用.

6. 某车间靠墙壁要盖一间长方形小屋,现有存砖只够砌 20 米长的墙壁. 问应围成怎样的长方形才能使这间小屋的面积最大?

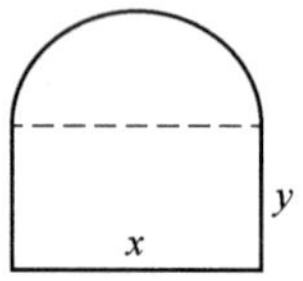

图 4-11

7. 某地区防空洞的截面拟建成矩形加半圆,如图 4-11 所示,截面的面积为 5 m^2. 问底宽 x 为多少时才能使截面的周长最小,从而使建造时所用的材料最省?

8. 某房地产公司有 50 套公寓要出租,当月租金为 1 000 元时,公寓会全部租出去,当月租金每增加 50 元,就会多一套公寓租不出去,而租出去的公寓每月需花费 100 元的维修费. 试问房租定为多少时可获得最大收入?

9. 对某工厂的上午班工人的工作效率的研究表明,一个中等水平的工人早上 8 时开始工作,在 t 小时之后,生产出 $Q(t)=-t^3+9t^2+12t$ 个产品. 问在早上几点钟时此工人工作效率最高?

10. 某钟表厂生产某类型手表日产量为 x 件的总成本为 $C(x)=\frac{1}{40}x^2+200x+1\ 000$ (元),求

(1) 日产量为 100 件时的总成本、平均成本和边际成本各为多少?

(2) 若每件手表要以 400 元售出,要使利润最大,日产量应为多少? 并求最大利润.

11. 设大型超市通过测算,已知某种手巾的销量 Q 与其成本 C 的关系为

$$C(Q)=1\ 000+6Q-0.003Q^2+(0.01Q)^3$$

现每条手巾的定价为 6 元, 求使利润最大的销量.

12. 设某种商品的需求函数为 $Q=1\ 000-100p$,求当需求量 $Q=300$ 时的总收益,平均收益和边际收益,并解释边际收益的经济意义.

13. 设某商品的需求量 Q 与价格 p 的关系为 $Q=\frac{1\ 600}{4^p}$,求

(1) 需求弹性 ε_p,并解释其经济含义;

(2) 当商品的价格 $p=10$(元)时,若价格降低 1%, 则该商品需求量变化情况如何?

14. 某商品的需求函数为 $Q=e^{-\frac{p}{3}}$(其中 Q 是需求量,p 是价格),求:

(1) 需求弹性 ε_p; (2) 当商品的价格 $p=2,3,4$ 时的需求弹性,并解释其经济意义.

复习题 4

一、选择题(20 分)

1. 下列函数在给定区间上不满足拉格朗日定理条件的有(　　).

A. $f(x)=\dfrac{2x}{1+x^2}$, $[-1,1]$　　B. $f(x)=|x|$, $[-1,2]$

C. $f(x)=4x^3-5x^2+x-2$, $[0,1]$　　D. $f(x)=\ln(1+x^2)$, $[0,3]$

2. 函数 $y=f(x)=ax^3+x$ 在 $x\in(-\infty,+\infty)$ 内是单增函数,则(　　).

A. $a>0$　　B. $a<0$　　C. $a=1$　　D. $a=\dfrac{1}{3}$

3. 函数 $y=f(x)=x^3-3x$ 的极大值为 m,极小值为 n,则 $m+n$ 为(　　).

A. 0　　B. 1　　C. 2　　D. 4

4. 数 $f(x)=x^3+12x+1$ 在定义域内(　　).

A. 图形上凹　　B. 图形下凹　　C. 单调递减　　D. 单调递增

5. 设 $f(x)$在$(-\infty,+\infty)$内有二阶导数,且 $f'(x_0)=0$,则 $f(x)$还需满足条件(　　),有 $f(x_0)$必是 $f(x)$的最大值.

A. $x=x_0$ 是 $f(x)$的唯一驻点　　B. $x=x_0$ 是 $f(x)$的极大值点

C. $f''(x)$在$(-\infty,+\infty)$内恒为负　　D. $f''(x)$不为零

二、填空题(20 分)

1. 函数 $f(x)=x\sqrt{3-x}$ 在$[0,3]$上满足罗尔定理的条件,由罗尔定理确定的 $\xi=$____________.

2. $\lim\limits_{x\to 0}\dfrac{e^x-e^{-x}}{\sin x}=$____________.

3. 函数 $y=2x+\sin x$ 的单增区间为____________.

4. 函数 $y=ax^2+1$ 在$(0,+\infty)$内单调增加,则 $a>$____________.

5. 若函数 $y=x^3+ax^2+bx+27$ 在 $x=-1$ 时有极大值,在 $x=3$ 时有极小值,则 $a=$________. $b=$________.

三、计算题(48 分)

1. 计算极限$\lim\limits_{x\to 0}\dfrac{x-\sin x}{x-\tan x}$.

2. 计算极限$\lim\limits_{x\to 0}\dfrac{2x-\sin 2x}{\sin^2 x}$.

3. 求函数 $y=\dfrac{x^4}{4}-x^3$ 的单调区间与极值.

4. 求函数 $f(x)=\dfrac{x}{1+x^2}$的极值.

5. 讨论函数 $y=\arctan x$ 的凹向性与拐点.

6. 求函数 $f(x)=x+\sqrt{1-x}$在区间$[-3,1]$上的最大值与最小值.

四、综合题(12 分,2 选 1)

1. 某立体声收音机厂商测定,为了销售一新款立体声收音机 x 台,每台的价格(单位:元)必须是 $p=800-x$.若生产 x 台的总成本为 $2\,000+10x$.

求:(1) 总收入 $R(x)$和总利润 $L(x)$;

(2) 为使利润最大化,公司必须生产并销售多少台?并求出最大利润;

(3) 为实现这一最大利润,每台价格应变为多少?

2. 某家电厂在生产一款新产品,为了能卖出 x 套新产品,其单价应为 $p=280-0.4x$,同时还确定,生产 x 台冰箱的总成本可表示成 $C(x)=5\,000+0.6x^2$.

求:(1) 求总收入 $R(x)$;

(2) 求总利润 $L(x)$;

(3) 为使利润最大化,公司必须生产并销售多少台新产品?

(4) 最大利润是多少?

(5) 为实现这一最大利润,新产品的单价应定为多少?

第 5 章

不 定 积 分

在前面的章节里面，学习了微分学，它的基本问题是：已知一个函数，求它的导数或微分. 但在很多实际问题中，会遇到与此相逆的问题：即求一个函数，使它的导数恰好等于已知函数，由此产生了积分学. 积分学分两部分：不定积分和定积分. 本章将研究不定积分的概念、性质及基本的积分方法.

本章目标

学习并掌握不定积分的定义，知道它与导数(或微分)的联系；能熟练掌握不定积分的基本公式；熟练使用不定积分的换元积分法以及分部积分法.

5.1 不定积分的概念与性质

一、原函数与不定积分

我们知道，在$(-\infty,+\infty)$内有$(x^3)'=3x^2$，而同样$(x^3+5)'=3x^2$，事实上对任意的常数C，均有$(x^3+C)'=3x^2$，因此我们产生了原函数的概念：

定义 1 设函数 $f(x)$与 $F(x)$在区间 I 上有定义，如果任取 $x\in I$，有

$$F'(x)=f(x) \text{ 或 } \mathrm{d}F(x)=f(x)\mathrm{d}x$$

则称 $F(x)$为 $f(x)$在区间 I 上的一个原函数.

从上例可知，若一个函数存在原函数，则它必存在无数多个原函数. 那么，容易产生这样的问题：是否所有函数都有原函数呢？或者，什么样的函数必存在原函数呢？下面不加证明，解答这个问题.

原函数存在定理：若 $f(x)$为某区间上的连续函数，则 $f(x)$在此区间上必存在原函数. 简单来说，连续函数必存在原函数.

并且，我们由原函数的定义，容易得到原函数性质：

(1) 若 $F(x)$为 $f(x)$在某区间上的一个原函数，则对任意常数 C，函数族 $F(x)+C$ 都为 $f(x)$的原函数.

(2) 若 $F(x)$及 $G(x)$都是 $f(x)$的原函数，则 $G(x)-F(x)=C$，(C 为某常数)，即同一函数的不同原函数之间只相差某个常数(这个由读者自己证明).

在了解了原函数的概念的基础上，下面介绍不定积分定义.

定义 2　若 $F(x)$为 $f(x)$在某区间上的一个原函数，称 $f(x)$的所有原函数 $F(x)+C$(C 为任意常数)为 $f(x)$在该区间上的不定积分，记为 $\int f(x)\mathrm{d}x$，即

$$\int f(x)\mathrm{d}x = F(x) + C$$

式中，$\int$ 为积分号，$f(x)$ 为被积函数，$f(x)\mathrm{d}x$ 为被积表达式，x 称为积分变量.

根据不定积分的定义，求函数 $f(x)$的不定积分，只要找出 $f(x)$的某一个原函数 $F(x)$，然后再加上任意常数 C 即可.

例 1　求下列不定积分：

(1) $\int 4x\mathrm{d}x$；　(2) $\int \cos x\mathrm{d}x$；　(3) $\int \frac{1}{\sqrt{1-x^2}}\mathrm{d}x$；　(4) $\int \frac{1}{x}\mathrm{d}x$.

解：(1) 因为$(2x^2)'=4x$，即 $2x^2$ 为 $4x$ 的一个原函数，所以 $\int 4x\mathrm{d}x = 2x^2 + C$.

(2) 因为$(\sin x)'=\cos x$，即 $\sin x$ 为 $\cos x$ 的一个原函数，所以 $\int \cos x\mathrm{d}x = \sin x + C$.

(3) 因为$(\arcsin x)'=\frac{1}{\sqrt{1-x^2}}$，所以$\int \frac{1}{\sqrt{1-x^2}}\mathrm{d}x = \arcsin x + C$.

(4) 因为$(\ln|x|)' = \frac{1}{x}(x \neq 0)$，所以$\int \frac{1}{x}\mathrm{d}x = \ln|x| + C$.

注意：由于不定积分为被积函数的全体原函数，所以计算不定积分时，在找出被积函数的一个原函数后不要忘记加上积分常数 C.

例 2　已知某公司生产 x 单位某产品时，固定成本为 40，边际成本 $5+0.4x$，求成本函数 $C(x)$.

解：边际成本即为成本函数的导数，故

$$C(x) = \int (5 + 0.4x)\mathrm{d}x = 5x + 0.2x^2 + c$$

而固定成本 $C(0)=40$，得 $c=40$. 因此

$$C(x)=5x+0.2x^2+40$$

由不定积分定义可知，求不定积分与求导数(或微分)是互逆的运算，因此容易知道：

(1) $\left[\int f(x)\mathrm{d}x\right]' = f(x)$ 或 $\mathrm{d}\left[\int f(x)\mathrm{d}x\right] = f(x)\mathrm{d}x$；

(2) $\int \mathrm{d}f(x) = \int f'(x)\mathrm{d}x = f(x) + C$.

二、基本积分公式

根据基本导数公式可得相应基本积分公式：

序号	基本积分公式	序号	基本积分公式
(1)	$\int k\mathrm{d}x = kx + C$	(4)	$\int a^x\mathrm{d}x = \frac{a^x}{\ln a} + C, (a > 0, a \neq 1)$ $\int \mathrm{e}^x\mathrm{d}x = \mathrm{e}^x + C$
(2)	$\int x^\mu\mathrm{d}x = \frac{1}{\mu+1}x^{\mu+1} + C, (\mu \neq -1)$	(5)	$\int \sin x\mathrm{d}x = -\cos x + C$
(3)	$\int \frac{1}{x}\mathrm{d}x = \ln|x| + C$	(6)	$\int \cos x\mathrm{d}x = \sin x + C$

续表

序号	基本积分公式	序号	基本积分公式
(7)	$\int \sec^2 x\mathrm{d}x = \tan x + C$	(10)	$\int \csc x\cot x\mathrm{d}x = -\csc x + C$
(8)	$\int \csc^2 x\mathrm{d}x = -\cot x + C$	(11)	$\int \frac{1}{\sqrt{1-x^2}}\mathrm{d}x = \arcsin x + C = -\arccos x + C$
(9)	$\int \sec x\tan x\mathrm{d}x = \sec x + C$	(12)	$\int \frac{1}{1+x^2}\mathrm{d}x = \arctan x + C = -\mathrm{arccot}\, x + C$

注意：积分公式中的变量 x，可替换成其他变量. 但是，要注意都替换，包括 $\mathrm{d}x$ 中的 x.

例如：$\int \sin x\mathrm{d}x = -\cos x + c$，将 x 替换成 $3x$，则有 $\int \sin 3x\mathrm{d}(3x) = -\cos 3x + c$，(这其实就是第 5.2 节中要讲的换元积分法的思想，在第 5.2 节中再详细讲解).

例 3　求不定积分

(1) $\int x^7\mathrm{d}x$；　　(2) $\int \frac{1}{x^3}\mathrm{d}x$；　　(3) $\int \frac{1}{\sqrt{x}}\mathrm{d}x$.

解：(1) $\int x^7\mathrm{d}x = \frac{1}{7+1}x^{7+1} + C = \frac{1}{8}x^8 + C$.

(2) $\int \frac{1}{x^4}\mathrm{d}x = \int x^{-4}\mathrm{d}x = \frac{1}{(-4)+1}x^{(-4)+1} + C = -\frac{1}{3x^3} + C$.

(3) $\int \frac{1}{\sqrt[3]{x}}\mathrm{d}x = \int x^{-\frac{1}{3}}\mathrm{d}x = \frac{1}{-\frac{1}{3}+1}x^{-\frac{1}{3}+1} + C = \frac{3\sqrt[3]{x^2}}{2} + C$.

三、不定积分基本性质

性质 1　两个函数代数和的不定积分等于其不定积分的代数和，即

$$\int [f(x) \pm g(x)]\mathrm{d}x = \int f(x)\mathrm{d}x \pm \int g(x)\mathrm{d}x$$

这表明函数的代数和可逐项积分(可推广到有限多项的情况).

性质 2　不为零的常数因子可提到积分号外，即

$$\int kf(x)\mathrm{d}x = k\int f(x)\mathrm{d}x,(k \neq 0)$$

注意：一般地，两个函数乘积的不定积分，不等于其积分的乘积. 即 $\int f(x)g(x)\mathrm{d}x \neq \int f(x)\mathrm{d}x \cdot \int g(x)\mathrm{d}x$，商的情况类似，即一般地，$\int \frac{f(x)}{g(x)}\mathrm{d}x \neq \frac{\int f(x)\mathrm{d}x}{\int g(x)\mathrm{d}x}$.

下面根据基本积分公式及不定积分基本性质，介绍一些简单函数的积分，可以称为直接积分法.

例 4　求下列不定积分：

(1) $\int \sqrt{x}(x-4)\mathrm{d}x$；　　(2) $\int \frac{(x-1)^2}{x}\mathrm{d}x$；　　(3) $\int \frac{3x^4+4x^2+5}{x^2+1}\mathrm{d}x$.

解：(1) $\int \sqrt{x}(x-4)\mathrm{d}x = \int (x^{\frac{3}{2}} - 4x^{\frac{1}{2}})\mathrm{d}x$

$$= \frac{2}{5}x^{\frac{5}{2}} - \frac{8}{3}x^{\frac{3}{2}} + C = \frac{2}{5}x^2\sqrt{x} - \frac{8}{3}x\sqrt{x} + C$$

(2) $\int \frac{(x-1)^2}{x}dx = \int \frac{x^2-2x+1}{x}dx$

$= \int\left(x-2+\frac{1}{x}\right)dx = \frac{1}{2}x^2-2x+\ln|x|+C$

(3) $\int \frac{3x^4+4x^2+5}{x^2+1}dx = \int\left(3x^2+1+\frac{4}{x^2+1}\right)dx$

$= x^3+x+4\arctan x+C$

注意:检验积分结果是否正确,只要对结果求导,看其导数是否等于被积函数.

如欲验证 $\int\cos 3x dx = \frac{1}{3}\sin 3x+C$,因为 $\left(\frac{1}{3}\sin 3x+C\right)' = \frac{1}{3}\cdot 3\cos 3x = \cos 3x$,等于被积函数,所以结果正确.

例 5 求下列积分:

(1) $\int \cot^2 x dx$; (2) $\int \cos^2\frac{x}{2}dx$; (3) $\int \frac{1}{\sin^2\frac{x}{2}\cos^2\frac{x}{2}}dx$.

解:(1) $\int \cot^2 x dx = \int(\csc^2 x-1)dx = -\cot x - x + C$.

(2) $\int \cos^2\frac{x}{2}dx = \int\frac{1+\cos x}{2}dx = \frac{1}{2}\int(1+\cos x)dx = \frac{1}{2}(x+\sin x)+C$.

(3) $\int \frac{2}{\sin^2\frac{x}{2}\cos^2\frac{x}{2}}dx = \int\frac{8}{\sin^2 x}dx = 8\int\csc^2 x dx = -8\cot x + C$.

习题 5-1

1. 利用求导运算验证下列等式:

(1) $\int \frac{1}{\sqrt{x^2\pm a^2}}dx = \ln(x+\sqrt{x^2\pm a^2})+C$.

(2) $\int \csc x dx = -\ln|\csc x+\cot x|+C$.

(3) $\int \ln x dx = x\ln x - x + C$.

(4) $\int x\sin x dx = -x\cos x+\sin x+C$.

2. 求下列不定积分:

(1) $\int x\cdot\sqrt[3]{x}dx$; (2) $\int\frac{1}{x\cdot\sqrt[3]{x}}dx$;

(3) $\int 3^x\cdot e^x dx$; (4) $\int(2x+1)^3 dx$;

(5) $\int\frac{(2x-1)^2}{\sqrt{x}}dx$; (6) $\int\left(\frac{2}{1+x^2}-\frac{6}{\sqrt{1-x^2}}\right)dx$;

(7) $\int\sec x(\sec x-3\tan x)dx$; (8) $\int\frac{dx}{\cos 2x-1}$;

(9) $\int \frac{\cos 2x}{\cos^2 x \sin^2 x} \mathrm{d}x$；　　(10) $\int \frac{3x^4}{1+x^2} \mathrm{d}x$.

3. 已知$\int x^2 f(x) \mathrm{d}x = \operatorname{arccot} x + C$，求：$f(x)$.

4. 一曲线在 y 轴上截距是 3，且曲线上任一点处的切线斜率等于该点横坐标的立方，求曲线方程.

5.2 换元积分法

在第一节中，给出了不定积分的基本公式，可以用来解决一些简单函数的求不定积分的问题. 那么，对于一些复杂的函数，特别是复合函数，该如何求它的不定积分呢？本节内容，主要就是为大家解决一些这样的问题.

一、第一换元积分法

设函数 $f(u)$ 有原函数 $F(u)$，而 $u=\varphi(x)$，且 $\varphi(x)$ 可微，则有：

$$\int f[\varphi(x)]\varphi'(x)\mathrm{d}x = \int f[\varphi(x)]\mathrm{d}\varphi(x) \overset{令\varphi(x)=u}{=\!=\!=} \int f(u)\mathrm{d}u$$

$$= F(u) + C \overset{回代u=\varphi(x)}{=\!=\!=} F[\varphi(x)] + C$$

说明：(1) 一般被积函数中有复合函数，且换元后的 $\int f(u)\mathrm{d}u$ 容易积，可以考虑此公式.

(2) 设题为求 $\int g(x)\mathrm{d}x$，而 $g(x)$ 中包含有复合函数. 一般来说，此时应先找出其中复合函数 $f[\varphi(x)]$，然后计算出中间变量 $\varphi(x)$ 的微分 $\mathrm{d}\varphi(x)$，接着在原式中凑出它来，从而使原式恒等变形为 $k\int f[\varphi(x)]\varphi'(x)\mathrm{d}x$，($k$ 为常数)，再使用第一换元积分公式.

例 1 求 $\int (2x+7)^3 \mathrm{d}x$.

解：被积函数中复合函数为 $(2x+7)^3$，中间变量 $2x+7$，先计算其微分 $\mathrm{d}(2x+7)=2\mathrm{d}x$，有

$$\int (2x+7)^3 \mathrm{d}x = \frac{1}{2}\int (2x+7)^3 2\mathrm{d}x = \frac{1}{2}\int (2x+7)^3 \mathrm{d}(2x+7)$$

$$\overset{令2x+7=u}{=\!=\!=} \frac{1}{2}\int u^3 \mathrm{d}u = \frac{1}{8}u^4 + C \overset{回代u=2x+7}{=\!=\!=} \frac{1}{8}(2x+7)^4 + C$$

例 2 求 $\int \frac{1}{5-x} \mathrm{d}x$.

解：被积函数中复合函数为 $\frac{1}{5-x}$，中间变量 $5-x$，先计算其微分 $\mathrm{d}(5-x)=-\mathrm{d}x$，有

$$\int \frac{1}{5-x}\mathrm{d}x = -\int \frac{1}{5-x}(-\mathrm{d}x) = -\int \frac{1}{5-x}\mathrm{d}(5-x)$$

$$\overset{令5-x=u}{=\!=\!=} -\int \frac{1}{u}\mathrm{d}u = -\ln|u| + C \overset{回代u=5-x}{=\!=\!=} -\ln|5-x| + C$$

例 3 求$\int\frac{\ln^2 x}{x}dx$.

解:被积函数中复合函数为$\ln^2 x$,中间变量 $\ln x$,先计算其微分 $d\ln x=\frac{1}{x}dx$,有

$$\int\frac{\ln^2 x}{x}dx=\int\ln^2 x d(\ln x)\overset{令\ln x=u}{=\!=\!=}\int u^2 du=\frac{u^3}{3}+C\overset{回代u=\ln x}{=\!=\!=}\frac{\ln^3 x}{3}+C$$

当大家熟悉这种方法后,换元的过程可以省略不写.

例 4 求$\int xe^{4x^2+1}dx$.

解:$\int xe^{4x^2+1}dx=\frac{1}{8}\int e^{4x^2+1}\cdot 8xdx=\frac{1}{8}\int e^{4x^2+1}d(4x^2+1)=\frac{1}{8}e^{4x^2+1}+C$

例 5 求$\int\frac{\cos\sqrt{x}}{\sqrt{x}}dx$.

解:$\int\frac{\cos\sqrt{x}}{\sqrt{x}}dx=2\int\cos\sqrt{x}\cdot\frac{1}{2\sqrt{x}}dx=2\int\cos\sqrt{x}d\sqrt{x}=2\sin\sqrt{x}+C$

在第一节给出的积分基本公式中,还有一些三角函数的积分公式没给出,下面用第一换元积分法来推导.

例 6 求$\int\tan xdx$.

解:$\int\tan xdx=\int\frac{\sin x}{\cos x}dx=-\int\frac{1}{\cos x}d\cos x=-\ln|\cos x|+C$

同理可知:$\int\cot xdx=\ln|\sin x|+C$.

例 7 求下列积分:

(1) $\int\sin^3 xdx$; (2) $\int\sin^2 x\cos^3 xdx$.

解:(1) $\int\sin^3 xdx=-\int\sin^2 x(-\sin x)dx=-\int(1-\cos^2 x)d\cos x=-\cos x+\frac{\cos^3 x}{3}+C$

(2) $\int\sin^2 x\cos^3 xdx=\int\sin^2 x\cos^2 x\cos xdx=\int\sin^2 x(1-\sin^2 x)d\sin x$

$$=\int(\sin^2 x-\sin^4 x)d\sin x=\frac{1}{3}\sin^3 x-\frac{1}{5}\sin^5 x+C$$

以上两个例子其实都是不定积分中的一种常见题型,即被积函数是正弦函数(或者余弦函数)的奇次幂,总可以通过凑出余弦(或正弦)的微分,从而化为$\int f(\cos x)d\cos x$(或$\int f(\sin x)d\sin x$)型,然后用第一类换元积分法求解出来.

但是,如果被积函数是正弦函数(或者余弦函数)偶次幂,用这样的方法一般就不适合了(为什么呢?大家自己试试就知道了).那么,碰到这样的积分,该怎么求解呢?下面来看看这样的例子.

例 8 求下列积分:

(1) $\int\sin^2 xdx$; (2) $\int\sin^2 x\cos^4 xdx$.

解:(1) $\int\sin^2 xdx=\int\frac{1-\cos 2x}{2}dx=\frac{1}{2}\left(\int 1dx-\frac{1}{2}\int\cos 2xd2x\right)=\frac{x}{2}-\frac{1}{4}\sin 2x+C$.

(2) $\int \sin^2 x\cos^4 x\mathrm{d}x = \int \frac{1-\cos 2x}{2}\left(\frac{1+\cos 2x}{2}\right)^2\mathrm{d}x$

$$= \frac{1}{8}\int(1+\cos 2x-\cos^2 2x-\cos^3 2x)\mathrm{d}x$$

$$= \frac{1}{8}\int(\cos 2x-\cos^3 2x)\mathrm{d}x+\frac{1}{8}\int(1-\cos^2 2x)\mathrm{d}x$$

$$= \frac{1}{16}\int \sin^2 2x\mathrm{d}\sin 2x+\frac{1}{16}\int(1-\cos 4x)\mathrm{d}x$$

$$= \frac{1}{48}\sin^3 2x+\frac{1}{16}x-\frac{1}{64}\sin 4x+C.$$

一般地，对于含正弦或余弦函数偶次幂的积分，总可通过倍角公式降幂，从而化成比较容易积出来的式子.

例 9　求下列积分：

(1) $\int \sec^4 x\mathrm{d}x$；　　(2) $\int \tan x\sec^3 x\mathrm{d}x$.

解：(1) $\int \sec^4 x\mathrm{d}x = \int \sec^2 x\sec^2 x\mathrm{d}x = \int(1+\tan^2 x)\mathrm{d}\tan x = \tan x+\frac{\tan^3 x}{3}+C.$

(2) $\int \tan x\sec^3 x\mathrm{d}x = \int \sec^2 x(\sec x\tan x)\mathrm{d}x = \int \sec^2 x\mathrm{d}\sec x = \frac{\sec^3 x}{3}+C.$

一般地，若被积函数中只含有正切函数和正割函数，一般可考虑通过凑出正切或正割的微分，转化为 $\int f(\tan x)\mathrm{d}\tan x$ 或 $\int f(\sec x)\mathrm{d}\sec x$ 型，然后换元求解出来.

类似地，若被积函数中只含有余切函数和余割函数，一般可考虑通过凑出余切或余割的微分，转化为 $\int f(\cot x)\mathrm{d}\cot x$ 或 $\int f(\csc x)\mathrm{d}\csc x$ 型，然后换元求解出来.

前面，得出了正、余弦函数和正、余切函数的积分公式，下面继续推导正、余割函数的积分公式：

$$\int \csc x\mathrm{d}x = \int \frac{1}{\sin x}\mathrm{d}x = \int \frac{\sin^2\frac{x}{2}+\cos^2\frac{x}{2}}{2\sin\frac{x}{2}\cos\frac{x}{2}}\mathrm{d}x = \int\left(\tan\frac{x}{2}+\cot\frac{x}{2}\right)\mathrm{d}\frac{x}{2}$$

$$= -\ln\left|\cos\frac{x}{2}\right|+\ln\left|\sin\frac{x}{2}\right|+C = \ln\left|\tan\frac{x}{2}\right|+C = \ln|\csc x-\cot x|+C$$

$$\int \sec x\mathrm{d}x = \int \csc\left(x+\frac{\pi}{2}\right)\mathrm{d}\left(x+\frac{\pi}{2}\right) = \ln\left|\csc\left(x+\frac{\pi}{2}\right)-\cot\left(x+\frac{\pi}{2}\right)\right|+C$$

$$= \ln|\sec x+\tan x|+C$$

第一换元积分法是求不定积分的一种非常重要的方法，也是最灵活最难掌握的一种方法. 该方法的重点就在于“凑微分”，到底凑哪个函数的微分，这并没有绝对固定的方法，有时需要去试，可能要走很多弯路，才能找到正确的解题思路. 这就要求我们要掌握一些典型的例子并做大量的练习，才能少走弯路. 请读者认真独立完成习题 5-2 中的相关练习，相信会对你有很大帮助.

二、第二换元积分法

设 $x=\varphi(t)$ 是某区间上的单调可导函数，并且 $\varphi(t)\neq 0$. 又 $f[\varphi(t)]\varphi'(t)$ 具有原函数 $F(t)$，则有

$$\int f(x)\mathrm{d}x \xlongequal{\text{令}x=\varphi(t)} \int f[\varphi(t)]\mathrm{d}\varphi(t) = \int f[\varphi(t)]\varphi'(t)\mathrm{d}t = F(t)+C \xlongequal{\text{回代}t=\varphi^{-1}(x)} F[\varphi^{-1}(x)]+C$$

式中，$t=\varphi^{-1}(x)$为$x=\varphi(t)$的反函数.

说明:此公式,实际上就是第一换元积分公式的逆行.但目的都是把被积函数转化成容易求原函数的形式.相对来说,第二换元积分公式简单一些,可以有一些规律可循,它的关键,就是选择$x=\varphi(t)$这个恰当的函数关系.下面来看常见的两种类型的例子:

1. 含有根式的代换

例 10 求下列积分:

(1) $\int \frac{\mathrm{d}x}{1+\sqrt{x-2}}$; (2) $\int \frac{2}{\sqrt{x}+\sqrt[3]{x}}\mathrm{d}x$.

解:(1) 令 $t=\sqrt{x-2}$,则 $x=t^2+2$,有

$$\int \frac{\mathrm{d}x}{1+\sqrt{x-2}} = \int \frac{\mathrm{d}(t^2+2)}{1+t} = \int \frac{2t\mathrm{d}t}{1+t} = 2\int(1-\frac{1}{1+t})\mathrm{d}t = 2(t-\ln|1+t|)+C$$

$$\xlongequal{\text{回代}t=\sqrt{x-2}} 2(\sqrt{x-2}-\ln|1+\sqrt{x-2}|)+C$$

(2) 设 $x=t^6$,则 $\mathrm{d}x=6t^5\mathrm{d}t$,于是

$$\int \frac{2}{\sqrt{x}+\sqrt[3]{x}}\mathrm{d}x = \int \frac{2}{t^3+t^2}6t^5\mathrm{d}t = 12\int \frac{t^3+1-1}{t+1}\mathrm{d}t = 12\int(t^2-t+1-\frac{1}{t+1})\mathrm{d}t$$

$$= 12\left(\frac{1}{3}t^3-\frac{1}{2}t^2+t-\ln|t+1|\right)+C$$

$$= 4\sqrt{x}-6\sqrt[3]{x}+12\sqrt[6]{x}-12\ln|\sqrt[6]{x}+1|+C$$

2. 三角代换

如果被积函数中,含有 $a^2\pm x^2$ 或者 x^2-a^2,则可考虑三角代换法.

一般地:(1) 当被积函数中含 $\sqrt{a^2-x^2}$ 时,可令 $x=a\sin t$; $\left(-\frac{\pi}{2}\leqslant t\leqslant\frac{\pi}{2}\right)$

(2) 当被积函数中含 $\sqrt{a^2+x^2}$ 时,可令 $x=a\tan t$; $\left(-\frac{\pi}{2}<t<\frac{\pi}{2}\right)$

(3) 当被积函数中含 $\sqrt{x^2-a^2}$ 时,可令 $x=a\sec t$. $\left(0<t<\pi,\text{且 } t\neq\frac{\pi}{2}\right)$

例 11 求$\int \sqrt{a^2-x^2}\,\mathrm{d}x(a>0)$.

解:令 $x=a\sin t\left(-\frac{\pi}{2}\leqslant t\leqslant\frac{\pi}{2}\right)$,则 $\mathrm{d}x=a\cos t\mathrm{d}t$,于是

$$\int \sqrt{a^2-x^2}\,\mathrm{d}x = \int a\cos t(a\cos t)\mathrm{d}t = \frac{a^2}{2}\int(1+\cos 2t)\mathrm{d}t = \frac{a^2}{2}(t+\frac{1}{2}\sin 2t)+C$$

$$= \frac{a^2}{2}\arcsin\frac{x}{a}+\frac{1}{2}x\sqrt{a^2-x^2}+C$$

例 12 求 $\int \frac{\mathrm{d}x}{\sqrt{x^2+a^2}}(a>0)$.

解:令 $x=a\tan t\left(-\frac{\pi}{2}<t<\frac{\pi}{2}\right)$,则 $\mathrm{d}x=a\sec^2 t\mathrm{d}t$,于是

$$\int \frac{\mathrm{d}x}{\sqrt{x^2+a^2}} = \int \frac{a\sec^2 t\mathrm{d}t}{a\sec t} = \int \sec t\mathrm{d}t = \ln|\sec t+\tan t|+C_1$$

根据所设易知 $\tan t=\frac{x}{a}$，得 $\sec t=\frac{\sqrt{x^2+a^2}}{a}$，于是

$$\int\frac{dx}{\sqrt{x^2+a^2}}=\ln|\sec t+\tan t|+C_1=\ln\left|\frac{x}{a}+\frac{\sqrt{x^2+a^2}}{a}\right|+C_1$$
$$=\ln\left|x+\sqrt{x^2+a^2}\right|+C(C=C_1-\ln a)$$

例 13　求 $\int\frac{dx}{\sqrt{x^2-a^2}}(a>0)$.

解：令 $x=a\sec t$，$\left(0<t<\pi,且\ t\neq\frac{\pi}{2}\right)$，则 $dx=a\sec t\tan t dt$，于是

$$\int\frac{dx}{\sqrt{x^2-a^2}}=\int\frac{a\sec t\tan t dt}{a\tan t}=\int\sec t dt=\ln|\sec t+\tan t|+C_1$$

根据所设易知 $\sec t=\frac{x}{a}$，得 $\tan t=\frac{\sqrt{x^2-a^2}}{a}$，于是

$$\int\frac{dx}{\sqrt{x^2-a^2}}=\ln|\sec t+\tan t|+C_1=\ln\left|\frac{x}{a}+\frac{\sqrt{x^2-a^2}}{a}\right|+C_1$$
$$=\ln\left|x+\sqrt{x^2-a^2}\right|+C(C=C_1-\ln a)$$

若被积函数是含 ax^2+bx+c 时，可先对 ax^2+bx+c 配方然后再用换元积分法.

例 14　$\int\frac{dx}{\sqrt{4x^2+4x+2}}$.

解：$$\int\frac{dx}{\sqrt{4x^2+4x+2}}=\int\frac{dx}{\sqrt{(2x+1)^2+1}}\xlongequal{令2x+1=\tan t}\int\frac{d\left(\frac{\tan t-1}{2}\right)}{\sqrt{\tan^2 t+1}}=\int\frac{\sec^2 t dt}{2\sec t}$$
$$=\int\frac{\sec t}{2}dt=\frac{\ln|\sec t+\tan t|}{2}+C_1$$
$$\xlongequal{回代化简}\frac{\ln\left|\sqrt{x^2+2x+2}+x+1\right|}{2}+C$$

习题 5-2

1. 在下列各式横线处填入适当的数或函数，使等式成立.

如：$d(5x+7)=\underline{\ \ 5\ \ }\ dx$；　　$xdx=-\underline{\frac{1}{10}}d(2-5x^2)$.

(1) $xdx=\underline{\qquad}d(1-3x^2)$；　　(2) $dx=\underline{\qquad}d(4-7x)$；

(3) $d(1-3\ln x)=\underline{\qquad}dx$；　　(4) $d(2x^4-2)=\underline{\qquad}dx$；

(5) $e^{3x}dx=\underline{\qquad}d(e^{3x})$；　　(6) $\frac{1}{\sqrt{x}}dx=\underline{\qquad}d(\sqrt{x})$.

2. 求下列积分：

(1) $\int(7-2x)^3dx$；　　(2) $\int\frac{1}{\sqrt[3]{8-3x}}dx$；　　(3) $\int 3x\sin x^2dx$；

(4) $\int \frac{x\mathrm{d}x}{\sqrt{5+3x^2}}$；　(5) $\int \frac{1}{\sqrt{4-x^2}}\mathrm{d}x$；　(6) $\int \frac{1}{x^2+5}\mathrm{d}x$；

(7) $\int \frac{\mathrm{d}x}{x^2-9}$；　(8) $\int \frac{4x-1}{2x^2-x-2}\mathrm{d}x$；　(9) $\int 3\cos^2 x\sin^3 x\mathrm{d}x$；

(10) $\int 8\sin^4 x\cos^2 x\mathrm{d}x$；　(11) $\int \csc^6 x\mathrm{d}x$；　(12) $\int \cot^5 x\csc^3 x\mathrm{d}x$；

(13) $\int \frac{2}{\mathrm{e}^x+\mathrm{e}^{-x}}\mathrm{d}x$；　(14) $\int \frac{\mathrm{d}x}{x^2\sqrt{x^2-1}}$；　(15) $\int \frac{\mathrm{d}x}{(1+x^2)^2}$；

(16) $\int \frac{\mathrm{d}x}{1+\sqrt[3]{1+x}}$.

5.3 分部积分法

直接积分法和换元积分法并不能解决所有的求不定积分的问题. 例如，在初等函数中，对数函数和反三角函数的积分公式，在前面的学习中并没有给出，那么，它们的积分到底如何计算呢？本节就来学习另一种重要的积分方法——分部积分法，可以解决类似这样的问题.

分部积分公式

设函数 $u=u(x)$ 及 $v=v(x)$ 具有连续导数，则

$$(uv)'=u'v+uv'$$

移项后得

$$uv'=(uv)'-u'v$$

对上式两边积分得：

$$\int uv'\mathrm{d}x = uv - \int u'v\mathrm{d}x$$

而 $v'\mathrm{d}x=\mathrm{d}v, u'\mathrm{d}x=\mathrm{d}u$，故公式也可简记为

$$\int u\mathrm{d}v = uv - \int v\mathrm{d}u$$

这就是分部积分公式.

下面用该公式来解决之前提到的问题，从而给出对数函数和反三角函数的积分公式.

例 1　求下列积分：

(1) $\int \ln x\mathrm{d}x$；　(2) $\int \arctan x\mathrm{d}x$.

解：(1) 我们看成 $u=\ln x, \mathrm{d}v=\mathrm{d}x$，根据 $\int u\mathrm{d}v = uv - \int v\mathrm{d}u$，则

$$\int \ln x\mathrm{d}x = x\ln x - \int x\mathrm{d}\ln x = x\ln x - \int x\cdot\frac{1}{x}\mathrm{d}x = x\ln x - x + C$$

(2) 我们看成 $u = \arctan x, \mathrm{d}v = \mathrm{d}x$，根据 $\int u\mathrm{d}v = uv - \int v\mathrm{d}u$，则

$$\int \arctan x\mathrm{d}x = x\arctan x - \int x\mathrm{d}\arctan x = x\arctan x - \int x \cdot \frac{1}{1+x^2}\mathrm{d}x$$

$$= x\arctan x - \frac{1}{2}\int \frac{1}{1+x^2}\mathrm{d}(1+x^2) = x\arctan x - \frac{1}{2}\ln(1+x^2) + C$$

其他反三角函数的积分公式，可类似推导，留给大家自己练习.

上面的两个例子，是直接把被积函数当成公式中的“u”，而把 $\mathrm{d}x$ 当成公式中的“$\mathrm{d}v$”. 其实，这并不是一定能行得通的. 例如，计算 $\int x\cos x\mathrm{d}x$，若看成 $u=x\cos x$，$v=x$，根据 $\int u\mathrm{d}v = uv - \int v\mathrm{d}u$，则 $\int x\cos x\mathrm{d}x = x^2\cos x - \int x\mathrm{d}x\cos x$，而 $\int x\mathrm{d}x\cos x$ 相比原式，更不易积出，故这样使用分部积分公式不恰当.

初学者容易会问这样两个问题：什么时候考虑使用分部积分公式呢？如何使用才恰当呢？通常情况下，被积函数是两种不同类型的函数的乘积，我们就可以考虑使用分部积分法，把其中一个函数看成公式中的“u”，另外一个函数看成公式中的“v'”，将式中的“v'”与“$\mathrm{d}x$”凑成“$\mathrm{d}v$”再使用分部积分公式. 在这里，最重要的是选择哪个函数看成公式中的“u”，哪个看成“v'”. 下面，以上题为例，加以说明.

例 2　计算 $\int x\cos x\mathrm{d}x$.

解：这里看成 $u = x$，$\mathrm{d}v = \cos x\mathrm{d}x = \mathrm{d}\sin x$，则 $\int x\cos x\mathrm{d}x = \int x\mathrm{d}\sin x$，根据 $\int u\mathrm{d}v = uv - \int v\mathrm{d}u$，有

$$\int x\cos x\mathrm{d}x = x\sin x - \int \sin x\mathrm{d}x = x\sin x + \cos x + C$$

而在本题中如果选 $u=\cos x$，$\mathrm{d}v=x\mathrm{d}x=\mathrm{d}\left(\frac{x^2}{2}\right)$，则

$$\int x\cos x\mathrm{d}x = \int \cos x\mathrm{d}\left(\frac{x^2}{2}\right) = \frac{x^2}{2}\cos x - \int \frac{x^2}{2}\mathrm{d}\cos x$$

$$= \frac{x^2}{2}\cos x + \int \frac{x^2}{2}\sin x\mathrm{d}x$$

显然 $\int \frac{x^2}{2}\sin x\mathrm{d}x$ 比原积分更难求，故此法不恰当.

一般来说，u 和 $\mathrm{d}v$ 的选择要考虑两点：(1) v 要容易求得；(2) $\int v\mathrm{d}u$ 要比 $\int u\mathrm{d}v$ 容易积出.

根据经验，两种不同类型的初等函数的乘积积分，使用分部积分法的话，可参照下列顺序：反三角函数→对数函数→幂函数→三角函数→指数函数. 在这顺序前列的那个函数，作为公式中的“u”，排在这顺序后列的一个作为“v'”，通常可以积出.

例 3　求下列积分：

(1) $\int x\ln x\mathrm{d}x$；　　　　(2) $\int x\mathrm{e}^{-x}\mathrm{d}x$.

解：(1) 这里被积函数是幂函数 x 与对数函数 $\ln x$ 的乘积，按照上述方法，看成 $u=\ln x$，$\mathrm{d}v=x\mathrm{d}x=\mathrm{d}\,\frac{x^2}{2}$，则

$$\int x\ln x\mathrm{d}x = \int \ln x\mathrm{d}\,\frac{x^2}{2} = \frac{x^2\ln x}{2} - \int \frac{x^2}{2}\mathrm{d}\ln x = \frac{x^2\ln x}{2} - \int \frac{x}{2}\mathrm{d}x = \frac{x^2\ln x}{2} - \frac{x^2}{4} + C$$

(2) 这里被积函数是幂函数 x 与指数函数 e^{-x} 的乘积，按照上述方法，看成 $u=x,dv=e^{-x}dx=d(-e^{-x})$，则

$$\int xe^{-x}dx=\int xd(-e^{-x})=-xe^{-x}-\int(-e^{-x})dx=-xe^{-x}-\int e^{-x}d(-x)=-xe^{-x}-e^{-x}+C$$

还有一些题目，需要多次使用分部积分公式才可做出：

例 4 求 $\int x^2e^xdx$.

解：
$$\int x^2e^xdx=\int x^2de^x=x^2e^x-\int e^xdx^2=x^2e^x-2\int xe^xdx$$
$$=x^2e^x-2\int xde^x=x^2e^x-2(xe^x-\int e^xdx)=x^2e^x-2xe^x+2e^x+C$$

下面再来看两个例子.

例 5 $\int e^x\cos xdx$.

解：
$$\int e^x\cos xdx=\int e^xd\sin x=e^x\sin x-\int\sin xe^xdx=e^x\sin x+\int e^xd\cos x$$
$$=e^x\sin x+e^x\cos x-\int e^x\cos xdx$$

移项，得
$$2\int e^x\cos xdx=e^x(\sin x+\cos x)$$

所以
$$\int e^x\cos xdx=\frac{1}{2}e^x(\cos x+\sin x)+C$$

例 6 求 $\int\sec^3xdx$.

解：
$$\int\sec^3xdx=\int\sec^2x\sec xdx=\int\sec xd\tan x=\sec x\tan x-\int\tan x\sec x\tan xdx$$
$$=\sec x\tan x-\int(\sec^2x-1)\sec xdx=\sec x\tan x-\int\sec^3xdx+\int\sec xdx$$
$$=\sec x\tan x-\int\sec^3xdx+\ln|\sec x+\tan x|$$

所以
$$\int\sec^3xdx=\frac{1}{2}(\sec x\tan x+\ln|\sec x+\tan x|)+C.$$

以上就是分部积分法的一些经典例题，至此已经把计算不定积分的基本方法：直接积分法、换元积分法、分部积分法都学完了. 从理论上来说，学完这些后就能够解决现阶段的求不定积分的问题. 希望大家能够通过大量的练习，灵活掌握，达到能综合运用的程度.

习题 5-3

1. 求下列积分：

(1) $\int x\sin xdx$；　(2) $\int xe^{-2x}dx$；　(3) $\int x^2\sin 5xdx$；

(4) $\int x^2e^{-x}dx$；　(5) $\int(\arcsin x)^2dx$；　(6) $\int e^x\sin\frac{x}{2}dx$；

(7) $\int x\tan^2 x\mathrm{d}x$；　(8) $\int \frac{\ln^3 x}{x^2}\mathrm{d}x$；　(9) $\int \sin(\ln x)\mathrm{d}x$；

(10) $\int \mathrm{e}^{3\sqrt{x}}\mathrm{d}x$.

2. 已知 $f(x)$ 的一个原函数为 $x\sin x$，求 $\int xf'(x)\mathrm{d}x$.

复习题 5

一、选择题(20 分)

1. $\left(\int \frac{\sin x}{x}\mathrm{d}x\right)' =$ (　　).

A. $\frac{\cos x}{1}$　B. $\frac{\sin x}{x}$　C. $\frac{\sin x}{x}+C$　D. 无法运算

2. $\int\left(\frac{1}{\sin^2 x}+1\right)\mathrm{d}\sin x =$ (　　).

A. $-\cot x+x+C$　B. $-\cot x+\sin x+C$

C. $\frac{-1}{\sin x}+\sin x+C$　D. $\frac{-1}{\sin x}+x+C$

3. 若 $\int f(x)\mathrm{d}x = F(x)+C$，则 $\int \sin xf(\cos x)\mathrm{d}x =$ (　　).

A. $F(\sin x)+C$　B. $-F(\sin x)+C$　C. $F(\cos x)+C$　D. $-F(\cos x)+C$

4. 若 $\int f(x)\mathrm{e}^{-\frac{1}{x}}\mathrm{d}x = -\mathrm{e}^{-\frac{1}{x}}+C$，则 $f(x) =$ (　　).

A. 1　B. $\frac{1}{x}$　C. $\frac{1}{x^2}$　D. $-\frac{1}{x^2}$

5. 已知 $f(x)$ 的一个原函数为 e^{-x^2}，则 $\int f'(x)\mathrm{d}x =$ (　　).

A. $-2x\mathrm{e}^{-x^2}$　B. e^{-x^2}　C. $\mathrm{e}^{-x^2}+C$　D. $-2x\mathrm{e}^{-x^2}+C$

二、填空题(20 分)

1. $\int \frac{1}{\sqrt{x}}\mathrm{e}^{\sqrt{x}}\mathrm{d}x =$ ________.

2. $\int \cos^3 x\mathrm{d}x =$ ________.

3. $\int \frac{\mathrm{d}x}{x\ln x\ln\ln x} =$ ________.

4. 已知 $\int f(x)\mathrm{d}x = F(x)+C$，则 $\int \frac{f(\ln x)}{x}\mathrm{d}x =$ ________.

5. $\int f(x)\mathrm{d}x = \arcsin 2x + C$，则 $f(x) =$ ________.

三、计算题(48 分)

1. 求 $\int \frac{\sin x\cos x}{1+\sin^4 x}\mathrm{d}x$.

2. 求$\int \tan^4 x\mathrm{d}x$.

3. 求$\int \frac{\mathrm{d}x}{\sqrt{(1+x^2)^3}}$.

4. 求$\int \frac{\sqrt{x^2-9}}{x}\mathrm{d}x$.

5. 求$\int \csc^3 x\mathrm{d}x$.

6. 求$\int \frac{x+2}{(2x+1)(x^2+x+1)}\mathrm{d}x$.

四、综合题(12 分,2 选 1)

1. 设 $f(x)$ 的一个原函数为$\frac{\mathrm{e}^x}{x}$,计算$\int xf'(2x)\mathrm{d}x$.

2. 设 $f(x^2-1)=\ln\frac{x^2}{x^2-2}$,且 $f(\varphi(x))=\ln x$,求:$\int\varphi(x)\mathrm{d}x$.

第 6 章

定积分及其应用

定积分和不定积分是积分学的两个基本概念，它们之间既有区别，又有联系．在这一章里，首先从实例出发引出定积分的概念，然后讨论定积分的性质，计算方法及在几何、经济上的一些简单应用．

本章目标

理解定积分的概念，掌握定积分的基本性质．掌握变上限定积分的导数的计算方法．熟练应用牛顿—莱布尼兹公式计算定积分，熟练掌握定积分的换元积分法和分部积分法．了解定积分在经济管理中的应用，会利用定积分计算平面图形的面积．

6.1　定积分的概念与性质

1．求曲边梯形的面积

(1) **曲边梯形的定义**：由三条直线 $x=a$，$x=b$ 与 x 轴和一条曲线 $y=y(x)$ $(x\geqslant 0)$ 围成的平面图形，称为曲边梯形．如图 6-1、图 6-2、图 6-3 所示，其中图 6-2、图 6-3 是特殊情形．

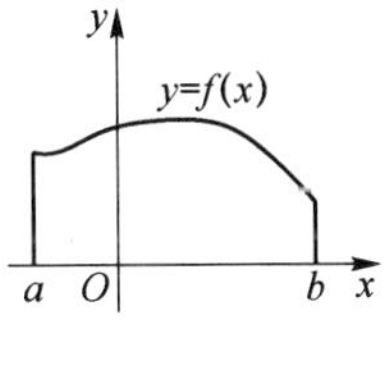

图 6-1

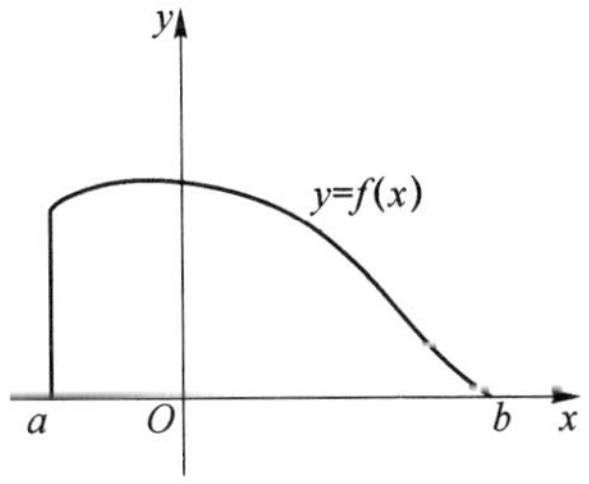

图 6-2

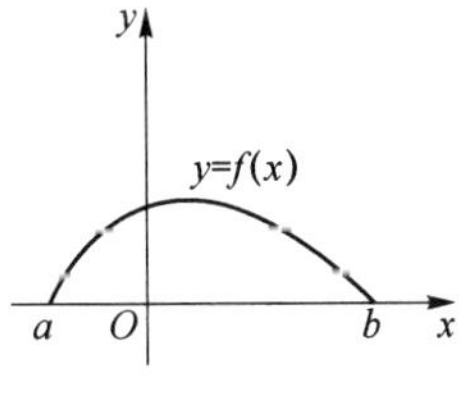

图 6-3

(2) 利用极限计算曲边梯形面积 A 的步骤

第一步：分割，将曲边梯形分成许多细长条．在区间 $[a,b]$ 中任取若干分点：

$a=x_0<x_1<x_2<\cdots<x_{i-1}<x_i<\cdots<x_{n-1}<x_n=b$，把曲边梯形的底 $[a,b]$ 分成 n 个小区间．$[x_0,x_1]$，$[x_1,x_2]$，$\cdots$，$[x_{i-1},x_i]$，$\cdots$，$[x_{n-1},x_n]$，并记 $\Delta x_i=x_i-x_{i-1}$；过分点 x_i 分别作 x 轴的垂线，将曲边梯形分成 n 个小曲边梯形，记第 i 个曲边梯形的面积为 $\Delta A_i(i=1,2,\cdots,n)$．

第二步：近似，将这些细长条近似地看作一个个小矩形，如图 6-4 所示．

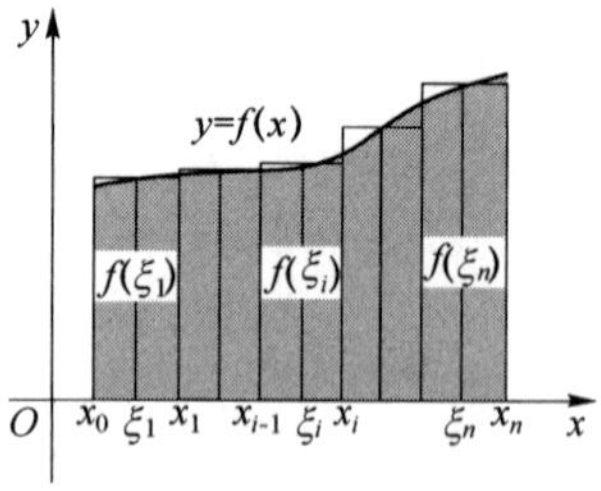

图 6-4

第三步:求和,小矩形的面积之和是曲边梯形面积的一个近似值.

即 $$A=\sum_{i=1}^{n}\Delta A_i\approx\sum_{i=1}^{n}f(\xi_i)\Delta x_i$$

第四步:取极限,当分割越细,所有小矩形的面积之和的极限,就是曲边梯形面积 A 的精确值. 若记 $\lambda=\max\limits_{1\leqslant i\leqslant n}\{\Delta x_i\}$,则 $A=\lim\limits_{\lambda\to0}\sum\limits_{i=1}^{n}f(\xi_i)\Delta x_i$.

可见,曲边梯形的面积是一和式的极限.

2. 利用极限求变速直线运动的路程

设某物体做直线运动,已知速度 $v=v(t)$ 是时间间隔 $[T_1,T_2]$ 上的连续函数,计算在此段时间内物体经过的路程 s.

第一步:分割,在区间 $[T_1,T_2]$ 中任取若干分点:

$T_1=t_0<t_1<\cdots<t_{i-1}<t_i<\cdots<t_{n-1}<t_n=T_2$,把 $[T_1,T_2]$ 分成 n 个小区间 $[t_{i-1},t_i]$,小区间的长记为 $\Delta t_i=t_i-t_{i-1}(i=1,2,3,\cdots,n)$.

第二步:近似求和,$s=\lim\limits_{\lambda\to0}\sum\limits_{i=1}^{n}v(\xi_i)\Delta t_i$.

第三步:取极限,$s=\lim\limits_{\lambda\to0}\sum\limits_{i=1}^{n}v(\xi_i)\Delta t_i$,其中 $\lambda=\max\limits_{1\leqslant i\leqslant n}\{\Delta t_i\}$. 类似极限求曲边梯形面积 A 的步骤可求得速度为 $v=v(t)$ 的物体在时间间隔 $[T_1,T_2]$ 内经过的路程 $s=\lim\limits_{\lambda\to0}\sum\limits_{i=1}^{n}v(\xi_i)\Delta t_i$.

可见,变速直线运动的路程也是一个和式的极限.

一、定积分的定义

1. 定积分的定义

定义 设函数 $f(x)$ 在区间 $[a,b]$ 上有界,在 $[a,b]$ 中任插入若干个分点,$a=x_0<x_1<x_2<\cdots<x_{i-1}<x_i<\cdots<x_{n-1}<x_n=b$,把区间 $[a,b]$ 分成 n 个小区间:$[x_0,x_1],[x_1,x_2],\cdots,[x_{i-1},x_i],\cdots,[x_{n-1},x_n]$,各小区间长记为 $\Delta x_i=x_i-x_{i-1}(i=1,2,\cdots,n)$.

任取 $\xi_i\in[x_{i-1},x_i]$,作和式 $S=\sum\limits_{i=1}^{n}f(\xi_i)\Delta x_i$,记 $\lambda=\max\limits_{1\leqslant i\leqslant n}\{\Delta x_i\}$,如果不论对 $[a,b]$ 怎样划分,也不论在小区间 $[x_{i-1},x_i]$ 上点 ξ_i 怎样选取,只要 $\lambda\to0$ 时,和式 S 总趋于确定的极限 I,这时则称极限 I 为函数 $f(x)$ 在区间 $[a,b]$ 上的定积分,记作 $\int_a^b f(x)\mathrm{d}x$,即

$$I=\int_a^b f(x)\mathrm{d}x=\lim_{\lambda\to0}\sum_{i=1}^{n}f(\xi_i)\Delta x_i$$

式中,$f(x)$ 称为**被积函数**;$f(x)\mathrm{d}x$ 称为**被积表达式**;x 称为**积分变量**;a 称为**积分下限**,b 称为**积分上限**;$[a,b]$ 称为**积分区间**.

如果 $f(x)$ 在 $[a,b]$ 上的定积分存在,也称 $f(x)$ 在 $[a,b]$ 上**可积**. 否则,便称 $f(x)$ 在 $[a,b]$ 上不可积.

2. 几点注意

(1) 定积分 $\int_a^b f(x)\mathrm{d}x$ 上一个常数,而不定积分 $\int f(x)\mathrm{d}x$ 是 $f(x)$ 的原函数的全体.

(2) 定积分的值只与被积函数以及积分区间有关，而与积分变量的记法无关. 即

$$\int_a^b f(x)\mathrm{d}x = \int_a^b f(t)\mathrm{d}t = \int_a^b f(u)\mathrm{d}u$$

(3) 若 $a=b$ 时，我们规定 $\int_a^b f(x)\mathrm{d}x = 0$.

(4) 若 $a > b$ 时，规定 $\int_a^b f(x)\mathrm{d}x = -\int_b^a f(x)\mathrm{d}x$.

对于定积分，有这样一个重要的问题：函数 $f(x)$ 在 $[a,b]$ 上应满足怎样的条件，才一定可积？这个问题不作深入讨论，而只给出以下两个充分条件.

定理 1　设 $f(x)$ 在区间 $[a,b]$ 上连续，则 $f(x)$ 在 $[a,b]$ 上可积.

定理 2　设 $f(x)$ 在区间 $[a,b]$ 上有界，且只有有限个间断点，则 $f(x)$ 在 $[a,b]$ 上可积.

二、定积分的几何意义

设 $f(x)$ 是 $[a,b]$ 上的连续函数，由曲线 $y=f(x)$ 及直线 $x=a$，$x=b$，$y=0$ 所围成的曲边梯形的面积记为 A，由定积分的定义容易知道定积分有如下几何意义：

(1) 当 $f(x)\geqslant 0$ 时，$\int_a^b f(x)\mathrm{d}x = A$.

(2) 当 $f(x)\leqslant 0$ 时，$\int_a^b f(x)\mathrm{d}x = -A$.

(3) 如果 $f(x)$ 在 $[a,b]$ 上有时取正值，有时取负值时，那么以 $[a,b]$ 为底边，以曲线 $y=f(x)$ 为曲边的曲边梯形可分成几个部分，使得每一部分都位于 x 轴的上方或下方. 这时定积分在几何上表示上述这些部分曲边梯形面积的代数和，如图 6-5 所示，有

$$\int_a^b f(x)\mathrm{d}x = A_1 - A_2 + A_3$$

式中，A_1，A_2，A_3 分别是图 6-5 中三部分曲边梯形的面积，它们都是正数.

例 1　利用定积分的几何意义，证明

$$\int_{-1}^1 \sqrt{1-x^2}\,\mathrm{d}x = \frac{\pi}{2}$$

证明： 令 $y=\sqrt{1-x^2}$，$x\in[-1,1]$，显然 $y\geqslant 0$，则由 $y=\sqrt{1-x^2}$ 和直线 $x=-1$，$x=1$，$y=0$ 所围成的曲边梯形是单位圆位于 x 轴上方的半圆，如图 6-6 所示. 因为单位圆的面积 $A=\pi$，所以，半圆的面积为 $\frac{\pi}{2}$.

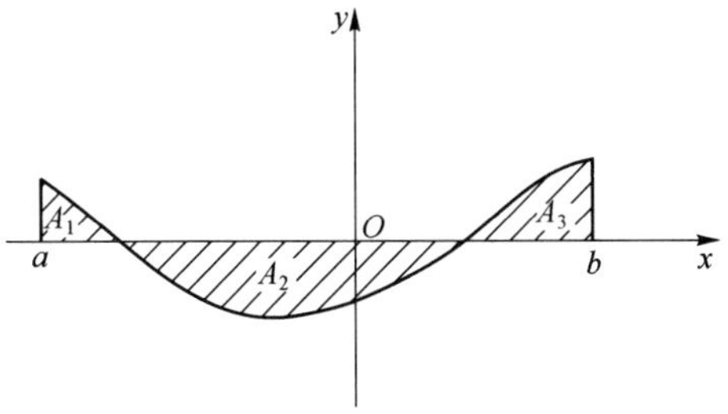

图 6-5

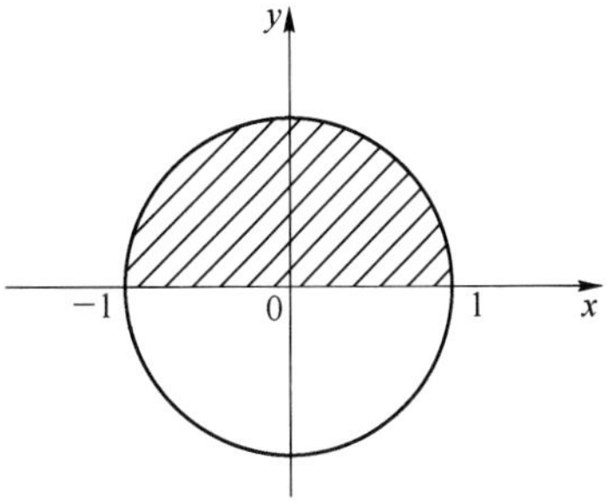

图 6-6

由定积分的几何意义知：

$$\int_{-1}^{1}\sqrt{1-x^2}\,\mathrm{d}x=\frac{\pi}{2}$$

三、定积分的性质

由定积分的定义，直接求定积分的值，往往比较复杂，但易推证定积分具有下述性质，其中所涉及的函数在讨论的区间上都是可积的.

性质 1　被积表达式中的常数因子可以提到积分号前，即

$$\int_a^b kf(x)\mathrm{d}x=k\int_a^b f(x)\mathrm{d}x$$

性质 2　两个函数代数和的定积分等于各函数定积分的代数和，即

$$\int_a^b[f(x)\pm g(x)]\mathrm{d}x=\int_a^b f(x)\mathrm{d}x\pm\int_a^b g(x)\mathrm{d}x$$

这一结论可以推广到任意有限多个函数代数和的情形.

性质 3(积分的可加性)　对任意的点 c，有

$$\int_a^b f(x)\mathrm{d}x=\int_a^c f(x)\mathrm{d}x+\int_c^b f(x)\mathrm{d}x$$

注意：点 c 的任意性意味着不论 c 是在$[a,b]$之内，还是 c 在$[a,b]$之外，这一性质均成立.这个性质表明定积分对于积分区间具有可加性.

性质 4　如果被积函数 $f(x)=C$，(C 为常数)，

$$\int_a^b C\mathrm{d}x=C(b-a)$$

特别地，当 $C=1$ 时，有 $\int_a^b \mathrm{d}x=b-a$.

性质 5(积分的保序性)　如果在区间$[a,b]$上，恒有 $f(x)\geqslant g(x)$，则

$$\int_a^b f(x)\mathrm{d}x\geqslant\int_a^b g(x)\mathrm{d}x$$

性质 6(积分估值定理)　如果函数 $f(x)$在区间$[a,b]$上有最大值 M 和最小值 m，则

$$m(b-a)\leqslant\int_a^b f(x)\mathrm{d}x\leqslant M(b-a)$$

性质 7(积分中值定理)　如果函数 $f(x)$在区间$[a,b]$上连续，则在(a,b)内至少有一点 ξ，使得

$$\int_a^b f(x)\mathrm{d}x=f(\xi)(b-a)\quad\xi\in(a,b)$$

证明：因 $f(x)$在$[a,b]$内连续，所以 $f(x)$在$[a,b]$内有最大值 M 和最小值 m，由性质 6 知：

$$m(b-a)\leqslant\int_a^b f(x)\mathrm{d}x\leqslant M(b-a)$$

从而有

$$m\leqslant\frac{1}{b-a}\int_a^b f(x)\mathrm{d}x\leqslant M$$

这就是说：$\frac{1}{b-a}\int_a^b f(x)\mathrm{d}x$ 是介于 m 与 M 之间的一个实数 .

由连续函数的介值定理可知：至少存在一点 $\xi\in(a,b)$，使得 $\frac{1}{b-a}\int_a^b f(x)\mathrm{d}x=f(\xi)$，即

$$\int_a^b f(x)\mathrm{d}x = f(\xi)(b-a) \quad \xi \in (a,b)$$

注:性质 7 的几何意义是:由曲线 $y=f(x)$,直线 $x=a$,$x=b$和 x 轴所围成曲边梯形的面积等于区间$[a,b]$上某个矩形的面积,这个矩形的底是区间$[a,b]$,矩形的高为区间$[a,b]$内某一点 ξ 处的函数值 $f(\xi)$,如图 6-7 所示.

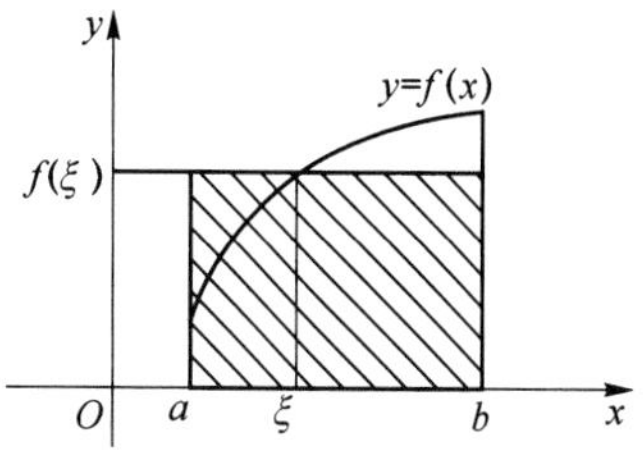

图 6-7

显然,由性质 7 可得 $f(\xi)=\dfrac{1}{b-a}\displaystyle\int_a^b f(x)\mathrm{d}x$,$f(\xi)$ 称为函数 $f(x)$在区间$[a,b]$上的平均值.这是求有限个数的平均值的拓广.

性质 8(对称区间上奇偶函数的积分性质)　设 $f(x)$在对称区间$[-a,a]$上连续,则有

① 如果 $f(x)$为奇函数,则$\int_{-a}^{a} f(x)\mathrm{d}x=0$.

② 如果 $f(x)$为偶函数,则 $\int_{-a}^{a} f(x)\mathrm{d}x=2\int_0^a f(x)\mathrm{d}x$.

例 3　比较定积分 $\int_0^1 x^2\mathrm{d}x$ 与$\int_0^1 x^3\mathrm{d}x$ 的大小.

解:因为在区间$[0,1]$上,有 $x^2\geqslant x^3$,由定积分保序性质,得$\int_0^1 x^2\mathrm{d}x\geqslant\int_0^1 x^3\mathrm{d}x$.

习题 6-1

1. 填空题

(1) 根据定积分的几何意义,则$\int_{-1}^{2}(2x+3)\mathrm{d}x=$ ________. $\int_0^2\sqrt{4-x^2}\mathrm{d}x=$ ________,$\int_0^{\pi}\cos x\mathrm{d}x=$ ________.

(2) 设$\int_{-1}^{1}2f(x)\mathrm{d}x=10$,则$\int_{-1}^{1}f(x)\mathrm{d}x=$ ________,$\int_1^{-1}f(x)\mathrm{d}x=$ ________,$\int_{-1}^{1}\dfrac{1}{5}[2f(x)+1]\mathrm{d}x=$ ________.

2. 选择题

(1) 定积分$\int_{\frac{1}{2}}^{1}x^3\ln x\mathrm{d}x$ 值的符号为(　　).

A. 大于零　　B. 小于零　　C. 等于零　　D. 不能确定

(2) 曲线 $y=x(x-1)(x-2)$ 与 x 轴所围成的图形的面积可表示为(　　).

A. $\int_0^1 x(x-1)(x-2)\mathrm{d}x$

B. $\int_0^2 x(x-1)(x-2)\mathrm{d}x$

C. $\int_0^1 x(x-1)(x-2)\mathrm{d}x-\int_1^2 x(x-1)(x-2)\mathrm{d}x$

D. $\int_0^1 x(x-1)(x-2)\mathrm{d}x+\int_1^2 x(x-1)(x-2)\mathrm{d}x$

3. 利用定义计算定积分$\int_0^1 x\mathrm{d}x$.

4. 比较下列各对积分的大小：

(1) $\int_0^{\frac{\pi}{4}} \arctan x\mathrm{d}x$ 与$\int_0^{\frac{\pi}{4}} (\arctan x)^2\mathrm{d}x$；

(2) $\int_3^4 \ln x\mathrm{d}x$ 与$\int_3^4 (\ln x)^2\mathrm{d}x$；

(3) $\int_{-1}^1 \sqrt{1+x^4}\mathrm{d}x$ 与$\int_{-1}^1 (1+x^2)\mathrm{d}x$；

(4) $\int_0^{\frac{\pi}{2}} (1-\cos x)\mathrm{d}x$ 与$\int_0^{\frac{\pi}{2}} \frac{1}{2}x^2\mathrm{d}x$.

5. 估计积分的值：$\int_{-1}^3 \frac{x}{x^2+1}\mathrm{d}x$.

6. 求证：$\frac{1}{2} \leqslant \int_1^4 \frac{1}{2+x}\mathrm{d}x \leqslant 1$.

7. 已知函数 $f(x)$ 连续，且 $f(x) = x - \int_0^1 f(x)\mathrm{d}x$，求函数 $f(x)$.

6.2 定积分的基本公式

定积分就是一种特定形式的极限，直接利用定义计算定积分是十分繁杂的，有时甚至无法计算. 本节将介绍定积分计算的有力工具——牛顿—莱布尼兹公式.

1. 牛顿—莱布尼兹公式的运动学背景

有一物体在一直线上运动，设该直线与数轴重合. 设时刻 t 时物体所在的位置为 $s(t)$，速度为 $v(t)(t\geqslant 0)$，由第一节知物体在时间间隔$[T_1,T_2]$内经过的路程 $s=\int_{T_1}^{T_2} v(t)\mathrm{d}t$.

另一方面，这段路程 s 又可以通过位置函数 $s=s(t)$表示为时间间隔$[T_1,T_2]$上的增量，即 $s=s(T_2)-s(T_1)$，于是

$$\int_{T_1}^{T_2} v(t)\mathrm{d}t = s(T_2)-s(T_1) \tag{6.1}$$

注意到 $s'(t)=v(t)$，式(6.1)就表明定积分就等于它的被积函数的原函数在积分区间上的增量，它的一般性就是牛顿—莱布尼兹公式.

2. 牛顿—莱布尼兹公式

微积分基本公式 设函数 $F(x)$是连续函数 $f(x)$在区间$[a,b]$上的一个原函数，则：

$$\int_a^b f(x)\mathrm{d}x = F(b)-F(a) \tag{6.2}$$

为方便，把 $F(b)-F(a)$简记成$F(x)\big|_a^b$，于是式(6.2)又可写成

$$\int_a^b f(x)\mathrm{d}x = F(x)\big|_a^b = F(b)-F(a)$$

此公式称为微积分基本公式或称牛顿—莱布尼兹公式.

注意：被积函数要求在积分区间上连续.

例 1　求下列定积分 $\int_{-2}^{-1}\frac{dx}{x}$

解: $\int_{-2}^{-1}\frac{dx}{x}=\ln|x|\,|_{-2}^{-1}=\ln1-\ln2=-\ln2$

但是 $\int_{-1}^{1}\frac{dx}{x}$ 不存在,这是因为 $\frac{1}{x}$ 在 $[-1,1]$ 上不连续.

一、牛顿—莱布尼兹公式的理论证明

1. 介绍一个新函数——变上限积分

(1) **定义:** 设 $f(x)$ 在 $[a,b]$ 上连续,任取一点 $x\in[a,b]$,定积分 $\int_a^x f(t)dt$ 有意义若积分上限 x 在 $[a,b]$ 上每取一个值,定积分 $\int_a^x f(t)dt$ 总有一个值与 x 相对应,即在 $[a,b]$ 上定义了一个函数,记 $\Phi(x)=\int_a^x f(t)dt \quad x\in[a,b]$.
则,此函数称为积分上限函数,如图 6-8(阴影部分)所示.

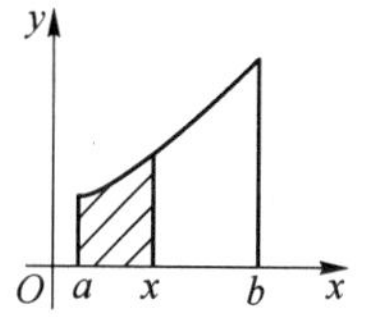

图 6-8

(2) **积分上限函数的导数**

定理 1　若 $f(x)$ 在 $[a,b]$ 上连续则 $\Phi(x)=\int_a^x f(t)dt$ 可导,且

$$\Phi'(x)=\left(\int_a^x f(t)dt\right)'=f(x)$$

证明: 用导数定义证明

可见积分上限函数 $\Phi(x)$ 是被积函数的原函数:

推论:

$$\left(\int_a^{\varphi(x)} f(t)dt\right)'=f[\varphi(x)]\varphi'(x)$$

定理 2(原函数存在定理)　如果函数 $f(x)$ 在 $[a,b]$ 上连续,则函数 $\Phi(x)=\int_a^x f(t)dt$ 是被积函数 $f(x)$ 在 $[a,b]$ 上的一个原函数.

例 2　求 $\lim\limits_{x\to0}\frac{1}{x^2}\int_0^x\ln(1+t)dt$.

解: 当 $x\to0$ 时,此极限为 $\frac{0}{0}$ 型不定式,两次利用洛必达法则有

$$\lim_{x\to0}\frac{1}{x^2}\int_0^x\ln(1+t)dt=\lim_{x\to0}\frac{\int_0^x\ln(1+t)dt}{x^2}=\lim_{x\to0}\frac{\ln(1+x)}{2x}=\lim_{x\to0}\frac{\frac{1}{1+x}}{2}=\frac{1}{2}$$

例 3　求 $\frac{d}{dx}\int_1^{x^2}(t^2+1)dt$.

解: 注意,此处的变上限积分的上限是 x^2,若记 $u=x^2$,则函数 $\int_1^{x^2}(t^2+1)dt$ 可以看成是由 $y=\int_1^u(t^2+1)dt$ 与 $u=x^2$ 复合而成,根据复合函数的求导法则得

$$\frac{d}{dx}\int_1^{x^2}(t^2+1)dt=\left[\frac{d}{du}\int_1^u(t^2+1)dt\right]\frac{du}{dx}=(u^2+1)2x=(x^4+1)2x=2x^5+2x$$

一般的有,如果 $g(x)$ 可导,则

$$\frac{\mathrm{d}}{\mathrm{d}x}\left[\int_a^{g(x)} f(t)\mathrm{d}t\right] = \left[\int_a^{g(x)} f(t)\mathrm{d}t\right]'_x = f[g(x)]g'(x)$$

上式可作为公式直接使用.

例 4 求极限 $\lim\limits_{x\to 0}\dfrac{\int_0^{x^2}\sin t\mathrm{d}t}{x^4}$.

解:因为 $\lim\limits_{x\to 0} x^4 = 0$,$\lim\limits_{x\to 0}\int_0^{x^2}\sin t\mathrm{d}t = \int_0^0 \sin t\mathrm{d}t = 0$,所以这个极限是$\dfrac{0}{0}$型的未定式,利用洛必达法则得

$$\lim_{x\to 0}\frac{\int_0^{x^2}\sin t\mathrm{d}t}{x^4} = \lim_{x\to 0}\frac{\sin x^2 \cdot 2x}{4x^3} = \lim_{x\to 0}\frac{\sin x^2}{2x^2} = \frac{1}{2}\lim_{x\to 0}\frac{\sin x^2}{x^2} = \frac{1}{2}$$

二、微积分基本公式

定理 3 如果函数 $f(x)$在区间$[a,b]$上连续,且 $F(x)$是 $f(x)$的任意一个原函数,那么

$$\int_a^b f(x)\mathrm{d}x = F(b) - F(a)$$

证明:由定理 2 知,$\Phi(x) = \int_a^x f(t)\mathrm{d}t$ 是 $f(x)$在区间$[a,b]$的一个原函数,则 $\Phi(x)$与 $F(x)$只相差一个常数 C,即

$$\int_a^x f(t)\mathrm{d}t = F(x) + C$$

又因为 $0 = \int_a^a f(t)\mathrm{d}t = F(a) + C$,所以 $C = -F(a)$. 于是有

$$\int_a^x f(t)\mathrm{d}t = F(x) - F(a)$$

所以

$$\int_a^b f(x)\mathrm{d}x = F(b) - F(a) \text{ 成立}$$

为方便起见,通常把 $F(b)-F(a)$简记为$F(x)\Big|_a^b$ 或$[F(x)]_a^b$,所以公式可改写为

$$\int_a^b f(x)\mathrm{d}x = F(x)\Big|_a^b = F(b) - F(a)$$

上述公式称为牛顿—莱布尼兹(Newton-Leibniz)公式,又称为微积分基本公式.

定理 3 揭示了定积分与被积函数的原函数之间的内在联系,它把求定积分的问题转化为求原函数的问题. 确切地说,要求连续函数 $f(x)$在$[a,b]$上的定积分,只需要求出 $f(x)$在区间$[a,b]$上的一个原函数 $F(x)$,然后计算 $F(b)-F(a)$就可以了.

例 5 计算 $\int_0^1 x^2\mathrm{d}x$.

解:因为 $\int x^2\mathrm{d}x = \dfrac{1}{3}x^3 + C$,所以

$$\int_0^1 x^2\mathrm{d}x = \frac{1}{3}x^3\Big|_0^1 = \frac{1}{3}\times 1^3 - \frac{1}{3}\times 0^3 = \frac{1}{3}$$

例 6 设函数 $f(x) = \begin{cases} x, & x \leqslant 1 \\ \dfrac{1}{x}, & x > 1 \end{cases}$,求$\int_{-2}^2 f(x)\mathrm{d}x$.

解:根据积分区间的可加性,有

$$\int_{-2}^{2} f(x)\mathrm{d}x = \int_{-2}^{1} f(x)\mathrm{d}x + \int_{1}^{2} f(x)\mathrm{d}x = \int_{-2}^{1} x\mathrm{d}x + \int_{1}^{2} \frac{1}{x}\mathrm{d}x$$

$$= \frac{1}{2}x^2 \Big|_{-2}^{1} + \ln x \big|_1^2 = -\frac{3}{2} + \ln 2$$

习题 6-2

1. 填空题

(1) $\dfrac{\mathrm{d}}{\mathrm{d}x}\displaystyle\int_0^1 \sin x^2 \mathrm{d}x =$ ________，　$\dfrac{\mathrm{d}}{\mathrm{d}x}\displaystyle\int \sin x^2 \mathrm{d}x =$ ________；

(2) $\dfrac{\mathrm{d}}{\mathrm{d}x}\displaystyle\int_0^x \sin t^2 \mathrm{d}t =$ ________，　$\dfrac{\mathrm{d}}{\mathrm{d}x}\displaystyle\int_x^0 \sin x^2 \mathrm{d}x =$ ________；

(3) $\dfrac{\mathrm{d}}{\mathrm{d}x}\displaystyle\int_0^{x^2} \sin t^2 \mathrm{d}t =$ ________；

(4) 已知 $y = \displaystyle\int_{\arctan x}^{\cos x} \mathrm{e}^{-t}\mathrm{d}t$，则$\dfrac{\mathrm{d}y}{\mathrm{d}x} =$ ________；

(5) 已知 $y = \displaystyle\int_0^x x f(t)\mathrm{d}t$，则$\dfrac{\mathrm{d}y}{\mathrm{d}x} =$ ________.

2. 求由方程$\displaystyle\int_0^y t^2 \mathrm{d}t + \int_0^{x^2} \frac{\sin t}{\sqrt{t}}\mathrm{d}t = 1$ 确定的函数 $y = y(x)$ 的导数$\dfrac{\mathrm{d}y}{\mathrm{d}x}$.

3. 求下列极限：

(1) $\displaystyle\lim_{x\to 0} \frac{1}{x^3}\int_0^x \left(\frac{\sin t}{t} - 1\right)\mathrm{d}t$；　(2) $\displaystyle\lim_{x\to 0} \frac{\left(\int_0^x \ln(1+t)\mathrm{d}t\right)^2}{x^4}$.

4. 计算下列定积分：

(1) $\displaystyle\int_1^4 x\left(\sqrt{x} + \frac{1}{x^2}\right)\mathrm{d}x$；　(2) $\displaystyle\int_0^1 \frac{x^4}{1+x^2}\mathrm{d}x$；　(3) $\displaystyle\int_{\frac{1}{\sqrt{3}}}^{1} \frac{1+2x^2}{x^2(1+x^2)}\mathrm{d}x$；

(4) $\displaystyle\int_0^2 \frac{1}{4+x^2}\mathrm{d}x$；　(5) $\displaystyle\int_0^1 2^x \mathrm{e}^x \mathrm{d}x$；　(6) $\displaystyle\int_0^{\frac{\pi}{4}} \sec x \tan x \mathrm{d}x$；

(7) $\displaystyle\int_{\frac{\pi}{4}}^{\frac{\pi}{2}} \cot^2 x \mathrm{d}x$；　(8) $\displaystyle\int_{\frac{\pi}{4}}^{\frac{\pi}{3}} \frac{1}{\sin^2 x \cos^2 x}\mathrm{d}x$；　(9) $\displaystyle\int_{-1}^{1} |x^2 - x|\mathrm{d}x$；

(10) $\displaystyle\int_0^{2\pi} \sqrt{\frac{1-\cos 2x}{2}}\mathrm{d}x$；　(11) $\displaystyle\int_0^1 |x \quad t| x\mathrm{d}x$.

5. 设 $f(x) = \begin{cases} \sin x, & 0 \leqslant x \leqslant \dfrac{\pi}{2} \\ 1, & \dfrac{\pi}{2} < x \leqslant \pi \end{cases}$，求 $\Phi(x) = \displaystyle\int_0^x f(t)\mathrm{d}t$，并讨论 $\Phi(x)$ 在区间$[0,\pi]$上的连续性.

6.3　定积分的换元法和分部积分法

在第 5 章已经学习了用换元积分法和分部积分法求已知函数的原函数. 把它们稍微改

动就是定积分的换元积分法和分部积分法.但最终的计算总是离不开牛顿—莱布尼兹公式.

一、定积分的换元积分法

定理 1 设函数 $f(x)$在区间$[a,b]$上连续,并且满足下列条件:

(1) $x=\varphi(t)$,且 $a=\varphi(\alpha)$,$b=\varphi(\beta)$;

(2) $\varphi(t)$在区间$[\alpha,\beta]$上单调且有连续的导数 $\varphi'(t)$;

(3) 当 t 从 α 变到 β 时,$\varphi(t)$从 a 单调地变到 b.

则有

$$\int_a^b f(x)\mathrm{d}x = \int_\alpha^\beta f[\varphi(t)]\varphi'(t)\mathrm{d}t$$

上述公式称为定积分的换元积分公式.在应用该公式计算定积分时需要注意以下两点:

① 从左到右应用公式,相当于不定积分的第二换元法.计算时,用 $x=\varphi(t)$把原积分变量 x 换成新变量 $\varphi(t)$,积分限也必须由原来的积分限 a 和 b 相应地换为新变量 t 的积分限 α 和 β,而不必代回原来的变量 x,这与不定积分的第二换元法是完全不同的.

② 从右到左应用公式,相当于不定积分的第一换元法(即凑微分法).一般不用设出新的积分变量,这时,原积分的上、下限不需改变,只要求出被积函数的一个原函数,就可以直接应用牛顿—莱布尼兹公式求出定积分的值.

例 1 计算 $\int_1^4 \frac{1}{1+\sqrt{x}}\mathrm{d}x$.

解:令 $t=\sqrt{x}$,则 $\mathrm{d}x=2t\mathrm{d}t$.当 x 由 1→4 时,t 单调地由 1→2.于是

$$\int_1^4 \frac{1}{1+\sqrt{x}}\mathrm{d}x = \int_1^2 \frac{1}{1+t}\cdot 2t\mathrm{d}t = 2\int_1^2 \frac{1+t-1}{1+t}\mathrm{d}t = 2\int_1^2\left(1-\frac{1}{1+t}\right)\mathrm{d}t$$

$$= 2\ [t-\ln(1+t)]_1^2 = 2+2\ln 2-2\ln 3$$

例 2 求 $\int_0^{\frac{\pi}{2}} \cos^3 x\sin x\mathrm{d}x$.

解法一:设 $t=\cos x$,则 $\mathrm{d}t=-\sin x\mathrm{d}x$.当 $x=0$ 时,$t=1$;当 $x=\frac{\pi}{2}$时,$t=0$,于是

$$\int_0^{\frac{\pi}{2}} \cos^3 x\sin x\mathrm{d}x = \int_1^0 t^3\cdot(-\mathrm{d}t) = \int_0^1 t^3\mathrm{d}t = \left[\frac{1}{4}t^4\right]_0^1 = \frac{1}{4}$$

解法二:

$$\int_0^{\frac{\pi}{2}} \cos^3 x\sin x\mathrm{d}x = -\int_0^{\frac{\pi}{2}} \cos^3 x\mathrm{d}\cos x = \left[-\frac{1}{4}\cos^4 x\right]_0^{\frac{\pi}{2}} = \frac{1}{4}$$

解法一是变量替换法,上下限要改变;解法二是凑微分法,上下限不改变.

例 3 计算 $\int_0^{\ln 2} \frac{\mathrm{e}^x}{1+\mathrm{e}^x}\mathrm{d}x$.

解:令 $t=1+\mathrm{e}^x$,则 $\mathrm{d}t=\mathrm{e}^x\mathrm{d}x$.当 x 由 0→ln2 时,t 单调的由 2→3,于是

$$\int_0^{\ln 2} \frac{\mathrm{e}^x}{1+\mathrm{e}^x}\mathrm{d}x = \int_2^3 \frac{1}{t}\mathrm{d}t = \ln t\,\Big|_2^3 = \ln 3-\ln 2$$

例 4 设 $f(x)$在区间$[-a,a]$上连续,证明:

(1) 如果 $f(x)$ 为奇函数,则$\int_{-a}^a f(x)\mathrm{d}x = 0$;

(2) 如果 $f(x)$ 为偶函数,则$\int_{-a}^{a} f(x)\mathrm{d}x = 2\int_{0}^{a} f(x)\mathrm{d}x$.

这结论是定积分的性质 8,下面我们给出严格的证明.

证明:由定积分的可加性知

$$\int_{-a}^{a} f(x)\mathrm{d}x = \int_{-a}^{0} f(x)\mathrm{d}x + \int_{0}^{a} f(x)\mathrm{d}x$$

对于定积分 $\int_{-a}^{0} f(x)\mathrm{d}x$,作代换 $x=-t$,得

$$\int_{-a}^{0} f(x)\mathrm{d}x = -\int_{a}^{0} f(-t)\mathrm{d}t = \int_{0}^{a} f(-t)\mathrm{d}t = \int_{0}^{a} f(-x)\mathrm{d}x$$

所以

$$\int_{-a}^{a} f(x)\mathrm{d}x = \int_{0}^{a} f(-x)\mathrm{d}x + \int_{0}^{a} f(x)\mathrm{d}x = \int_{0}^{a} [f(x)+f(-x)]\mathrm{d}x$$

(1) 如果 $f(x)$为奇函数,即 $f(-x)=-f(x)$,则 $f(x)+f(-x)=f(x)-f(x)=0$,

于是

$$\int_{-a}^{a} f(x)\mathrm{d}x = 0$$

(2) 如果 $f(x)$为偶函数,即 $f(-x)=f(x)$,则 $f(x)+f(-x)=f(x)+f(x)=2f(x)$,

于是

$$\int_{-a}^{a} f(x)\mathrm{d}x = 2\int_{0}^{a} f(x)\mathrm{d}x$$

例 5　求下列定积分:

(1) $\int_{-\sqrt{3}}^{\sqrt{3}} \dfrac{x^2\sin x}{1+x^4}\mathrm{d}x$;　　　(2) $\int_{-2}^{2} x^2\sqrt{4-x^2}\,\mathrm{d}x$.

解:(1) 因为被积函数 $f(x)=\dfrac{x^2\sin x}{1+x^4}$是奇函数,且积分区间$[-\sqrt{3},\sqrt{3}]$是对称区间,所以

$$\int_{-\sqrt{3}}^{\sqrt{3}} \frac{x^2\sin x}{1+x^4}\mathrm{d}x = 0$$

(2) 被积函数 $f(x)=x^2\sqrt{4-x^2}$是偶函数,积分区间$[-2,2]$是对称区间,所以

$$\int_{-2}^{2} x^2\sqrt{4-x^2}\,\mathrm{d}x = 2\int_{0}^{2} x^2\sqrt{4-x^2}\,\mathrm{d}x$$

令 $x=2\sin t$,则 $\mathrm{d}x=2\cos t\mathrm{d}t$, $\sqrt{4-x^2}=2\cos t$,当 $x=0$ 时,$t=0$;当 $x=2$ 时,$t=\dfrac{\pi}{2}$,于是

$$\begin{aligned}\int_{-2}^{2} x^2\sqrt{4-x^2}\,\mathrm{d}x &= 2\int_{0}^{\frac{\pi}{2}} 16\sin^2 t\cos^2 t\mathrm{d}t = 8\int_{0}^{\frac{\pi}{2}} \sin^2 2t\mathrm{d}t \\ &= 4\int_{0}^{\frac{\pi}{2}} (1-\cos 4t)\mathrm{d}t = (4t-\sin 4t)\Big|_{0}^{\frac{\pi}{2}} = 2\pi\end{aligned}$$

二、定积分的分部积分法

定理 2　设函数 $u=u(x)$和 $v=v(x)$在区间$[a,b]$上有连续的导数,则有

$$\int_{a}^{b} u(x)\mathrm{d}v(x) = [u(x)v(x)]_a^b - \int_{a}^{b} v(x)\mathrm{d}u(x)$$

上述公式称为定积分的分部积分公式.选取 $u(x)$的方式、方法与不定积分的分部积分法完全一样.

例 6　计算 $\int_{0}^{\frac{\pi}{2}} x\sin x\mathrm{d}x$.

解:令 $u=x, \mathrm{d}v=\sin x\mathrm{d}x$,则 $\mathrm{d}u=\mathrm{d}x, v=-\cos x$,有

$$\int_0^{\frac{\pi}{2}} x\sin x\mathrm{d}x = -x\cos x\Big|_0^{\frac{\pi}{2}} + \int_0^{\frac{\pi}{2}}\cos x\mathrm{d}x = \sin x\Big|_0^{\frac{\pi}{2}} = 1$$

例 7 计算 $\int_0^1 x\mathrm{e}^{-x}\mathrm{d}x$.

解：令 $u = x, \mathrm{d}v = \mathrm{e}^{-x}\mathrm{d}x$，则 $\mathrm{d}u = \mathrm{d}x, v = -\mathrm{e}^{-x}$，有

$$\int_0^1 x\mathrm{e}^{-x}\mathrm{d}x = -x\mathrm{e}^{-x}\big|_0^1 + \int_0^1 \mathrm{e}^{-x}\mathrm{d}x = -\mathrm{e}^{-1} - \mathrm{e}^{-x}\big|_0^1 = 1 - \frac{2}{\mathrm{e}}$$

例 8 计算 $\int_{\frac{1}{\mathrm{e}}}^{\mathrm{e}} |\ln x|\mathrm{d}x$.

解：$\int_{\frac{1}{\mathrm{e}}}^{\mathrm{e}} |\ln x|\mathrm{d}x = \int_{\frac{1}{\mathrm{e}}}^{1}(-\ln x)\mathrm{d}x + \int_1^{\mathrm{e}}\ln x\mathrm{d}x = -x\ln x\Big|_{\frac{1}{\mathrm{e}}}^{1} + \int_{\frac{1}{\mathrm{e}}}^{1} x\cdot\frac{1}{x}\mathrm{d}x + x\ln x\Big|_1^{\mathrm{e}} - \int_1^{\mathrm{e}} x\cdot\frac{1}{x}\mathrm{d}x$

$$= -\frac{1}{\mathrm{e}} + x\Big|_{\frac{1}{\mathrm{e}}}^{1} + \mathrm{e} - x\Big|_1^{\mathrm{e}} = 2 - \frac{2}{\mathrm{e}}$$

习题 6-3

1. 计算下列定积分：

(1) $\int_1^2 \frac{1}{(3\mathrm{x}-1)^2}\mathrm{d}x$；　(2) $\int_0^{\ln 3} \frac{\mathrm{e}^{\mathrm{x}}}{1+\mathrm{e}^{\mathrm{x}}}\mathrm{d}x$；　(3) $\int_0^3 \mathrm{e}^{|2-x|}\mathrm{d}x$；

(4) $\int_{-\frac{\pi}{4}}^{\frac{\pi}{4}} \frac{1}{1+\sin x}\mathrm{d}x$；　(5) $\int_0^1 \frac{\mathrm{d}x}{\mathrm{e}^x+\mathrm{e}^{-x}}$；　(6) $\int_0^1 \frac{\arctan\sqrt{x}}{\sqrt{x}(1+x)}\mathrm{d}x$；

(7) $\int_0^1 x\sqrt{3-2x}\mathrm{d}x$；　(8) $\int_1^{\sqrt{3}} \frac{1}{x\sqrt{1+x^2}}\mathrm{d}x$；

(9) 设 $f(x) = \begin{cases} 1+x^2, & x<0 \\ \mathrm{e}^x, & x\geqslant 0 \end{cases}$，求 $\int_1^3 f(x-2)\mathrm{d}x$；　(10) $\int_0^1 x\mathrm{e}^{-2x}\mathrm{d}x$；

(11) $\int_0^1 x\ln(1+x)\mathrm{d}x$；　(12) $\int_0^1 x\arctan x\mathrm{d}x$；　(13) $\int_{-2}^2 (|x|+x)\mathrm{e}^{-|x|}\mathrm{d}x$；

(14) $\int_0^{\frac{\pi}{4}} \frac{x}{1+\cos 2x}\mathrm{d}x$；　(15) $\int_0^{\pi} f(x)\mathrm{d}x$，其中 $f(x) = \int_0^x \frac{\sin t}{\pi - t}\mathrm{d}t$.

2. 设 $f''(x)$ 在 $[a,b]$ 上连续，且 $f(0)=0, f(2)=4, f'(2)=2$，求 $\int_0^1 xf''(2x)\mathrm{d}x$.

3. 若函数 $f(x)$ 满足 $\int_0^x tf(2x-t)\mathrm{d}t = \mathrm{e}^x - 1$，且 $f(1)=1$，求 $\int_1^2 f(x)\mathrm{d}x$.

6.4 反常积分

在一些实际问题中，经常遇到积分区间为无穷区间，或者被积函数为无界函数的积分，这类积分已经不属于定积分，称为反常积分. 本节主要讲述积分区间为无穷区间的情形.

无穷限反常积分

定义 1　设函数 $f(x)$ 在区间 $[a,+\infty)$ 上连续，取 $t>a$，如果极限 $\lim\limits_{t\to+\infty}\int_a^t f(x)\mathrm{d}x$ 存在，则称此极限为函数 $f(x)$ 在无穷区间 $[a,+\infty)$ 上的反常积分，记作 $\int_a^{+\infty} f(x)\mathrm{d}x$，即

$$\int_a^{+\infty} f(x)\mathrm{d}x = \lim_{t\to+\infty}\int_a^t f(x)\mathrm{d}x$$

类似地，设函数 $f(x)$ 在区间 $(-\infty,b]$ 上连续，取 $t<b$，如果极限 $\lim\limits_{t\to-\infty}\int_t^b f(x)\mathrm{d}x$ 存在，则称此极限为函数 $f(x)$ 在无穷区间 $(-\infty,b]$ 上的反常积分，记作 $\int_{-\infty}^b f(x)\mathrm{d}x$，即

$$\int_{-\infty}^b f(x)\mathrm{d}x = \lim_{t\to-\infty}\int_t^b f(x)\mathrm{d}x$$

最后，如果函数 $f(x)$ 在区间 $(-\infty,+\infty)$ 上连续，如果反常积分 $\int_{-\infty}^0 f(x)\mathrm{d}x$ 和 $\int_0^{+\infty} f(x)\mathrm{d}x$ 都存在，则称上述两反常积分之和为函数 $f(x)$ 在无穷区间 $(-\infty,+\infty)$ 上的反常积分，记作 $\int_{-\infty}^{+\infty} f(x)\mathrm{d}x$，即

$$\int_{-\infty}^{+\infty} f(x)\mathrm{d}x = \int_{-\infty}^0 f(x)\mathrm{d}x + \int_0^{+\infty} f(x)\mathrm{d}x = \lim_{t\to-\infty}\int_t^0 f(x)\mathrm{d}x + \lim_{t\to+\infty}\int_0^t f(x)\mathrm{d}x$$

上述反常积分如果存在，则称反常积分收敛，反之则称为发散，下面讲述其计算方法.

设 $F(x)$ 为 $f(x)$ 的原函数，由反常积分定义及微积分基本公式有：

(1) $\int_a^{+\infty} f(x)\mathrm{d}x = \lim\limits_{t\to+\infty}\int_a^t f(x)\mathrm{d}x = \lim\limits_{t\to+\infty} F(x)\Big|_a^t = \lim\limits_{t\to+\infty} F(t) - F(a)$；

(2) $\int_{-\infty}^b f(x)\mathrm{d}x = \lim\limits_{t\to-\infty}\int_t^b f(x)\mathrm{d}x = \lim\limits_{t\to-\infty} F(x)\Big|_t^b = F(b) - \lim\limits_{t\to-\infty} F(t)$；

(3) $\int_{-\infty}^{+\infty} f(x)\mathrm{d}x = \int_{-\infty}^0 f(x)\mathrm{d}x + \int_0^{+\infty} f(x)\mathrm{d}x = \lim\limits_{t\to+\infty} F(t) - \lim\limits_{t\to-\infty} F(t)$.

注意： 只有在反常积分 $\int_{-\infty}^0 f(x)\mathrm{d}x$ 和 $\int_0^{+\infty} f(x)\mathrm{d}x$ 同时收敛，公式(3)才成立.

例 1　计算反常积分 $\int_{-\infty}^{+\infty}\frac{1}{1+x^2}\mathrm{d}x$.

解： $\int_{-\infty}^{+\infty}\frac{1}{1+x^2}\mathrm{d}x = \arctan x\Big|_{-\infty}^{+\infty} = \lim\limits_{x\to+\infty}\arctan x - \lim\limits_{x\to-\infty}\arctan x = \frac{\pi}{2} - \left(-\frac{\pi}{2}\right) = \pi$.

例 2　计算反常积分 $\int_0^{+\infty} t\mathrm{e}^{-t}\mathrm{d}t$.

解： $\int_0^{+\infty} t\mathrm{e}^{-t}\mathrm{d}t = -\int_0^{+\infty} t\mathrm{d}\mathrm{e}^{-t} = -[t\mathrm{e}^{-t}]\Big|_0^{+\infty} + \int_0^{+\infty}\mathrm{e}^{-t}\mathrm{d}t = -[\mathrm{e}^{-t}]\Big|_0^{+\infty} = 1$.

此处 $\lim\limits_{t\to+\infty} t\mathrm{e}^{-t} = \lim\limits_{t\to+\infty}\frac{t}{\mathrm{e}^t} = \lim\limits_{t\to+\infty}\frac{1}{\mathrm{e}^t} = 0$.

例 3　讨论反常积分 $\int_1^{+\infty}\frac{1}{x^p}\mathrm{d}x$ 的敛散性.

解： 当 $p=1$ 时，$\int_1^{+\infty}\frac{1}{x^p}\mathrm{d}x = \int_1^{+\infty}\frac{1}{x}\mathrm{d}x = \ln x\Big|_1^{+\infty} = \lim\limits_{x\to+\infty}\ln x = +\infty$，故积分 $\int_1^{+\infty}\frac{1}{x}\mathrm{d}x$ 发散.

当 $p\neq1$ 时，$\int_1^{+\infty}\frac{1}{x^p}\mathrm{d}x = \frac{1}{1-p}x^{1-p}\Big|_1^{+\infty} = \lim\limits_{x\to+\infty}\frac{1}{1-p}x^{1-p} - \frac{1}{1-p}$.

(1) 当 $p<1$ 时,积分发散.

(2) 当 $p>1$ 时,积分收敛.

综上所述,当 $p>1$ 时,积分 $\int_1^{+\infty}\frac{1}{x^p}dx$ 收敛;当 $p\leqslant 1$ 时,积分 $\int_1^{+\infty}\frac{1}{x^p}dx$ 发散.

习题 6-4

1. 下列各项正确的是(　　).

A. 当 $f(x)$ 为奇函数时,$\int_{-\infty}^{+\infty}f(x)dx=0$

B. $\int_0^4\frac{1}{(x-3)^2}dx=\left.\frac{-1}{x-3}\right|_0^4=-\frac{4}{3}$

C. 反常积分 $\int_a^{+\infty}bf(x)dx$ 与 $\int_a^{+\infty}f(x)dx$ 有相同的敛散性

D. $\int_0^{+\infty}\frac{\arctan x}{(1+x^2)^{\frac{3}{2}}}dx \xlongequal{u=\arctan x} \int_0^{\frac{\pi}{2}}\frac{u\sec^2 u}{\sec^3 u}du=\int_0^{\frac{\pi}{2}}u\cos u du=u\sin u\Big|_0^{\frac{\pi}{2}}-\int_0^{\frac{\pi}{2}}\sin u du=\frac{\pi}{2}-1$

2. 判定下列各反常积分的收敛性,如果收敛,计算反常积分的值.

(1) $\int_{-\infty}^{+\infty}\sin x dx$;　(2) $\int_{\frac{2}{\pi}}^{+\infty}\frac{1}{x^2}\cdot\sin\frac{1}{x}dx$;　(3) $\int_0^{+\infty}\frac{x}{(1+x)^3}dx$;

(4) $\int_1^{+\infty}\frac{\ln x}{x^2}dx$;　(5) $\int_0^{+\infty}e^{-\sqrt{x}}dx$.

3. 已知 $\int_0^{+\infty}\frac{\sin x}{x}dx=\frac{\pi}{2}$,求

(1) $\int_0^{+\infty}\frac{\sin x\cos x}{x}dx$;　(2) $\int_0^{+\infty}\frac{\sin^2 x}{x^2}dx$.

6.5　定积分的应用

一、定积分应用的微元法

为了说明定积分的微元法,先回顾求曲边梯形面积 A 的方法和步骤:

(1) 将区间 $[a,b]$ 分成 n 个小区间,相应得到 n 个小曲边梯形,小曲边梯形的面积记为 $\Delta A_i(i=1,2,\cdots n)$;

(2) 计算 ΔA_i 的近似值,即 $\Delta A_i\approx f(\xi_i)\Delta x_i$(其中 $\Delta x_i=x_i-x_{i-1}$,$\xi_i\in[x_{i-1},x_i]$);

(3) 求和得 A 的近似值,即 $A\approx\sum_{i=1}^{n}f(\xi_i)\Delta x_i$;

(4) 对和取极限得 $A=\lim_{\lambda\to 0}\sum_{i=1}^{n}f(\xi_i)\Delta x_i=\int_a^b f(x)dx$.

下面对上述四个步骤进行具体分析:

第(1)步指明了所求量(面积 A)具有的特性:即 A 在区间$[a,b]$上具有可分割性和可加性.

第(2)步是关键,这一步确定的 $\Delta A_i \approx f(\xi_i)\Delta x_i$ 是被积表达式 $f(x)\mathrm{d}x$ 的雏形.这可以从以下过程来理解:由于分割的任意性,在实际应用中,为了简便起见,对 $\Delta A_i \approx f(\xi_i)\Delta x_i$ 省略下标,得 $\Delta A \approx f(\xi)\Delta x$,用$[x,x+\mathrm{d}x]$表示$[a,b]$内的任一小区间,并取小区间的左端点 x 为 ξ,则 ΔA 的近似值就是以 $\mathrm{d}x$ 为底,$f(x)$为高的小矩形的面积,如图 6-9(阴影部分)所示,即

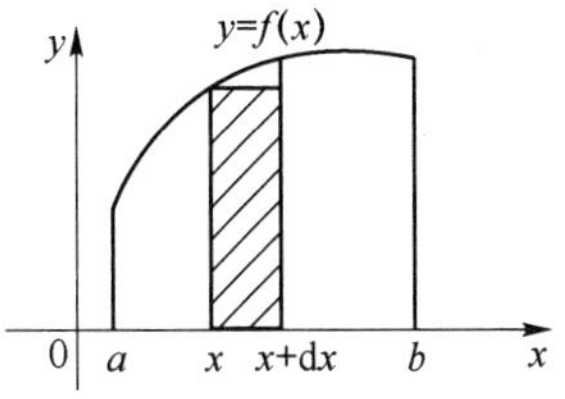

图 6-9

$$\Delta A \approx f(x)\mathrm{d}x$$

通常称 $f(x)\mathrm{d}x$ 为面积元素,记为

$$\mathrm{d}A = f(x)\mathrm{d}x$$

将(3),(4)两步合并,即将这些面积元素在$[a,b]$上"无限累加",就得到面积 A.即

$$A = \int_a^b f(x)\mathrm{d}x$$

一般说来,用定积分解决实际问题时,通常按以下步骤来进行:

(1) 确定积分变量 x,并求出相应的积分区间$[a,b]$;

(2) 在区间$[a,b]$上任取一个小区间$[x,x+\mathrm{d}x]$,并在小区间上找出所求量 F 的微元$\mathrm{d}F = f(x)\mathrm{d}x$;

(3) 写出所求量 F 的积分表达式 $F = \int_a^b f(x)\mathrm{d}x$,然后计算它的值.

利用定积分按上述步骤解决实际问题的方法称为**定积分的微元法**.

注意:能够用微元法求出结果的量 F 一般应满足以下两个条件:

(1) F 是与变量 x 的变化范围$[a,b]$有关的量;

(2) F 对于$[a,b]$具有可加性,即如果把区间$[a,b]$分成若干个小区间,则 F 相应地分成若干个分量.

二、求直角坐标系下平面图形面积

(1) 由曲线 $y=f(x)$和直线 $x=a,x=b,y=0$ 所围成曲边梯形的面积 $S = \int_a^b f(x)\mathrm{d}x$.

(2) 求由两条曲线 $y=f(x)$,$y=g(x)$,$(f(x) \geq g(x))$及直线 $x=a$,$x=b$ 所围成平面的面积 A,如图 6-10 所示.

下面用微元法求面积 A:

(1) 取 x 为积分变量,$x \in [a,b]$;

(2) 在区间$[a,b]$上任取一小区间$[x,x+\mathrm{d}x]$.该区间上小曲边梯形的面积 $\mathrm{d}A$ 可以用高为 $f(x)-g(x)$,底边为 $\mathrm{d}x$ 的小矩形的面积近似代替,从而得到面积元素 $\mathrm{d}A=[f(x)-g(x)]\mathrm{d}x$;

(3) 写出积分表达式,即 $A = \int_a^b [f(x) - g(x)]\mathrm{d}x$.

例 1　求曲线 $y^2=2x$ 与 $y=x-4$ 所围图形的面积.

解:画出所围的图形,如图 6-11 所示.

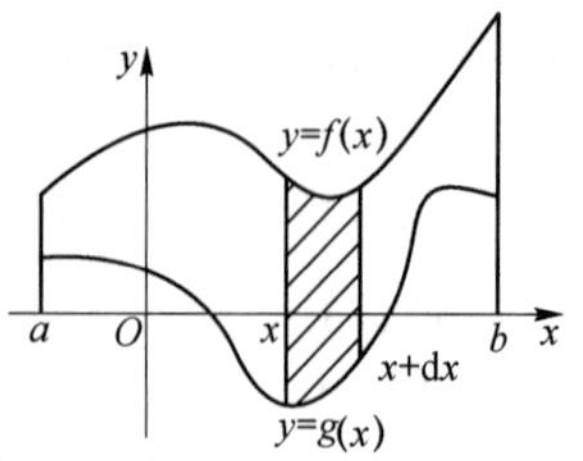

图 6-10

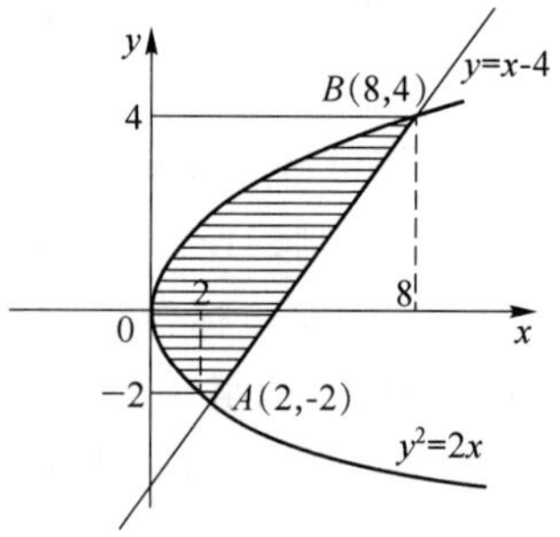

图 6-11

由方程组$\begin{cases} y^2=2x \\ y=x-4 \end{cases}$得两条曲线的交点坐标为 $A(2,-2)$，$B(8,4)$，取 y 为积分变量，$y\in[-2,4]$.

将两曲线方程分别改写为 $x=\frac{1}{2}y^2$ 及 $x=y+4$ 得所求面积为

$$A=\int_{-2}^{4}\left(y+4-\frac{1}{2}y^2\right)\mathrm{d}y=\left(\frac{1}{2}y^2+4y-\frac{1}{6}y^3\right)\Big|_{-2}^{4}=18$$

说明：对于直角坐标系内的平面图形面积，一般先求出交点坐标，确定定积分的上下限. 其次，用微元法就可以算出面积了.

三、定积分在经济中的应用

1. 利用定积分求原经济函数问题

在经济管理中，由边际函数求总函数(即原函数)，一般采用不定积分来解决，或求一个变上限的定积分. 可以求总需求函数，总成本函数，总收入函数以及总利润函数. 设经济应用函数 $u(x)$ 的边际函数为 $u'(x)$，则有

$$u(x)=u(0)+\int_0^x u'(x)\mathrm{d}x$$

例 2 生产某产品的边际成本函数为 $C'(x)=3x^2-14x+100$，固定成本 $C_0=10\,000$，求出生产 x 个产品的总成本函数.

解：总成本函数 $C'(x)=C_0+\int_0^x C'(x)\mathrm{d}x=10\,000+\int_0^x(3x^2-14x+100)\mathrm{d}x$

$$=10\,000+[x^3-7x^2+100x]\big|_0^x=10\,000+x^3-7x^2+100x.$$

2. 利用定积分由变化率求总量问题

如果求总函数在某个范围的改变量，则直接采用定积分来解决.

例 3 已知某产品总产量的变化率为 $Q'(t)=40+12t$(件/天)，求从第 5 天到第 10 天产品的总产量.

解：所求的总产量为 $Q=\int_5^{10}Q'(t)\mathrm{d}t=\int_5^{10}(40+12t)\mathrm{d}t=(40t+6t^2)\big|_5^{10}$

$$=(400+600)-(200+150)=650(\text{件})$$

3. 利用定积分求经济函数的最大值和最小值

例 4 设生产 x 个产品的边际成本 $C=100+2x$，其固定成本为 $C_0=1\,000$ 元，产品单价

规定为 500 元. 假设生产出的产品能完全销售，问生产量为多少时利润最大？并求出最大利润.

解：总成本函数为 $C(x)=\int_0^x(100+2t)\mathrm{d}t+C(0)=100x+x^2+1\,000$

总收益函数为 $R(x)=500x$

总利润函数为 $L(x)=R(x)-C(x)=400x-x^2-1\,000$

求导，有 $L'=400-2x$

令 $L'=0$，得 $x=200$，因为 $L''(200)<0$，所以，生产量为 200 单位时，利润最大. 最大利润为

$$L(200)=400\times200-200^2-1\,000=39\,000(\text{元})$$

4. 利用定积分求消费者剩余与生产者剩余

在经济管理中，一般说来，商品价格低，需求就大；反之，商品价格高，需求就小，因此需求函数 $Q=f(P)$ 是价格 P 的单调递减函数. 同时商品价格低，生产者就不愿生产，因而供给就少；反之，商品价格高，供给就多，因此供给函数 $Q=g(P)$ 是价格 P 的单调递增函数. 由于函数 $Q=f(P)$ 与 $Q=g(P)$ 都是单调函数，所以分别存在反函数 $P=f^{-1}(Q)$ 与 $P=g^{-1}(Q)$，此时函数 $P=f^{-1}(Q)$ 也称为需求函数，而 $P=g^{-1}(Q)$ 也称为供给函数.

需求曲线（函数）$P=f^{-1}(Q)$ 与供给曲线（函数）$P=g^{-1}(Q)$ 的交点 $A(P^*,Q^*)$ 称为均衡点，在此点供需达到均衡. 均衡点的价格 P^* 称为均衡价格，即对某商品而言，顾客愿买、生产者愿卖的价格. 如果消费者以比他们原来预期的价格低的价格（如均衡价格）购得某种商品，由此而节省下来的钱的总数称它为消费者剩余. 假设消费者以较高价格 $P=f^{-1}(Q)$ 购买某商品并情愿支付，Q^* 为均衡商品量，则在 $[Q,Q+\Delta Q]$ 内消费者消费量近似为 $f^{-1}(Q)\Delta Q$，故消费者的总消费量为 $\int_0^{Q^*}f^{-1}(Q)\mathrm{d}Q$，它是需求曲线 $P=f^{-1}(Q)$ 在 Q 与 Q^* 之间的曲边梯形 $0Q^*Ap_1$ 的面积，如图 6-12 所示. 如果商品是以均衡价格 P^* 出售，那么消费者实际销售量为 P^*Q^*，因此，消费者剩余为

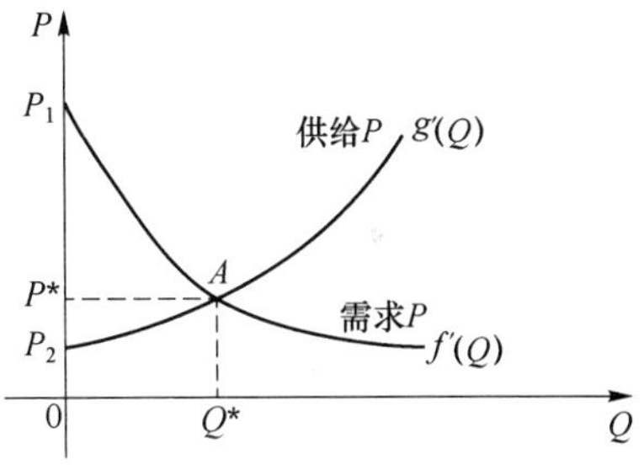

图 6-12

$$\int_0^{Q^*}f'(Q)\mathrm{d}Q-P^*Q^*$$

它是曲边三角形 P^*AP_1 的面积.

如果生产者以均衡价格 P^* 出售某商品，而没有以他们本来计划的以较低的售价 $P=g^{-1}(Q)$ 出售该商品，由此所获得的额外收入，称它为生产者剩余.

同理分析可知：P^*Q^* 是生产者实际出售商品的收入总额，$\int_0^{Q^*}g^{-1}(Q)\mathrm{d}Q$ 是生产者按原计划以较低价格售出商品所获得的收入总额，故生产者剩余为

$$P^*Q^*-\int_0^{Q^*}g^{-1}(Q)\mathrm{d}Q$$

它是曲边三角形 P_0AP^* 的面积.

例 5　设某产品的需求函数是 $P=30-0.2\sqrt{Q}$. 如果价格固定在每件 10 元，试计算消费者剩余.

解：已知需求函数 $P=f^{-1}(Q)=30-0.2\sqrt{Q}$，首先求出对应于 $P^*=10$ 的 Q^* 值，令 $30-0.2\sqrt{Q}=10$，解得 $Q^*=10\,000$. 于是消费者剩余为

$$\int_0^{Q^*} f^{-1}(Q)\mathrm{d}Q - P^*Q^* = \int_0^{1\,000}(30-0.2\sqrt{Q})\mathrm{d}Q - 10\times 10\,000 = (30Q-\frac{2}{15}Q^{\frac{3}{2}})\Big|_0^{10\,000} - 100\,000$$

$$= 66\,666.67(\text{元})$$

5. 利用定积分决定广告策略问题

例 6 某出口公司每月销售额是 1 000 000 美元，平均利润是销售额的 10%. 根据公司以往的经验，广告宣传期间月销售额的变化率近似地服从增长曲线 $1\times 10^6\times e^{0.02t}$（$t$ 以月为单位），公司现在需要决定是否举行一次类似的总成本为 1.3×10^5 美元的广告活动. 按惯例，对于超过 1×10^6 美元的广告活动，如果新增销售额产生的利润超过广告投资的 10%，则决定做广告. 试问该公司按惯例是否应该做此广告？

解： 由公式知，12 个月后总销售额是当 $t=12$ 时的定积分，即

$$\text{总销售额} = \int_0^{12} 1\,000\,000e^{0.02t}\mathrm{d}t = \frac{1\,000\,000e^{0.02t}}{0.02}\Big|_0^{12} = 50\,000\,000\cdot|e^{0.24}-1| \approx 1\,356\,000(\text{美元})$$

公司的利润是销售额的 10%，所以新增销售额产生的利润是

$$0.10\times(13\,560\,000-12\,000\,000)=156\,000(\text{美元})$$

156 000 美元利润是由花费 130 000 美元的广告费而取得的，因此，广告所产生的实际利润是 156 000－ 130 000＝26 000(美元).

这表明盈利大于广告成本的 10%，故公司应该做此广告.

6. 利用定积分计算资本现值和投资

若有一笔收益流的收入率为 $f(t)$，假设连续收益流以连续复利率 r 计息，从而总现值 $Y=\int_0^T f(t)e^{-rt}\mathrm{d}t$.

例 7 现对某企业给予一笔投资 A，经测算，该企业在 T 年中可以按每年 a 元的均匀收入率获得收入，若年利润为 r，试求：

(1) 该投资的纯收入贴现值；

(2) 收回该笔投资的时间为多少？

解：(1) 求投资纯收入的贴现值：因收入率为 a，年利润为 r，故投资后的 T 年中获总收入的现值为

$$Y=\int_0^T ae^{-rt}\mathrm{d}t = \frac{a}{r}(1-e^{-rt})$$

从而投资所获得的纯收入的贴现值为

$$R=y-A=\frac{a}{r}(1-e^{-rT})A$$

(2) 求收回投资的时间：收回投资，即为总收入的现值等于投资. 由 $\frac{a}{r}(1-e^{-rT})=A$，得

$$T=\frac{1}{r}\ln\frac{a}{a-Ar}$$

例如，若对某企业投资 $A=800$(万元)，年利率为 5%，设在 20 年中的均匀收入率为 $a=200$(万元/年)，则有投资回收期为 $T=\frac{1}{0.05}\ln\frac{200}{200-800\times 0.05}=20\ln 1.25\approx 4.46$(年). 由此可知，该投资在 20 年内可得纯利润为 1 728.2 万元，投资回收期约为 4.46 年.

习题 6-5

1. 某企业生产 x 吨产品时的边际成本为 $C'(x)=\frac{1}{50}x+30$(元/吨). 且固定成本为 900 元,试求产量为多少时平均成本最低?

2. 某煤矿投资 2 000 万元建成,在时刻 t 的追加成本和增加收益分别为 $C'(t)=6+2t^{\frac{2}{3}}$ 和 $R'(t)=18-t^{\frac{2}{3}}$(百万元/年);试确定该矿的何时停止生产可获得最大利润? 最大利润是多少?

3. 设某商品的供给函数为 $p=250+3Q+0.01Q^2$,如果产品的单价为 425 元,计算生产者剩余.

4. 有一个大型投资项目,投资成本为 $A=10\ 000$(万元),投资年利率为 5%,每年的均匀收入率为 $a=2\ 000$(万元),求该投资为无限期时的纯收入的贴现值(或称为投资的资本价值).

5. 一对夫妇准备为孩子存款积攒学费,目前银行的存款的年利率为 5%,以连续复利计算,若他们打算 10 年后攒够 5 万元,计算这对夫妇每年应等额地为其孩子存入多少钱?

复习题 6

一、选择题(20 分)

1. 下列等于 1 的积分是(　　).

A. $\int_0^1 x\mathrm{d}x$　　B. $\int_0^1 (x+1)\mathrm{d}x$　　C. $\int_0^1 1\mathrm{d}x$　　D. $\int_0^1 \frac{1}{2}\mathrm{d}x$

2. $\int_0^1 2\mid x^2-4\mid \mathrm{d}x=$(　　).

A. $\frac{21}{3}$　　B. $\frac{22}{3}$　　C. $\frac{23}{3}$　　D. $\frac{25}{3}$

3. 已知自由落体运动的速率 $v=gt$,则落体运动从 $t=0$ 到 $t=t_0$ 所走的路程为(　　).

A. $\frac{gt_0^2}{3}$　　B. gt_0^2　　C. $\frac{gt_0^2}{2}$　　D. $\frac{gt_0^2}{6}$

4. 曲线 $y=\cos x, x\in\left[0,\frac{3}{2}\pi\right]$ 与坐标周围成的面积(　　).

A. 4　　B. 2　　C. $\frac{5}{2}$　　D. 3

5. $\int_0^1 (\mathrm{e}^x+\mathrm{e}^{-x})\mathrm{d}x=$(　　).

A. $\mathrm{e}+\frac{1}{\mathrm{e}}$　　B. $2\mathrm{e}$　　C. $\frac{2}{\mathrm{e}}$　　D. $\mathrm{e}-\frac{1}{\mathrm{e}}$

二、填空题(20 分)

1. 由 $[a,b]$ 上连续曲线 $y=f(x)$,直线 $x=a, x=b\ (a<b)$ 和 x 轴围成的图形的面积为__________.

2. $\frac{\mathrm{d}}{\mathrm{d}x}\int_a^b \sin(x^2+1)\mathrm{d}x=$ __________.

3. 设 $F(x)=\int_x^1 \sqrt{1+t}\,\mathrm{d}t$,则 $F'(x)=$ ________.

4. 设 $f(x)=\begin{cases} x+1, & x<0 \\ x^2, & x\geqslant 0 \end{cases}$,则$\int_{-1}^1 f(x)\mathrm{d}x=$ ________.

5. 反常积分$\int_0^{+\infty} x\mathrm{e}^{-x^2}\mathrm{d}x=$ ________.

三、计算题(48 分)

1. 求$\lim\limits_{n\to\infty}\frac{1}{n}\left(\frac{1}{\sqrt{n^2+1}}+\frac{2}{\sqrt{n^2+4}}+\cdots+\frac{n}{\sqrt{n^2+n^2}}\right)$.

2. 计算$\int_1^4 (1-\sqrt{x})^2\frac{1}{\sqrt{x}}\mathrm{d}x$.

3. $\int_1^4 \frac{\mathrm{d}x}{\sqrt{x}+1}$.

4. $\int_0^{\frac{\pi}{2}} \sin^3 x\mathrm{d}x$.

5. $\int_1^{+\infty} \frac{1}{(x+1)^3}\mathrm{d}x=\left[-\frac{1}{2}(x+1)^{-2}\Big|_1^{+\infty}\right]=-\frac{1}{8}$.

6. $\int_0^{\pi}\sqrt{1+\cos 2x}$.

四、综合题(12 分,2 选 1)

1. 计算 $y=\frac{x^2}{2}$与 $x^2+y^2=8$ 所围成图形的面积.

2. 设某产品生产 Q 个单位,总收益 R 的变化率为 $f(Q)=20-Q/10(Q\geqslant 0)$.

(1) 求生产 40 个单位产品时的总收益;

(2) 求从生产 40 个单位产品到 60 单位产品时的总收益.

第 7 章

多元函数微分学

前面已经研究了含有一个自变量的函数的微分学——一元函数微分学.但在许多实际问题中常常会遇到多个自变量的函数——多元函数,并要知道它的局部性质和整体性质,这就需要学习多元函数微分学.

多元函数微分学以一元函数微分学为基础,前者是后者的自然延伸和发展,两者虽然在处理问题的思路和方法上基本相同,但由于变量的增多,多元函数的情形必然会复杂一些,在某些方面与一元函数会存在差异,学习时应注意比较它们的异同点.本章主要介绍二元函数的一些基本概念、偏导数的计算方法及多元函数微分学在实际问题中的应用,二元函数微分学的这些概念和计算不难推广到一般的多元函数.

本章目标

了解空间直角坐标系的有关概念,了解平面区域、区域的边界、点的邻域、开区域与闭区域等概念,会求空间两点之间的距离;掌握二元函数的概念与表示法,了解二元函数的几何意义,知道二元函数的极限与连续性的概念;理解多元函数的偏导数与全微分的概念;熟练掌握求偏导数与全微分的方法;掌握求多元复合函数偏导数;了解由一个方程确定的隐函数的偏导数的求法的方法;了解二元函数极值与条件极值的概念;掌握用二元函数极值存在的必要条件和充分条件求二元函数极值的方法;掌握用拉格朗日乘数法求解简单二元函数极值问题的方法.

7.1 空间解析几何简介

一、空间直角坐标系

用代数的方法处理平面上的几何问题时,必须先在平面上引进直角坐标系 Oxy.同样,在处理空间中的几何问题时,也必须引进空间直角坐标系.我们知道,通过平面直角坐标系,可以确定平面上任意一点的位置,现在为了确定空间中任一点的位置,相应地就需要引进空间直角坐标系.

在空间中取定一点 O,过 O 作三条相互垂直的数轴,并且取相同的单位长度,三条数轴分别称为 x 轴、y 轴、z 轴.各轴的正方向通常按下述右手法则确定:即右手伸直,拇指朝上为 z 轴的正方向,其余四指的指向为 x 轴的正方向,四指弯曲 $\frac{\pi}{2}$ 角度的指向为 y 轴的正方向,如

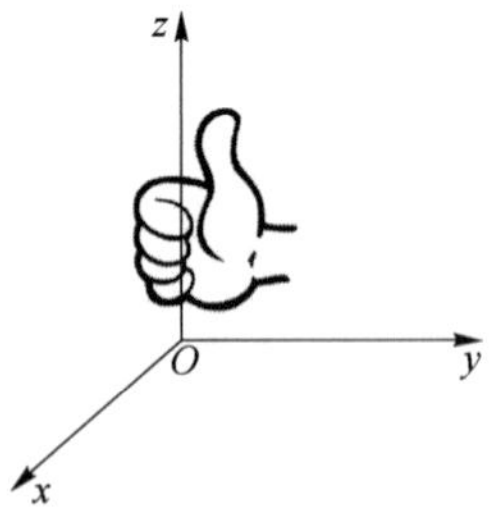

图 7-1

图 7-1所示，这样就构成了**空间直角坐标系**.

点 O 称为**坐标原点**，x 轴、y 轴、z 轴称为**坐标轴**，每两条坐标轴所确定的一个平面称为**坐标平面**，由 x 轴与 y 轴所确定的平面称为 xOy 坐标面，类似地有 yOz 坐标面，xOz 坐标面. 这些坐标面把空间分成了八个部分，每一部分称为一个**卦限**，在 xOy 坐标面第一、二、三、四象限之上的 4 个空间区域分别称为第Ⅰ，Ⅱ，Ⅲ，Ⅳ卦限，从第Ⅰ卦限的下方开始，按逆时针方向，先后出现的卦限依次为第Ⅴ，Ⅵ，Ⅶ，Ⅷ卦限，如图 7-2 所示.

建立了空间直角坐标系后，对于空间任一点 M，都可确定其坐标，过程如下：过点 M 作垂直于三条坐标轴的平面且与三条坐标轴分别交于 P,Q,R 三点，这三点在 x 轴、y 轴、z 轴上的坐标依次为 a,b,c，于是点 M 就唯一确定了一个有序实数组 (a,b,c)，如图 7-3 所示. 反之，对任意一个三元有序数组 (a,b,c)，可以在 x 轴上取坐标为 a 的点 P，在 y 轴上取坐标为 b 点 Q，在 z 轴上取坐标为 c 的点 R，再过 P,Q,R 分别作 x 轴、y 轴、z 轴的垂直平面，三个平面的交点 M 便是三元有序数组 (a,b,c) 所确定的唯一一点. 于是，空间中任一点 M 就和有序三元数组 (a,b,c) 之间建立了一一对应的关系，称三元有序数组 (a,b,c) 为**点 M 的坐标**，记为 $M(a,b,c)$，其中 a,b,c 依次称为**横坐标、纵坐标和竖坐标**. 特别地，原点的坐标为 $(0,0,0)$；x 轴、y 轴、z 轴上的点的坐标分别为 $(x,0,0)$，$(0,y,0)$，$(0,0,z)$；xOy，yOz，zOx 坐标面上的点的坐标分别为 $(x,y,0)$，$(0,y,z)$，$(x,0,z)$.

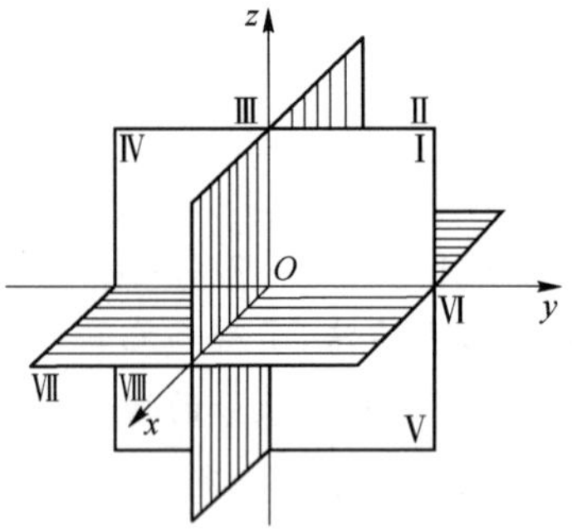

图 7-2

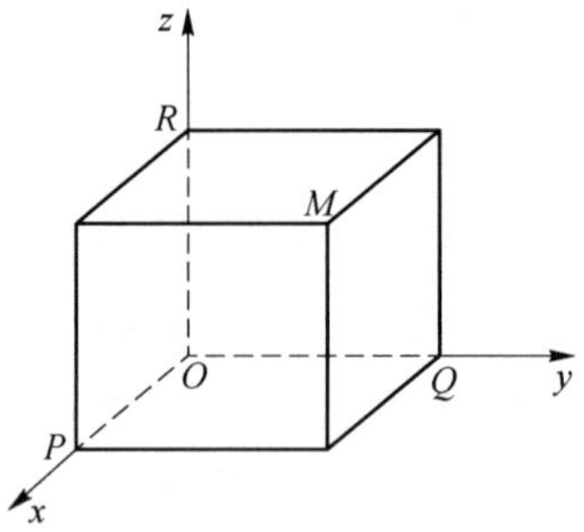

图 7-3

二、空间任意两点间的距离

设空间两点 $M_1(x_1,y_1,z_1)$，$M_2(x_2,y_2,z_2)$，求它们之间的距离 $d=|M_1M_2|$.

过点 M_1，M_2 各作三个平面分别垂直于三条坐标轴，这六个平面构成一个以线段 M_1M_2 为一条对角线的长方体，如图 7-4 所示，易知

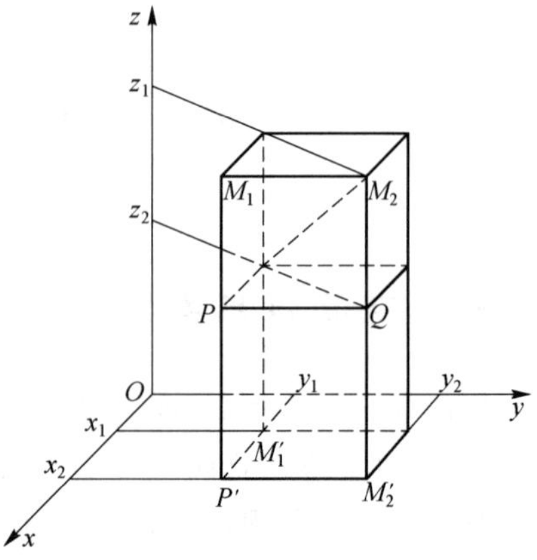

图 7-4

$$
\begin{aligned}
d^2 &= |M_1M_2|^2 = |M_1Q|^2 + |QM_2|^2 \\
&= |M_1P|^2 + |PQ|^2 + |QM_2|^2 \\
&= |M'_1P'|^2 + |P'M'_2|^2 + |QM_2|^2 \\
&= (x_2-x_1)^2 + (y_2-y_1)^2 + (z_2-z_1)^2
\end{aligned}
$$

所以
$$d=\sqrt{(x_2-x_1)^2+(y_2-y_1)^2+(z_2-z_1)^2} \tag{7.1}$$

特别地，点 $M(x,y,z)$ 到原点 $O(0,0,0)$ 的距离 $d=|OM|=\sqrt{x^2+y^2+z^2}$ (7.2)

例 1　已知 $A(-3,2,1)$，$B(0,2,5)$，求 ΔOAB 的周长.

解：$|AB|=\sqrt{(0+3)^2+(2-2)^2+(5-1)^2}=5$

$|BO|=\sqrt{0^2+2^2+5^2}=\sqrt{29}$

$|OA|=\sqrt{(-3)^2+2^2+1^2}=\sqrt{14}$

所以 ΔOAB 的周长 $l=|AB|+|BO|+|OA|=5+\sqrt{29}+\sqrt{14}$.

例 2　设点 P 在 x 轴上，它到点 $P_1(0,\sqrt{2},3)$ 的距离为到点 $P_2(0,-1,1)$ 的距离的两倍，求 P 的坐标.

解：由于点 P 在 x 轴上，因此它的坐标可设为 $(x,0,0)$，根据空间两点间的距离公式有：

$$|PP_1|=\sqrt{(x-0)^2+(0-\sqrt{2})^2+(0-3)^2}=\sqrt{x^2+11}$$

$$|PP_2|=\sqrt{(x-0)^2+(0-1)^2+(0+1)^2}=\sqrt{x^2+2}$$

依题意可得 $|PP_1|=2|PP_2|$，即得 $\sqrt{x^2+11}=2\sqrt{x^2+2}$，

解得 $x=\pm1$.

所以点 P 的坐标是 $(1,0,0)$ 或 $(-1,0,0)$.

三、空间中常见曲面的方程

1. 曲面与方程

与平面解析几何中建立曲线与方程的对应关系一样，可以建立空间曲面与包含三个变量的方程 $F(x,y,z)=0$ 的对应关系.

定义 1　如果曲面 S 上任意一点的坐标都满足方程 $F(x,y,z)=0$，而不在曲面 S 上的点的坐标都不满足方程 $F(x,y,z)=0$，那么方程 $F(x,y,z)=0$ 称为曲面 S 的方程，而曲面 S 称为方程 $F(x,y,z)=0$ 的图形，如图 7-5 所示.

2. 常见曲面图形的方程

(1) 球面

设球面 S 的中心为 $M_0(x_0,y_0,z_0)$，半径为 R，则点 $P(x,y,z)$ 在 S 上等价于 $|M_0P|=R$ 或 $|M_0P|^2=R^2$，即

$$|M_0P|=R$$

由距离公式有

$$\sqrt{(x-x_0)^2+(y-y_0)^2+(z-z_0)^2}=R$$

化简得**球面方程**为

$$(x-x_0)^2+(y-y_0)^2+(z-z_0)^2-R^2 \tag{7.3}$$

特别地，球心在原点，即 $x_0=y_0=z_0=0$ 时，球面方程为

$$x^2+y^2+z^2=R^2 \tag{7.4}$$

$z=\sqrt{R^2-x^2-y^2}$ 是球面的上半部，如图 7-6 所示.

$z=-\sqrt{R^2-x^2-y^2}$ 是球面的下半部.

(2) 平面

由几何知识知道，到两点 $M_1(x_1,y_1,z_1)$，$M_2(x_2,y_2,z_2)$ 等距离的点 $M(x,y,z)$ 的轨迹 π 是线段 M_1M_2 的垂直平分面，即 $M(x,y,z)$ 在 π 上等价于 $|M_1M|=|M_2M|$ 或 $|M_1M|^2=|M_2M|^2$，即

$$(x-x_1)^2+(y-y_1)^2+(z-z_1)^2=(x-x_2)^2+(y-y_2)^2+(z-z_2)^2$$

化简得

$$2(x_2-x_1)x+2(y_2-y_1)y+2(z_2-z_1)z+x_1^2+y_1^2+z_1^2-x_2^2-y_2^2-z_2^2=0$$

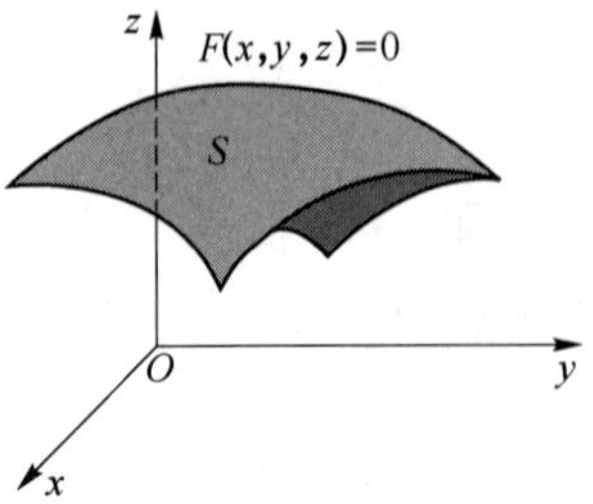

图 7-5

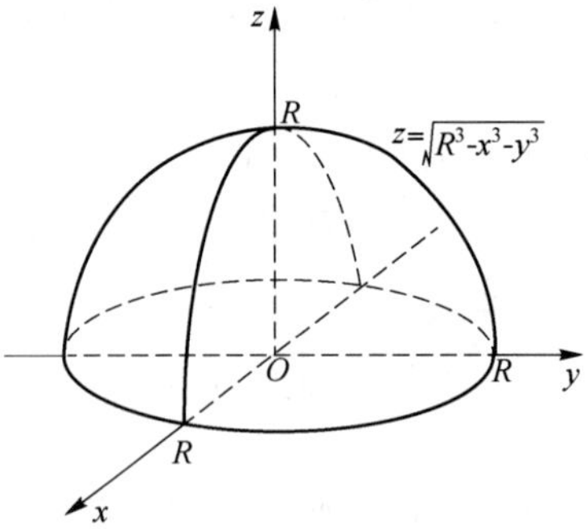

图 7-6

若记 $A=2(x_2-x_1)$，$B=2(y_2-y_1)$，$C=2(z_2-z_1)$，$D=x_1^2+y_1^2+z_1^2-x_2^2-y_2^2-z_2^2$
则上式可写成

$$Ax+By+Cz+D=0 \tag{7.5}$$

由于 M_1，M_2 不是同一点，A,B,C 不全为 0，式(7.5)称为**平面 π 的方程**，这是关于 x,y,z 的一次方程.反之，不难证明，x,y,z 的一次方程所表示的图形是一个平面.

具有特殊位置的平面方程：

① 平面通过坐标原点：$Ax+By+Cz=0$；

② 平面平行于 z 轴：$Ax+By+D=0$；

平面平行于 y 轴：$Ax+Cz+D=0$；

平面平行于 x 轴：$By+Cz+D=0$.

③ 平面平行于 xOy 面：$Cz+D=0$，特别地，xOy 面：$z=0$；

平面平行于 yOz 面：$Cx+D=0$，特别地，yOz 面：$x=0$；

平面平行于 xOz 面：$Cy+D=0$，特别地，xOz 面：$y=0$.

注意：在平面解析几何中，一次方程表示一条直线；在空间解析几何中，一次方程表示一个平面.

例 3　作 $z=c$（c 为常数）的图形.

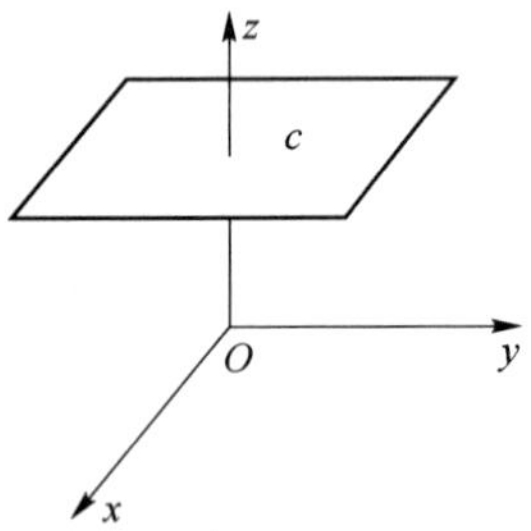

图 7-7

解：方程 $z=c$ 中不含 x,y，这意味着 x 与 y 可以取任意值而总有 $z=c$，其图形是过点$(0,0,c)$且平行于 xOy 坐标面的平面，如图 7-7 所示.

例 4　求通过 x 轴和点$(1,-1,3)$的平面方程.

解：依题意，所求的平面通过 x 轴，即平面平行于 x 轴且通过原点，故可设平面方程为

$$By+Cz=0$$

又因为平面过点$(1,-1,3)$，所以 $-B+3C=0$，即 $B=3C$，

故所求的平面方程为：$3y+z=0$.

例 5　设一平面经过点 $P(a,0,0)$，$Q(0,b,0)$，$R(0,0,c)$三点，其中 $a\neq 0,b\neq 0,c\neq 0$，求该平面方程.

解：设平面方程为 $Ax+By+Cz+D=0$，题设中三点均满足平面方程，即有

$$aA+D=0,bB+D=0,cC+D=0$$

解得
$$A=-\frac{D}{a},B=-\frac{D}{b},C=-\frac{D}{c}$$

代入所设平面方程中,得

$$\frac{x}{a}+\frac{y}{b}+\frac{z}{c}=1$$

这个方程称为**平面的截距式方程**,其中 a,b,c 分别称为平面在 x 轴,y 轴,z 轴上的**截距**,如图 7-8 所示.

(3) 圆柱面

例 6　作 $x^2+y^2=R^2$ 的图形.

解:方程 $x^2+y^2=R^2$ 在 xOy 坐标面上表示以原点为圆心,半径为 R 的圆.由于方程不含 z,意味着只要 x 与 y 满足 $x^2+y^2=R^2$,而 z 可以取任意值.因此,这个方程所表示的曲面是由平行于 z 轴的直线沿 xOy 坐标面上的圆 $x^2+y^2=R^2$ 移动所形成的**圆柱面**.$x^2+y^2=R^2$ 称为它的准线,平行于 z 轴的直线称为它的母线,如图 7-9 所示.

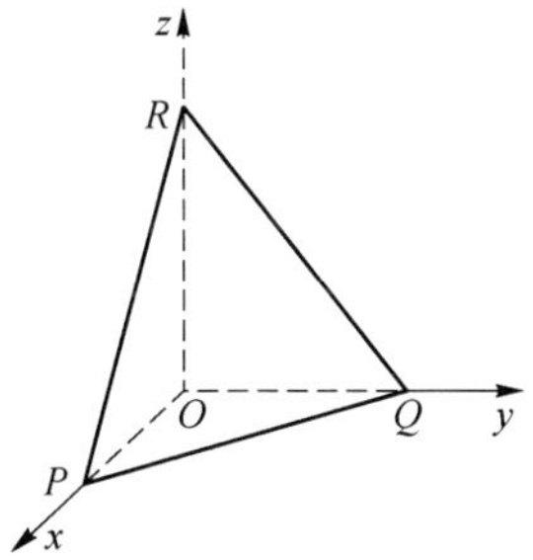

图 7-8

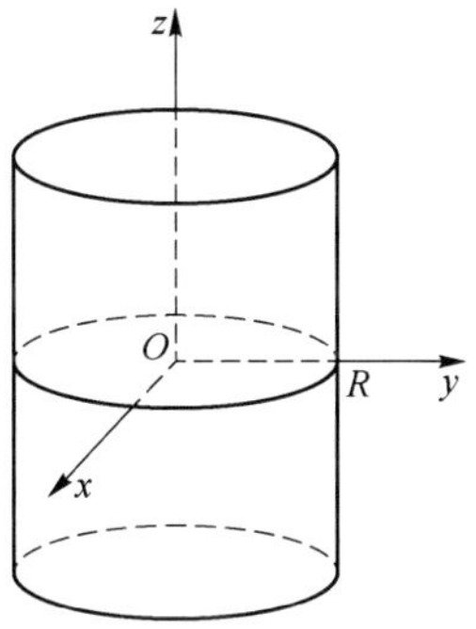

图 7-9

类似地,有圆柱面 $x^2+z^2=R^2$ 和圆柱面 $y^2+z^2=R^2$.

(4) 二次曲面

在空间直角坐标系 $Oxyz$ 中,由 x,y,z 的二次方程所表示的图形称为**二次曲面**.

$$\frac{x^2}{a^2}+\frac{y^2}{b^2}+\frac{z^2}{c^2}=1 \tag{7.6}$$

所表示的图形是一个**椭球面**,原点 O 是它的中心,三个坐标平面是它的对称平面,三个坐标轴是它的对称轴,它们与椭球面的交点分别为$(a,0,0)$,$(0,b,0)$,$(0,0,c)$,如图 7-10 所示.

$$x^2+y^2=2pz \tag{7.7}$$

所表示的图形是一个**旋转抛物面**.当($p>0$ 时)如图 7-11 所示.

探照灯和汽车前灯的反光镜镜面就是这种曲面,在其焦点处的光源所发出的光线经反射后成为一束平行光线.

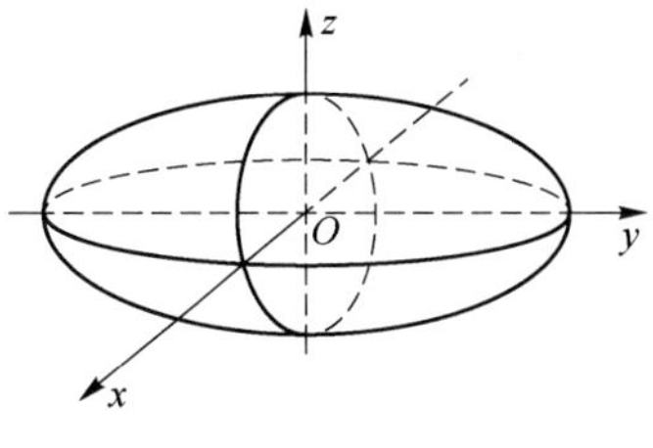

图 7-10

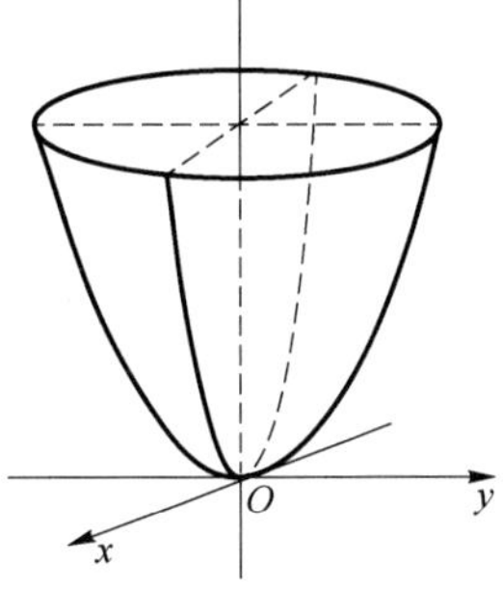

图 7-11

$$x^2+y^2=k^2z^2(k>0) \tag{7.8}$$

所表示的图形是一个**圆锥面**.如图 7-12 所示.其中点 M 是锥面上的点,$\tan\varphi=k$,2φ 为锥面的顶角.

$$y^2-x^2=2pz(p>0) \tag{7.9}$$

所表示的图形称为**双曲抛物面(或马鞍面)**,如图 7-13 所示.

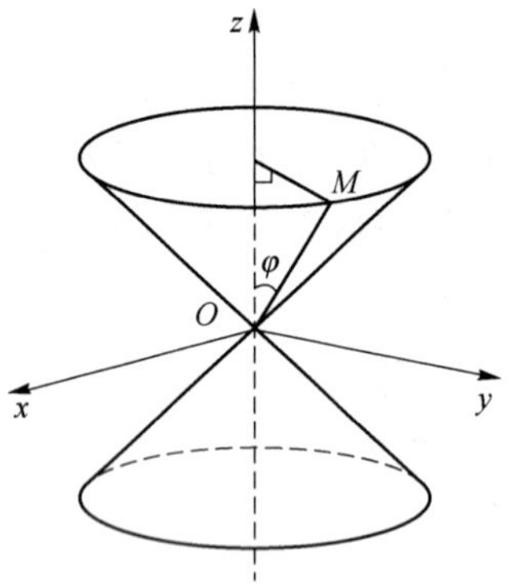

图 7-12

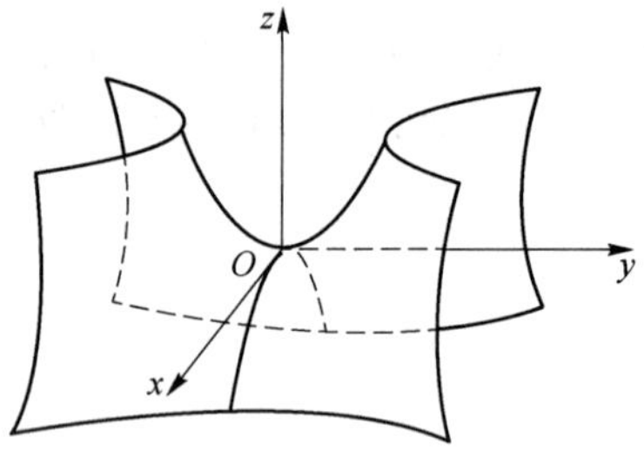

图 7-13

习题 7-1

1. 在空间直角坐标系中,指出下列各点在哪个卦限.

   $A(1,-3,3)$; $B(-2,-3,4)$; $C(1,-3,-4)$; $D(-1,3,-2)$.

2. 在坐标轴和坐标面上的点的坐标各有什么特征?并指出下列各点的位置.

   $A(0,-3,3)$; $B(-2,0,3)$; $C(1,0,0)$; $D(0,0,2)$.

3. 求定点 $M(a,b,c)$ 的对称点:

(1) 各坐标面; (2) 各坐标轴; (3) 坐标原点.

4. 自点 $P_0(x_0,y_0,z_0)$ 分别作各坐标面和坐标轴的垂线,写出各垂足的坐标.

5. 求点 $M(3,4,-5)$ 到各坐标轴的距离.

6. 试证明以三点 $A(4,1,9)$、$B(10,-1,6)$、$C(2,4,3)$ 为顶点的三角形是等腰直角三角形.

7. 一动点 M 到两定点 $(2,3,1)$ 和 $(-1,2,-2)$ 等距离,求该动点 M 的轨迹方程.

8. 求以点 $(1,3,-2)$ 为球心,且通过坐标原点的球面方程.

9. 求过点 $M(1,2,-4)$ 平行于 xOz 坐标面的平面方程.

10. 求通过 z 轴且过点 $M(1,-2,2)$ 的平面方程.

11. 求过点 $A(2,3,0)$,$B(-2,-3,-4)$,$C(0,6,0)$ 的平面方程.

12. 指出下列各平面的特殊位置(对坐标轴、坐标面的垂直或平行,是否过原点).

(1) $y=0$; (2) $2x+1=0$; (3) $2y-z-5=0$;

(4) $x-\sqrt{3}y=0$; (5) $2x+z=1$; (6) $6x+5y-z=0$.

13. 求平面 $x-3y+4z-8=0$ 在各坐标轴上的截距,并将平面方程化成截距式方程.

14. 指出下列方程在平面解析几何和在空间解析几何中分别表示什么图形.

(1) $y=2$；　(2) $y=x+1$；　(3) $x^2+y^2=1$；　(4) $x^2-y^2=4$.

15. 画出下列各方程所表示的曲面：

(1) $\left(x-\frac{a}{2}\right)^2+y^2=\left(\frac{a}{2}\right)^2$；　(2) $-\frac{x^2}{4}+\frac{y^2}{9}=1$；　(3) $\frac{x^2}{9}+\frac{z^2}{4}=1$；

(4) $y^2-z=0$；　(5) $z=2-x^2$.

16. 画出下列各方程所表示的曲面：

(1) $4x^2+y^2-z^2=4$；　(2) $x^2-y^2-4z^2=4$；　(3) $\frac{z}{3}=\frac{x^2}{4}+\frac{y^2}{9}$.

7.2　多元函数的概念

前面几章研究的函数 $y=f(x)$是因变量与一个自变量之间的关系，称为一元函数. 但在许多实际问题中，往往需要研究因变量和多个自变量之间的相互依赖关系，即因变量的值依赖于多个自变量. 如：长方形的面积不仅跟它的长有关，还跟它的宽有关；市场上某种商品的需求量不仅依赖于市场价格，还跟消费者的收入以及这种商品的替代品的价格等因素有关，即决定该商品的需求量的因素不止一个而是多个. 要全面研究这类问题，需要引入多元函数的概念. 在介绍多元函数概念之前，先介绍一些准备知识.

一、平面上的邻域与区域

平面中由某些点所组成的集合称为**平面点集**. 当建立平面直角坐标系后，平面上的每个点都可以用它的坐标来表示，因此，平面点集也可以用它们的坐标来表示.

例如，点集 $D=\left\{(x,y)\,\middle|\,\sqrt{x^2+y^2}\leqslant 1\right\}$表示到原点的距离小于 1 的集合，如图 7-14 所示. 有时为了方便，经常将这个点集简记为 D：$\sqrt{x^2+y^2}\leqslant 1$.

又如，点集 $D=\{(x,y)\mid x-y\geqslant 0\}$表示在直线 $y=x$ 上和在其下方的所有点的集合，简记为 D：$x-y\geqslant 0$，如图 7-15 所示.

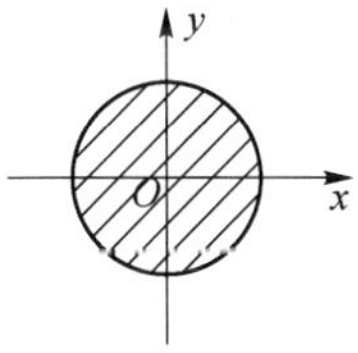

图 7-14

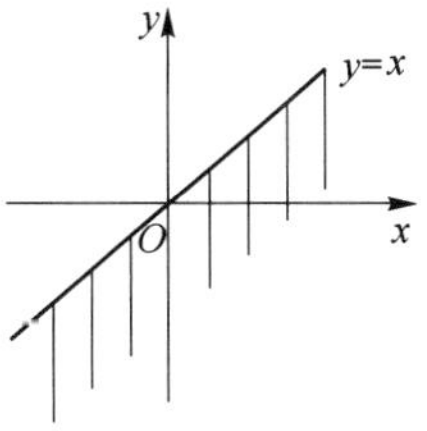

图 7-15

1. 邻域的概念

设 $P_0(x_0,y_0)$是 xOy 面上的一点，δ 是某一正数，以 P_0 为中心，δ 为半径的圆内所有点的集合称为点 P_0 的 δ 邻域，记作 $U(P_0,\delta)$，即

$$U(P_0,\delta)=\left\{(x,y)\,\middle|\,\sqrt{(x-x_0)^2+(y-y_0)^2}<\delta\right\}$$

式中，P_0 为该邻域的中心，δ 为该邻域的半径. 点集$\left\{(x,y)\,\middle|\,0<\sqrt{(x-x_0)^2+(y-y_0)^2}<\delta\right\}$称为点 P_0 的去心 δ 邻域，记为 $\mathring{U}(P_0,\delta)$. 在讨论问题时，若不需要强调邻域的半径，点 P_0 的邻域可简记为$U(P_0)$.

2. 区域的概念

所谓**平面区域**可以是整个 xOy 平面或由 xOy 平面上几条曲线围成的部分. 围成平面区域的曲线称为该区域的**边界**,边界上的点称为**边界点**,不包括边界的区域称为**开区域**,连同边界在内的区域称为**闭区域**,包括部分边界的区域称为半开区域.

如果一个区域可以被包含在以原点为中心的某邻域内,则称该区域为**有界区域**;否则称为**无界区域**.

如:区域 D: $\sqrt{x^2+y^2}<1$ 为有界开区域,区域 D:$x-y\geqslant 0$ 为无界闭区域.

二、多元函数的定义

定义 1 设 D 是一个非空的平面点集,在某一对应法则 f 之下,使得对任意的点$(x,y)\in D$ 都有唯一确定的实数 z 与之对应,则称对应法则 f 是定义在 D 上的二元函数,记为 $z=f(x,y)$,$(x,y)\in D$,其中,x,y 称为自变量,z 称为因变量,D 称为函数的定义域也可记为 $D(f)$.

因为法则 f 产生因变量 z,所以也习惯把 z 称为 x,y 的函数.

二元函数 $z=f(x,y)$在点(x_0,y_0)所取得的函数值,记为 $z\Big|_{\substack{x=x_0\\y=y_0}}$,$z\Big|_{(x_0,y_0)}$ 或 $z_0=f(x_0,y_0)$.

全体函数值的集合$\{z|z=f(x,y),(x,y)\in D\}$称为函数的值域,记为 Z 或$Z(f)$.

类似地,可以定义三元函数 $u=f(x,y,z)$以及 n 元函数 $u=f(x_1,x_2,\cdots,x_n)$. 二元及二元以上的函数统称为**多元函数**.

例 1 如旋转抛物面 $z=x^2+y^2$ 是以 x,y 为自变量,z 为因变量的二元函数,其定义域 $D=\{(x,y)|x,y\in(-\infty,+\infty)\}$,值域 $Z=\{z|z\in[0,+\infty)\}$.

例 2 圆柱体的底半径为 r,高为 h,则它的体积 $V=\pi r^2h$,显然,对每一个有序数组(r,h),$r>0$,$h>0$,总有唯一确定的 V 与之对应,使得 $V=\pi r^2h$,因此 $V=\pi r^2h$ 是一个以 r,h 为自变量,V 为因变量的二元函数. 其定义域为 $D=\{(r,h)|r>0,h>0\}$,值域为 $Z=\{V|V>0\}$.

例 3 设 Z 表示居民人均消费收入,Y 表示国民收入总额,P 表示总人口数,则有 $Z=S_1S_2\dfrac{Y}{P}$,其中 S_1 是消费率(国民收入总额中用于消费的部分所占的比例),S_2 是居民消费率(消费总额中用于居民消费的部分所占的比例). 显然,对于每一个有序数组$(Y,P)Y>0,P>0$(整数),总有唯一确定的实数 Z 与之对应,使得以上关系式成立. 因此 $Z=S_1S_2\dfrac{Y}{P}$是一个以 Y,P 为自变量,Z 为因变量的二元函数. 其定义域为 $D=\{(Y,P)|Y>0,P>0$(整数)$\}$,值域为 $Z=\{Z|Z>0\}$. 此函数关系反映了一个国家中居民人均消费收入依赖于国民收入总额和总人口数.

例 4 在西方经济学中,设 K,L 依次表示资本数量和劳动力数量,Y 表示生产量,则著名的科布——道格拉斯(cobb-Douglas)生产函数为 $Y=CK^{\alpha}L^{\beta}(K>0,L>0)$,其中 C,α,β 均为常数,这同样是一个以 K,L 为自变量,Y 为因变量的二元函数. 其定义域为 $D=\{(K,L)|K>0,L>0\}$,值域为 $Z=\{Y|Y>0\}$. 此函数关系反映了生产量与资本数量和劳动力数量之间的相互依赖关系.

三、二元函数的定义域

与一元函数的定义域类似,当二元函数是以解析式的形式表示时,定义域就是使得该解析式有意义的点的集合,这也称为二元函数的自然定义域.

例 5 求下列函数的自然定义域:

(1) $z=\sqrt{x-\sqrt{y}}$;

解：(1) 要使函数有意义，必须$\begin{cases} x-\sqrt{y}\geqslant 0 \\ y\geqslant 0 \end{cases}$，即$\begin{cases} x^2\geqslant y \\ x\geqslant 0, y\geqslant 0 \end{cases}$，

所以函数的定义域为 $D=\{(x,y)\mid x\geqslant 0, y\geqslant 0, x^2\geqslant y\}$，如图 7-16 所示.

(2) $z=\ln(y-x)+\dfrac{\sqrt{x}}{\sqrt{1-x^2-y^2}}$；

解：

由$\begin{cases} y-x>0 \\ x\geqslant 0 \\ 1-x^2-y^2>0 \end{cases}$　得函数的定义域

$D=\{(x,y)\mid y>x\geqslant 0 \text{且} x^2+y^2<1\}$，如图 7-17 所示.

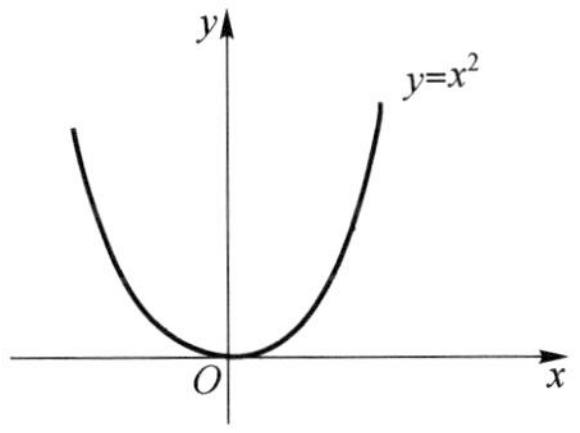

图 7-16

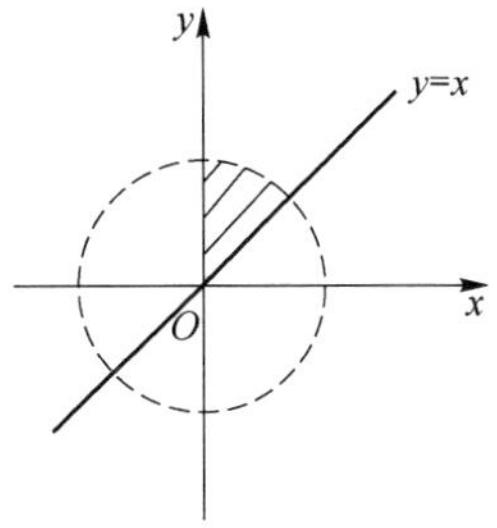

图 7-17

四、二元函数的几何意义

一元函数 $y=f(x)$ 通常表示 xOy 平面上的一条曲线. 二元函数 $z=f(x,y)$，$(x,y)\in D$，其定义域是 xOy 平面上的一个区域，对于 D 中的任意一点 $M(x,y)$，由函数 $z=f(x,y)$ 唯一确定空间中的一点 $P(x,y,f(x,y))$，当点 M 遍历函数的定义域时，P 变动的轨迹一般形成空间中的一张曲面，如图 7-18 所示.

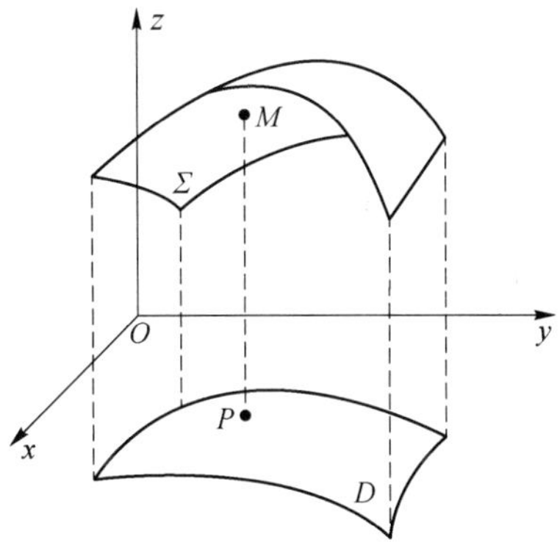

图 7-18

例如：第 7.1 节中函数 $z=\sqrt{R^2-x^2-y^2}$ 表示中心为原点 O，半径 R 为的上半球面；函数 $z=\sqrt{x^2+y^2}$ 表示以原点 O 为顶点，z 轴为对称轴的圆锥面的上半部分.

习题 7-2

1. 设 $f(x,y)=\dfrac{2xy}{x^2+y^2}$，求 (1) $f\left(\dfrac{1}{2},1\right)$，(2) $f\left(1,\dfrac{y}{x}\right)$.

2. 设 $f(u,v)=u^2+v^2$，求 $f(\sqrt{xy},x+y)$.

3. (1) 设 $f(xy,x-y)=x^2+y^2$，求 $f(x,y)$.

   (2) 设 $f(x+y,x-y)=xy+y^2$，求 $f(x,y)$.

4. 设 $z=f(x+y)+x-y$,若当 $x=0$ 时,$z=y^2$,求函数 $f(x)$ 及 z.

5. 求下列函数的定义域 D,并画出 D 的图形.

(1) $z=\ln(x+y)$;

(2) $z=\arcsin\dfrac{x^2+y^2}{4}+\dfrac{1}{\sqrt{y-x}}$;

(3) $z=\arcsin\dfrac{x}{2}+\arccos\dfrac{y}{4}$;

(4) $z=\sqrt{1-x^2}+\dfrac{1}{\sqrt{4-x^2-y^2}}$.

6. 求下列函数的表达式:

(1) 圆弧的弧长 l 是圆弧的半径 r 与圆心角 α 的函数.

(2) 在边长为 y 的正方形铁板的四个角上都截去边长为 x 的小正方形,然后将它折成方盒子,求盒子的容积 V 与 x,y 的函数关系.

(3) 某厂家生产的一种产品同时在两个市场销售,售价分别为 p_1 和 p_2,销售量分别为 q_1 和 q_2,需求函数分别为 $q_1=24-0.2p_1$,$q_2=10-0.05p_2$;总成本函数 $C=35+40(q_1+q_2)$. 试求总利润 L 与 p_1,p_2 的关系.

7.3 二元函数的极限与连续

与一元函数的情况类似,二元函数的极限就是研究当 $x\to x_0$,$y\to y_0$,即点 $P(x,y)\to P_0(x_0,y_0)$时,对应的函数值的变化趋势.

一、二元函数的极限

定义 1 设二元函数 $z=f(x,y)$在点 $P_0(x_0,y_0)$的某一邻域内有定义(P_0 可以除外),如果 $P(x,y)$无限地接近于点 $P_0(x_0,y_0)$时,$f(x,y)$无限趋于一个常数 A,则称 A 是**函数** $z=f(x,y)$**当**$(x,y)\to(x_0,y_0)$**时的极限**,记为

$$\lim_{\substack{x\to x_0\\ y\to y_0}} f(x,y)=A \text{ 或 } f(x,y)\to A \quad ((x,y)\to(x_0,y_0))$$

也记作

$$\lim_{P\to P_0} f(P)=A \text{ 或 } f(P)\to A \quad (P\to P_0)$$

二元函数的极限与一元函数的极限具有相同的性质和运算法则,在此不再详述. 为了区别于一元函数的极限,称二元函数的极限为**二重极限**.

例 1 $\lim\limits_{\substack{x\to 0\\ y\to 0}}\dfrac{2-\sqrt{xy+4}}{xy}$.

解:$\lim\limits_{\substack{x\to 0\\ y\to 0}}\dfrac{2-\sqrt{xy+4}}{xy}=\lim\limits_{\substack{x\to 0\\ y\to 0}}\dfrac{(2-\sqrt{xy+4})(2+\sqrt{xy+4})}{xy(2+\sqrt{xy+4})}=-\dfrac{1}{4}$

例 2 求$\lim\limits_{\substack{x\to 0\\ y\to 2}}\dfrac{\sin xy}{x}$.

解:令 $u=xy$,则当 $x\to 0$,$y\to 2$ 时,$u\to 0$,

从而
$$\lim_{\substack{x\to 0\\y\to 2}}\frac{\sin xy}{xy}=\lim_{u\to 0}\frac{\sin u}{u}=1$$

所以
$$\text{原式}=\lim_{\substack{x\to 0\\y\to 2}}\frac{\sin xy}{xy}\cdot\lim_{\substack{x\to 0\\y\to 2}}y=1\times 2=2$$

定理 1　函数 $z=f(x,y)$ 在点 $P_0(x_0,y_0)$ 的二重极限存在的充分必要条件是：点 $P(x,y)$ 以任何方式趋向于点 $P_0(x_0,y_0)$ 时，函数 $f(x,y)$ 的极限存在且相等.（证明略）

在一元函数的极限 $\lim\limits_{x\to x_0}f(x)$ 中，自变量沿 x 轴趋向于 x_0，只有左、右两种方式，所以 $\lim\limits_{x\to x_0}f(x)$ 存在的充要条件是它的左、右极限存在并且相等.

但在二元函数的极限中，由于平面上的点 $P(x,y)$ 趋向于点 $P_0(x_0,y_0)$ 的方式有无穷多种，所以要求点 P 以任意方式趋向于 P_0 时的极限必须是同一个数值 A，如图 7-19 所示.

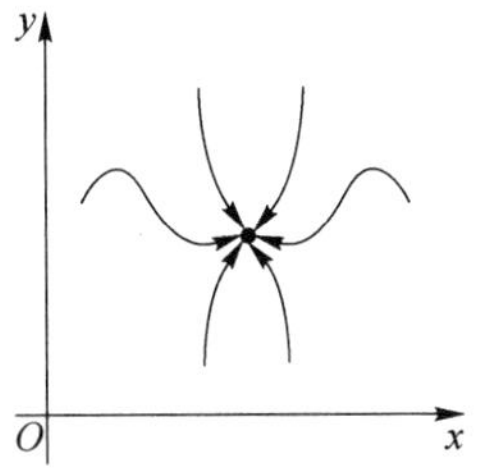

图 7-19

此定理的逆否命题常常用来证明一个二元函数的二重极限不存在，即对于二重极限 $\lim\limits_{\substack{x\to x_0\\y\to y_0}}f(x,y)$，如果能够找到两条不同的路径，使得沿这两条路径 $(x,y)\to(x_0,y_0)$ 时的极限不同，则 $\lim\limits_{\substack{x\to x_0\\y\to y_0}}f(x,y)$ 不存在.

例 3　证明：$\lim\limits_{\substack{x\to 0\\y\to 0}}\dfrac{xy}{x^2+y^2}$ 不存在.

证明：取 $y=kx$（k 为常数），则
$$\lim_{\substack{x\to 0\\y\to 0}}\frac{xy}{x^2+y^2}=\lim_{\substack{x\to 0\\y=kx}}\frac{x\cdot kx}{x^2+k^2x^2}=\frac{k}{1+k^2}$$
显然，题设极限的值随 k 的变化而变化，故题设的极限不存在.

二、二元函数的连续性

定义 2　设函数 $z=f(x,y)$ 在点 $P_0(x_0,y_0)$ 的某一邻域内有定义，如果 $\lim\limits_{\substack{x\to x_0\\y\to y_0}}f(x,y)=f(x_0,y_0)$，则称函数 $f(x,y)$ 在点 $P_0(x_0,y_0)$ 处连续；如果函数 $z=f(x,y)$ 在点 $P_0(x_0,y_0)$ 处不连续，则称点 $P_0(x_0,y_0)$ 是函数 $f(x,y)$ 的间断点.

如果函数 $z=f(x,y)$ 在区域 D 内每一点都连续，则称函数 $f(x,y)$ 在区域 D 内连续；在区域 D 上连续的二元函数的图形是区域 D 上的一个连续曲面.

与一元函数类似，二元连续函数的和、差、积、商（分母不为零）及复合函数仍是连续函数；由 x 和 y 的基本初等函数经过有限次的四则运算和复合所构成的可用一个式子表示的二元函数称为**二元初等函数**. 一切二元初等函数在其定义区域内都是连续的，于是，初等函数 $f(x,y)$ 在其定义区域内总有 $\lim\limits_{\substack{x\to x_0\\y\to y_0}}f(x,y)=f(x_0,y_0)$.

例 4　求 $\lim\limits_{\substack{x\to 1\\y\to 1}}\dfrac{2x-y^2}{x^2+y^2}$.

解：函数 $f(x,y)=\dfrac{2x-y^2}{x^2+y^2}$ 是初等函数它的定义域 $D=\{(x,y)\mid x^2+y^2\neq 0\}$ 是一个区域，而点 $(1,1)\in D$，所以

$$\lim_{\substack{x\to1\\y\to1}}\frac{2x-y^2}{x^2+y^2}=\frac{2\times1-1^2}{1^2+1^2}=\frac{1}{2}$$

三、二元函数在有界闭区域 D 上连续的性质

与一元函数在闭区间上连续的性质类似，二元函数在有界闭区域 D 上连续也有下列性质，下面不加证明地列出这些性质.

定理 2(最值定理) 在有界闭区域 D 上连续的二元函数，在该区域 D 上一定取得最大值和最小值至少一次.

定理 3(有界性定理) 在有界闭区域 D 上连续的二元函数在 D 上一定有界.

定理 4(介值定理) 在有界闭区域 D 上连续的二元函数，必取得介于函数的最大值与最小值之间的任何值至少一次.

习题 7-3

1. 求下列极限.

(1) $\lim\limits_{\substack{x\to2\\y\to0}}\dfrac{\sin(xy)}{y}$； (2) $\lim\limits_{\substack{x\to0\\y\to0}}\dfrac{\sin(x^2+y^2)}{\sqrt{x^2+y^2}}$； (3) $\lim\limits_{\substack{x\to0\\y\to0}}\dfrac{xy}{\sqrt{xy+1}-1}$；

(4) $\lim\limits_{\substack{x\to0\\y\to\frac{1}{2}}}\arcsin\sqrt{x+y}$； (5) $\lim\limits_{\substack{x\to0\\y\to0}}\dfrac{e^{xy}\sqrt{1+x+y}}{1+\cos^2(x^2+y^2)}$.

2. 证明：$\lim\limits_{\substack{x\to0\\y\to0}}\dfrac{x+y}{x-y}$不存在.

3. 下列函数在何处间断.

(1) $z=\dfrac{y^2+2x}{y^2-x}$； (2) $z=\cos\dfrac{1}{xy}$；

(3) $u=\dfrac{x+z}{x+y-z}$； (4) $z=\begin{cases}\dfrac{x^2-y^2}{x^2+y^2}, & x^2+y^2\neq0\\ 0, & x^2+y^2=0\end{cases}$.

7.4 偏导数

一、偏导数的定义及计算方法

在研究一元函数时，我们从研究函数的变化率引入了导数的概念. 在实际问题中，我们常常需要了解一个受到多个因素影响的变量在其他因素固定不变的情况下，该变量只随一个因素变化的变化率问题，反映在数学上就是多元函数的偏导数问题. 对于多元函数，由于多元函数的自变量不止一个，因此多元函数与自变量的关系要比一元函数复杂. 那么如何研究多元函数的变化率呢？

以二元函数 $z=f(x,y)$ 为例，如果固定自变量 $y=y_0$，则函数 $z=f(x,y_0)$ 就是 x 的一元

函数，该函数对 x 的导数就称为二元函数 $z=f(x,y)$ 对 x 的偏导数；同样，如果固定自变量 $x=x_0$，则一元函数 $z=f(x_0,y)$ 对 y 的导数就称为二元函数 $z=f(x,y)$ 对 y 的偏导数.

一般地，我们有如下定义：

1. 偏导数的定义

定义 1　设函数 $z=f(x,y)$ 在点 (x_0,y_0) 的某邻域内有定义，当 y 固定在 y_0，x 在 x_0 处有增量 Δx 时，相应的函数有增量(称为函数对 x 的偏增量)

$$\Delta_x z=f(x_0+\Delta x,y_0)-f(x_0,y_0)$$

如果极限 $\lim\limits_{\Delta x\to 0}\dfrac{\Delta_x z}{\Delta x}=\lim\limits_{\Delta x\to 0}\dfrac{f(x_0+\Delta x,y_0)-f(x_0,y_0)}{\Delta x}$ 存在，则称此极限值为函数 $z=f(x,y)$ 在点 (x_0,y_0) 处**对 x 的偏导数**，记为

$$\left.\frac{\partial z}{\partial x}\right|_{\substack{x=x_0\\ y=y_0}},\left.\frac{\partial f}{\partial x}\right|_{\substack{x=x_0\\ y=y_0}},\quad z_x(x_0,y_0)\text{ 或 }f_x(x_0,y_0)$$

类似地，函数 $z=f(x,y)$ 在点 (x_0,y_0) 处**对 y 的偏导数**定义为 $\lim\limits_{\Delta y\to 0}\dfrac{\Delta_y z}{\Delta y}=\lim\limits_{\Delta y\to 0}\dfrac{f(x_0,y_0+\Delta y)-f(x_0,y_0)}{\Delta y}$

记为

$$\left.\frac{\partial z}{\partial y}\right|_{\substack{x=x_0\\ y=y_0}},\left.\frac{\partial f}{\partial y}\right|_{\substack{x=x_0\\ y=y_0}},\ z_y(x_0,y_0)\text{ 或 }f_y(x_0,y_0)$$

如果函数 $z=f(x,y)$ 在区域 D 内每一点 (x,y) 处对 x 的偏导数都存在，那么这个偏导数是 x，y 的函数，称为 $z=f(x,y)$ **对自变量 x 的偏导函数**，记为

$$\frac{\partial z}{\partial x}、\frac{\partial f}{\partial x}、z_x\text{ 或 }f_x(x,y)$$

类似地，可以定义函数 $z=f(x,y)$ **对自变量 y 的偏导函数**，记为

$$\frac{\partial z}{\partial y}、\frac{\partial f}{\partial y}、z_y\text{ 或 }f_y(x,y)$$

偏导函数也简称为**偏导数**.

类似地，可定义二元以上的函数的偏导数.

如：三元函数 $u=f(x,y,z)$ 在点 (x,y,z) 处的偏导数为

$$f_x(x,y,z)=\lim_{\Delta x\to 0}\frac{f(x+\Delta x,y,z)-f(x,y,z)}{\Delta x}$$

$$f_y(x,y,z)=\lim_{\Delta y\to 0}\frac{f(x,y+\Delta y,z)-f(x,y,z)}{\Delta y}$$

$$f_z(x,y,z)=\lim_{\Delta z\to 0}\frac{f(x,y,z+\Delta z)-f(x,y,z)}{\Delta z}$$

2. 偏导数的计算

由上述偏导数的定义可知，求偏导数实质上是求一元函数的导数. 在求多元函数对某个自变量的偏导数时，只需把其他自变量看成常数，然后利用一元函数的求导公式及复合函数的求导法则来计算即可.

例 1　求函数 $z=x^2y+\dfrac{\sqrt{x}}{y}$ 在点 $(1,2)$ 处的偏导数.

解：因为 $\dfrac{\partial z}{\partial x}=2xy+\dfrac{1}{2\sqrt{x}y}$，$\dfrac{\partial z}{\partial y}=x^2-\dfrac{\sqrt{x}}{y^2}$

所以
$$\left.\frac{\partial z}{\partial x}\right|_{\substack{x=1\\y=2}}=\frac{17}{4},\left.\frac{\partial z}{\partial y}\right|_{\substack{x=1\\y=2}}=\frac{3}{4}$$

例 2 设 $f(x,y)=e^{\arctan\frac{y}{x}}\ln(x^2+y^2)$，求 $f_x(1,0)$.

解：如果先求偏导数 $f_x(x,y)$，运算是比较复杂的，但是，若先把函数中的 y 固定在 $y=0$，则有
$$f(x,0)=\ln x^2=2\ln x(x>0)$$
从而 $f_x(x,0)=\dfrac{2}{x}$，有 $f_x(1,0)=2$.

例 3 设 $z=x^y(x>0)$，求$\dfrac{\partial z}{\partial x},\dfrac{\partial z}{\partial y}$.

解：$\dfrac{\partial z}{\partial x}=yx^{y-1}$；$\dfrac{\partial z}{\partial y}=x^y\ln x$.

例 4 求三元函数 $u=\ln(x+y^2+z^3)$的偏导数.

解：把 y 和 z 看成常数，对 x 求导，得
$$\frac{\partial u}{\partial x}=\frac{1}{x+y^2+z^3}$$
把 x 和 z 看成常数，对 y 求导，得
$$\frac{\partial u}{\partial y}=\frac{2y}{x+y^2+z^3}$$
把 x 和 y 看成常数，对 z 求导，得$\dfrac{\partial u}{\partial z}=\dfrac{3z^2}{x+y^2+z^3}$

例 5 设 $u=\sqrt{x^2+y^2+z^2}$，证明$\left(\dfrac{\partial u}{\partial x}\right)^2+\left(\dfrac{\partial u}{\partial y}\right)^2+\left(\dfrac{\partial u}{\partial z}\right)^2=1$.

证明：$\dfrac{\partial u}{\partial x}=\dfrac{x}{\sqrt{x^2+y^2+z^2}}=\dfrac{x}{u}$，利用函数关于自变量的对称性，得
$$\frac{\partial u}{\partial y}=\frac{y}{\sqrt{x^2+y^2+z^2}}=\frac{y}{u},\frac{\partial u}{\partial z}=\frac{z}{\sqrt{x^2+y^2+z^2}}=\frac{z}{u}$$
因此，$\left(\dfrac{\partial u}{\partial x}\right)^2+\left(\dfrac{\partial u}{\partial y}\right)^2+\left(\dfrac{\partial u}{\partial z}\right)^2=1$.

注意：对于函数 $z=f(x,y)$，如果把 x 与 y 互换，函数的表达式不变，即 $f(x,y)=f(y,x)$，则称函数 $z=f(x,y)$关于自变量 x 与 y 对称.

关于多元函数的偏导数，我们补充以下几点说明：

(1) 对于一元函数而言，导数$\dfrac{\mathrm{d}y}{\mathrm{d}x}$可看成函数的微分 $\mathrm{d}y$ 与自变量的微分 $\mathrm{d}x$ 的商，但是偏导数的记号$\dfrac{\partial y}{\partial x}$是一个整体.

(2) 与一元函数类似，如果要求多元分段函数在分段点处的偏导数，则要利用偏导数的定义表达式来求.

(3) 由一元函数微分学知识可知，如果函数在某点可导，则它在该点必定连续. 但对于多元函数来说，即使函数在某点的各个偏导数存在，也不能保证函数在该点连续.

例 6 讨论二元函数 $f(x,y)=\begin{cases}\dfrac{xy}{x^2+y^2} &,(x,y)\neq(0,0)\\ 0 &,(x,y)=(0,0)\end{cases}$在(0,0)处的偏导数.

解：$f(x,y)$在$(0,0)$处的偏导数，必须分别按定义求得

$$f_x(0,0)=\lim_{\Delta x\to 0}\frac{f(0+\Delta x,0)-f(0,0)}{\Delta x}=\lim_{\Delta x\to 0}\frac{0-0}{\Delta x}=0$$

$$f_y(0,0)=\lim_{\Delta y\to 0}\frac{f(0,0+\Delta y)-f(0,0)}{\Delta y}=\lim_{\Delta y\to 0}\frac{0-0}{\Delta y}=0$$

所以函数 $f(x,y)$在$(0,0)$处的两个偏导数都存在.

由上一节讨论知，$\lim\limits_{\substack{x\to 0\\ y\to 0}}f(x,y)=\lim\limits_{\substack{x\to 0\\ y\to 0}}\frac{xy}{x^2+y^2}$不存在，从而 $f(x,y)$在$(0,0)$处不连续. 因此，二元函数在某点各个偏导数存在，并不能保证函数在该点连续，这与一元函数可导必连续是不相同的.

3. 偏导数的几何意义

二元函数 $z=f(x,y)$的图形一般是一张曲面，函数在点(x_0,y_0)处对 x 的偏导数相当于一元函数 $z=f(x,y_0)$在点 x_0 处的导数. 几何上，函数 $z=f(x,y_0)$的图形可看成曲面 $z=f(x,y)$和平面 $y=y_0$ 的交线，因此，根据一元函数导数的几何意义可知，偏导数 $f_x(x_0,y_0)$表示曲线

$$\begin{cases}z=f(x,y)\\ y=y_0\end{cases}$$

在点 $M_0(x_0,y_0,(x_0,y_0))$处的切线 M_0T_x 对 x 轴正向的斜率.

如图 7-20 所示，同样，偏导数 $f_y(x_0,y_0)$表示曲线

$$\begin{cases}z=f(x,y)\\ x=x_0\end{cases}$$

在点$(x_0,y_0,(x_0,y_0))$处的切线 M_0T_y 对 y 轴正向的斜率.

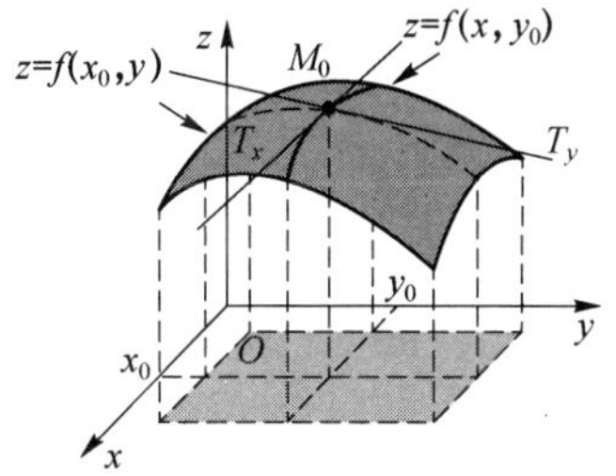

图 7-20

二、偏导数的经济意义

一元函数微分学中，介绍了函数的导数的经济意义，即边际函数和函数的弹性. 同样，多元经济函数的偏导数也有其经济意义.

设某产品的需求量 $Q=Q(P,Y)$，其中 P 为该产品的价格，Y 为消费者收入.

记需求量 Q 对于价格 P、消费者收入 Y 的偏增量分别为

$$\Delta_P Q=Q(P+\Delta P,Y)-Q(P,Y),\Delta_Y Q=Q(P,Y+\Delta Y)-Q(P,Y)$$

比值$\frac{\Delta_P Q}{\Delta P}=\frac{Q(P+\Delta P,Y)-Q(P,Y)}{\Delta P}$表示价格由 P 变到 $P+\Delta P$ 时需求量 Q 的平均变化率.

$$\frac{\partial Q}{\partial P}=\lim_{\Delta P\to 0}\frac{\Delta_P Q}{\Delta P}$$

表示当价格为 P，消费者收入为 Y 时，需求量 Q 对于价格 P 的变化率(**偏边际需求**).

$$E_P=-\lim_{\Delta p\to 0}\frac{\frac{\Delta_p Q}{Q}}{\frac{\Delta P}{P}}=-\frac{P}{Q}\cdot\frac{\partial Q}{\partial P}$$

称为**需求量 Q 对价格 P 的偏弹性**.

同理，比值$\frac{\Delta_Y Q}{\Delta Y}=\frac{Q(P,Y+\Delta Y)-Q(P,Y)}{\Delta Y}$表示收入由 Y 变到 $Y+\Delta Y$ 时需求量 Q 的平均变化率.

$$\frac{\partial Q}{\partial Y}=\lim_{\Delta P\to 0}\frac{\Delta_Y Q}{\Delta Y}$$

表示当价格为 P，消费者收入为 Y 时，需求量 Q 对于收入 Y 的变化率.

$$E_Y=\lim_{\Delta Y\to 0}\frac{\frac{\Delta_Y Q}{Q}}{\frac{\Delta Y}{Y}}=\frac{Y}{Q}\cdot\frac{\partial Q}{\partial Y}$$

称为**需求量 Q 对收入 Y 的偏弹性.**

例 7 设生产函数 $Q=12L^{\frac{1}{3}}K^{\frac{2}{3}}$($L$ 表示资本数量，K 表示劳动力数量).

(1) 求生产函数的偏边际产量和关于投入要素的偏弹性.

(2) 当 $L=8,K=16$，给出偏边际产量的经济意义.

解：(1) 当资本数量为 L，劳动力数量为 K 时，Q 对于 L 的偏边际产量和偏弹性分别为

$$\frac{\partial Q}{\partial L}=12\times\frac{1}{3}L^{\frac{1}{3}-1}K^{\frac{2}{3}}=4L^{-\frac{2}{3}}K^{\frac{2}{3}},\quad E_L=\frac{\partial Q}{\partial L}\cdot\frac{L}{Q}=4L^{-\frac{2}{3}}K^{\frac{2}{3}}\cdot\frac{L}{12L^{\frac{1}{3}}K^{\frac{2}{3}}}=3$$

当资本数量为 L，劳动力数量为 K 时，Q 对于 K 的偏边际产量和偏弹性分别为

$$\frac{\partial Q}{\partial K}=12\times\frac{2}{3}L^{\frac{1}{3}}K^{\frac{2}{3}-1}=8L^{\frac{1}{3}}K^{-\frac{1}{3}},\quad E_K=\frac{\partial Q}{\partial K}\cdot\frac{K}{Q}=8L^{\frac{1}{3}}K^{-\frac{1}{3}}\cdot\frac{K}{12L^{\frac{1}{3}}K^{\frac{2}{3}}}=\frac{2}{3}$$

(2) 当 $L=8,K=16$ 时，$\left.\frac{\partial Q}{\partial L}\right|_{\substack{L=8\\K=16}}=\left.4L^{-\frac{2}{3}}K^{\frac{2}{3}}\right|_{\substack{L=8\\K=16}}=4\sqrt[3]{4}$.

三、高阶偏导数

二元函数 $z=f(x,y)$ 的两个偏导数 $f_x(x,y)$，$f_y(x,y)$ 一般仍然是 x,y 的函数. 如果它们的偏导数也存在，那么这些偏导数称为二元函数 $z=f(x,y)$ 的二阶偏导数. 依照求偏导数的顺序不同，二阶偏导数有四个，分别记为

$$\frac{\partial}{\partial x}\left(\frac{\partial z}{\partial x}\right)=\frac{\partial^2 z}{\partial x^2}=f_{xx}(x,y)=z_{xx}$$

$$\frac{\partial}{\partial y}\left(\frac{\partial z}{\partial y}\right)=\frac{\partial^2 z}{\partial y^2}=f_{yy}(x,y)=z_{yy}$$

$$\frac{\partial z}{\partial y}\left(\frac{\partial z}{\partial x}\right)=\frac{\partial^2 z}{\partial x\partial y}=f_{xy}(x,y)=z_{xy}$$

$$\frac{\partial z}{\partial x}\left(\frac{\partial z}{\partial y}\right)=\frac{\partial^2 z}{\partial y\partial x}=f_{yx}(x,y)=z_{yx}$$

式中，$\frac{\partial^2 z}{\partial x\partial y}$ 和 $\frac{\partial^2 z}{\partial y\partial x}$ 称为二阶混合偏导数.

类似地，可以定义三阶、四阶直至 n 阶偏导数，二阶及二阶以上的偏导数统称为高阶偏导数.

例 8 求函数 $z=x\ln(x+y)$ 的二阶偏导数.

解：$\frac{\partial z}{\partial x}=\ln(x+y)+\frac{x}{x+y}$，$\frac{\partial z}{\partial y}=\frac{x}{x+y}$

$$\frac{\partial^2 z}{\partial x^2}=\frac{1}{x+y}+\frac{y}{(x+y)^2}=\frac{x+2y}{(x+y)^2},\ \frac{\partial^2 z}{\partial y^2}=-\frac{x}{(x+y)^2}$$

$$\frac{\partial^2 z}{\partial x\partial y}=\frac{1}{x+y}-\frac{x}{(x+y)^2}=\frac{y}{(x+y)^2}=\frac{\partial^2 z}{\partial y\partial x}$$

本例中两个混合偏导数相等，即 $\frac{\partial^2 z}{\partial x\partial y}=\frac{\partial^2 z}{\partial y\partial x}$，这并不是巧合，事实上，我们有下述定理：

定理　如果函数 $z=f(x,y)$ 的两个二阶混合偏导数 $\frac{\partial^2 z}{\partial x\partial y}$、$\frac{\partial^2 z}{\partial y\partial x}$ 在区域 D 内连续，则对任何 $(x,y)\in D$，有 $\frac{\partial^2 z}{\partial x\partial y}=\frac{\partial^2 z}{\partial y\partial x}$.

证明：略。

此定理说明在二阶混合偏导数连续的条件下，混合偏导数与求导次序无关，这给混合偏导数的计算带来方便.

习题 7-4

1. 填空题.

(1) 设 $f_x(x_0,y_0)=2$，则 $\lim\limits_{\Delta x\to 0}\frac{f(x_0-2\Delta x,y_0)-f(x_0,y_0)}{\Delta x}=$__________.

(2) 设 $f(x+y,x-y)=x^2-y^2$，则 $f_x(x,y)+f_y(x,y)=$__________.

2. 求下列各函数的偏导数.

(1) $z=x^3-2xy+3y^2$；　(2) $z=e^{-\left(\sqrt{x}+\frac{1}{y}\right)}$；　(3) $z=\sqrt{\ln(xy)}$；

(4) $z=\arcsin(y\sqrt{x})$；　(5) $z=\ln\tan\frac{x}{y}$；　(6) $z=(\cos x)^{\sin y^2}$；

(7) $z=\frac{x^2+y^2}{xy}$；　(8) $z=e^{-y}\sin(2x+y)$.

3. 求下列函数在指定点处的偏导数.

(1) $z=\frac{2x}{x+y}$　在点 $(2,-1)$；

(2) $f(x,y)=e^{-\cos x}(2x+y)$　在点 $(0,1)$；

(3) $f(x,y)=\arctan\frac{y}{x}$　在点 $(1,1)$；

(4) $f(x,y)=(1+xy)^y$　在点 $(1,1)$.

4. 设 $f(x,y)=x+(y-1)\arcsin\sqrt{\frac{x}{y}}$，求 $f_x(x,1)$.

5. 设 $z=e^{-\left(\frac{1}{x}+\frac{1}{y}\right)}$，求证：$x^2\frac{\partial z}{\partial x}+y^2\frac{\partial z}{\partial y}=2z$.

6. 设 $z=\frac{y^2}{3x}+\sin(xy)$，求证：$x^2\frac{\partial z}{\partial x}+y^2-xy\frac{\partial z}{\partial y}$.

7. 求曲线 $\begin{cases}z=\frac{x^2+y^2}{4}\\ y=4\end{cases}$ 在点 $(2,4,5)$ 处的切线对于 x 轴的倾斜角.

8. 求下列函数的二阶偏导数.

(1) $z=x^4+y^4-2x^3y^3$；　(2) $z=xy^2+\ln xy$；　(3) $z=y^x$；

(4) $z=\arctan\frac{y}{x}$；　(5) $z=\sin^2(2x+3y)$.

9. 求下列偏导数.

(1) 设 $u=\cos(2x+e^y+z^3)$，求 $\frac{\partial u}{\partial x},\frac{\partial u}{\partial y},\frac{\partial u}{\partial z}$.

(2) 设 $u=x^{\frac{y}{z}}$,求$\frac{\partial u}{\partial x},\frac{\partial u}{\partial y},\frac{\partial u}{\partial z}$.

10. 求下列偏导数.

(1) 设 $f(x,y,z)=xy^2+yz^2+zx^2$,求 $f_{xx}(1,1,2)$及 $f_{xyz}(1,1,1)$.

(2) 设 $z=x\ln(xy)$,求$\frac{\partial^3 z}{\partial x^2\partial y}$及$\frac{\partial^3 z}{\partial x\partial y^2}$.

7.5 全 微 分

一、全微分的概念

我们已经知道,二元函数对某个自变量的偏导数表示当其中一个自变量固定时,因变量对另一个自变量的变化率.根据一元函数微分学的理论可得,一元函数 $z=f(x,y_0)$在点 $x=x_0$ 的微分为 $f_x(x_0,y_0)\Delta x$,一元函数 $z=f(x_0,y)$在点 $y=y_0$ 的微分为 $f_y(x_0,y_0)\Delta y$,它们依次称为二元函数 $z=f(x,y)$在点(x_0,y_0)对 x 和 y 的**偏微分**.并且根据一元函数微分学增量与微分的关系有

$$f(x_0+\Delta x,y_0)-f(x_0,y_0)\approx f_x(x_0,y_0)\Delta x$$
$$f(x_0,y_0+\Delta y)-f(x_0,y_0)\approx f_y(x_0,y_0)\Delta y$$

在实际问题中,有时需要研究多元函数中各自变量都取得增量时因变量所获得的增量,即所谓全增量的问题.以二元函数为例:

如果二元函数 $z=f(x,y)$在点(x_0,y_0)的某邻域内有定义,则称

$$\Delta z=f(x_0+\Delta x,y_0+\Delta y)-f(x_0,y_0)$$

为函数 $z=f(x,y)$在点(x_0,y_0)的全增量.

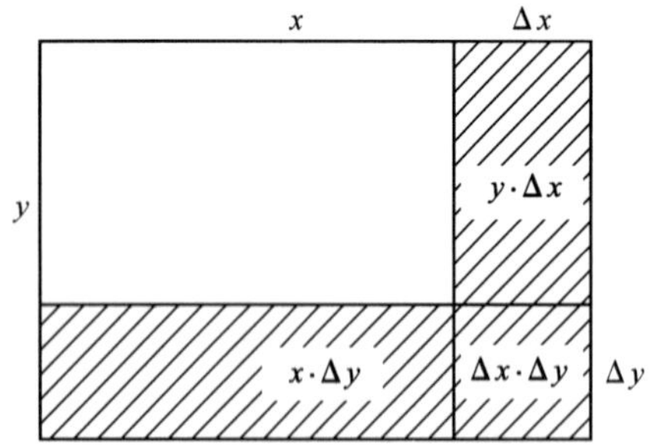

图 7-21

但实际问题中,一般计算全增量比较复杂.与一元函数类似,我们也希望利用关于自变量增量 $\Delta x,\Delta y$ 的线性函数来近似代替函数的全增量 Δz.

我们先看一个简单的引例:

例 1 对于长为 x,宽为 y 的矩形,如图 7-21 其面积 $S=xy$,当 x 和 y 各有增量 $\Delta x,\Delta y$ 时,面积改变量

$$\begin{aligned}\Delta S&=S(x+\Delta x,y+\Delta y)-S(x,y)\\&=(x+\Delta x)\cdot(y+\Delta y)-xy\\&=y\Delta x+x\Delta y+\Delta x\cdot\Delta y\end{aligned}$$

若令 $\rho=\sqrt{\Delta x^2+\Delta y^2}$,则$(\Delta x,\Delta y)\to(0,0)$等价于 $\rho\to 0$,而当 $\Delta x\cdot\Delta y\neq 0$ 时

$$\lim_{\rho\to 0}\frac{|\Delta x|\cdot|\Delta y|}{\rho}=\lim_{\rho\to 0}\frac{|\Delta x|\cdot|\Delta y|}{\sqrt{\Delta x^2+\Delta y^2}}=\lim_{\rho\to 0}\frac{1}{\sqrt{(\frac{1}{\Delta x})^2+(\frac{1}{\Delta y})^2}}=0$$

故 $\Delta x\cdot\Delta y$ 为$\rho=\sqrt{\Delta x^2+\Delta y^2}$的高阶无穷小,即 $\Delta x\cdot\Delta y=o(\rho)$,从而 $\Delta S=y\Delta x+x\Delta y+o(\rho)\approx y\Delta x+x\Delta y$,即用自变量增量 $\Delta x,\Delta y$ 的线性函数 $y\Delta x+x\Delta y$ 作为 ΔS 的近似值,两者的差是 ρ 的高阶无穷小.

这种近似计算 ΔS 的方法具有普遍的意义，由此引入二元函数全微分的定义.

定义 1　设二元函数 $z=f(x,y)$ 在点 (x_0,y_0) 的某邻域内有定义，如果 $z=f(x,y)$ 在点 (x_0,y_0) 处的全增量

$$\Delta z=f(x_0+\Delta x,y_0+\Delta y)-f(x_0,y_0)$$

可表示为

$$\Delta z=A\Delta x+B\Delta y+o(\rho)$$

式中，A、B 与 Δx，Δy 无关，$\rho=\sqrt{(\Delta x)^2+(\Delta y)^2}$，$o(\rho)$ 是比 ρ 高阶的无穷小（$\rho\to 0$），则称 $A\Delta x+B\Delta y$ 为函数 $z=f(x,y)$ 在点 (x_0,y_0) 处的全微分，记作 $\mathrm{d}z\Big|_{\substack{x=x_0\\y=y_0}}$，即

$$\mathrm{d}z\Big|_{\substack{x=x_0\\y=y_0}}=A\Delta x+B\Delta y$$

并称函数 $z=f(x,y)$ 在点 (x_0,y_0) 处可微分.

二、可微分的必要条件

下面我们根据全微分的定义和连续、偏导数的定义来讨论函数在一点处可微的必要条件.

定理 1　函数 $z=f(x,y)$ 在点 (x_0,y_0) 处可微，则它在点 (x_0,y_0) 处连续.

证明：函数 $z=f(x,y)$ 在点 (x_0,y_0) 处可微，则 $z=f(x,y)$ 在点 (x_0,y_0) 处的全增量

$$\Delta z=f(x_0+\Delta x,y_0+\Delta y)-f(x_0,y_0)$$

可表示为

$$\Delta z=A\Delta x+B\Delta y+o(\rho)$$

当 $\rho\to 0$ 时等价于 $(\Delta x,\Delta y)\to(0,0)$，此时有 $\lim\limits_{\rho\to 0}\Delta z=0$，从而

$$\lim_{(\Delta x,\Delta y)\to(0,0)}\Delta z=\lim_{(\Delta x,\Delta y)\to(0,0)}[f(x_0+\Delta x,y_0+\Delta y)-f(x_0,y_0)]=0$$

即 $\lim\limits_{(\Delta x,\Delta y)\to(0,0)}f(x_0+\Delta x,y_0+\Delta y)=f(x_0,y_0)$，所以函数在点 (x_0,y_0) 处连续.

由此定理 1 可知，如果函数 $z=f(x,y)$ 在点 (x_0,y_0) 处不连续，那么 $z=f(x,y)$ 在点 (x_0,y_0) 处不可微.

定理 2（可微的必要条件）　若函数 $z=f(x,y)$ 在点 (x_0,y_0) 处可微，则函数 $z=f(x,y)$ 在 (x_0,y_0) 处的偏导数存在，且函数 $z=f(x,y)$ 在 (x_0,y_0) 的全微分为

$$\mathrm{d}z\Big|_{\substack{x=x_0\\y=y_0}}=f_x(x_0,y_0)\Delta x+f_y(x_0,y_0)\Delta y$$

即 $A=f_x(x_0,y_0)$，$B=f_y(x_0,y_0)$.

证明：略

记 $\mathrm{d}x=\Delta x$，$\mathrm{d}y=\Delta y$，则函数 $z=f(x,y)$ 在点 (x_0,y_0) 处的全微分可记为

$$\mathrm{d}z\Big|_{\substack{x=x_0\\y=y_0}}=f_x(x_0,y_0)\mathrm{d}x+f_y(x_0,y_0)\mathrm{d}y$$

如果函数 $z=f(x,y)$ 在区域 D 内每一点处都可微，则称函数 $z=f(x,y)$ 在区域 D 内可微，这时区域 D 内任一点 (x,y) 处的全微分记为

$$\mathrm{d}z=f_x(x,y)\mathrm{d}x+f_y(x,y)\mathrm{d}y$$

或写成

$$\mathrm{d}z=\frac{\partial z}{\partial x}\mathrm{d}x+\frac{\partial z}{\partial y}\mathrm{d}y$$

注意:在一元函数中,可导与可微是等价的.但对多元函数情形就不同了,函数的偏导数存在,不一定能保证函数可微,这是因为偏导数存在不能保证函数连续,而不连续一定不可微.

那么在什么样的条件下可以保证函数 $z=f(x,y)$ 可微呢?即可微分的充分条件是什么?

三、可微分的充分条件

定理3(可微分的充分条件) 如果函数 $z=f(x,y)$ 的两个偏导数 $\frac{\partial z}{\partial x}$ 和 $\frac{\partial z}{\partial y}$ 在点 (x,y) 处连续,则函数 $z=f(x,y)$ 在该点可微.

证明:略.

例1 求函数 $f(x,y)=e^x\sin y$ 在点 $\left(0,\frac{\pi}{6}\right)$ 处的全微分.

解:因为 $f_x(x,y)=e^x\sin y, f_y(x,y)=e^x\cos y$,所以 $f_x\left(0,\frac{\pi}{6}\right)=\frac{1}{2}, f_y\left(0,\frac{\pi}{6}\right)=\frac{\sqrt{3}}{2}$. 从而

$$dz\Big|_{\substack{x=x_0\\ y=\frac{\pi}{6}}}=f_x\left(0,\frac{\pi}{6}\right)dx+f_y\left(0,\frac{\pi}{6}\right)dy=\frac{1}{2}dx+\frac{\sqrt{3}}{2}dy$$

例2 求函数 $z=2xy^2+3x^3y^5$ 的全微分.

解:因为 $\frac{\partial z}{\partial x}=2y^2+9x^2y^5=y^2(2+9x^2y^3)$, $\frac{\partial z}{\partial y}=4xy+15x^3y^4=xy(4+15x^2y^3)$,且这两个偏导数连续,所以

$$dz=y^2(2+9x^2y^3)dx+xy(4+15x^2y^3)dy$$

例3 求函数 $u=x^2+\cos\frac{y}{3}+e^{yz}$ 的全微分.

解:因为 $\frac{\partial u}{\partial x}=2x, \frac{\partial u}{\partial y}=-\frac{1}{3}\sin\frac{y}{3}+ze^{yz}, \frac{\partial u}{\partial z}=ye^{yz}$,故所求的全微分为

$$du=2xdx+\left(-\frac{1}{3}\sin\frac{y}{3}+ze^{yz}\right)dy+ye^{yz}dz$$

*四、微分在近似计算中的应用

设二元函数 $z=f(x,y)$ 在点 (x,y) 处的两个偏导数 $f_x(x,y), f_y(x,y)$ 连续,且 $|\Delta x|,|\Delta y|$ 都较小时,则根据全微分定义,有 $\Delta z\approx dz$. 因为 $\Delta z=f(x+\Delta x,y+\Delta y)-f(x,y)$,而 $dz=f_x(x,y)\Delta x+f_y(x,y)\Delta y$,所以可得二元函数的全微分近似计算公式

$$f(x+\Delta x,y+\Delta y)\approx f(x,y)+f_x(x,y)\Delta x+f_y(x,y)\Delta y$$

例4 计算 $(0.07)^{2.04}$ 的近似值.

解:设 $f(x,y)=x^y$,则所要计算的值就是该函数在 $x=0.07, y=2.04$ 时的函数值的近似值.取

$$x=1, y=2, \Delta x=-0.03, \Delta y=0.04$$

因为 $f(1,2)=1$ 且

$$f_x(x,y)=yx^{y-1}, f_y(x,y)=x^y\ln x, f_x(1,2)=2, f_y(1,2)=0$$

所以按照近似计算公式得到

$$(0.07)^{2.04}=(1-0.03)^{2+0.04}\approx 1+2\times(-0.03)+0\times 0.04=0.04$$

例5 一个圆柱形的铁罐,内半径为5 cm,内高为12 cm,壁厚均为0.2 cm,估计制作这个铁罐所需材料的体积大约是多少(包括上、下底)?

解：圆柱形体积 $V=\pi r^2 h$，制作铁罐的所需材料的体积为

$$\Delta V=\pi(r+\Delta r)^2(h+\Delta h)-\pi r^2 h$$

因为 $\Delta r=0.2\ \text{cm}$，$\Delta h=0.4\ \text{cm}$ 相对较小，所以可以用全微分近似代替全增量，即

$$\Delta V\approx \mathrm{d}V=\frac{\partial V}{\partial r}\mathrm{d}r+\frac{\partial V}{\partial h}\mathrm{d}h=2\pi rh\Delta r+\pi r^2\Delta h$$

由于 $r=5$，$h=12$，有

$$\Delta V\approx 2\pi\times5\times12\times0.2+\pi\times5^2\times0.4=34\pi\approx106.8\ \text{cm}^3$$

故所需材料为 $106.8\ \text{cm}^3$.

习题 7-5

1. 求下列函数的全微分.

(1) $z=3x^2y^3+4xy^5$；　　(2) $z=x^2y+\dfrac{y}{x}$；

(3) $z=\dfrac{1}{x^2+y^2}$；　　(4) $u=y^{xz}$.

2. 求函数 $z=\sqrt{\dfrac{y}{x}}$ 在 $x=1$，$y=4$ 时的全微分.

3. 求函数 $z=\dfrac{y}{x}$ 当 $x=2$，$y=1$，$\Delta x=0.1$，$\Delta y=-0.2$ 时的全增量和全微分.

4. 计算 $z=\sqrt{(1.03)^2+(0.98)^2}$ 的近似值.

5. 已知边长为 $x=6$ m 与 $y=8$ m 的矩形，如果 x 边增加 5 cm 而 y 边减少 10 cm，问这个矩形的对角线的近似变化怎样？

7.6　多元复合函数微分法与隐函数微分法

在一元函数的复合函数求导中，有所谓的“链式法则”，这一法则可以推广到多元复合函数情形. 下面分三种情况来讨论：

一、多元复合函数的微分法

1. 复合函数的中间变量为一元函数的情形

设函数 $z=f(u,v)$，$u=u(x)$，$v=v(x)$，函数 $z=f[u(x),v(x)]$ 是 x 的函数，称函数 $z=f[u(x),v(x)]$ 是由函数 $z=f(u,v)$ 和函数 $u=u(x)$，$v=v(x)$ 构成的复合函数.

为了更清楚地表示变量间的相互依赖关系，可用图 7-22 来表达，这种函数关系图在后面还经常用到.

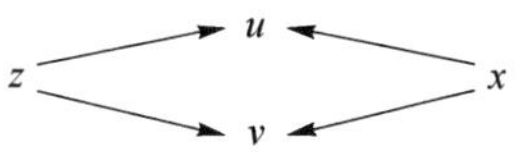

图 7-22

定理 1　如果函数 $u=u(x)$ 及 $v=v(x)$ 在点 x 处都可导，函数 $z=f(u,v)$ 在对应点 (u,v) 处具有连续偏导数，则复合函数 $z=f[u(x),v(x)]$ 在对应点 x 处也可导，且其导数可用下列公式来计算：

$$\frac{dz}{dx}=\frac{\partial z}{\partial u}\frac{du}{dx}+\frac{\partial z}{\partial v}\frac{dv}{dx}$$

式中的导数$\frac{dz}{dx}$称为**全导数**.

例 1 设 $z=u^v$,$u=\sin x$,$v=\sqrt{x^2-1}$,求导数$\frac{dz}{dx}$.

解:$\frac{dz}{dx}=\frac{\partial z}{\partial u}\frac{du}{dx}+\frac{\partial z}{\partial v}\frac{dv}{dx}=vu^{v-1}\cos x+u^v\ln u\ \frac{2x}{2\sqrt{x^2-1}}$

$$=\sqrt{x^2-1}(\sin x)^{\sqrt{x^2-1}-1}\cos x+\frac{x}{\sqrt{x^2-1}}(\sin x)^{\sqrt{x^2-1}}\ln\sin x.$$

定理 1 的结论可以推广到中间变量多于两个的情形.例如,设由函数

$$z=f(u,v,w),u=u(x),v=v(x),w=w(x)$$

构成的复合函数为 $z=f[u(x),v(x),w(x)]$,其函数关系图如图 7-23 所示,则类似地可得其全导数求导法则为

$$\frac{dz}{dx}=\frac{\partial z}{\partial u}\frac{du}{dx}+\frac{\partial z}{\partial v}\frac{dv}{dx}+\frac{\partial z}{\partial w}\frac{dw}{dx}$$

2. 复合函数的中间变量为多元函数的情形

设函数 $z=f(u,v)$,$u=u(x,y)$,$v=(x,y)$构成复合函数 $z=f[u(x,y),v(x,y)]$其函数关系图如图 7-24 所示,此时有

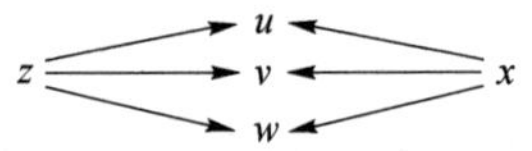

图 7-23

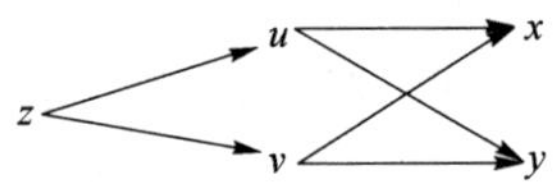

图 7-24

$$\frac{\partial z}{\partial x}=\frac{\partial z}{\partial u}\frac{\partial u}{\partial x}+\frac{\partial z}{\partial v}\frac{\partial v}{\partial x};\quad \frac{\partial z}{\partial y}=\frac{\partial z}{\partial u}\frac{\partial u}{\partial y}+\frac{\partial z}{\partial v}\frac{\partial v}{\partial y}$$

定理 2 如果函数 $u=u(x,y)$及 $v=v(x,y)$在点(x,y)处都具有对 x 及对 y 的偏导数,函数 $z=f(u,v)$在对应点(u,v)具有连续的偏导数,则复合函数 $z=f[u(x,y),v(x,y)]$在对应点(x,y)处两个偏导数存在,且其偏导数为

$$\frac{\partial z}{\partial x}=\frac{\partial z}{\partial u}\frac{\partial u}{\partial x}+\frac{\partial z}{\partial v}\frac{\partial v}{\partial x}$$

$$\frac{\partial z}{\partial y}=\frac{\partial z}{\partial u}\frac{\partial u}{\partial y}+\frac{\partial z}{\partial v}\frac{\partial v}{\partial y}$$

例 2 设 $z=u^2\ln v$,$u=\frac{x}{y}$,$v=3x-2y$,求$\frac{\partial z}{\partial x}$和$\frac{\partial z}{\partial y}$.

解:$\frac{\partial z}{\partial x}=\frac{\partial z}{\partial u}\cdot\frac{\partial u}{\partial x}+\frac{\partial z}{\partial v}\cdot\frac{\partial v}{\partial x}$

$$=2u\ln v\ \frac{1}{y}+\frac{u^2}{v}\cdot 3$$

$$=\frac{2x}{y^2}\cdot\ln(3x-2y)+\frac{3x^2}{y^2}\cdot\frac{1}{3x-2y}$$

$$\begin{aligned}\frac{\partial z}{\partial y}&=\frac{\partial z}{\partial u}\cdot\frac{\partial u}{\partial y}+\frac{\partial z}{\partial v}\cdot\frac{\partial v}{\partial y}\\&=2u\ln vx\left(-\frac{1}{y^2}\right)+\frac{u^2}{v}\cdot(-2)\\&=-\frac{2x^2}{y^3}\ln(3x-2y)-\frac{2x^2}{y^2}\cdot\frac{1}{3x-2y}\end{aligned}$$

定理 2 的结论同样可以推广到中间变量多于两个的情形，如函数

$$z=f(u,v,w),u=u(x,y),v=v(x,y),w=w(x,y)$$

构成的复合函数

$$z=f[u(x,y),v(x,y),w(x,y)]$$

其函数关系图如图 7-25 所示.

则类似地有

$$\frac{\partial z}{\partial x}=\frac{\partial z}{\partial u}\frac{\partial u}{\partial x}+\frac{\partial z}{\partial v}\frac{\partial v}{\partial x}+\frac{\partial z}{\partial w}\frac{\partial w}{\partial x}$$

$$\frac{\partial z}{\partial y}=\frac{\partial z}{\partial u}\frac{\partial u}{\partial y}+\frac{\partial z}{\partial v}\frac{\partial v}{\partial y}+\frac{\partial z}{\partial w}\frac{\partial w}{\partial y}$$

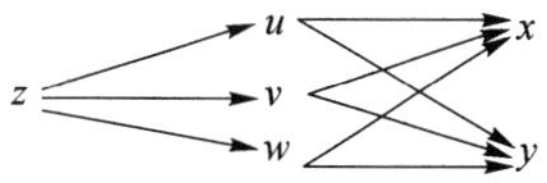

图 7-25

3. 复合函数的中间变量既有一元也有多元函数的情形

定理 3　如果函数 $u=u(x,y)$ 在点 (x,y) 处都具有对 x 及对 y 的偏导数，函数 $v=v(x)$ 在点 x 处可导，函数 $z=f(u,v)$ 在对应点 (u,v) 具有连续的偏导数，则复合函数 $z=f[u(x,y),v(x)]$ 在对应点 (x,y) 处两个偏导数存在，且其偏导数为

$$\frac{\partial z}{\partial x}=\frac{\partial z}{\partial u}\frac{\partial u}{\partial x}+\frac{\partial z}{\partial v}\frac{\mathrm{d}v}{\mathrm{d}x}$$

$$\frac{\partial z}{\partial y}=\frac{\partial z}{\partial u}\frac{\partial u}{\partial y}$$

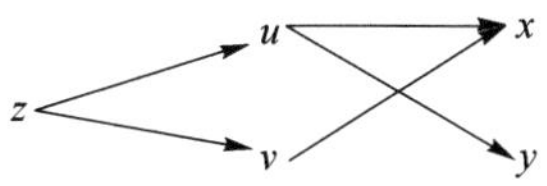

图 7-26

其函数关系图如图 7-26 所示，这种情况实际上是情形 2 的一种特殊情况，即变量 v 与 y 无关，从而 $\frac{\partial v}{\partial y}=0$，注意 v 是关于 x 的一元函数，所以 $\frac{\partial v}{\partial x}$ 改写成 $\frac{\mathrm{d}v}{\mathrm{d}x}$.

例 3　设 $z=\sin(2u+v^2)$，$u=2xy$，$v=y^2$，求 $\frac{\partial z}{\partial x},\frac{\partial z}{\partial y}$.

解：$\frac{\partial z}{\partial x}=\frac{\partial z}{\partial u}\frac{\partial u}{\partial x}=\cos(2u+v^2)\cdot 2\cdot 2y=4y\cos(4xy+y^4)$

$$\frac{\partial z}{\partial y}=\frac{\partial z}{\partial u}\frac{\partial u}{\partial y}+\frac{\partial z}{\partial v}\frac{\mathrm{d}v}{\mathrm{d}y}=\cos(2u+v^2)\cdot 2\cdot 2x+\cos(2u+v^2)\cdot 2v\cdot 2y=(4x+4y^3)\cos(4xy+y^4)$$

在情形 3 中，一种常见的情况是：复合函数的某些中间变量就是复合函数的自变量. 如：

设函数 $z=f(u,x,y)$，$u=u(x,y)$ 构成复合函数 $z=f[u(x,y),x,y]$，其函数关系图如图 7-27所示.

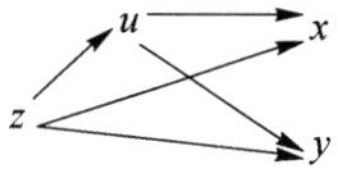

图 7-27

从而有

$$\frac{\partial z}{\partial x}=\frac{\partial f}{\partial u}\frac{\partial u}{\partial x}+\frac{\partial f}{\partial x}$$

$$\frac{\partial z}{\partial y}=\frac{\partial f}{\partial u}\frac{\partial u}{\partial y}+\frac{\partial f}{\partial y}$$

例 4 设 $z=e^{xy}+u, u=\cos(x+2y)$，求$\frac{\partial z}{\partial x}$及$\frac{\partial z}{\partial y}$.

解：$\frac{\partial z}{\partial x}=\frac{\partial f}{\partial u}\frac{\partial u}{\partial x}+\frac{\partial f}{\partial x}=1\cdot[-\sin(x+2y)]+ye^{xy}=ye^{xy}-\sin(x+2y)$

$\frac{\partial z}{\partial y}=\frac{\partial f}{\partial u}\frac{\partial u}{\partial y}+\frac{\partial f}{\partial y}=1\cdot[-2\sin(x+2y)]+xe^{xy}=xe^{xy}-2\sin(x+2y)$

例 5 设 $z=f\left(\frac{y}{x}, x^2-y^2\right)$，求$\frac{\partial z}{\partial x}$及$\frac{\partial z}{\partial y}$.

解：设 $u=\frac{y}{x}, v=x^2-y^2$，根据复合函数求导法则有

$$\frac{\partial z}{\partial x}=\frac{\partial f}{\partial u}\frac{\partial u}{\partial x}+\frac{\partial f}{\partial v}\frac{\partial v}{\partial x}=f_u\cdot\left(-\frac{y}{x^2}\right)+f_v\cdot 2x=f_1\cdot\left(-\frac{y}{x^2}\right)+f_2\cdot 2x$$

$$\frac{\partial z}{\partial y}=\frac{\partial f}{\partial u}\frac{\partial u}{\partial y}+\frac{\partial f}{\partial v}\frac{\partial v}{\partial y}=f_u\cdot\frac{1}{x}-f_v\cdot 2y=f_1\cdot\frac{1}{x}-f_2\cdot 2y$$

注意：这里的下标 1 表示对第一个变量 u 求偏导数，下标 2 表示第二个变量 v 求偏导数.

二、隐函数的微分法

1. 一元隐函数的求导法则

在一元函数的微分学中，我们已经引入了隐函数的概念，并介绍了利用隐函数求导法.

求由方程 $F(x,y)=0$ 所确定的隐函数 $y=f(x)$ 的导数的方法. 下面利用多元复合函数微分法来建立求隐函数 $y=f(x)$ 的导数的公式.

将 $y=f(x)$ 代入到 $F(x,y)=0$ 中得到 $F[x,f(x)]=0$，方程 $F[x,y(x)]=0$ 两边同时求导数，根据多元复合函数求导法则得 $F_x+F_y\frac{dy}{dx}=0$

解得

$$\frac{dy}{dx}=-\frac{F_x}{F_y}\quad(F_y\neq 0) \tag{7.10}$$

例 6 方程 $\sin y+x^2y+e^{xy}=1$ 确定隐函数 $y=f(x)$，求$\frac{dy}{dx}$.

解：设 $F(x,y)=\sin y+x^2y+e^{xy}-1$，

则 $F_x=2xy+ye^{xy}, F_y=\cos y+x^2+xe^{xy}$，

所以$\frac{dy}{dx}=-\frac{F_x}{F_y}=-\frac{2xy+ye^{xy}}{\cos y+x^2+xe^{xy}}$

2. 二元隐函数的求导法则

设方程 $F(x,y,z)=0$ 确定了隐函数 $z=z(x,y)$，将 $z=z(x,y)$ 代入到函数 $F(x,y,z)=0$ 得到 $F[x,y,z(x,y)]=0$.

方程两边分别对 x,y 求偏导数，得

$$F_x+F_z\frac{\partial z}{\partial x}=0,\ F_y+F_z\frac{\partial z}{\partial y}=0$$

若 $F_z\neq 0$，便得方程 $F(x,y,z)=0$ 所确定的隐函数 $z=f(x,y)$ 的求导公式：

$$\frac{\partial z}{\partial x}=-\frac{F_x}{F_z},\ \frac{\partial z}{\partial y}=-\frac{F_y}{F_z}\quad(F_z\neq 0) \tag{7.11}$$

例 7　设函数 $z=f(x,y)$ 是由方程 $\frac{x}{z}=\ln\frac{z}{y}$ 确定的函数，求 $\frac{\partial z}{\partial x},\frac{\partial z}{\partial y}$.

解：令 $F(x,y,z)=\frac{x}{z}-\ln\frac{z}{y}$，则

$$F_x=\frac{1}{z},F_y=-\frac{y}{z}\left(-\frac{z}{y^2}\right)=\frac{1}{y},F_z=-\frac{x}{z^2}-\frac{y}{z}\cdot\frac{1}{y}=-\frac{x+z}{z^2}$$

由公式得

$$\frac{\partial z}{\partial x}=-\frac{F_x}{F_z}=\frac{z}{x+z},\frac{\partial z}{\partial y}=-\frac{F_y}{F_z}=\frac{z^2}{y(x+z)}$$

习题 7-6

1. 求下列函数的全导数.

(1) $z=e^{x-2y},x=\sin t,y=t^2$；

(2) $z=\arctan(xy),y=e^x$；

(3) $z=uv+\sin t,\ u=e^t,\ v=\cos t$.

2. 求下列复合函数的偏导数.

(1) $z=u^2+v^2,u=x+2y,v=3x-y$.

(2) $z=e^u\sin v$,；$u=x^2y,v=x-y$.

(3) $z=\ln(u+v^2)+e^{2w},u=x-y,v=xy,w=3y^2$.

3. (1) 设 $z=f(x^2+y^2,x\sin y)$，求 $\frac{\partial z}{\partial x},\frac{\partial z}{\partial y}$；

(2) 设 $u=f(x^2,\frac{x}{y},xyz)$，求 $\frac{\partial u}{\partial x},\frac{\partial u}{\partial y},\frac{\partial u}{\partial z}$.

4. 求下列方程所确定的隐函数的导数 $\frac{dy}{dx}$.

(1) $xy+\sin y=e^x$；　　(2) $\ln\sqrt{x^2+y^2}=\arctan\frac{y}{x}$.

5. 求下列方程所确定的隐函数的偏导数 $\frac{\partial z}{\partial x}$ 和 $\frac{\partial z}{\partial y}$.

(1) $c^x+2y^2+xyz-1$；　　(2) $\frac{z}{x}-\ln\frac{y}{z}$.

6. 设 $x^2+y^2+z^2=4z$，求 $\frac{\partial z}{\partial x},\frac{\partial^2 z}{\partial x^2}$.

7.7　多元函数的极值

在实际问题中，经常会遇到求多元函数的最大值、最小值问题，与一元函数的情形类似，多元函数的最大值、最小值与极大值、极小值有着密切的联系. 下面以二元函数为例来讨论多元函数的极值问题.

一、二元函数的极值

1. 二元函数极值的概念

定义 1 设函数 $z=f(x,y)$ 在点 (x_0,y_0) 的某邻域内有定义，如果对于该邻域内异于 (x_0,y_0) 的任意一点 (x,y) 都有

$$f(x,y)<f(x_0,y_0) \quad (\text{或 } f(x,y)>f(x_0,y_0))$$

则称 $f(x_0,y_0)$ 为函数 $f(x,y)$ 的极大值（或极小值），极大值和极小值统称为极值，使函数取得极大值的点（或极小值的点）(x_0,y_0) 称为极大值点（或极小值点），极大值点和极小值点统称为极值点.

例如：函数 $z=x^2+y^2$ 在点 $(0,0)$ 处有极小值 $z|_{(0,0)}=0$.

从几何图形上看，$z=x^2+y^2$ 表示的是一个开口向上的旋转抛物面，点 $(0,0,0)$ 是它的顶点. 如图 7-28 所示.

函数 $z=\sqrt{4-x^2-y^2}$ 在 $(0,0)$ 有极大值 $f(0,0)=2$，从几何图形上看，$z=\sqrt{4-x^2-y^2}$ 表示的是一个上半球.

函数 $z=y^2-x^2$ 在点 $(0,0)$ 处无极值，从几何图形上看 $z=y^2-x^2$ 表示双曲抛物面（马鞍面），如图 7-29 所示.

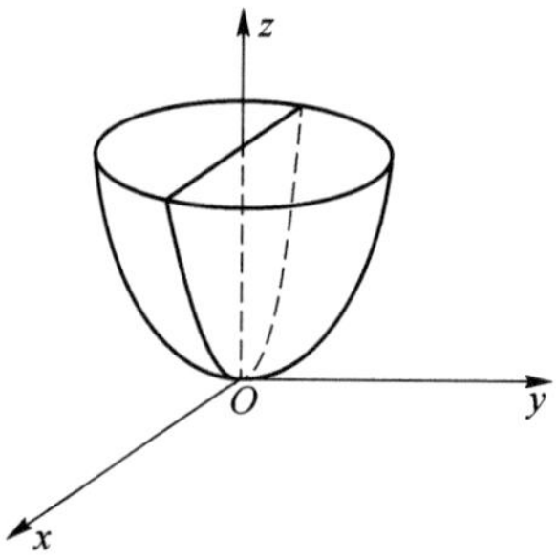

图 7-28

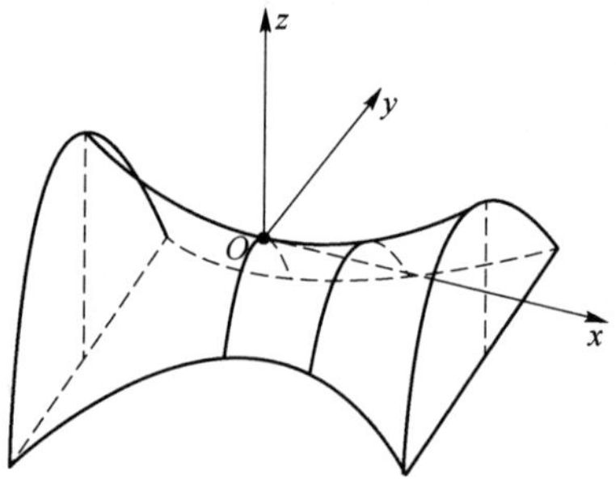

图 7-29

与导数在一元函数极值研究中的作用一样，偏导数也是研究多元函数极值的主要手段.

如果二元函数 $z=f(x,y)$ 在点 (x_0,y_0) 处取得极值，那么固定 $y=y_0$，一元函数 $z=f(x,y_0)$ 在 $x=x_0$ 处必取得相同的极值；同样，固定 $x=x_0$，一元函数 $z=f(x_0,y)$ 在点 $y=y_0$ 处也取得相同的极值，因此由一元函数的极值必要条件，可以得到二元函数极值的必要条件.

2. 二元函数极值的必要条件

定理 1（必要条件） 设函数 $z=f(x,y)$ 在点 (x_0,y_0) 处具有偏导数，且在点 (x_0,y_0) 处取得极值，则它在该点处的偏导数必为零，即有

$$f_x(x_0,y_0)=0, f_y(x_0,y_0)=0$$

与一元函数类似，同时满足 $f_x(x_0,y_0)=0$ 和 $f_y(x_0,y_0)=0$ 的点 (x_0,y_0) 称为函数 $f(x,y)$ 的**驻点**.

根据定理 1 可知，具有偏导数的极值点一定是驻点，但驻点不一定是极值点，且偏导数不存在的点也可能是极值点.

如函数 $z=\sqrt{x^2+y^2}$ 在点 $(0,0)$ 处偏导数不存在，因为偏导函数 $z_x=\dfrac{x}{\sqrt{x^2+y^2}}$，$z_y=$

$\frac{y}{\sqrt{x^2+y^2}}$在点(0,0)处没意义，但是 $z=\sqrt{x^2+y^2}$ 在点(0,0)处取得极小值为 $z|_{(0,0)}=0$. 从几何图形上看，$z=\sqrt{x^2+y^2}$ 表示的是一个圆锥面，如图 7-30 所示.

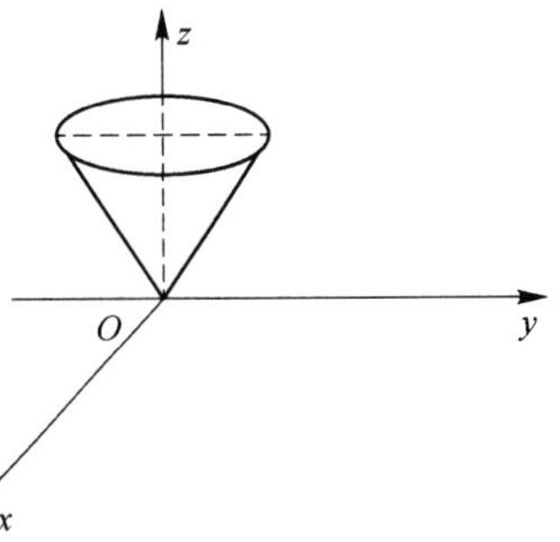

图 7-30

怎样判定一个驻点是否是极值点呢？下面的定理回答了这个问题.

3. 二元函数极值的充分条件

定理 2(充分条件)　设函数 $z=f(x,y)$ 在点 (x_0,y_0) 的某邻域内连续且具有直到二阶的连续偏导数，又 $f_x(x_0,y_0)=0$，$f_y(x_0,y_0)=0$，若记

$$A=f_{xx}(x_0,y_0),\quad B=f_{xy}(x_0,y_0),\quad C=f_{yy}(x_0,y_0)$$

则有：(1) 当 $B^2-AC<0$ 时，点 (x_0,y_0) 是极值点，且当 $A<0$ 时，$f(x_0,y_0)$ 是极大值；当 $A>0$ 时，$f(x_0,y_0)$ 是极小值.

(2) 当 $B^2-AC>0$ 时，$f(x_0,y_0)$ 不是极值.

(3) 当 $B^2-AC=0$ 时，$f(x,y)$ 在点 (x_0,y_0) 可能有极值，也可能没有极值.

根据定理 1、定理 2，可以归纳出具有二阶连续偏导数的函数 $z=f(x,y)$ 的极值的求法步骤如下：

(1) 解方程组 $\begin{cases} f_x(x,y)=0 \\ f_y(x,y)=0 \end{cases}$，求得函数 $z=f(x,y)$ 的所有驻点.

(2) 求出 $z=f(x,y)$ 的二阶偏导数 $f_{xx}(x,y)$，$f_{xy}(x,y)$，$f_{yy}(x,y)$，对于驻点 (x_0,y_0)，求出对应 A,B,C 的值.

(3) 判断 B^2-AC 的符号，按定理 2 确定 $f(x_0,y_0)$ 是否是极值，是极大值还是极小值.

例 1　求函数 $f(x,y)=-x^4-y^4+4xy-1$ 的极值.

解：由方程组 $\begin{cases} f_x(x,y)=-4x^3+4y=0 \\ f_y(x,y)=-4y^3+4x=0 \end{cases}$

得驻点：(0,0)，(1,1)，(−1,−1)

$$f_{xx}(x,y)=-12x^2,\ f_{xy}=4,\ f_{yy}=-12y^2$$

在点(0,0)处，$A=0$，$B=4$，$C=0$，$B^2-AC=16>0$，所以(0,0)不是极值点.

在点(1,1)处，$A=-12$，$B=4$，$C=-12$，$B^2-AC=-128<0$，且 $A=-12<0$，所以 $f(1,1)=1$ 是极大值；

同样在点(−1,−1)处，$f(-1,-1)=1$ 也是极大值.

二、多元函数的最大值与最小值

与一元函数类似，可以利用函数的极值来求函数的最大值和最小值，由于求二元函数在有界闭区域 D 上的最大、最小值较复杂，在这里不加讨论，只在实际问题中通常遇到的一种情形加以说明：若根据其实际问题的性质，如果函数 $f(x,y)$ 的最大值(最小值)一定在区域 D 的内部取得，而函数在 D 内只有一个驻点，则可以肯定该驻点处的函数值就是函数 $f(x,y)$ 在 D 上的最大(最小)值.

例 2　做一个容积为 32 m^3 的长方体无盖水箱，问它的长、宽、高各取何值时用料最省？

解:设长方体的长、宽、高各为 x,y,z(米),其体积为 V,则水箱的底和侧面积之和为

$$S=xy+2(xz+yz)$$

因为 $xz=\frac{32}{y},yz=\frac{32}{x}$,所以

$$S=xy+64\left(\frac{1}{x}+\frac{1}{y}\right)\quad(x>0,y>0)$$

解方程组 $\begin{cases}\frac{\partial S}{\partial x}=y-\frac{64}{x^2}=0\\ \frac{\partial S}{\partial y}=x-\frac{64}{y^2}=0\end{cases}$ 得到 $x=y=4$.

因为所求面积 S 的最小值是存在的,且在区域 $D=\{(x,y)\,|\,x>0,y>0\}$ 内取得,而现在 D 内只有一个驻点(4,4),所以它就是函数 S 取得最小值的点,即当 $x=4,y=4$ 时,面积 S 最小. 此时,高为 $\frac{32}{4\times4}=2$. 因此,水箱的长、宽、高分别为 4 cm,4 cm 和 2 cm 时,所用的材料最省.

例 3 某工厂生产两种产品甲和乙,生产 x 单位的产品甲与生产 y 单位的产品乙的总费用为

$$400+2x+3y+0.01(3x^2+xy+3y^2)\ (元)$$

已知甲和乙产品的出售单价分别为 10 元和 9 元,当两种产品的产量各为多少时,工厂取得最大利润?

解:设 $L(x,y)$ 表示生产 x 单位的甲产品和生产 y 单位的乙产品时的总利润,则

$$\begin{aligned}L(x,y)&=(10x+9y)-[400+2x+3y+0.01(3x^2+xy+3y^2)]\\&=8x+6y-0.01(3x^2+xy+3y^2)-400\end{aligned}$$

解方程组 $\begin{cases}L_x(x,y)=8-0.01(6x+y)=0\\ L_y(x,y)=6-0.01(x+6y)=0\end{cases}$,得到唯一驻点 $x=120,y=80$

由实际问题可知,当生产 120 单位产品甲与生产 80 单位产品乙时,所得利润最大,且最大利润为 $L(120,80)=320$ 元.

三、条件极值、拉格朗日乘数法

上面所讨论的极值问题,对于函数的自变量,除了限制在函数定义域内以外,并无其他条件,这类极值问题称之为**无条件极值**,但在许多实际问题中,常常会对函数的自变量加以一些附加条件,这类极值问题称之为**条件极值**.

例如上面的例 2 就是条件极值问题,所要求的是在附加条件体积 $V=xyz=32$ 的条件下,水箱的表面积 $S=xy+2(xz+yz)$ 要达到最小的问题,而例 3 所讨论的极值问题则是无条件极值问题. 对于条件极值一般有两种求解方法:

(1) 将条件极值转化为无条件极值问题

对一些简单的条件极值问题,往往可利用附加条件,消去函数中的某些自变量,转化为无条件极值. 例如上面的例 2,在解的过程中,利用条件 $z=\frac{32}{xy}$,消去 S 中的变量 z 后,转化为求二元函数 $S=xy+64\left(\frac{1}{x}+\frac{1}{y}\right)$的极值,这时自变量 x,y 不再有附加条件的限制,因此就转化

为无条件极值问题.

(2) 拉格朗日乘数法

将一般的条件极值问题直接转化为无条件极值往往是很不方便的. 下面介绍一种直接求解条件极值的方法——拉格朗日乘数法.

设二元函数 $z=f(x,y)$ 和 $\varphi(x,y)$ 在区域 D 内有连续的一阶偏导数，且 $\varphi_x(x,y)$，$\varphi_y(x,y)$ 不同时为零. 求函数 $z=f(x,y)$ 在约束条件 $\varphi(x,y)=0$ 下的极值基本步骤如下：

(1) 构造拉格朗日函数 $L(x,y,\lambda)=f(x,y)+\lambda\varphi(x,y)$，其中 λ 称为拉格朗日常数.

(2) 解联立方程组 $\begin{cases}L_x=f_x(x,y)+\lambda\varphi_x(x,y)=0\\L_y=f_y(x,y)+\lambda\varphi_y(x,y)=0\\L_\lambda=\varphi(x,y)=0\end{cases}$，解出 x,y,λ，其中 x,y 就是所求条件极值的可能极值点，在实际问题中，往往就是所求的最值点.

类似地，拉格朗日乘数法可以推广到自变量多于两个而条件多于一个的情形，例如：

求函数 $u=f(x,y,z,t)$ 在条件 $\varphi(x,y,z,t)=0$，$\psi(x,y,z,t)$ 下的极值. 可以构造拉格朗日函数

$$L(x,y,z,t)=f(x,y,z,t)+\lambda\varphi(x,y,z,t)+\mu\psi(x,y,z,t)$$

式中，λ,μ 均为常数，由 $L(x,y,z,t,\lambda,\mu)$ 关于 x,y,z,t 的偏导数为零的方程组解出 x,y,z,t，即得所求条件极值的可能极值点.

例 4　用拉格朗日乘数法解上述例 2.

解：设长方体的长、宽、高各为 x,y,z(米)，其体积为 $V=xyz=32$，则水箱的底和侧面积之和为

$$S=xy+2(xz+yz)$$

构造拉格朗日函数 $L(x,y,\lambda)=xy+2(xz+yz)+\lambda(xyz-32)$

解方程组 $\begin{cases}L_x=y+2z+\lambda yz=0\\L_y=x+2z+\lambda xz=0\\L_\lambda=xyz=32\end{cases}$，解得 $x=y=4$

由实际问题可知，当水箱的长、宽、高分别为 4 cm，4 cm 和 2 cm 时，所用的材料最省.

例 5　已知某制造商的 Cobb－Douglas 生产函数为 $f(x,y)=100x^{\frac{3}{4}}y^{\frac{1}{4}}$，单位劳动力和单位资本的成本分别是 150 元和 250 元，该制造商的总预算是 50 000 元，问该如何分配这笔钱雇佣劳动力和资本，以使生产量最高？

解：这是一个条件极值问题，要求函数 $f(x,y)=100x^{\frac{3}{4}}y^{\frac{1}{4}}$ 在条件 $150x+250y=50\,000$ 下的最大值. 构造拉格朗日函数 $L(x,y,\lambda)-100x^{\frac{3}{4}}y^{\frac{1}{4}}+\lambda(150x+250y-50\,000)$，

由方程组 $\begin{cases}L_x=75x^{-\frac{1}{4}}y^{\frac{1}{4}}+150\lambda=0\\L_y=25x^{\frac{3}{4}}y^{-\frac{3}{4}}+250\lambda=0\\L_\lambda=150x+250y=50\,000\end{cases}$ 的第一个方程解得 $\lambda=-\dfrac{1}{2}x^{-\frac{1}{4}}y^{\frac{1}{4}}$，将其代入到第二个方程中得

$$25x^{\frac{3}{4}}y^{-\frac{3}{4}}-125x^{-\frac{1}{4}}y^{\frac{1}{4}}=0$$

在该式两边同乘 $x^{\frac{1}{4}}y^{\frac{3}{4}}$，得 $25x-125y=0$，即 $x=5y$.

再将 $x=-5y$ 代入到第三个方程中，解得 $x=250$，$y=50$.

故该制造商应该雇佣劳动力为 250 个单位，资本为 50 个单位时，可获得最大产量为 $f(250,50)=16\,719$ 元.

习题 7-7

1. 求下列函数的极值.

(1) $f(x,y)=4(x-y)-x^2-y^2$;

(2) $z=x^3+y^3-3xy$;

(3) $f(x,y)=x^3+3x^2+3y^2-y^3-9x$.

2. 求内接于半径为 a 的球且有最大体积的长方体体积.

3. 设 q_1 为商品 A 的需求量，q_2 为商品 B 的需求量，其需求函数分别为

$$q_1=16-2p_1+4p_2,\quad q_2=20+4p_1-10p_2$$

总成本函数为 $C=3q_1+2q_2$，p_1，p_2 为商品 A 和 B 的价格，试问价格 p_1，p_2 取何值时可使利润最大?

4. 要制造一个无盖的长方体水槽，已知它的底部造价为 18 元/平方米，侧面造价均为 6 元/平方米，设计的总造价为 216 元. 问如何选取它的尺寸，才能使水槽容积最大?

5. 假设某厂生产一种产品时要使用甲、乙两种原料，已知当用甲种原料 x 单位，乙种原料 y 单位时可生产 Q 单位的产品，

$$Q=Q(x,y)=10xy+20.25x+30.37y-10x^2-5y^2$$

而甲、乙的价格依次为 25 元/单位、37 元/单位，产品的售价为 100 元/单位，生产的固定成本为 2 000 元，问：当 x，y 为何值时工厂能获得最大利润?

复习题 7

一、选择题(20 分)

1. 设 $f(x,y)=\dfrac{x^2-y^2}{xy}$，则 $f(y,x)=($　　$)$.

A. $\dfrac{x^2-y^2}{xy}$　　B. 0　　C. $-\dfrac{x^2-y^2}{xy}$　　D. $\dfrac{xy}{x^2-y^2}$

2. $\lim\limits_{\substack{x\to0\\y\to0}}\dfrac{\sin(x^2+y^2)}{x^2+y^2}$ 为(　　).

A. 0　　B. 不存在　　C. -1　　D. 1

3. $u=\mathrm{e}^{-\frac{xz}{y^2}}$，则$\dfrac{\partial u}{\partial z}=($　　$)$.

A. $-\mathrm{e}^{-\frac{xz}{y^2}}$　　B. $-x\mathrm{e}^{-\frac{xz}{y^2}}$　　C. $-\dfrac{x}{y^2}\mathrm{e}^{-\frac{xz}{y^2}}$　　D. $\dfrac{x}{y^2}\mathrm{e}^{-\frac{xz}{y^2}}$

4. 函数 $z=f(x,y)$在(x_0,y_0)处偏导存在是 $z=f(x,y)$在(x_0,y_0)处连续的(　　).

A. 充分条件　　B. 必要条件　　C. 充要条件　　D. 即非充分也非必要

5. 已知 $z=\ln\sqrt{x^2+y^2}$，则 $\mathrm{d}z=($　　$)$.

A. $\dfrac{2x\mathrm{d}x+2y\mathrm{d}y}{\sqrt{x^2+y^2}}$　　B. $\dfrac{2(\mathrm{d}x+\mathrm{d}y)}{x^2+y^2}$　　C. $\dfrac{x\mathrm{d}x+y\mathrm{d}y}{\sqrt{x^2+y^2}}$　　D. $\dfrac{x\mathrm{d}x+y\mathrm{d}y}{x^2+y^2}$

二、填空题(20 分)

1. 函数 $z=\dfrac{1}{\ln(1-x-y)}$ 的定义域为____________.

2. 设 $z=\ln(x+\ln y)$ 则 $dz=$________________________.

3. 设 $z=e^{x^2+y}$,则 $\dfrac{\partial^2 z}{\partial x^2}=$________________________.

4. 设方程 $x^2+y^2-4y+z^2=3$ 确定函数 $z=z(x,y)$ 则 $\dfrac{\partial z}{\partial x}=$_________,$\dfrac{\partial z}{\partial y}=$_________.

5. 函数 $f(x,y)=(6x-x^2)(4y-y^2)$ 的极值点有____________________.

三、计算题(48 分)

1. 设 $z=e^{xy}\sin y$,求 $\dfrac{\partial z}{\partial x},\dfrac{\partial z}{\partial y}$.

2. 设 $z=\ln(x^2+xy+y^2)$ 求 $x\dfrac{\partial z}{\partial x}+y\dfrac{\partial z}{\partial y}$.

3. 设函数 $z=x^2y+f(x^2+y^2)$,求 dz.

4. 设方程 $x+2y+z=2\sqrt{xyz}$ 确定函数 $z(x,y)$ 求 $\dfrac{\partial z}{\partial x},\dfrac{\partial z}{\partial y}$.

5. 设 $z=\ln(\sqrt{x}+\sqrt{y})$,求证:$x\dfrac{\partial z}{\partial x}+y\dfrac{\partial z}{\partial y}=\dfrac{1}{2}$.

6. 求函数 $f(x,y)=x^3+3x^2+3y^2-y^3-9x$ 的极值.

四、综合题(12 分,2 选 1)

1. 用铁皮制作一个长方体的箱子,要求其表面积为 96 m^2,问:怎样的尺寸才能使箱子的容积最大,并求最大容积.

2. 设生产函数和成本函数分别为

$$Q=8K^{\frac{1}{4}}L^{\frac{1}{2}},C=2K+4L$$

当产量 $Q_0=64$ 时,求成本最低的投入组合及最低成本.

案例1　微分在经济中的应用——存储模型

工厂要定期订购原料，存入仓库供生产之用；车间一次加工出一批零件，供装配线每天生产之需；商店成批购进各种商品，放在货柜里以备零售；水库在雨季蓄水，用于旱季的灌溉和发电.这些情况下都有一个储存量多大才合适的问题.储存量过大，储存费用太高；储存量太小，会导致总订购费用增加，或不能及时满足需求.

一般存储系统的结构模式可以表示为如图 A1-1 所示的形式.由于生产或销售的需求，从存储点取出一定数量的库存货物，这就是存储系统的输出.由于存储货物的不断输出而减少，则必须及时作必要的补充，这就是存储系统的输入.

图 A1-1

需求的方式可以是均匀连续的或间断批量的，需求的数量可以是确定性的或是随机性的.补充的形式可以由经营单位向外订货或者自身安排生产活动.研究补充的主要数量指标为：确定订货周期或生产周期(补充间隔期)和确定订购批量或生产批量.

本节在需求量稳定的前提下讨论两个简单的数学模型——存储模型：不允许缺货模型和允许缺货模型.前者适用于一旦出现缺货会造成重大损失的情况(如炼铁厂对原料的需求)，后者适用于像商店购货之类的情形，缺货造成的损失可以允许和估计.

A1.1　不允许缺货的存储模型

先考查这样的问题：配件厂为装配线生产若干种部件，轮换生产不同的部件时因更换设备要付生产准备费(与生产数量无关)，同一部件的产量大于需求时因积压资金、占用仓库要付储存费.今已知某产品的日需求量为 100 件，生产准备费 5 000 元，储存费每日每件 1 元，如果生产能力远大于需求，并且不允许出现缺货，试安排该产品的生产计划，即多少天生产一次(称为生产周期)，每次产量多少，可使总费用最小？

问题分析　让我们试算一下：

若每天生产一次，每次 100 件，无储存费，生产准备费 5 000 元，故每天费用为 5 000 元.

若十天生产一次，每次 1 000 件，储存费 900+800+…+100=4 500 元，生产准备费 5 000 元，总计 9 500 元，平均每天费用为 950 元.

若五十天生产一次，每次 5 000 件，储存费 4 900+4 800+…+100=122 500 元，生产准备费 5 000 元，总计 127 500 元，平均每天费用为 2 550 元.

虽然从以上结果看，十天生产一次比每天和五十天生产一次的费用少，但是，要得到准确的结论，应该建立生产周期、产量与需求量、生产准备费，储存费之间的关系，即数学建模.

从上面的计算看，生产周期短、产量少，会使储存费小，准备费大；而周期长、产量多，会使储存费大，准备费小.所以必然存在一个最佳的周期，使总费用最小.显然，应该建立一个优化模型.

一般地，考查这样的不允许缺货的存储模型：产品需求稳定不变，生产准备费和产品储存费为常数、生产能力无限、不允许缺货，确定生产周期和产量，使总费用最小.

模型假设　为了处理的方便，考虑连续模型，即设生产周期 T 和产量 Q 均为连续量，根据问题性质做出如下假设：

(1) 每次订货费为 C_1，每天每吨货物储存费 C_2 为已知.

(2) 每天的货物需求量 r 吨为已知.

(3) 订货周期为 T 天，每次订货 Q 吨，当储存量降到零时订货立即到达.

模型建立：订货周期 T，订货量 Q 与每天需求量 r 之间满足

$$Q=rt$$

订货后储存量 $q(t)$ 由 Q 均匀地下降，即 $q(t)=Q-rt$，$q(t)$ 的图形，如图 A1-2 所示.

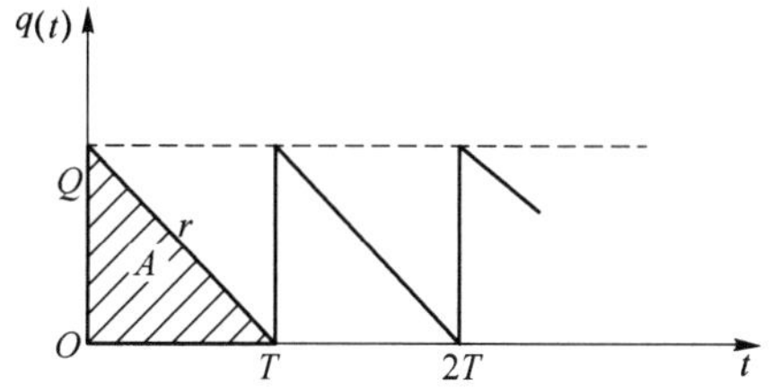

图 A1-2

$$\text{一个订货周期总费用}\begin{cases}\text{订货费 } C_1\\ \text{储存费 } C_2\int_0^T q(t)\,\mathrm{d}t=\dfrac{1}{2}C_2QT=\dfrac{1}{2}C_2rT^2\end{cases}$$

即

$$C(T)=C_1+\frac{1}{2}C_2rT^2$$

一个订货周期平均每天的费用 $\overline{C}(T)$ 应为

$$\overline{C}(T)=\frac{C(T)}{T}=\frac{C_1}{T}+\frac{1}{2}C_2rT$$

问题归结为求 T 使 $\overline{C}(T)$ 最小.

模型求解　令 $\dfrac{\mathrm{d}\overline{C}}{\mathrm{d}T}=0$，不难求得 $T=\sqrt{\dfrac{2C_1}{rC_2}}$，从而

$$Q=\sqrt{\frac{2C_1r}{C_2}}\quad\text{(经济订货批量公式，简称 }EOQ\text{ 公式).}$$

模型分析　若记每吨货物的价格为 k，则一周期的总费用 C 中应添加 kQ，由于 $Q=rT$，故 $\overline{C}$ 中添加一常数项 kr，求解结果没有影响，说明货物本身的价格可不考虑.

从结果看，C_1 越高，需求量 r 越大，Q 应越大；C_2 越高，Q 越小，这些关系当然符合常识的，不过公式在定量上的平方根关系却是凭常识无法得到的.

例 1　某工厂平均每天需要某种原料 20 吨，已知每吨原料每天的保管费为 0.75 元，每次的订货费用为 75 元，如果工厂不允许缺货并且每次订货均可立即补充，请为该工厂做出最佳决策：即多长时间订一次货，每次订多少货才能使每天所花费的总费用最少.

解：建立模型

设每隔 t 天订一次货，每次订货数量为 x，每次订货费用为 C_1，单位时间内每单位货物存储费用为 C_2，每天内对货物的需求量为 R.

在上述假定的条件下有 $x=Rt$，每次的进货费用为：$C_1+Cx=C_1+CRt$

则平均每天的进货费用为：$T_1=\dfrac{C_1}{t}+RC$

每天的平均库存量为$\frac{x}{2}$，平均库存费为 $T_2=C_2\cdot\frac{x}{2}=\frac{1}{2}C_2R$.

则每天总费用为

$$T(t)=\frac{C_1}{t}+RC+\frac{C_2Rt}{2}$$

模型求解

制定最优存储方案，就归结为确定订货周期 t，使 $T(t)$ 达到最小值.

因为$\frac{\mathrm{d}T(t)}{\mathrm{d}t}=-\frac{C_1}{t_2}+\frac{1}{2}C_2R$，令$\frac{\mathrm{d}T(t)}{\mathrm{d}t}=0$，得驻点 $t=\sqrt{\frac{2C_1}{RC_2}}$，而

$$T''\left(\sqrt{\frac{2C_1}{RC_2}}\right)=\sqrt{\frac{C_2^3R^3}{2C_1}}>0$$

所以 $t=\sqrt{\frac{2C_1}{RC_2}}$ 时 $T(t)$ 取得最小值，由于 $x=Rt$，所以，每批最佳订货量为$x=R\sqrt{\frac{2C_1}{RC_2}}=\sqrt{\frac{2C_1R}{C_2}}$.

上式是经济学中著名的经济订货批量公式，它表明订货费越高，需求量越大，则每次订货批量应越大；存储费用越高，则每次订货批量应越小.

模型应用

代入数值 $t_0=\sqrt{\frac{2\times75}{0.75\times20}}=3.1623$(天)

$x_0=63.246$(吨)

A1.2 允许缺货的存储模型

模型假设

(1) 每次订货费为 C_1，每天每吨货物储存费 C_2 为已知.

(2) 每天的货物需求量 r 吨为已知.

(3) 订货周期为 T 天，订货量 Q 吨，允许缺货，每天每吨货物缺货费 C_3 为已知.

模型建立 缺货时储存量 q 视作负值，$q(t)$ 的图形如图 A1-3 所示，货物在 $t=T_1$ 时售完.有

$$Q=rT_1$$

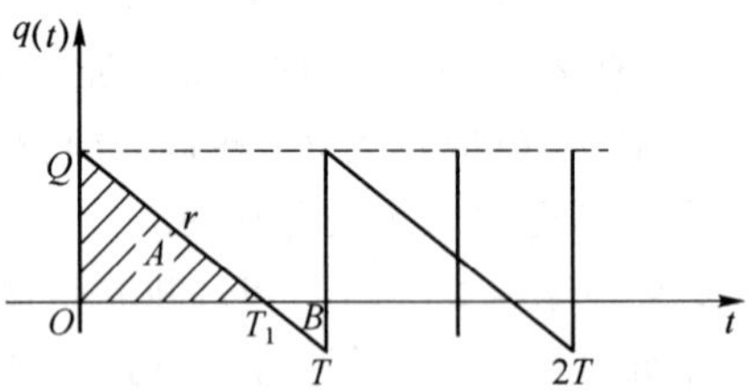

图 A1-3

$$\text{一个订货周期内总费用}\begin{cases}\text{订货费 } C_1\\ \text{储存费 } C_2\int_0^{T_1}q(t)\,\mathrm{d}t=\frac{C_2}{2}QT_1=\frac{1}{2}C_2\frac{Q^2}{r}\\ \text{缺货费 } C_3\int_{T_1}^{T}|q(t)|\,\mathrm{d}t=\frac{C_3}{2}r(T-T_1)^2=\frac{C_3}{2r}(rT-Q)^2\end{cases}$$

即
$$C(T,Q)=C_1+\frac{1}{2}C_2Q^2\frac{1}{r}+\frac{1}{2r}C_3(rT-Q)^2$$

一个订货周期平均每天的费用 $\overline{C}(T,Q)$ 应为

$$\overline{C}(T,Q)=\frac{C(T,Q)}{T}=\frac{C_1}{T}+\frac{C_2Q^2}{2rT}+\frac{C_3(rT-Q)^2}{2rT}$$

模型求解

$$\begin{cases}\dfrac{\partial\overline{C}}{\partial T}=0\\[2mm] \dfrac{\partial\overline{C}}{\partial Q}=0\end{cases}$$

可以求出 T,Q 的最优值，分别记作 T' 和 Q'，有

$$T'=\sqrt{\frac{2C_1}{rC_2}\cdot\frac{C_2+C_3}{C_3}},Q'=\sqrt{\frac{2C_1r}{C_2}\cdot\frac{C_3}{C_2+C_3}}$$

模型分析

若记 $\mu=\sqrt{\dfrac{C_2+C_3}{C_3}}$，则与模型一相比有

$$T'=\mu T,Q'=\frac{Q}{\mu}$$

显见 $T'>T,Q'<Q$，即允许缺货时应增大订货周期，减少订货批量；当缺货费 C_3 相对于储存费 C_2 而言越大时，μ 越小，T' 和 Q' 越接近 T 和 Q.

问题思考

(1) 在模型一和模型二中的总费用中增加购买货物本身的费用，重新确定最优订货周期和订货批量. 证明在不允许缺货模型中结果与原来的一样，而在模型二中最优订货周期和订货批量都比原来的结果减少.

(2) 建立不允许缺货的生产销售存储模型. 设生产速率为常数 k，销售速率为常数 r，$k>r$. 在每个生产周期 T 内，开始的一段时间（$0\leqslant t\leqslant T_0$）一边生产一边销售，后来的一段时间（$T_0\leqslant t\leqslant T$）只销售不生产. 储存量 $q(t)$ 的变化如图，设每次生产开工费用为 C_1，单位时间每件产品储存费为 C_2，以总费用最小为准则确定最优周期 T.

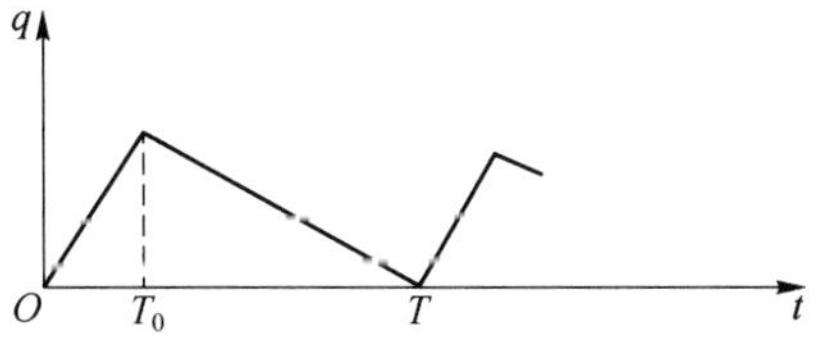

图 A1-4

第 8 章

行 列 式

本章目标

了解二阶三阶行列式的定义，并会熟练计算二阶三阶行列式；知道 n 阶行列式的定义，理解行列式的性质，掌握行列式的计算方法，能够用降阶法和化三角形法计算 n 阶行列式；理解克莱姆法则，会用克莱姆法则判断方程组解的情况，会求 n 元一次线性方程组的解.

8.1 行列式的定义

行列式的概念最初是伴随着方程组的求解而发展起来的，它本质上是由一些数值排列成的数表按一定的法则计算得到的一个数. 行列式的提出可以追溯到 17 世纪，最初的雏形由日本数学家关孝和与德国数学家莱布尼茨各自独立得出，时间大致相同，1683 年，日本数学家关孝和在其著作《解伏题之法》中首次引进了行列式的概念. 1693 年，德国数学家莱布尼茨开始使用指标数的系统集合来表示有三个未知数的三个一次方程组的系数. 他对行列式的研究成果中已经包括了行列式的展开和克莱姆法则. 大约一个半世纪后，行列式逐步发展成为线性代数的一个独立的分支. 1812 年，法国数学家柯西发现了行列式在解析几何中的应用，这一发现激起人们对行列式的应用进行探索的浓厚兴趣，从而使得行列式理论进一步得到发展和完善.

一、二阶行列式

首先，我们讨论解方程组的问题.

设有二元线性方程组
$$\begin{cases} a_{11}x_1+a_{12}x_2=b_1 \\ a_{21}x_1+a_{22}x_2=b_2 \end{cases} \tag{8.1}$$

用消元法求解，当 $a_{11}a_{22}-a_{12}a_{21}\neq 0$ 时，即得方程组有唯一解：

$$x_1=\frac{b_1a_{22}-a_{12}b_2}{a_{11}a_{22}-a_{12}a_{21}},x_2=\frac{a_{11}b_2-b_1a_{21}}{a_{11}a_{22}-a_{12}a_{21}} \tag{8.2}$$

这就是一般二元线性方程组的解公式.

但这个公式很不好记忆，应用时十分不方便. 由此可想而知，多元线性方程组的解公式肯定更为复杂. 因此，我们引进新的符号来表示上述解公式，这就是行列式.

记号 $\begin{vmatrix} a_{11} & a_{12} \\ a_{21} & a_{22} \end{vmatrix}$ 表示代数和 $a_{11}a_{22}-a_{12}a_{21}$，称为二阶行列式，即

$$\begin{vmatrix} a_{11} & a_{12} \\ a_{21} & a_{22} \end{vmatrix}=a_{11}a_{22}-a_{12}a_{21} \tag{8.3}$$

式中，数 a_{11}，a_{12}，a_{21}，a_{22} 称为行列式的元素，横排称为行，竖排称为列. 元素 a_{ij} 的第一个下标 i 称为行标，表明该元素位于第 i 行，第二个下标 j 称为列标，表明该元素位于第 j 列. 由上述定义可知，二阶行列式是这样的两项的代数和，一项是从左上角到右下角的实连线（称为行列式的主对角线）上两个元素的乘积，取正号；另一项是从右上角到左下角的虚连线（称为副对角线）上两个元素的乘积，取负号. 即二阶行列式等于主对角线上两元素之积减去副对角线之积，如图 8-1 所示.

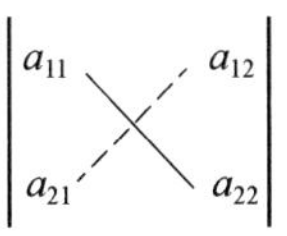

图 8-1

利用二阶行列式的定义，式(8.2)中 x_1，x_2 的分子也可写成二阶行列式，即

$$b_1a_{22}-a_{12}b_2=\begin{vmatrix} b_1 & a_{12} \\ b_2 & a_{22} \end{vmatrix}, a_{11}b_2-b_1a_{21}=\begin{vmatrix} a_{11} & b_1 \\ a_{21} & b_2 \end{vmatrix}.$$

若记

$$D=\begin{vmatrix} a_{11} & a_{12} \\ a_{21} & a_{22} \end{vmatrix}, D_1=\begin{vmatrix} b_1 & a_{12} \\ b_2 & a_{22} \end{vmatrix}, D_2=\begin{vmatrix} a_{11} & b_1 \\ a_{21} & b_2 \end{vmatrix},$$

那么式(8.2)也可写成

$$x_1=\frac{D_1}{D}=\frac{\begin{vmatrix} b_1 & a_{12} \\ b_2 & a_{22} \end{vmatrix}}{\begin{vmatrix} a_{11} & a_{12} \\ a_{21} & a_{22} \end{vmatrix}}, x_2=\frac{D_2}{D}=\frac{\begin{vmatrix} a_{11} & b_1 \\ a_{21} & b_2 \end{vmatrix}}{\begin{vmatrix} a_{11} & a_{12} \\ a_{21} & a_{22} \end{vmatrix}}$$

其中，分母是由方程组(8.1)的系数所确定的行列式（称为系数行列式），x_1 的分子 D_1 是用常数项 b_1，b_2 替换 D 中 x_1 的系数 a_{11}，a_{21} 所得的二阶行列式，x_2 的分子 D_2 是用常数项 b_1，b_2 替换 D 中 x_2 的系数 a_{12}，a_{22} 所得的二阶行列式.

例 1　求解二元线性方程组 $\begin{cases} 3x_1-2x_2=12 \\ 2x_1+x_2=1 \end{cases}$.

解　$D=\begin{vmatrix} 3 & -2 \\ 2 & 1 \end{vmatrix}=3-(-4)=7\neq 0, D_1=\begin{vmatrix} 12 & -2 \\ 1 & 1 \end{vmatrix}=12-(-2)=14$

$D_2=\begin{vmatrix} 3 & 12 \\ 2 & 1 \end{vmatrix}=3-24=-21$

因此 $x_1=\dfrac{D_1}{D}=\dfrac{14}{7}=2, x_2=\dfrac{D_2}{D}=\dfrac{-21}{7}=-3$.

二、三阶行列式

类似地，我们定义三阶行列式

$$\begin{vmatrix} a_{11} & a_{12} & a_{13} \\ a_{21} & a_{22} & a_{23} \\ a_{31} & a_{32} & a_{33} \end{vmatrix}=a_{11}a_{22}a_{33}+a_{12}a_{23}a_{31}+a_{13}a_{32}a_{21}-a_{13}a_{22}a_{31}-a_{12}a_{21}a_{33}-a_{11}a_{32}a_{23} \tag{8.4}$$

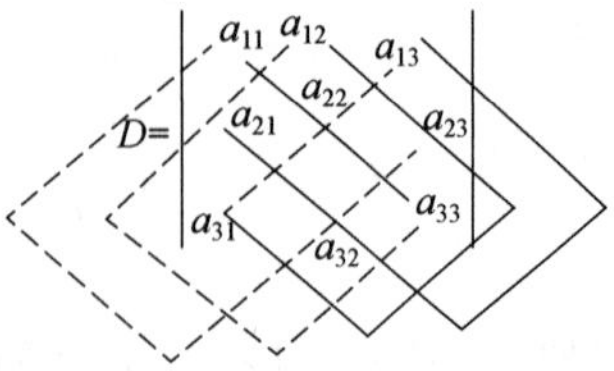

图 8-2

式(8.4)表明三阶行列式含 6 项,每项均为不同行不同列的三个元素的乘积再冠以正负号,其规律遵循图 8-2 所示的对角线法则:图中三条实线看作是平行于主对角线的连线,三条虚线看作是平行于副对角线的连线,实线上三元素的乘积冠正号,虚线上三元素的乘积冠负号,如图 8-2 所示.

将上式右端按第一行的元素提取公因子,可得

$$\begin{vmatrix} a_{11} & a_{12} & a_{13} \\ a_{21} & a_{22} & a_{23} \\ a_{31} & a_{32} & a_{33} \end{vmatrix} = a_{11}(a_{22}a_{33}-a_{23}a_{32})-a_{12}(a_{21}a_{33}-a_{23}a_{31})+a_{13}(a_{21}a_{32}-a_{22}a_{31})$$

$$= a_{11}\begin{vmatrix} a_{22} & a_{23} \\ a_{32} & a_{33} \end{vmatrix} - a_{12}\begin{vmatrix} a_{21} & a_{23} \\ a_{31} & a_{33} \end{vmatrix} + a_{13}\begin{vmatrix} a_{21} & a_{22} \\ a_{31} & a_{32} \end{vmatrix}$$

元素 a_{11},a_{12},a_{13}后面的二阶行列式是从原三阶行列式中分别去掉 a_{11},a_{12},a_{13}所在的行与列后剩下的元素按原来的顺序所组成的,分别称为元素 a_{11},a_{12},a_{13} 的余子式,记为 M_{11},M_{12},M_{13},即

$$M_{11}=\begin{vmatrix} a_{22} & a_{23} \\ a_{32} & a_{33} \end{vmatrix},M_{12}=\begin{vmatrix} a_{21} & a_{23} \\ a_{31} & a_{33} \end{vmatrix},M_{13}=\begin{vmatrix} a_{21} & a_{22} \\ a_{31} & a_{32} \end{vmatrix}$$

令 $A_{ij}=(-1)^{i+j}M_{ij}$,称其为元素 a_{ij} 的代数余子式.则三阶行列式也可表示为

$$\begin{vmatrix} a_{11} & a_{12} & a_{13} \\ a_{21} & a_{22} & a_{23} \\ a_{31} & a_{32} & a_{33} \end{vmatrix} = a_{11}A_{11}+a_{12}A_{12}+a_{13}A_{13} = \sum_{j=1}^{3} a_{1j}A_{1j} \tag{8.5}$$

式(8.5)称为三阶行列式按第一行的展开式.

注:三阶行列式也可以按其他行或者列展开,例如,三阶行列式按第二列展开的展开式为

$$\begin{vmatrix} a_{11} & a_{12} & a_{13} \\ a_{21} & a_{22} & a_{23} \\ a_{31} & a_{32} & a_{33} \end{vmatrix} = a_{12}A_{12}+a_{22}A_{22}+a_{32}A_{32} = \sum_{i=1}^{3} a_{i2}A_{i2}$$

例 2 求行列式 $\begin{vmatrix} 1 & 2 & 3 \\ 4 & 0 & 5 \\ -1 & 0 & 6 \end{vmatrix}$ 的值.

解法一: $\begin{vmatrix} 1 & 2 & 3 \\ 4 & 0 & 5 \\ -1 & 0 & 6 \end{vmatrix} = 1\times0\times6+2\times5\times(-1)+3\times4\times0-3\times0\times(-1)-2\times4\times6-1\times0\times5$

$$=-10-48=-58$$

解法二:按第一行展开,得

$$\begin{vmatrix} 1 & 2 & 3 \\ 4 & 0 & 5 \\ -1 & 0 & 6 \end{vmatrix} = 1\times(-1)^{1+1}\begin{vmatrix} 0 & 5 \\ 0 & 6 \end{vmatrix} + 2\times(-1)^{1+2}\begin{vmatrix} 4 & 5 \\ -1 & 6 \end{vmatrix} + 3\times(-1)^{1+3}\begin{vmatrix} 4 & 0 \\ -1 & 0 \end{vmatrix}$$

$$=1\times0+2\times(-29)+3\times0=-58$$

三、n 阶行列式

定义　一阶行列式 $D_1=|a_{11}|=a_{11}$，设 $n-1$ 阶行列式已经定义，则 n 阶行列式定义为

$$D_n=\begin{vmatrix} a_{11} & a_{12} & \cdots & a_{1n} \\ a_{21} & a_{22} & \cdots & a_{2n} \\ \vdots & \vdots & \ddots & \vdots \\ a_{n1} & a_{n2} & \cdots & a_{nn} \end{vmatrix}=\sum_{j=1}^{n}(-1)^{1+j}a_{1j}M_{1j}$$

$$=a_{11}M_{11}-a_{12}M_{12}+a_{13}M_{13}+\cdots+(-1)^{1+n}a_{1n}M_{1n}$$

其中 M_{ij} 为 a_{ij} 的余子式，表示划去元素 a_{ij} 所在的第 i 行，第 j 列后剩下的 $n-1$ 阶行列式.

如果定义代数余子式 $A_{ij}=(-1)^{i+j}M_{ij}$，则

$$D_n=\sum_{j=1}^{n}a_{1j}A_{1j}=a_{11}A_{11}+a_{12}A_{12}+\cdots+a_{1n}A_{1n}$$

注意：(1) 一阶行列式 $|-3|=-3$；　　(2) 上式又称为按第一行展开定义.

事实上，有按行列式中任意一行或列展开公式，即

$$D_n=\sum_{k=1}^{n}a_{ik}A_{ik}\ (i=1,2,\cdots,n)\qquad（按第\ i\ 行展开公式）$$

$$D_n=\sum_{k=1}^{n}a_{kj}A_{kj}\ (j=1,2,\cdots,n)\qquad（按第\ j\ 列展开公式）$$

例 3　计算行列式 $D_4=\begin{vmatrix} 3 & 0 & 0 & -5 \\ -4 & 1 & 0 & 2 \\ 6 & 5 & 7 & 0 \\ -3 & 4 & -2 & -1 \end{vmatrix}$.

解：　由行列式的定义，有

$$D_4=\begin{vmatrix} 3 & 0 & 0 & -5 \\ -4 & 1 & 0 & 2 \\ 6 & 5 & 7 & 0 \\ -3 & 4 & -2 & -1 \end{vmatrix}=3\cdot(-1)^{1+1}\begin{vmatrix} 1 & 0 & 2 \\ 5 & 7 & 0 \\ 4 & -2 & -1 \end{vmatrix}+(-5)\cdot(-1)^{1+4}\begin{vmatrix} -4 & 1 & 0 \\ 6 & 5 & 7 \\ -3 & 4 & -2 \end{vmatrix}$$

$$=3\left[1\cdot(-1)^{1+1}\begin{vmatrix} 7 & 0 \\ -2 & -1 \end{vmatrix}+2\cdot(-1)^{1+3}\begin{vmatrix} 5 & 7 \\ 4 & -2 \end{vmatrix}\right]$$

$$+5\left[(-4)\cdot(-1)^{1+1}\begin{vmatrix} 5 & 7 \\ 4 & -2 \end{vmatrix}+1\cdot(-1)^{1+2}\begin{vmatrix} 6 & 7 \\ -3 & -2 \end{vmatrix}\right]$$

$$=3[-7+2(-10-28)]+5[(-4)\cdot(-10-28)-(-12+21)]=466$$

例 4　计算行列式 $D=\begin{vmatrix} 0 & 1 & 0 & 0 \\ 0 & 0 & 2 & 0 \\ 0 & 0 & 0 & 3 \\ 1 & 2 & 3 & 4 \end{vmatrix}$.

解：按第一列展开，得

$$D=\begin{vmatrix}0&1&0&0\\0&0&2&0\\0&0&0&3\\1&2&3&4\end{vmatrix}=(-1)^{4+1}\begin{vmatrix}1&0&0\\0&2&0\\0&0&3\end{vmatrix}=-6$$

四、几类特殊的行列式

(1) 上三角行列式：其特点是主对角线以下的元素全为零.

$$\begin{vmatrix}a_{11}&a_{12}&\cdots&a_{1n}\\0&a_{22}&\cdots&a_{2n}\\\vdots&\vdots&\ddots&\vdots\\0&0&\cdots&a_{nn}\end{vmatrix}=a_{11}a_{22}\cdots a_{nn}$$

证明：

$$\begin{vmatrix}a_{11}&a_{12}&\cdots&a_{1n}\\0&a_{22}&\cdots&a_{2n}\\\vdots&\vdots&\ddots&\vdots\\0&0&\cdots&a_{nn}\end{vmatrix}\xlongequal{\text{按第}n\text{行展开}}a_{nn}(-1)^{n+n}\begin{vmatrix}a_{11}&a_{12}&\cdots&a_{1n-1}\\0&a_{22}&\cdots&a_{2n-1}\\\vdots&\vdots&\ddots&\vdots\\0&0&\cdots&a_{n-1n-1}\end{vmatrix}$$

$$\xlongequal{\text{按第}n-1\text{行展开}}a_{nn}a_{n-1n-1}(-1)^{(n-1)+(n-1)}\begin{vmatrix}a_{11}&a_{12}&\cdots&a_{1n-2}\\0&a_{22}&\cdots&a_{2n-2}\\\vdots&\vdots&\ddots&\vdots\\0&0&\cdots&a_{n-2n-2}\end{vmatrix}$$

$$=\cdots=a_{11}a_{22}\cdots a_{nn}$$

(2) 下三角行列式：其特点是主对角线以上的元素全为零.

$$\begin{vmatrix}a_{11}&0&\cdots&0\\a_{21}&a_{22}&\cdots&0\\\vdots&\vdots&\ddots&\vdots\\a_{n1}&a_{n2}&\cdots&a_{nn}\end{vmatrix}=a_{11}a_{22}\cdots a_{nn}$$

(3) 对角行列式：除了主对角线上元素以外，其他元素均为零的行列式.

$$\begin{vmatrix}a_{11}&0&\cdots&0\\0&a_{22}&\cdots&0\\\vdots&\vdots&\ddots&\vdots\\0&0&\cdots&a_{nn}\end{vmatrix}=a_{11}a_{22}\cdots a_{nn}$$

(4) $$\begin{vmatrix}a_{11}&\cdots&a_{1n-1}&a_{1n}\\a_{21}&\cdots&a_{2n-1}&0\\\vdots&\vdots&\ddots&\vdots\\a_{n1}&\cdots&0&0\end{vmatrix}=(-1)^{\frac{n(n-1)}{2}}a_{1n}a_{2n-1}\cdots a_{n1}.$$

(5) $$\begin{vmatrix}0&\cdots&0&a_{1n}\\0&\cdots&a_{2n-1}&a_{2n}\\\vdots&\vdots&\ddots&\vdots\\a_{n1}&\cdots&a_{n,n-1}&a_{nn}\end{vmatrix}=(-1)^{\frac{n(n-1)}{2}}a_{1n}a_{2n-1}\cdots a_{n1}.$$

(6) $\begin{vmatrix} 0 & \cdots & 0 & a_{1n} \\ 0 & \cdots & a_{2,n-1} & 0 \\ \vdots & \vdots & \ddots & \vdots \\ a_{n1} & \cdots & 0 & 0 \end{vmatrix} = (-1)^{\frac{n(n-1)}{2}} a_{1n}a_{2,n-1}\cdots a_{n1}$.

(7) 范得蒙行列式：

$$\begin{vmatrix} 1 & 1 & \cdots & 1 \\ x_1 & x_2 & \cdots & x_n \\ x_1^2 & x_2^2 & \cdots & x_n^2 \\ \vdots & \vdots & \ddots & \vdots \\ x_1^{n-1} & x_2^{n-1} & \cdots & x_n^{n-1} \end{vmatrix} = \prod_{1\leqslant j<i\leqslant n}(x_i - x_j)$$，其中 $\prod$ 为连乘积得符号.

例 5　计算 $\begin{vmatrix} 1 & 1 & 1 \\ 1 & 2 & 3 \\ 1 & 4 & 9 \end{vmatrix}$.

解：利用范德蒙行列式的结论，得

$$\begin{vmatrix} 1 & 1 & 1 \\ 1 & 2 & 3 \\ 1 & 4 & 9 \end{vmatrix} = \begin{vmatrix} 1 & 1 & 1 \\ 1 & 2 & 3 \\ 1^2 & 2^2 & 3^2 \end{vmatrix} = (3-2)(3-1)(2-1) = 2$$

习题 8-1

1. 计算下列二阶行列式：

(1) $\begin{vmatrix} 2 & 3 \\ 1 & 2 \end{vmatrix}$；　　(2) $\begin{vmatrix} \cos\theta & -\sin\theta \\ \sin\theta & \cos\theta \end{vmatrix}$；

(3) $\begin{vmatrix} a_{11}+b_{11} & a_{12}+b_{12} \\ a_{21}+b_{21} & a_{22}+b_{22} \end{vmatrix}$；　　(4) $\begin{vmatrix} a_{11} & a_{12} \\ a_{21} & a_{22} \end{vmatrix} + \begin{vmatrix} b_{11} & b_{12} \\ b_{21} & b_{22} \end{vmatrix}$.

2. 计算下列三阶行列式：

(1) $\begin{vmatrix} 1 & 0 & 3 \\ -1 & 2 & 1 \\ 2 & 3 & 1 \end{vmatrix}$；　　(2) $\begin{vmatrix} a_{11} & a_{12} & a_{13} \\ 0 & a_{22} & a_{23} \\ 0 & a_{32} & a_{33} \end{vmatrix}$；　　(3) $\begin{vmatrix} a & c & b \\ b & a & c \\ c & b & a \end{vmatrix}$.

3. 按定义计算下列行列式：

(1) $\begin{vmatrix} 0 & 0 & 0 & 1 \\ 0 & 0 & 2 & 0 \\ 0 & 3 & 0 & 0 \\ 4 & 0 & 0 & 0 \end{vmatrix}$；　　(2) $\begin{vmatrix} a & 0 & 0 & 0 \\ 0 & 0 & c & 0 \\ 0 & 0 & 0 & d \\ 0 & b & 0 & 0 \end{vmatrix}$.

4. 求 $f(x) = \begin{vmatrix} x & 1 & 2 & 3 \\ 0 & -3x & 1 & 2 \\ 1 & 2 & x & 3 \\ x & 1 & 2 & 2x \end{vmatrix}$ 的展开式中 x^4 和 x^3 的系数.

5. 利用范德蒙行列式计算：

$$D=\begin{vmatrix}1&1&1&1\\1&2&3&4\\1&4&9&16\\1&8&27&64\end{vmatrix}$$

◆ 8.2 行列式的性质与计算 ◆

本节首先讨论行列式的重要性质及其有关推论，然后，进一步讨论如何利用这些性质计算高阶行列式的值，主要介绍了降阶法和化三角形法求 n 阶行列式的值.

一、行列式的性质

将行列式 D 的行与列互换后得到的行列式，称为行列式 D 的转置行列式，记为 D^{T} 或 D'，即

若 $D=\begin{vmatrix}a_{11}&a_{12}&\cdots&a_{1n}\\a_{21}&a_{22}&\cdots&a_{2n}\\\cdots&\cdots&\ddots&\cdots\\a_{n1}&a_{n2}&\cdots&a_{nn}\end{vmatrix}$，则 $D^{\mathrm{T}}=\begin{vmatrix}a_{11}&a_{21}&\cdots&a_{n1}\\a_{12}&a_{22}&\cdots&a_{n2}\\\cdots&\cdots&\ddots&\cdots\\a_{1n}&a_{2n}&\cdots&a_{nn}\end{vmatrix}$.

性质 1 行列式与它的转置行列式相等，即 $D=D^{\mathrm{T}}$.

注意：这个性质说明行列式中行列地位的对称性，即行具有的性质列同样具有.

性质 2 交换行列式的两行(列)，行列式变号.

注意：以 r_i 表示行列式的第 i 行，以 c_i 表示第 i 列；交换 $i.j$ 两行记为 $r_i \leftrightarrow r_j$，交换 $i.j$ 两列记为 $c_i \leftrightarrow c_j$.

推论 1 如果行列式有两行(列)的对应元素相同，则此行列式等于零.

证明：把相等的这两行(列)互换，有 $D=-D$，故 $D=0$.

性质 3 行列式的某一行(列)中所有元素都乘以同一个数 k，等于用数 k 乘此行列式.

注意：第 i 行(列)乘以 k，记作 $r_i \times k$(或 $c_i \times k$).

推论 2 行列式中某一行(列)的所有元素的公因子可以提到行列式符号的外面.

注意：第 i 行(或 i 列)提出公因子 k，即作 $r_i \div k$(或 $c_i \div k$).

推论 3 行列式中如果有两行(列)元素成比例，则此行列式等于零.

性质 4 若行列式中某一行(列)的元素 a_{ij} 都可以分解为两个数 b_{ij} 和 c_{ij} 之和，即 $a_{ij}=b_{ij}+c_{ij}\,(i,j=1,2\cdots n)$，则此行列式也可以分解为两个行列式的和.

例如，$D=\begin{vmatrix}a_{11}&a_{12}&\cdots&a_{1n}\\\cdots&\cdots&\cdots&\cdots\\b_{i1}+c_{i1}&b_{i2}+c_{i2}&\cdots&b_{in}+c_{in}\\\vdots&\vdots&\ddots&\vdots\\a_{n1}&a_{n2}&\cdots&a_{nn}\end{vmatrix}$，

$$\text{则 } D=\begin{vmatrix} a_{11} & a_{12} & \cdots & a_{1n} \\ \vdots & \vdots & \ddots & \vdots \\ b_{i1} & b_{i2} & \cdots & b_{in} \\ \vdots & \vdots & \ddots & \vdots \\ a_{n1} & a_{n2} & \cdots & a_{nn} \end{vmatrix}+\begin{vmatrix} a_{11} & a_{12} & \cdots & a_{1n} \\ \vdots & \vdots & \ddots & \vdots \\ c_{i1} & c_{i2} & \cdots & c_{in} \\ \vdots & \vdots & \ddots & \vdots \\ a_{n1} & a_{n2} & \cdots & a_{nn} \end{vmatrix}=D_1+D_2.$$

性质 5 把行列式的某一行(列)的所有元素都乘以同一个数 k 后加到另一行(列)对应的元素上去,行列式的值不变.

例如,以数 k 乘第 j 列加到第 i 列上,则有

$$D=\begin{vmatrix} a_{11} & \cdots & a_{1i} & \cdots & a_{1j} & \cdots & a_{1n} \\ a_{21} & \cdots & a_{2i} & \cdots & a_{2j} & \cdots & a_{2n} \\ \vdots & \vdots & \vdots & \ddots & \vdots & \ddots & \vdots \\ a_{n1} & \cdots & a_{ni} & \cdots & a_{nj} & \cdots & a_{nn} \end{vmatrix}=\begin{vmatrix} a_{11} & \cdots & a_{1i}+ka_{1j} & \cdots & a_{1j} & \cdots & a_{1n} \\ a_{21} & \cdots & a_{2i}+ka_{2j} & \cdots & a_{2j} & \cdots & a_{2n} \\ \vdots & \ddots & \vdots & \ddots & \vdots & \ddots & \vdots \\ a_{n1} & \cdots & a_{ni}+ka_{nj} & \cdots & a_{nj} & \cdots & a_{nn} \end{vmatrix}=D_1\ (i\neq j)$$

证明: $$D_1 \xlongequal{\text{性质4}} \begin{vmatrix} a_{11} & \cdots & a_{1i} & \cdots & a_{1j} & \cdots & a_{1n} \\ a_{21} & \cdots & a_{2i} & \cdots & a_{2j} & \cdots & a_{2n} \\ \vdots & \ddots & \vdots & \ddots & \vdots & \ddots & \vdots \\ a_{n1} & \cdots & a_{ni} & \cdots & a_{nj} & \cdots & a_{nn} \end{vmatrix}+\begin{vmatrix} a_{11} & \cdots & ka_{1j} & \cdots & a_{1j} & \cdots & a_{1n} \\ a_{21} & \cdots & ka_{2j} & \cdots & a_{2j} & \cdots & a_{2n} \\ \vdots & \ddots & \vdots & \ddots & \vdots & \ddots & \vdots \\ a_{n1} & \cdots & ka_{nj} & \cdots & a_{nj} & \cdots & a_{nn} \end{vmatrix}$$

$$\xlongequal{\text{推论3}} D+0=D$$

注意:以数 k 乘第 j 行加到第 i 行上,记作 r_i+kr_j;以数 k 乘第 j 列加到第 i 列上,记作 c_i+kc_j.

二、行列式的计算

1. 降阶法:利用性质将行列式的一行(列)化成只有一个(或两个)非零元素,然后按这个零元素最多的行(或列)展开化成低一阶行列式,直至降到三阶或二阶行列式,最后直接计算.

例 1 计算 $D=\begin{vmatrix} 1 & 2 & 3 & 4 \\ 1 & 0 & 1 & 2 \\ 3 & -1 & -1 & 0 \\ 1 & 2 & 2 & -5 \end{vmatrix}$.

解: $$D \xlongequal[\substack{r_3-3r_1 \\ r_4-r_1}]{r_2-r_1} \begin{vmatrix} 1 & 2 & 3 & 4 \\ 0 & -2 & -2 & -2 \\ 0 & -7 & -10 & -12 \\ 0 & 0 & -3 & -9 \end{vmatrix} \xlongequal{\text{按第1列展开}} 1\times(-1)^{1+1}\begin{vmatrix} -2 & -2 & -2 \\ -7 & -10 & -12 \\ 0 & -3 & -9 \end{vmatrix}$$

$$=(-2)\times\begin{vmatrix} 1 & 1 & 1 \\ -7 & -10 & -12 \\ 0 & -3 & -9 \end{vmatrix} \xlongequal{r_2+7r_1} (-2)\times\begin{vmatrix} 1 & 1 & 1 \\ 0 & -3 & -5 \\ 0 & -3 & -9 \end{vmatrix}$$

$$\xlongequal{\text{按第1列展开}} (-2)\times\begin{vmatrix} -3 & -5 \\ -3 & -9 \end{vmatrix}=(-2)\times[(-3)\times(-9)-(-5)\times(-3)]=-24.$$

例 2 计算 $D=\begin{vmatrix} 3 & 1 & -1 & 2 \\ -5 & 1 & 3 & -4 \\ 2 & 0 & 1 & -1 \\ 1 & 3 & 3 & -3 \end{vmatrix}$.

解: $D\xlongequal{c_1\leftrightarrow c_2}-\begin{vmatrix} 1 & 3 & -1 & 2 \\ 1 & -5 & 3 & -4 \\ 0 & 2 & 1 & -1 \\ 3 & 1 & 3 & -3 \end{vmatrix}\xlongequal[r_4-3r_1]{r_2-r_1}-\begin{vmatrix} 1 & 3 & -1 & 2 \\ 0 & -8 & 4 & -6 \\ 0 & 2 & 1 & -1 \\ 0 & -8 & 6 & -9 \end{vmatrix}$

$$\xlongequal{r_2\leftrightarrow r_3}-\begin{vmatrix} 1 & 3 & -1 & 2 \\ 0 & 2 & 1 & -1 \\ 0 & -8 & 4 & -6 \\ 0 & -8 & 6 & -9 \end{vmatrix}\xlongequal{\text{按第1列展开}}1\times(-1)^{1+1}\cdot\begin{vmatrix} 2 & 1 & -1 \\ -8 & 4 & -6 \\ -8 & 6 & -9 \end{vmatrix}\xlongequal[r_3+4r_1]{r_2+4r_1}\begin{vmatrix} 2 & 1 & -1 \\ 0 & 8 & -10 \\ 0 & 10 & -13 \end{vmatrix}$$

$$\xlongequal{\text{按第1列展开}}2\times(-1)^{1+1}\cdot[8\times(-13)-10\times(-10)]=-8.$$

例 3 计算 n 阶行列式 $D_n=\begin{vmatrix} 1 & 3 & 3 & \cdots & 3 \\ 3 & 2 & 3 & \cdots & 3 \\ 3 & 3 & 3 & & \vdots \\ \vdots & \vdots & \vdots & & 3 \\ 3 & 3 & 3 & \cdots & n \end{vmatrix}$.

解:将第 3 行乘(-1)加到其余各行后,再按第 3 列展开,得

$$D_n=\begin{vmatrix} -2 & & & & & \\ & -1 & & & & \\ 3 & 3 & 3 & 3 & \cdots & 3 \\ & & & 1 & & \\ & & & & \ddots & \\ & & & & & n-3 \end{vmatrix}=3\ (-1)^{3+3}\begin{vmatrix} -2 & & & & \\ & -1 & & & \\ & & 1 & & \\ & & & \ddots & \\ & & & & n-3 \end{vmatrix}=6(n-3)!$$

例 4 计算 $D_n=\begin{vmatrix} x & y & 0 & \cdots & 0 & 0 \\ 0 & x & y & \cdots & 0 & 0 \\ \vdots & \vdots & \vdots & \ddots & \vdots & \vdots \\ 0 & 0 & 0 & \cdots & x & y \\ y & 0 & 0 & \cdots & 0 & x \end{vmatrix}$.

解:将 D_n 按第一列展开

$$D_n=(-1)^{1+1}x\begin{vmatrix} x & y & \cdots & 0 & 0 \\ \vdots & \vdots & \ddots & \vdots & \vdots \\ 0 & 0 & \cdots & x & y \\ 0 & 0 & \cdots & 0 & x \end{vmatrix}+(-1)^{n+1}y\begin{vmatrix} y & 0 & \cdots & 0 & 0 \\ x & y & \cdots & 0 & 0 \\ \vdots & \vdots & \ddots & \vdots & \vdots \\ 0 & 0 & \cdots & x & y \end{vmatrix}$$

$$=x\cdot x^{n-1}+(-1)^{n+1}y\cdot y^{n-1}=x^n+(-1)^{n+1}\cdot y^n$$

2. 化三角形法:利用行列式性质化成上(或下)三角行列式,其主对角线元素的乘积即为行列式的值.

例 5 计算四阶行列式 $D_4=\begin{vmatrix} 0 & 0 & 2 & 3 \\ 1 & 2 & 1 & -1 \\ 3 & 1 & 2 & 2 \\ 4 & 5 & 1 & 2 \end{vmatrix}$.

解：$D_4 \xlongequal{r_1 \leftrightarrow r_2} -\begin{vmatrix} 1 & 2 & 1 & -1 \\ 0 & 0 & 2 & 3 \\ 3 & 1 & 2 & 2 \\ 4 & 5 & 1 & 2 \end{vmatrix} \xlongequal[r_4-4r_1]{r_3-3r} -\begin{vmatrix} 1 & 2 & 1 & -1 \\ 0 & 0 & 2 & 3 \\ 0 & -5 & -1 & 5 \\ 0 & -3 & -3 & 6 \end{vmatrix} \xlongequal{r_2 \leftrightarrow r_4} \begin{vmatrix} 1 & 2 & 1 & -1 \\ 0 & -3 & -3 & 6 \\ 0 & -5 & -1 & 5 \\ 0 & 0 & 2 & 3 \end{vmatrix}$

$$= -3\begin{vmatrix} 1 & 2 & 1 & -1 \\ 0 & 1 & 1 & -2 \\ 0 & -5 & -1 & 5 \\ 0 & 0 & 2 & 3 \end{vmatrix} \xlongequal{r_4+5r_2} -3\begin{vmatrix} 1 & 2 & 1 & -1 \\ 0 & 1 & 1 & -2 \\ 0 & 0 & 4 & -5 \\ 0 & 0 & 2 & 3 \end{vmatrix} \xlongequal{r_3 \leftrightarrow r_4} 3\begin{vmatrix} 1 & 2 & 1 & -1 \\ 0 & 1 & 1 & -2 \\ 0 & 0 & 2 & 3 \\ 0 & 0 & 4 & -5 \end{vmatrix}$$

$$\xlongequal{r_4-2r_3} 3\begin{vmatrix} 1 & 2 & 1 & -1 \\ 0 & 1 & 1 & -2 \\ 0 & 0 & 2 & 3 \\ 0 & 0 & 0 & -11 \end{vmatrix} = 3\times1\times1\times2\times(-11) = -66$$

例 6　计算行列式 $\begin{vmatrix} \frac{1}{2} & 1 & \frac{1}{2} \\ 1 & \frac{1}{2} & \frac{1}{2} \\ \frac{1}{2} & \frac{1}{2} & 1 \end{vmatrix}$.

解：此行列式的特点是每一行或每一列的元素之和相等，利用这个特点将行列式的第二、三列都加到第一列相应的元素上，再化为三角形行列式求值.

$$\begin{vmatrix} \frac{1}{2} & 1 & \frac{1}{2} \\ 1 & \frac{1}{2} & \frac{1}{2} \\ \frac{1}{2} & \frac{1}{2} & 1 \end{vmatrix} \xlongequal{c_1+c_2+c_3} \begin{vmatrix} 2 & 1 & \frac{1}{2} \\ 2 & \frac{1}{2} & \frac{1}{2} \\ 2 & \frac{1}{2} & 1 \end{vmatrix} \xlongequal[r_3-r_1]{r_2-r_1} \begin{vmatrix} 2 & 1 & \frac{1}{2} \\ 0 & -\frac{1}{2} & 0 \\ 0 & -\frac{1}{2} & \frac{1}{2} \end{vmatrix} \xlongequal{r_3-r_2} \begin{vmatrix} 2 & 1 & \frac{1}{2} \\ 0 & -\frac{1}{2} & 0 \\ 0 & 0 & \frac{1}{2} \end{vmatrix} = -\frac{1}{2}.$$

例 7　计算 $D=\begin{vmatrix} 3 & 1 & 1 & 1 \\ 1 & 3 & 1 & 1 \\ 1 & 1 & 3 & 1 \\ 1 & 1 & 1 & 3 \end{vmatrix}$.

解：$D \xlongequal{r_1+r_2+r_3+r_4} \begin{vmatrix} 6 & 6 & 6 & 6 \\ 1 & 3 & 1 & 1 \\ 1 & 1 & 3 & 1 \\ 1 & 1 & 1 & 3 \end{vmatrix} = 6\begin{vmatrix} 1 & 1 & 1 & 1 \\ 1 & 3 & 1 & 1 \\ 1 & 1 & 3 & 1 \\ 1 & 1 & 1 & 3 \end{vmatrix} \xlongequal[r_4-r_1]{\substack{r_2-r_1 \\ r_3-r_1}} 6\begin{vmatrix} 1 & 1 & 1 & 1 \\ 0 & 2 & 0 & 0 \\ 0 & 0 & 2 & 0 \\ 0 & 0 & 0 & 2 \end{vmatrix} = 48$

注意：仿照上述方法可以得到更一般的结果：

$$\begin{vmatrix} a & b & b & \cdots & b \\ b & a & b & \cdots & b \\ \vdots & \vdots & \vdots & \ddots & \vdots \\ b & b & b & \cdots & a \end{vmatrix} = [a+(n-1)b](a-b)^{n-1}.$$

习题 8-2

1. 利用行列式的性质计算下列行列式：

(1) $\begin{vmatrix} 2\,008 & 1\,986 & 1\,964 \\ 2\,009 & 1\,987 & 1\,965 \\ 2\,010 & 1\,988 & 1\,966 \end{vmatrix}$；　(2) $\begin{vmatrix} 1+a_1 & a_2 & a_3 \\ a_1 & 1+a_2 & a_3 \\ a_1 & a_2 & 1+a_3 \end{vmatrix}$；　(3) $\begin{vmatrix} b+c & a & 1 \\ c+a & b & 1 \\ a+b & c & 1 \end{vmatrix}$.

2. 利用行列式的性质证明下列等式：

(1) $D=\begin{vmatrix} 1 & a & b & c+d \\ 1 & b & c & a+d \\ 1 & c & d & a+b \\ 1 & d & a & b+c \end{vmatrix}=0$；

(2) $\begin{vmatrix} ax+by & ay+bz & az+bx \\ ay+bz & az+bx & ax+by \\ az+bx & ax+by & ay+bz \end{vmatrix}=(a^3+b^3)\begin{vmatrix} x & y & z \\ y & z & x \\ z & x & y \end{vmatrix}$.

3. 已知 204,527,255 都是 17 的倍数,试证 $\begin{vmatrix} 2 & 0 & 4 \\ 5 & 2 & 7 \\ 2 & 5 & 5 \end{vmatrix}$ 必也是 17 的倍数.

4. 利用降阶法计算下列行列式：

(1) $D_n=\begin{vmatrix} x & y & 0 & \cdots & 0 & 0 \\ 0 & x & y & \cdots & 0 & 0 \\ \vdots & \vdots & \vdots & \ddots & \vdots & \vdots \\ y & 0 & 0 & \cdots & 0 & x \end{vmatrix}$；　(2) $D=\begin{vmatrix} 3 & -5 & 2 & 1 \\ 1 & 1 & 0 & -5 \\ -1 & 3 & 1 & 3 \\ 2 & -4 & -1 & -3 \end{vmatrix}$.

5. 利用行列式的性质将下列行列式化为上(下)三角行列式计算

(1) $\begin{vmatrix} 1 & 2 & 3 & 4 \\ 1 & 0 & 1 & 2 \\ 3 & -1 & -1 & 0 \\ 1 & 2 & 0 & -5 \end{vmatrix}$；　(2) $\begin{vmatrix} 2 & 1 & 6 & 4 \\ -1 & 0 & 6 & 2 \\ 1 & 0 & 1 & 1 \\ -2 & -2 & 1 & 2 \end{vmatrix}$.

◆ 8.3　克莱姆法则 ◆

前面我们已经知道二元一次方程组

$$\begin{cases} a_{11}x_1+a_{12}x_2=b_1 \\ a_{21}x_1+a_{22}x_2=b_2 \end{cases}$$

当 $a_{11}a_{22}-a_{12}a_{21}\neq 0$ 时,即得方程组有唯一解：

$$x_1=\frac{b_1a_{22}-a_{12}b_2}{a_{11}a_{22}-a_{12}a_{21}},x_2=\frac{a_{11}b_2-b_1a_{21}}{a_{11}a_{22}-a_{12}a_{21}}$$

设$\begin{vmatrix} a_{11} & a_{12} \\ a_{21} & a_{22} \end{vmatrix}=a_{11}a_{22}-a_{12}a_{21}=D, D_1=\begin{vmatrix} b_1 & a_{12} \\ b_2 & a_{22} \end{vmatrix}=b_1a_{22}-a_{12}b_2, D_2=\begin{vmatrix} a_{11} & b_1 \\ a_{21} & b_2 \end{vmatrix}=a_{11}b_2-b_1a_{21}$，则有 $x_j=\dfrac{D_j}{D}(j=1,2)$.

类似地，三元以及一般的 n 元线性方程组的解与二元线性方程组的解的法则相同，这个法则称为克莱姆法则.

含有 n 个方程的 n 元线性方程的方程组的一般形式为

$$\begin{cases} a_{11}x_1+a_{12}x_2+\cdots+a_{1n}x_n=b_1 \\ a_{21}x_1+a_{22}x_2+\cdots+a_{2n}x_n=b_2 \\ \qquad\vdots \\ a_{n1}x_1+a_{n2}x_2+\cdots+a_{nn}x_n=b_n \end{cases} \tag{8.6}$$

当其右端的常数项 $b_1, b_2, \cdots, b_n$ 不全为零时，线性方程组称为非齐次线性方程组，当 $b_1, b_2, \cdots, b_n$ 全为零时，线性方程组称为齐次线性方程组，即

$$\begin{cases} a_{11}x_1+a_{12}x_2+\cdots+a_{1n}x_n=0 \\ a_{21}x_1+a_{22}x_2+\cdots+a_{2n}x_n=0 \\ \qquad\vdots \\ a_{n1}x_1+a_{n2}x_2+\cdots+a_{nn}x_n=0 \end{cases} \tag{8.7}$$

方程组(8.6)的系数 a_{ij} 构成的行列式称为该方程组的系数行列式 D，即

$$D=\begin{vmatrix} a_{11} & a_{12} & \cdots & a_{1n} \\ a_{21} & a_{22} & \cdots & a_{2n} \\ \vdots & \vdots & \ddots & \vdots \\ a_{n1} & a_{n2} & \cdots & a_{nn} \end{vmatrix}$$

克莱姆法则 如果线性方程组(8.6)的系数行列式 D 不等于零，则线性方程组(8.6)有唯一解，其解为

$$x_1=\frac{D_1}{D}, x_2=\frac{D_2}{D}, \cdots, x_n=\frac{D_n}{D}, \tag{8.8}$$

其中 $D_j(j=1,2,\cdots,n)$ 是把系数行列式 D 中的第 j 列的元素用方程组右端的常数项代替后所得到的 n 阶行列式，即

$$D_j=\begin{vmatrix} a_{11} & \cdots & a_{1j-1} & b_1 & a_{1j+1} & \cdots & a_{1n} \\ a_{21} & \cdots & a_{2j-1} & b_2 & a_{2j+1} & \cdots & a_{2n} \\ \vdots & \ddots & \vdots & \vdots & \vdots & \ddots & \vdots \\ a_{n1} & \cdots & a_{nj-1} & b_n & a_{nj+1} & \cdots & a_{nn} \end{vmatrix}.$$

例 1 用克莱姆法则解三元线性方程组$\begin{cases} x_1-2x_2+x_3=-2 \\ 2x_1+x_2-3x_3=1 \\ -x_1+x_2-x_3=0 \end{cases}$.

解：$D=\begin{vmatrix} 1 & -2 & 1 \\ 2 & 1 & -3 \\ -1 & 1 & -1 \end{vmatrix}=1\times1\times(-1)+(-2)\times(-3)\times(-1)+1\times1\times2$

$$-1\times1\times(-1)-(-2)\times2\times(-1)-1\times1\times(-3)=-5\neq0$$

同理,可得

$$D_1=\begin{vmatrix}-2&-2&1\\1&1&-3\\0&1&-1\end{vmatrix}=-5,D_2=\begin{vmatrix}1&-2&1\\2&1&-3\\-1&0&-1\end{vmatrix}=-10,D_3=\begin{vmatrix}1&-2&-2\\2&1&1\\-1&1&0\end{vmatrix}=-5$$

故所求方程组的解为

$$x_1=\frac{D_1}{D}=1,x_2=\frac{D_2}{D}=2,x_3=\frac{D_3}{D}=1$$

例 2 大学生在饮食方面存在很多问题,很多人不重视吃早饭,多数大学生日常饮食没有规律,为了身体的健康就要制订营养改善行动计划,大学生一日食谱配餐:需要摄入一定的蛋白质、脂肪和碳水化合物,下面是三种食物,它们的质量用适当的单位计量.这些食品提供的营养以及食谱所需的营养如表 8-1 所示.

表 8-1 食品提供的营养以及食谱所需的营养

营养	单位食物所含的营养			所需营养量
	食物一	食物二	食物三	
蛋白质	10	20	20	105
脂肪	0	10	3	60
碳水化合物	50	40	10	525

试根据这个问题建立一个线性方程组,并通过求解方程组来确定每天需要摄入上述三种食物的量.

解:设 x_1,x_2,x_3 分别为三种食物的量,则由表中的数据可得出下列线性方程组:

$$\begin{cases}10x_1+20x_2+20x_3=105\\ \quad\quad\ 10x_2+\ 3x_3=60\\50x_1+40x_2+10x_3=525\end{cases}$$

由克莱姆法则可得

$$D=\begin{vmatrix}10&20&20\\0&10&3\\50&40&10\end{vmatrix}=-7\,200\qquad D_1=\begin{vmatrix}105&20&20\\60&10&3\\525&40&10\end{vmatrix}=-39\,600$$

$$D_2=\begin{vmatrix}10&105&20\\0&60&3\\50&525&10\end{vmatrix}=-54\,000\qquad D_3=\begin{vmatrix}10&20&105\\0&10&60\\50&40&525\end{vmatrix}=-36\,000$$

则:

$$x_1=\frac{D_1}{D}=5.5,x_1=\frac{D_2}{D}=7.5,x_1=\frac{D_3}{D}=5$$

因此,每天可以摄入 5.5 个单位的食物一,7.5 个单位的食物二,5 个单位的食物三,就可以保证我们的健康饮食了.

定理 1 如果线性方程组(8.6)的系数行列式 $D\neq0$,则方程组(8.6)一定有解,且解是唯一的.

定理 1′ 如果线性方程组(8.6)无解或有两个不同的解,则它的系数行列式必为零.

定理 2　如果齐次线性方程组的系数行列式 $D\neq 0$，则齐次线性方程组只有零解.

定理 2′　如果齐次线性方程组有非零解，则它的系数行列式必为零.

例 3　问 λ 取何值时，齐次线性方程组 $\begin{cases}(5-\lambda)x+2y+2z=0\\2x+(6-\lambda)y=0\\2x+(4-\lambda)z=0\end{cases}$ 有非零解？

解：由定理 2′可知，若齐次线性方程组有非零解，则其系数行列式 $D=0$，即

$$D=\begin{vmatrix}5-\lambda & 2 & 2\\2 & 6-\lambda & 0\\2 & 0 & 4-\lambda\end{vmatrix}=(5-\lambda)(6-\lambda)(4-\lambda)-4(6-\lambda)-4(4-\lambda)$$

$$=(5-\lambda)(2-\lambda)(8-\lambda)$$

由于齐次线性方程组有非零解，则 $D=0$，得 $\lambda=2$、$\lambda=5$ 或 $\lambda=8$.

不难验证，当 $\lambda=2$、5 或 8 时，齐次线性方程组确有非零解.

习题 8-3

1. 用克莱姆法则求解线性方程组：

(1) $\begin{cases}x_1+x_2+x_3+x_4=5\\x_1+2x_2-x_3+4x_4=-2\\2x_1-3x_2-x_3-5x_4=-2\\3x_1+x_2+2x_3+11x_4=0\end{cases}$；　(2) $\begin{cases}2x_1+3x_2+11x_3+5x_4=6\\x_1+x_2+5x_3+2x_4=2\\2x_1+x_2+3x_3+4x_4=2\\x_1+x_2+3x_3+4x_4=2\end{cases}$.

2. 当 λ 取何值时，齐次方程组 $\begin{cases}(1-\lambda)x_1-2x_2+4x_3=0\\2x_1+(3-\lambda)x_2+x_3=0\\x_1+x_2+(1-\lambda)x_3=0\end{cases}$ 有非零解？

3. 判断其次线性方程组 $\begin{cases}2x_1+2x_2-x_3=0\\x_1-2x_2+4x_3=0\\5x_1+8x_2-2x_3=0\end{cases}$ 是否仅有零解？

4. 问 λ、μ 取何值时，齐次线性方程组 $\begin{cases}\lambda x_1+x_2+x_3=0\\x_1+\mu x_2+x_3=0\\x_1+2\mu x_2+x_3-0\end{cases}$ 有非零解？

复习题 8

一、选择题(20 分)

1. 若 $\begin{vmatrix}a_{11} & a_{12} & a_{13}\\a_{21} & a_{22} & a_{23}\\a_{31} & a_{32} & a_{33}\end{vmatrix}=3$，则 $\begin{vmatrix}3a_{11} & 3a_{12} & 3a_{13}\\3a_{21} & 3a_{22} & 3a_{23}\\3a_{31} & 3a_{32} & 3a_{33}\end{vmatrix}=$(　　).

A. 9　　B. -9　　C. 81　　D. -81

2. 行列式 $\begin{vmatrix} 1 & 3 & 3 \\ 0 & 5 & 4 \\ -1 & 7 & 2 \end{vmatrix}$ 中元素 a_{23} 的代数余子式 $A_{23}=$(　　).

A. -10　　B. 10　　C. 4　　D. -4

3. 行列式 $\begin{vmatrix} 1-k & -2 \\ 2 & k-1 \end{vmatrix}=0$，则 $k=$(　　).

A. -1　　B. 3　　C. -3 或 1　　D. -1 或 3

4. 方程 $\begin{vmatrix} 1 & 1 & 1 & 1 \\ 1 & 1-x & 1 & 1 \\ 1 & 1 & 2-x & 1 \\ 1 & 1 & 1 & 3-x \end{vmatrix}=0$ 的解是(　　).

A. 0　　B. 1　　C. 2　　D. 0.1 或 2

5. 方程组 $\begin{cases} (k-1)x_1+2x_2=0 \\ 2x_1+(k-1)x_2=0 \end{cases}$ 只有零解得充要条件是(　　).

A. $k\neq-1$　　B. $k\neq-1$ 或 $k\neq3$

C. $k\neq3$　　D. $k\neq-1$ 且 $k\neq3$

二、填空题(20 分)

1. 设 $f(x)=\begin{vmatrix} x & 1 & 1 \\ 1 & x & 1 \\ 1 & 1 & x \end{vmatrix}$，则 $f(3)=$__________.

2. 行列式 $\begin{vmatrix} 1 & 2 & 0 & 0 \\ 2 & 1 & 0 & 0 \\ 0 & 0 & 1 & 2 \\ 0 & 0 & 2 & 1 \end{vmatrix}=$__________.

3. 由行列式确定的多项式 $f(x)=\begin{vmatrix} 4x & 3x & 2 & 1 \\ 1 & x & 1 & -1 \\ 3 & 2 & 2x & 1 \\ 1 & 0 & 1 & x \end{vmatrix}$ 中 x^4,x^3 的系数分别为__________.

4. 设 x_1,x_2,x_3 是方程 $x^3+px+q=0$ 的三个根，则行列式 $\begin{vmatrix} x_1 & x_2 & x_3 \\ x_3 & x_1 & x_2 \\ x_2 & x_3 & x_1 \end{vmatrix}=$__________.

5. 方程组 $\begin{cases} ax_1+x_2-2x_3=0 \\ x_1-ax_2+3x_3=0 \\ 3x_1-4x_2+ax_3=0 \end{cases}$ 有非零解的充要条件是 a 满足__________.

三、计算题(48 分)

1. 计算行列式 $\begin{vmatrix} 1 & 2 & 3 & 4 \\ 1 & 0 & 1 & 2 \\ 3 & -1 & -1 & 0 \\ 1 & 2 & 0 & -5 \end{vmatrix}$.

2. $D=\begin{vmatrix} x & a & a & a \\ a & x & a & a \\ a & a & x & a \\ a & a & a & x \end{vmatrix}$.

3. $D_5=\begin{vmatrix} 1 & 1 & 2 & 3 & 1 \\ 3 & -1 & -1 & 2 & 2 \\ 2 & 3 & -1 & -1 & 0 \\ 1 & 2 & 3 & 0 & 1 \\ -2 & 2 & 1 & 1 & 0 \end{vmatrix}$.

4. 问 λ、μ 取何值，齐次方程组 $\begin{cases} \lambda x_1+x_2+x_3=0 \\ x_1+\mu x_2+x_3=0 \\ x_1+2\mu x_2+x_3=0 \end{cases}$ 有非零解？

5. 设 n 阶行列式 $D_n=\begin{vmatrix} 1 & 2 & 3 & \cdots & n \\ 1 & 2 & 0 & \cdots & 0 \\ 1 & 0 & 3 & \cdots & 0 \\ \vdots & \vdots & \vdots & \ddots & \vdots \\ 1 & 0 & 0 & \cdots & n \end{vmatrix}$，求第一行各元素的代数余子式之和 $A_{11}+A_{12}+\cdots+A_{1n}$.

6. 用克莱姆法则解方程组 $\begin{cases} x+y-2z=-4 \\ 5x-2y-7z=-7 \\ 2x-5y-3z=1 \end{cases}$.

四、综合题(12 分,2 选 1)

1. $\begin{vmatrix} a^2 & (a+1)^2 & (a+2)^2 & (a+3)^2 \\ b^2 & (b+1)^2 & (b+2)^2 & (b+3)^2 \\ c^2 & (c+1)^2 & (c+2)^2 & (c+3)^2 \\ d^2 & (d+1)^2 & (d+2)^2 & (d+3)^2 \end{vmatrix}=0$.

2. $\begin{vmatrix} a^2 & ab & b^2 \\ 2a & a+b & 2b \\ 1 & 1 & 1 \end{vmatrix}=(a-b)^3$.

第 9 章

矩　　阵

矩阵是从实际中抽象出来的一个新的数学对象，是线性代数中最重要的概念之一，在经济研究和经济工作中具有重要的作用. 本章中，首先将引入矩阵的概念，然后深入研究矩阵的运算，矩阵的初等变换以及逆矩阵和矩阵的秩等内容.

本章目标

理解矩阵的概念；熟练掌握矩阵的运算及其运算规律；熟练掌握矩阵的初等变换，会用初等变换把矩阵化成阶梯形、最简形和标准形矩阵；理解矩阵秩的概念；理解逆矩阵的概念、性质以及矩阵可逆的充要条件；熟练掌握用初等变换求矩阵的秩和逆矩阵的方法.

9.1　矩阵的概念

一、矩阵的概念

先看两个例子.

例 1　设线性方程组

$$\begin{cases} x_1+2x_2-x_3-x_4=2 \\ 2x_1-x_2+x_4=1 \\ x_2-x_3-x_4=0 \\ x_1-5x_2-4x_3-x_4=-3 \end{cases}$$

如果把方程组中这些未知数的系数和常数按原来的行列次序排出一张 4 行 5 列的矩形表：

$$\begin{pmatrix} 1 & 2 & -1 & -1 & 2 \\ 2 & -1 & 0 & 1 & 1 \\ 0 & 1 & -1 & -1 & 0 \\ 1 & -5 & -4 & -1 & -3 \end{pmatrix}$$

那么这个方程组有没有解，如果有解，解是什么等问题就可以通过对这个矩形阵列进行研究而得以解决.

例 2　某企业生产 4 种产品，各种产品的季度产值(单位：万元)，如表 9-1 所示.

表 9-1 各种产品的季度产值

季度 \ 产值 \ 产品	Ⅰ	Ⅱ	Ⅲ	Ⅳ
1	31	30	29	32
2	29	32	28	30
3	30	30	27	28
4	26	28	31	31

则该企业生产的 4 种产品的季度产值等可以排成一个 4 行 4 列的矩形表：

$$\begin{pmatrix} 31 & 30 & 29 & 32 \\ 29 & 32 & 28 & 30 \\ 30 & 30 & 27 & 28 \\ 26 & 28 & 31 & 31 \end{pmatrix}$$

这些矩形阵列就是矩阵. 下面给出矩阵的定义：

定义 1　由 $m\times n$ 个数 a_{ij} $(i=1,2,\cdots m;j=1,2,\cdots n)$ 排成的一个 m 行 n 列的矩形数表

$$\begin{pmatrix} a_{11} & a_{12} & \cdots & a_{1n} \\ a_{21} & a_{22} & \cdots & a_{2n} \\ \cdots & \cdots & \cdots & \cdots \\ a_{m1} & a_{m2} & \cdots & a_{mn} \end{pmatrix}$$

称为一个 **m 行 n 列矩阵**或 **$m\times n$ 矩阵**，其中 a_{ij} 称为矩阵第 i 行第 j 列的**元素**，i,j 分别称为 a_{ij} 的**行标**和**列标**.

通常用大写黑体字母 $\boldsymbol{A},\boldsymbol{B},\boldsymbol{C},\cdots$ 表示矩阵. 有时为了标明矩阵的行数和列数，也可用 $A_{m\times n}$ 或 $(a_{ij})_{m\times n}$ 表示.

特别的，行数和列数都等于 n 的矩阵 $\boldsymbol{A}$ 称为 **n 阶矩阵**或 **n 阶方阵**，记作 $\boldsymbol{A}_n$.

定义 2　若矩阵 $\boldsymbol{A}$ 和矩阵 $\boldsymbol{B}$ 均是 m 行 n 列矩阵，且各对应位置上的元素分别相等，则称矩阵 $\boldsymbol{A}$ 与矩阵 $\boldsymbol{B}$ **相等**，记作 $\boldsymbol{A}=\boldsymbol{B}$.

例如，设 $\boldsymbol{A}=\begin{pmatrix} 2 & -1 & a \\ b-2 & 3 & 5 \end{pmatrix}$，$\boldsymbol{B}=\begin{pmatrix} 2 & -1 & 1 \\ 0 & c & 5 \end{pmatrix}$.

则由 $\boldsymbol{A}=\boldsymbol{B}$ 易得 $a=1,b=2,c=3$.

二、几种特殊的矩阵

所有元素都是 0 的矩阵称为**零矩阵**，记作 $\boldsymbol{O}_{m\times n}$ 或 $\boldsymbol{O}$.

只有一行的矩阵 $\boldsymbol{\alpha}=(a_1\quad a_2\quad \cdots\quad a_n)$ 称为**行矩阵**或**行向量**. 只有一列的矩阵 $\boldsymbol{\beta}=\begin{pmatrix} b_1 \\ b_2 \\ \vdots \\ b_m \end{pmatrix}$ 称为**列矩阵**或**列向量**. 为了和后面章节一致，行矩阵和列矩阵通常也用希腊字母 $\boldsymbol{\alpha},\boldsymbol{\beta},\boldsymbol{\gamma}\cdots$ 等来表示.

我们将 n 阶方阵从左上角到右下角的对角线称为**主对角线**. 主对角线一侧所有元素均为零的方阵称为**三角矩阵**. 三角矩阵分为**上三角矩阵**($i>j$ 时, $a_{ij}=0, i,j=1,2,\cdots,n$)和**下三角矩阵**($i<j$ 时, $a_{ij}=0, i,j=1,2,\cdots,n$):

$$\begin{pmatrix} a_{11} & a_{12} & \cdots & a_{1n} \\ 0 & a_{22} & \cdots & a_{2n} \\ \vdots & \vdots & \ddots & \vdots \\ 0 & 0 & \cdots & a_{nn} \end{pmatrix}, \begin{pmatrix} a_{11} & 0 & \cdots & 0 \\ a_{21} & a_{22} & \cdots & 0 \\ \vdots & \vdots & \ddots & \vdots \\ a_{n1} & a_{n2} & \cdots & a_{nn} \end{pmatrix}$$

上三角矩阵　　　　下三角矩阵

除主对角线上的元素以外,其余元素均为 0 的方阵称为**对角矩阵**:

$$\begin{pmatrix} a_{11} & & & \\ & a_{22} & & \\ & & \ddots & \\ & & & a_{nn} \end{pmatrix}$$

主对角线上的元素都等于某一数 a 的对角矩阵称为**数量矩阵**:

$$\begin{pmatrix} a & & & \\ & a & & \\ & & \ddots & \\ & & & a \end{pmatrix}$$

若数量矩阵中对角线上的元素都为 1,则称该矩阵为**单位矩阵**,记作 E_n,有时简记为 E,即

$$\boldsymbol{E}=\begin{pmatrix} 1 & & & \\ & 1 & & \\ & & \ddots & \\ & & & 1 \end{pmatrix}$$

单位矩阵在之后矩阵的运算及逆矩阵等章节中将体现较为明显的作用.

习题 9-1

1. 有 6 名选手参加乒乓球比赛,成绩如下:选手 1 胜选手 2,4,5,6,负于 3;选手 2 胜 4,5,6,负于 1,3;选手 3 胜 1,2,4,负于 5,6;选手 4 胜 5,6,负于 1,2,3;选手 5 胜 3,6,负于 1,2,4;若胜一场得 1 分,负一场得零分,试用矩阵表示这 6 名选手的输赢状况.

2. 设矩阵 $\boldsymbol{A}=\begin{pmatrix} 2 & x+2 & -2 \\ 2y & 5 & 4 \end{pmatrix}$, $\boldsymbol{B}=\begin{pmatrix} 2 & 2x & z-3 \\ 4 & 5 & 4 \end{pmatrix}$,已知 $\boldsymbol{A}=\boldsymbol{B}$,求 x,y,z 的值.

9.2 矩阵的运算

在这一节中,将着重讨论矩阵的运算,这些运算可以帮助我们找出矩阵所刻画的事物之间的某些联系,这也使得矩阵进一步成为理论研究或解决实际问题的有力工具.

一、矩阵的线性运算

1. 矩阵的加法

定义 1　两个 m 行 n 列的矩阵 $\boldsymbol{A}=(a_{ij})_{m\times n}$ 和 $\boldsymbol{B}=(b_{ij})_{m\times n}$ 对应位置上的元素相加得到的 m 行 n 列矩阵 $\boldsymbol{C}=(c_{ij})_{m\times n}$ 称为矩阵 $\boldsymbol{A}$ 与 $\boldsymbol{B}$ 的和，记作 $\boldsymbol{C}=\boldsymbol{A}+\boldsymbol{B}$，即

$$\boldsymbol{C}=(c_{ij})_{m\times n}=(a_{ij}+b_{ij})_{m\times n}=\begin{pmatrix} a_{11}+b_{11} & a_{12}+b_{12} & \cdots & a_{1n}+b_{1n} \\ a_{21}+b_{21} & a_{22}+b_{22} & \cdots & a_{2n}+b_{2n} \\ \cdots & \cdots & \cdots & \cdots \\ a_{m1}+b_{m1} & a_{m2}+b_{m2} & \cdots & a_{mn}+b_{mn} \end{pmatrix}.$$

例 1　某厂供应科发放四种物资给三个部门，第一季度和第二季度供应数量如表 9-2 和表 9-3(单位：百件)所示.

表 9-2　第一季度供应情况

部门 \ 数量 \ 物资	1	2	3	4
Ⅰ	5	4	9	8
Ⅱ	3	1	6	2
Ⅲ	4	7	7	6

表 9-3　第二季度供应情况

部门 \ 数量 \ 物资	1	2	3	4
Ⅰ	4	4	8	9
Ⅱ	2	3	7	4
Ⅲ	3	6	5	7

将上述两个表表示为两个矩阵：

$$\boldsymbol{A}=\begin{pmatrix} 5 & 4 & 9 & 8 \\ 3 & 1 & 6 & 2 \\ 4 & 7 & 7 & 6 \end{pmatrix} \qquad \boldsymbol{B}=\begin{pmatrix} 4 & 4 & 8 & 9 \\ 2 & 3 & 7 & 4 \\ 3 & 6 & 5 & 7 \end{pmatrix}$$

那么该厂上半年四种物资按部门累计供应量可用下列矩阵 $\boldsymbol{C}$ 表示：

$$\boldsymbol{C}=\boldsymbol{A}+\boldsymbol{B}=\begin{pmatrix} 5+4 & 4+4 & 9+8 & 8+9 \\ 3+2 & 1+3 & 6+7 & 2+4 \\ 4+3 & 7+6 & 7+5 & 6+7 \end{pmatrix}=\begin{pmatrix} 9 & 8 & 17 & 17 \\ 5 & 4 & 13 & 6 \\ 7 & 13 & 12 & 13 \end{pmatrix}$$

2. 矩阵的数乘

定义 2　设 $\boldsymbol{A}$ 是 $m\times n$ 矩阵，k 是常数，用数 k 乘以矩阵 $\boldsymbol{A}$ 的所有元素得到的矩阵称为数 k 与矩阵 $\boldsymbol{A}$ 的**数乘矩阵**，记作 $k\boldsymbol{A}$，即

$$k\boldsymbol{A}=\boldsymbol{A}k=(ka_{ij})_{m\times n}=\begin{pmatrix} ka_{11} & ka_{12} & \cdots & ka_{1n} \\ ka_{21} & ka_{22} & \cdots & ka_{2n} \\ \vdots & \vdots & \ddots & \vdots \\ ka_{m1} & ka_{m2} & \cdots & ka_{mn} \end{pmatrix}$$

特别，$k=-1$ 时，$-\boldsymbol{A}=(-a_{ij})_{m\times n}$ 称为 $\boldsymbol{A}$ 的**负矩阵**，记作 $-\boldsymbol{A}$. 显然，$\boldsymbol{A}+(-\boldsymbol{A})=\boldsymbol{O}$. 并且由此可以定义**矩阵的减法**为 $\boldsymbol{A}-\boldsymbol{B}=\boldsymbol{A}+(-\boldsymbol{B})=(a_{ij}-b_{ij})_{m\times n}$.

例 2　已知 $\boldsymbol{A}=\begin{pmatrix} -1 & 0 & 3 & 9 \\ 2 & 5 & 7 & 8 \\ 4 & 2 & -1 & 0 \end{pmatrix}$，$\boldsymbol{B}=\begin{pmatrix} 2 & 3 & -5 & 8 \\ 1 & 4 & 0 & 10 \\ 0 & 5 & 1 & 3 \end{pmatrix}$，且 $2\boldsymbol{A}+\boldsymbol{X}=\boldsymbol{B}$，求 $\boldsymbol{X}$.

$$\text{解}:\boldsymbol{X}=\boldsymbol{B}-2\boldsymbol{A}=\begin{pmatrix}2&3&-5&8\\1&4&0&10\\0&5&1&3\end{pmatrix}-2\begin{pmatrix}-1&0&3&9\\2&5&7&8\\4&2&-1&0\end{pmatrix}$$

$$=\begin{pmatrix}2&3&-5&8\\1&4&0&10\\0&5&1&3\end{pmatrix}-\begin{pmatrix}-2&0&6&18\\4&10&14&16\\8&4&-2&0\end{pmatrix}$$

$$=\begin{pmatrix}4&3&-11&-10\\-3&-6&-14&-6\\-8&1&3&3\end{pmatrix}$$

矩阵的加法运算与矩阵的数乘运算统称为矩阵的**线性运算**.不难验证,线性运算具有以下运算规律:

设 $\boldsymbol{A},\boldsymbol{B},\boldsymbol{C},\boldsymbol{O}$ 都是 $m\times n$ 矩阵,k,l 是常数,则:

(1) $\boldsymbol{A}+\boldsymbol{B}=\boldsymbol{B}+\boldsymbol{A}$; (2) $(\boldsymbol{A}+\boldsymbol{B})+\boldsymbol{C}=\boldsymbol{A}+(\boldsymbol{B}+\boldsymbol{C})$;

(3) $\boldsymbol{A}+\boldsymbol{O}=\boldsymbol{A}$; (4) $\boldsymbol{A}+(-\boldsymbol{A})=\boldsymbol{O}$;

(5) $1\boldsymbol{A}=\boldsymbol{A}$; (6) $k(l\boldsymbol{A})=(kl)\boldsymbol{A}$;

(7) $(k+l)\boldsymbol{A}=k\boldsymbol{A}+l\boldsymbol{A}$; (8) $k(\boldsymbol{A}+\boldsymbol{B})=k\boldsymbol{A}+k\boldsymbol{B}$.

二、矩阵的乘法

首先看一个例子.已知某公司向三个商店销售四种产品的数量及各产品的售价和重量如表 9-4 所示.

表 9-4 商店销售四种产品的数量及各产品的售价和重量

数量 商店 / 产品	甲	乙	丙	售价(百元)	重量(千克)
空调	30	0	50	30	40
冰箱	20	7	40	16	30
彩电	50	10	50	22	30
洗衣机	20	0	50	18	20

由此表数据,则该公司向甲商店销售的四种产品的总售价为

$30\times30+20\times16+50\times22+20\times18=2\ 680$(百元)

总重量为 $30\times40+20\times30+50\times30+20\times20=3\ 700$(千克)

向乙商店销售的四种产品的总售价为

$0\times30+7\times16+10\times22+0\times18=332$(百元)

总重量为 $0\times40+7\times30+10\times30+0\times20=510$(千克)

向丙商店销售的四种产品的总售价为

$50\times30+40\times16+50\times22+50\times18=4\ 140$(百元)

总重量为 $50\times40+40\times30+50\times30+50\times20=5\ 700$(千克)

我们将以上运算用矩阵表示:

$$\begin{pmatrix}30&20&50&20\\0&7&10&0\\50&40&50&50\end{pmatrix}\begin{pmatrix}30&40\\16&30\\22&30\\18&20\end{pmatrix}=\begin{pmatrix}2\,680&3\,700\\332&510\\4\,140&5\,700\end{pmatrix}$$

这就是**矩阵的乘法运算**.

定义 3　若 $\boldsymbol{A}=(a_{ij})_{m\times s}$, $\boldsymbol{B}=(b_{ij})_{s\times n}$,那么规定矩阵 $\boldsymbol{A}$ 与 $\boldsymbol{B}$ 的乘积是一个 $m\times n$ 矩阵 $\boldsymbol{C}=(c_{ij})$,其中 $c_{ij}=a_{i1}b_{1j}+a_{i2}b_{2j}+\cdots+a_{is}b_{sj}=\sum\limits_{k=1}^{s}a_{ik}b_{kj}\ (i=1,2,\cdots,m;j=1,2,\cdots,n)$,记作 $\boldsymbol{C}=\boldsymbol{AB}$.

例 3　设 $\boldsymbol{A}=\begin{pmatrix}1&5&3\\-2&1&2\end{pmatrix}$, $\boldsymbol{B}=\begin{pmatrix}4&0&1\\-3&2&2\\1&-1&3\end{pmatrix}$,求 $\boldsymbol{AB}$.

解: $\boldsymbol{AB}=\begin{pmatrix}1&5&3\\-2&1&2\end{pmatrix}\begin{pmatrix}4&0&1\\-3&2&2\\1&-1&3\end{pmatrix}$

$$=\begin{pmatrix}1\times4+5\times(-3)+3\times1 & 1\times0+5\times2+3\times(-1) & 1\times1+5\times2+3\times3\\-2\times4+1\times(-3)+2\times1 & -2\times0+1\times2+2\times(-1) & -2\times1+1\times2+2\times3\end{pmatrix}$$

$$=\begin{pmatrix}-8&7&20\\-9&0&6\end{pmatrix}$$

例 4　若 $\boldsymbol{A}=\begin{pmatrix}3&-1\\2&4\end{pmatrix}$, $\boldsymbol{B}=\begin{pmatrix}-1&0&4\\2&3&1\end{pmatrix}$,求 $\boldsymbol{AB}$.

解: $\boldsymbol{AB}=\begin{pmatrix}3&-1\\2&4\end{pmatrix}\begin{pmatrix}-1&0&4\\2&3&1\end{pmatrix}=\begin{pmatrix}-5&-3&11\\6&12&12\end{pmatrix}$.

注意: $\boldsymbol{AB}$ 读作 $\boldsymbol{A}$ 左乘 $\boldsymbol{B}$ 的乘积, $\boldsymbol{BA}$ 读作 $\boldsymbol{A}$ 右乘 $\boldsymbol{B}$ 的乘积. 在上述两例中, $\boldsymbol{BA}$ 的运算是不可进行的.

例 5　设 $\boldsymbol{A}=\begin{pmatrix}2&4\\3&6\end{pmatrix}$, $\boldsymbol{B}=\begin{pmatrix}2&4\\-1&-2\end{pmatrix}$,求 $\boldsymbol{AB}$ 和 $\boldsymbol{BA}$.

解: $\boldsymbol{AB}=\begin{pmatrix}2&4\\3&6\end{pmatrix}\begin{pmatrix}2&4\\-1&-2\end{pmatrix}=\begin{pmatrix}0&0\\0&0\end{pmatrix}=\boldsymbol{O}$.

$\boldsymbol{BA}=\begin{pmatrix}2&4\\-1&-2\end{pmatrix}\begin{pmatrix}2&4\\3&6\end{pmatrix}=\begin{pmatrix}16&32\\-8&-16\end{pmatrix}$.

上例说明,两个非零矩阵之积可能是零矩阵,因此不能由 $\boldsymbol{AB}=\boldsymbol{O}$ 必然推出 $\boldsymbol{A}=\boldsymbol{O}$ 或 $\boldsymbol{B}=\boldsymbol{O}$,且矩阵的乘法一般不满足交换律,即使运算都是可行的, $\boldsymbol{AB}$ 也不一定等于 $\boldsymbol{BA}$. 所以在矩阵的乘法中,必须注意相乘的顺序及可乘条件.

一般地,矩阵的乘法满足下列运算规律(假定运算都是可行的):

(1) $(\boldsymbol{AB})\boldsymbol{C}=\boldsymbol{A}(\boldsymbol{BC})$;　　(2) $(\boldsymbol{A}+\boldsymbol{B})\boldsymbol{C}=\boldsymbol{AC}+\boldsymbol{BC}$;

(3) $\boldsymbol{C}(\boldsymbol{A}+\boldsymbol{B})=\boldsymbol{CA}+\boldsymbol{CB}$;　　(4) $k(\boldsymbol{AB})=(k\boldsymbol{A})\boldsymbol{B}=\boldsymbol{A}(k\boldsymbol{B})$.

若两矩阵相乘,有 $\boldsymbol{AB}=\boldsymbol{BA}$,则称矩阵 $\boldsymbol{A}$ 与矩阵 $\boldsymbol{B}$ **可交换**. 例如,设 $\boldsymbol{A}=\begin{pmatrix}1&1\\0&1\end{pmatrix}$, $\boldsymbol{B}=\begin{pmatrix}1&2\\0&1\end{pmatrix}$,则有 $\boldsymbol{AB}=\begin{pmatrix}1&1\\0&1\end{pmatrix}\begin{pmatrix}1&2\\0&1\end{pmatrix}=\begin{pmatrix}1&3\\0&1\end{pmatrix}=\begin{pmatrix}1&2\\0&1\end{pmatrix}\begin{pmatrix}1&1\\0&1\end{pmatrix}=\boldsymbol{BA}$.

注意:对于单位矩阵 $\boldsymbol{E}$,容易证明:$\boldsymbol{E}_m\boldsymbol{A}_{m\times n}=\boldsymbol{A}_{m\times n}$,$\boldsymbol{A}_{m\times n}\boldsymbol{E}_n=\boldsymbol{A}_{m\times n}$,或简写为 $\boldsymbol{EA}=\boldsymbol{AE}=\boldsymbol{A}$. 即单位矩阵 $\boldsymbol{E}$ 在矩阵乘法中的作用类似于数 1.

例 6 在线性方程组

$$\begin{cases} a_{11}x_1+a_{12}x_2+\cdots+a_{1n}x_n=b_1 \\ a_{21}x_1+a_{22}x_2+\cdots+a_{2n}x_n=b_2 \\ \qquad\qquad\vdots \\ a_{m1}x_1+a_{m2}x_2+\cdots+a_{mn}x_n=b_m \end{cases}$$

中,若令

$$\boldsymbol{A}=\begin{pmatrix} a_{11} & a_{12} & \cdots & a_{1n} \\ a_{21} & a_{22} & \cdots & a_{2n} \\ \vdots & \vdots & \ddots & \vdots \\ a_{m1} & a_{m2} & \cdots & a_{mn} \end{pmatrix},\boldsymbol{X}=\begin{pmatrix} x_1 \\ x_2 \\ \vdots \\ x_n \end{pmatrix},\boldsymbol{B}=\begin{pmatrix} b_1 \\ b_2 \\ \vdots \\ b_m \end{pmatrix}.$$

则由矩阵的乘法,方程组可以由**矩阵方程** $\boldsymbol{AX}=\boldsymbol{B}$ 表示.

三、矩阵的转置

定义 4 把矩阵 $\boldsymbol{A}$ 的行换成同序数的列得到的新矩阵,称为 $\boldsymbol{A}$ 的**转置矩阵**,记作 $\boldsymbol{A}^{\mathrm{T}}$ 或 $\boldsymbol{A}'$.

即 $\boldsymbol{A}=\begin{pmatrix} a_{11} & a_{12} & \cdots & a_{1n} \\ a_{21} & a_{22} & \cdots & a_{2n} \\ \vdots & \vdots & \ddots & \vdots \\ a_{m1} & a_{m2} & \cdots & a_{mn} \end{pmatrix}$,则 $\boldsymbol{A}^{\mathrm{T}}=\begin{pmatrix} a_{11} & a_{21} & \cdots & a_{m1} \\ a_{12} & a_{22} & \cdots & a_{m2} \\ \vdots & \vdots & \ddots & \vdots \\ a_{1n} & a_{2n} & \cdots & a_{mn} \end{pmatrix}$.

例如,矩阵 $\boldsymbol{A}=\begin{pmatrix} 2 & 1 \\ 0 & 7 \\ 4 & 5 \end{pmatrix}$ 的转置矩阵 $\boldsymbol{A}^{\mathrm{T}}=\begin{pmatrix} 2 & 0 & 4 \\ 1 & 7 & 5 \end{pmatrix}$.

矩阵的转置满足如下运算规律(假定运算都是可行的):

(1) $(\boldsymbol{A}^{\mathrm{T}})^{\mathrm{T}}=\boldsymbol{A}$;　　(2) $(\boldsymbol{A}+\boldsymbol{B})^{\mathrm{T}}=\boldsymbol{A}^{\mathrm{T}}+\boldsymbol{B}^{\mathrm{T}}$;

(3) $(k\boldsymbol{A})^{\mathrm{T}}=k\boldsymbol{A}^{\mathrm{T}}$;　　(4) $(\boldsymbol{AB})^{\mathrm{T}}=\boldsymbol{B}^{\mathrm{T}}\boldsymbol{A}^{\mathrm{T}}$.

例 7 设 $\boldsymbol{A}=(-1\ \ 1\ \ 2)$,$\boldsymbol{B}=\begin{pmatrix} 2 & 1 & 0 \\ -1 & 2 & 4 \\ 0 & 3 & 1 \end{pmatrix}$,求 $(\boldsymbol{AB})^{\mathrm{T}}$.

解法一:

由 $\boldsymbol{AB}=(-1\ \ 1\ \ 2)\begin{pmatrix} 2 & 1 & 0 \\ -1 & 2 & 4 \\ 0 & 3 & 1 \end{pmatrix}=(-3\ \ 7\ \ 6)$

得 $(\boldsymbol{AB})^{\mathrm{T}}=\begin{pmatrix} -3 \\ 7 \\ 6 \end{pmatrix}$.

解法二：

$$(\boldsymbol{AB})^{\mathrm{T}}=\boldsymbol{B}^{\mathrm{T}}\boldsymbol{A}^{\mathrm{T}}=\begin{pmatrix}2&-1&0\\1&2&3\\0&4&1\end{pmatrix}\begin{pmatrix}-1\\1\\2\end{pmatrix}=\begin{pmatrix}-3\\7\\6\end{pmatrix}.$$

定义 5 若 n 阶矩阵 A 满足 $\boldsymbol{A}^{\mathrm{T}}=\boldsymbol{A}$（即 $a_{ij}=a_{ji},i,j=1,2,\cdots n$），则称 $\boldsymbol{A}$ 为**对称矩阵**.

例如：$\begin{pmatrix}4&-2\\-2&5\end{pmatrix}$，$\begin{pmatrix}2&-1&4\\-1&1&-9\\4&-9&3\end{pmatrix}$都是对称矩阵.

四、方阵的幂

定义 6 设 $\boldsymbol{A}$ 是 n 阶矩阵，定义

$$\boldsymbol{A}^k=\underbrace{\boldsymbol{A}\cdot\boldsymbol{A}\cdot\cdots\cdot\boldsymbol{A}}_{k\text{个}}$$

式中，k 为自然数，$\boldsymbol{A}^k$ 称为**矩阵 $\boldsymbol{A}$ 的 k 次幂**.

矩阵的幂满足以下运算规律（其中 k,l 为任意自然数）：

(1) $\boldsymbol{A}^k\boldsymbol{A}^l=\boldsymbol{A}^{k+l}$；　　(2) $(\boldsymbol{A}^k)^l=\boldsymbol{A}^{kl}$.

注意：(1) 规定 $\boldsymbol{A}^0=\boldsymbol{E}$.

(2) 一般情形下，$(\boldsymbol{AB})^k\neq\boldsymbol{A}^k\boldsymbol{B}^k$，这是因为 $\boldsymbol{AB}$ 与 $\boldsymbol{BA}$ 不一定相等.

例 8 设 $\boldsymbol{A}=\begin{pmatrix}1&0\\\lambda&1\end{pmatrix}$，求 $\boldsymbol{A}^2,\boldsymbol{A}^3,\cdots,\boldsymbol{A}^n$.

解：$\boldsymbol{A}^2=\boldsymbol{AA}=\begin{pmatrix}1&0\\\lambda&1\end{pmatrix}\begin{pmatrix}1&0\\\lambda&1\end{pmatrix}=\begin{pmatrix}1&0\\2\lambda&1\end{pmatrix}$；

$\boldsymbol{A}^3=\boldsymbol{A}^2\boldsymbol{A}=\begin{pmatrix}1&0\\2\lambda&1\end{pmatrix}\begin{pmatrix}1&0\\\lambda&1\end{pmatrix}=\begin{pmatrix}1&0\\3\lambda&1\end{pmatrix}$.

探索其方阵幂的规律，下面用数学归纳法寻求 $\boldsymbol{A}^n$：

当 $n=1$ 时，有 $\boldsymbol{A}^1=\begin{pmatrix}1&0\\\lambda&1\end{pmatrix}$成立，

假设当 $n=k$ 时，有 $\boldsymbol{A}^k=\begin{pmatrix}1&0\\k\lambda&1\end{pmatrix}$成立，

则当 $n=k+1$ 时，$\boldsymbol{A}^{k+1}=\boldsymbol{A}^k\boldsymbol{A}=\begin{pmatrix}1&0\\k\lambda&1\end{pmatrix}\begin{pmatrix}1&0\\\lambda&1\end{pmatrix}=\begin{pmatrix}1&0\\(k+1)\lambda&1\end{pmatrix}$，

由归纳法原理，对任意正整数 n，都有 $\boldsymbol{A}^n=\begin{pmatrix}1&0\\n\lambda&1\end{pmatrix}$.

五、方阵的行列式

定义 7 由 n 阶矩阵 $\boldsymbol{A}$ 的元素所构成的 n 阶行列式（各元素的位置保持不变），称为**矩阵 $\boldsymbol{A}$ 的行列式**，记作 $|\boldsymbol{A}|$ 或 $\det\boldsymbol{A}$.

矩阵 $\boldsymbol{A}$ 的行列式 $|\boldsymbol{A}|$ 满足下列运算规律（$\boldsymbol{A},\boldsymbol{B}$ 都是 n 阶矩阵，k 为常数）：

(1) $|\boldsymbol{A}^{\mathrm{T}}|=|\boldsymbol{A}|$（见行列式的性质）；　　(2) $|k\boldsymbol{A}|=k^n|\boldsymbol{A}|$；

(3) $|\boldsymbol{AB}|=|\boldsymbol{A}||\boldsymbol{B}|$.

例 9 已知 $\boldsymbol{A}=\begin{pmatrix}2 & 1\\0 & 3\end{pmatrix}$,$\boldsymbol{B}=\begin{pmatrix}1 & -1\\1 & 2\end{pmatrix}$,求:(1) $|\boldsymbol{AB}|$;(2) $|2\boldsymbol{A}|$;(3) $|\boldsymbol{A}^2|$.

解:(1) $|\boldsymbol{A}|=\begin{vmatrix}2 & 1\\0 & 3\end{vmatrix}=6$, $|\boldsymbol{B}|=\begin{vmatrix}1 & -1\\1 & 2\end{vmatrix}=3$

由方阵行列式的性质 3 知

$$|\boldsymbol{AB}|=|\boldsymbol{A}||\boldsymbol{B}|=6\times 3=18.$$

(2) 因为 $\boldsymbol{A}$ 是 2 阶方阵,所以 $|2\boldsymbol{A}|=2^2|\boldsymbol{A}|=4\times 6=24$.

(3) $|\boldsymbol{A}^2|=|\boldsymbol{A}|^2=6^2=36$.

习题 9-2

1. 计算:

(1) $\begin{pmatrix}1 & 0 & 3\\2 & 5 & -1\end{pmatrix}+\begin{pmatrix}-2 & 4 & 1\\0 & -3 & 2\end{pmatrix}$; (2) $2\begin{pmatrix}5 & 1\\-1 & 0\end{pmatrix}+3\begin{pmatrix}1 & 0\\1 & 1\end{pmatrix}-\begin{pmatrix}4 & 2\\5 & 3\end{pmatrix}$.

2. 设 $\boldsymbol{A}=\begin{pmatrix}2 & 1 & 0\\-1 & 1 & 5\end{pmatrix}$,$\boldsymbol{B}=\begin{pmatrix}4 & 2 & 3\\1 & -2 & 0\end{pmatrix}$.

求:(1) $2\boldsymbol{A}+\boldsymbol{B}$;(2) 若 $\boldsymbol{A}+2\boldsymbol{X}=\boldsymbol{B}$,求 $\boldsymbol{X}$.

3. 计算:

(1) $\begin{pmatrix}1 & -2\\4 & 3\end{pmatrix}\begin{pmatrix}5 & -1 & 2\\3 & 0 & 1\end{pmatrix}$; (2) $(2\quad 3\quad 4)\begin{pmatrix}2\\3\\4\end{pmatrix}$;

(3) $\begin{pmatrix}2\\3\\4\end{pmatrix}(2\quad 3\quad 4)$; (4) $\begin{pmatrix}-2 & 1\\5 & 7\\0 & 4\end{pmatrix}\begin{pmatrix}3 & 0 & 2\\-1 & 5 & -9\end{pmatrix}$;

(5) $(x_1\quad x_2\quad x_3)\begin{pmatrix}a_{11} & a_{12} & a_{13}\\a_{12} & a_{22} & a_{23}\\a_{13} & a_{23} & a_{33}\end{pmatrix}\begin{pmatrix}x_1\\x_2\\x_3\end{pmatrix}$; (6) $\begin{pmatrix}0 & 0 & 3\\0 & -2 & 0\\1 & 0 & 0\end{pmatrix}\begin{pmatrix}0 & 0 & a\\0 & b & 0\\c & 0 & 0\end{pmatrix}$.

4. 已知 $\boldsymbol{A}=\begin{pmatrix}1 & 0 & 1\\0 & 1 & 1\\1 & 0 & 0\end{pmatrix}$,$\boldsymbol{B}=\begin{pmatrix}1 & 2 & 4\\1 & 0 & 0\\0 & 1 & 1\end{pmatrix}$,求(1) $3\boldsymbol{AB}-2\boldsymbol{B}$;(2) $\boldsymbol{A}^{\mathrm{T}}\boldsymbol{B}$.

5. 对任意 $m\times n$ 矩阵,证明:$\boldsymbol{A}^{\mathrm{T}}\boldsymbol{A}$ 及 $\boldsymbol{A}\boldsymbol{A}^{\mathrm{T}}$ 都是对称矩阵.

6. 已知三阶矩阵 $\boldsymbol{A}=\begin{pmatrix}-1 & 2 & 3\\0 & 4 & 0\\0 & 0 & 2\end{pmatrix}$,求 $|-3\boldsymbol{A}|$ 及 $|\boldsymbol{A}^2|$.

7. 若矩阵 $\boldsymbol{A}$,$\boldsymbol{B}$ 可交换,即 $\boldsymbol{AB}=\boldsymbol{BA}$,证明:

(1) $(\boldsymbol{A}+\boldsymbol{B})^2=\boldsymbol{A}^2+2\boldsymbol{AB}+\boldsymbol{B}^2$; (2) $(\boldsymbol{A}+\boldsymbol{B})(\boldsymbol{A}-\boldsymbol{B})=\boldsymbol{A}^2-\boldsymbol{B}^2$.

8. 已知 $\boldsymbol{A}=\begin{pmatrix}-1 & 0\\1 & 1\end{pmatrix}$,$\boldsymbol{B}=\begin{pmatrix}1 & 2\\0 & 1\end{pmatrix}$,求$(\boldsymbol{AB})^2$ 和 $\boldsymbol{A}^2\boldsymbol{B}^2$.

9. 现有 4 个工厂均能生产甲、乙、丙三种产品，其单位成本(单位：元)如表 9-5 所示.

表 9-5　单位成本

单位成本 产品 / 工厂	甲	乙	丙
Ⅰ	2	4	5
Ⅱ	3	2	6
Ⅲ	4	5	5
Ⅳ	7	4	3

现要生产产品甲 300 件，产品乙 500 件，产品丙 400 件，问由那个工厂生产成本最低?

10. 某商店主要销售甲、乙、丙三种商品，其销售量如表 9-6 所示，每件商品的销售价格及销售利润(单位：元)如表 9-7 所示.

表 9-6　销售量

月份	销售量		
	甲	乙	丙
4 月	400	200	700
5 月	500	300	500
6 月	600	400	600

表 9-7　销售利润

	单价	单位利润
甲	30	5
乙	20	4
丙	15	2

求该商品第二季度三个月的销售额及销售利润?

9.3　矩阵的初等变换与矩阵的秩

一、矩阵的初等变换

定义 1　矩阵的下列三种变换称为矩阵的**初等行变换**：

(1) 交换矩阵的某两行(交换 i,j 两行，记作 $r_i \leftrightarrow r_j$)；

(2) 用非零数 k 乘矩阵的某一行(用 k 乘第 i 行，记作 kr_i 或 $k \times r_i$)；

(3) 将矩阵某一行的 l 倍加到另一行上(将第 i 行的 l 倍加到第 j 行上，记作 $l \times r_i + r_j$).

将定义中的“行”换成“列”，所施行的三种变换称为矩阵的**初等列变换**(记号中的 r 改成 c).

初等行变换和初等列变换统称为矩阵的**初等变换**.

定义 2　若矩阵 $\boldsymbol{A}$ 经过有限次初等变换变为矩阵 $\boldsymbol{B}$，则称 $\boldsymbol{A}$ 与 $\boldsymbol{B}$ **等价**，记为 $\boldsymbol{A} \sim \boldsymbol{B}$.

注意：对矩阵施行初等变换后，前后的两个矩阵一般不再相等，故之间用“～”连接.

定义 3　满足下列条件的矩阵称为**行阶梯形矩阵**：

(1) 若矩阵有零行(元素全为 0 的行)，则零行位于矩阵的最下方；

(2) 各非零行的首非零元(从左至右的第一个不为零的元素)的列标随着行标的增大而严格增大.

如：$\begin{pmatrix}2&1&0\\0&3&4\\0&0&0\end{pmatrix}$，$\begin{pmatrix}1&2&0&-1&1\\0&3&2&4&3\\0&0&0&5&4\end{pmatrix}$均为行阶梯形矩阵.

定义 4 满足下列条件的行阶梯形矩阵称为**行最简形矩阵**：

(1) 各非零行的首非零元都是 1.

(2) 每个首非零元所在的列其余元素均为零.

例如：$\begin{pmatrix}1&2&0&0\\0&0&1&0\\0&0&0&1\\0&0&0&0\end{pmatrix}$，$\begin{pmatrix}1&0&0&2&4\\0&1&0&3&5\\0&0&1&-1&0\end{pmatrix}$均为行最简形矩阵.

例 1 用初等变换将矩阵 $\boldsymbol{A}=\begin{pmatrix}1&2&3\\2&-1&1\\-1&1&0\\-2&1&-1\end{pmatrix}$化成行最简形.

解：$$\boldsymbol{A}=\begin{pmatrix}1&2&3\\2&-1&1\\-1&1&0\\-2&1&-1\end{pmatrix}\overset{\substack{r_2-2r_1\\r_3+r_1\\r_4+2r_1}}{\sim}\begin{pmatrix}1&2&3\\0&-5&-5\\0&3&3\\0&5&5\end{pmatrix}\overset{r_2\times\left(-\frac{1}{5}\right)}{\sim}\begin{pmatrix}1&2&3\\0&1&1\\0&3&3\\0&5&5\end{pmatrix}$$

$$\overset{\substack{r_3-3r_2\\r_4-5r_2}}{\sim}\begin{pmatrix}1&2&3\\0&1&1\\0&0&0\\0&0&0\end{pmatrix}\overset{r_1-2r_2}{\sim}\begin{pmatrix}1&0&1\\0&1&1\\0&0&0\\0&0&0\end{pmatrix}$$

定理 1 任一矩阵 $\boldsymbol{A}$ 都可经过有限次的初等行变换化为行阶梯形矩阵和行最简形矩阵.

定理 2 任意一个矩阵 $\boldsymbol{A}_{m\times n}=(a_{ij})_{m\times n}$ 经过若干次初等变换，均可以化成标准形矩阵 $\boldsymbol{D}$：

$$\boldsymbol{D}=\underbrace{\begin{pmatrix}1&&&&&\\&\ddots&&&&\\&&1&&&\\&&&0&&\\&&&&\ddots&\\&&&&&0\end{pmatrix}}_{r\text{ 列}}r\text{ 行}$$

$$=\begin{pmatrix}\boldsymbol{E}_r&\boldsymbol{O}_{r\times(n-r)}\\\boldsymbol{O}_{(m-r)\times r}&\boldsymbol{O}_{(m-r)\times(n-r)}\end{pmatrix}$$

例 2 将例 1 中的矩阵 $\boldsymbol{A}=\begin{pmatrix}1&2&3\\2&-1&1\\-1&1&0\\-2&1&-1\end{pmatrix}$化为标准形矩阵.

解：$$\boldsymbol{A}=\begin{pmatrix}1&2&3\\2&-1&1\\-1&1&0\\-2&1&-1\end{pmatrix}\sim\begin{pmatrix}1&0&1\\0&1&1\\0&0&0\\0&0&0\end{pmatrix}\overset{\substack{c_3-c_1\\c_3-c_2}}{\sim}\begin{pmatrix}1&0&0\\0&1&0\\0&0&0\\0&0&0\end{pmatrix}=\begin{pmatrix}\boldsymbol{E}_2&O\\O&O\end{pmatrix}$$

二、矩阵的秩

矩阵的秩反映的是矩阵的内在属性，作为矩阵在初等变换下的不变量，它对今后研究和讨论向量组的线性相关性以及线性方程组的解的存在性有着重要的作用.

定义5 在 $m\times n$ 矩阵 $\boldsymbol{A}$ 中，任取 k 行 k 列 $(k\leqslant\min\{m,n\})$，位于这些行列交叉处的 k^2 个元素，不改变它们在矩阵 $\boldsymbol{A}$ 中的位置次序而得到的 k 阶行列式，称为矩阵 $\boldsymbol{A}$ 的 **k 阶子式**.

例如，设矩阵 $\boldsymbol{A}=\begin{pmatrix}2&-3&0&1\\5&4&3&1\\1&2&7&2\end{pmatrix}$，则由1、3行和1、4列交叉处的元素构成的二阶子式为 $\begin{vmatrix}2&1\\1&2\end{vmatrix}$.

由定义5知，k 阶子式事实上就是矩阵 $\boldsymbol{A}$ 中的某些元素构成的一个行列式. 行列式的值等于0的 k 阶子式称为**零子式**，行列式的值不为0的 k 阶子式称为**非零子式**. 在矩阵 $\boldsymbol{A}$ 的所有 k 阶子式中，非零子式的最高的阶数这个量是确定不变的，这就是矩阵的秩.

定义6 设 $\boldsymbol{A}$ 是 $m\times n$ 矩阵，如果存在 $\boldsymbol{A}$ 的 r 阶子式不为零，而任何 $r+1$ 阶子式(如果有的话)都为零，则称数 r 为矩阵 $\boldsymbol{A}$ 的**秩**，记为 $r(\boldsymbol{A})$.

规定，零矩阵的秩等于0.

例3 求矩阵 $\boldsymbol{A}=\begin{pmatrix}-2&1&2&-4&-1\\0&0&1&5&2\\0&0&0&3&7\\0&0&0&0&0\end{pmatrix}$ 的秩.

解：由于这是一个阶梯形矩阵，前3行是非零行，第4行是零行，所以矩阵 $\boldsymbol{A}$ 的所有四阶子式均为0.

另外，取矩阵 $\boldsymbol{A}$ 的第1、2、3行，第1、3、4列交叉处的元素，得到三阶子式：

$$\begin{vmatrix}-2&2&-4\\0&1&5\\0&0&3\end{vmatrix}=-6\neq0$$

这是一个三阶的非零子式，而矩阵 $\boldsymbol{A}$ 的所有四阶子式均等于零，由秩的定义知，$r(\boldsymbol{A})=3$.

当矩阵的行数和列数较高时，按定义求秩非常麻烦. 下面给出用初等变换求矩阵的秩的方法.

定理3 矩阵经初等变换后，其秩不变.

由上面的例3不难得知，阶梯形矩阵的秩就是其非零行的行数. 而任一矩阵都可经初等变换化为阶梯形矩阵，于是我们得到利用初等变换求矩阵的秩的方法：用初等变换将矩阵化为行阶梯形矩阵，**行阶梯形矩阵中非零行的行数就是矩阵的秩**.

例4 求矩阵 $\boldsymbol{A}=\begin{pmatrix}2&-1&-1&1&2\\1&1&-2&1&4\\4&-6&2&-2&4\\3&6&-9&7&9\end{pmatrix}$ 的秩.

$$\text{解}:A=\begin{pmatrix}2&-1&-1&1&2\\1&1&-2&1&4\\4&-6&2&-2&4\\3&6&-9&7&9\end{pmatrix}\overset{r_1\leftrightarrow r_2}{\sim}\begin{pmatrix}1&1&-2&1&4\\2&-1&-1&1&2\\4&-6&2&-2&4\\3&6&-9&7&9\end{pmatrix}$$

$$\overset{\substack{r_2-2r_1\\r_3-4r_1\\r_4-3r_1}}{\sim}\begin{pmatrix}1&1&-2&1&4\\0&-3&3&-1&-6\\0&-10&10&-6&-12\\0&3&-3&4&-3\end{pmatrix}\overset{\substack{r_3-\frac{10}{3}r_2\\r_4+r_2}}{\sim}\begin{pmatrix}1&1&-2&1&4\\0&-3&3&-1&-6\\0&0&0&-\frac{8}{3}&8\\0&0&0&3&-9\end{pmatrix}$$

$$\overset{r_4+\frac{9}{8}r_3}{\sim}\begin{pmatrix}1&1&-2&1&4\\0&-3&3&-1&-6\\0&0&0&-\frac{8}{3}&8\\0&0&0&0&0\end{pmatrix}$$

所以矩阵的秩为 3.

例 5 设矩阵 $\mathbf{A}=\begin{pmatrix}a&1&1\\1&a&-1\\1&-1&a\end{pmatrix}$,

(1) 若 $r(\mathbf{A})=1$,求 a 的值;

(2) 若 $r(\mathbf{A})=2$,求 a 的值.

$$\text{解}:\mathbf{A}=\begin{pmatrix}a&1&1\\1&a&-1\\1&-1&a\end{pmatrix}\overset{r_1\leftrightarrow r_2}{\sim}\begin{pmatrix}1&a&-1\\a&1&1\\1&-1&a\end{pmatrix}\overset{\substack{r_2-ar_1\\r_3-r_1}}{\sim}\begin{pmatrix}1&a&-1\\0&1-a^2&1+a\\0&-1-a&a+1\end{pmatrix}$$

$$\overset{r_3-r_2}{\sim}\begin{pmatrix}1&a&-1\\0&1-a^2&1+a\\0&a^2-a-2&0\end{pmatrix}.$$

(1) 若 $r(\mathbf{A})=1$,则 $a^2-a-2=0$ 且 $1-a^2=0$,$1+a=0$,故 $a=-1$;

(2) 若 $r(\mathbf{A})=2$,则 $a^2-a-2=0$ 且 $1-a^2\neq0$ 或 $1+a\neq0$,故 $a=2$.

定义 7 若 $m\times n$ 矩阵 A 的秩 $r(\mathbf{A})=\min\{m,n\}$,则称 $\mathbf{A}$ 为**满秩矩阵**,否则称为**降秩矩阵**.

另外,由于行列式与其转置行列式相等,因此 $\mathbf{A}^{\mathrm{T}}$ 的子式与 $\mathbf{A}$ 的子式对应相等,从而可以得到,对于任意矩阵,都有 $r(\mathbf{A}^{\mathrm{T}})=r(\mathbf{A})$.

习题 9-3

1. 把下列矩阵化为标准形:

(1) $\begin{pmatrix}1&-1&2\\3&-3&1\\-2&2&-4\end{pmatrix}$; (2) $\begin{pmatrix}3&-2&0&-1\\0&2&2&1\\1&-2&-3&-2\\0&1&2&1\end{pmatrix}$.

2. 求下列矩阵的秩：

(1) $\begin{pmatrix} 1 & 1 & 3 & 1 \\ 3 & -1 & 2 & 4 \\ 2 & -2 & 7 & -1 \end{pmatrix}$;　　(2) $\begin{pmatrix} 1 & 1 & 0 & 1 \\ 2 & 0 & 3 & 2 \\ 0 & -1 & 2 & 3 \\ 1 & 2 & -1 & 4 \end{pmatrix}$.

3. 设 $\boldsymbol{A}=\begin{pmatrix} 1 & 0 & 2 & -1 \\ -1 & 1 & -3 & 2 \\ 2 & -1 & a & b \end{pmatrix}$,已知 $r(\boldsymbol{A})=2$,求 a,b 的值.

9.4 逆　矩　阵

一、逆矩阵的概念

我们知道,一个数 $a\neq 0$,则 a^{-1} 称为 a 的倒数(或 a 的逆),满足 $a\cdot a^{-1}=a^{-1}\cdot a=1$. 仿此,我们将引出矩阵 $\boldsymbol{A}$ 的逆矩阵的概念.

定义 1　对于 n 阶矩阵 $\boldsymbol{A}$,如果存在 n 阶矩阵 $\boldsymbol{B}$,使得 $\boldsymbol{AB}=\boldsymbol{BA}=\boldsymbol{E}$,则称 $\boldsymbol{A}$ 为**可逆矩阵**,并且 $\boldsymbol{B}$ 称为 $\boldsymbol{A}$ 的**逆矩阵**,$\boldsymbol{A}$ 的逆矩阵用 $\boldsymbol{A}^{-1}$ 表示,即 $\boldsymbol{B}=\boldsymbol{A}^{-1}$,从而有

$$\boldsymbol{AA}^{-1}=\boldsymbol{A}^{-1}\boldsymbol{A}=\boldsymbol{E}$$

注意:(1) 由定义可知,$\boldsymbol{A}$ 也是 $\boldsymbol{B}$ 的逆矩阵,即 $\boldsymbol{B}^{-1}=\boldsymbol{A}$;

(2) 可逆矩阵的逆是唯一的.

定义 2　若 n 阶矩阵 $\boldsymbol{A}$ 的行列式 $|\boldsymbol{A}|\neq 0$,则称 $\boldsymbol{A}$ 为**非奇异矩阵**,否则称 $\boldsymbol{A}$ 为**奇异矩阵**.

例 1　设 $\boldsymbol{A}=\begin{pmatrix} 2 & 5 \\ 3 & 7 \end{pmatrix}$,$\boldsymbol{B}=\begin{pmatrix} -7 & 5 \\ 3 & -2 \end{pmatrix}$,验证 $\boldsymbol{A},\boldsymbol{B}$ 互为逆矩阵.

解:$\boldsymbol{AB}=\begin{pmatrix} 2 & 5 \\ 3 & 7 \end{pmatrix}\begin{pmatrix} -7 & 5 \\ 3 & -2 \end{pmatrix}=\begin{pmatrix} 1 & 0 \\ 0 & 1 \end{pmatrix}=\boldsymbol{E}$

$\boldsymbol{BA}=\begin{pmatrix} -7 & 5 \\ 3 & -2 \end{pmatrix}\begin{pmatrix} 2 & 5 \\ 3 & 7 \end{pmatrix}=\begin{pmatrix} 1 & 0 \\ 0 & 1 \end{pmatrix}=\boldsymbol{E}$

即 $\boldsymbol{AB}=\boldsymbol{BA}=\boldsymbol{E}$,故 $\boldsymbol{A},\boldsymbol{B}$ 互为逆矩阵.

逆矩阵的性质：

性质 1　若 $\boldsymbol{A}$ 可逆,则 $\boldsymbol{A}^{-1}$ 也可逆,且 $(\boldsymbol{A}^{-1})^{-1}=\boldsymbol{A}$.

性质 2　若 $\boldsymbol{A}$ 可逆,则 $\boldsymbol{A}^{\mathrm{T}}$ 也可逆,且 $(\boldsymbol{A}^{\mathrm{T}})^{-1}=(\boldsymbol{A}^{-1})^{\mathrm{T}}$.

性质 3　若 $\boldsymbol{A}$ 可逆,数 $k\neq 0$,则 $k\boldsymbol{A}$ 也可逆,且 $(k\boldsymbol{A})^{-1}=\dfrac{1}{k}\boldsymbol{A}^{-1}$.

性质 4　若 n 阶矩阵 $\boldsymbol{A},\boldsymbol{B}$ 均可逆,则 $\boldsymbol{AB}$ 也可逆,且 $(\boldsymbol{AB})^{-1}=\boldsymbol{B}^{-1}\boldsymbol{A}^{-1}$.

这里只证明性质 4：

因为 $\boldsymbol{AB}(\boldsymbol{B}^{-1}\boldsymbol{A}^{-1})=\boldsymbol{A}(\boldsymbol{BB}^{-1})\boldsymbol{A}^{-1}=\boldsymbol{AEA}^{-1}=\boldsymbol{AA}^{-1}=\boldsymbol{E}$,且有

$$(\boldsymbol{B}^{-1}\boldsymbol{A}^{-1})\boldsymbol{AB}=\boldsymbol{B}^{-1}(\boldsymbol{A}^{-1}\boldsymbol{A})\boldsymbol{B}=\boldsymbol{B}^{-1}\boldsymbol{EB}=\boldsymbol{B}^{-1}\boldsymbol{B}=\boldsymbol{E},$$

所以 $(\boldsymbol{AB})^{-1}=\boldsymbol{B}^{-1}\boldsymbol{A}^{-1}$.

注意:性质 4 可推广到任意有限个同阶可逆矩阵的情形. 即若 $\boldsymbol{A}_1,\boldsymbol{A}_2,\cdots,\boldsymbol{A}_n$ 均是 n 阶可逆矩阵,则 $\boldsymbol{A}_1\boldsymbol{A}_2\cdots\boldsymbol{A}_n$ 也可逆,且 $(\boldsymbol{A}_1\boldsymbol{A}_2\cdots\boldsymbol{A}_n)^{-1}=\boldsymbol{A}_n^{-1}\cdots\boldsymbol{A}_2^{-1}\boldsymbol{A}_1^{-1}$.

二、伴随矩阵及其与逆矩阵的关系

定义 3 n 阶矩阵 $\boldsymbol{A}$ 的行列式 $|A|$ 中的各个元素的代数余子式 A_{ij} 所构成的矩阵

$$\boldsymbol{A}^*=\begin{pmatrix}A_{11} & A_{21} & \cdots & A_{n1}\\ A_{12} & A_{22} & \cdots & A_{n2}\\ \vdots & \vdots & \ddots & \vdots\\ A_{1n} & A_{2n} & \cdots & A_{nn}\end{pmatrix}$$

称为矩阵 $\boldsymbol{A}$ 的**伴随矩阵**.

定理 1 n 阶矩阵 $\boldsymbol{A}$ 可逆的充分必要条件是 $|\boldsymbol{A}|\neq 0$(非奇异),且 $\boldsymbol{A}^{-1}=\dfrac{1}{|\boldsymbol{A}|}\boldsymbol{A}^*$.

定理 2 设 $\boldsymbol{A},\boldsymbol{B}$ 都是 n 阶矩阵 ,如果 $\boldsymbol{AB}=\boldsymbol{E}$,那么 $\boldsymbol{A},\boldsymbol{B}$ 均可逆,且 $\boldsymbol{A}^{-1}=\boldsymbol{B},\boldsymbol{B}^{-1}=\boldsymbol{A}$.

注意:定理 2 表明,要判断 $\boldsymbol{B}$ 是否为 $\boldsymbol{A}$ 的逆矩阵,只需验证 $\boldsymbol{AB}=\boldsymbol{E}$ 或 $\boldsymbol{BA}=\boldsymbol{E}$ 即可,这比直接用定义验证 $\boldsymbol{AB}=\boldsymbol{E}$ 和 $\boldsymbol{BA}=\boldsymbol{E}$ 同时成立更加简便.

例 2 设矩阵 $\boldsymbol{A}=\begin{pmatrix}1 & 2 & -1\\ 3 & 4 & -2\\ 5 & -4 & 1\end{pmatrix}$,问 $\boldsymbol{A}$ 是否可逆?若可逆,求其逆矩阵.

解:因为 $|\boldsymbol{A}|=\begin{vmatrix}1 & 2 & -1\\ 3 & 4 & -2\\ 5 & -4 & 1\end{vmatrix}=2\neq 0$,所以 $\boldsymbol{A}$ 可逆.

$$A_{11}=\begin{vmatrix}4 & -2\\ -4 & 1\end{vmatrix}=-4,A_{12}=-\begin{vmatrix}3 & -2\\ 5 & 1\end{vmatrix}=-13,A_{13}=\begin{vmatrix}3 & 4\\ 5 & -4\end{vmatrix}=-32$$

$$A_{21}=-\begin{vmatrix}2 & -1\\ -4 & 1\end{vmatrix}=2,A_{22}=\begin{vmatrix}1 & -1\\ 5 & 1\end{vmatrix}=6,A_{23}=-\begin{vmatrix}1 & 2\\ 5 & -4\end{vmatrix}=14$$

$$A_{31}=\begin{vmatrix}2 & -1\\ 4 & -2\end{vmatrix}=0,A_{32}=-\begin{vmatrix}1 & -1\\ 3 & -2\end{vmatrix}=-1,A_{33}=\begin{vmatrix}1 & 2\\ 3 & 4\end{vmatrix}=-2$$

于是得 $\boldsymbol{A}^{-1}=\dfrac{1}{|\boldsymbol{A}|}\boldsymbol{A}^*=\dfrac{1}{2}\begin{pmatrix}-4 & 2 & 0\\ -13 & 6 & -1\\ -32 & 14 & -2\end{pmatrix}=\begin{pmatrix}-2 & 1 & 0\\ -\dfrac{13}{2} & 3 & -\dfrac{1}{2}\\ -16 & 7 & -1\end{pmatrix}$.

三、初等变换法求逆矩阵

从例 2 可看到,定理 1 在给出矩阵 $\boldsymbol{A}$ 可逆的充分必要条件的同时,也给出了求逆矩阵 $\boldsymbol{A}^{-1}$ 的一种方法——**伴随矩阵法**,即 $\boldsymbol{A}^{-1}=\dfrac{1}{|\boldsymbol{A}|}\boldsymbol{A}^*$. 但是,对于行列数较高的矩阵而言,用此种方法计算逆矩阵就非常繁杂了.下面我们就介绍矩阵求逆的另一种方法——**初等变换法**.

首先把 n 阶方阵 $\boldsymbol{A}$ 和与 $\boldsymbol{A}$ 同阶的单位矩阵 $\boldsymbol{E}$ 构造成一个新的 $n\times 2n$ 的矩阵 $(\boldsymbol{A},\boldsymbol{E})$,然后对其施行初等行变换将矩阵 $\boldsymbol{A}$ 化成单位矩阵 $\boldsymbol{E}$,此时在相同的变换下,原来的 $\boldsymbol{E}$ 就化成了 $\boldsymbol{A}^{-1}$. 可将上面的过程简写为:

$(\boldsymbol{A},\boldsymbol{E})\overset{r}{\sim}(\boldsymbol{E},\boldsymbol{A}^{-1})$,这就是求逆矩阵的初等变换法.

例 3 设 $\boldsymbol{A}=\begin{pmatrix}2 & 2 & 3\\ 1 & -1 & 0\\ -1 & 2 & 1\end{pmatrix}$,求 $\boldsymbol{A}^{-1}$.

$$解:(A,E)=\begin{pmatrix}2&2&3&1&0&0\\1&-1&0&0&1&0\\-1&2&1&0&0&1\end{pmatrix}\overset{r_1\leftrightarrow r_2}{\sim}\begin{pmatrix}1&-1&0&0&1&0\\2&2&3&1&0&0\\-1&2&1&0&0&1\end{pmatrix}$$

$$\overset{\substack{r_2-2r_1\\r_3+r_1}}{\sim}\begin{pmatrix}1&-1&0&0&1&0\\0&4&3&1&-2&0\\0&1&1&0&1&1\end{pmatrix}\overset{r_2\leftrightarrow r_3}{\sim}\begin{pmatrix}1&-1&0&0&1&0\\0&1&1&0&1&1\\0&4&3&1&-2&0\end{pmatrix}$$

$$\overset{r_3-4r_2}{\sim}\begin{pmatrix}1&-1&0&0&1&0\\0&1&1&0&1&1\\0&0&-1&1&-6&-4\end{pmatrix}\overset{r_2+r_1}{\sim}\begin{pmatrix}1&0&1&0&2&1\\0&1&1&0&1&1\\0&0&-1&1&-6&-4\end{pmatrix}$$

$$\overset{\substack{r_3+r_1\\r_3+r_2\\r_3\times(-1)}}{\sim}\begin{pmatrix}1&0&0&1&-4&-3\\0&1&0&1&-5&-3\\0&0&1&-1&6&4\end{pmatrix}=(E,A^{-1}),$$

于是得 $A^{-1}=\begin{pmatrix}1&-4&-3\\1&-5&-3\\-1&6&4\end{pmatrix}$.

注意:用 $(A,E)\overset{r}{\sim}(E,A^{-1})$ 求逆矩阵的过程中,只能对矩阵施以行变换,不能使用列变换.

四、初等变换法解矩阵方程 $AX=B$

设矩阵 A 可逆,则在方程 $AX=B$ 的两边同时左乘 A^{-1},有 $(A^{-1}A)X=EX=X=A^{-1}B$,即 $X=A^{-1}B$. 所以类比初等变换求逆矩阵的方法,可构造矩阵 (A,B),对其施以初等行变换将矩阵 A 化成单位矩阵 E,则在同样的初等行变换下,右边的 B 也就化成了 $A^{-1}B$. 上面的过程可以简写为

$$(A,B)\overset{r}{\sim}(E,A^{-1}B)$$

注意:此种方法只能用于 A 左乘 X 等于 B 的矩阵方程即 $AX=B$ 的求解,且只能施以行变换.

例 4 用逆矩阵求解线性方程组 $\begin{cases}x_1+2x_2+3x_3=1\\2x_1+2x_2+x_3=0\\3x_1+4x_2+3x_3=-1\end{cases}$.

解:设 $A=\begin{pmatrix}1&2&3\\2&2&1\\3&4&3\end{pmatrix}$,$X=\begin{pmatrix}x_1\\x_2\\x_3\end{pmatrix}$,$B=\begin{pmatrix}1\\0\\-1\end{pmatrix}$,

则线性方程组可表示为矩阵方程 $AX=B$

$$(A,B)=\begin{pmatrix}1&2&3&1\\2&2&1&0\\3&4&3&-1\end{pmatrix}\overset{\substack{r_2-2r_1\\r_3-3r_1}}{\sim}\begin{pmatrix}1&2&3&1\\0&-2&-5&-2\\0&-2&-6&-4\end{pmatrix}$$

$$\overset{\substack{r_1+r_2\\r_3-r_2}}{\sim}\begin{pmatrix}1&0&-2&-1\\0&-2&-5&-2\\0&0&-1&-2\end{pmatrix}\overset{\substack{r_1-2r_3\\r_2-5r_3}}{\sim}\begin{pmatrix}1&0&0&3\\0&-2&0&8\\0&0&-1&-2\end{pmatrix}$$

$$\xrightarrow[r_3\times(-1)]{r_2\times\left(-\frac{1}{2}\right)}\begin{pmatrix}1&0&0&3\\0&1&0&-4\\0&0&1&2\end{pmatrix}=(\boldsymbol{E},\boldsymbol{A}^{-1}\boldsymbol{B}).$$

所以 $\boldsymbol{X}=\boldsymbol{A}^{-1}\boldsymbol{B}=\begin{pmatrix}3\\-4\\2\end{pmatrix}$，故方程组的解为 $\begin{cases}x_1=3\\x_2=-4.\\x_3=2\end{cases}$

习题 9-4

1. 用初等变换法求下列矩阵的逆矩阵：

(1) $\begin{pmatrix}1&2\\2&5\end{pmatrix}$； (2) $\begin{pmatrix}1&0&0\\0&-3&0\\0&0&4\end{pmatrix}$； (3) $\begin{pmatrix}1&1&1\\1&2&1\\2&1&1\end{pmatrix}$.

2. 用逆矩阵求解下列矩阵方程：

(1) $\boldsymbol{X}\begin{pmatrix}2&5\\1&3\end{pmatrix}=\begin{pmatrix}4&-6\\2&1\end{pmatrix}$； (2) $\begin{pmatrix}1&4\\-1&2\end{pmatrix}\boldsymbol{X}\begin{pmatrix}2&0\\-1&1\end{pmatrix}=\begin{pmatrix}3&1\\0&-1\end{pmatrix}$.

（提示：$\boldsymbol{XA}=\boldsymbol{B}$ 两边右乘 $\boldsymbol{A}^{-1}$ 可得 $\boldsymbol{X}=\boldsymbol{BA}^{-1}$，类似可得 $\boldsymbol{AXB}=\boldsymbol{C}$ 的解为 $\boldsymbol{X}=\boldsymbol{A}^{-1}\boldsymbol{CB}^{-1}$）

3. 设矩阵 $\boldsymbol{A}=\begin{pmatrix}1&2&0\\2&5&3\\3&2&3\end{pmatrix}$，$\boldsymbol{B}=\begin{pmatrix}1\\-1\\0\end{pmatrix}$，求满足方程 $\boldsymbol{AX}=\boldsymbol{B}$ 的矩阵 $\boldsymbol{X}$.

4. 设 $\boldsymbol{A}$ 为 n 阶矩阵，且 $\boldsymbol{A}^k=\boldsymbol{O}$（$k$ 为正整数），证明：

$(\boldsymbol{E}-\boldsymbol{A})(\boldsymbol{E}+\boldsymbol{A}+\boldsymbol{A}^2+\cdots+\boldsymbol{A}^{k-1})=\boldsymbol{E}$，由此说明 $\boldsymbol{E}-\boldsymbol{A}$ 可逆，并求出 $(\boldsymbol{E}-\boldsymbol{A})^{-1}$.

5. 设 $\boldsymbol{A}$ 为 n 阶可逆矩阵，证明：

(1) $|\boldsymbol{A}^{-1}|=|\boldsymbol{A}|^{-1}$； (2) $|\boldsymbol{A}^*|=|\boldsymbol{A}|^{n-1}$.

复习题 9

一、选择题(20 分)

1. $\boldsymbol{A},\boldsymbol{B}$ 均为 n 阶可逆矩阵，则下列各式成立的是(　　).

A. $(\boldsymbol{AB})^{\mathrm{T}}=\boldsymbol{A}^{\mathrm{T}}\boldsymbol{B}^{\mathrm{T}}$ B. $(\boldsymbol{A}+\boldsymbol{B})^{\mathrm{T}}=\boldsymbol{A}^{\mathrm{T}}+\boldsymbol{B}^{\mathrm{T}}$

C. $(\boldsymbol{AB})^{-1}=\boldsymbol{A}^{-1}\boldsymbol{B}^{-1}$ D. $(\boldsymbol{A}+\boldsymbol{B})^{-1}=\boldsymbol{A}^{-1}+\boldsymbol{B}^{-1}$

2. 已知 $\boldsymbol{A},\boldsymbol{B},\boldsymbol{C}$ 均为 n 阶可逆矩阵，且 $\boldsymbol{ABC}=\boldsymbol{E}$，则下列结论必然成立的是(　　).

A. $\boldsymbol{ACB}=\boldsymbol{E}$ B. $\boldsymbol{BAC}=\boldsymbol{E}$ C. $\boldsymbol{BCA}=\boldsymbol{E}$ D. $\boldsymbol{CBA}=\boldsymbol{E}$

3. 设 $\boldsymbol{A}=\begin{pmatrix}-1&3&2\\0&1&4\end{pmatrix}$，$\boldsymbol{B}=\begin{pmatrix}1&1&7\\2&5&-1\\4&0&3\end{pmatrix}$，$\boldsymbol{C}=(c_{ij})=\boldsymbol{AB}$，则 $c_{21}=$(　　).

A. -12 B. 18 C. -3 D. 14

4. 若 $\boldsymbol{A}=\begin{pmatrix}1 & a\\0 & 1\end{pmatrix}$,且 $\boldsymbol{A}^{-1}=\boldsymbol{A}^{\mathrm{T}}$,则 $a=$(　　).

A. 0　　B. $\frac{2}{3}$　　C. $-\frac{3}{2}$　　D. 1

5. 设 $\boldsymbol{A}$ 为可逆矩阵,则矩阵方程 $\boldsymbol{AX}-\boldsymbol{B}=\boldsymbol{D}$ 的解为(　　).

A. $\boldsymbol{X}=(\boldsymbol{B}+\boldsymbol{D})\boldsymbol{A}^{-1}$　　B. $\boldsymbol{X}=\boldsymbol{A}^{-1}(\boldsymbol{B}+\boldsymbol{D})$

C. $\boldsymbol{X}=\boldsymbol{D}\boldsymbol{A}^{-1}+\boldsymbol{B}$　　D. $\boldsymbol{X}=\boldsymbol{A}^{-1}\boldsymbol{D}+\boldsymbol{B}$

二、填空题(20 分)

1. 设 A 为 3 阶方阵,且 $|\boldsymbol{A}|=m$,则 $|-m\boldsymbol{A}|=$__________.

2. 设矩阵 $\boldsymbol{A}=\begin{pmatrix}3 & -2\\1 & k\end{pmatrix}$,若 $\boldsymbol{A}$ 不可逆,则数 $k=$__________.

3. 设 $\boldsymbol{A}$ 为 $m\times n$ 矩阵($m\neq n$),$\boldsymbol{B}$ 为 $x\times y$ 矩阵,已知 $\boldsymbol{BA}^{\mathrm{T}}$ 为 $l\times m$ 矩阵,则 $x=$________, $y=$________.

4. 设 $\boldsymbol{A}=\begin{pmatrix}1 & -2\\3 & 4\end{pmatrix}$,则 $\boldsymbol{A}^2=$__________, $\left|\frac{1}{2}\boldsymbol{A}^{\mathrm{T}}\right|=$__________.

5. 矩阵 $\begin{pmatrix}1 & 2 & 3 & 4\\1 & -2 & 4 & 5\\1 & 10 & 1 & 2\end{pmatrix}$ 的秩 $r=$__________.

三、计算题(48 分)

1. 设矩阵 $\boldsymbol{A}=\begin{pmatrix}5 & 3\\0 & 1\end{pmatrix}$,$\boldsymbol{B}=\begin{pmatrix}1 & 0\\3 & 3\end{pmatrix}$,$\boldsymbol{C}=\begin{pmatrix}1 & 1\\-1 & -1\end{pmatrix}$,$a,b,c$ 为数值,且已知 $a\boldsymbol{A}+b\boldsymbol{B}-c\boldsymbol{C}=\boldsymbol{E}$,求 a,b,c 的值.

2. 设 $\boldsymbol{A}=\begin{pmatrix}1 & -1 & 1\\1 & 1 & -1\\-1 & 1 & 1\end{pmatrix}$,$\boldsymbol{B}=\begin{pmatrix}1 & 2 & 1\\-1 & 0 & 1\\2 & 1 & 1\end{pmatrix}$,求 $\boldsymbol{AB}$,$\boldsymbol{A}^{\mathrm{T}}\boldsymbol{A}$,$(\boldsymbol{AB})^{\mathrm{T}}$.

3. 设矩阵 $\boldsymbol{A}=\begin{pmatrix}1 & 1 & -6 & 10\\2 & 5 & k & -1\\1 & 2 & -1 & k\end{pmatrix}$,问 k 取何值时,有:(1) $r(\boldsymbol{A})=2$;(2) $r(\boldsymbol{A})=3$?

4. 设 $\boldsymbol{A}=\begin{pmatrix}1 & 1\\0 & 1\end{pmatrix}$,求所有与 $\boldsymbol{A}$ 可交换的矩阵.

5. 求解矩阵方程 $\boldsymbol{AX}=\boldsymbol{A}+2\boldsymbol{X}$,其中 $\boldsymbol{A}=\begin{pmatrix}0 & 3 & 3\\1 & 1 & 0\\-1 & 2 & 3\end{pmatrix}$.

6. 设 $\boldsymbol{A}$ 为四阶矩阵,且 $|\boldsymbol{A}|=\frac{1}{2}$,求 $|2\boldsymbol{A}^*-3\boldsymbol{A}^{-1}|$.

四、综合题(12 分,2 选 1)

1. 已知 $\boldsymbol{A}$ 为 3 阶方阵,且满足 $\boldsymbol{A}^2+5\boldsymbol{A}-2\boldsymbol{E}=\boldsymbol{O}$,

(1) 证明:$\boldsymbol{A}$ 可逆,并求 $\boldsymbol{A}^{-1}$;

(2) 若 $|\boldsymbol{A}|=1$,求 $|4\boldsymbol{E}-10\boldsymbol{A}|$ 的值.

2. 已知 $\boldsymbol{A},\boldsymbol{B},\boldsymbol{C}$ 为同阶方阵,$\boldsymbol{C}$ 是可逆矩阵,且 $\boldsymbol{C}^{-1}\boldsymbol{AC}=\boldsymbol{B}$,证明:$\boldsymbol{C}^{-1}\boldsymbol{A}^k\boldsymbol{C}=\boldsymbol{B}^k$.

第 10 章

线性方程组

本章目标

本章先引进矩阵的初等变换，利用消元法求解线性方程组，并讨论 n 维向量组的线性相关性，向量组的秩的概念，运用向量和矩阵的知识，讨论线性方程组无解、有唯一解或有无穷多解的充分必要条件，并找出求解的一般方法，研究解的结构.

10.1　线性方程组的消元法

对线性方程组来说，消元法是一种最有效且最基本的方法，下面结合一道例题来分析用消元法求解线性方程组.

引例求解线性方程组

$$\begin{cases}3x_1-x_2-x_3-2x_4=-4\\2x_1+3x_2+5x_3+2x_4=-3\\x_1+x_2+2x_3+3x_4=1\\3x_1+5x_2+2x_3-2x_4=-10\end{cases}\tag{10.1}$$

解：方程组(10.1)中，第一个方程和第三个方程互换位置，得：

$$\begin{cases}x_1+x_2+2x_3+3x_4=1\\2x_1+3x_2+5x_3+2x_4=-3\\3x_1-x_2-x_3-2x_4=-4\\3x_1+5x_2+2x_3-2x_4=-10\end{cases}\tag{10.2}$$

方程组(10.2)中，第二个方程、第三个方程和第四个方程分别加上第一个方程的−2 倍、−3 倍和−3 倍，得：

$$\begin{cases}x_1+x_2+2x_3+3x_4=1\\x_2+x_3-4x_4=-5\\-4x_2-7x_3-11x_4=-7\\2x_2-4x_3-11x_4=-13\end{cases}\tag{10.3}$$

方程组(10.3)中，第三个方程和第四个方程分别加上第二个方程的 4 倍和−2 倍，得：

$$\begin{cases}x_1+x_2+2x_3+3x_4=1\\x_2+x_3-4x_4=-5\\-3x_3-27x_4=-27\\-6x_3-3x_4=-3\end{cases}\tag{10.4}$$

方程组(10.4)中，第三个方程和第四个方程的等式左、右两边都同时乘以$-\frac{1}{3}$，得：

$$\begin{cases} x_1+x_2+2x_3+3x_4=1 \\ x_2+x_3-4x_4=-5 \\ x_3+9x_4=9 \\ 2x_3+x_4=1 \end{cases} \tag{10.5}$$

方程组(10.5)中，第四个方程加上第三个方程的-2倍，得：

$$\begin{cases} x_1+x_2+2x_3+3x_4=1 \\ x_2+x_3-4x_4=-5 \\ x_3+9x_4=9 \\ -17x_4=-17 \end{cases} \tag{10.6}$$

方程组(10.6)中，第四个方程的等式左、右两边同时乘以$-\frac{1}{17}$，得：

$$\begin{cases} x_1+x_2+2x_3+3x_4=1 \\ x_2+x_3-4x_4=-5 \\ x_3+9x_4=9 \\ x_4=1 \end{cases} \tag{10.7}$$

这里，方程组(10.1)→方程组(10.2)是为消去x_1做准备. 方程组(10.2)→方程组(10.3)，以第一个方程的x_1为参照，消去第二、三、四个方程中的x_1. 方程组(10.3)→方程组(10.4)，以第二个方程中的x_2为参照，分别消去第三、四个方程中的x_2. 方程组(10.4)→方程组(10.5)，把第三个方程中x_3的系数变为 1. 方程组(10.5)→方程组(10.6)，以第三个方程中的x_3为参照，消去第四个方程中的x_3. 方程组(10.6)→方程组(10.7)，把第四个方程中x_4的系数变为 1. 至此消元完毕.

方程组(10.7)是有 4 个未知数 4 个有效方程的方程组. 由于方程组(10.7)是阶梯形. 这样，就只要用由下往上"回代"的方法便能求出解. 在方程组(10.7)中，把$x_4=1$代入第三个方程，得$x_3=0$. 把$x_4=1,x_3=0$代入第二方程，得$x_2=-1$. 最后，把$x_4=1,x_3=0,x_2=-1$代入第一个方程，得$x_1=-1$. 于是解得

$$x=\begin{pmatrix} x_1 \\ x_2 \\ x_3 \\ x_4 \end{pmatrix}=\begin{pmatrix} -1 \\ -1 \\ 0 \\ 1 \end{pmatrix}$$

在上述消元过程中，始终把方程组看作一个整体，不是着眼于某一个方程的变形，而是着眼于整个方程组的变成另一个方程组. 其中用到三种变换，即：(1)两个方程交换位置；(2)某个方程等式左、右两边同时乘以一个不等于 0 的数；(3)一个方程加上另一个方程的k倍. 由于这种变换都是可逆的，因此变换前的方程组与变换后的方程组始终同解.

把方程组的变换完全可以转换为对矩阵$\boldsymbol{B}$的变换，把方程组的上述三种同解变换转化为矩阵，就可以用初等变换求解.

根据初等变换定义，求解线性方程组实际上只要对方程组的系数和常数进行运算，未知数不需要参与运算. 因此，方程组(10.1)的增广矩阵记为：

$$\boldsymbol{B}=(\boldsymbol{A},b)=\begin{pmatrix}3&-1&-1&-2&-4\\2&3&5&2&-3\\1&1&2&3&1\\3&5&2&-2&-10\end{pmatrix}$$

$$\overset{r_1\leftrightarrow r_3}{\sim}\begin{pmatrix}1&1&2&3&1\\2&3&5&2&-3\\3&-1&-1&-2&-4\\3&5&2&-2&-10\end{pmatrix}=\boldsymbol{B}_1$$

$$\underset{\substack{r_3-3r_1\\r_4-3r_1}}{\overset{r_2-2r_1}{\sim}}\begin{pmatrix}1&1&2&3&1\\0&1&1&-4&-5\\0&-4&-7&-11&-7\\0&2&-4&-11&-13\end{pmatrix}=\boldsymbol{B}_2$$

$$\underset{r_4-2r_2}{\overset{r_3+4r_2}{\sim}}\begin{pmatrix}1&1&2&3&1\\0&1&1&-4&-5\\0&0&-3&-27&-27\\0&0&-6&-3&-3\end{pmatrix}=\boldsymbol{B}_3$$

$$\underset{r_4\times\left(-\frac{1}{3}\right)}{\overset{r_3\times\left(-\frac{1}{3}\right)}{\sim}}\begin{pmatrix}1&1&2&3&1\\0&1&1&-4&-5\\0&0&1&9&9\\0&0&2&1&1\end{pmatrix}=\boldsymbol{B}_4$$

$$\overset{r_4-2r_3}{\sim}\begin{pmatrix}1&1&2&3&1\\0&1&1&-4&-5\\0&0&1&9&9\\0&0&0&-17&-17\end{pmatrix}=\boldsymbol{B}_5$$

$$\overset{r_4\times(-\frac{1}{17})}{\sim}\begin{pmatrix}1&1&2&3&1\\0&1&1&-4&-5\\0&0&1&9&9\\0&0&0&1&1\end{pmatrix}=\boldsymbol{B}_6$$

$$\overset{r_1-r_2}{\sim}\begin{pmatrix}1&0&1&7&6\\0&1&1&-4&-5\\0&0&1&9&9\\0&0&0&1&1\end{pmatrix}=\boldsymbol{B}_7$$

$$\underset{r_2-r_3}{\overset{r_1-r_3}{\sim}}\begin{pmatrix}1&0&0&-2&-3\\0&1&0&-13&-14\\0&0&1&9&9\\0&0&0&1&1\end{pmatrix}=\boldsymbol{B}_8$$

$$\underset{\substack{r_2+13r_4\\r_3-9r_4}}{\overset{r_1+2r_4}{\sim}}\begin{pmatrix}1&0&0&0&-1\\0&1&0&0&-1\\0&0&1&0&0\\0&0&0&1&1\end{pmatrix}=\boldsymbol{B}_9$$

由 $\boldsymbol{B}_6$ 对应的方程组可以通过回代得到解，也可以用矩阵的初等行变换来完成，$\boldsymbol{B}_7$ 对应的方程组，即得：

$$x=\begin{pmatrix}x_1\\x_2\\x_3\\x_4\end{pmatrix}=\begin{pmatrix}-1\\-1\\0\\1\end{pmatrix}$$

矩阵 $\boldsymbol{B}_5,\boldsymbol{B}_6,\boldsymbol{B}_7,\boldsymbol{B}_8,\boldsymbol{B}_9$ 都是行阶梯形矩阵，其特点：

可画出一条阶梯线，线的下方全为 0. 每个台阶只有一行，台阶数即为非零行的行数，阶梯线的竖线的第一个元素为非零的数. 例如：

$$\boldsymbol{B}_7=\begin{pmatrix}1&0&1&7&6\\0&1&1&-4&-5\\0&0&1&9&9\\0&0&0&1&1\end{pmatrix}\qquad \boldsymbol{B}_8=\begin{pmatrix}1&0&0&-2&-3\\0&1&0&-13&-14\\0&0&1&9&9\\0&0&0&1&1\end{pmatrix}$$

行阶梯形矩阵 $\boldsymbol{B}_7$ 还称为行最简形矩阵，其特点：

非零行的第一个非零元素为 1，且这些非零元素所在列的其他元素全为 0.

$$\boldsymbol{B}_9=\begin{pmatrix}1&0&0&0&-1\\0&1&0&0&-1\\0&0&1&0&0\\0&0&0&1&1\end{pmatrix}$$

利用初等变换，把一个矩阵化为阶梯形矩阵和行最简形矩阵，是一种很重要的运算. 由引例可知，要解线性方程组只要把增广矩阵化为行最简形矩阵即可.

设线性方程组

$$\begin{cases}a_{11}x_1+a_{12}x_2+\cdots+a_{1n}x_n=b_1\\a_{21}x_1+a_{22}x_2+\cdots+a_{2n}x_n=b_2\\\qquad\vdots\\a_{m1}x_1+a_{m2}x_2+\cdots+a_{mn}x_n=b_m\end{cases}\tag{10.8}$$

方程组(10.8)的矩阵形式为：$\mathbf{A}x=b$

当 $b_1=b_2=\cdots=b_m=0$ 时，则方程组(10.8)为齐次的；

当 $b_1,b_2,\cdots,b_m$ 不全为 0 时，则方程组(10.8)为非齐次的；

其中 $\mathbf{A}=\begin{pmatrix}a_{11}&a_{12}&\cdots&a_{1n}\\a_{21}&a_{22}&\cdots&a_{2n}\\\vdots&\vdots&\ddots&\vdots\\a_{m1}&a_{m2}&\cdots&a_{mn}\end{pmatrix}$ 称为方程组(10.8)的系数矩阵；

$x=\begin{pmatrix}x_1\\x_2\\\vdots\\x_n\end{pmatrix}$ 为未知量矩阵；$b=\begin{pmatrix}b_1\\b_2\\\vdots\\b_m\end{pmatrix}$ 为常数项矩阵.

称 $\widetilde{\mathbf{A}}=(\mathbf{A},b)$ 为线性方程组(1)的增广矩阵.

定理 1　n 个未知数的齐次线性方程组 $\mathbf{A}x=0$ 有非零解的充分必要条件是系数矩阵 $\mathbf{A}$ 的秩 $R(\mathbf{A})<n$.

定理 2 n 个未知数的非齐次线性方程组 $\boldsymbol{A}x=b$ 有解的充分必要条件是系数矩阵 $\boldsymbol{A}$ 的秩等于增广矩阵 $\widetilde{\boldsymbol{A}}$ 的秩.

利用系数矩阵 $\boldsymbol{A}$ 和增广矩阵 $\widetilde{\boldsymbol{A}}=(\boldsymbol{A},b)$ 的秩,可以方便的讨论线性方程组是否有解以及有解时解是否唯一的问题.

定理 3 n 元线性方程组 $\boldsymbol{A}x=b$

(1) 无解的充分必要条件是 $R(\boldsymbol{A})<R(\boldsymbol{A},b)$;

(2) 有唯一解的充分必要条件是 $R(\boldsymbol{A})=R(\boldsymbol{A},b)=n$;

(3) 有无数多个解的充分必要条件是 $R(\boldsymbol{A})=R(\boldsymbol{A},b)<n$.

根据定理 3,我们给出求解线性方程组的步骤:

① 对于非齐次线性方程组,把它的增广矩阵 $\widetilde{\boldsymbol{A}}$ 化为行阶梯形矩阵,从 $\widetilde{\boldsymbol{A}}$ 的行阶梯形矩阵可同时看出 $R(\boldsymbol{A})$ 和 $R(\boldsymbol{A},b)$. 若 $R(\boldsymbol{A})<R(\boldsymbol{A},b)$,则方程组无解.

② 若 $R(\boldsymbol{A})=R(\boldsymbol{A},b)$,则进一步把 $\widetilde{\boldsymbol{A}}$ 化为行最简形矩阵,而对于齐次线性方程组,则把系数矩阵 $\boldsymbol{A}$ 化为行最简形矩阵.

③ 设 $R(\boldsymbol{A})=R(\boldsymbol{A},b)=r$,把行最简形矩阵中 r 个非零行的第一非零元素所对应的未知数取作非自由未知数,其余 $n-r$ 个未知数取作自由未知数,并令自由未知数分别等于 $c_1,c_2,\cdots,c_{n-r}$,由 $\widetilde{\boldsymbol{A}}$(或 $\boldsymbol{A}$)的行最简形矩阵,即可写出含 $n-r$ 个参数的通解.

例 1 求解齐次线性方程组

$$\begin{cases}x_1-x_2+5x_3-x_4=0\\x_1+x_2-2x_3+3x_4=0\\3x_1-x_2+8x_3+x_4=0\\x_1+3x_2-9x_3+7x_4=0\end{cases}$$

解:对系数矩阵 A 施行初等行变换变为行最简形矩阵

$$\boldsymbol{A}=\begin{pmatrix}1&-1&5&-1\\1&1&-2&3\\3&-1&8&1\\1&3&-9&7\end{pmatrix}\underset{\substack{r_3-3r_1\\r_4-r_1}}{\overset{r_2-r_1}{\sim}}\begin{pmatrix}1&-1&5&-1\\0&2&-7&4\\0&2&-7&4\\0&4&14&8\end{pmatrix}$$

$$\underset{r_4-2r_2}{\overset{r_3-r_2}{\sim}}\begin{pmatrix}1&-1&5&-1\\0&2&-7&4\\0&0&0&0\\0&0&0&0\end{pmatrix}\underset{r_1+r_2}{\overset{r_2\times\frac{1}{2}}{\sim}}\begin{pmatrix}1&0&\frac{3}{2}&1\\0&1&-\frac{7}{2}&2\\0&0&0&0\\0&0&0&0\end{pmatrix}$$

即得与原方程组同解的方程组

$$\begin{cases}x_1+\dfrac{3}{2}x_3+x_4=0\\x_2-\dfrac{7}{2}x_3+2x_4=0\end{cases}$$

由此可得

$$\begin{cases}x_1=-\dfrac{3}{2}x_3-x_4\\x_2=\dfrac{7}{2}x_3-2x_4\end{cases}\quad(x_3,x_4\text{ 可任意取值})$$

令 $x_3=c_1, x_4=c_2$，把它写成通常的参数形式.

$$\begin{cases} x_1=-\dfrac{3}{2}c_1-c_2 \\ x_2=\dfrac{7}{2}c_1-2c_2 \\ x_3=c_1 \\ x_4=c_2 \end{cases}$$

其中 c_1, c_2 为任意实数，或写成向量形式.

$$\begin{pmatrix} x_1 \\ x_2 \\ x_3 \\ x_4 \end{pmatrix}=\begin{pmatrix} -\dfrac{3}{2}c_1-c_2 \\ \dfrac{7}{2}c_1-2c_2 \\ c_1 \\ c_2 \end{pmatrix}=c_1\begin{pmatrix} -\dfrac{3}{2} \\ \dfrac{7}{2} \\ 1 \\ 0 \end{pmatrix}+c_2\begin{pmatrix} -1 \\ -2 \\ 0 \\ 1 \end{pmatrix}$$

例 2　求解非齐次线性方程组

$$\begin{cases} x_1+5x_2-x_3-x_4=-1 \\ x_1-2x_2+x_3+3x_4=3 \\ 3x_1+8x_2-x_3+x_4=1 \\ x_1-9x_2+3x_3+7x_4=7 \end{cases}$$

解：对增广矩阵 $(\boldsymbol{A}, b)$ 施行初等行变换变为行阶梯形矩阵

$$(\boldsymbol{A}, b)=\begin{pmatrix} 1 & 5 & -1 & -1 & -1 \\ 1 & -2 & 1 & 3 & 3 \\ 3 & 8 & -1 & 1 & 1 \\ 1 & -9 & 3 & 7 & 7 \end{pmatrix}\overset{\substack{r_2-r_1 \\ r_3-3r_1 \\ r_4-r_1}}{\sim}\begin{pmatrix} 1 & 5 & -1 & -1 & -1 \\ 0 & -7 & 2 & 4 & 4 \\ 0 & -7 & 2 & 4 & 4 \\ 0 & -14 & 4 & 8 & 8 \end{pmatrix}$$

$$\overset{\substack{r_3-r_2 \\ r_4-2r_2}}{\sim}\begin{pmatrix} 1 & 5 & -1 & -1 & -1 \\ 0 & -7 & 2 & 4 & 4 \\ 0 & 0 & 0 & 0 & 0 \\ 0 & 0 & 0 & 0 & 0 \end{pmatrix}$$

因为 $R(\boldsymbol{A})=R(\boldsymbol{A}, b)=2<4$，故方程组有无穷多组解，再把行阶梯形矩阵化为行最简形矩阵

$$\begin{pmatrix} 1 & 5 & -1 & -1 & -1 \\ 0 & -7 & 2 & 4 & 4 \\ 0 & 0 & 0 & 0 & 0 \\ 0 & 0 & 0 & 0 & 0 \end{pmatrix}\overset{\substack{r_2\times\left(-\frac{1}{7}\right) \\ r_1-5r_2}}{\sim}\begin{pmatrix} 1 & 0 & \dfrac{3}{7} & \dfrac{13}{7} & \dfrac{13}{7} \\ 0 & 1 & -\dfrac{2}{7} & -\dfrac{4}{7} & -\dfrac{4}{7} \\ 0 & 0 & 0 & 0 & 0 \\ 0 & 0 & 0 & 0 & 0 \end{pmatrix}$$

即得 $\begin{cases} x_1=-\dfrac{3}{7}x_3-\dfrac{13}{7}x_4+\dfrac{13}{7} \\ x_2=\dfrac{2}{7}x_3+\dfrac{4}{7}x_4-\dfrac{4}{7} \\ x_3=x_3 \\ x_4=x_4 \end{cases}$

令 $x_3=c_1,x_4=c_2$,可得

$$\begin{pmatrix}x_1\\x_2\\x_3\\x_4\end{pmatrix}=c_1\begin{pmatrix}-\frac{3}{7}\\\frac{2}{7}\\1\\0\end{pmatrix}+c_2\begin{pmatrix}-\frac{13}{7}\\\frac{4}{7}\\0\\1\end{pmatrix}+\begin{pmatrix}\frac{13}{7}\\-\frac{4}{7}\\0\\0\end{pmatrix}\text{(其中 }c_1,c_2\text{ 为任意实数)}$$

例 3 a 取何值时,线性方程组 $\begin{cases}x_1+x_2+x_3=a\\ax_1+x_2+x_3=1\\x_1+x_2+ax_3=1\end{cases}$ 有解,并求其解.

解:对增广矩阵 $(\boldsymbol{A},b)$ 施行初等行变换变为行阶梯形矩阵

$$(\boldsymbol{A},b)=\begin{pmatrix}1&1&1&a\\a&1&1&1\\1&1&a&1\end{pmatrix}\overset{r_2-ar_1}{\underset{r_3-r_1}{\sim}}\begin{pmatrix}1&1&1&a\\0&1-a&1-a&1-a^2\\0&0&a-1&1-a\end{pmatrix}$$

当 $a\neq1$ 时,$R(A)=R(A,b)=3$,方程组有唯一解:

$$\begin{pmatrix}1&1&1&a\\0&1-a&1-a&1-a^2\\0&0&a-1&1-a\end{pmatrix}\overset{r_2\times\frac{1}{1-a}}{\underset{r_3\times\frac{1}{a-1}}{\sim}}\begin{pmatrix}1&1&1&a\\0&1&1&1+a\\0&0&1&-1\end{pmatrix}$$

$$\overset{r_1-r_2}{\sim}\begin{pmatrix}1&0&0&-1\\0&1&1&1+a\\0&0&1&-1\end{pmatrix}\overset{r_2-r_3}{\sim}\begin{pmatrix}1&0&0&-1\\0&1&0&a+2\\0&0&1&-1\end{pmatrix}$$

由上可得:

$$\begin{pmatrix}x_1\\x_2\\x_3\end{pmatrix}=\begin{pmatrix}-1\\a+2\\-1\end{pmatrix}$$

当 $a=1$ 时,$R(\boldsymbol{A})=R(\boldsymbol{A},b)=1<3$,方程组有无穷多组解:

$$\begin{pmatrix}1&1&1&a\\0&1-a&1-a&1-a^2\\0&0&a-1&1-a\end{pmatrix}=\begin{pmatrix}1&1&1&1\\0&0&0&0\\0&0&0&0\end{pmatrix}$$

即得

$$\begin{cases}x_1=-x_2-x_3+1\\x_2=\quad x_2\\x_3=\qquad x_3\end{cases}$$

令 $x_2=c_1,x_3=c_2$,可得

$$\begin{pmatrix}x_1\\x_2\\x_3\end{pmatrix}=c_1\begin{pmatrix}-1\\1\\0\end{pmatrix}+c_2\begin{pmatrix}-1\\0\\1\end{pmatrix}+\begin{pmatrix}1\\0\\0\end{pmatrix}$$

习题 10-1

1. 求解下列齐次线性方程组：

(1) $\begin{cases} x_1 - x_2 + 2x_3 - x_4 = 0 \\ 3x_1 - 5x_2 + 10x_3 - 7x_4 = 0 \\ x_1 + x_2 - 2x_3 + 3x_4 = 0 \end{cases}$

(2) $\begin{cases} 3x_1 + 4x_2 - 5x_3 + 7x_4 = 0 \\ 2x_1 - 3x_2 + 3x_3 - 2x_4 = 0 \\ 4x_1 + 11x_2 - 13x_3 + 16x_4 = 0 \\ 7x_1 - 2x_2 + x_3 + 3x_4 = 0 \end{cases}$

2. 求解下列非齐次线性方程组：

(1) $\begin{cases} 4x_1 + 2x_2 - x_3 = 2 \\ 3x_1 - x_2 + 2x_3 = 10 \\ 11x_1 + 3x_2 = 8 \end{cases}$

(2) $\begin{cases} x_1 + 2x_2 - 2x_3 = 4 \\ 2x_1 - x_3 = -3 \\ x_2 + 3x_3 = -1 \end{cases}$

(3) $\begin{cases} 2x + 3y + z = 4 \\ x - 2y + 4z = -5 \\ 3x + 8y - 2z = 13 \\ 4x - y + 9z = -6 \end{cases}$

(4) $\begin{cases} 2x + y - z + w = 1 \\ 4x + 2y - 2z + w = 2 \\ 2x + y - z - w = 1 \end{cases}$

3. λ 取何值时，非齐次线性方程组

$$\begin{cases} \lambda x_1 + x_2 + x_3 = 1 \\ x_1 + \lambda x_2 + x_3 = \lambda \\ x_1 + x_2 + \lambda x_3 = \lambda^2 \end{cases}$$

(1) 无解；(2) 有唯一解；(3)有无穷多组解？

10.2　n 维向量及其线性运算

在解析几何中，一般把“既有大小又有方向的量”称为向量，并把可随意平行移动的有向线段作为向量的几何形象. 在引进坐标系以后，这种向量就有了坐标表示式——三个有序的实数，也就是本书中的三维向量. 因此，当 $n \leqslant 3$ 时，n 维向量可以把有向线段看成几何形象，但当 $n > 3$ 时，n 维向量可表示的对象将十分广泛，这使得向量理论在数学和其他应用科学以及经济管理科学中都有广泛的应用.

下面我们给出 n 维向量的概念：

定义 1　n 个有次序的数 $a_1, a_2, \cdots, a_n$ 所构成的数组 $(a_1, a_2, \cdots, a_n)$ 称为一个 n 维向量，这 n 个数称为该向量的 n 个分量，第 i 个数 a_i 称为第 i 个分量.

向量的维数指的是向量中的分量个数.

分量全为实数的向量称为实向量，分量为复数的向量称为复向量. 本书中的内容只讨论实向量的情况.

n 维向量可写成一行，也可写成一列，分别称为行向量和列向量. 根据矩阵的规定，也就是行矩阵和列矩阵，并规定行向量与列向量都按矩阵的运算规则进行运算，因此，n 维列向量

$$\boldsymbol{a}=\begin{pmatrix}a_1\\a_2\\\vdots\\a_n\end{pmatrix}$$

与 n 维行向量

$$\boldsymbol{a}^{\mathrm{T}}=(a_1,a_2,\cdots,a_n)$$

总看成是两个不同的向量.

本书中,列向量用黑体小写字母 a,b,α,β 等表示,行向量则用 $\boldsymbol{a}^{\mathrm{T}},\boldsymbol{b}^{\mathrm{T}},\boldsymbol{\alpha}^{\mathrm{T}},\boldsymbol{\beta}^{\mathrm{T}}$ 等表示,所讨论的向量在没有指明是行向量还是列向量时,都看成列向量.

注意:行向量与列向量是有区别的,由于向量定义为有序数组,那么向量与数组中数的次序有关,即使一个列向量与一个行向量的对应量相同,也不能把它们等同起来.

例如:$\begin{pmatrix}1\\2\end{pmatrix}\neq(1,2)$.

若干个同维数的列向量(或行向量)所组成的集合称为向量组.

例如:

$$\boldsymbol{A}=\begin{pmatrix}a_{11}&a_{12}&\cdots&a_{1n}\\a_{21}&a_{22}&\cdots&a_{2n}\\\vdots&\vdots&\ddots&\vdots\\a_{m1}&a_{m2}&\cdots&a_{mn}\end{pmatrix}$$

矩阵 $\boldsymbol{A}$ 是一个 $m\times n$ 矩阵,它由一个含 n 个 m 维列向量的向量组,也可以说它由一个含 m 个 n 维行向量的向量组. 又如,线性方程组 $\boldsymbol{A}_{m\times n}x=0$ 的全体解,当 $R(\boldsymbol{A})<n$ 是一个含无限多个 n 维列向量的向量组.

矩阵的列向量和行向量都是只含有有限个向量的向量组;反之,一个含有有限个向量的向量组可以构成一个矩阵.

例如:m 个 n 维列向量所组成的向量组 $\boldsymbol{A}$:$a_1,a_2,\cdots,a_m$ 构成一个 $n\times m$ 矩阵

$$\boldsymbol{A}=(a_1,a_2,\cdots,a_m)$$

m 个 n 维行向量所组成的向量组 B:$\beta_1^{\mathrm{T}},\beta_2^{\mathrm{T}},\cdots,\beta_m^{\mathrm{T}}$ 构成一个 $m\times n$ 矩阵

$$\boldsymbol{B}=\begin{pmatrix}\boldsymbol{\beta}_1^{\mathrm{T}}\\\boldsymbol{\beta}_1^{\mathrm{T}}\\\vdots\\\boldsymbol{\beta}_1^{\mathrm{T}}\end{pmatrix}$$

向量是一种特殊的矩阵,则零向量、负向量的定义及向量运算的定义都与矩阵相应的定义一致.

定义 2 所有分量都是零的 n 维向量,称为 n 维零向量,记为

$$\boldsymbol{O}=(0,0,\cdots0)$$

注意:不同维数的零向量是不相等的.

定义 3 把向量 $\boldsymbol{\alpha}=(a_1,a_2,\cdots,a_n)$的各个分量都取相反数组成的向量称为 $\boldsymbol{\alpha}$ 的负向量. 记为$-\boldsymbol{\alpha}=(-a_1,-a_2,\cdots,-a_n)$.

定义 4 如果 n 维向量 $\boldsymbol{\alpha}=(a_1,a_2,\cdots,a_n)$与 n 维向量 $\boldsymbol{\beta}=(b_1,b_2,\cdots,b_n)$的对应分量都相等,则向量 $\boldsymbol{\alpha}$ 与 $\boldsymbol{\beta}$ 相等,记为 $\boldsymbol{\alpha}=\boldsymbol{\beta}$.

定义 5　设 n 维向量 $\boldsymbol{\alpha}=(a_1,a_2,\cdots,a_n)$，$\boldsymbol{\beta}=(b_1,b_2,\cdots,b_n)$，则 $\boldsymbol{\alpha}$ 与 $\boldsymbol{\beta}$ 的和记为

$$\boldsymbol{\alpha}+\boldsymbol{\beta}=(a_1+b_1,a_2+b_2,\cdots,a_n+b_n)$$

利用加法和负向量的定义，可以定义向量的减法：

$$\boldsymbol{\alpha}-\boldsymbol{\beta}=(a_1-b_1,a_2-b_2,\cdots,a_n-b_n)$$

定义 6　设 $\boldsymbol{\alpha}=(a_1,a_2,\cdots,a_n)$ 是一个 n 维向量，k 为一个实数，数 k 与 $\boldsymbol{\alpha}$ 的乘积称为数乘，记为 $k\boldsymbol{\alpha}$，即 $k\boldsymbol{\alpha}=k(a_1,a_2,\cdots,a_n)=(ka_1,ka_2,\cdots,ka_n)$

向量的加法运算与数乘运算统称为向量的线性运算.

向量的运算满足下列 8 条运算律：

设 $\boldsymbol{\alpha},\boldsymbol{\beta},\boldsymbol{\gamma}$ 都是 n 维向量，k,l 是数，则

(1) $\boldsymbol{\alpha}+\boldsymbol{\beta}=\boldsymbol{\beta}+\boldsymbol{\alpha}$；(加法交换律)

(2) $(\boldsymbol{\alpha}+\boldsymbol{\beta})+\boldsymbol{\gamma}=\boldsymbol{\alpha}+(\boldsymbol{\beta}+\boldsymbol{\gamma})$；(加法结合律)

(3) $\boldsymbol{\alpha}+0=\boldsymbol{\alpha}$；

(4) $\boldsymbol{\alpha}+(-\boldsymbol{\alpha})=0$；

(5) $1\times\boldsymbol{\alpha}=\boldsymbol{\alpha}$

(6) $k(\boldsymbol{\alpha}+\boldsymbol{\beta})=k\boldsymbol{\alpha}+k\boldsymbol{\beta}$(数乘分配律)

(7) $(k+l)\boldsymbol{\alpha}=k\boldsymbol{\alpha}+l\boldsymbol{\alpha}$(数乘分配律)

(8) $(kl)\boldsymbol{\alpha}=k(l\boldsymbol{\alpha})$(数乘向量结合律)

例 1　设 $\boldsymbol{\alpha}=(1,2,3)$，$\boldsymbol{\beta}=(-1,3,6)$，$\boldsymbol{\gamma}=(2,-1,4)$，求向量 $\boldsymbol{\alpha}+2\boldsymbol{\beta}-3\boldsymbol{\gamma}$.

解：
$$\begin{aligned}\boldsymbol{\alpha}+2\boldsymbol{\beta}-3\boldsymbol{\gamma}&=(1,2,3)+2(-1,3,6)-3(2,-1,4)\\&=(1,2,3)+(-2,6,12)-(6,-3,12)\\&=(-7,11,3)\end{aligned}$$

例 2　设 $\boldsymbol{\alpha}=(1,0,-2)$，$\boldsymbol{\beta}=(4,-1,-2)$，求满足 $2\boldsymbol{\alpha}+\boldsymbol{\beta}+3\boldsymbol{\gamma}=0$ 的 $\boldsymbol{\gamma}$.

解：
$$\begin{aligned}\boldsymbol{\gamma}&=-\frac{1}{3}(2\boldsymbol{\alpha}+\boldsymbol{\beta})\\&=-\frac{1}{3}[2(1,0,-2)+(4,-1,-2)]\\&=-\frac{1}{3}[(2,0,-4)+(4,-1,-2)]\\&=\left(-2,\frac{1}{3},2\right)\end{aligned}$$

下面给出向量线性组合的概念：

向量之间的最直接的关系，就是两个向量成比例，向量 α 和向量 β 成比例，即存在一个数 k，使

$$\boldsymbol{\alpha}=k\boldsymbol{\beta}$$

例如，(1,2,3,4)和(2,4,6,8)是成比例的. 这是由于

$$(1,2,3,4)=\frac{1}{2}(2,4,6,8)$$

在多个向量之间，这种关系表现为线性组合.

定义 7　设 $\boldsymbol{\alpha}_1,\boldsymbol{\alpha}_2,\cdots,\boldsymbol{\alpha}_m$ 是一组 n 维向量，$k_1,k_2,\cdots,k_m$ 是一组实数，则称

$$k_1\boldsymbol{\alpha}_1+k_2\boldsymbol{\alpha}_2+\cdots+k_m\boldsymbol{\alpha}_m$$

为 $\boldsymbol{\alpha}_1,\boldsymbol{\alpha}_2,\cdots,\boldsymbol{\alpha}_m$ 的一个线性组合，常数 $k_1,k_2,\cdots,k_m$ 称为该线性组合的组合系数.

若一个 n 维向量 $\boldsymbol{\beta}$ 可以表示成

$$\boldsymbol{\beta}=k_1\boldsymbol{\alpha}_1+k_2\boldsymbol{\alpha}_2+\cdots+k_m\boldsymbol{\alpha}_m$$

则 $\boldsymbol{\beta}$ 是 $\boldsymbol{\alpha}_1,\boldsymbol{\alpha}_2,\cdots,\boldsymbol{\alpha}_m$ 的线性组合，称向量 $\boldsymbol{\beta}$ 能由向量组 $\boldsymbol{\alpha}_1,\boldsymbol{\alpha}_2,\cdots,\boldsymbol{\alpha}_m$ 线性表示.

利用线性组合来研究线性方程组的解：

设线性方程组

$$\begin{cases}a_{11}x_1+a_{12}x_2+\cdots+a_{1m}x_m=b_1\\a_{21}x_1+a_{22}x_2+\cdots+a_{2m}x_m=b_2\\\quad\vdots\\a_{n1}x_1+a_{n2}x_2+\cdots+a_{nm}x_m=b_n\end{cases}$$

令 $\boldsymbol{\alpha}_1=\begin{pmatrix}a_{11}\\a_{21}\\\vdots\\a_{n1}\end{pmatrix},\boldsymbol{\alpha}_2=\begin{pmatrix}a_{12}\\a_{22}\\\vdots\\a_{n2}\end{pmatrix},\cdots,\boldsymbol{\alpha}_m=\begin{pmatrix}a_{1m}\\a_{2m}\\\vdots\\a_{nm}\end{pmatrix},\boldsymbol{\beta}=\begin{pmatrix}b_1\\b_2\\\vdots\\b_n\end{pmatrix}$

则线性方程组的向量形式为

$$\begin{pmatrix}a_{11}\\a_{21}\\\vdots\\a_{n1}\end{pmatrix}x_1+\begin{pmatrix}a_{12}\\a_{22}\\\vdots\\a_{n2}\end{pmatrix}x_2+\cdots+\begin{pmatrix}a_{1m}\\a_{2m}\\\vdots\\a_{nm}\end{pmatrix}x_m=\begin{pmatrix}b_1\\b_2\\\vdots\\b_n\end{pmatrix}$$

即 $\alpha_1x_1+\alpha_2x_2+\cdots+\alpha_mx_m=\boldsymbol{\beta}$

以上给出了线性方程组和向量方程之间的联系，同时来讨论方程组是否有解：

(1) 方程组有唯一解，则 $\boldsymbol{\beta}$ 能用 $\boldsymbol{\alpha}_1,\boldsymbol{\alpha}_2,\cdots,\boldsymbol{\alpha}_m$ 唯一的线性表示出来.

(2) 方程组有无穷多组解，则 $\boldsymbol{\beta}$ 能由 $\boldsymbol{\alpha}_1,\boldsymbol{\alpha}_2,\cdots,\boldsymbol{\alpha}_m$ 用多种形式的线性表示出来.

(3) 若方程组无解，则 $\boldsymbol{\beta}$ 不能用 $\boldsymbol{\alpha}_1,\boldsymbol{\alpha}_2,\cdots,\boldsymbol{\alpha}_m$ 线性表示出来.

定义 8 设向量组 $\boldsymbol{A}:a_1,a_2,\cdots,a_m$ 和向量组 $\boldsymbol{B}:b_1,b_2,\cdots,b_n$. 如果 $\boldsymbol{A}$ 能被 $\boldsymbol{B}$ 线性表示，$\boldsymbol{B}$ 也能被 $\boldsymbol{A}$ 线性表示，则称向量组 $\boldsymbol{A}$ 和向量组 $\boldsymbol{B}$ 等价.

定理 1 向量组 $\boldsymbol{B}:b_1,b_2,\cdots,b_n$ 能由向量组 $\boldsymbol{A}:a_1,a_2,\cdots,a_m$ 线性表示的充分必要条件是矩阵 $\boldsymbol{A}=[a_1,a_2,\cdots,a_m]$ 的秩等于矩阵 $(\boldsymbol{A},\boldsymbol{B})=(a_1,\cdots,a_m,b_1,\cdots,b_n)$ 的秩，即 $R(\boldsymbol{A})=R(\boldsymbol{A},\boldsymbol{B})$.

推论 向量组 $\boldsymbol{A}:a_1,a_2,\cdots,a_m$ 与向量组 $\boldsymbol{B}:b_1,b_2,\cdots,b_n$ 等价的充分必要条件是

$$R(\boldsymbol{A})=R(\boldsymbol{B})=R(\boldsymbol{A},\boldsymbol{B})$$

例 3 设有 $\boldsymbol{\beta}=(0,4,2)^{\mathrm{T}},\boldsymbol{\alpha}_1=(1,2,3)^{\mathrm{T}},\boldsymbol{\alpha}_2=(2,3,1)^{\mathrm{T}},\boldsymbol{\alpha}_3=(3,1,2)^{\mathrm{T}}$，试问 $\boldsymbol{\beta}$ 能否由向量组 $\boldsymbol{\alpha}_1,\boldsymbol{\alpha}_2,\boldsymbol{\alpha}_3$ 线性表示，并求出表达式.

解：令 $\boldsymbol{\beta}=k_1\boldsymbol{\alpha}_1+k_2\boldsymbol{\alpha}_2+k_3\boldsymbol{\alpha}_3$

即

$$\begin{pmatrix}0\\4\\2\end{pmatrix}=k_1\begin{pmatrix}1\\2\\3\end{pmatrix}+k_2\begin{pmatrix}2\\3\\1\end{pmatrix}+k_3\begin{pmatrix}3\\1\\2\end{pmatrix}$$

根据向量的线性运算和向量相等的定义，得

$$\begin{cases}k_1+2k_2+3k_3=0\\2k_1+3k_2+k_3=4\\3k_1+k_2+2k_3=2\end{cases}$$

因为

$$D=\begin{vmatrix}1&2&3\\2&3&1\\3&1&2\end{vmatrix}=-18\neq0$$

根据克拉默法则,可得:

$$k_1=1,k_2=1,k_3=-1(\text{唯一解})$$

所以

$$\beta=\alpha_1+\alpha_2-\alpha_3$$

故 β 能由向量组 $\alpha_1,\alpha_2,\alpha_3$ 线性表示

例 4 设有 $\boldsymbol{\alpha}_1=(2,3,1)^T,\boldsymbol{\alpha}_2=(1,2,1)^T,\boldsymbol{\alpha}_3=(3,2,-1)^T,\boldsymbol{\beta}=(2,1,-1)^T$,试问 $\boldsymbol{\beta}$ 能否由向量组 $\boldsymbol{\alpha}_1,\boldsymbol{\alpha}_2,\boldsymbol{\alpha}_3$ 线性表示,并求出表达式.

解:方法一

令 $\boldsymbol{\beta}=k_1\boldsymbol{\alpha}_1+k_2\boldsymbol{\alpha}_2+k_3\boldsymbol{\alpha}_3$

即

$$\begin{pmatrix}2\\1\\-1\end{pmatrix}=k_1\begin{pmatrix}2\\3\\1\end{pmatrix}+k_2\begin{pmatrix}1\\2\\1\end{pmatrix}+k_3\begin{pmatrix}3\\2\\-1\end{pmatrix}$$

把上述向量方程改写成线性方程组

$$\begin{cases}2k_1+k_2+3k_3=2\\3k_1+2k_2+2k_3=1\\k_1+k_2-k_3=-1\end{cases}$$

由于第一个方程加第三个方程正好等于第二个方程,所以第二个方程式多余的.去掉第二个方程,得同解方程组

$$\begin{cases}2k_1+k_2+3k_3=2\\k_1+k_2-k_3=-1\end{cases}$$

将 k_3 移到方程的右边,得

$$\begin{cases}2k_1+k_2=2-3k_3\\k_1+k_2=-1+k_3\end{cases}$$

令 $k_3=0$,求出 $k_1=3,k_2=-4$

故 方程组的一个解为 $k_1=3,k_2=-4,k_3=0$

所以 $\boldsymbol{\beta}-3\boldsymbol{\alpha}_1-4\boldsymbol{\alpha}_2+0\boldsymbol{\alpha}_3$

由于 k_3 可任意取值,从而方程组有无穷多组解,所以 $\boldsymbol{\beta}$ 能由向量组 $\boldsymbol{\alpha}_1,\boldsymbol{\alpha}_2,\boldsymbol{\alpha}_3$ 线性表示的方式也有无穷多种.

方法二

根据定理 1,要证矩阵 $\boldsymbol{A}=(\boldsymbol{\alpha}_1,\boldsymbol{\alpha}_2,\boldsymbol{\alpha}_3)$ 与 $\boldsymbol{B}=(\boldsymbol{A},\boldsymbol{\beta})$ 的秩相等.为此,把 $\boldsymbol{B}$ 化为行最简形:

$$\boldsymbol{B}=\begin{pmatrix}2&1&3&2\\3&2&2&1\\1&1&-1&-1\end{pmatrix}\underset{r_1\leftrightarrow r_3}{\sim}\begin{pmatrix}1&1&-1&-1\\3&2&2&1\\2&1&3&2\end{pmatrix}\underset{r_3-2r_1}{\overset{r_2-3r_1}{\sim}}\begin{pmatrix}1&1&-1&-1\\0&-1&5&4\\0&-1&5&4\end{pmatrix}$$

$$\overset{r_3-r_2}{\sim}\begin{pmatrix}1&1&-1&-1\\0&-1&5&4\\0&0&0&0\end{pmatrix}\underset{-r_2}{\overset{r_1+r_2}{\sim}}\begin{pmatrix}1&0&4&3\\0&1&-5&-4\\0&0&0&0\end{pmatrix}$$

显然，$R(\boldsymbol{A})=R(\boldsymbol{B})=2<3$，因此，向量 $\boldsymbol{\beta}$ 能由向量组 $\boldsymbol{\alpha}_1,\boldsymbol{\alpha}_2,\boldsymbol{\alpha}_3$ 线性表示.

由上述行最简形，可得方程$(\boldsymbol{\alpha}_1,\boldsymbol{\alpha}_2,\boldsymbol{\alpha}_3)x=\boldsymbol{\beta}$ 的通解为

$$x=c\begin{pmatrix}-4\\5\\1\end{pmatrix}+\begin{pmatrix}3\\-4\\0\end{pmatrix}=\begin{pmatrix}-4c+3\\5c-4\\c\end{pmatrix}$$

从而得表示式

$$\beta=(\boldsymbol{\alpha}_1,\boldsymbol{\alpha}_2,\boldsymbol{\alpha}_3)x=(-4c+3)\boldsymbol{\alpha}_1+(5c-4)\boldsymbol{\alpha}_2+c\boldsymbol{\alpha}_3$$

由于 c 可任意取值，所以 $\boldsymbol{\beta}$ 能用 $\boldsymbol{\alpha}_1,\boldsymbol{\alpha}_2,\boldsymbol{\alpha}_3$ 用多种形式的线性表示出来.

例 5 设 $\boldsymbol{\alpha}=(2,-3,0)^T$，$\boldsymbol{\beta}=(0,-1,2)^T$，$\boldsymbol{\gamma}=(0,-7,-4)^T$，试问 $\boldsymbol{\gamma}$ 能否表示成 $\boldsymbol{\alpha}$、$\boldsymbol{\beta}$ 的线性组合.

解：设 $k_1\boldsymbol{\alpha}+k_2\boldsymbol{\beta}=\boldsymbol{\gamma}$

即

$$k_1\begin{pmatrix}2\\-3\\0\end{pmatrix}+k_2\begin{pmatrix}0\\-1\\2\end{pmatrix}=\begin{pmatrix}0\\-7\\-4\end{pmatrix}$$

于是

$$\begin{cases}2k_1 & =0\\-3k_1-k_2=-7\\ \qquad 2k_2=-4\end{cases}$$

由第一个方程，得 $k_1=0$. 由第三个方程，得 $k_2=-2$. 但 $k_1=0,k_2=-2$ 不满足第二个方程. 即方程无解.

所以 $\boldsymbol{\gamma}$ 不能表示成 $\boldsymbol{\alpha}$、$\boldsymbol{\beta}$ 的线性组合.

例 6 设向量组 $\boldsymbol{A}$：$\boldsymbol{\alpha}_1=(1,-1,1,-1)^T$，$\boldsymbol{\alpha}_2=(3,1,1,3)^T$ 和向量组 $\boldsymbol{B}$：$\boldsymbol{\beta}_1=(2,0,1,1)^T$，$\boldsymbol{\beta}_2=(1,1,0,2)^T$，$\boldsymbol{\beta}_3=(3,-1,2,0)^T$，证明向量组 $\boldsymbol{A}$ 与向量组 $\boldsymbol{B}$ 等价.

证明：根据定理 1 的推论，只要证 $R(\boldsymbol{A})=R(\boldsymbol{B})=R(\boldsymbol{A},\boldsymbol{B})$. 为此把矩阵$(\boldsymbol{A},\boldsymbol{B})$化成行阶梯形：

$$(\boldsymbol{A},\boldsymbol{B})=\begin{pmatrix}1&3&2&1&3\\-1&1&0&1&-1\\1&1&1&0&2\\-1&3&1&2&0\end{pmatrix}\overset{r}{\sim}\begin{pmatrix}1&3&2&1&3\\0&4&2&2&2\\0&-2&-1&-1&-1\\0&6&3&3&3\end{pmatrix}\overset{r}{\sim}\begin{pmatrix}1&3&2&1&3\\0&2&1&1&1\\0&0&0&0&0\\0&0&0&0&0\end{pmatrix}$$

可得，$R(\boldsymbol{A})=2$，$R(\boldsymbol{A},\boldsymbol{B})=2$.

矩阵 $\boldsymbol{B}$ 中有不等于 0 的 2 阶子式，故 $R(\boldsymbol{B})\geqslant 2$. 又由于 $R(B)\leqslant R(A,B)=2$. 于是 $R(\boldsymbol{B})=2$.

因此，$R(\boldsymbol{A})=R(\boldsymbol{B})=R(\boldsymbol{A},\boldsymbol{B})=2$

即 向量组 $\boldsymbol{A}$ 与向量组 $\boldsymbol{B}$ 等价.

习题 10-2

1. 设 $\boldsymbol{\alpha}=(7,2,0)$，$\boldsymbol{\beta}=(2,1,-4)$，求 $3\boldsymbol{\alpha}+7\boldsymbol{\beta}$.
2. 设 $\boldsymbol{\alpha}=(5,-1,3,2)$，$\boldsymbol{\beta}=(3,1,-2,2)$，$3\boldsymbol{\alpha}+\boldsymbol{\gamma}=4\boldsymbol{\beta}$，求 $\boldsymbol{\gamma}$.

3. 设有 $\boldsymbol{\alpha}_1=(1,2,3)^{\mathrm{T}}$，$\boldsymbol{\alpha}_2=(0,1,4)^{\mathrm{T}}$，$\boldsymbol{\alpha}_3=(2,3,6)^{\mathrm{T}}$，$\boldsymbol{\beta}=(-1,1,5)^{\mathrm{T}}$，试问 $\boldsymbol{\beta}$ 能否由向量组 $\boldsymbol{\alpha}_1,\boldsymbol{\alpha}_2,\boldsymbol{\alpha}_3$ 线性表示，并求出表达式.

4. 设有 $\boldsymbol{\alpha}_1=(1,2,3)^{\mathrm{T}}$，$\boldsymbol{\alpha}_2=(-1,1,4)^{\mathrm{T}}$，$\boldsymbol{\alpha}_3=(3,3,2)^{\mathrm{T}}$，$\boldsymbol{\beta}=(4,5,5)^{\mathrm{T}}$，试问 $\boldsymbol{\beta}$ 能否由向量组 $\boldsymbol{\alpha}_1,\boldsymbol{\alpha}_2,\boldsymbol{\alpha}_3$ 线性表示，并求出表达式.

5. 设向量组 $\boldsymbol{A}$：$\boldsymbol{\alpha}_1=(0,1,1)^{\mathrm{T}}$，$\boldsymbol{\alpha}_2=(1,1,0)^{\mathrm{T}}$ 和向量组 $\boldsymbol{B}$：$\boldsymbol{\beta}_1=(-1,0,1)^{\mathrm{T}}$，$\boldsymbol{\beta}_2=(1,2,1)^{\mathrm{T}}$，$\boldsymbol{\beta}_3=(3,2,-1)^{\mathrm{T}}$，证明向量组 $\boldsymbol{A}$ 与向量组 $\boldsymbol{B}$ 等价.

10.3　向量组的线性相关性

上节我们引进了 n 维向量的概念，讨论了向量之间的线性运算关系. 一个向量能否被一个向量组线性表示. 在一个向量组中，某个向量可以被其余向量所线性表示，这是研究向量组的一个重要内容. 要深入研究向量组的这一个特性，需要进一步研究向量组的线性相关性和线性无关性.

定义 1　设 $\boldsymbol{\alpha}_1,\boldsymbol{\alpha}_2,\cdots,\boldsymbol{\alpha}_s$ 为 s 个 n 维向量，如果存在一组不全为 0 的数 $k_1,k_2,\cdots,k_s$，使得

$$k_1\boldsymbol{\alpha}_1+k_2\boldsymbol{\alpha}_2+\cdots+k_s\boldsymbol{\alpha}_s=0$$

成立，则称向量组 $\boldsymbol{\alpha}_1,\boldsymbol{\alpha}_2,\cdots,\boldsymbol{\alpha}_s$ 线性相关.

如果仅当 $k_1=k_2=\cdots=k_s=0$ 时，上式才成立，则称向量组 $\boldsymbol{\alpha}_1,\boldsymbol{\alpha}_2,\cdots,\boldsymbol{\alpha}_s$ 线性无关.

向量组 $\boldsymbol{\alpha}_1,\boldsymbol{\alpha}_2,\cdots,\boldsymbol{\alpha}_s$ 线性相关，通常是指 $s\geqslant 2$ 的情况，根据定义 1：

(1) 向量组只含有一个向量 $\boldsymbol{\alpha}_1$，当 $\boldsymbol{\alpha}_1=0$ 时线性相关，否则线性无关.

(2) 向量组含两个向量 $\boldsymbol{\alpha}_1,\boldsymbol{\alpha}_2$，它们线性相关的充分必要条件是 $\boldsymbol{\alpha}_1,\boldsymbol{\alpha}_2$ 的分量对应成比例，其几何意义是两个向量共线.

(3) 3 个向量线性相关的几何意义是三个向量共面.

定理 1　向量组 A：$\boldsymbol{\alpha}_1,\boldsymbol{\alpha}_2,\cdots,\boldsymbol{\alpha}_s(s\geqslant 2)$ 线性相关，也就是在向量组 $\boldsymbol{A}$ 中至少有一个向量能由其余 $s-1$ 向量线性表示.

证明：(1) 充分性：

设向量组 $\boldsymbol{A}$ 中某个向量能由其余 $s-1$ 向量线性表示，不妨设 $\boldsymbol{\alpha}_s$ 能由 $\boldsymbol{\alpha}_1,\boldsymbol{\alpha}_2,\cdots,\boldsymbol{\alpha}_{s-1}$ 线性表示，即有 $k_1,k_2,\cdots,k_{s-1}$ 使得 $\boldsymbol{\alpha}_s=k_1\boldsymbol{\alpha}_1+k_2\boldsymbol{\alpha}_2+\cdots+k_{s-1}\boldsymbol{\alpha}_{s-1}$，于是

$$k_1\boldsymbol{\alpha}_1+k_2\boldsymbol{\alpha}_2+\cdots+k_{s-1}\boldsymbol{\alpha}_{s-1}+(-1)\boldsymbol{\alpha}_s=0$$

因为 $k_1,k_2,\cdots,k_{s-1}$，　1 这 m 个数不全为 0，所以向量组 $\boldsymbol{A}$ 线性相关.

(2) 必要性：

设 $\boldsymbol{\alpha}_1,\boldsymbol{\alpha}_2,\cdots,\boldsymbol{\alpha}_s$ 线性相关，则有不全为 0 的数 $k_1,k_2,\cdots,k_s$ 使

$$k_1\boldsymbol{\alpha}_1+k_2\boldsymbol{\alpha}_2+\cdots+k_s\boldsymbol{\alpha}_s=0$$

因为 $k_1,k_2,\cdots,k_s$ 不全为 0，不妨设 $k_1\neq 0$，于是便有

$$\boldsymbol{\alpha}_1=\frac{-1}{k_1}(k_2\boldsymbol{\alpha}_2+\cdots+k_s\boldsymbol{\alpha}_s)$$

即 $\boldsymbol{\alpha}_1$ 能由 $\boldsymbol{\alpha}_2,\cdots,\boldsymbol{\alpha}_s$ 线性表示.

向量组的线性相关与线性无关的概念也可以用于线性方程组. 当方程组中有某个方程与其余方程的线性组合时，这个方程就是多余的，这时称方程组中的各个方程是线性相关的；当方程组中没有多余方程，就称该方程组中的各个方程是线性无关.

向量组 $\boldsymbol{A}$:$\boldsymbol{\alpha}_1,\boldsymbol{\alpha}_2,\cdots,\boldsymbol{\alpha}_s$ 构成矩阵 $\boldsymbol{A}=(\boldsymbol{\alpha}_1,\boldsymbol{\alpha}_2,\cdots,\boldsymbol{\alpha}_s)$,向量组 $\boldsymbol{A}$ 线性相关,就是齐次线性方程组

$$x_1\boldsymbol{\alpha}_1+x_2\boldsymbol{\alpha}_2+\cdots+x_s\boldsymbol{\alpha}_s=0,\text{即 } \boldsymbol{A}x=0$$

有非零解.

定理 2 向量组 $\boldsymbol{\alpha}_1,\boldsymbol{\alpha}_2,\cdots,\boldsymbol{\alpha}_s$ 线性相关的充分必要条件是它所构成的矩阵 $\boldsymbol{A}=(\boldsymbol{\alpha}_1,\boldsymbol{\alpha}_2,\cdots,\boldsymbol{\alpha}_s)$的秩小于向量个数 s;向量组线性无关的充分必要条件是 $R(\boldsymbol{A})=s$.

一般的,判断一个向量组 $\boldsymbol{\alpha}_1,\boldsymbol{\alpha}_2,\cdots,\boldsymbol{\alpha}_s$ 的线性相关性的基本方法和步骤:

(1) 设存在一组数 $k_1,k_2,\cdots,k_s$,使

$$k_1\boldsymbol{\alpha}_1+k_2\boldsymbol{\alpha}_2+\cdots+k_s\boldsymbol{\alpha}_s=0$$

(2) 根据向量的线性相关性和向量相等的定义,找出未知数 $k_1,k_2,\cdots,k_s$ 的齐次线性方程组;

(3) 判断方程组有无非零解;

(4) 如有非零解,则 $\boldsymbol{\alpha}_1,\boldsymbol{\alpha}_2,\cdots,\boldsymbol{\alpha}_s$ 线性相关. 如仅有零解,则 $\boldsymbol{\alpha}_1,\boldsymbol{\alpha}_2,\cdots,\boldsymbol{\alpha}_s$ 线性无关.

例 1 证明:n 维单位向量 $\boldsymbol{e}_1,\boldsymbol{e}_2,\cdots,\boldsymbol{e}_s$ 组成的向量组是线性无关的.

证明:设存在一组数 $k_1,k_2,\cdots,k_s$,使 $k_1\boldsymbol{e}_1+k_2\boldsymbol{e}_2+\cdots+k_s\boldsymbol{e}_s=0$

则
$$\begin{aligned}&k_1(1,0,\cdots,0)+k_2(0,1,\cdots,0)+\cdots+k_s(0,0,\cdots,1)\\=&(k_1,k_2,\cdots,k_s)=(0,0,\cdots,0)\end{aligned}$$

所以 $k_1=k_2=\cdots=k_s=0$

故 n 维单位向量 $\boldsymbol{e}_1,\boldsymbol{e}_2,\cdots,\boldsymbol{e}_s$ 组成的向量组是线性无关的

例 2 已知 $\boldsymbol{\alpha}_1=(2,1,0)^{\mathrm{T}},\boldsymbol{\alpha}_2=(1,2,1)^{\mathrm{T}},\boldsymbol{\alpha}_3=(0,1,2)^{\mathrm{T}}$,试讨论向量组 $\boldsymbol{\alpha}_1,\boldsymbol{\alpha}_2,\boldsymbol{\alpha}_3$ 的线性相关性.

解:方法一

设 $k_1\boldsymbol{\alpha}_1+k_2\boldsymbol{\alpha}_2+k_3\boldsymbol{\alpha}_3=0$

即

$$k_1\begin{pmatrix}2\\1\\0\end{pmatrix}+k_2\begin{pmatrix}1\\2\\1\end{pmatrix}+k_3\begin{pmatrix}0\\1\\2\end{pmatrix}=\begin{pmatrix}0\\0\\0\end{pmatrix}$$

于是

$$\begin{cases}2k_1+k_2=0\\k_1+2k_2+k_3=0\\k_2+2k_3=0\end{cases}$$

因为方程组的系数行列式

$$\begin{vmatrix}2&1&0\\1&2&1\\0&1&2\end{vmatrix}=4\neq0$$

所以方程组只有零解. 即 $k_1=k_2=k_3=0$.

故 向量组 $\boldsymbol{\alpha}_1,\boldsymbol{\alpha}_2,\boldsymbol{\alpha}_3$ 的线性无关.

方法二

对矩阵$(\boldsymbol{\alpha}_1,\boldsymbol{\alpha}_2,\boldsymbol{\alpha}_3)$施行初等行变换变成行阶梯形矩阵,即可同时看出矩阵$(\boldsymbol{\alpha}_1,\boldsymbol{\alpha}_2,\boldsymbol{\alpha}_3)$的秩,利用定理 2 即可得出结论:

$$(\boldsymbol{\alpha}_1,\boldsymbol{\alpha}_2,\boldsymbol{\alpha}_3)=\begin{pmatrix}2&1&0\\1&2&1\\0&1&2\end{pmatrix}\underset{r_2-2r_1}{\overset{r_1\leftrightarrow r_2}{\sim}}\begin{pmatrix}1&2&1\\0&-3&-2\\0&1&2\end{pmatrix}\underset{r_3+3r_2}{\overset{r_2\leftrightarrow r_3}{\sim}}\begin{pmatrix}1&2&1\\0&1&2\\0&0&4\end{pmatrix}$$

可得 $R(\boldsymbol{\alpha}_1,\boldsymbol{\alpha}_2,\boldsymbol{\alpha}_3)=3$，故向量组 $\boldsymbol{\alpha}_1,\boldsymbol{\alpha}_2,\boldsymbol{\alpha}_3$ 的线性无关.

例 3　设向量组 $\boldsymbol{\alpha}$、$\boldsymbol{\beta}$、$\boldsymbol{\gamma}$ 线性无关，求证：$\boldsymbol{\alpha}+\boldsymbol{\beta}$,$\boldsymbol{\beta}+\boldsymbol{\gamma}$,$\boldsymbol{\alpha}+\boldsymbol{\gamma}$ 线性无关.

证明：设 $k_1(\boldsymbol{\alpha}+\boldsymbol{\beta})+k_2(\boldsymbol{\beta}+\boldsymbol{\gamma})+k_3(\boldsymbol{\alpha}+\boldsymbol{\gamma})=0$

则

$$(k_1+k_3)\boldsymbol{\alpha}+(k_1+k_2)\boldsymbol{\beta}+(k_2+k_3)\boldsymbol{\gamma}=0$$

因为 $\boldsymbol{\alpha}$、$\boldsymbol{\beta}$、$\boldsymbol{\gamma}$ 线性无关，于是

$$\begin{cases}k_1 \quad\quad +k_3=0\\k_1+k_2 \quad\quad =0\\ \quad\quad k_2+k_3=0\end{cases}$$

由于方程组的系数行列式

$$\begin{vmatrix}1&0&1\\1&1&0\\0&1&1\end{vmatrix}=2\neq 0$$

所以方程组只有零解. 即 $k_1=k_2=k_3=0$.

故 $\boldsymbol{\alpha}+\boldsymbol{\beta}$,$\boldsymbol{\beta}+\boldsymbol{\gamma}$,$\boldsymbol{\alpha}+\boldsymbol{\gamma}$ 线性无关.

为了判别向量组的线性相关性，下面总结几个重要的结论：

结论一　若向量组 $\boldsymbol{A}$：$\boldsymbol{\alpha}_1,\boldsymbol{\alpha}_2,\cdots,\boldsymbol{\alpha}_s$ 线性相关，则向量组 $\boldsymbol{B}$：$\boldsymbol{\alpha}_1,\boldsymbol{\alpha}_2,\cdots,\boldsymbol{\alpha}_s,\boldsymbol{\alpha}_{s+1}$ 也是线性相关. 反之，若向量组 $\boldsymbol{B}$ 线性无关，则向量组 $\boldsymbol{A}$ 也线性无关.

结论二　m 个 n 维向量组成的向量组，当维数 n 小于向量个数 m 时一定线性相关. 而且 $n+1$个 n 维向量一定线性相关.

结论三　若向量组 $\boldsymbol{\alpha}_1,\boldsymbol{\alpha}_2,\cdots,\boldsymbol{\alpha}_s$ 线性无关，而 $\boldsymbol{\beta},\boldsymbol{\alpha}_1,\boldsymbol{\alpha}_2,\cdots,\boldsymbol{\alpha}_s$ 线性相关，那么 $\boldsymbol{\beta}$ 可由 $\boldsymbol{\alpha}_1$，$\boldsymbol{\alpha}_2,\cdots,\boldsymbol{\alpha}_s$ 线性表示，且表示式是唯一的.

习题 10-3

1. 判定下列向量组是线性相关还是线性无关：

(1) $\boldsymbol{\alpha}_1=(1,0,1)^{\mathrm{T}},\boldsymbol{\alpha}_2=(0,1,1)^{\mathrm{T}},\boldsymbol{\alpha}_3=(1,4,1)^{\mathrm{T}}$；

(2) $\boldsymbol{\alpha}_1=(1,3,0)^{\mathrm{T}},\boldsymbol{\alpha}_2=(1,1,2)^{\mathrm{T}},\boldsymbol{\alpha}_3=(3,-1,10)^{\mathrm{T}}$；

(3) $\boldsymbol{\alpha}_1=(-1,3,1)^{\mathrm{T}},\boldsymbol{\alpha}_2=(2,1,0)^{\mathrm{T}},\boldsymbol{\alpha}_3=(1,4,1)^{\mathrm{T}}$；

(4) $\boldsymbol{\alpha}_1=(2,3,0)^{\mathrm{T}},\boldsymbol{\alpha}_2=(-1,4,0)^{\mathrm{T}},\boldsymbol{\alpha}_3=(0,0,2)^{\mathrm{T}}$.

2. 问 a 取什么值时下列向量组线性相关？

$\boldsymbol{\alpha}_1=(a,1,1)^{\mathrm{T}},\boldsymbol{\alpha}_2=(1,a,-1)^{\mathrm{T}},\boldsymbol{\alpha}_3=(1,-1,a)^{\mathrm{T}}$.

3. 设向量组 $\boldsymbol{\alpha}_1,\boldsymbol{\alpha}_2,\boldsymbol{\alpha}_3$ 线性无关，试问以下向量组是否线性无关？

(1) $\boldsymbol{\beta}_1=\boldsymbol{\alpha}_1+\boldsymbol{\alpha}_2,\boldsymbol{\beta}_2=\boldsymbol{\alpha}_2+\boldsymbol{\alpha}_3,\boldsymbol{\beta}_3=\boldsymbol{\alpha}_3-\boldsymbol{\alpha}_1$.

(2) $\boldsymbol{\beta}_1=\boldsymbol{\alpha}_1+2\boldsymbol{\alpha}_2+3\boldsymbol{\alpha}_3,\boldsymbol{\beta}_2=3\boldsymbol{\alpha}_1-\boldsymbol{\alpha}_2+4\boldsymbol{\alpha}_3,\boldsymbol{\beta}_3=\boldsymbol{\alpha}_2+\boldsymbol{\alpha}_3$

10.4 向量组的秩

向量组的秩是一个与线性方程组理论有紧密关系的概念. 本节讨论向量组的极大无关组和向量组的秩及其求法.

一个线性相关的向量组,只要所含的向量不全是零向量,就一定存在线性无关的一部分向量. 在这些线性无关的部分向量组中,最重要的就是所谓最大线性无关组.

定义 1 设有向量组 $\boldsymbol{A}$,如果在 $\boldsymbol{A}$ 中能选出 s 个向量 $\boldsymbol{\alpha}_1,\boldsymbol{\alpha}_2,\cdots,\boldsymbol{\alpha}_s$,满足

(1) 向量组 $\boldsymbol{\alpha}_1,\boldsymbol{\alpha}_2,\cdots,\boldsymbol{\alpha}_s$ 线性无关;

(2) 向量组 $\boldsymbol{A}$ 中任意 $s+1$ 个向量都线性相关,

那么称向量组 $\boldsymbol{\alpha}_1,\boldsymbol{\alpha}_2,\cdots,\boldsymbol{\alpha}_s$ 是向量组 $\boldsymbol{A}$ 的一个最大线性无关组(简称为最大无关组). 最大线性无关组所含向量个数 s 称为向量组 $\boldsymbol{A}$ 的秩,记为 $\boldsymbol{R}_A$.

只含零向量的向量组没有最大无关组,它的秩为 0.

向量组的最大无关组一般是不唯一的,但同一个向量组的所有最大无关组所含向量个数一定相等.

定理 1 矩阵的秩等于它的列向量组的秩,也等于它的行向量组的秩.

例 1 设向量组 $\boldsymbol{A}$ 为

$\boldsymbol{\alpha}_1=(1,0,0),\boldsymbol{\alpha}_2=(0,1,0),\boldsymbol{\alpha}_3=(0,0,1),\boldsymbol{\alpha}_4=(1,1,1),\boldsymbol{\alpha}_5=(1,1,0)$,求向量组的最大线性无关组.

解:因为

(1) $\boldsymbol{\alpha}_1,\boldsymbol{\alpha}_2,\boldsymbol{\alpha}_3$ 的线性无关;

(2) $\boldsymbol{\alpha}_1=1\cdot\boldsymbol{\alpha}_1+0\cdot\boldsymbol{\alpha}_2+0\cdot\boldsymbol{\alpha}_3$

$\boldsymbol{\alpha}_2=0\cdot\boldsymbol{\alpha}_1+1\cdot\boldsymbol{\alpha}_2+0\cdot\boldsymbol{\alpha}_3$

$\boldsymbol{\alpha}_3=0\cdot\boldsymbol{\alpha}_1+0\cdot\boldsymbol{\alpha}_2+1\cdot\boldsymbol{\alpha}_3$

$\boldsymbol{\alpha}_4=1\cdot\boldsymbol{\alpha}_1+1\cdot\boldsymbol{\alpha}_2+1\cdot\boldsymbol{\alpha}_3$

$\boldsymbol{\alpha}_5=1\cdot\boldsymbol{\alpha}_1+1\cdot\boldsymbol{\alpha}_2+0\cdot\boldsymbol{\alpha}_3$

即 $\boldsymbol{\alpha}_1,\boldsymbol{\alpha}_2,\boldsymbol{\alpha}_3,\boldsymbol{\alpha}_4,\boldsymbol{\alpha}_5$ 都可由 $\boldsymbol{\alpha}_1,\boldsymbol{\alpha}_2,\boldsymbol{\alpha}_3$ 线性表示.

根据定义,$\boldsymbol{\alpha}_1,\boldsymbol{\alpha}_2,\boldsymbol{\alpha}_3$ 是向量组 $\boldsymbol{A}$ 的一个最大线性无关组.

实际上,$\boldsymbol{\alpha}_1,\boldsymbol{\alpha}_3,\boldsymbol{\alpha}_4$ 也是向量组 $\boldsymbol{A}$ 的一个最大线性无关组.

例 2 求全体 n 维向量构成的向量组的最大无关组.

解:因为 n 维单位向量构成的向量组 $\boldsymbol{e}_1,\boldsymbol{e}_2,\cdots,\boldsymbol{e}_n$ 线性无关,又对于任一的 n 维向量 $\boldsymbol{\alpha}=(a_1,a_2,\cdots,a_n)$,都有 $\boldsymbol{\alpha}=k_1\boldsymbol{e}_1+k_2\boldsymbol{e}_2+\cdots+k_n\boldsymbol{e}_n$. 所以 $\boldsymbol{e}_1,\boldsymbol{e}_2,\cdots,\boldsymbol{e}_n$ 是全体 n 维向量的一个最大无关组.

显然,全体 n 维向量的最大无关组有很多,任何一个线性无关的 n 维向量都是全体 n 维向量的最大无关组.

向量组 $\boldsymbol{A}$ 与它自身的最大无关组是等价的. 这是因为最大无关组是向量组 $\boldsymbol{A}$ 的一部分,故最大无关组总能由向量组 $\boldsymbol{A}$ 线性表示. 由定义 1 可知,对于向量组 $\boldsymbol{A}$ 中任意向量 $\boldsymbol{\alpha}$,$s+1$ 个向量 $\boldsymbol{\alpha}_1,\boldsymbol{\alpha}_2,\cdots,\boldsymbol{\alpha}_s,\boldsymbol{\alpha}$ 线性相关,而 $\boldsymbol{\alpha}_1,\boldsymbol{\alpha}_2,\cdots,\boldsymbol{\alpha}_s$ 线性无关,根据上节的结论三知 $\boldsymbol{\alpha}$ 能由 $\boldsymbol{\alpha}_1,\boldsymbol{\alpha}_2,\cdots,\boldsymbol{\alpha}_s$ 线性表示,即向量组 $\boldsymbol{A}$ 能由最大无关组表示. 所以向量组 $\boldsymbol{A}$ 与它自身的最大无关组是等价的.

定理 2　若向量组 B 能由向量组 A 线性表示，则 $R_A \leqslant R_B$.

例 3　设向量组

(1) $\boldsymbol{\alpha}_1=(1,1),\boldsymbol{\alpha}_2=(0,1)$

(2) $\boldsymbol{\beta}_1=(1,2),\boldsymbol{\beta}_2=(1,0),\boldsymbol{\beta}_3=(1,-1)$

求证向量组(1)和向量组(2)等价.

证明：因为　$\alpha_1=\beta_1-\beta_2+\beta_3,\alpha_2=\beta_2-\beta_3$

又因为　$\beta_1=\alpha_1+\alpha_2,\beta_2=\alpha_1-\alpha_2,\beta_3=\alpha_1-2\alpha_2$

所以　向量组(1)和向量组(2)等价.

例 4　求矩阵 $\boldsymbol{A}=\begin{pmatrix}1&0&1&0\\1&1&0&1\\1&1&0&0\\0&0&0&1\end{pmatrix}$，求矩阵 $\boldsymbol{A}$ 的列向量组的一个最大无关组，并把不属于最大无关组的列向量用最大无关组表示出来.

解：对矩阵 $\boldsymbol{A}$ 施行初等行变换变为行最简形矩阵

$$\boldsymbol{A}=\begin{pmatrix}1&0&1&0\\1&1&0&1\\1&1&0&0\\0&0&0&1\end{pmatrix}\overset{r_3-r_2}{\underset{r_2-r_1}{\sim}}\begin{pmatrix}1&0&1&0\\0&1&-1&1\\0&0&0&-1\\0&0&0&1\end{pmatrix}\overset{-r_3}{\underset{\substack{r_2-r_3\\r_4-r_3}}{\sim}}\begin{pmatrix}1&0&1&0\\0&1&-1&0\\0&0&0&1\\0&0&0&0\end{pmatrix}$$

知 $R(\boldsymbol{A})=3$，故列向量组的最大无关组含 3 个向量. 而三个非零行首元在第 1,2,4 列，

故 $\boldsymbol{\alpha}_1,\boldsymbol{\alpha}_2,\boldsymbol{\alpha}_4$ 为列向量组的一个最大无关组.

所以 $R(\boldsymbol{\alpha}_1,\boldsymbol{\alpha}_2,\boldsymbol{\alpha}_4)=3$，故 $\boldsymbol{\alpha}_1,\boldsymbol{\alpha}_2,\boldsymbol{\alpha}_4$ 线性无关. 由 $\boldsymbol{A}$ 的行最简形矩阵，有

$$\boldsymbol{\alpha}_3=\boldsymbol{\alpha}_1-\boldsymbol{\alpha}_2.$$

例 5　求矩阵 $\boldsymbol{A}=\begin{pmatrix}1&2&0&3\\2&0&-4&-2\\-1&t&5&t+4\\1&0&-2&-1\end{pmatrix}$ 的秩和一个最大无关组.

解：对矩阵 $\boldsymbol{A}$ 施行初等行变换变为行阶梯形矩阵

$$A=\begin{pmatrix}1&2&0&3\\2&0&-4&-2\\-1&t&5&t+4\\1&0&-2&-1\end{pmatrix}\overset{r}{\sim}\begin{pmatrix}1&2&0&3\\0&-4&-4&-8\\0&t+2&5&t+7\\0&-2&-2&-4\end{pmatrix}\overset{r}{\sim}\begin{pmatrix}1&2&0&3\\0&1&1&2\\0&0&3-t&3-t\\0&0&0&0\end{pmatrix}$$

故 α_1,α_2 线性无关，且

(1) $t=3$ 时，则 $R(\boldsymbol{A})=2$，且 $\boldsymbol{\alpha}_1,\boldsymbol{\alpha}_2$ 是最大无关组.

(2) $t\neq3$ 时，则 $R(\boldsymbol{A})=3$，且 $\boldsymbol{\alpha}_1,\boldsymbol{\alpha}_2,\boldsymbol{\alpha}_3$ 是最大无关组.

习题 10-4

1. 求下列向量组的秩，并求一个最大无关组：

(1) $\boldsymbol{\alpha}_1=(1,2,1,3)^{\mathrm{T}},\boldsymbol{\alpha}_2=(4,-1,-5,-6)^{\mathrm{T}},\boldsymbol{\alpha}_3=(1,-3,-4,-7)^{\mathrm{T}}$

(2) $\boldsymbol{\alpha}_1=(1,2,-1,4)^{\mathrm{T}},\boldsymbol{\alpha}_2=(9,100,10,4)^{\mathrm{T}},\boldsymbol{\alpha}_3=(-2,-4,2,-8)^{\mathrm{T}}$

2. 求下列矩阵的列向量组的一个最大无关组，并把其余列向量用最大无关组线性表示：

(1) $\begin{pmatrix}25 & 31 & 17 & 43\\75 & 94 & 53 & 132\\75 & 94 & 54 & 134\\25 & 32 & 20 & 48\end{pmatrix}$　　(2) $\begin{pmatrix}1 & 1 & 2 & 2 & 1\\0 & 2 & 1 & 5 & -1\\2 & 0 & 3 & -1 & 3\\1 & 1 & 0 & 4 & -1\end{pmatrix}$

3. 设向量组

$$\alpha_1=\begin{pmatrix}a\\3\\1\end{pmatrix},\alpha_2=\begin{pmatrix}2\\b\\3\end{pmatrix},\alpha_1=\begin{pmatrix}1\\2\\1\end{pmatrix},\alpha_1=\begin{pmatrix}2\\3\\1\end{pmatrix}$$

的秩为 2，求 a,b.

4. 设 $\boldsymbol{\alpha}_1,\boldsymbol{\alpha}_2,\cdots,\boldsymbol{\alpha}_n$ 是一组 n 维向量，证明它们线性无关的充分必要条件是：任一 n 维向量都可由它们线性表示.

10.5 线性方程组解的结构

线性方程组的解的理论和求解方法，是线性代数的核心内容. 第 8 章中介绍了克拉默法则存在局限性，克拉默法则只适用于讨论方程个数与未知量个数相同的线性方程组. 在 10.1 节中，介绍了用初等行变换求线性方程组的解. 本节将利用向量的理论，建立线性方程组理论，讨论解的存在性和解的结构并给出它的通解表示方法.

下面我们用向量组线性相关性的理论下来讨论齐次线性方程组.

设有齐次线性方程组

$$\begin{cases}a_{11}x_1+a_{12}x_2+\cdots+a_{1n}x_n=0\\a_{21}x_1+a_{22}x_2+\cdots+a_{2n}x_n=0\\\quad\vdots\\a_{m1}x_1+a_{m2}x_2+\cdots+a_{mn}x_n=0\end{cases}\tag{10.9}$$

记

$$\boldsymbol{A}=\begin{pmatrix}a_{11} & a_{12} & \cdots & a_{1n}\\a_{21} & a_{22} & \cdots & a_{2n}\\\vdots & \vdots & \ddots & \vdots\\a_{m1} & a_{m2} & \cdots & a_{mn}\end{pmatrix}\text{为系数矩阵，}\boldsymbol{x}=\begin{pmatrix}x_1\\x_2\\\vdots\\x_n\end{pmatrix}\text{为未知量矩阵，}0=\begin{pmatrix}0\\0\\\vdots\\0\end{pmatrix}\text{为零矩阵}$$

则方程组(10.9)写成向量方程

$$\boldsymbol{A}x=0\tag{10.10}$$

它的任一组解

$$x_1=k_1,x_2=k_2,\cdots,x_n=k_n$$

可以看成一个 n 维向量 $(k_1,k_2,\cdots,k_n)$，称这个向量为齐次线性方程组. 方程组(10.9)的一个解向量.

根据向量方程(10.10)，我们来讨论解向量的性质.

性质 1　如果 $x=\xi_1,x=\xi_2$ 是向量方程(10.10)的两个解向量，则 $\xi_1+\xi_2$ 也是向量方程(10.10)的解向量.

证明:将 $\xi_1+\xi_2$ 代入 $Ax=0$,

因为　　$A(\xi_1+\xi_2)=A\xi_1+A\xi_2=0+0=0$

所以　　$\xi_1+\xi_2$ 也是向量方程(10.10)的解.

性质 2　如果 $x=\xi_1$ 是向量方程(10.10)的解,c 为实数,则 $x=c\xi_1$ 也是向量方程(10.10)的解向量.

证明:因为　　$A(c\xi_1)=c(A\xi)=c\cdot 0=0$

所以　　$x=c\xi_1$ 也是向量方程(10.10)的解向量.

根据上面两条性质还可推出:如果 $\xi_1,\xi_2,\cdots,\xi_s$ 是向量方程(10.10)的 s 个解向量,则它们的任一线性组合 $c_1\xi_1+c_2\xi_2+\cdots+c_s\xi_s$ 也是向量方程(10.10)的解向量.

定义 1　若向量方程(10.10)的一组解向量 $\xi_1,\xi_2,\cdots,\xi_s$ 满足:

(1) $\xi_1,\xi_2,\cdots,\xi_s$ 线性无关;

(2) 向量方程(10.10)的任意解向量都可以由 $\xi_1,\xi_2,\cdots,\xi_s$ 线性表示,则称 $\xi_1,\xi_2,\cdots,\xi_s$ 是向量方程(10.10)的一个基础解系.

定理 1　如果齐次线性方程组(10.9)的系数矩阵 $\boldsymbol{A}$ 的秩 $R(\boldsymbol{A})=r<n$,那么齐次线性方程组(10.9)的基础解系一定存在,且每个基础解系含由 $n-r$ 个解向量.

由上面的讨论可知,要求齐次线性方程组的通解,只需求出它的基础解系,下面利用初等行变换的方法来求齐次线性方程组的基础解系.

设方程组(10.9)中 $R(\boldsymbol{A})=r<n$,对矩阵 $\boldsymbol{A}$ 施行初等行变换变为行最简形矩阵:

$$\boldsymbol{B}=\begin{pmatrix} 1 & \cdots & 0 & b_{11} & \cdots & b_{1,n-r} \\ \vdots & & \vdots & \vdots & & \vdots \\ 0 & \cdots & 1 & b_{r1} & \cdots & b_{r,n-r} \\ 0 & & & \cdots & & 0 \\ \vdots & & & & & \vdots \\ 0 & & & \cdots & & 0 \end{pmatrix}$$

由上可以得出与方程组(10.9)同解的方程组:

$$\begin{cases} x_1=-b_{11}x_{r+1}-b_{12}x_{r+2}-\cdots-b_{1,n-r}x_n \\ x_2=-b_{21}x_{r+1}-b_{22}x_{r+2}-\cdots-b_{2,n-r}x_n \\ \qquad\vdots \\ x_r=-b_{r1}x_{r+1}-b_{r2}x_{r+2}-\cdots-b_{r,n-r}x_n \end{cases}$$

把 $x_{r+1},x_{r+2},\cdots,x_n$ 作为自由未知数,并令它们依次等于 $c_1,c_2,\cdots,c_{n-r}$,可得到方程组(10.9)的通解

$$\begin{pmatrix} x_1 \\ \vdots \\ x_r \\ x_{r+1} \\ x_{r+2} \\ \vdots \\ x_n \end{pmatrix}=c_1\begin{pmatrix} -b_{11} \\ \vdots \\ -b_{r1} \\ 1 \\ 0 \\ \vdots \\ 0 \end{pmatrix}+c_2\begin{pmatrix} -b_{12} \\ \vdots \\ -b_{r2} \\ 0 \\ 1 \\ \vdots \\ 0 \end{pmatrix}+\cdots+c_{n-r}\begin{pmatrix} -b_{1,n-r} \\ \vdots \\ -b_{r,n-r} \\ 0 \\ 0 \\ \vdots \\ 1 \end{pmatrix}$$

把上式记为

$$x=c_1\xi_1+c_2\xi_2+\cdots+c_s\xi_s$$

即可得到方程组 $Ax=0$ 的一个基础解系 $\xi_1,\xi_2,\cdots,\xi_{n-r}$.

在上面的讨论中,先求出齐次线性方程组的通解,再从通解求得基础解系.其实在求解过程中也可以先求基础解系,再写出通解.

例 1 求齐次线性方程组

$$\begin{cases}x_1-2x_2+x_3+\ \ x_4=0\\x_1-2x_2+x_3-\ \ x_4=0\\x_1-2x_2+x_3+5x_4=0\end{cases}$$

的基础解系.

解:对系数矩阵 **A** 作初等变换,变为行最简形矩阵.

$$\boldsymbol{A}=\begin{pmatrix}1&-2&1&1\\1&-2&1&-1\\1&-2&1&5\end{pmatrix}\overset{r_2-r_1}{\underset{r_3-r_1}{\sim}}\begin{pmatrix}1&-2&1&1\\0&0&0&-2\\0&0&0&4\end{pmatrix}$$

$$\overset{r_2\times\left(-\frac{1}{2}\right)}{\underset{r_3-4r_2}{\sim}}\begin{pmatrix}1&-2&1&1\\0&0&0&1\\0&0&0&0\end{pmatrix}\overset{r_1-r_2}{\sim}\begin{pmatrix}1&-2&1&0\\0&0&0&1\\0&0&0&0\end{pmatrix}$$

得 $R(\boldsymbol{A})=2<4$,且有两个自由未知量,同解方程为

$$\begin{cases}x_1-2x_2+x_3=0\\x_4=0\end{cases}$$

取 x_2,x_3 为自由未知量,将方程改写成

$$\begin{cases}x_1=2x_2-x_3\\x_4=0\end{cases}$$

即

$$\begin{cases}x_1=2x_2-\ \ x_3\\x_2=\ \ x_2\\x_3=\qquad\quad x_3\\x_4=\ \ 0\end{cases}$$

故

$$\begin{pmatrix}x_1\\x_2\\x_3\\x_4\end{pmatrix}=x_2\begin{pmatrix}2\\1\\0\\0\end{pmatrix}+x_3\begin{pmatrix}-1\\0\\1\\0\end{pmatrix}$$

基础解系为

$$\xi_1=\begin{pmatrix}2\\1\\0\\0\end{pmatrix},\xi_2=\begin{pmatrix}-1\\0\\1\\0\end{pmatrix}$$

则 $x=c_1\xi_1+c_2\xi_2$ 为齐次线性方程组的通解,其中 c_1,c_2 为任意实数.

例 2 求齐次线性方程组

$$\begin{cases} x_1+x_2+x_3+x_4+x_5=0 \\ 3x_1+2x_2+x_3+x_4-3x_5=0 \\ x_2+2x_3+2x_4+6x_5=0 \\ 5x_1+4x_2+3x_3+3x_4-x_5=0 \end{cases}$$

的通解.

解:对系数矩阵 $\boldsymbol{A}$ 作初等变换,变为行最简形矩阵.

$$\boldsymbol{A}=\begin{pmatrix} 1 & 1 & 1 & 1 & 1 \\ 3 & 2 & 1 & 1 & -3 \\ 0 & 1 & 2 & 2 & 6 \\ 5 & 4 & 3 & 3 & -1 \end{pmatrix} \overset{r_2-3r_1}{\underset{r_4-5r_1}{\sim}} \begin{pmatrix} 1 & 1 & 1 & 1 & 1 \\ 0 & -1 & -2 & -2 & -6 \\ 0 & 1 & 2 & 2 & 6 \\ 0 & -1 & -2 & -2 & -6 \end{pmatrix}$$

$$\overset{r_3+r_2}{\underset{r_4-r_2}{\sim}} \begin{pmatrix} 1 & 1 & 1 & 1 & 1 \\ 0 & -1 & -2 & -2 & -6 \\ 0 & 0 & 0 & 0 & 0 \\ 0 & 0 & 0 & 0 & 0 \end{pmatrix} \overset{r_2\times(-1)}{\underset{r_1-r_2}{\sim}} \begin{pmatrix} 1 & 0 & -1 & -1 & -5 \\ 0 & 1 & 2 & 2 & 6 \\ 0 & 0 & 0 & 0 & 0 \\ 0 & 0 & 0 & 0 & 0 \end{pmatrix}$$

得,$R(\boldsymbol{A})=2<5$,所以方程组有非零解,且有 3 个自由未知量,同解方程为

$$\begin{cases} x_1=x_3+x_4+5x_5 \\ x_2=-2x_3-2x_4-6x_5 \end{cases}$$

即

$$\begin{cases} x_1=x_3+x_4+5x_5 \\ x_2=-2x_3-2x_4-6x_5 \\ x_3=x_3 \\ x_4=x_4 \\ x_5=x_5 \end{cases}$$

故

$$\begin{pmatrix} x_1 \\ x_2 \\ x_3 \\ x_4 \\ x_5 \end{pmatrix}=x_3\begin{pmatrix} 1 \\ -2 \\ 1 \\ 0 \\ 0 \end{pmatrix}+x_4\begin{pmatrix} 1 \\ -2 \\ 0 \\ 1 \\ 0 \end{pmatrix}+x_5\begin{pmatrix} 5 \\ -6 \\ 0 \\ 0 \\ 1 \end{pmatrix}$$

所以得基础解系为

$$\boldsymbol{\xi}_1=\begin{pmatrix} 1 \\ -2 \\ 1 \\ 0 \\ 0 \end{pmatrix},\boldsymbol{\xi}_2=\begin{pmatrix} 1 \\ -2 \\ 0 \\ 1 \\ 0 \end{pmatrix},\boldsymbol{\xi}_3=\begin{pmatrix} 5 \\ -6 \\ 0 \\ 0 \\ 1 \end{pmatrix}$$

通解为 $x=c_1\boldsymbol{\xi}_1+c_2\boldsymbol{\xi}_2+c_3\boldsymbol{\xi}_3$,其中 c_1,c_2,c_3 为任意实数.

下面讨论非齐次线性方程组

$$\begin{cases} a_{11}x_1+a_{12}x_2+\cdots+a_{1n}x_n=b_1 \\ a_{21}x_1+a_{22}x_2+\cdots+a_{2n}x_n=b_2 \\ \quad\vdots \\ a_{m1}x_1+a_{m2}x_2+\cdots+a_{mn}x_n=b_m \end{cases} \tag{10.11}$$

记 $\boldsymbol{A}=\begin{pmatrix} a_{11} & a_{12} & \cdots & a_{1n} \\ a_{21} & a_{22} & \cdots & a_{2n} \\ \vdots & \vdots & & \vdots \\ a_{m1} & a_{m2} & \cdots & a_{mn} \end{pmatrix}$为系数矩阵，

$\widetilde{\boldsymbol{A}}=\begin{pmatrix} a_{11} & a_{12} & \cdots & a_{1n} & b_1 \\ a_{21} & a_{22} & \cdots & a_{2n} & b_2 \\ \vdots & \vdots & & \vdots & \vdots \\ a_{n1} & a_{n2} & \cdots & a_{mn} & b_m \end{pmatrix}$为增广矩阵，

$\boldsymbol{b}=\begin{pmatrix} b_1 \\ b_2 \\ \vdots \\ b_m \end{pmatrix}$常数项矩阵.

把方程(10.11)写成向量方程的形式

$$\boldsymbol{A}x=\boldsymbol{b} \tag{10.12}$$

它具有如下性质：

性质 3 设 $x=\eta_1$ 及 $x=\eta_2$ 都是向量方程(10.12)的解，则 $x=\eta_1-\eta_2$ 为对应的齐次线性方程组

$$\boldsymbol{A}x=0 \tag{10.13}$$

的解.

证明:因为 $\boldsymbol{A}(\eta_1-\eta_2)=\boldsymbol{A}\eta_1-\boldsymbol{A}\eta_2=b-b=0$.
所以 $x=\eta_1-\eta_2$ 是方程(10.13)的解.

性质 4 设 $x=\eta$ 是方程(10.12)的解，$x=\xi$ 是方程(10.13)的解，则 $x=\xi+\eta$ 仍是方程(10.12)的解.

证明:因为 $\boldsymbol{A}(\xi+\eta)=\boldsymbol{A}\xi+\boldsymbol{A}\eta=0+b=b$

所以 $x=\xi+\eta$ 是方程(10.12)的解.

由性质 3 可知，若求得(10.12)的一个解 η^*，则方程(10.12)的任一解总可表示为

$$x=\xi+\eta^*$$

式中，$x=\xi$ 为方程(10.13)的解，又若方程(10.13)的通解为 $x=c_1\xi_1+c_2\xi_2+\cdots+c_{n-r}\xi_{n-r}$，则方程(10.13)的通解可表示为

$$x=c_1\xi_1+c_2\xi_2+\cdots+c_{n-r}\xi_{n-r}+\eta^*$$

式中，$\xi_1,\xi_2,\cdots,\xi_{n-r}$是方程(10.13)的基础解系.

定理 2 设 $x=\eta^*$ 是非齐次线性方程组 $Ax=b$ 的一个解，$x=\xi$ 是对应齐次方程组 $Ax=0$ 的通解，则 $x=\xi+\eta^*$ 是非齐次方程组 $Ax=b$ 的通解.

例 3 求齐次线性方程组

$$\begin{cases} x_1+2x_2-x_3+2x_4=1 \\ 2x_1+4x_2+x_3+x_4=5 \\ -x_1-2x_2-2x_3+x_4=-4 \end{cases}$$

的通解.

解:对增广矩阵 $\widetilde{\boldsymbol{A}}$ 作初等变换，变为行最简形矩阵.

$$\widetilde{A}=\begin{pmatrix}1&2&-1&2&1\\2&4&1&1&5\\-1&-2&-2&1&-4\end{pmatrix}\overset{r_2-2r_1}{\underset{r_3+r_1}{\sim}}\begin{pmatrix}1&2&-1&2&1\\0&0&3&-3&3\\0&0&-3&3&-3\end{pmatrix}$$

$$\overset{r_3+r_2}{\sim}\begin{pmatrix}1&2&-1&2&1\\0&0&3&-3&3\\0&0&0&0&0\end{pmatrix}\overset{r_2\times\frac{1}{3}}{\underset{r_1+r_2}{\sim}}\begin{pmatrix}1&2&0&1&2\\0&0&1&-1&1\\0&0&0&0&0\end{pmatrix}$$

由于 $R(\widetilde{A})=R(A)=2<3$，所以方程组有无数多组解.

得同解方程组

$$\begin{cases}x_1+2x_2+x_4=2\\ \qquad x_3-x_4=1\end{cases}$$

即 $\begin{cases}x_1=-2x_2-x_4+2\\x_2=\quad x_2\\x_3=\qquad x_4+1\\x_4=\qquad x_4\end{cases}$

可得，$\begin{pmatrix}x_1\\x_2\\x_3\\x_4\end{pmatrix}=x_2\begin{pmatrix}-2\\1\\0\\0\end{pmatrix}+x_4\begin{pmatrix}-1\\0\\1\\1\end{pmatrix}+\begin{pmatrix}2\\0\\1\\0\end{pmatrix}$

求得非齐次线性方程组的一个特解 $\eta^*=\begin{pmatrix}2\\0\\1\\0\end{pmatrix}$

其所对应的齐次线性方程组的基础解系 $\xi_1=\begin{pmatrix}-2\\1\\0\\0\end{pmatrix}$，$\xi_2=\begin{pmatrix}-1\\0\\1\\1\end{pmatrix}$

所以非齐次线性方程组的通解为 $x=c_1\xi_1+c_2\xi_2+\eta^*$，其中 c_1,c_2 为任意实数.

习题 10-5

1. 设 α_1,α_2 是 $Ax=0$ 的基础解系，问 $\alpha_1+\alpha_2,2\alpha_1-\alpha_2$ 是不是它的基础解系？

2. 设四元非齐次线性方程组的系数矩阵的秩为 3，已知 $\boldsymbol{\eta}_1,\boldsymbol{\eta}_2,\boldsymbol{\eta}_3$ 是它的三个解向量，且 $\boldsymbol{\eta}_1=(2,3,4,5)$，$\boldsymbol{\eta}_2+\boldsymbol{\eta}_3=(1,2,3,4)$，求该方程组的通解.

3. 求下列齐次线性方程组的基础解系：

(1) $\begin{cases}x_1-8x_2+10x_3+2x_4=0\\2x_1+4x_2+5x_3-x_4=0\\3x_1+8x_2+6x_3-2x_4=0\end{cases}$　　(2) $\begin{cases}2x_1-3x_2-2x_3+x_4=0\\3x_1+5x_2+4x_3-2x_4=0\\8x_1+7x_2+6x_3-3x_4=0\end{cases}$

4. 求下列非齐次线性方程组的一个解及对应的齐次方程组的基础解系：

(1) $\begin{cases} x_1+x_2=5 \\ 2x_1+x_2+x_3+2x_4=1 \\ 5x_1+3x_2+2x_3+2x_4=3 \end{cases}$　　(2) $\begin{cases} x_1-5x_2+2x_3-3x_4=11 \\ 5x_1+3x_2+6x_3-x_4=-1 \\ 2x_1+4x_2+2x_3+x_4=-6 \end{cases}$

复习题 10

一、选择题(20 分)

1. 设有向量组 $\boldsymbol{A}$:$\alpha_1,\alpha_2,\alpha_3,\alpha_4$,其中 $\alpha_1,\alpha_2,\alpha_3$ 线性无关,则(　　).

A. α_1,α_3 线性无关　　B. $\alpha_1,\alpha_2,\alpha_3,\alpha_4$ 线性无关

C. $\alpha_1,\alpha_2,\alpha_3,\alpha_4$ 线性相关　　D. $\alpha_2,\alpha_3,\alpha_4$ 线性无关

2. 若 4 阶方阵 $\boldsymbol{A}$ 的行列式等于零,则(　　).

A. $\boldsymbol{A}$ 中至少有一行向量是其余行向量的线性组合

B. $\boldsymbol{A}$ 中每一行向量都是其余行向量的线性组合

C. $\boldsymbol{A}$ 中必有一行向量为零向量

D. $\boldsymbol{A}$ 的列向量组线性无关

3. 若 $m\times n$ 矩阵 A 的秩 $r<n$,则方程组 $\boldsymbol{AX}=0$ 的基础解系所含向量个数等于(　　).

A. r　　B. $m-r$　　C. $n-r$　　D. $r-n$

4. 设 $\boldsymbol{\alpha}_1=[1,2,1]^{\mathrm{T}}$,$\boldsymbol{\alpha}_2=[0,5,3]^{\mathrm{T}}$,$\boldsymbol{\alpha}_3=[2,4,2]^{\mathrm{T}}$,则向量组 $\boldsymbol{\alpha}_1,\boldsymbol{\alpha}_2,\boldsymbol{\alpha}_3$ 的秩是(　　).

A. 0　　B. 1　　C. 2　　D. 3

5. 若方程组 $\begin{cases} x_1+x_2+2x_3=0 \\ x_1+2x_2+x_3=0 \\ 2x_1+x_2+\lambda x_3=0 \end{cases}$ 存在基础解系,则 $\lambda=$(　　).

A. 2　　B. 3　　C. 4　　D. 5

二、填空题(20 分)

1. 向量空间 $\boldsymbol{V}=\{x=(x_1,x_2,0)\mid x_1,x_2 \text{ 为实数}\}$ 的维数为__________.

2. 已知向量 $\boldsymbol{\alpha}_1=(3,5,8,8)$,$\boldsymbol{\alpha}_2=(-1,5,2,0)$,则 $\frac{1}{2}(3\boldsymbol{\alpha}_1-5\boldsymbol{\alpha}_2)=$__________.

3. 若向量组 $\boldsymbol{\alpha}_1=(2,6,4)$,$\boldsymbol{\alpha}_2=(1,3,t)$ 线性相关,则 $t=$__________.

4. 设向量 $\boldsymbol{\alpha}_1=(1,1,1)^{\mathrm{T}}$,$\boldsymbol{\alpha}_2=(1,1,0)^{\mathrm{T}}$,$\boldsymbol{\alpha}_3=(1,0,0)^{\mathrm{T}}$,$\boldsymbol{\beta}=(0,1,1)^{\mathrm{T}}$,则 $\boldsymbol{\beta}$ 由 $\boldsymbol{\alpha}_1,\boldsymbol{\alpha}_2,\boldsymbol{\alpha}_3$ 线性表出的表示式为__________.

5. 设 $\boldsymbol{A}$ 为 4×5 的矩阵,且秩$(\boldsymbol{A})=2$,则齐次方程 $\boldsymbol{AX}=0$ 的基础解系所含向量的个数是__________.

三、计算题(48 分)

1. 求下列齐次线性方程组的一个基础解系,并以此写出其结构式通解.

$$\begin{cases} x_1-2x_2+3x_3-4x_4=0 \\ x_2-x_3+x_4=0 \\ x_1+3x_2-3x_4=0 \\ -7x_2+3x_3+x_4=0 \end{cases}$$

2. 求非齐次线性方程组 $\begin{cases} x_1+x_2+2x_3+3x_4=1 \\ 2x_1+3x_2+5x_3+2x_4=-3 \\ 3x_1-x_2-x_3-2x_4=-4 \\ 3x_1+5x_2+2x_3-2x_4=-10 \end{cases}$ 的解.

3. 判定下列向量组是 $\boldsymbol{\alpha}=(2,3,0)^{\mathrm{T}},\boldsymbol{\beta}=(-1,4,0)^{\mathrm{T}},\boldsymbol{\gamma}=(0,0,2)^{\mathrm{T}}$ 线性相关性.

4. 求向量组 $\boldsymbol{\alpha}_1=(1,-1,2,4),\boldsymbol{\alpha}_2=(0,3,1,2),\boldsymbol{\alpha}_3=(3,0,7,14),\boldsymbol{\alpha}_4=(2,1,5,6)$，$\boldsymbol{\alpha}_5=(1,-1,2,0)$，求向量组的秩和一个极大线性无关组.

5. 设四元非齐次线性方程组的系数矩阵的秩为 3，已知 $\boldsymbol{\eta}_1,\boldsymbol{\eta}_2,\boldsymbol{\eta}_3$ 是它的三个解向量. 且 $\boldsymbol{\eta}_1=\begin{pmatrix}2\\3\\4\\5\end{pmatrix},\boldsymbol{\eta}_2+\boldsymbol{\eta}_3=\begin{pmatrix}1\\2\\3\\4\end{pmatrix}$，求该方程组的通解.

四、综合题(12 分，2 选 1)

1. 设向量组 $\boldsymbol{\alpha}_1,\boldsymbol{\alpha}_2,\boldsymbol{\alpha}_3$ 线性无关，证明 $2\boldsymbol{\alpha}_1+3\boldsymbol{\alpha}_2,\boldsymbol{\alpha}_2+4\boldsymbol{\alpha}_3,5\boldsymbol{\alpha}_3+\boldsymbol{\alpha}_1$ 线性无关.

2. 设线性方程组

$$\begin{cases} x_1+x_2+x_3=a-3 \\ x_1+ax_2+x_3=-2 \\ x_1+x_2+ax_3=-2 \end{cases}$$

(1) 问 a 为何值时，方程组有无穷多个解；

(2) 当方程组有无穷多个解时，求出其通解(要求用它的一个特解和导出组的基础解系表示).

案例2　线性代数在数学建模中的应用

数学是科技发展的强大动力，康德说过："自然科学的发展，取决于其方法、内容与数学结合的程度，数学成为打开知识大门的金钥匙，成为科学的皇后"，数学被公认为"科学的语言""思维的工具". 数学对科技发展的作用难以估量. 科学家们认为"当前最令人兴奋的发展是在社会科学和生物科学中数学模型的构造""甚至是一个粗糙的数学模型也能帮我们更好的理解一个实际的情况. 因为在建立模型时被迫考虑了各种逻辑可能性，全面地定义了所有的概念，并区分了重要和次要的因素". 数学模型是使用数学解决实际问题的第一步，并贯穿在解决问题的全过程之中.

将数学建模引入线性代数教学是解决当前线性代数教学存在问题的一种有效方法，能激发学生学习数学的兴趣. 数学建模的实例具有深刻的背景，案例来自不同的领域. 学生通过对这些实例的探究，真正接触到数学存各个领域的应用，调动学生应用数学知识分析、解决实际问题的积极性，让学生认识到学习数学的实用价值，这是传统教学无法达到的效果. 同时长期困扰学生的"学数学有什么用"的疑问也得到解决.

所以，适当引用现实生活中的例子，应用数学建模的思想讲解相关知识点，这样可以起到事半功倍的效果.

案例分析

我们以线性方程组的基础解系为例解释建模思想的运用. 下面引入实例.

设下面交通网络图，均为单向行驶，且不能停车，通行方向用箭头表明，图中所示的数字为高峰期每小时进出网络的车辆数，进入网络的车辆等于离开网络的车辆，另进入每个节点的车辆等于离开节点的车辆.

例1　设1个"井"字形公路环网，均为单向行驶，8个街道路口的车流量有数据记录，已知在8个街道路口的车辆数目如图A2-1所示，试问 x_1, x_2, x_3, x_4 路段上的车辆数目是多少?

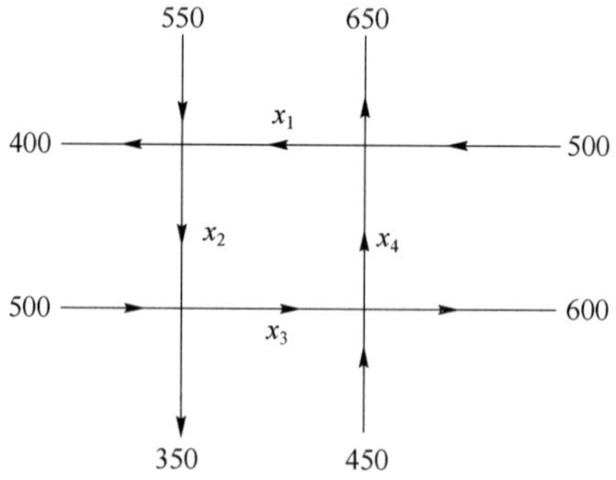

图 A2-1

解：在图A2-1中的任何一个路口(十字路口或丁字路口)处，都有车辆流进和流出. 当一天结束后，流进的车辆数和流出的车辆数应该相等以达到平衡. 在每一个路口处可根据进出的车流量相等关系，建立一个线性方程组. 图A2-1中有4个路口，可建立含4个方程的方程组.

$$\begin{cases} x_4+500=650+x_1 \\ x_1+550=400+x_2 \\ x_2+500=350+x_3 \\ x_3+450=600+x_4 \end{cases}$$

可以通过 MATLAB 软件进行方程组求解，解的上述方程组的解为

$$\begin{pmatrix} x_1 \\ x_2 \\ x_3 \\ x_4 \end{pmatrix}=\begin{pmatrix} 50 \\ 200 \\ 350 \\ 200 \end{pmatrix}+K\begin{pmatrix} 1 \\ 1 \\ 1 \\ 1 \end{pmatrix}$$

问题：基础解系 $\xi=(1,1,1,1)^{\mathrm{T}}$ 在该问题中代表了什么？

根据实际意义 K 应取非负整数. 由实际例子列出了方程组并进行求解，所以整个过程比较有趣. 特解 $(50,200,350,200)^{\mathrm{T}}$ 代表车道上行驶的车辆数目，基础解系 $\xi=(1,1,1,1)^{\mathrm{T}}$ 表示有车在某一路口转错弯，而进入一个循环车道，对其循环道路上的车辆数目产生影响. 当某一车道上的行驶车辆局部增多时则产生交通堵塞. 当某处发生交通堵塞时，车速变慢. 但经过一段时间慢慢行驶交通还可以恢复正常，所以，任意解还是满足流量平衡方程的.

例 2　如果某航空公司在七个城市间开辟了若干条航线，各个城市间的航线连接情况可以用一个图来表示：用结点表示城市，如果从城市 I 到城市 J 有航班，则用线连接城市 I 和城市 J 的结点表示. 并在线上从城市 i 到城市 j 的方向上画一个箭头，由于图中各条边都有方向，所以形成了一个有向图 G，其中结点集为 $V(G)$、边集为 $E(G)$. 如图 A2-2 表示七个城市间的航班图，其中 $V(G)=\{v_1,v_2,v_3,v_4,v_5,v_6,v_7\}$（$v_i$ 代表第 i 个城市），$E(G)$ 由图中所有的有向边组成(图 A2-2).

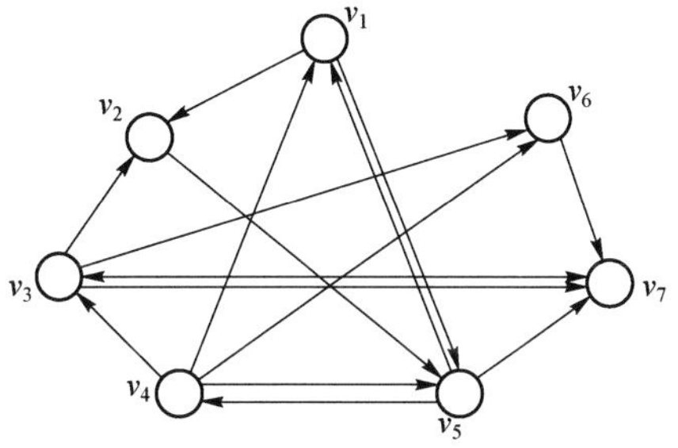

图 A2-2

为了便于用计算机处理航班图的信息，用数值表示结点间的连接情况：如果有起点为 v_i、终点为 v_j 的一条边，则取 $a_{ij}=1$，否则取 $a_{ij}=0$. 于是就得到一个七阶矩阵：

$$\boldsymbol{A}(G)=\begin{pmatrix} 0 & 1 & 0 & 0 & 1 & 0 & 0 \\ 0 & 0 & 0 & 0 & 1 & 0 & 0 \\ 0 & 1 & 0 & 0 & 0 & 1 & 1 \\ 1 & 0 & 1 & 0 & 1 & 0 & 1 \\ 1 & 0 & 0 & 1 & 0 & 1 & 0 \\ 0 & 0 & 1 & 0 & 0 & 0 & 0 \\ 0 & 0 & 0 & 0 & 0 & 1 & 0 \end{pmatrix}$$

那么如何用数学模型来刻画城市之间航班的各种情况呢？当然.城市及航班数量都很少的时候,可以用枚举法得到.但当城市及航班数量都很大时,枚举法的工程量就会相当大,并且极易出错,这时,建立数学模型就尤为重要,由矩阵的乘法得：

$$\boldsymbol{A}^2(G)=\begin{pmatrix}1&0&0&1&1&1&0\\1&0&0&1&0&1&0\\0&0&1&0&1&1&0\\1&2&0&1&1&3&1\\1&1&2&0&2&0&1\\0&1&0&0&0&1&1\\0&0&1&0&0&0&0\end{pmatrix},\boldsymbol{A}^2(G)=\begin{pmatrix}2&1&2&1&2&1&1\\1&1&2&0&2&0&1\\1&1&1&1&0&2&1\\2&1&4&1&4&2&1\\2&3&0&2&2&5&2\\0&0&1&0&0&1&0\\0&1&0&0&0&1&1\end{pmatrix}$$

由此可知,在所有可能从城市到的路线中.这条路线最短.这就解决了一个旅游航线的优化选择问题.

例 3 动物致量的按年龄段预测问题.

某农场调养的某种动物所能达到的最大年龄为 15 岁,将其分成三个年龄组:第一组,0～5 岁;第二组,6～10 岁;第三组,11～15 岁.动物从第二年龄组起开始繁殖后代,经过长期统计,第二组和第三组的繁殖率分别为 4 和 3,第一年龄和第二年龄组的动物能顺利进入下一个年龄组的存活率分别为 0.5 和 0.25,假设农场现有三个年龄段的动物各 100 头,问 15 年后农场三个年龄段的动物各有多少头？

解:因为某一时间周期第二年龄组和第三年龄组动物是由上一时间周期上一年龄组存活下来的动物,所以有

$$x_2{}^{(k)}=\frac{1}{2}x_1{}^{(k-1)}x_3{}^{(k)}=\frac{1}{4}x_2{}^{(k-1)}(k=1,2,3)$$

用矩阵表示

$$\begin{pmatrix}x_1{}^{(k)}\\x_2{}^{(k)}\\x_3{}^{(k)}\end{pmatrix}=\begin{pmatrix}0&4&3\\\frac{1}{2}&0&0\\0&\frac{1}{4}&0\end{pmatrix}\begin{pmatrix}x_1{}^{(k-1)}\\x_2{}^{(k-1)}\\x_3{}^{(k-1)}\end{pmatrix}(k=1,2,3)$$

则有

$$x^{(k)}=Lx^{(k-1)}(k=1,2,3)$$

因此,有

$$x^{(k)}=\begin{pmatrix}x_1{}^{(k)}\\x_2{}^{(k)}\\x_3{}^{(k)}\end{pmatrix}(k=1,2,3)$$

$$x^{(1)}=Lx^{(0)}=\begin{pmatrix}0&4&3\\\frac{1}{2}&0&0\\0&\frac{1}{4}&0\end{pmatrix}\begin{pmatrix}1000\\1000\\1000\end{pmatrix}=\begin{pmatrix}7000\\500\\250\end{pmatrix}$$

$$x^{(2)}=Lx^{(1)}=\begin{pmatrix}0 & 4 & 3\\ \frac{1}{2} & 0 & 0\\ 0 & \frac{1}{4} & 0\end{pmatrix}\begin{pmatrix}7000\\5500\\250\end{pmatrix}=\begin{pmatrix}2750\\3500\\125\end{pmatrix}$$

$$x^{(3)}=Lx^{(2)}=\begin{pmatrix}0 & 4 & 3\\ \frac{1}{2} & 0 & 0\\ 0 & \frac{1}{4} & 0\end{pmatrix}\begin{pmatrix}2750\\3500\\125\end{pmatrix}=\begin{pmatrix}14375\\1375\\875\end{pmatrix}$$

通过以上求解，我们可以得出：15 年后，农场饲养的动物总数将达到 16 625 头，其中 0～5 岁的有 14 375 头，占 86.47%；6～10 岁的有 1 375 头，占 8.27%；11～15 岁的有 875 头，占 5.226%. 15 年间，动物总增长 16 625－3 000＝13 625 头，增长率为 13 625/3 000＝454.16%.

例 4　给出四个城市 A、B、C、D，现在想进行一次旅游，方式为：先坐火车后坐汽车. 即从第一个城市坐火车到第二个城市，然后从第二个城市坐汽车到第三个城市. 那么在哪两个城市之间才能做一次使用两种交通工具（先坐火车后坐汽车）的旅行？四个城市之间的火车交通线路情况如图 A2-3 所示；汽车交通线路情况如图 A2-4 所示；反映火车和汽车的交通线路情况如图 A2-5所示.

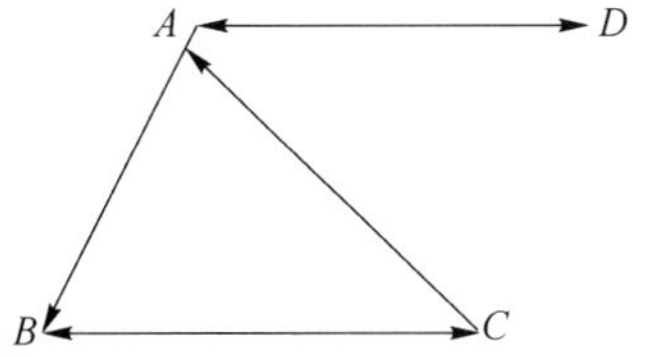

图 A2-3　火车交通线路

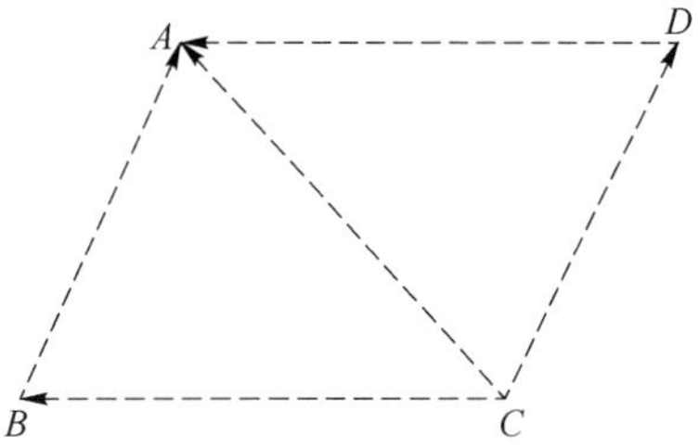

图 A2-4　汽车交通路线

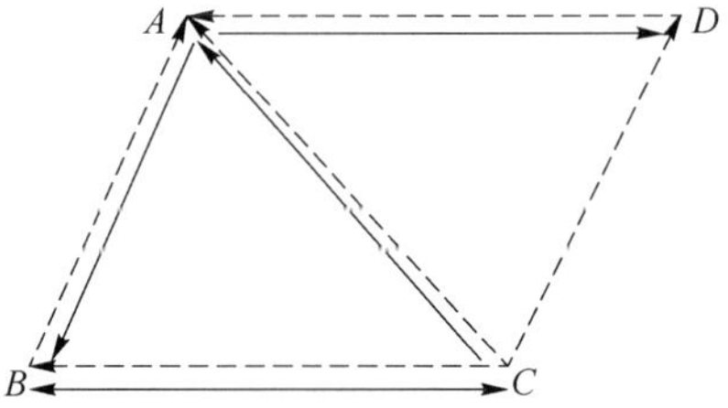

图 A2-5　火车和汽车交通路线

解：火车交通路线情况、汽车交通路线情况可以用矩阵 $\boldsymbol{S},\boldsymbol{T}$ 来描述：

$$\boldsymbol{S}=\begin{pmatrix}0 & 1 & 0 & 1\\0 & 0 & 1 & 0\\1 & 1 & 0 & 0\\1 & 1 & 0 & 0\end{pmatrix}$$，代表坐火车可以从哪个城市到哪个城市.

$$\boldsymbol{T}=\begin{pmatrix}0&0&1&0\\1&0&0&0\\1&1&0&1\\1&0&0&0\end{pmatrix}$$，代表坐汽车可以从哪个城市到哪个城市.

从图 A2-5 可以看出，可以先坐火车从 A 到 B 或到 D. 从 B 可以坐汽车回到 A，从 D 也可以坐汽车回到 A，所以从 A 返回到 A 可以做两次旅行(先坐火车后坐汽车)，但有两种不同的路线. 从 A 到其他任何城市都不能做这种旅行. 如果从 B 可以坐火车到 C，然后坐汽车回到 B，当然也可以去 A 或 D. 因此，从 B 到 A、B、D 都可以先坐火车后坐汽车. 其实根据图 A2-5，先坐火车后坐汽车从一个城市到另一城市的旅游可以用矩阵 $\boldsymbol{P}$ 来描述.

$$\boldsymbol{P}=\begin{pmatrix}2&0&0&0\\1&1&0&1\\1&0&1&0\\0&0&1&0\end{pmatrix}$$

可以发现 $\boldsymbol{P}$ 就是 $\boldsymbol{S}$，$\boldsymbol{T}$ 的乘积，$\boldsymbol{P}$ 的第 i 行第 j 列的元素表示先坐火车后坐汽车从 i 城市到 j 城市的路线数.

这就是矩阵乘积的一个应用，也是建模思想的融入. 在类似例题的引导下，教师能够很容易地引出矩阵的概念、矩阵的乘法，学生掌握起来也很轻松.

总之，我们在线性代数的教学中，要注重引入实际问题，一方面能培养学生解决实际问题的能力，另一方面能激发同学们对学习这门课程的兴趣，因此在线性代数的教学中，一定要注意多引入实际问题.

第 11 章

事件与古典概型

概率论产生于17世纪，但数学家思考概率论问题的源泉，却来自赌博.传说早在1654年,法国有一位热衷于掷骰子赌博的贵族德·梅耳向当时法国的著名数学家帕斯卡提出一个使他苦恼了很久的问题:“两个赌徒相约赌若干局,谁先赢3局就算赢，全部赌本就归谁.但是当其中一个人赢了2局,另一个人赢了1局的时候，由于某种原因，赌博终止了,问‘赌本应该怎样分才合理?’”

帕斯卡和当时第一流的数学家费尔玛一起研究了德·梅耳提出的关于骰子赌博的问题.于是,一个新的数学分支——概率论登上了历史舞台.三年后，荷兰著名的数学家克里斯蒂安.惠更斯企图自己解决这一问题，结果写成了《论赌博中的计算》一书，这就是概率论最早的一部著作.经过很多数学家的努力概率论逐渐走上了严格化的道路,现在它在许多领域发挥着越来越重要的作用.

我们知道赌博中有赢有输.现实生活中也一样,有些事情一定会发生，有些事情不一定发生,有些事情可能发生也可能不发生.那么在数学中如何定义这些事情呢?

本章目标

理解随机现象、随机试验、随机事件诸概念;掌握事件之间各种运算关系;了解随机现象的普遍性、随机试验的可重复性以及事件与子集的关系;理解古典概率以及古典概率的性质，掌握古典概率简单的计算方法;了解频率的定义、频率的性质以及频率与概率的关系;理解概率的定义及概率的性质;掌握概率的有限可加性、逆事件、差事件、和事件的概率公式及加法公式;理解条件概率的概念,了解完备事件组概念;掌握概率的乘法公式、全概率公式及贝叶斯(Bayes)公式，会用上述公式解决一些简单实际问题.

11.1 随 机 事 件

一、认识随机事件

1. 必然现象与随机现象

从扔硬币、掷骰子和玩扑克等简单的机会游戏,到复杂的社会现象;从婴儿的诞生,到世间万物的繁衍生息;从流星坠落,到大自然的千变万化,等等。我们无时无刻不面临着两类截然不同的现象:一类是必然现象;另一类是随机现象.

太阳从东方升起，水在标准大气压下加热到100℃化为蒸汽，秋去冬来，这类现象有很多，它们都有共同的特点：结果事先可预知，只有一个结果，即在一定条件下，重复进行试验，其结果必然发生的现象，这类现象称为**必然现象**.

某地区的年降雨量；投掷一枚均匀的硬币，可能出现"正面"，也可能出现"反面"，事先不能做出确定的判断. 对于这类现象，其特点为：结果事先不可预知，可能的结果不止一个，即在相同条件下进行重复试验，试验的结果事先不能唯一确定. 就一次试验而言，时而出现这个结果，时而出现那个结果，呈现出一种偶然性，即在一定的条件下具有多种可能发生的结果，而究竟发生哪一种结果事先不能肯定的现象，称为**随机现象**.

从表面上看来，随机现象的结果好像是不可捉摸的. 其实不然，实践证明，在相同条件下，对随机现象进行大量重复的观察，其结果总能呈现出某种规律性，一般称为统计规律性. 例如，在历史上有人做过抛掷硬币的大量重复试验，结果如表11-1所示.

表11-1　历史上抛掷硬币试验的记录

试验者	投掷次数(n)	出现正面次(m)	频率(m/n)
Demorgen	2 046	1 061	0.518 6
Buffon	4 040	2 048	0.506 9
Pearson	12 000	6 019	0.501 6
Pearson	24 000	12 012	0.500 5
Fisher	10 000	4 979	0.497 9

从表中可以看到，当抛掷硬币的次数很多时，正面向上出现的频率总是在0.5附近摆动. 它反映了随机现象的两个显著特点：

一次试验前，不能预言会发生哪种结果，这说明随机现象具有**偶然性**.

在相同条件下，进行大量重复试验，其结果呈现出统计规律性，这说明随机现象具有**规律性**.

例如，了解发生意外人身事故的可能性大小，确定保险金额. 了解每年最大洪水超警戒线可能性大小，合理确定堤坝高度.

概率论就是研究随机现象的统计规律性的一门数学分支. 其研究对象为：随机现象，研究内容为：随机现象的统计规律性.

2. 随机试验与随机事件

为了对随机现象的统计规律性进行研究，就需要对随机现象进行重复观察，一般把对随机现象的观察称为试验. 把对随机现象的一次观察称为一次**随机试验**(简称试验). 通常用大写的字母E表示. 随机试验具有以下三个特点：

(1) **可重复性**：试验可以在相同条件下重复进行；

(2) **可观察性**：每次试验的可能结果不止一个，并且能事先明确试验的所有可能结果；

(3) **不确定性**：每次试验出现的结果事先不能准确预知，但可以肯定出现上述所有可能结果中的一个.

每次试验的一个可能结果称为基本事件，也称为样本点，记作：$\omega_1,\omega_2,\cdots,\omega_k$. 全部基本事件的集合，称为基本事件空间，也称为样本空间，记作 $\Omega=\{\omega_1,\omega_2,\cdots,\omega_k\}$. 任何一次试验的结果一定是基本事件空间中的一个基本事件.

例如：从一批产品中，依次任选三件，记录出现正品与次品的情况. 记 $N\to$正品，$G\to$次品，则样本空间为

$$\Omega=\{NNN,NGN,NNG,GNN,GGN,GNG,NGG,GGG\}.$$

又如：记录某公共汽车站某日上午某时刻的等车人数. 则样本空间为 $\Omega=\{0,1,2,\cdots\}$.

在随机实验中可能发生也可能不发生的事件，称为**随机事件**，简称事件. 它是由部分样本点构成的，也即样本空间 Ω 的某个子集，通常用大写字母 $A,B,C\cdots$ 表示.

在每次试验中，一定发生的事件称为**必然事件**，显然它是全部基本事件的集合，记作 Ω；在每次试然不是随机事件，但为了讨论方便，把它们作为随机事件的极端情况处理. 试验中，一定不发生的事件称为**不可能事件**，它相当于空集，记作 ϕ.

注意：严格来讲，必然事件与不可能事件反映了确定性现象，可以说它们并不是随机事件，为了研究问题的方便，我们把它们作为特殊的随机事件.

二、随机事件间的关系与运算

通过上述讨论可知，随机事件与基本事件空间的子集之间建立了一定的对应关系，从而可用集合的观点来解释事件间的关系与运算，可借助集合论中的文氏图来理解这些内容.

1. 包含关系

设 A,B 为两个事件，若 B 发生必然导致 A 发生，则称**事件 A 包含事件 B**，或称**事件 B 包含于事件 A 中**，记作：$B\subset A$.

$B\subset A\Leftrightarrow\{\omega\mid 若\ \omega\in B,则\ \omega\in A\}$，用文(Venn)图 11-1 表示.

反之，$A\supset B\Leftrightarrow$若 A 不发生，则必然 B 也不会发生.

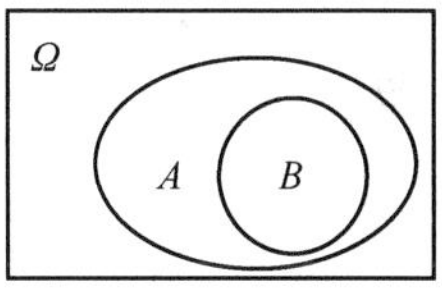

图 11-1

显然，对任意事件 A 有：(1) $A\subset A$；(2) $\phi\subset A\subset\Omega$；(3) 若 $A\subset B$，$B\subset C$，则 $A\subset C$.

若 $A\subset B$ 且 $B\subset A$，则称 A 与 B 相等，记作 $A=B$.

2. 和(并)事件

称事件"A,B 中至少有一个发生"为事件 A 与事件 B 的和事件，也称 A 与 B 的并，记作：

$$A\cup B\ 或\ A+B.$$

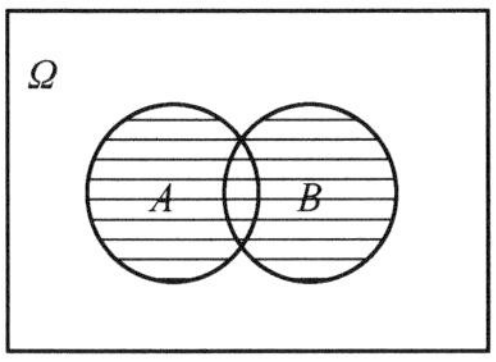

图 11-2

$A\cup B$ 发生意味着：或事件 A 发生，或事件 B 发生，或事件 A 和事件 B 都发生. 可用文(Venn)图 11-2 表示.

显然有：①$A\subset A\cup B$，$B\subset A\cup B$；②若 $A\subset B$，则 $A\cup B=B$.

通常 n 个事件的和记为

$$A_1+A_2+\cdots+A_n\ 或\ A_1\cup A_2\cup\cdots\cup A_n$$

简记为 $\sum_{i=1}^{n} A_i$ 或 $\bigcup_{i=1}^{n} A_i$.

3. 积(交)事件

称事件“A,B 同时发生”为事件 A 与事件 B 的积事件，也称 **A 与 B 的交**，记作 $A\cap B$，简记为 AB.

事件 AB 发生意味着事件 A 发生且事件 B 也发生，也就是说 A,B 都发生. 如文(Venn)图 11-3所示.

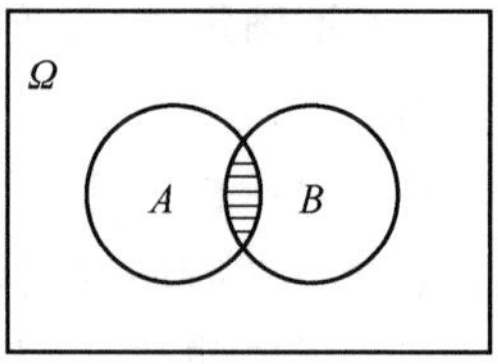

图 11-3

显然有：①$AB\subset A$，$AB\subset B$；②若 $A\subset B$，则 $AB=A$.

通常 n 个事件的积记为

$$A_1A_2\cdots A_n \text{ 或 } A_1\cap A_2\cap\cdots A_n,$$

简记为 $\prod_{i=1}^{n} A_i$ 或 $\bigcap_{i=1}^{n} A_i$.

4. 差事件

称事件“A 发生而 B 不发生”为**事件 A 与事件 B 的差事件**，记作 $A-B$. 可用文(Venn)图表示，如图 11-4 所示.

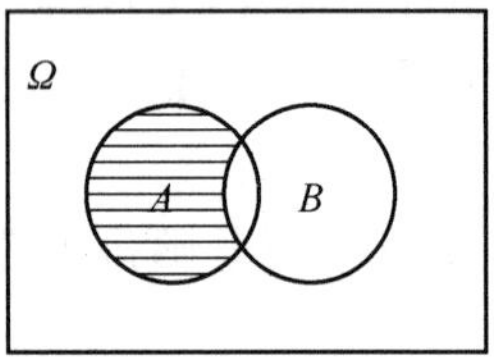

图 11-4

显然有：①$A-B\subset A$；②若 $A\subset B$，则 $A-B=\varphi'$.

例 1 袋中有一白、一红、一蓝球，从中任取一个，$A_1=$“取的是白球”、$A_2=$“取的是黄球”、$A_3=$“取的是红球”，$B=$“取的是彩色球”，则 $B=A_2+A_3$，$A_2=B-A_3$.

5. 互斥关系(互不相容)

若事件 A 与事件 B 不能同时发生，也即 $AB=\phi$，则称事件 A 与事件 B 是互斥的两个事件，简称 **A 与 B 互斥**(或互不相容). 可见文(Venn)图 11-5.

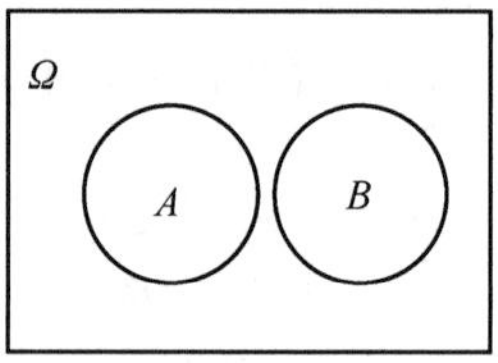

图 11-5

对于 k 个事件 $A_1,A_2,\cdots,A_k$，如果它们两两之间互斥，即：

$$A_iA_j=\phi(i\neq j, \text{且 } i,j=1,2,\cdots,k)$$

则称 $A_1,A_2,\cdots,A_k$ 互不相容.

若一组事件 $A_1,A_2,\cdots,A_n$ 两两互不相容，且它们的和为必然事件，即：

$$A_iA_j=\phi(i\neq j, \text{且 } i,j=1,2,\cdots,n)$$

且

$$\sum_{i=1}^{n} A_i = \Omega$$

则称该事件组构成一组互不相容完备事件组.

例 2 在一副扑克牌中任意抽出一张，若把抽到黑桃、梅花、方块、红桃的事件分别为 A_1，A_2，A_3，A_4，显然 A_1，A_2，A_3，A_4 是两两互不相容的事件，且该事件组为互不相容完备事件组.

6. 对立(逆)事件

称事件“A 不发生”为**事件 A 的对立事件**(或余事件，或逆事件)，记作 $\overline{A}$. 文(Venn)图 11-6 中的阴影部分即表示 A 的对立事件.

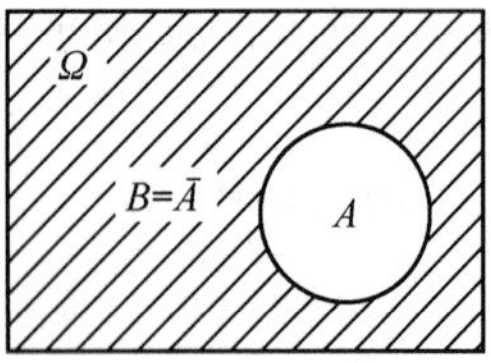

图 11-6

若事件 A 与事件 B 中至少有一个发生，且 A 与 B 互斥，即

$$A\cup B=\Omega,\ AB=\phi,$$

则称 **A 与 B 互为对立事件**.

显然有：①$\overline{\overline{A}}=A$；②$\overline{\Omega}=\phi$，$\overline{\phi}=\Omega$；③$A-B=A\overline{B}=A-AB$.

注意：若 A 与 B 为对立事件，则 A 与 B 互斥，但反过来不一定成立.

例 3　抛掷一枚硬币,“出现字面”与“出现花面”,是对立的两个事件.

例 4　掷一质地均匀的骰子,A_1=“出现奇数点”=$\{1,3,5\}$,A_2=“出现偶数点”=$\{2,4,6\}$,A_3=“出现 3 或 5”=$\{3,5\}$,A_4=“出现 4 或 6”=$\{4,6\}$,A_5=“出现的点数大于 2”=$\{3,4,5,6\}$,求 $A_1\cup A_2$,$A_3\cup A_4$,A_2A_5,$\overline{A_5}$.

解:$A_1\cup A_2$=“出现偶数点或奇数点”=$\{1,2,3,4,5,6\}$;

$A_3\cup A_4$=“出现 4 或 6 或 3 或 5”=$\{3,4,5,6\}$;

A_2A_5=“出现偶数点且出现的点数大于 2”=$\{4,6\}$;

$\overline{A_5}$=“事件 A_5 的对立事件”=“出现的点数小于或等于 2”=$\{1,2\}$.

7. 事件的运算规律

设 A,B,C 为事件,则有

(1) **交换律**:$A\cup B=B\cup A$,$A\cap B=B\cap A$;

(2) **结合律**:$A\cup(B\cup C)=(A\cup B)\cup C$, $A\cap(B\cap C)=(A\cap B)\cap C$;

(3) **分配律**:$A\cup(B\cap C)=(A\cup B)\cap(A\cap C)$, $A\cap(B\cup C)=(A\cap B)\cup(A\cap C)$;

(4) **对偶律**:$\overline{A\cup B}=\overline{A}\cap\overline{B}$, $\overline{A\cap B}=\overline{A}\cup\overline{B}$.

注意:上述各种事件运算的规律可以推广到多个事件的情形.

例 5　考查某人连续购买体育彩票中奖的情况,设 A_i 表示事件“第 i 次所买的彩票中奖”($i=1,2,3$),试用 A_1,A_2,A_3 及其运算表示下列事件.

(1) 至少有一次中奖;　　(2) 恰有一次中奖;

(3) 不止一次中奖;　　(4) 第三次才中奖;

(5) 第三次未中奖.

解:用 A,B,C,D,E 分别表示上述(1)～(5)中的事件.

(1) 至少有一次中奖,即事件 A_1,A_2,A_3 中至少有一个发生,所以

$$A=A_1\cup A_2\cup A_3;$$

(2) 恰有一次中奖,即事件 A_1,A_2,A_3 中有一个发生,而另外两个不发生,所以

$$B=A_1\overline{A_2}\,\overline{A_3}\cup\overline{A_1}A_2\overline{A_3}\cup\overline{A_1}\,\overline{A_2}A_3$$

(3) 不止一次中奖,也就是至少有两次中奖,所以

$$C=A_1A_2\overline{A_3}\cup A_1A_3\overline{A_2}\cup\overline{A_1}A_2A_3\cup A_1A_2A_3$$

(4) 第三次才中奖,即事件 A_3 发生,而事件 A_2 和 A_1 都不发生,所以

$$D=A_3\overline{A_1}\,\overline{A_2}$$

(5) 第三次未中奖,即事件 A_3 不发生,而事件 A_2 和 A_1 发不发生与 A_3 无关,所以

$$E=\overline{A_3}$$

习题 11-1

1. 判断下列事件是什么事件?

(1) 标准大气压下,水在90℃沸腾;

(2) 明天风力至少 4 级;

(3) 相似三角形对应角相等;

(4) 异性电荷,相互排斥;

(5) 掷骰子出现 4 点.

2. 写出下列随机试验的基本事件的全体以及所给事件中包含的基本事件?

(1) 6 件产品中有两件是不合格品,从中任取 2 件得 1 件不合格品;

(2) 一个盒子中有 7 个白球,3 个黑球,4 个蓝球,从中任取一球, $A=\{$取得白球$\}$; $B=\{$取得不是蓝球$\}$;

(3) 在 1,3,6 三个数中可重复地取两个数,其中一个数是另一个数的 2 倍.

3. 在六个数字 0,1,2,3,4,5,中任取一数,以 $A=\{4,5,0\}$表示取得 4 或 5 或 0,$B=\{5,3\}$表示取得 5 或 3,试问下列各式:(1) $\overline{A}\cup B$;(2)$\overline{A}B$;(3)$\overline{\overline{A}\,\overline{B}}$表示什么事件?

4. 甲、乙两人进行射击,假设 A_1、A_2 分别表示甲、乙击中目标,则$\overline{A_1}\cup\overline{A_2}$表示的含义?

5. 设 $\Omega=(-\infty,+\infty)$,$A=\{x\mid -1\leqslant x\leqslant 1\}$,$B=\{x\mid 0\leqslant x\leqslant 2\}$,则 $A\overline{B}$表示何事件?

6. 互斥事件与对立事件的区别何在?请说出下列各对事件的关系.

(1) $x>40$ 与 $x\leqslant 40$;　　(2) $x>15$ 与 $x\leqslant 12$;　　(3) $|x-b|<\delta$ 与 $x-b\leqslant\delta$.

7. 在图书馆里任选一本书,设 $A=\{$数学书$\}$, $B=\{$中文版的书$\}$, $C=\{$2010 年以前出版的书$\}$,试问:

(1) $A\cap B\cap C$ 表示什么事件?

(2) $ABC=A$ 在什么情况下成立?

(3) $C\subset B$ 表示什么含义?

(4) 若 $A=B$,是否意味着图书馆中所有的数学书都是中文版的?

11.2 概　　率

随机事件在一次试验中,可能发生也可能不发生,具有偶然性.但是人们在实践中认识到:在相同的条件下,进行大量的重复试验,试验的结果具有某种内在的规律性,即**随机事件发生的可能性是有大小之分的**,是可以用一个数字进行度量的,例如,在投掷一枚均匀的骰子试验中,事件 A'掷出偶数点',B'掷出 4 点',显然事件 A 比事件 B 发生可能性要大.那到底如何度量呢?本节将对事件发生的可能性大小的问题进行量的描述.

一、概率的统计定义

随机事件在一次试验中是否发生是不能预先确定的,那么在大量重复试验的情况下,它的发生是否会有规律性呢?

1. 随机事件的频率

如何得知它是否有规律性呢?最有用最直接的方法就是试验,从试验中我们得出看如下的一些结论.

定义 1　在相同条件下进行了 n 次试验,在这 n 次试验中,事件 A 发生的次数 n_A 称为事件 A 发生的频数,比值$\dfrac{n_A}{n}$称为事件 A 发生的频率,记作 $f_n(A)$.

例:中国国家足球队,“冲出亚洲”共进行了 n 次其中成功了两次,则在这 n 次试验中“冲出亚洲”这事件发生的频率为$\dfrac{2}{n}$.

例 1　将一枚硬币抛掷 5 次、50 次、500 次，各做 6 遍，观察正面出现的次数及频率，如表 11-2所示.

表 11-2　观察正面出现的次数及频率

试验序号	$n=5$		$n=50$		$n=500$	
	n_A	f	n_A	f	n_A	f
1	2	0.4	22	0.44	251	0.502
2	3	0.6	25	0.5	250	0.5
3	4	0.8	23	0.46	256	0.512
4	5	1	25	0.5	247	0.494
5	1	0.2	24	0.48	251	0.502
6	3	0.6	20	0.4	262	0.524

从表 11-2 中可得知：**频率有随机波动性，即对于同样的 n，所得的 f 不一定相同.** 当 $n=5$ 时，频率 f 在$\frac{1}{2}$处波动较大；当 $n=50$ 时，频率 f 在$\frac{1}{2}$处波动较小；当 $n=500$ 时，频率 f 在处波动最小. 又见第一节中的表 11-1 中的数据得：随 n 的增大，频率 f 呈现出稳定性，也就是频率具有稳定性.

在充分多次试验中，事件的频率总在一个定值附近摆动，而且试验次数越多，一般来说摆动越小，这个性质称为**频率的稳定性**.

频率在一定程度上反映了事件发生的可能性大小. 尽管每进行一连串（n 次）试验，所得到的频率可以各不相同，但只要 n 相当大，频率总与一个定值是会非常接近的.

2. 随机事件的概率

通过大量的实践，我们还容易看到，若随机事件 A 出现的可能性越大，一般来讲，其频率 $f_n(A)$ 也越大，由于事件 A 发生的可能性大小与其频率大小有如此密切的关系，加之频率又有稳定性，故而可通过频率来定义概率，这就是概率的统计定义：

定义 2　在相同的条件下，独立重复的作 n 次试验，当试验次数 n 很大时，如果某事件 A 发生的频率 $f_n(A)$ 稳定地在$[0,1]$上的某一数值 p 附近摆动，而且一般来说随着试验次数的增多，这种摆动的幅度会越来越小，则称**数值 p 为事件 A 发生的概率**，记为 $P(A)=p$.

例 2　某射手在同一条件下进行射击结果如表 11-3 所示.

表 11-3　射击结果

射击次数(n)	10	20	50	100	200	500
击中靶心次数(m)	8	18	45	90	179	455
击中靶心频率(m/n)						

(1) 计算表中击中靶心的频率各为多少？

(2) 这个射手射击一次，击中靶心的概率约是多少？

解：(1) 根据频率的定义，得出表 11-4.

表 11-4 射击结果分析

射击次数(n)	10	20	50	100	200	500
击中靶心次数(m)	8	18	45	90	179	455
击中靶心频率(m/n)	0.8	0.9	0.9	0.90	0.895	0.91

(2) 由于频率稳定在常数 0.91,所以这个射手射击一次击中靶心的概率约为 0.91.

小结:概率实际上是频率的科学抽象,求某事件的概率可以通过求该事件的频率而得之.

请同学们思考:医生的说法对吗?

医生在检查完病人的时候摇摇头:"你的病很重,在十个得这种病的人中只有一个能救活."当病人被这个消息吓得够呛时,医生继续说:"但你是幸运的.因为你找到了我,我已经看过九个病人了,他们都死于此病."

我们需要指出的是:频率的稳定性是概率的试验基础,但并不是说概率决定于试验,一个事件发生的概率完全取决于事件本身的内在性质,是先于试验而客观存在的,所以在思考题中,医生的说法不对.

概率的统计定义一方面肯定了任一事件的概率是存在的;另一方面又给出了一个近似计算概率的方法,但其不足之处是要进行大量的重复试验.

二、古典概型的概率计算

在实际生活中,我们不可能对每一事件都作大量的实验,因此按概率的统计定义来求出概率是不现实的,事实上在某些特殊类型的问题中,并不需要进行大量的重复试验,概率的计算也是比较容易的.

请看下面类型的试验:

(1) 抛掷一枚均匀的硬币,可能出现正面与反面两种结果,并且这两种结果出现的可能性相同;

(2) 150 个同等型号产品中有 5 个废品,从中每次抽取 3 个进行检验,共有 C_{150}^3 种不同的可能抽取结果,并且任意 3 个产品被取到的机会相同.

这类试验的共同特点是:每次试验只有有限种可能的试验结果,即组成试验的基本事件总数为有限个;每次试验中各基本事件出现的可能性完全相同.具有上述特点的试验称为**古典概型随机试验**(简称古典概型).

由于古典概型比较简单,因此它是概率论初期研究的重要对象.

定义 3 设古典型随机试验的一个实验共有 n 个基本事件,即样本空间 $\Omega=\{\omega_1,\omega_2,\cdots,\omega_n\}$,而事件 A 中含有 $m(m\leqslant n)$个样本点,则事件 A 发生的概率为

$$P(A)=\frac{A\text{ 中含有的样本点数}}{\text{总样本点数}}=\frac{m}{n}$$

例 3 把标号为 1,2,…,10 的 10 个同样大小的球装在一个盒子里,从盒中任取一球,求下列事件的概率:A:"抽中 8 号",B:"抽中奇数号",C:"抽中的号数为 3 的倍数".

解:令 i 表示"抽中 i 号",$i=1,2,\cdots 10$,则 $\Omega=\{1,2,\cdots,10\}$,此实验属于古典型随机试验,所以

$$P(A)=\frac{1}{10},P(B)=\frac{5}{10},P(C)=\frac{3}{10}$$

例 4　一个袋中装有 7 个球，其中 5 个是黑球，2 个是红球. 求下列事件的概率：

(1) 摸出的两球都是黑球；

(2) 摸出的两球 1 个是红球、另 1 个是黑球.

解：设事件 Ω="从袋中 7 个球摸出 2 球"，则样本空间数 $n=C_7^2=21$.

(1) 事件 A 表示"从袋中的 7 个球中任意摸出 2 个黑球"，则其含有的基本事件数为 $m_1=C_5^2=10$，故

$$P(A)=\frac{10}{21}$$

(2) 事件 B 表示"摸出的两球 1 个是红球、另 1 个是黑球"，则其含有的基本事件数为$m_2=C_5^1C_2^1=10$，故

$$P(B)=\frac{10}{21}$$

例 5　某班有学生 30 人，女生 13 人，男生 17 人. 任选 5 人组成班委会，试求至少有两名女班委的概率.

解：样本空间样本点数为 $n=C_{30}^5$，设 A=\{选的 5 人中至少有 2 名女生\}，则 $\overline{A}$=\{选的 5 人中有 1 名或 0 名女生\}，则 $\overline{A}$ 包含的样本点个数为 $m=C_{13}^1C_{17}^4+C_{17}^5$，所以

$$P(\overline{A})=\frac{C_{13}^1C_{17}^4+C_{17}^5}{C_{30}^5}=\frac{68}{261}$$

根据余概公式得 $P(A)=1-P(\overline{A})=\frac{193}{261}\approx 0.74$.

注意：所求为"至少"或"至多"的问题，考虑它的反面计算较为简单.

例 6　从 0,1,2,…,9 中随机可重复地取出 5 个数，求下列事件的概率：

A="5 个数全相同"

B="5 个数全不相同"

C="5 个数中 0 出现 3 次"

解：由于数字是可以重复选取的，所以基本事件总数 $n=10^5$.

A 中包含的基本事件数 $m_A=10$，则

$$P(A)=\frac{m_A}{n}=\frac{1}{10^4}$$

B 中包含的基本事件数 $m_B=C_{10}^5=252$，则

$$P(B)=\frac{m_B}{n}=\frac{63}{25\,000}$$

C 中包含的基本事件数 $m_C=C_5^3\times 9^2$，则

$$P(C)=\frac{m_C}{n}=\frac{9^2}{10^4}$$

注意：概率的古典定义具有可计算性的优点，但它也有明显的局限性. 要求样本点有限，如果样本空间中的样本点有无限个，概率的古典定义就不适用了.

习题 11-2

1. 判断下列说法是否正确.

(1) 不进行大量重复的随机试验，随机事件的概率就不存在；

(2) 随机事件的频率具有偶然性,其概率则是一个常数;

(3) 当试验次数增大到一定时,随机事件的频率会等于概率.

2. 某种新药在使用的患者中进行调查的结果如下表:

调查患者人数 n	100	200	500	1 000	2 000
用药有效人数 m	86	179	436	884	1 762
有效频率 m/n					

请填写表中有效频率一栏,并指出该药的有效概率约是多少?

3. (1) 某厂一批产品的次品率为$\frac{1}{20}$,问任意抽取其中 20 件产品是否一定会发现一件次品? 请说明理由.

(2) 20 件产品中次品率为$\frac{1}{20}$,问这 20 件产品中必有一件次品的说法是否正确? 为什么?

4. 先后抛掷两枚均匀的硬币,计算:

(1) 两枚都出现的正面概率;

(2) 一枚出现正面、一枚出现反面的概率.

如果说,先后抛掷两枚硬币,共出现"两正""两反""一正一反"等 3 种结果.因此上面例题中两问结果都应该是$\frac{1}{3}$,而不是 $\frac{1}{4}$和 $\frac{1}{2}$,这种说法错在哪里?

5. 在 100 件产品中,有 97 件合格,3 件次品.从中任取 2 件,计算:

(1) 两件都是合格的概率;

(2) 一件是合格品,一件是次品的概率.

6. 一单位有 5 个员工,一星期共七天,老板让每位员工独立地挑一天休息.求没有两人在同一天休息的概率.

11.3 概率的基本性质及其运算法则

一、概率的基本性质

利用概率的定义,可以得到的如下性质:

(1) 非负性:$0 \leqslant P(A) \leqslant 1$;

(2) 规范性:$P(\phi)=0, P(\Omega)=1$;

(3) 可加性:若 $A_1, A_2, \cdots, A_n$ 是互不相容事件,那么

$$P(A_1 \cup A_2 \cup \cdots \cup A_n)=P(A_1)+P(A_2)+\cdots+P(A_n).$$

二、概率的加法、减法法则

定理(减法法则) 对于任意两事件 A,B 有 $P(A-B)=P(A)-P(AB)$.

特别地,(1) 若 $A \subset B \Rightarrow P(B-A)=P(B)-P(A)$ 且 $P(B) \geqslant P(A)$(图 11-7).

(2) $P(\overline{A})=1-P(A), 1=P(\Omega)=P(A)+P(\overline{A})$(图 11-8).

定理(加法法则) 对于任意两事件 A,B 有 $P(A+B)=P(A)+P(B)-P(AB)$.

证明:由图 11-9 可得 $A\cup B=A+(B-AB)$,
且 $A\cap(B-AB)=\phi$,故 $P(A+B)=P(A)+P(B-AB)$.

又由减法法则得 $P(B-AB)=P(B)-(AB)$,因此得 $P(A+B)=P(A)+P(B)-P(AB)$.

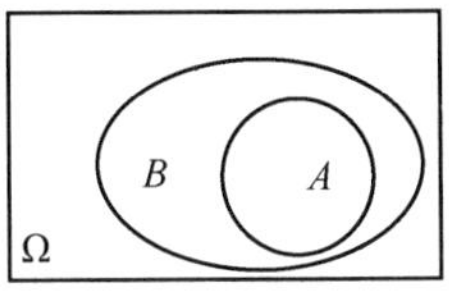

图 11-7

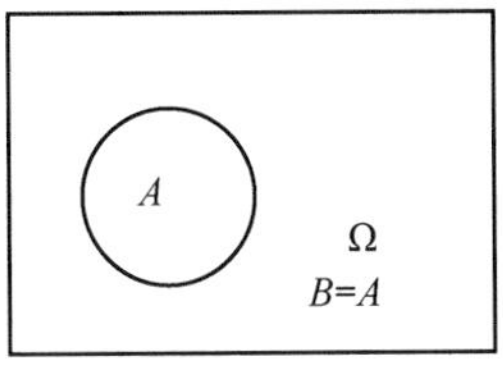

图 11-8

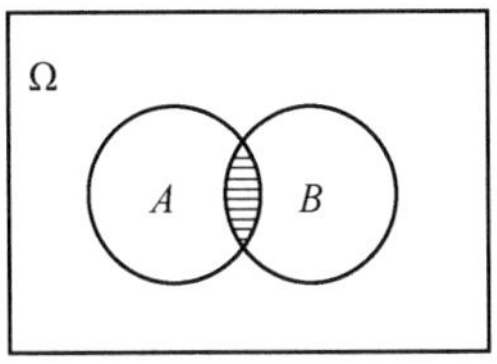

图 11-9

例 1　设事件 A,B 的概率分别为 $\frac{1}{5}$ 和 $\frac{1}{3}$,求在下列三种情况下 $P(B\overline{A})$ 的值.

(1) A 与 B 互斥;(2) $A\subset B$;(3) $P(AB)=\frac{1}{7}$.

解:(1) 由图 11-10 得 $P(B\overline{A})=P(B)$,故 $P(B\overline{A})=P(B)=\frac{1}{3}$.

(2) 由图 11-11 得 $P(B\overline{A})=P(B)-P(A)=\frac{1}{3}-\frac{1}{5}=\frac{2}{15}$.

(3) 由图 11-12 得

$$P(B\overline{A})=P(B)-P(AB)=\frac{1}{3}-\frac{1}{7}=\frac{4}{21}$$

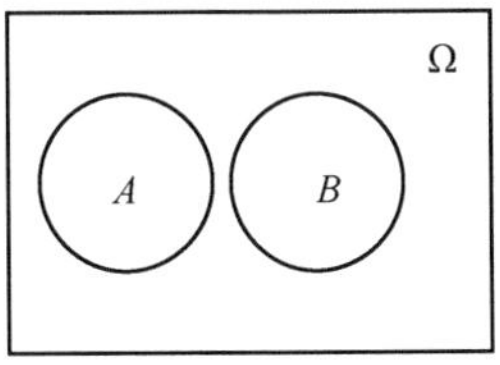

图 11-10

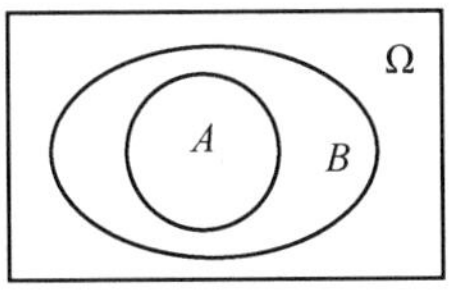

图 11-11

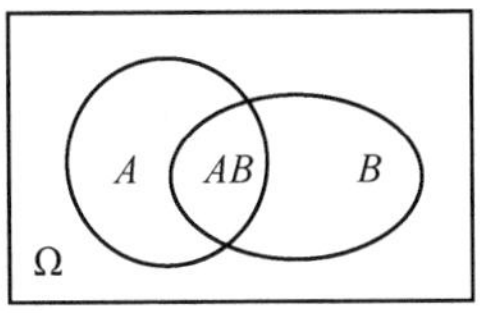

图 11-12

三、条件概率与乘法法则

1. 条件概率

先看下面的问题:

考虑有两个孩子的家庭,假定男女出生率一样,则两个孩子(依大小排列)的性别分别是(男,男),(男,女),(女,男),(女,女)的可能性是一样的.

若设 A="随机抽取一个这样的家庭中有一男一女",B="这个家庭中至少有一个女孩",那么事件 A 的概率 $P(A)=\frac{2}{4}=\frac{1}{2}$,如果在已知这个家庭中至少有一个女孩,则事件 A 的概率为 $P(A)=\frac{2}{3}$.

这两种情况下得出的事件 A 的概率不同,这不难理解,因为在第二种情况下多加了一个条件.算的概率 $\frac{2}{3}$ 是"在已知事件 B 发生的条件下事件 A 发生"的概率,这个概率称为**条件概率**,记为 $P(A|B)$.

显然有 $P(A|B)=\frac{2}{3}=\frac{\frac{2}{4}}{\frac{3}{4}}=\frac{P(AB)}{P(B)}$.

这虽然是一个特殊的例子，但是容易验证对一般的古典概型，只要 $P(B)>0$，上述关系总是成立的.

定义 1 设 A,B 两个事件，$P(B)>0$，称已知事件 B 发生的条件下事件 A 发生的概率为 A 的**条件概率**，记为 $P(A|B)$.

相应地把 $P(A)$ 称为无条件概率. 这里只研究作为条件的事件 B 具有正概率（$P(B)>0$）的情况. 可以验证，条件概率也是一种概率，它具有概率的三个基本属性.

例 2 一盒子装有 5 个产品，其中 4 只一等品，1 个二等品. 从中取产品两次，每次任取一只，作不放回抽样. 设事件 A 为“第一次取到一等品”，事件 B 为“第二次取到一等品”，求条件概率 $P(B|A)$.

解： 方法 1[在缩减样本空间 A 中计算]

注意到事件 A 发生时，盒子中有 4 个一等品，1 个二等品，因此一共有 4 个样本点，而有利事件 B 的样本点有 3 个，由古典概型的概率计算公式可得

$$P(B|A)=\frac{3}{4}$$

为得到条件概率计算公式，再求 $P(A)$ 及 $P(AB)$.

方法 2[在原样本空间中计算]

因为“不放回依次取两只”[有序，排列]的每种不同结果就是一个样本点，所以样本点总数为

$$C_5^1C_4^1=5\times4=20$$

A 所含样本点均为“第一次取一等品，第二次任意”，故其所含样本点总数[有利场合数]为

$$C_4^1C_4^1=16$$

而 AB 的样本点均为“两次均取一等品”，故其所含样本点总数[有利场合数]为

$$C_4^1C_3^1=12$$

由古典概率公式得：

$$P(A)=\frac{16}{20}=\frac{4}{5},P(AB)=\frac{12}{20}=\frac{3}{5}$$

因此有

$$P(B|A)=\frac{P(AB)}{P(A)}$$

这一公式对一般情型也成立（只要 $P(A)>0$），因此上式可作为条件概率的计算公式，并且上式也可作为条件概率定义，类似地，当 $P(B)>0$ 时，定义在 B 发生下事件 A 发生的条件概率为

$$P(A|B)=\frac{P(AB)}{P(B)}$$

我们再看一实际生活例子.

例 3 某厂生产的灯泡能用 1 000 小时的概率为 0.85，能用 1 500 小时的概率为 0.45，求已用 1 000 小时的灯泡能用到 1 500 小时的概率.

解： 令 A＝灯泡能用到 1 000 小时，B＝灯泡能用到 1 500 小时，又因为 $B\subset A$，则所求概率即为

$$P(B|A)=\frac{P(AB)}{P(A)}=\frac{P(B)}{P(A)}=\frac{0.45}{0.85}=\frac{9}{17}$$

例 4　全年级 200 名学生中，有男生(以事件 A 表示)80 人，女生 120 人；来自北京的(以事件 B 表示)20 人，其中男生 12 人，女生 8 人；免修英语的(以事件 C 表示)40 人中有男生 21 人，19 人女生. 试写

$$P(A),P(B),P(A|B),P(B|A),P(C),P(C|A),P(\overline{A}|\overline{B}),P(AC)$$

解：依题意，有

$$P(A)=\frac{80}{200}=0.4,P(B)=\frac{20}{200}=0.1$$

$$P(A|B)=\frac{12}{20}=0.6,P(B|A)=\frac{12}{80}=\frac{3}{20}$$

$$P(C)=\frac{40}{200}=0.4,P(C|A)=\frac{21}{80}$$

$$P(\overline{A}|\overline{B})=\frac{120}{180}=\frac{2}{3},P(AC)=\frac{21}{200}$$

2. 乘法法则

将条件概率公式以另一种形式写出，就是乘法公式的一般形式.

乘法公式：$P(AB)=P(A)P(B|A)\quad (P(A)>0)$；

$P(AB)=P(B)P(A|B)\quad (P(B)>0)$.

概率的乘法公式可推广到任意 n 个事件 A_1,A_2,A_n，设对任 $n>1$，有 $P(A_1A_2\cdots A_n)>0$，则

$$P(A_1A_2\cdots A_n)=P(A_1)\cdot P(A_2|A_1)\cdots P(A_n|A_1A_2\cdots A_{n-1})$$

例 5　设 100 件产品中有 6 件是不合格品，用下列两种方法抽取两件产品，求两件都是合格品的概率.

(1) 不放回地依次抽取；

(2) 有放回地依次抽取.

解：设 A=“第一次抽到合格品”，B=“第二次抽到合格品”，则 AB=“抽到两件都是合格品”.

(1) 不放回地依次抽取，两件都是合格品的概率：

$$P(AB)=P(A)\cdot P(B|A)=\frac{94}{100}\cdot\frac{93}{99}\approx 0.88$$

(2) 有放回地依次抽取，两件都是合格品的概率：

$$P(AB)=P(A)\cdot P(B|A)=P(A)\cdot P(B)=\frac{94}{100}\cdot\frac{94}{100}\approx 0.89$$

四、事件的独立性

定义 2　如果事件 A 发生的可能性不受事件 B 发生与否的影响，即 $P(A|B)=P(A)$，则称事件 A 对于事件 B 独立. 显然，若 B 对于 A 独立，则 A 对于 B 也一定独立，称**事件 A,B 是相互独立的.**

定义 3　如果 $n(n>2)$ 个事件 $A_1,\cdots,A_n$ 中任何一个事件发生的可能性都不受其他一个或几个事件发生与否的影响，则称 $A_1,\cdots,A_n$ 相互独立.

关于独立性的几个结论如下：

(1) 事件 A,B 独立的充分必要条件是

$$P(AB)=P(A)P(B).$$

(2) 若事件 A,B 相互独立，则事件 $\overline{A}$ 与 B，$\overline{B}$ 与 A，$\overline{A}$ 与 $\overline{B}$ 也相互独立.

(3) 必然事件 Ω 和不可能事件 ϕ 与任何事件都相互独立.

例 6 甲、乙两人考大学，甲考上的概率是 0.7，而乙考上的概率是 0.85. 问(1) 甲、乙两人都考上的概率是多少？(2) 甲、乙两人至少一人考上大学的概率是多少？

解：设 $A=\{$甲考上大学$\}$，$B=\{$乙考上大学$\}$，则 $P(A)=0.7$，$P(B)=0.85$.

(1) 甲、乙两人考上大学的事件是相互独立的，故甲、乙两人同时考上大学的概率是

$$P(AB)=P(A)\cdot P(B)=0.7\times 0.85=0.595$$

(2) 甲、乙两人至少有一人考上大学的概率是

注意：在解决实际问题中，往往是凭借经验或实验结果来判断事件的独立性. 然后反过来应用定义中的式子求事件中的概率. 当然并非任意两个事件都是独立的.

习题 11-3

1. 求下列事件的和事件：

(1) 抛掷一颗骰子，观察掷出的点数，事件 A 为"出现 4 点"，B 为"出现 5 点"求 $A\cup B$.

(2) 抛掷一颗骰子，观察掷出的点数. 设事件 A 为"出现奇数点"，B 为"出现 4 点或 3 点"，求 $A\cup B$.

(3) 事件 A 表示某地区的年降水量在 100～150 mm 范围内，事件 B 表示降水量在 150～200 mm 范围内. 求 $A\cup B$.

(4) 甲、乙 2 人下棋，A 为"下成和棋"，B 为"乙获胜"求 $A\cup B$.

2. 设 A，B 是两个事件，已知 $P(A)=0.5$，$P(B)=0.5$，$P(B|A)=0.3$，求(1) $P(AB)$；(2) $P(\overline{A}B)$；(3) $P(A+B)$.

3. 设某种动物从出生起活 17 岁以上的概率为 80%，活 20 岁以上的概率为 40%. 如果现在有一个 17 岁的这种动物，求它能活 20 岁以上的概率.

4. 袋中有 7 个白球，9 个红球：白球中有 4 个木球，3 个塑料球；红球中有 6 个木球，3 个塑料球. 现从袋中任取 1 个球，假设每个球被取到的可能性相同. 若已知取到的球是白球，问它是木球的概率为多少？

5. 从混有 5 张假钞的 25 张百元钞票中任意抽出 2 张，将其中 1 张放到验钞机上检验发现假钞. 求 2 张都是假钞的概率.

6. 在 7 道题中有 3 道理科题和 4 道文科题. 如果不放回地依次抽取 2 道题，求：

(1) 第 1 次抽到理科题的概率；

(2) 第 1 次和第 2 次都抽到理科题的概率；

(3) 在第 1 次抽到理科题的条件下，第 2 次抽到理科题的概率.

◆ 11.4 概率论中的两个重要公式 ◆

一、全概率公式

在实际问题中经常会碰到一些较为复杂的概率计算，这时可以用化整为零的思想将它们

分解为一些较为容易的情况分别进行考虑.全概率公式就是一个运用这样思想去解决复杂问题的有力武器.

抽签问题:

假设有 10 张票,其中有 5 张足球票,10 人轮流抽签,问先抽和后抽得到足球票的概率是否相同?

看法一:10 人轮流抽签,机会相等.

看法二:因为抽签有先后,显然先抽的人抽到的概率大,后抽的人抽到的概率小.

【分析】

设 $A=\{$第一人抽到球票$\}$,$B=\{$第二人抽到球票$\}$,则 $B=AB+\overline{A}B$,其中右端两事件 AB 与 $\overline{A}B$ 互不相容,故

$$\begin{aligned}P(B)&=P(AB+\overline{A}B)=P(AB)+P(\overline{A}B)\\&=P(A)P(B|A)+P(\overline{A})P(B|\overline{A})\\&=\frac{5}{10}\times\frac{4}{9}+\frac{5}{10}\times\frac{5}{9}=P(A)\end{aligned}$$

故第一人和第二人抽到的概率相等.

同理,可算出第三人,第四人…直到最后一人抽到的概率都相同.

上述分析的实质是将一个复杂事件分解为较简单的几个事件,然后将概率的加法公式和乘法公式结合起来,这就产生了所谓的全概率公式.

一般地,设事件 $A_1,A_2,\cdots,A_n$ 满足:

(1) $A_1,A_2,\cdots,A_n$ 两两互不相容,$P(A_i)>0,(i=1,2,\cdots,n)$;

(2) $A_1+A_2+\cdots+A_n=\Omega$.

则 $A_1,A_2,\cdots,A_n$ 称为 Ω 的一个划分(图 11-13),此时事件组 $A_1,A_2,\cdots,A_n$ 称为完备的事件组.

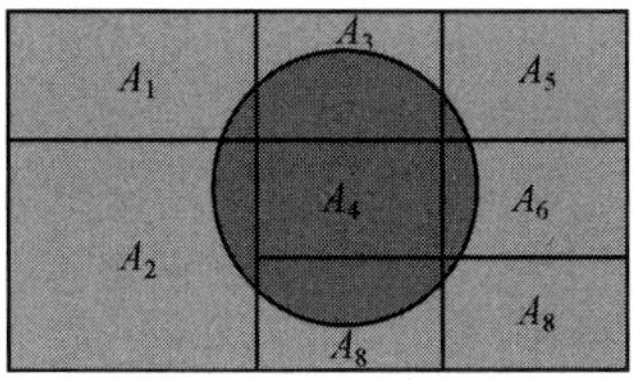

图 11-13

对于事件 B 的发生有各种可能的原因 $A_i(i=1,2,\cdots,n)$,有

$$P(B)=P(A_1)P(B|A_1)+P(A_2)P(B|A_2)+\cdots+P(A_n)P(B|A_n)$$

此式称为**全概率公式**.这是因为

$$\begin{aligned}P(B)&=P(B\Omega)=P[B\cap(A_1\cup A_2\cup\cdots A_n)]\\&=P(BA_1+BA_2+\cdots+BA_n)\\&=P(A_1)P(B|A_1)+P(A_2)P(B|A_2)+\cdots+P(A_n)P(B|A_n)\end{aligned}$$

特别地,当 $n=2$ 时,A 与 $\overline{A}$ 就是 Ω 的一个划分,于是全概率公式变为

$$P(B)=P(A)P(B|A)+P(\overline{A})P(B|\overline{A})$$

例 1　市场上有甲、乙、丙三家工厂生产的同一品牌产品.已知三家工厂的市场占有率分别为 $\frac{1}{5},\frac{2}{5},\frac{2}{5}$,且三家工厂的次品率分别为 3%,4%,5%,试求市场上该品牌产品的次品率.

解:设 B:买到一件次品;A_1:买到一件甲厂的产品;

A_2:买到一件乙厂的产品;A_3:买到一件丙厂的产品.

则可得:

$$\begin{aligned}P(B)&=P(BA_1)+P(BA_2)+P(BA_3)\\&=P(B|A_1)P(A_1)+P(B|A_2)P(A_2)+P(B|A_3)P(A_3)\\&=0.03\times\frac{1}{5}+0.04\times\frac{2}{5}+0.05\times\frac{2}{5}=\frac{0.21}{5}=4.2\%\end{aligned}$$

例 2 设有来自三个地区的 10 名、30 名和 20 名考生的报名表，其中女生的报名表分别 4 份、6 份和 5 份. 随机地取一个地区的报名表(即每一个地区被选取的概率为$\frac{1}{3}$)，求抽出一份是女生表的概率.

解：设 A_i＝{报名表是第 i 区} $i=1,2,3$；B＝{抽到的报名表是女生表}，如图 11-14 所示.

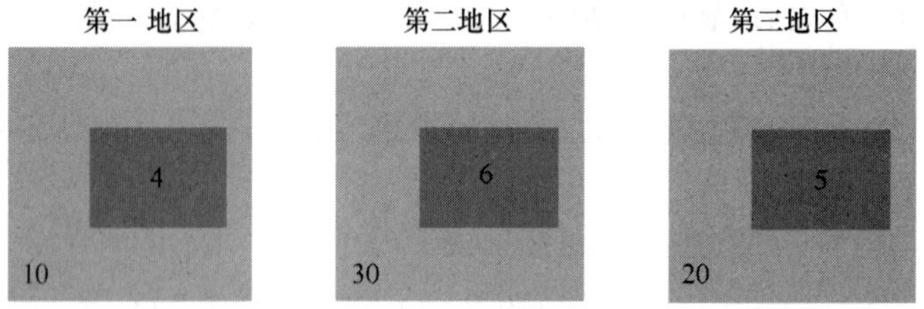

图 11-14

因此，$P(A_i)=\frac{1}{3}$，其中 $i=1,2,3$. 由全概率公式得：

$$P(B)=P(BA_1)+P(BA_2)+P(BA_3)$$
$$=P(B|A_1)P(A_1)+P(B|A_2)P(A_2)+P(B|A_3)P(A_3)=\frac{17}{60}.$$

二、贝叶斯公式

实际生活中还有下面一类问题，是"已知结果求原因". 先考虑两事件之间的一些关系，如图 11-15 所示.

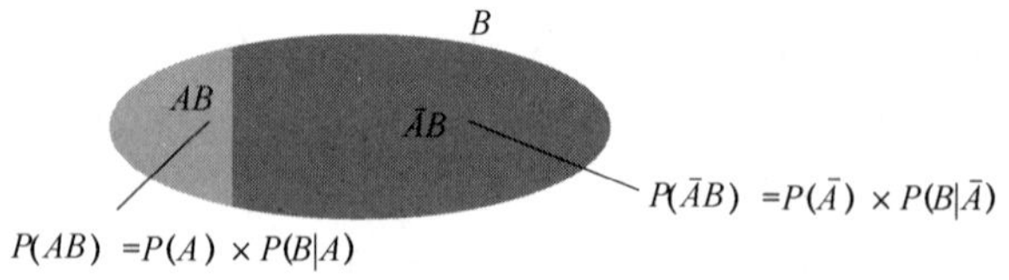

图 11-15

从而推出

$$P(A|B)=\frac{P(AB)}{P(B)}=\frac{P(A)P(B|A)}{P(A)P(B|A)+P(\overline{A})P(B|\overline{A})}$$

将这里得到的公式一般化，就得到贝叶斯公式.

设 $A_1,A_2,\cdots,A_n$ 是两两互斥的事件，且 $P(A_i)>0(i=1,2,\cdots,n)$，另有一事件 B，它总是与 $A_1,A_2,\cdots,A_n$ 之一同时发生，则

$$P(A_i|B)=\frac{P(A_iB)}{P(B)}=\frac{P(A_i)P(B|A_i)}{P(A_1)P(B|A_1)+\cdots+P(A_n)P(B|A_n)}\quad i=1,2\cdots,n$$

此式称为**贝叶斯公式**.

该公式于 1763 年由贝叶斯(Bayes)给出. 它是在观察到事件 B 已发生的条件下，寻找导致 B 发生的每个原因的概率.

例 3 商店论箱出售玻璃杯，每箱共 20 个，其中每箱含 0，1，2 个次品的概率分别为 0.75，

0.15,0.1.某顾客选中一箱,从中任选 3 个检查,结果都是好的,便买下了这一箱.问这一箱含有一个次品的概率是多少?

解:设 A:从一箱中任取 3 个检查,结果都是好的,B_0,B_1,B_2 分别表示事件箱中含 0,1,2 个次品.

已知:$P(B_0)=0.75$,$P(B_1)=0.15$,$P(B_2)=0.1$,可得

$$P(A|B_0)=1,P(A|B_1)=\frac{C_{19}^3}{C_{20}^3}=\frac{17}{20}=0.85,P(A|B_2)=\frac{C_{18}^3}{C_{20}^3}=\frac{68}{95}\approx 0.72.$$

由 Bayes 公式得:

$$P(B_1\mid A)=\frac{P(B_1)P(A\mid B_1)}{\sum_{i=0}^{2}P(B_i)P(A\mid B_i)}=\frac{0.15\times 0.85}{0.75+0.15\times 0.85+0.1\times 0.72.}=\frac{0.127\,5}{0.949\,5}\approx 0.13$$

例 4　某一地区患有癌症的人占 0.005,患者对一种试验反应是阳性的概率为 0.95,正常人对这种试验反应是阳性的概率为 0.04.现抽查了一个人,试验反应是阳性,问此人是癌症患者的概率有多大?

解:设 $C=\{$抽查的人患有癌症$\}$,$A=\{$试验结果是阳性$\}$,则 $\overline{C}$ 表示"抽查的人不患癌症".本题转换成:已知 $P(C)=0.005$, $P(\overline{C})=0.995$,$P(A|C)=0.95$, $P(A|\overline{C})=0.04$,求 $P(C|A)$.

由贝叶斯公式可得

$$P(C|A)=\frac{P(A|C)P(C)}{P(A|C)P(C)+P(A|\overline{C})P(\overline{C})}=\frac{0.005\times 0.95}{0.005\times 0.95+0.04\times 0.995}\approx 0.106\,6$$

注意:本节利用条件概率公式得到了全概率公式及贝叶斯公式.通过多个实例,从各方面分析、理解了上述公式理论意义、实际意义和应用范围.但这还不够,为达到正确理解、熟练运用这些公式的目的,需要做一定数量的习题,并从中揣摩出这些公式的内涵,解题最关键的步骤就是事件的假设!

习题 11-4

1. 设 $P(A)=0.5$,$P(B)=0.6$,$P(A|\overline{B})=0.4$,求 $P(AB)$ 和 $P(A|A\cup\overline{B})$.

2. 某人忘记了电话号码的最后一个数字,因此他随意地拨号.求他拨号不超过 3 次而接通所需电话的概率.若已知最后一个数字是奇数,那么他拨通的概率是多少?

3. 甲、乙、丙三位同学完成五道语文自测题,他们及格的概率分别为$\frac{1}{5}$、$\frac{2}{3}$、$\frac{7}{10}$,求:

(1) 三人中有且只有两人及格的概率;

(2) 三人中至少有一人不及格的概率.

4. 设 A、B 为两个事件,若 $P(A)=0.3$,$P(A\cup B)=0.7$ 和 $P(B)=x$.试求满足下列条件的 x 的值:

(1) A 与 B 为互不相容事件;

(2) A 与 B 为独立事件.

5. 两台车床加工同样的零件,第一台出现废品的概率是 0.03,而第二台出现废品的概

率是 0.04.把加工出来的零件放在一起,并且已知第一台加工的零件比第二台加工的零件多一倍.

(1) 求任意取出的零件都是合格品的概率;

(2) 如果任意取出的零件是废品,求它是第二台车床加工的概率.

复习题 11

一、选择题(20 分)

1. 下列试验能够构成事件的是(　　).

A. 掷一次硬币　　B. 射击一次

C. 标准大气压下,水烧至 100℃　　D. 摸彩票中头奖

2. 在 1,2,…,10 这 10 个数字中任取 2 个数字,那么"这 2 个数字的和大于 7"这一事件是(　　).

A. 必然事件　　B. 不可能事件　　C. 随机事件　　D. 以上选项均不正确

3. 一个均匀的正方体的玩具的各个面上分别标以数 1,2,3,4,5,6,将这个玩具向上抛掷 1 次.设事件 A 表示向上的一面出现偶数点,事件 B 表示上的一面出现的点数不超过 3,事件 C 表示向上的一面出现的点数不小于 4,则(　　).

A. A 与 B 是互斥而非对立事件　　B. A 与 B 是对立事件

C. B 与 C 是互斥而非对立事件　　D. B 与 C 是对立事件

4. 某产品分甲、乙、丙三级,其中乙、丙两级均属次品.若生产中出现乙级品的概率为 0.01、丙级品的概率为 0.02,则对成品抽查一件抽得正品的概率为(　　).

A. 0.09　　B. 0.97　　C. 0.96　　D. 0.98

5. 一枚硬币被连掷 3 次,只有一次出现正面的概率是(　　).

A. $\frac{3}{8}$　　B. $\frac{2}{3}$　　C. $\frac{1}{3}$　　D. $\frac{1}{4}$

二、填空题(20 分)

1. 事件 A,B 相互独立,且 $P(A)=0.4,P(B)=0.5$,则 $P(A\cup B)=$__________.

2. 进行 3 次独立的射击,设每次击中目标的概率为 $\frac{3}{4}$,则 3 次中至少击中 1 次的概率为__________.

3. 从 1,2,3,4,5,6 这 6 个数中任取两个,则这两个数正好相差 3 的概率是__________.

4. 抛掷一个骰子,它落地时向上的数可能情形是 1,2,…,6,骰子落地时向上的数是 2 的倍数的概率是__________.

5. 有 5 粒种子种在一坑内,每粒种子发芽的概率为 $\frac{1}{3}$. 若坑内至少有 1 粒种子发芽,则不需要补种,若坑内的种子都没有发芽,则需要补种,则坑不需要补种的概率为__________.

三、计算题(48 分)

1. 设袋中装有 3 个白球和 4 个红球,现从中随机的任取两球,求这两个球均为白球的概率.

2. 9 本不同的语文书，3 本不同的英语书，从中任意取出 2 本，能取出英语书的概率有大？

3. 设 A，B 是两个事件，已知 $P(A)=0.5$，$P(B)=0.6$，$P(B|A)=0.3$，求(1) $P(AB)$；(2) $P(\overline{A}B)$；(3) $P(A+B)$.

4. 某人从甲地到乙地，乘火车、轮渡和飞机来的概率分别为 0.2，0.3，0.5，乘火车来迟到的概率为 0.4，乘轮渡来迟到的概率为 0.5，乘飞机来不会迟到. 问他来迟到的概率是多少？又如果他来乙地迟到了，则他是乘火车来的概率是多少？

5. 一猎人在距离 100 米处射击一动物，击中的概率为 0.8；如果第一次未击中，则进行第二次射击，但由于动物逃跑而使距离变为 160 米；如果第二次又未击中，则进行第三次射击，这时距离变为 200 米. 假定击中的概率与距离成反比，求猎人三次之内击中动物的概率.

四、综合题(12 分，2 选 1)

1. 证明：若已知事件 A 与 B 相互独立，证明事件 $\overline{B}$ 与 A 相互独立.

2. 口袋里装有两个红球和两个黑球，这四个球除颜色外完全相同. 四个人按顺序依次从中摸出一球，试求“第二个人摸到红球”的概率.

第 12 章

随机变量的分布及数字特征

在随机试验中，人们除了对某些特定事件发生的概率感兴趣外，往往还关心与某个随机试验的结果相联系的变量．由于这一变量的取值依赖于随机试验的结果，因而被称为随机变量，与普通的变量不同，对于随机变量，人们无法事先预知其确切取值，但可以研究其取值的统计规律性．本章将介绍两类随机变量及其描述随机变量统计的规律性分布及其数字特征．

本章目标

掌握离散型和连续型随机变量的分布及数字特征的定义；熟练掌握两点分布、二项分布、泊松分布的概率分布及数字特征，熟练掌握均匀分布、指数分布、正态分布的概率密度及数字特征；会解决随机变量函数的分布和数学期望、方差；了解二维随机变量的联合分布和边缘分布．

12.1 随机变量及其分布

一、随机变量概念

为全面研究随机试验的结果，揭示随机现象的统计规律性，需将随机试验的结果数量化，即把随机试验的结果与实数对应起来．

(1) 在有些随机试验中，试验的结果本身就由数量来表示．

例如，在抛掷一颗骰子，观察其出现的点数试验中，试验的结果就可分别由数 1，2，3，4，5，6 来表示．

(2) 在另一些随机试验中，试验结果看起来与数量无关，但可以指定一个数量来表示．

例如，在抛掷一枚硬币观察其出现正面或反面的试验中，若规定"出现正面"对应数为 1，"出现反面"对应数 -1，则该试验的每一种可能结果，都有唯一确定的实数与之对应．

定义 1 设随机试验的样本空间为 S，称定义在样本空间 S 上的实值单值函数 $X=X(\omega)$ 为**随机变量**．

由定义我们知道，随机变量 X 是由样本空间 S 到实数轴的单值映射，而它的值随着试验结果的不同而取不同的值，因此在试验之前只知道它可能的取值范围，而不知道具体取什么值．又由于试验的各个结果的出现是有一定的概率，于是随机变量的取值也有一定的概率，这是随机变量与普通变量的本质区别．

随机变量通常用大写字母 X,Y,Z 或希腊字母 ξ,η 等表示. 而表示随机变量所取得值时，一般采用小写字母 x,y,z 等.

例如，事件 $A=\{\omega|X(\omega)=a\}$ 记为 $\{X=a\}$ 即事件 A 发生时才有 $\{X=a\}$

随机变量与高等数学中函数的比较：

(1) 它们都是实值函数，但前者在试验前只知道它可能取值的范围，而不能预先肯定它将取哪个值；

(2) 因试验结果的出现具有一定的概率，故前者取每个值和每个确定范围内的值也有一定的概率.

例 1　在抛掷一枚硬币进行打赌时，若规定出现正面时抛掷者赢 1 元钱，出现反面时输 1 元钱，则其样本空间为

$$S=\{\text{正面},\text{反面}\}$$

记赢钱数为随机变量 X，则 X 作为样本空间 S 的实值函数定义为

$$X(\omega)=\begin{cases}1, & \omega=\text{正面}\\ -1, & \omega=\text{反面}\end{cases}$$

例 2　在将一枚硬币抛掷三次，观察正面 H、反面 T 出现情况的试验中，其样本空间

$$S=\{HHH,HHT,HTH,THH,HTT,THT,TTH,TTT\}$$

记每次试验出现正面 H 的总次数为随机变量 X，则 X 作为样本空间 S 上的函数定义为

ω	HHH	HHT	HTH	THH	HTT	THT	TTH	TTT
X	3	2	2	2	1	1	1	0

易见，使 X 取值为 2（$\{X=2\}$）的样本点构成的子集为

$$A=\{HHT,HTH,THH\}$$

故 $P\{X=2\}=P(A)=3/8$，

类似地，有

$$P\{X\leqslant 1\}=P\{HTT,THT,TTH,TTT\}=4/8$$

二、离散型随机变量及其概率分布

定义 2　若一个随机变量 X 的所有可能的取值为有限个或无限可列多个，则称它为**离散型随机变量**.

定义 3　设离散型随机变量 X 的所有可能取值为 $x_i(i=1,2,\cdots)$，称 $P\{X=x_i\}=p_i,i=1,2\cdots$ 为 X 的**概率分布**或**分布律**，也称**概率函数**.

常用表格形式来表示 X 的概率分布：

X	x_1	x_2	$\cdots$	x_n	$\cdots$
p_i	p_1	p_2	$\cdots$	p_n	$\cdots$

作为一个离散型随机变量的概率分布，满足下列两个条件

(1) $p_i\geqslant 0,i=1,2,\cdots$；

(2) $\sum\limits_i p_i=1$.

特别注意：$P\{a\leqslant x\leqslant b\}=\sum\limits_{a\leqslant x_i\leqslant b}p_i$

建立离散型随机变量的概率分布的步骤：

(1) 定取值：确定离散型随机变量的所有可能取值；

(2) 算概率：计算离散型随机变量相应取值的概率；

(3) 验证1：所有取值的概率之和为1.

例3 一袋中有5个乒乓球，编号为1、2、3、4、5，在其中同时取三个，以X表示取出的三个球中的最大号码，写出随机变量X的分布律.

解：X可以取值3,4,5，分布律为

$$P\{X=3\}=P\{\text{一球为 3 号，两球为 1,2 号}\}=\frac{1\times C_2^2}{C_5^3}=\frac{1}{10};$$

$$P\{X=4\}=P\{\text{一球为 4 号，再在 1,2,3 中任取两球}\}=\frac{1\times C_3^2}{C_5^3}=\frac{3}{10};$$

$$P\{X=5\}=P\{\text{一球为 5 号，再在 1,2,3,4 中任取两球}\}=\frac{1\times C_4^2}{C_5^3}=\frac{6}{10}.$$

也可列为下表.

X	3	4	5
P	$\frac{1}{10}$	$\frac{3}{10}$	$\frac{6}{10}$

三、随机变量的分布函数

1. 定义4 设X是一个随机变量，称$F(x)=P(X\leqslant x)$ $(-\infty<x<+\infty)$为X的**分布函数**. 有时记作$X\sim F(x)$或$F_X(x)$.

例4 设随机变量X的分布律为

X	0	1	2
P	1/3	1/6	1/2

，求$F(x)$.

解：$F(x)=P\{X\leqslant x\}$

当$x<0$时，$\{X\leqslant x\}=\varnothing$，故$F(x)=0$

当$0\leqslant x<1$时，$F(x)=P\{X\leqslant x\}=P\{X=0\}=\frac{1}{3}$

当$1\leqslant x<2$时，$F(x)=P\{X=0\}+P\{X=1\}=\frac{1}{3}+\frac{1}{6}=\frac{1}{2}$

当$x\geqslant 2$时，$F(x)=P\{X=0\}+P\{X=1\}+P\{X=2\}=1$

故
$$F(x)=\begin{cases}0, & x<0\\ 1/3, & 0\leqslant x<1\\ 1/2, & 1\leqslant x<2\\ 1, & x\geqslant 2\end{cases}$$

$F(x)$的图形是阶梯状的图形，在$x=0,1,2$处有跳跃，其跃度分别等于

$$P\{X=0\},P\{X=1\},P\{X=2\}$$

例5 设随机变量X的分布函数为$F(x)=P\{X\leqslant x\}=\begin{cases}0, & x<0\\ 0.3, & 0\leqslant x<1\\ 0.7, & 1\leqslant x<3\\ 1, & x\geqslant 3\end{cases}$求$X$的概率分布.

解:$P\{X=0\}=F(0)-F(0-0)=0.3-0=0.3$

$P\{X=1\}=F(1)-F(1-0)=0.7-0.3=0.4$

$P\{X=3\}=F(3)-F(3-0)=1-0.7=0.3$

X 的概率分布为

X	0	1	3
P	0.3	0.4	0.3

2. 分布函数的性质

(1) 非负性:$0\leqslant F(x)\leqslant 1$;

(2) 规范性:$F(-\infty)=\lim\limits_{x\to-\infty}F(x)=0$;$F(+\infty)\lim\limits_{x\to+\infty}F(x)=1$;

(3) 单调不减性:对于任意 $x_1<x_2$,有 $F(x_1)\leqslant F(x_2)$;

(4) 右连续性:$\lim\limits_{x\to x_0^+}F(x)=F(x_0)$.

3. 已知随机变量 X 的分布函数为 $F(x)$,则有

(1) $P\{X\leqslant a\}>F(a)$.

(2) $P\{X>a\}=1-P\{X\leqslant a\}=1-F(a)$.

(3) $P\{X<a\}=\lim\limits_{x\to a^-}F(x)=F(a-0)$.

(4) $P\{X=a\}=P\{X\leqslant a\}-P\{X<a\}=F(a)-F(a-0)$.

例 6　设随机变量 X 的分布函数为 $F(x)=\begin{cases}A, & x<-1\\ \dfrac{5x+7}{16}, & -1\leqslant x<1\\ B, & 1\leqslant x\end{cases}$ 则

$A=$______,$B=$______,$P\{X=1\}=$______.

解:利用规范性 $F(-\infty)=\lim\limits_{x\to-\infty}F(x)=0$,得到 $A=0$.

$F(+\infty)=\lim\limits_{x\to+\infty}F(x)=1$,得到 $B=1$.

$P\{X=1\}=P\{X\leqslant 1\}-P\{X<1\}=F(1)-\lim\limits_{x\to 1^-}F(x)=1-\lim\limits_{x\to 1^-}\dfrac{5x+7}{16}=\dfrac{1}{4}$.

四、连续型随机变量及其概率密度

连续型随机变量的概率密度可由频率直方图的极限形式得到,此处直接给出定义.

定义 5　随机变量 X 的分布函数为 $F(x)$,若存在非负可积函数 $f(x)$,使得对于任意实数 x,有 $F(x)=P\{X\leqslant x\}=\int_{-\infty}^{x}f(t)\mathrm{d}t$,则称 X 为连续型随机变量,函数 $f(x)$ 称为 X 的概率密度函数,简称概率密度.

密度函数具有以下性质

(1) $f(x)\geqslant 0$;

(2) $\int_{-\infty}^{+\infty}f(x)\mathrm{d}x=P\{-\infty<X<+\infty\}=1$.

说明:判断一个函数是否能成为某个随机变量的密度函数,以这两条性质为标准进行验证.

连续型随机变量的分布函数与概率密度的关系

(1) 连续型随机变量 X 的分布函数 $F(x)$是连续函数,因此在任何给定值的概率都是零,即对于任何实数 a,有 $P\{X=a\}=0$.

这里,事件$\{x=x_0\}$并非不可能事件,它是会发生的,也就是说零概率事件也是有可能发生的.

不可能事件的概率为零,但概率为零的事件不一定是不可能事件.同理,必然事件的概率为1,但概率为1的事件不一定是必然事件.

(2) 对于任意实数 a 和 $b(a<b)$,有

$$p\{a<x<b\}=p\{a<x\leqslant b\}=p\{a\leqslant x<b\}=p\{a\leqslant x\leqslant b\}=\int_a^b f(x)\mathrm{d}x.$$

(3) 在 $F(x)$的连续点处,有 $F'(x)=f(x)$.

即在计算 X 落在某区间里的概率时,可以不考虑区间是开的、闭的或半开半闭的情况.

例 7 设随机变量 X 的概率密度为 $f(x)=\begin{cases} kx, & 0<x<3 \\ 2-\dfrac{x}{2}, & 3\leqslant x<4 \\ 0, & \text{其他} \end{cases}$

(1) 求常数 k.

(2) 求 X 的分布函数 $F(x)$.

(3) 求概率 $P\left\{1<X\leqslant\dfrac{7}{2}\right\}$.

解:(1) 利用规范性得,$1=\int_{-\infty}^{+\infty}f(x)\mathrm{d}x=\int_0^3 kx\,\mathrm{d}x+\int_3^4\left(2-\dfrac{x}{2}\right)\mathrm{d}x=\dfrac{18k+1}{4}$,得 $=k=\dfrac{1}{6}$

.

(2) $f(x)=\begin{cases} \dfrac{x}{6}, & 0<x<3 \\ 2-\dfrac{x}{2}, & 3\leqslant x<4 \\ 0, & \text{其他} \end{cases}$

当 $x<0$ 时,$F(x)=0$;

当 $0\leqslant x<3$ 时,$F(x)=\int_{-\infty}^x f(t)\mathrm{d}t=\int_0^x\dfrac{t}{6}\mathrm{d}t=\dfrac{x^2}{12}$;

当 $3\leqslant x<4$ 时,$F(x)=\int_{-\infty}^x f(t)\mathrm{d}t=\int_0^3\dfrac{t}{6}\mathrm{d}t+\int_3^x\left(2-\dfrac{t}{2}\right)\mathrm{d}t=-3+2x-\dfrac{x^2}{4}$;

当 $4\leqslant x$ 时,$F(x)=1$.

X 的分布函数为

$$F(x)=\begin{cases} 0, & x<0 \\ \dfrac{x^2}{12}, & 0\leqslant x<3 \\ -3+2x-\dfrac{x^2}{4}, & 3\leqslant x<4 \\ 1, & x\geqslant 4 \end{cases}$$

(3) $P\left\{1<X\leqslant\dfrac{7}{2}\right\}=F\left(\dfrac{7}{2}\right)-F(1)=\dfrac{41}{48}$.

例 8　连续型随机变量 X 的概率密度为 $\varphi(x)=\begin{cases}\dfrac{A}{x^2}, & x>100\\ 0, & x\leqslant 100\end{cases}$，求 $P\{X>90\}$.

解：由 $\int_{100}^{+\infty}\dfrac{A}{x^2}\mathrm{d}x=1$，得 $A=100$；

$$P\{X>90\}=\int_{90}^{+\infty}\varphi(x)\mathrm{d}x=\int_{100}^{+\infty}\frac{100}{x^2}\mathrm{d}x=1$$

习题 12-1

1. 设一箱 10 件产品中 2 件次品 8 件合格品，现在从中随机抽取 3 件，则抽得的次品数 X 的概率分布.

2. 设在 15 个同类型零件中有 2 个是次品，在其中取三次，每次任取一个，作不放回抽样，以 X 表示取出次品的个数，(1) 求 X 的分布律，(2) 画出分布函数的图形.

3. 一汽车沿一街道行驶，需要通过三个均设有红绿信号灯的路口，每个信号灯为红或绿与其他信号灯为红或绿相互独立，且红绿两种信号灯显示的概率相等. 以 X 表示该汽车首次遇到红灯前已通过的路口的个数. 求 X 的概率分布.

4. 进行重复独立实验，设每次成功的概率为 p，失败的概率为 $q=1-p(0<p<1)$.

(1) 将实验进行到出现一次成功为止，以 X 表示所需的试验次数，求 X 的分布律.（此时称 X 服从以 p 为参数的几何分布）

(2) 将实验进行到出现 r 次成功为止，以 Y 表示所需的试验次数，求 Y 的分布律.（此时称 Y 服从以 r，p 为参数的巴斯卡分布）

(3) 一篮球运动员的投篮命中率为 45%，以 X 表示他首次投中时累计已投篮的次数，写出 X 的分布律，并计算 X 取偶数的概率.

5. 判别下列函数是否为某随机变量的分布函数？

(1) $F(x)=\begin{cases}0, & x<-2\\ 1/2, & -2\leqslant x<0\\ 1, & x\geqslant 0\end{cases}$.

(2) $F(x)=\begin{cases}0, & x<0\\ \sin x, & 0\leqslant x<\pi\\ 1, & x\geqslant \pi\end{cases}$.

(3) $F(x)=\begin{cases}0, & x<0\\ x+1/2, & 0\leqslant x<1/2\\ 1, & x\geqslant 1/2\end{cases}$.

6. 已知离散型随机变量 X 的分布函数为 $F(x)$，求 X 的概率分布，其中

$$F(x)=\begin{cases}0, & \text{若 } x<0\\ 0.5, & \text{若 } 0\leqslant x<1\\ 0.6, & \text{若 } 1\leqslant x<2\\ 0.8, & \text{若 } 2\leqslant x<3\\ 0.9, & \text{若 } 3\leqslant x<3.5\\ 1, & \text{若 } x\geqslant 3.5\end{cases}$$

7. 假设 10 件产品中有两件不合格品，现在一件一件地将产品取出直到查到一件合格品为止.

(1) 试求抽出产品件数 X 的概率分布；

(2) 写出随机变量 X 的分布函数 $F(x)$.

8. 设随机变量 X 的分布函数为 $F(x)=\begin{cases}0, & x<1\\ \ln x, & 1\leqslant x<e\\ 1, & x\geqslant e\end{cases}$

求(1) $P\{X<2\}$，$P\{0<X\leqslant 3\}$，$P\left\{2<X<\frac{5}{2}\right\}$；(2) 求概率密度.

9. 设随机变量 X 的概率密度 $f(x)$ 为

(1) $f(x)=\begin{cases}\frac{2}{\pi}\sqrt{1-x^2} & -1\leqslant x\leqslant 1\\ 0 & \text{其他}\end{cases}$

(2) $f(x)=\begin{cases}x & 0\leqslant x<1\\ 2-x & 1\leqslant x\leqslant 2\\ 0 & \text{其他}\end{cases}$

求 X 的分布函数 $F(x)$.

12.2 随机变量的数字特征

在前面的课程中，讨论了随机变量及其分布，如果知道了随机变量 X 的概率分布，那么 X 的全部概率特征也就知道了.然而，在实际问题中，概率分布一般是较难确定的，而在一些实际应用中，人们并不需要知道随机变量的一切概率性质，只要知道它的某些数字特征就够了.因此，在对随机变量的研究中，确定其某些数字特征是重要的，而在这些数字特征中，最常用的是随机变量的数学期望和方差.

一、数学期望的定义

1. 离散型随机变量的数学期望

定义 1 设 X 是离散随机变量，它的概率函数是

$$P\{X=x_k\}=p_k, k=1,2\cdots$$

如果 $\sum_{k=1}^{\infty}|x_k|p_k$ 收敛，则称级数 $\sum_{k=1}^{\infty}x_kp_k$ 的和为随机变量 X 的**数学期望**，记作 $E(X)$，即

$$E(X)=\sum_{k=1}^{\infty}x_kp_k.$$

也就是说，离散随机变量的数学期望是一个绝对收敛的级数的和.

例 1 设某厂生产的产品不合格率为 10%，假设生产一件不合格品亏损 2 元，生产一件合格品盈利 10 元，求每件产品的平均利润.

解：设每件产品的平均利润 X，则

X	-2	10
P	0.1	0.9

于是

$$E(X)=(-2)\times 0.1+10\times 0.9=8.8$$

例 2　已知编号为 1,2,3,4 的 4 个袋子中各有 3 个白球,2 个黑球,现从 1,2,3 号袋子中各取一球放入 4 号袋中,则求 4 号袋中白球数 X 的期望 $E(X)$

解: 4 号袋中的白球数 X 取决于前三个袋中取出球是否是白球,若记

$$X_i=\begin{cases}1, & \text{第 } i \text{ 号袋子取出的是白球,}\\ 0, & \text{第 } i \text{ 号袋子取出的是黑球.}\end{cases}\quad i=1,2,3$$

则 X_1,X_2,X_3 相互独立,且服从同一分布: $P\{X_i=1\}=\dfrac{3}{5}$, $P\{X_i=0\}=\dfrac{2}{5}$

$E(X_i)=\dfrac{3}{5}$, $D(X_i)=\dfrac{3}{5}\times\dfrac{2}{5}=\dfrac{6}{25}$. 而 $X=3+X_1+X_2+X_3$

所以
$$E(X)=3+\sum_{i=1}^{3}E(X_i)=3+3\times\frac{3}{5}=\frac{24}{5}$$

2. 连续型随机变量的数学期望

定义 2　设 X 是连续随机变量,其密度函数为 $f(x)$. 如果 $\int_{-\infty}^{+\infty}|x|f(x)\mathrm{d}x$ 收敛,定义连续随机变量 X 的数学期望为

$$E(X)=\int_{-\infty}^{+\infty}xf(x)\mathrm{d}x$$

也就是说,连续随机变量的数学期望是一个绝对收敛的积分.

例 3　设随机变量 X 的概率密度为 $f(x)=\begin{cases}x, & 0<x\leqslant 1\\ 2-x, & 1<x<2\\ 0, & \text{其他}\end{cases}$,求 $E(X)$

解: $E(X)=\int_{-\infty}^{+\infty}xf(x)\mathrm{d}x=\int_0^1 x^2\mathrm{d}x+\int_1^2 x(2-x)\mathrm{d}x$

$$=\frac{1}{3}x^3\Big|_0^1+\left(x^2-\frac{1}{3}x^3\right)\Big|_1^2=1.$$

例 4　设随机变量 X 的概率密度为 $f(x)=\begin{cases}a+bx, & 0\leqslant x\leqslant 1\\ 0, & \text{其他}\end{cases}$,且已知 $E(X)=\dfrac{7}{12}$,则 $a=$ ________, $b=$ ________.

求 $E(X)$.

解: $E(X)=\int_{-\infty}^{+\infty}xf(x)\mathrm{d}x$

$$=\int_0^1 x\cdot(a+bx)\mathrm{d}x=\frac{1}{2}ax^2\Big|_0^1+\frac{1}{3}bx^3\Big|_0^1$$

$$=\frac{1}{2}a+\frac{1}{3}b=\frac{7}{12}$$

又因为 $\int_{-\infty}^{+\infty}f(x)\mathrm{d}x=\int_0^1(a+bx)\mathrm{d}x=ax\big|_0^1+\frac{1}{2}bx^2\Big|_0^1=a+\frac{1}{2}b=1$

联立方程可得: $a=\dfrac{1}{2}$, $b=1$.

二、数学期望的性质

性质 1 设 C 是常数，则有 $E(C)=C$.

性质 2 设 X 是一个随机变量，C 是常数，则有

$$E(CX)=CE(X)$$

性质 3 设 X,Y 是两个随机变量，则有

$$E(X+Y)=E(X)+E(Y)$$

性质 4 设 X,Y 是相互独立的随机变量，则有

$$E(XY)=E(X)E(Y)$$

上述性质中(3)非常重要，将一个随机变量分解成两个（或多个）随机变量之和，即 $E(X_1+X_2+\cdots+X_n)=E(X_1)+E(X_2)+\cdots+E(X_n)$，特别 n 个随机变量的算术平均数仍是一个随机变量，其期望值等于这 n 个随机变量期望的算术平均数即 $E\left(\frac{1}{n}\sum_{i=1}^{n}X_i\right)=\frac{1}{n}\sum_{i=1}^{n}EX_i$，这种处理方法具有实际意义.

例 5 设随机变量 X_1,X_2 的概率密度分别为

$$f_1(x)=\begin{cases}2e^{-2x}, & x>0\\0 & x\leqslant 0\end{cases}\qquad f_2(x)=\begin{cases}4e^{-4x}, & x>0\\0 & ,x\leqslant 0\end{cases}$$

求(1) $E(X_1+X_2)$，$E(2X_1-3X_2)$；(2) 设 X_1,X_2 相互独立，求 $E(X_1X_2)$.

解：(1) $E(X_1+X_2)=E(X_1)+E(X_2)=\int_0^{+\infty}x\cdot 2e^{-2x}dx+\int_0^{+\infty}x\cdot 4e^{-4x}dx$

$$=\left[-xe^{-2x}-\frac{1}{2}e^{-2x}\right]_0^{+\infty}+\left[-xe^{-4x}-\frac{1}{4}e^{-4x}\right]_0^{+\infty}=\frac{1}{2}+\frac{1}{4}=\frac{3}{4}$$

(2) $E(2X_1-3X_2)=2E(X_1)-3E(X_2)=2\times\frac{1}{2}-3\times\frac{1}{4}=\frac{1}{4}$

(3) $E(X_1X_2)=E(X_1)\cdot E(X_2)=\frac{1}{2}\times\frac{1}{4}=\frac{1}{8}$

三、方差

前面介绍了随机变量的数学期望，它体现了随机变量取值的平均水平，是随机变量一个重要的数字特征. 但是在一些场合下，仅知道随机变量取值的平均值是不够的，还需要知道随机变量取值在其平均值附近的离散程度，这就是要学习的方差的概念.

若甲、乙两射手在相同条件下射击命中环数 X 及其概率如下表.

X（环）	8	9	10
甲	0.1	0.8	0.1
乙	0.2	0.6	0.2

那么甲、乙射手命中环数 X 的数学期望为：

$$E(X_{甲})=8\times 0.1+9\times 0.8+10\times 0.1=9.0(环)$$

$$E(X_{乙})=8\times 0.2+9\times 0.6+10\times 0.2=9.0(环)$$

甲：$E(X-EX)^2=(8-9)^2\cdot 0.1+(9-9)^2\cdot 0.8+(10-9)^2\cdot 0.1=0.2.$

乙：$E(X-EX)^2=(8-9)^2\cdot 0.2+(9-9)^2\cdot 0.6+(10-9)^2\cdot 0.2=0.4.$

显然甲乙的期望一样，但是甲的稳定性高于乙，所以乙的射击效果好点. 从上面的分析中可以看出，0.2 就是他们稳定性的数据，一般把它称为方差.

定义 3　设随机变量 X 的数学期望 $E(X)$ 存在，若 $E[(X-E(X))^2]$ 存在，则称 $E[(X-E(X))^2]$ 为随机变量 X 的**方差**，记作 $D(X)$，即 $D(X)=E[(X-E(X))^2]$.

方差的算术平方根 $\sqrt{D(X)}$ 称为随机变量 X 的**标准差**，记作 $\sigma(X)$，即

$$\sigma(X)=\sqrt{D(X)}$$

由于 $\sigma(X)$ 与 X 具有相同的度量单位，故在实际问题中经常使用.

方差刻画了随机变量的取值对于其数学期望的离散程度，若 X 的取值相对于其数学期望比较集中，则其方差较小；若 X 的取值相对于其数学期望比较分散，则方差较大. 若方差 $D(X)=0$，则随机变量 X 以概率 1 取常数值.

由定义 3 知，方差是随机变量 X 的函数 $g(X)=[X-E(X)]^2$ 的数学期望，故

$$D(X)=\begin{cases}\displaystyle\sum_{k=1}^{+\infty}[x_k-E(X)]^2 p_k，\text{当 } X \text{ 离散时}\\ \displaystyle\int_{-\infty}^{+\infty}[x_k-E(X)]^2 f(x)\mathrm{d}x，\text{当 } X \text{ 连续时}\end{cases}$$

当 X 离散时，X 的概率函数为 $P(x_k)=P(X=x_k)=P_K$，$k=1,2,\cdots$

当 X 连续时，X 的密度函数为 $f(x)$.

计算方差的一个简单公式：

$$D(X)=E(X^2)-[E(X)]^2$$

证明：

$$\begin{aligned}D(X)&=E[(X-E(X))^2]\\&=E\{X^2-2XE(X)+[E(x)]^2\}\\&=E(X^2)-[E(X)]^2\end{aligned}$$

请用此公式计算常见分布的方差.

在实际问题中方差可以帮助我们更好地了解随机变量的取值情况，是分散还是集中.

四、方差的性质

性质 1　设 C 是常数，则 $D(C)=0$.

性质 2　设 X 是随机变量，C 是常数，则有

$$D(CX)=C^2D(X)$$

性质 3　设 X,Y 是两个相互独立的随机变量，则有

$$D(X+Y)=D(X)+D(Y)$$

可推广为：若 $X_1,X_2,\cdots,X_n$ 相互独立，则

$$D\left[\sum_{i=1}^{n}X_i\right]=\sum_{i=1}^{n}D(X_i)$$

$$D\left[\sum_{i=1}^{n}C_iX_i\right]=\sum_{i=1}^{n}C_i^2D(X_i)$$

请同学们思考当 X 与 Y 不相互独立时，$D(X+Y)=$？

下面我们用例题说明方差性质的应用.

例 6 设随机变量 X 的数学期望 $E(X)$ 与方差 $D(X)=\sigma^2(X)$ 都存在，$\sigma(X)>0$，则标准化的随机变量 $X^*=\dfrac{X-E(X)}{\sigma(X)}$，证明 $E(X^*)=0, D(X^*)=1$.

证明： 由数学期望和方差的性质知

$$E(X^*)=E\left[\frac{X-E(X)}{\sigma(X)}\right]=\frac{E[X-E(X)]}{\sigma(X)}=0$$

$$D(X^*)=D\left[\frac{X-E(X)}{\sigma(X)}\right]=\frac{D[X-E(X)]}{\sigma^2(X)}=\frac{D(X)}{\sigma^2(X)}=1$$

例 7 设随机变量 X 的概率密度为 $f(x)=\begin{cases}1+x & -1\leqslant x\leqslant 0\\ 1-x & 0<x\leqslant 1\\ 0 & \text{其他}\end{cases}$，求 $D(X)$.

解：本题考查一维连续随机变量方差的计算，可借助方差计算公式求解.

$$E(X)=\int_{-\infty}^{+\infty}xf(x)\mathrm{d}x=\int_{-1}^{0}x(1+x)\mathrm{d}x+\int_{0}^{1}x(1-x)\mathrm{d}x=0$$

$$E(X^2)=\int_{-\infty}^{+\infty}x^2f(x)\mathrm{d}x=\int_{-1}^{0}x^2(1+x)\mathrm{d}x+\int_{0}^{1}x^2(1-x)\mathrm{d}x=\frac{1}{6}$$

所以 $D(X)=E(X^2)-[E(X)]^2=\dfrac{1}{6}$.

习题 12-2

1. 盒中有 5 个球，其中有 3 个白球，2 个红球. 从中任取两球，求白球个数 X 的数学期望为 $E(X)$.

2. 设随机变量 X 的分布列为

X	-2	0	2
P_k	0.4	0.3	0.3

求 $E(X), E(3X^2+5)$.

3. 设随机变量 X 具有分布 $P(X=k)=\dfrac{1}{2^k}, k=1,2,\cdots$，求 $E(X)$ 及 $D(X)$.

4. 一工厂生产的某种设备的寿命 X（以年计）服从指数分布，概率密度为 $f(x)=\begin{cases}\dfrac{1}{4}e^{-\frac{1}{4}x}, & x>0\\ 0, & x\leqslant 0\end{cases}$，工厂规定出售的设备若在一年内损坏，可予以调换. 若工厂出售一台设备可赢利 100 元，调换一台设备厂方需花费 300 元. 试求厂方出售一台设备净赢利的数学期望.

5. 将 n 个球（$1\sim n$ 号）随机地放进 n 个盒子（$1\sim n$ 号）中去，一个盒子装一个球. 将一个球装入与球同号的盒子中，称为一个配对，记 X 为配对的个数，求 $E(X)$.

6. 连续型随机变量 X 的概率密度为

$$f(x)=\begin{cases}kx^a & 0<x<1(k,a>0)\\ 0 & \text{其他}\end{cases}$$

又知 $E(X)=0.75$，求 k 和 a 的值.

7. X 有分布函数 $F(x)=\begin{cases}1-e^{-\lambda x} & x>0\\ 0 & \text{其他}\end{cases}$，求 $E(X)$ 及 $D(X)$.

8. $X\sim f(x)=\begin{cases}\dfrac{1}{\pi\sqrt{1-x^2}} & |x|<1\\ 0 & \text{其他}\end{cases}$，求 $E(X)$ 及 $D(X)$.

12.3　几种重要的离散型分布及数字特征

在前面的课程，介绍了随机变量的数字特征，这一节来学习常见的离散型分布及其数字特征.

一、0-1 分布(或两点分布)

定义 1　如果随机变量 X 只有两种可能取值，且其分布列为 $P\{X=x_1\}=p$，$P\{X=x_2\}=1-p$，$(0<p<1)$则称 X 服从 x_1，x_2 处参数为 p 的**两点分布**.

特别地，若 X 服从 $x_1=1$，$x_2=0$ 处参数为 p 的两点分布，即

X	0	1
p_i	$1-p$	p

$(0<p<1$，试验成功记为 1，失败记为 0)则称 X 服从参数为 p 的 **0-1 分布(两点分布)**.

注：它适用于一次试验仅有两个结果的随机试验.

易知两点分布的数学期望和方差分别为 p，$p(1-p)$.

事实上，$E(X)=0\cdot(1-p)+1\cdot p=p$　　$E(X^2)=0^2\cdot(1-p)+1^2\cdot p=p$

$D(X)=E(X^2)-(E(X))^2=p-p^2=p(1-p)$

例 1　某电脑公司欲开发一种软件，其开发费用为 200 万元，但有开发成功与不成功的可能，据以往经验，开发成功概率 0.6，不成功概率 0.4，若成功就面临把软件推向市场，市场畅销可获利 600 万元而销畅概率为 0.7，不畅销将损失 100 万元而不畅销概率为 0.3. 根据以上情况是否决定要开发软件.

解：设获利数为 X，推向市场获利数为 X_1

$$E(X_1)=600\times0.7+0.3\times(-100)=390$$

$$E(X)=(390-200)\times0.6+(-200)\times0.4=114-80=34$$

所以可以开发.

二、二项分布 $B(n,p)$

定义 2　设一随机试验在同样条件下进行 n 次独立重复试验，每一次试验事件 A 只有两种结果：发生与不发生，发生的概率为 p，不发生的概率为 $1-p$. 在 n 次独立试验中事件 A 发

生 k 次概率为 $P_n(k)=C_n^k p^k q^{n-k}, k=0,1,2\cdots n$ 此概型称为**伯努利概型**,其概率分布称为二项分布,记为 $X \sim B(n,p)$(或者 $b(n,p)$).

注:在二项分布中,若 $n=1$,则分布为两点分布.

二项分布的数学期望和方差易分别为 $E(X)=np, D(X)=np(1-p)$.

例 2 已知 100 个产品中有 5 个次品,现从中有放回地取 3 次,每次任取 1 个,求在所取的 3 个中恰有 2 个次品的概率.

解:因为这是有放回地取 3 次,因此这 3 次试验的条件完全相同且独立,它是伯努利试验,依题意,每次试验取到次品的概率为 0.05.设 X 为所取的 3 个中的次品数,则 $X \sim B(3,0.05)$

于是,所求概率为 $P\{X=2\}=C_3^2(0.05)^2(0.95)=0.007\,125$

注:若将本例中的"有放回"改为"无放回",那么各次试验条件就不同了,已不是伯努利概型,此时,只能用古典概型求解.

$$P\{X=2\}=\frac{C_{95}^1 C_5^2}{C_{100}^3} \approx 0.006\,18$$

例 3 某人进行射击,设每次射击的命中率为 0.02,独立射击 400 次,试求至少击中两次的概率.

解:将一次射击看成是一次试验.设击中的次数为 X,则 $X \sim B(400,0.02)$.

X 的分布律为 $P\{X=k\}=C_{400}^k(0.02)^k(0.98)^{400-k}, k=0,1\cdots 400$.

于是所求概率为

$P\{X \geqslant 2\}=1-P\{X=0\}-P\{X=1\}=1-(0.98)^{400}-400(0.02)(0.98)^{399}=0.997\,2$

三、泊松分布 $P(\lambda)$

对二项分布 $B(n,p)$,当试验次数 n 很大时,计算其概率很麻烦.故须寻求某种近似计算法.这里介绍二项分布的泊松近似公式,即当 n 很大时,p 很小时有 $C_n^k p^k(1-p)^{n-k} \approx \frac{\lambda^k}{k!}$ $(\lambda=np)$.实际计算中,$n \geqslant 100, np \leqslant 10$ 时近似效果就很好.

定义 3 若一个随机变量 X 的概率分布为 $P\{X=k\}=\frac{\lambda^k}{k!}e^{-\lambda}, k=0,1,2\cdots$,其中 $\lambda>0$ 为参数,则称 X 服从参数为 λ 的泊松分布,记作 $X \sim P(\lambda)$.

泊松分布是概率论中最重要的分布之一,实际问题中许多随机现象都服从或近似服从泊松分布,例如,电话交换台一定时间内收到用户的呼叫次数;到某机场降落的飞机数;某售票窗口接待的顾客数等,都是服从泊松分布.

泊松分布的数学期望和方差都为:$E(X)=\lambda, D(X)=\lambda$.

例 4 某一城市每天发生火灾的次数 X 服从参数 $\lambda=0.8$ 的泊松分布,求该城市一天内发生 3 次或 3 次以上火灾的概率.

解:由概率的性质,得

$$\begin{aligned} P\{X \geqslant 3\} &= 1-P\{X<3\}=1-P\{X=0\}-P\{X=1\}-P\{X=2\} \\ &= 1-e^{-0.8}\left(\frac{0.8^0}{0!}+\frac{0.8^1}{1!}+\frac{0.8^2}{2!}\right) \approx 0.047\,4 \end{aligned}$$

例 5 一家商店采用科学管理,由该商店过去的销售记录知道,某种商品每月的销售数可

以用参数 $\lambda=5$ 的泊松分布来描述，为了以 95% 以上的把握保证不脱销，问商店在月底至少应进某种商品多少件？

解：设该商品每月的销售数为 X，已知 X 服从参数 $\lambda=5$ 的泊松分布. 设商店在月底应进该种商品 m 件，求满足 $P\{X\leqslant m\}>0.95$ 的最小的 m，即 $\sum_{k=0}^{m}\frac{e^{-5}5^k}{k!}>0.95$

查泊松分布表，得 $\sum_{k=0}^{9}\frac{e^{-5}5^k}{k!}\approx 0.968\,172$，$\sum_{k=0}^{8}\frac{e^{-5}5^k}{k!}\approx 0.931\,906$

于是得 $m=9$ 件.

例 6　某厂有同类设备 300 台，各台工作相互独立，每台发生故障的概率均为 0.01，如果每台设备发生故障可由 1 人排除，问：

(1) 需配备多少维修工人才能保证发生故障的设备不能及时得到维修的概率小于 0.2.

(2) 如果 1 人负责维修 40 台设备，求此人负责的设备发生故障而不能及时得到维修的概率.

解：用随机变量 X 表示同时发生故障的设备台数.

(1) 依题意 $X\sim B(300,0.01)$，设需配备维修工 N 人，则问题为确定 N，使 $P\{X>N\}=\sum_{k=N+1}^{\infty}\frac{3^k e^{-3}}{k!}<0.02$

查附表 2 知，N 至少为 7，即至少应配备 7 人.

(2) 依题意 $X\sim B(40,0.01)$，且 $\lambda=40\times 0.01=0.4$，查附表 2 知，

$$P\{X\geqslant 2\}=\sum_{k=2}^{\infty}\frac{0.4^k e^{-3}}{k!}=0.061\,6$$

习题 12-3

1. 一大楼装有 5 个同类型的供水设备，调查表明在任一时刻 t 每个设备使用的概率为 0.1，问在同一时刻

(1) 恰有 2 个设备被使用的概率是多少？

(2) 至少有 3 个设备被使用的概率是多少？

(3) 至多有 3 个设备被使用的概率是多少？

(4) 至少有一个设备被使用的概率是多少？

2. 电话交换台每分钟的呼唤次数服从参数为 4 的泊松分布，求

(1) 每分钟恰有 8 次呼唤的概率；(2) 每分钟的呼唤次数大于 10 的概率.

3. 设随机变量 X 服从泊松分布，且 $P\{X=1\}=P\{X=2\}$，求 $P\{X=4\}$.

4. 某种型号的电子的寿命 X(以小时计)具有以下的概率密度：

$$f(x)=\begin{cases}\dfrac{1000}{x^2} & x>1\,000\\ 0 & \text{其他}\end{cases}$$

现有一大批此种管子(设各电子管损坏与否相互独立). 任取 5 个，问其中至少有 2 个寿命大于 1 500 小时的概率是多少？

5. 某厂产品的不合格品率为 0.03，现在要把产品装箱，若要以不小于 0.9 的概率保证每箱中至少有 100 个合格品，那么每箱至少应装多少个产品？

6. 一本 500 页的书共有 500 个错误，每个错误等可能地出现在每一页上(每一页的印刷符号超过 500 个). 试求指定的一页上至少有三个错误的概率.

7. 某公司生产的一种产品 300 件. 根据历史生产记录知废品率为 0.01. 问现在这 300 件产品经检验废品数大于 5 的概率是多少？

12.4 几种重要的连续型分布及数字特征

在上一节的课程里，介绍了几种重要的离散型随机变量分布及其数字特征，这一节来学习常见的连续型分布及其数字特征.

一、均匀分布 $U(a,b)$

定义 1 如果连续型随机变量 X 的密度函数为

$$f(x)=\begin{cases}\dfrac{1}{b-a}, & a\leqslant x\leqslant b\\ 0, & \text{其他}\end{cases} \tag{12.1}$$

则称 X 服从$[a,b]$上的均匀分布，记作 $X\sim U(a,b)$.

易见(1) $f(x)\geqslant 0$；(2) $\int_{-\infty}^{+\infty}f(x)\mathrm{d}x=1$.

可以计算其分布函数 $F(x)=\begin{cases}0 & x<a\\ \dfrac{x-a}{b-a} & a\leqslant x<b\\ 1 & x\geqslant b\end{cases}$

密度函数 $f(x)$和分布函数 $F(x)$的图形分别如图 12-1 和图 12-2 所示.

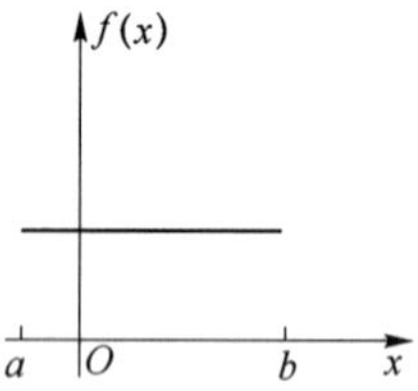

图 12-1

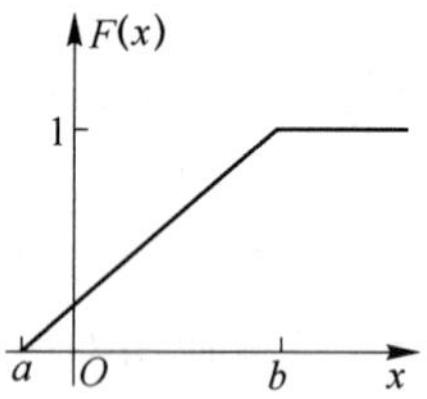

图 12-2

由式(12.1)可得

(1) $P\{X\geqslant b\}=\int_{b}^{\infty}0\mathrm{d}x=0,\quad P\{X\leqslant a\}=\int_{-\infty}^{a}0\mathrm{d}x=0.$

即
$$P\{a<X<b\}=1-P\{X\geqslant b\}-P\{X\leqslant a\}=1;$$

(2) 若 $a\leqslant c<d\leqslant b$，则

$$P\{c<X<d\}=\int_{c}^{d}\frac{1}{b-a}\mathrm{d}x=\frac{d-c}{b-a}$$

事实上对于任一长度为 L 的子区间 $(c,c+L]$，$a\leqslant c<c+L\leqslant b$ 有

$$P\{c<X<c+L\}=\int_c^{c+L}f(x)\mathrm{d}x=\int_c^{c+L}\frac{1}{b-a}\mathrm{d}x=\frac{L}{b-a}$$

在 $[a,b]$ 上服从均匀分布的随机变量 X，具有下述等可能性：即它落在区间 $[a,b]$ 中任意长度相同的子区间的概率是相同的，或者说 X 落在子区间里的概率只依赖于子区间的长度而与子区间的位置无关. 例如候车时间服从均匀分布.

均匀分布的数学期望及方差：

$$E(X)=\int_a^b x\cdot f(x)\mathrm{d}x=\int_a^b\frac{x}{b-a}\mathrm{d}x=\frac{a+b}{2}$$

$$E(X^2)=\int_a^b x^2\cdot f(x)\mathrm{d}x=\frac{b^2+ab+a^2}{3}$$

$$D(X)=E(X^2)-(EX)^2=\frac{(b-a)^2}{12}$$

例 1　大多数计算机语言都有一个能够生成随机数的函数，在 Excel 中 RAND 函数多用于产生 0 到 1 之间随机数，生成的随机数机会是均等的，令 X 表示生成的随机数. 求(1) 随机变量 X 的概率密度；(2) 产生一个在 0.25 到 0.75 之间的随机数概率是多少？(3) 产生一个小于 0.3 随机数概率是多少？

解：(1) $f(x)=\begin{cases}1 & 0\leqslant x\leqslant 1\\ 0 & \text{其他}\end{cases}$

(2) $P(0.25<x<0.75)=\int_{0.25}^{0.75}\mathrm{d}x=0.5$

(3) $P(x<0.3)=\int_{-\infty}^{0.3}f(x)\mathrm{d}x=\int_0^{0.3}\mathrm{d}x=0.3$

例 2　电视台每隔半小时报时一次，某人在任一时刻打开电视机的可能性相等，求他等候报时少于 5 分钟的概率.

解：设等候报时的时间为随机变量 X，依题意有 $X\sim U(0,30)$，

$$f(x)=\begin{cases}\dfrac{1}{30} & 0\leqslant x\leqslant 30\\ 0, & \text{其他}\end{cases}$$

则所求概率为 $P\{X<3\}=\int_{-\infty}^{3}f(x)\mathrm{d}x=\int_0^3\frac{1}{30}\mathrm{d}x=\frac{1}{10}$.

例 3　某公共汽车站从上午 7 时开始，每 15 分钟来一辆车，如某乘客到达此站的时间是 7 时到 7 时 30 分之间的均匀分布的随机变量，试求他等车少于 5 分钟的概率.

解：设乘客于 7 时过 X 分钟到达车站，由于 X 在 $[0,30]$ 上服从均匀分布，即有

$$f(x)=\begin{cases}\dfrac{1}{30}, & 0\leqslant x\leqslant 30\\ 0, & \text{其他}\end{cases}$$

显然，只有乘客在 7:10 到 7:15 之间或 7:25 到 7:30 之间到达车站时，他等车的时间才少于 5 分钟，因此所求概率为

$$P\{10<X\leqslant 15\}+P\{25<X\leqslant 30\}=\int_{10}^{15}\frac{1}{30}\mathrm{d}x+\int_{25}^{30}\frac{1}{30}\mathrm{d}x=1/3$$

二、指数分布 $E(\lambda)$

定义 2　一个连续型随机变量 X，如果其密度函数为

$$f(x)=\begin{cases}\lambda e^{-\lambda x}, & x\geqslant 0\\ 0, & x<0\end{cases}$$

式中，$\lambda>0$ 为参数，则称 X 服从参数为 λ 的指数分布，记作 $X\sim E(\lambda)$.

易见(1) $f(x)\geqslant 0$；　　(2) $\int_{-\infty}^{+\infty} f(x)\mathrm{d}x=1$

容易得到 X 的分布函数为

$$F(x)=\begin{cases}1-e^{-\lambda x}, & x>0\\ 0, & x\leqslant 0\end{cases}$$

指数分布最常见的一个场合是寿命分布. 无线电元件的使用寿命，动植物的寿命，随机服务系统的服务时间等都服从指数分布.

指数分布的数学期望及方差

$$E(X)=\int_0^{+\infty} x\lambda e^{-\lambda x}\mathrm{d}x=-\int_0^{+\infty} x\mathrm{d}e^{-\lambda x}=[-xe^{-\lambda x}]_0^{+\infty}+\int_0^{+\infty} e^{-\lambda x}\mathrm{d}x=\frac{1}{\lambda}\quad E(X^2)=\frac{2}{\lambda^2}$$

$$D(X)=E(X^2)-(E(X))^2=\frac{2}{\lambda^2}-\frac{1}{\lambda^2}=\frac{1}{\lambda^2}$$

例 4　已知某种电子管的寿命 X(小时)服从指数分布 $X\sim E(0.001)$. 一台仪器中有 5 个这种电子管，其中任一电子管损坏就停止工作，求仪器工作正常 1000 小时以上概率.

解：X 的概率密度为

$$f(x)=\begin{cases}\frac{1}{1\,000}e^{-\frac{1}{1\,000}x} & x\geqslant 0\\ 0 & x<0\end{cases}$$

$$P(x>1\,000)=1-P(x\leqslant 1\,000)=1-\int_0^{1\,000}\frac{1}{1\,000}e^{-\frac{1}{1\,000}x}\mathrm{d}x=1+e^{-\frac{1}{1\,000}x}\Big|_0^{1\,000}=e^{-1}$$

因为有 5 个电子管均在 1 000 小时以上概率为 $(e^{-1})^5$.

因此仪器正常工作 1 000 小时以上概率为 e^{-5}.

例 5　设 X 服从参数为 3 的指数分布，求

(1) X 的概率密度；(2) $P\{X>1\}$；(3) $P\{-1<X<2\}$.

解：(1) X 的概率密度 $f(x)=\begin{cases}3e^{-3x}, & x\geqslant 0\\ 0, & x<0\end{cases}$.

(2) $P\{X>1\}=\int_1^{+\infty} f(x)\mathrm{d}x=\int_1^{+\infty} 3e^{-3x}\mathrm{d}x=(-e^{-3x})\Big|_1^{+\infty}=e^{-3}$.

(3) $P\{-1<X<2\}=\int_{-1}^{2} f(x)\mathrm{d}x=\int_0^2 3e^{-3x}\mathrm{d}x=(-e^{-3x})\Big|_0^2=1-e^{-6}$.

三、正态分布 $N(\mu,\sigma^2)$

正态分布是概率论和数理统计中最重要的分布之一. 在实际问题中大量的随机变量服从或近似服从正态分布，只要某一个随机变量受到许多相互独立随机因素的影响，而每个个别因素的影响都不能起决定性作用，那么就可以断定随机变量服从或近似服从正态分布. 例如，因人的身高、体重受到种族、饮食习惯、地域、运动等因素影响，但这些因素又不能对身高、体重起决定性作用，所以我们可以认为身高、体重服从或近似服从正态分布. 测量误差、零件长度、直径、细纱的强力，螺丝口径等随机变量也服从正态分布.

1. 正态分布的定义及其性质

定义 3　一个连续型随机变量 X，如果其密度函数为

$$f(x)=\frac{1}{\sqrt{2\pi}\sigma}e^{-\frac{(x-\mu)^2}{2\sigma^2}}\ (-\infty<x<+\infty)$$

式中，μ、σ 为常数，$-\infty<\mu<+\infty$，$\sigma>0$，则称 X 服从参数为 μ 和 σ^2 的正态分布，记作 $X\sim N(\mu,\sigma^2)$.

易见(1) $f(x)\geqslant 0$；

(2) $\int_{-\infty}^{+\infty}f(x)\mathrm{d}x=1$.

正态曲线图像，如图 12-3 所示.

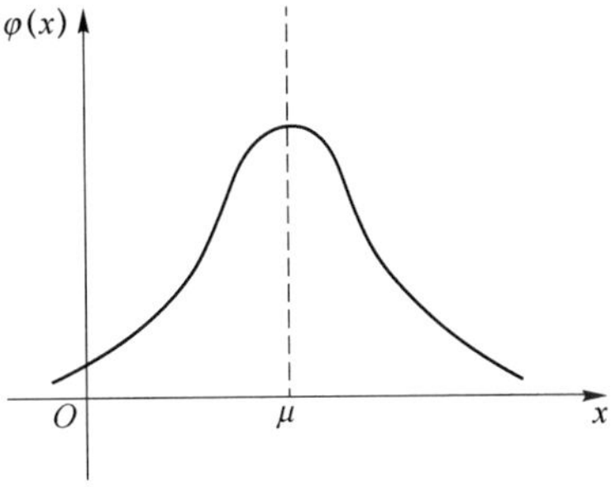

图 12-3

其中，μ 称为位置参数，$f(x)$ 的图形关于 $x=\mu$ 对称，σ 影响 $f(x)$ 的最大值及曲线的形状.

性质：

(1) 关于直线 $x=\mu$ 对称.

(2) $f(x)$ 在 $(-\infty,\mu)$ 严格上升，在 $(\mu,+\infty)$ 严格下降，在 $x=\mu$ 处取得最大值 $\frac{1}{\sqrt{2\pi}\sigma}$.

(3) 若固定 σ，改变 μ 的值，则曲线 $y=f(x)$ 沿 x 轴平行移动，曲线几何形状不变(图 12-4)；若固定 μ，改变 σ 值，σ 越大 $y=f(x)$ 图形越平坦，σ 越小图形越陡峭(图 12-5).

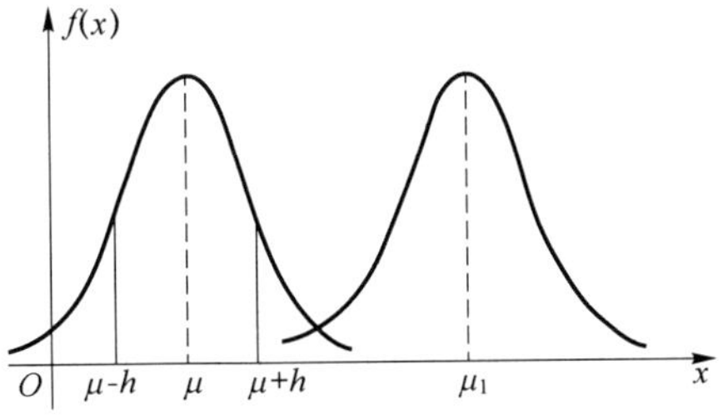

图 12-4

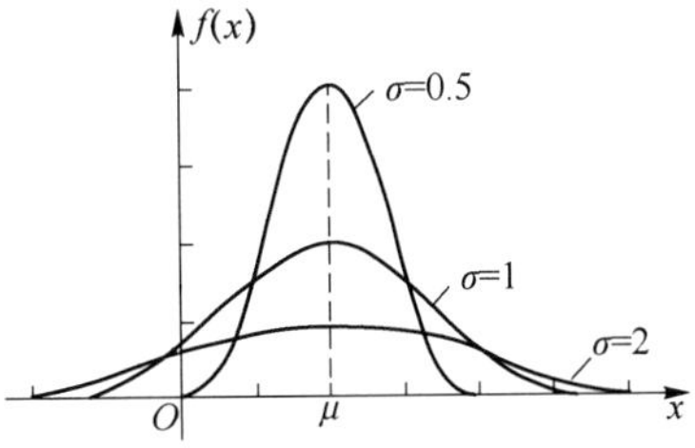

图 12-5

2. 标准正态分布的定义及查表计算

在正态分布的概率密度 $f(x)=\frac{1}{\sqrt{2\pi}\sigma}e^{-\frac{(x-u)^2}{2\sigma^2}}\ (-\infty<x<+\infty)$ 中，当 $\mu=0$，$\sigma=1$ 时称 X 服从标准正态分布，记为 $X\sim N(0,1)$，其概率密度为 $\varphi(x)=\frac{1}{\sqrt{2\pi}}e^{-\frac{x^2}{2}}$ 正态分布 $X\sim N(\mu,\sigma^2)$ 的分布函数为 $F(x)=P(X\leqslant x)=\int_{-\infty}^{x}\frac{1}{\sqrt{2\pi}\sigma}e^{\frac{(t-\mu)^2}{2\sigma^2}}\mathrm{d}t$ 同理，标准正态分布 $X\sim N(0,1)$ 的分布函数 $\Phi(x)=P(X\leqslant x)=\int_{-\infty}^{x}\frac{1}{\sqrt{2\pi}}e^{-\frac{t^2}{2}}\mathrm{d}t$ 由此可得如下定理：

定理　若 $X\sim N(\mu,\sigma^2)$ 而 $Y=(X-\mu)/\sigma$，则 $Y\sim N(0,1)$.

因此，若 $X\sim N(\mu,\sigma^2)$，则可利用标准正态分布函数 $\Phi(x)$，通过查表求得 X 落在任一区间 $(x_1,x_2]$ 内的概率，即

$$P\{x_1<X\leqslant x_2\}=P\left\{\frac{x_1-\mu}{\sigma}<\frac{X-\mu}{\sigma}\leqslant\frac{x_2-\mu}{\sigma}\right\}$$
$$=P\left\{\frac{X-\mu}{\sigma}\leqslant\frac{x_2-\mu}{\sigma}\right\}-P\left\{\frac{X-\mu}{\sigma}\leqslant\frac{x_1-\mu}{\sigma}\right\}$$
$$=\Phi\left(\frac{x_2-\mu}{\sigma}\right)-\Phi\left(\frac{x_1-\mu}{\sigma}\right)$$

所以一般正态分布均可以化为标准正态分布函数计算.

下面就阐述服从标准正态分布随机变量 X 落入区间的概率如何查标准正态分布表.

查表方法为(1) 当 $0.01\leqslant x<3.3$,可从表中直接查到 $\Phi(x)$ 的值.

(2) 当 $x\geqslant 3.3$,可取 $\Phi(x)\approx 1$.

(3) 当 $x<0$ 时,按公式 $\Phi(-x)=1-\Phi(x)$ 后查表进行计算.

例 6 设 $X\sim N(8,0.5^2)$,求(1) $P(X<9)$ (2) $P(7<X<8.5)$.

解:(1) $P(X<9)=F(9)=\Phi\left(\frac{9-8}{0.5}\right)=\Phi(2)=0.977\ 3$

(2) $P(7<X<8.5)=F(8.5)-F(7)=\Phi\left(\frac{8.5-8}{0.5}\right)-\Phi(\frac{7-8}{0.5})$

$$=\Phi(1)-\Phi(-2)=\Phi(1)+\Phi(2)-1=0.841\ 3+0.977\ 25-1=0.818\ 6$$

例 7 已知一批材料的强度 $X\sim N(200,18^2)$.如果使用材料要求以 99%概率保证强度不低于 150.问这批材料是否合乎要求?

解:$P(X\geqslant 150)=1-P(X<150)=1-P\left(\frac{150-200}{18}\right)$

$$=1-\Phi(-2.78)=\Phi(2.78)=0.997\ 3>0.99$$

所以,这批材料合乎要求.

例 8 设某商店出售的白糖每包的标准全是 500 克,设每包重量 X(以克计)是随机变量,$X\sim N(500,25)$,求

(1) 随机抽查一包,其重量大于 510 克的概率.

(2) 随机抽查一包,其重量与标准重量之差的绝对值在 8 克之内的概率.

(3) 求常数 C,使每包的重量小于 C 的概率为 0.05.

解:

(1) $P\{X>510\}=1-P\{X\leqslant 510\}=1-\Phi\left(\frac{510-500}{5}\right)$

$$=1-\Phi(2)=1-0.977\ 2=0.022\ 8$$

(2) $P\{|X-500|<8\}=P\{492<X<508\}$

$$=\Phi\left(\frac{508-500}{5}\right)-\Phi\left(\frac{492-500}{5}\right)$$
$$=\Phi(1.6)-\Phi(-1.6)=2\Phi(1.6)-1=2\times 0.9452-1=0.890\ 4$$

(3) 求常数 C,使之满足 $P(X<C)=0.05$,即 $\Phi\left(\frac{C-500}{5}\right)=0.05$

由于 $\Phi(-1.645)=0.05$,即$\frac{C-500}{5}=-1.645$,得 $C=491.775$.

例 9 设随机变量 $X\sim N(\mu,\sigma^2)$求 X 落在区间$(\mu-3\sigma,\mu+3\sigma)$内的概率.

解:$P(\mu-3\sigma<X<\mu+3\sigma)=\Phi\left(\frac{\mu+3\sigma-\mu}{\sigma}\right)-\Phi\left(\frac{\mu-3\sigma-\mu}{\sigma}\right)$

$$=\Phi(3)-\Phi(-3)=2\Phi(3)-1=0.997\ 3$$

由例 7 可知正态随机变量 X 落入区间$(\mu-3\sigma,\mu+3\sigma)$的概率为 0.997 3，它说明在一次试验中，正态变量落入点 μ 的 3σ 领域内几乎是必然的. 在企业管理中经常应用这一原理进行产品质量检查和工艺过程控制. **这就是正态分布的“3σ 法则”**.

3. 正态分布的数学期望和方差

$$E(X)=\mu \qquad D(X)=\sigma^2$$

同理，标准正态分布的期望和方差为 $EX=0,DX=1$.

所以，正态分布的数学期望 μ 就是其第一个参数，方差 σ^2 就是第二个参数；标准正态分布的期望和方差也是对应的两个参数.

例 10　公共汽车车门的高度是按成年男子与车门顶碰头的机会在 1%以下来设计的. 设男子身高 X 服从 $\mu=170(\text{cm}),\sigma=6(\text{cm})$的正态分布，即 $X\sim N(170,6^2)$，问车门高度应如何确定？

解：设车门高度为 $h(\text{cm})$，按设计要求 $P\{X\geqslant h\}\leqslant 0.01$ 或 $P\{X<h\}\geqslant 0.99$，因为 $X\sim N(170,6^2)$，故

$$P\{X<h\}=P\left\{\frac{X-170}{6}<\frac{h-170}{6}\right\}=\Phi\left(\frac{h-170}{6}\right)\geqslant 0.99$$

查表得

$$\Phi(2.33)=0.990\,1>0.99$$

故取$\dfrac{h-170}{6}=2.33$，即 $h=184$. 设计车门高度为 184(cm)时，可使成年男子与车门碰头的机会不超过 1%.

例 11　测量到某一目标的距离时发生的随机误差 X(单位：米)具有密度函数

$$f(x)=\frac{1}{40\sqrt{2\pi}}\mathrm{e}^{-\frac{(x-20)^2}{3\,200}}$$

试求在三次测量中至少有一次误差的绝对值不超过 30 米的概率.

解：X 的密度函数为

$$f(x)=\frac{1}{40\sqrt{2\pi}}\mathrm{e}^{-\frac{(x-20)^2}{3200}}=\frac{1}{40\times\sqrt{2\pi}}\mathrm{e}^{-\frac{(x-20)^2}{2\times 40^2}}$$

即 $X\sim N(20,40^2)$，故一次测量中随机误差的绝对值不超过 30 米的概率为

$$P\{|X|\leqslant 30\}=P\{-30\leqslant X\leqslant 30\}=\Phi\left(\frac{30-20}{40}\right)-\Phi\left(\frac{-30-20}{40}\right)$$

$$=\Phi(0.25)-\Phi(-1.25)=0.598\,1-(1-0.894\,4)=0.493\,1$$

设 Y 为三次测量中误差的绝对值不超过 30 米的次数，则 Y 服从二项分布 $B(3,0.493\,1)$，故 $P\{Y\geqslant 1\}=1-P\{Y=0\}=1-(0.506\,9)^3=0.869\,8$.

为了便于今后应用，对于标准正态变量，我们引入了 α 分位点的定义.

设 $X\sim N(0,1)$，若 Z_α 满足条件 $P\{X>Z_\alpha\}=\alpha,0<\alpha<1$ 则称点 Z_α 为标准正态分布的上 α 分位点，例如，由查表可得 $Z_{0.05}=1.645,Z_{0.001}=3.16$. 故 1.645 与 3.16 分别是标准正态分布的上 0.05 分位点与上 0.001 分位点.

习题 12-4

1. 设顾客在某银行的窗口等待服务的时间 X(以分计)服从指数分布，其概率密度为

$$f_X(x)=\begin{cases}\frac{1}{5}e^{-\frac{x}{5}}, & x>0\\ 0, & 其他\end{cases}$$

某顾客在窗口等待服务，若超过10分钟他就离开.他一个月要到银行5次.以Y表示一个月内他未等到服务而离开窗口的次数，写出Y的分布律.并求$P\{Y\geqslant 1\}$.

2. 设K在(0,5)上服从均匀分布，求方程$4x^2+4xK+K+2=0$有实根的概率.

3. 设$X\sim N(0,1)$，求

(1) $P(X\leqslant 1.96)$　(2) $P(X<-1.96)$　(3) $P(|X|>1.96)$

(4) $P(-1<X<2)$　(5) $P(X<5.5)$.

4. 设$X\sim N(3,2^2)$

(1) 求$P\{2<X\leqslant 5\}$，$P\{-4<X\leqslant 10\}$，$P\{|X|>2\}$，$P\{X>3\}$.

(2) 决定C使得$P\{X>C\}=P\{X\leqslant C\}$.

5. 某地区18岁的女青年的血压(收缩区，以mm－Hg计)服从$N(110,12^2)$在该地区任选一18岁女青年，测量她的血压X.求

(1) $P\{X\leqslant 105\}$，$P\{100<X\leqslant 120\}$；(2) 确定最小的X使$P\{X>x\}\leqslant 0.05$.

6. 由某机器生产的螺栓长度(cm)服从参数为$\mu=10.05$，$\sigma=0.06$的正态分布.规定长度在范围10.05 ± 0.12内为合格品，求一螺栓为不合格的概率是多少？

7. 一工厂生产的电子管的寿命X(以小时计)服从参数为$\mu=160$，σ(未知)的正态分布，若要求$P\{120<X\leqslant 200\}=0.80$，允许$\sigma$最大为多少？

12.5　随机变量函数的分布及数学期望

一、随机变量函数的分布

我们常常遇到一些随机变量，它们的分布往往难于直接得到(如测量轴承滚珠体积值Y等)，但是与它们有函数关系的另一些随机变量，其分布却是容易知道的(如滚珠直径测量值X).因此，要研究随机变量之间的函数关系，通过这种关系由已知的随机变量的分布求出与其有函数关系的另一个随机变量的分布.

1. 离散型随机变量函数的分布

若X是离散型的，则$Y=g(X)$也是离散型随机变量，且它的取值为$y_k=g(x_k)$，其分布可以直接由X的分布求得.

先看下面的一个例题：

例1　设随机变量X具有表12-1所示的分布律，试求X^2的分布律.

表12-1

X	-1	0	1	1.5	3
P_k	0.2	0.1	0.3	0.3	0.1

解:由于在 X 的取值范围内,事件"$X=0$","$X=1.5$","$X=3$"分别与事件"$X^2=0$","$X^2=2.25$","$X^2=9$"等价,所以

$$P\{X^2=0\}=P\{X=0\}=0.1$$
$$P\{X^2=2.25\}=P\{X=1.5\}=0.3$$
$$P\{X^2=9\}=P\{X=3\}=0.1$$

事件"$X^2=1$"是两个互斥事件"$X=-1$"及"$X=1$"的和,其概率为这两事件概率和,即 $P\{X^2=1\}=P\{X=-1\}+P\{X=1\}=0.2+0.3=0.5$

于是得 X^2 的分布律如表 12-2 所示.

表 12-2

X^2	0	1	2.25	9
p	0.1	0.5	0.3	0.1

通过例题可总结出计算离散型随机变量函数的分布的方法:

首先将 X 的取值代入函数关系,求出随机变量 Y 相应的取值,若 $y_k(k=1,2\cdots)$的值各不相等,则 Y 的概率分布为 $y_k=g(x_k)(k=1,2,\cdots)$;$P(y_k)=P(x_k)(k=1,2,\cdots)$.

如果 $y_k=g(x_k)(k=1,2,\cdots)$中出现 $m(\geqslant 2)$个相同的函数值,即存在 $1\leqslant k_1<k_2<\cdots<k_m$ 使 $g(x_{k_1})=g(x_{k_2})=\cdots=g(x_{k_m})=\tilde{y}$.则在 Y 的分布列中,取的概率为

$$P\{Y=\tilde{y}\}=P\{X=x_{k_1}\}+P\{X=x_{k_2}\}+\cdots+P\{X=x_{k_m}\}=\sum_{i=1}^{m}p_{k_i}$$

表 12-3

Y	y_1	y_2	$\tilde{y}$	…
P	$P(x_1)$	$P(x_2)$	$\sum_{i=1}^{m}p_{k_i}$	…

例 2　设 X 的概率分布如表 12-4 所示,求 $E(X-EX)^2$

表 12-4

X	0	1	2
p	1/10	6/10	3/10

解:先求 EX

$$EX=0\times\frac{1}{10}+1\times\frac{6}{10}+2\times\frac{3}{10}=1.2$$

则 $E(X-EX)^2=(0-1.2)^2\times\frac{1}{10}+(1-1.2)^2\times\frac{6}{10}+(2-1.2)^2\times\frac{3}{10}=0.36$

2. 连续型随机变量函数的分布

我们先来讨论下面的例题:

例 3　设连续型随机变量 X 具有概率密度 $f_X(x)$,$-\infty<x<+\infty$,求 $Y=g(X)=X^2$ 的概率密度.

解:先求 Y 的分布函数 $F_Y(y)$,由于 $Y=g(X)=X^2\geqslant 0$,故当 $y\leqslant 0$ 时事件"$Y\leqslant y$"的概率为 0,即 $F_Y(y)=P\{Y\leqslant y\}=0$,当 $y>0$ 时,有

$$F_Y(y)=P\{Y\leqslant y\}=P\{X^2\leqslant y\}=P\{-\sqrt{y}\leqslant X\leqslant \sqrt{y}\}=\int_{-\sqrt{y}}^{\sqrt{y}}f_X(x)\mathrm{d}x$$

将 $F_Y(y)$ 关于 y 求导，即得 Y 的概率密度为

$$f_Y(y)=\begin{cases}\frac{1}{2\sqrt{y}}[f_X(\sqrt{y})+f_X(-\sqrt{y})], & y>0\\ 0 & y\leqslant 0\end{cases}$$

例如，当 $X\sim N(0,1)$，其概率密度为 $\varphi(x)=\frac{1}{\sqrt{2\pi}}\mathrm{e}^{-\frac{x^2}{2}}$，则 $Y=g(X)=X^2$ 的概率密度为

$$f_Y(y)=\begin{cases}\frac{1}{\sqrt{2\pi}}y^{-\frac{1}{2}}\mathrm{e}^{-\frac{y}{2}}, & y>0\\ 0, & y\leqslant 0\end{cases}$$

此时称 Y 服从自由度为 1 的 χ^2 分布.

上例中关键的一步在于将事件“$Y\leqslant y$”由其等价事件“$-\sqrt{y}\leqslant X\leqslant\sqrt{y}$”代替，即将事件“$Y\leqslant y$”转换为有关 X 的范围所表示的等价事件，下面仅对 $Y=g(X)$，其中 $g(x)$ 为严格单调函数，写出一般结论：

定理 设随机变量 X 具有概率密度 $f_X(x)$，$-\infty<x<+\infty$，又设函数 $g(x)$ 处处可导且 $g'(x)>0$（或 $g'(x)<0$），则 $Y=g(X)$ 是连续型随机变量，其概率密度为

$$f_Y(y)=\begin{cases}f_X[h(y)]|h'(y)|, & \alpha<y<\beta\\ 0 & \text{其他}\end{cases}\tag{12.2}$$

式中，$a\alpha=\min\{g(-\infty),g(+\infty)\}$，$\beta=\max\{g(-\infty),g(+\infty)\}$，$h(y)$ 是 $g(x)$ 的反函数. 我们只证明 $g'(x)>0$ 的情况. 由于 $g'(x)>0$，故 $g(x)$ 在 $-\infty<x<+\infty$ 上严格单调递增，它的反函数 $h(y)$ 存在，且在 (α,β) 上严格单调递增且可导. 我们先求 Y 的分布函数 $F_Y(y)$，并通过对 $F_Y(y)$ 求导求出 $f_Y(y)$.

由于 $Y=g(X)$ 在 (α,β) 上取值，故

当 $y\leqslant\alpha$ 时，$F_Y(y)=P\{Y\leqslant y\}=0$；当 $y\geqslant\beta$ 时，$F_Y(y)=P\{Y\leqslant y\}=1$；

当 $\alpha<y<\beta$ 时，$F_Y(y)=P\{Y\leqslant y\}=P\{g(X)\leqslant y\}=P\{X\leqslant h(y)\}=\int_{-\infty}^{h(y)}f_X(x)\mathrm{d}x$

于是得概率密度

$$f_Y(y)=\begin{cases}f_X[h(y)]h'(y), & \alpha<y<\beta\\ 0, & \text{其他}\end{cases}$$

对于 $g'(x)<0$ 的情况可以同样证明，即

$$f_Y(y)=\begin{cases}f_X[h(y)][-h'(y)], & \alpha<y<\beta\\ 0, & \text{其他}\end{cases}$$

将上面两种情况合并得

$$f_Y(y)=\begin{cases}f_X(h(y))|h'(y)|, & \alpha<y<\beta\\ 0, & \text{其他}\end{cases}$$

注： 若 $f(x)$ 在 $[a,b]$ 之外为零，则只需假设在 (a,b) 上恒有 $g'(x)>0$（或恒有 $g'(x)<0$），此时 $\alpha=\min\{g(a),g(b)\}$，$\beta=\max\{g(a),g(b)\}$.

例 4 设随机变量 $X\sim N(\mu,\sigma^2)$. 试证明 X 的线性函数 $Y=aX+b(a\neq 0)$ 也服从正态分布.

证明:设 X 的概率密度

$$f_X(x)=\frac{1}{\sqrt{2\pi}\sigma}e^{-\frac{(x-\mu)^2}{2\sigma^2}}, \quad -\infty<x<+\infty$$

再令 $y=g(x)=ax+b$,得 $g(x)$的反函数

$$x=h(y)=\frac{y-b}{a}$$

所以 $h'(y)=1/a$.

由式(12.2) $Y=g(X)=aX+b$ 的概率密度为

$$f_Y(y)=\frac{1}{|a|}f_X\left(\frac{y-b}{a}\right), \quad -\infty<y<+\infty$$

即

$$f_Y(y)=\frac{1}{|a|\sigma\sqrt{2\pi}}e^{-\frac{[y-(b+a\mu)]^2}{2(a\sigma)^2}}, \quad -\infty<y<+\infty$$

即有

$$Y=aX+b\sim N(a\mu+b,(a\sigma)^2)$$

二、随机变量函数的数学期望

1. 离散型随机变量函数的数学期望

定义 1 设离散型随机变量 X 的分布律为 $P\{X=x_i\}=p_i, i=1,2,\cdots, y=g(x)$为连续实函数,若级数 $\sum_{i=1}^{\infty}g(x_i)p_i$ 绝对收敛,则 $Eg(X)$ 存在,且

$$E(Y)=E(g(X))=\sum_{i=1}^{\infty}g(x_i)p_i$$

例 5 离散型随机变量 X 的概率分布为

X	-2	0	2
P	0.40	0.30	0.30

求 $E(X)$、$E(3X+5)$、$E(X^2)$.

解:$E(X)=(-2)\times0.40+0\times0.30+2\times0.30=-0.2$

$E(3X+5)=3E(X)+5=4.4$

$E(X^2)=(-2)^2\times0.40+0^2\times0.30+2^2\times0.30=1.8$

例 6 离散型随机变量 X 的概率分布为

X	0	2	6
p	3/12	4/12	5/12

求 $E(X)$、$E[\ln(X+2)]$.

解:$E(X)=0\times\frac{3}{12}+2\times\frac{4}{12}+6\times\frac{5}{12}=\frac{19}{6}$

$$E[\ln(X+2)]=\ln(0+2)\times\frac{3}{12}+\ln(2+2)\times\frac{4}{12}+\ln(6+2)\times\frac{5}{12}=\frac{13}{6}\ln2$$

2. 连续型随机变量函数的数学期望

定义 2 若 X 是连续型随机变量，其密度函数为 $f_X(x)$，$y=g(x)$为连续实函数，若积分 $\int_{-\infty}^{+\infty} g(x) f_X(x)\mathrm{d}x$ 绝对收敛，则 $Eg(X)$存在，且

$$EY = Eg(X) = \int_{-\infty}^{+\infty} g(x) f_X(x)\mathrm{d}x$$

例 7 随机变量 X 的分布密度为 $f(x)=\begin{cases}2x, & 0\leqslant x\leqslant 1\\ 0, & \text{其他}\end{cases}$，求 EX，$E(aX+b)$，EX^2

解：$EX = \int_{-\infty}^{+\infty} xf(x)\mathrm{d}x = \int_0^1 x2x\mathrm{d}x = \dfrac{2}{3}$

$$E(aX+b) = \int_{-\infty}^{+\infty}(ax+b)f(x)\mathrm{d}x = \int_0^1 (ax+b)\cdot 2x\mathrm{d}x = \frac{2}{3}a+b$$

$$EX^2 = \int_{-\infty}^{+\infty} x^2 f(x)\mathrm{d}x = \int_0^1 x^2\cdot 2x\mathrm{d}x = \frac{1}{2}$$

例 8(报童的策略) 假设报童销售报纸每份 0.4 元，其成本为 0.25 元. 报社规定销售者不能将卖不完的报纸退回. 如果报童每日的报纸销售量服从区间[200,400]上的均匀分布，为使他的期望利润达到最大，他每天应定多少份报纸(假设一天只定购一次)?

解：设报童每天定购 a 份报纸，销售的份数为 X，据题意 X 的概率密度为

$$f_X(x)=\begin{cases}\dfrac{1}{200}, & 200\leqslant x\leqslant 400\\ 0, & \text{其他}\end{cases}$$

用 Y 表示每日所获得的销售利润，则 Y 是 X 的函数，有

$$Y=g(X)=\begin{cases}0.15a, & X\geqslant a\\ 0.4X-0.25a, & X<a\end{cases}$$

因此，利润期望值为 $EY = Eg(X) = \int_{200}^{400} g(x)f(x)\mathrm{d}x$

$$= \frac{1}{200}\int_a^{400} 0.15a\mathrm{d}x + \frac{1}{200}\int_{200}^{a}(0.4x-0.25a)\mathrm{d}x = -\frac{a^2}{1\,000}+0.55a-40$$

令 $\dfrac{\mathrm{d}EY}{\mathrm{d}a}=-\dfrac{a}{500}+0.55=0$，解得 $a=275$ 又因为 $\dfrac{\mathrm{d}^2EY}{\mathrm{d}a^2}\Big|_{a=275}=-\dfrac{1}{500}<0.$

所以，当 $a=275$(份)时，期望利润最大，且最大利润约为 35.6 元.

习题 12-5

1. 设随机变量 X 的分布律为

X	-2	-1	0	1	3
P	$\frac{1}{5}$	$\frac{1}{6}$	$\frac{1}{5}$	$\frac{1}{15}$	$\frac{11}{30}$

求 $Y=X^2$ 的分布律.

2. 已知随机变量 X 的分布列为 $\begin{pmatrix} 0 & \frac{\pi}{2} & \pi \\ \frac{1}{4} & \frac{1}{2} & \frac{1}{4} \end{pmatrix}$，求 $Y=\frac{2}{3}X+2$ 与 $Z=\cos X$ 的分布列.

3. 设随机变量 X 具有分布 $P(X=k)=\frac{1}{5}$，$k=1,2,3,4,5$，求 $E(X)$、$E(X^2)$ 及 $E(X+2)^2$.

4. 设随机变量 X 在 $(0,1)$ 上服从均匀分布，

(1) 求 $Y=e^X$ 的分布密度；(2) 求 $Y=-2\ln X$ 的概率密度.

5. (1) 设随机变量 X 的概率密度为 $f(x)$，求 $Y=X^3$ 的概率密度.

(2) 设随机变量 X 服从参数为 1 的指数分布，求 $Y=X^2$ 的概率密度.

6. 设随机变量 X 的概率密度为 $f(x)=\begin{cases} e^{-x}, & x>0 \\ 0, & x\leqslant 0 \end{cases}$

求(1) $Y=2X$ (2) $Y=e^{-2x}$ 的数学期望.

7. 某车间生产的圆盘直径在区间 (a,b) 服从均匀分布. 试求圆盘面积的数学期望.

8. 卡车装运水泥，设每袋水泥重量(以公斤计)服从 $N(50,2.5^2)$ 问最多装多少袋水泥使总重量超过 2 000 的概率不大于 0.05.

9. 某个边长为 500 米的正方形场地，用航空测量法测得边长的误差为 0 米的概率是 0.49，±10 米的概率各是 0.16，±20 米的概率各是 0.08，±30 米的概率各是 0.05，求场地面积的数学期望.

12.6　二维随机变量初步

我们已经学习过一维随机变量，但对于现实中的很多现象，只用一个随机变量来描述是不够的，需要用几个随机变量来同时描述. 例如：

(1) 某人体检数据——身高 X 和体重 Y；

(2) 钢的基本指标——含碳量 X，含硫量 Y 和硬度 Z；

(3) 飞机在空中位置坐标 (X,Y,Z)；

(4) 水跃的基本参数——越前水深 X，跃后水深 Y 和跃长 Z.

这些都是多维随机变量在现实生活中的实例，下面引入多维随机变量的定义：

一般地，将随机试验涉及的 n 个随机量 $X_1, X_2, \cdots, X_n$ 放在一起，记成 $(X_1, X_2, \cdots, X_n)$，称 ***n* 维随机变量**（或向量).

由于从二维随机变量推广到多维随机变量并无实质性困难，所以，我们着重讨论二维随机变量.

一、二维随机变量联合分布函数

定义 1　设 (X,Y) 是二维随机变量，对于任意实数 x、y，称二元函数

$$F(x,y)=P\{X\leqslant x, Y\leqslant y\}$$

为二维随机变量 (X,Y) 的**分布函数**或随机变量 X 和 Y 的**联合分布函数**.

二维随机变量分布函数的性质：

(1) $0\leqslant F(x,y)\leqslant 1$；

(2) $F(x,y)$关于变量 x 和 y 均单调非减，且右连续；

(3) 对于任意固定的 y，$F(-\infty,y)=\lim\limits_{x\to-\infty}F(x,y)=0$；

(4) 对任意的 $x_1<x_2$，$y_1<y_2$，随机点(X,Y)落入区域 D 内的概率为

其中，$D=\{(x,y)\mid x_1<x\leqslant x_2,y_1<y\leqslant y_2\}$

$$P=F(x_2,y_2)-F(x_2,y_1)-F(x_1,y_2)+F(x_1,y_1)$$

二、二维离散型随机变量的分布列

定义 2 如果二维随机变量(X,Y)可能取的值为有限对或无限可列多对实数，则称(X,Y)为二维离散型随机变量.

设二维离散型随机变量(X,Y)所有可能的取值为$(x_i,y_j)(i,j=1,2,\cdots)$，且对应的概率为 $P(X=x_i,Y=y_j)=p_{ij}$，$i,j=1,2,\cdots$. 则称上式为二维随机变量(X,Y)的概率分布或 X 和 Y 的联合概率分布. 也常用表格表示.

X \ Y	y_1	y_2	$\cdots$	y_j	$\cdots$
x_1	p_{11}	p_{12}	$\cdots$	p_{1j}	$\cdots$
x_2	p_{21}	p_{22}	$\cdots$	p_{2j}	$\cdots$
$\vdots$	$\vdots$	$\vdots$	$\vdots$	$\vdots$	$\vdots$
x_i	p_{i1}	p_{i2}	$\cdots$	p_{ij}	$\cdots$
$\vdots$	$\vdots$	$\vdots$	$\vdots$	$\vdots$	$\vdots$

性质：(1) $p_{ij}\geqslant 0,i,j=1,2,\cdots$

(2) $\sum\limits_{i=1}^{+\infty}\sum\limits_{j=1}^{+\infty}p_{ij}=1$

三、边缘分布函数

边缘分布函数可以由(X,Y)的联合分布函数 $F(x,y)$来确定：

$$F_X(x)=P\{X\leqslant x\}=P\{X\leqslant x,Y<+\infty\}=F(x,+\infty)$$

同理 $F_Y(y)=F(+\infty,y)$

离散型随机变量的边缘分布列

定义 3 对于二维离散型随机变量(X,Y)，设其概率分布为

$$P\{X=x_i,Y=y_j\}=p_{ij},i,j=1,2,\cdots$$

则 X 的边缘分布为

$$P\{X=x_i\}=P\{X=x_i,Y<+\infty\}=\sum_{j=1}^{+\infty}P\{X=x_i,Y=y_j\}=\sum_{j=1}^{+\infty}p_{ij}=p_{i\cdot}\quad i=1,2,\cdots$$

同理，Y 的边缘分布为

$$P\{Y=y_i\}=P\{X<+\infty,Y=y_i\}=\sum_{i=1}^{+\infty}P\{X=x_i,Y=y_j\}=\sum_{i=1}^{+\infty}p_{ij}=p_{\cdot j}\quad i=1,2,\cdots$$

记号 $p_{i\cdot}$ 中的"·"表示 $p_{i\cdot}$ 是由 p_{ij} 关于 j 求和得到的；同样 $p_{\cdot j}$ 是由 p_{ij} 关于 i 求和得到的.

例 1　将两封信随意地投入 3 个空邮筒,设 X、Y 分别表示第 1、第 2 个邮筒中信的数量,求 X 与 Y 的联合概率分布,并求出第 3 个邮筒里至少投入一封信的概率. 求其边缘分布.

解:X、Y 各自可能的取值均为 0、1、2,由题设知,(X,Y)取$(1,2)$、$(2,1)$、$(2,2)$均不可能. 取其他值的概率可由古典概率计算.

$$P\{X=0,Y=0\}=\frac{1}{3^2}=\frac{1}{9}\quad P\{X=0,Y=1\}=P\{X=1,Y=0\}=\frac{2}{3^2}=\frac{2}{9}$$

$$P\{X=1,Y=1\}=\frac{2}{9}\quad P\{X=2,Y=0\}=P\{X=0,Y=2\}=\frac{1}{9}$$

$$P(X=0)=P(X=0,Y=0)+P(X=0,Y=1)+P(X=0,Y=2)=\frac{1}{9}+\frac{2}{9}+\frac{1}{9}=\frac{4}{9}$$

$$P(X=1)=\frac{2}{9}+\frac{2}{9}+0=\frac{4}{9}\;;\quad P(X=2)=\frac{1}{9}+0+0=\frac{1}{9}$$

X,Y 的边缘分布与联合分布列于下表

X \ Y	0	1	2	$p_{i\cdot}$
0	$\frac{1}{9}$	$\frac{2}{9}$	$\frac{1}{9}$	$\frac{4}{9}$
1	$\frac{2}{9}$	$\frac{2}{9}$	0	$\frac{4}{9}$
2	$\frac{1}{9}$	0	0	$\frac{1}{9}$
$p_{\cdot j}$	$\frac{4}{9}$	$\frac{4}{9}$	$\frac{1}{9}$	

$p=P\{X+Y\leqslant1\}=P\{X=0,y=0\}+P\{X=0,Y=1\}+P\{X=1,Y=0\}=\frac{5}{9}$即第三个邮筒里至少有一封信的概率为$\frac{5}{9}$.

从例中可以看到,边缘分布 $p_{i\cdot}$ 和 $p_{\cdot j}$分别是联合分布列中第 i 行和第 j 列各元素之和.

四、随机变量独立性

定义 4　设 X、Y 是两个随机变量,如果对于任意的实数 x 和 y,有 $P\{X\leqslant x,Y\leqslant y\}=P\{X\leqslant x\}\cdot P\{Y\leqslant y\}$,也就是 $F(x,y)=F_X(x)\cdot F_Y(y)$成立,即事件$\{X\leqslant x\}$与$\{Y\leqslant y\}$相互独立,则称随机变量 X 与 Y 相互独立.

离散型随机变量独立性

$P\{X=x_i,Y=y_j\}=P\{X=x_i\}\cdot P\{Y=y_j\}$对任意的 i,j 都成立.

例 2　二维离散型随机变量(X,Y)的概率分布为

X \ Y	1	2
1	1/6	1/3
2	α	β

当 α,β 为何值时随机变量 X 与 Y 相互独立?

若 X 与 Y 相互独立，则对于所有的 i、j，都有 $p_{ij}=p_{i\cdot}\cdot p_{\cdot j}$.

因此 $P\{X=1,Y=1\}=P\{X=1\}P\{Y=1\}$，得 $\frac{1}{6}=\frac{1}{2}\cdot\left(\frac{1}{6}+\alpha\right)\Rightarrow\alpha=\frac{1}{6}$

$P\{X=1,Y=2\}=P\{X=1\}P\{Y=2\}$，得 $\frac{1}{3}=\frac{1}{2}\cdot\left(\frac{1}{3}+\beta\right)\Rightarrow\beta=\frac{1}{3}$

随机变量一般情况下边缘分布不能决定联合分布，当两个随机变量独立时，边缘分布可以决定它们的联合分布.

习题 12-6

1. 在一箱子里装有 12 个开关，其中 2 个是次品，在其中随机地取两次，每次取一个. 考虑两种试验(1) 放回抽样，(2) 不放回抽样. 我们定义随机变量 X，Y 如下：

$$X=\begin{cases}0, & \text{若第一次取出的是正品}\\1, & \text{若第一次取出的是次品}\end{cases}\qquad Y=\begin{cases}0, & \text{若第二次取出的是正品}\\1, & \text{若第二次取出的是次品}\end{cases}$$

试分别就(1)(2) 两种情况，写出 X 和 Y 的联合分布律.

2. 盒子里装有 3 个黑球，2 个红球，2 个白球，在其中任取 4 个球，以 X 表示取到黑球的只数，以 Y 表示取到白球的只数，求 X，Y 的联合分布律.

3. 求第 1 题中的随机变量 (X,Y) 的边缘分布律.

4. 第 1 题中的随机变量 X 和 Y 是否相互独立.

复习题 12

一、选择题(20 分)

1. 下列给出的是某个随机变量的分布列的是(　　).

A. $\begin{pmatrix}1 & 3 & 5\\1 & -0.2 & 0.2\end{pmatrix}$

B. $\begin{pmatrix}1 & 2 & 3\\0.7 & 0.1 & 0.1\end{pmatrix}$

C. $\begin{pmatrix}0 & 1 & 2 & \cdots & n & \cdots\\ \frac{1}{2} & \frac{1}{2}\left(\frac{1}{3}\right) & \frac{1}{2}\left(\frac{1}{3}\right)^2 & \cdots & \frac{1}{2}\left(\frac{1}{3}\right)^n & \cdots\end{pmatrix}$

D. $\begin{pmatrix}1 & 2 & \cdots & n & \cdots\\ \frac{1}{2} & \left(\frac{1}{2}\right)^2 & \cdots & \left(\frac{1}{2}\right)^n & \cdots\end{pmatrix}$

2. 设随机变量 X 的概率密度 $f(x)$ 是偶函数，而 $F(x)$ 是 X 的分布函数，则对于任意实数 a，有 $F(-a)=$(　　).

A. $1-\int_0^a f(x)\mathrm{d}x$　　B. $0.5-\int_0^a f(x)\mathrm{d}x$　　C. $F(a)$　　D. $2F(a)-1$

3. 设服从二项分布 $X\sim B(n,p)$ 的随机变量 X 的均值与方差分别是 15 和 $\frac{45}{4}$，则 n,p 的值分别是(　　).

A. $50,\frac{1}{4}$　　B. $60,\frac{1}{4}$　　C. $50,\frac{3}{4}$　　D. $60,\frac{3}{4}$

4. 随机变量 $Y=aX+b(a\neq 0)$ 与随机变量 X 服从同一名称分布，如果 X 服从(　　).

A. 二项分布　　B. 泊松分布

C. 正态分布　　D. 指数分布

5. 连续型随机变量 X 与 $-X$ 有不同的概率密度，如果 X 的概率密度 $f(x)=$(　　).

A. $\frac{1}{\sqrt{2\pi}}e^{-\frac{x^2}{2}}(-\infty<x<\infty)$　　B. $\frac{3}{8}\left(1+\frac{x^2}{4}\right)^{-\frac{5}{2}}(-\infty<x<\infty)$

C. $\frac{3}{2}e^{-3|x-1|}(-\infty<x<\infty)$　　D. $\frac{3}{2}x^2(-1<x<1)$

二、填空题(20 分)

1. 抛掷一枚不均匀的硬币，出现正面的概率为 $p(0<p<1)$，设 X 为一直掷到正、反面都出现时所需要的次数，则 X 的分布列为__________.

2. 一离散型随机变量 X 的概率分布列为

X	0	1	2	3
P	0.1	a	b	0.1

且 $E(X)=1.5$，则 $a-b=$__________.

3. 把 4 个球随机地放入 4 个盒子中去，设 X 表示空盒子的个数，则 $E(X)=$__________.

4. 已知连续型随机变量 X 的概率密度为 $f(x)=\frac{1}{\sqrt{6\pi}}e^{-\frac{x^2-4x+4}{6}},-\infty<x<+\infty$ 则 $E(X)=$__________ $D(X)=$__________.

5. 已知随机变量 $X\sim N(-3,1)$，$Y\sim N(2,1)$，且 X,Y 相互独立，设随机变量 $Z=X-2Y+7$，则 $Z\sim$__________.

三、计算题(48 分)

1. 一条交通干线上 6 处设有红绿信号灯，红、绿两种信号交替开放且开放的时间为 1∶2. 假设有一辆汽车沿此街道驶过，以 X 表示它首次遇到红灯之前已通过绿灯的次数. 求 X 的概率分布.

2. 设随机变量 X 的分布函数为

$$F(x)=\begin{cases}0, & 若\ x<0\\ \frac{x}{2}, & 若\ 0\leqslant x<1\\ \frac{2}{3}, & 若\ 1\leqslant x<3\\ 1, & 若\ x\geqslant 3\end{cases}$$

(1) 问随机变量 X 是离散型的还是连续型的?

(2) 求事件 $\{X<2\}$，$\{X=1\}$，$\{X>1/2\}$，$\{2<X<3\}$ 的概率.

3. 一食盐供应站的月销售量 X(百吨)是随机变量,其概率密度为

$$f(x)=\begin{cases}2(1-x), & 若\ 0<x<1\\ 0, & 若不然\end{cases}$$

问每月至少储备多少食盐,才能以 96%的概率不至于脱销?

4. 一台设备有 2 000 个同型号可靠元件,每个元件的可靠性(无故障工作的概率)为 0.999 5. 假如只要三个元件发生故障就势必引起设备的故障. 试求该设备发生故障的概率 p.

5. 某仪器上装有三只同样电气元件,其寿命同服从参数为 $\lambda=1/600$ 的指数分布. 已知这各元件的状态相互独立,求在安装后工作的前 200 个小时里,至少有一只元件损坏的概率 α.

6. 某地区的月降水量 X(单位:mm)服从正态分布 $N(40,4^2)$,试求该地区连续 10 个月降水量都不超过 50 mm 的概率.

四、综合题(12 分,2 选 1)

1. 设随机变量 X 服从区间(0,1)上的均匀分布,求随机变量 Y 的概率密度 $g(y)$,如果

(1) $Y=X^2$;　　(2) $Y=1/X$;　　(3) $Y=|X|$;

(4) $Y=\ln(1/X)$;　　(5) $Y=-\ln(1-X)$.

2. 假设一装置启动后无故障工作的时间 X(min)服从参数为 0.5 的指数分布,每次启动在无故障的情形下只需工作 10 min 便自行关机. 求该装置每次启动无故障工作的时间 T 的分布函数;问 X 是何种类型的随机变量?

第 13 章

极 限 定 理

在前面的知识中曾提出，大量重复试验中事件发生的频率具有稳定性，随着试验次数 n 的无限增大，事件 A 在 n 次试验中出现的次数 μ_n 与试验次数之比 $\frac{\mu_n}{n}$（即频率）稳定在某个确定的常数附近（频率的稳定性），以此常数来近似作为事件 A 在一次试验中发生的概率，并在实际中，当 n 充分大时，用频率值作为概率值的近似估计. 对于这些，需要给出理论上的说明，而这些理论正是概率论的理论基础.

在生产实践中，人们还认识到大量试验数据、测量数据的算术平均值也具有稳定性. 这种稳定性就是我们将要讨论的大数定律的客观背景. 在这一章中，将介绍最基本的两类极限定理——大数定理和中心极限定理.

本章目标

理解大数定理和中心极限定理；了解切比雪夫、伯努利、辛钦大数定律成立的条件及结论，理解其直观意义；掌握棣莫佛—拉普拉斯中心极限定理和林德伯格—列维中心极限定理（独立同分布中心极限定理）的结论和应用条件，并会用相关定理近似计算有关随机事件的概率；会利用极限定理的思想求解经济的相关问题.

13.1 大数定律

在前面提到过事件发生的频率具有稳定性，即随着试验次数的增加，事件发生的频率逐渐稳定于某个常数，这一事实显示了可以用一个数来表示事件发生的可能性大小，这使人们认识到概率是客观存在的，进而由频率的性质启发和抽象地给出了概率的定义，而频率的稳定性是概率定义的客观基础. 在实践中人们还认识到大量测量值的算术平均值也具有稳定性，而这种稳定性就是本节所要讨论的大数定律的客观背景，而这些理论正是概率论的理论基础.

一、切比雪夫(Chebyshev)不等式

我们知道方差 $D(X)$ 是用来描述随机变量 X 的取值在其数学期望 $E(X)$ 附近的离散程度的，因此，对任意的正数 ε，事件 $|X-E(X)|\geqslant\varepsilon$ 发生的概率应该与 $D(X)$ 有关，而这种关系用数学形式表示出来，就是下面要学习的切比雪夫不等式.

定理 1 设随机变量 X 的数学期望 $E(X)$ 与方差 $D(X)$ 存在，则对于任意正数 ε，不等式

$$P\{|X-E(X)|\geqslant\varepsilon\}\leqslant\frac{D(X)}{\varepsilon^2} \tag{13.1}$$

或

$$P\{|X-E(X)|<\varepsilon\}\geqslant 1-\frac{D(X)}{\varepsilon^2} \tag{13.2}$$

都成立.不等式(13.1)和不等式(13.2)称为切比雪夫不等式.

下面只对连续随机变量情形证明不等式(13.1)和不等式(13.2).

证明: 设随机变量 X 的密度函数为 $f(x)$,则有

$$P\{|X-E(X)|\geqslant\varepsilon\}=\int_{|x-E(X)|\geqslant\varepsilon} f(x)\mathrm{d}x\leqslant\int_{|x-E(X)|\geqslant\varepsilon}\frac{[x-E(X)]^2}{\varepsilon^2}f(x)\mathrm{d}x$$

$$\leqslant\frac{1}{\varepsilon^2}\int_{-\infty}^{+\infty}[x-E(X)]^2 f(x)\mathrm{d}x=\frac{D(X)}{\varepsilon^2}$$

由于 $|X-E(X)|\geqslant\varepsilon$ 与 $|X-E(X)|<\varepsilon$ 是对立事件,故有

$$P\{|X-E(X)|<\varepsilon\}=1-P\{|X-E(X)|\geqslant\varepsilon\}\geqslant 1-\frac{D(X)}{\varepsilon^2}$$

切比雪夫不等式给出了在随机变量 X 的分布未知的情况下,只利用 X 的数学期望和方差即可对 X 的概率分布进行估值的方法,这就是切比雪夫不等式的重要性所在.

切比雪夫不等式表明:随机变量 X 的方差越小,则事件 $\{|X-E(X)|<\varepsilon\}$ 发生的概率越大,即 X 的取值基本上集中在它的期望 $E(X)$ 附近.由此可见刻画了随机变量取值的离散程度.切比雪夫不等式作为一个理论工具,它的应用是普遍的.

例 1 在每次试验中,事件 A 发生的概率为 0.5,利用切比雪夫不等式估计,在 1 000 次独立试验中,事件 A 发生的次数在 450 至 550 次之间的概率.

解: 设 X 表示 1 000 次独立试验中事件 A 发生的次数,则 $E(X)=500$,$D(X)=250$

$$P\{450\leqslant X\leqslant 550\}=P\{|X-500|\leqslant 50\}$$

$$=P\{|X-E(X)|\leqslant 50\}\geqslant 1-\frac{D(X)}{50^2}=1-\frac{250}{2\,500}=0.9$$

例 2 一通信系统拥有 50 台相互独立起作用的交换机. 在系统运行期间,每台交换机能清晰接收信号的概率为 0.90. 系统正常工作时,要求能清晰接收信号的交换机至少 45 台. 求该通信系统能正常工作的概率.

解:

设 X 表示系统运行期间能清晰接收信号的交换机台数,则

$$X\sim B(50,0.90)$$

由此 P(通信系统能正常工作)$=P(45\leqslant X\leqslant 50)$

$$=P\left(\frac{45-50\times 0.9}{\sqrt{50\times 0.9\times 0.1}}\leqslant\frac{X-50\times 0.9}{\sqrt{50\times 0.9\times 0.1}}\leqslant\frac{50-50\times 0.9}{\sqrt{50\times 0.9\times 0.1}}\right)$$

$$\approx\Phi(2.36)-\Phi(0)=0.990\,9-0.5=0.490\,9$$

二、大数定律

利用切比雪夫不等式,我们可以证明概率论中一个重要的大数定律——切比雪夫定理.

定理 2(切比雪夫定理) 设独立随机变量序列 $X_1,X_2,\cdots,X_n,\cdots$ 的数学期望

$$E(X_1),E(X_2),\cdots,E(X_n),\cdots$$

和方差

$$D(X_1),D(X_2),\cdots,D(X_n),\cdots$$

都存在，并且方差是一致有上界的，即存在常数 C 使得 $D(X_i)\leqslant C,i=1,2,\cdots,n,\cdots$

则对于任意的正数 ε，有

$$\lim_{n\to\infty}P\left\{\left|\frac{1}{n}\sum_{i=1}^{n}X_i-\frac{1}{n}\sum_{i=1}^{n}E(X_i)\right|<\varepsilon\right\}=1 \tag{13.3}$$

证明：我们用切比雪夫不等式证明该定理.

因为

$$E\left(\frac{1}{n}\sum_{i=1}^{n}X_i\right)=\frac{1}{n}\sum_{i=1}^{n}E(X_i)$$

而 $X_1,X_2,\cdots,X_n$ 相互独立性，所以

$$D\left(\frac{1}{n}\sum_{i=1}^{n}X_i\right)=\frac{1}{n^2}\sum_{i=1}^{n}D(X_i)$$

应用切比雪夫不等式得

$$P\left\{\left|\frac{1}{n}\sum_{i=1}^{n}X_i-\frac{1}{n}\sum_{i=1}^{n}E(X_i)\right|<\varepsilon\right\}\geqslant 1-\frac{1}{n^2\varepsilon^2}\sum_{i=1}^{n}D(X_i)$$

因为 $D(X_i)\leqslant C(i=1,2,\cdots,n)$，所以 $\sum\limits_{i=1}^{n}D(X_i)\leqslant nC$，由此得

$$P\left\{\left|\frac{1}{n}\sum_{i=1}^{n}X_i-\frac{1}{n}\sum_{i=1}^{n}E(X_i)\right|<\varepsilon\right\}\geqslant 1-\frac{C}{n\varepsilon^2}$$

当 $n\to\infty$ 时，得

$$\lim_{n\to\infty}P\left\{\left|\frac{1}{n}\sum_{i=1}^{n}X_i-\frac{1}{n}\sum_{i=1}^{n}E(X_i)\right|<\varepsilon\right\}\geqslant 1$$

但是概率不能大于 1，所以有

$$\lim_{n\to\infty}P\left\{\left|\frac{1}{n}\sum_{i=1}^{n}X_i-\frac{1}{n}\sum_{i=1}^{n}E(X_i)\right|<\varepsilon\right\}=1$$

切比雪夫定理说明：独立随机变量序列 $X_1,X_2,\cdots,X_n,\cdots$ 的数学期望与方差都存在，且方差一致有上界，则经过算术平均后得到的随机变量 $\overline{X}=\frac{1}{n}\sum\limits_{i=1}^{n}X_i$，当 n 充分大时，它的值将比较紧密地聚集在它的数学期望 $E\overline{X}$ 的附近，这就是大数定律的统计意义.

切比雪夫定理的一个重要推论就是著名的伯努利定理.

定理 3(伯努利定理) 在独立试验序列中，设事件 A 的概率 $P(A)=p$，则对于任意的正数 ε，当试验的次数 $n\to\infty$ 时，有

$$\lim_{n\to\infty}P\{|f_n(A)-p|<\varepsilon\}=1$$

式中，$f_n(A)$ 是事件 A 在 n 次试验中发生的频率.

证明：设随机变量 X_i 表示事件 A 在第 i 次试验中发生的次数($i=1,2,\cdots,n,\cdots$)，则这些随机变量相互独立，服从相同的"0－1"分布，并有数学期望与方差：

$$E(X_i)=p,D(X_i)=p(1-p)\leqslant\frac{1}{4},i=1,2,\cdots,n,\cdots$$

于是，由切比雪夫定理得

$$\lim_{n\to\infty} P\left\{\left|\frac{1}{n}\sum_{i=1}^{n}X_i-\frac{1}{n}\sum_{i=1}^{n}p\right|<\varepsilon\right\}=1$$

易知 $\sum\limits_{i=1}^{n}X_i$ 就是事件 A 在 n 次试验中发生的次数 n_A，由此可知

$$\frac{1}{n}\sum_{i=1}^{n}X_i=\frac{n_A}{n}=f_n(A)$$

所以有

$$\lim_{n\to\infty} P\{|f_n(A)-p|<\varepsilon\}=1$$

伯努利定理说明：当试验在相同的条件下，重复试验次数 n 充分大时，随机事件 A 的发生的频率 $f_n(A)$ 依概率收敛于事件 A 的概率 $P(A)$ 附近，这个正确的论断曾经在一系列的科学试验以及大量的统计工作中得到证实，而伯努利定理从理论上对此给出了严格的证明.

如果 A 的概率很小，由伯努利定理可知，事件 A 发生的概率也是很小的，或者说事件 A 很少发生. 这一原理称为小概率原理，它的实际应用很广泛，小概率事件与不可能事件是有区别的，在多次试验中，小概率事件也可能发生.

例 3 从某工厂的产品中任取 200 件来检查，结果发现其中有 6 件次品，能否相信该工厂产品的次品率 $p\leqslant 1\%$？

解：假设该工厂的次品率 $p\leqslant 1\%$，则检查 200 件产品其中次品件数 $X\geqslant 6$ 的概率应为 $(X\sim B(200,p))$

$$P(X\geqslant 6)\leqslant\sum_{x=6}^{200}C_{200}^{x}\,(0.01)^x\,(0.99)^{200-x}=1-\sum_{x=0}^{5}C_{200}^{x}\,(0.01)^x\,(0.09)^{200-x}$$

因为 $n=200$ 很大，且 $p=0.01$ 较小，故可按近似公式计算，并有 $\lambda=200\times 0.01=2$，从而

$$P(X\geqslant 6)\leqslant 1-\sum_{x=0}^{5}\frac{2^x}{x!}e^{-2}$$

$$\approx 1-(0.135\,3+0.270\,7+0.270\,7+0.180\,4+0.090\,2+0.036\,1)=0.016\,6$$

在工业生产中一般把概率小于 0.05 的事件认为是小概率事件，由此可见上述事件 $X\geqslant 6$ 是小概率事件. 按小概率事件的实际不可能性原理，小概率事件在个别试验中实际上是不可能发生的，而现在却发生了，所以不能相信该工厂产品的次品率 $p\leqslant 1\%$.

定理 4(切比雪夫大数定律) 设 $\{X_n\}$ 是相互独立的随机变量序列，每一随机变量都有有限的方差，且一致有界，即存在常数 C，使 $D(X_i)\leqslant C$，$i=1,2,\cdots$，则对任意的 $\varepsilon>0$，有

$$\lim_{n\to\infty} P\left\{\left|\frac{1}{n}\sum_{i=1}^{n}X_i-\frac{1}{n}\sum_{i=1}^{n}E(X_i)\right|\geqslant\varepsilon\right\}=0 \text{ 即} \frac{1}{n}\sum_{i=1}^{n}X_i\xrightarrow{p}E\left(\frac{1}{n}\sum_{i=1}^{n}X_i\right)(n\to\infty)$$

证明：由切比雪夫不等式知：对任意给定的 $\varepsilon>0$ 有：

$$0\leqslant P\left\{\left|\frac{1}{n}\sum_{i=1}^{n}X_i-\frac{1}{n}\sum_{i=1}^{n}E(X_i)\right|\geqslant\varepsilon\right\}\leqslant\frac{1}{\varepsilon^2}D\left(\frac{1}{n}\sum_{i=1}^{n}X_i\right)=\frac{\sum\limits_{i=1}^{n}DX_i}{n^2\varepsilon^2}\leqslant\frac{nC}{n^2\varepsilon^2}=\frac{C}{n\varepsilon^2}\to 0(n\to\infty)$$

该定理表明：当 n 很大时，随机变量 $X_1,\cdots,X_n$ 的算术平均值 $\frac{1}{n}\sum\limits_{i=1}^{n}X_i$ 接近于其数学期望 $E\left(\frac{1}{n}\sum\limits_{i=1}^{n}X_i\right)$，这种接近是在概率意义下的接近. 通俗的说，在定理的条件下，n 个相互独立的随机变量算术平均值，在 n 无限增加时将几乎变成一个常数.

推论:设 $X_1,\cdots,X_n$ 是相互独立的随机变量,由相同的数学期望和方差 $E(X_i)=\mu,D(X_i)=\sigma^2$,$i=1,2,\cdots$,则对任意给定的 $\varepsilon>0$ 有

$$\lim_{n\to\infty}P\left\{\left|\frac{1}{n}\sum_{i=1}^{n}X_i-\mu\right|\geqslant\varepsilon\right\}=0\quad\left(\text{即}\frac{1}{n}\sum_{i=1}^{n}X_i\text{ 以概率收敛于 }\mu\right)$$

这个结论有很实际的意义:人们在进行精密测量时,为了减少随机误差,往往重复测量多次,测得若干实测值 $X_1,\cdots,X_n$,然后用其平均值 $\frac{1}{n}\sum_{i=1}^{n}X_i$ 来代替 μ.

切比雪夫大数定律是最基本的大数定理,作为切比雪夫大数定律的特殊情形有 Bernoulli 大数定理和辛钦大数定律.

定理 5(伯努利(Bernoulli) 大数定律)　设 μ_n 是 n 重伯努利试验中事件 A 出现的次数,而 $p(0<p<1)$ 是事件 A 在每次试验中出现的概率,

则对任意的 $\varepsilon>0,\lim\limits_{n\to\infty}P\left\{\left|\frac{\mu_n}{n}-p\right|\geqslant\varepsilon\right\}=0$

证明:令 $X_i=\begin{cases}1 & \text{第 } i \text{ 次试验中 } A \text{ 出现}\\ 0 & \text{第 } i \text{ 次试验中 } A \text{ 不出现}\end{cases},i=1,2,\cdots,n$

则 $X_1,\cdots,X_n$ 相互独立且 $\frac{\mu_n}{n}=\frac{1}{n}\sum_{i=1}^{n}X_i,E(X_i)=p,E\left(\frac{1}{n}\sum_{i=1}^{n}X_i\right)=p,D(X_i)=p(1-p)\leqslant\frac{1}{4},i=1,2,\cdots,n$

故由切比雪夫大数定律立刻推出伯努利大数定律.

或者,直接由切比雪夫不等式,对任意的 $\varepsilon>0$,有

$$0\leqslant P\left\{\left|\frac{\mu_n}{n}-p\right|\geqslant\varepsilon\right\}=P\left\{\left|\frac{1}{n}\sum_{i=1}^{n}X_i-E\left(\frac{1}{n}\sum_{i=1}^{n}X_i\right)\right|\geqslant\varepsilon\right\}$$

$$\leqslant\frac{1}{\varepsilon^2}D\left(\frac{1}{n}\sum_{i=1}^{n}X_i\right)=\frac{p(1-p)}{n\varepsilon^2}\to 0\ (n\to\infty)\text{ 即}\frac{\mu_n}{n}\xrightarrow{p}p\,(n\to\infty).\text{ 故}\{X_i\}\text{服从大数定律.}$$

伯努利大数定律表表明:事件发生的频率$\frac{\mu_n}{n}$依概率收敛于事件的概率 p,这个定理以严格的数学形式表达了频率的稳定性. 就是说当 n 很大时,事件发生的频率于概率有较大偏差的可能性很小. 由实际推断原理,在实际应用中,当试验次数很大时,便可以用事件发生的频率来代替事件的概率.

切比雪夫大数定律中要求随机变量 $X_1,X_2\cdots,X_n,\cdots$ 的方差存在,但在这些随机变量服从相同分布的场合,并不需要这一要求,从而有以下的定理:

定理 6(辛钦大数定律)　设随机变量 $X_1,\cdots,X_n$ 独立同分布,且具有数学期望 $E(X_i)=\mu$ $i=1,2,\cdots$,则任意的 $\varepsilon>0$,有 $\lim\limits_{n\to\infty}P\left\{\left|\frac{1}{n}\sum_{i=1}^{n}X_i-\mu\right|\geqslant\varepsilon\right\}=0$(即$\frac{1}{n}\sum_{i=1}^{n}X_i$ 以概率收敛于 μ)

显然,伯努利大数定律是辛钦大数定律的特殊情况.

习题 13-1

1. 某微机系统有 120 个终端,每个终端有 5%的时间在使用,若各终端使用与否是相互独立的,试求有不少于 10 个终端在使用的概率.

2. 已知连续型随机变量 X 服从区间 $[-1,3]$ 的均匀分布，试利用切比雪夫不等式估计事件 $|X-1|<4$ 发生的概率.

13.2 中心极限定理

在实际问题中许多随机变量是由相互独立随机因素的综合（或和）影响所形成的.

例如，炮弹射击的落点与目标的偏差，就受着许多随机因素（如瞄准，空气阻力，炮弹或炮身结构等）综合影响的. 每个随机因素对弹着点（随机变量和）所起的作用都是很小的，并可以看成是相互独立的，人们关心的是这众多误差因素对大炮射程所造成的总的影响. 概率论中有关论证独立随机变量的和的极限分布是正态分布的一系列定理称为中心极限定理，现介绍几个常用的中心极限定理.

定理 1（独立同分布的中心极限定理） 设随机变量 $X_1, X_2, \cdots, X_n, \cdots$ 相互独立，服从同一分布，且具有数学期望和方差 $E(X_k)=\mu, D(X_k)=\sigma^2 \neq 0 (k=1,2,\cdots,n,\cdots)$ 则随机变量

$$Y_n = \frac{\sum_{k=1}^{n} X_k - E\left(\sum_{k=1}^{n} X_k\right)}{\sqrt{D\left(\sum_{k=1}^{n} X_k\right)}} = \frac{\sum_{k=1}^{n} X_k - n\mu}{\sqrt{n}\sigma}$$

的分布函数 $F_n(x)$ 对于任意 x 满足

$$\lim_{n\to\infty} F_n(x) = \lim_{n\to\infty} P\left\{\frac{\sum_{k=1}^{n} X_k - n\mu}{\sqrt{n}\sigma} \leqslant x\right\} = \int_{-\infty}^{x} \frac{1}{\sqrt{2\pi}} e^{-\frac{t^2}{2}} dt. \tag{13.4}$$

从定理 1 的结论可知，当 n 充分大时，近似地有

$$Y_n = \frac{\sum_{k=1}^{n} X_k - n\mu}{\sqrt{n\sigma^2}} \sim N(0,1)$$

或者说，当 n 充分大时，近似地有

$$\sum_{k=1}^{n} X_k \sim N(n\mu, n\sigma^2) \tag{13.5}$$

如果用 $X_1, X_2, \cdots, X_n, \cdots$ 表示相互独立的各随机因素. 假定它们都服从相同的分布（不论服从什么分布），且都有有限的期望与方差（每个因素的影响有一定限度）. 则式(13.5)说明，作为总和 $\sum_{k=1}^{n} X_k$ 这个随机变量，当 n 充分大时，便近似地服从正态分布.

例 1 一盒同型号螺钉共有 100 个，已知该型号的螺钉的重量是一个随机变量，期望值是 100g，标准差是 10g，求一盒螺钉的重量超过 10.2 kg 的概率.

解：设 X_i 为第 i 个螺钉的重量，$i=1,2,\cdots,100$，且它们之间独立同分布，于是一盒螺钉的重量为 $X=\sum_{i=1}^{100} X_i$，且由 $\mu=E(X_i)=100, \sigma=\sqrt{D(X_i)}=10, n=100$，知 $E(X)=100\times E(X_i)=10\ 000$，$\sqrt{D(X)}=100$，由中心极限定理有

$$P\{X>10\,200\}=P\left\{\frac{\sum_{i=1}^{n}X_i-n\mu}{\sigma\sqrt{n}}>\frac{10\,200-n\mu}{\sigma\sqrt{n}}\right\}=P\left\{\frac{X-10\,000}{100}>\frac{10\,200-10\,000}{100}\right\}$$
$$=P\left\{\frac{X-10\,000}{100}>2\right\}=1-P\left\{\frac{X-10\,000}{100}\leqslant 2\right\}$$
$$\approx 1-\Phi(2)=1-0.977\,250=0.022\,750$$

即一个螺钉重量超过 10.2 斤的概率为 0.022 750.

例 2　对敌人的防御地进行 100 次轰炸，每次轰炸命中目标的炸弹数目是一个随机变量，其期望值是 2，方差是 1.69，求在 100 次轰炸中有 180 颗到 220 颗炸弹命中目标的概率.

解：令第 i 次轰炸命中目标的炸弹数为 X_i，100 次轰炸中命中目标炸弹数 $X=\sum_{i=1}^{100}X_i$，应用定理 1，X 渐近服从正态分布，期望值为 200，方差为 169，标准差为 13，所以

$$P\{180\leqslant X\leqslant 220\}=P\{|X-200|\leqslant 20\}=P\left\{\left|\frac{X-200}{13}\right|\leqslant\frac{20}{13}\right\}$$
$$\approx 2\Phi(1.54)-1=0.87644$$

例 3　计算机在进行数学计算时，遵从四舍五入原则. 为简单计算，现在对小数点后面第一位进行舍入运算，则误差 X 可以认为服从[$-0.5,0.5$]上的均匀分布. 若在一项计算中进行了 100 次数字计算，求平均误差落在区间[$-\sqrt{3}/20,\sqrt{3}/20$]上的概率.

解：$n=100$，用 X_i 表示第 i 次运算中产生的误差. $X_1,X_2,\cdots,X_{100}$ 相互独立，都服从[$-0.5,0.5$]上的均匀分布，且 $E(X_i)=0,D(X_i)=1/12,i=1,2,\cdots,100$，从而随机变量 Y_{100}

$$Y_{100}=\frac{\sum_{i=1}^{100}X_i-100\times 0}{\sqrt{100/12}}=\frac{\sqrt{3}}{5}\sum_{i=1}^{100}X_i\overset{\text{近似}}{\sim}N(0,1)$$

故平均误差 $\overline{X}=\frac{1}{100}\sum_{i=1}^{100}X_i$ 落在$\left[-\frac{\sqrt{3}}{20},\frac{\sqrt{3}}{20}\right]$上的概率为

$$P\left\{-\frac{\sqrt{3}}{20}\leqslant\overline{X}\leqslant\frac{\sqrt{3}}{20}\right\}=P\left\{-\frac{\sqrt{3}}{20}\leqslant\frac{1}{100}\sum_{i=1}^{100}X_i\leqslant\frac{\sqrt{3}}{20}\right\}$$
$$=P\left\{-3\leqslant\frac{\sqrt{3}}{5}\sum_{i=1}^{100}X_i\leqslant 3\right\}\approx\Phi(3)-\Phi(-3)=0.997\,3$$

定理 2(李雅普诺夫(Liapunov)定理)　设随机变量 $X_1,X_2,\cdots,X_n,\cdots$ 相互独立，它们具有数学期望和方差

$$E(X_k)=\mu_k,\quad D(X_k)=\sigma_k^2\neq 0(k=1,2\cdots)$$

记 $B_n{}^2=\sum_{k=1}^{n}\sigma_k^2$，若存在正数 δ，使得当 $n\to\infty$ 时，$\frac{1}{B_n^{2+\delta}}\sum_{k=1}^{n}E\{|X_k-\mu_k|^{2+\delta}\}\to 0$，则随机变量

$$Z_n=\frac{\sum_{k=1}^{n}X_k-E\left(\sum_{k=1}^{n}X_k\right)}{\sqrt{D\left(\sum_{k=1}^{n}X_k\right)}}=\frac{\sum_{k=1}^{n}X_k-\sum_{k=1}^{n}\mu_k}{B_n}$$

的分布函数 $F_n(x)$ 对于任意 x，满足

$$\lim_{n\to\infty}F_n(x)=\lim_{n\to\infty}P\left\{\frac{\sum_{k=1}^{n}X_k-\sum_{k=1}^{n}\mu_k}{B_n}\leqslant x\right\}=\int_{-\infty}^{x}\frac{1}{\sqrt{2\pi}}\mathrm{e}^{-\frac{t^2}{2}}\,\mathrm{d}t.\qquad(13.6)$$

这个定理说明，随机变量

$$Z_n = \frac{\sum_{k=1}^{n} X_k - \sum_{k=1}^{n} \mu_k}{B_n} \sim N(0,1) \quad (n \to \infty)$$

即
$$\sum_{k=1}^{n} X_k = B_n Z_n + \sum_{k=1}^{n} \mu_k \sim N\left(\sum_{k=1}^{n} \mu_k, B_n{}^2\right) \quad (n \to \infty)$$

这表明无论随机变量 $X_k(k=1,2\cdots)$具有怎样的分布，只要满足定理条件，则它们的和 $\sum_{k=1}^{n} X_k$ 当 n 很大时，就近似地服从正态分布. 而在许多实际问题中，所考虑的随机变量往往可以表示为多个独立的随机变量之和，因而它们常常近似服从正态分布. 这就是为什么正态随机变量在概率论与数理统计中占有重要地位的主要原因.

定理 3(林德伯格一列维（Lindburg Levy)定理） 设随机变量序列$\{X_k\}$，$(k=1,2\cdots)$是相互独立且同分布的序列，其中 $EX_k=\mu$，$DX_k=\sigma^2$ 则对于任意 $x \in R$ 有

$$\lim_{n\to\infty} F_n(x) = \lim_{n\to\infty} P\left\{\frac{\sum_{k=1}^{n} X_k - n\mu}{\sigma\sqrt{n}} \leqslant x\right\} = \int_{-\infty}^{x} \frac{1}{\sqrt{2\pi}} e^{-t^2/2} dt = \Phi(x)$$

注意：林德伯格一列维定理是李雅普诺夫定理当随机变量序列同分布时的特殊情况.

推广：$\sum_{k=1}^{n} X_k$ 近似服从 $N\left(\sum_{k=1}^{n} \mu_k, \sum_{k=1}^{n} \sigma_k^2\right) = N(n\mu, n\sigma^2)$

$$\overline{X} = \frac{1}{n}\sum_{k=1}^{n} X_k \text{ 近似服从 } N\left(\mu, \frac{\sigma^2}{n}\right)$$

在数理统计中我们将看到，中心极限定理是大样本统计推断的理论基础.

下面介绍另一个中心极限定理.

定理 4 设随机变量 X 服从参数为 $n,p(0<p<1)$的二项分布，则

(1)**(拉普拉斯(Laplace)定理）** 局部极限定理：当 $n\to\infty$时

$$P\{X=k\} \approx \frac{1}{\sqrt{2\pi npq}} e^{-\frac{(k-np)^2}{2npq}} = \frac{1}{\sqrt{npq}} \varphi\left(\frac{k-np}{\sqrt{npq}}\right) \tag{13.7}$$

式中，$p+q=1$，$k=0,1,2\cdots,n$，$\varphi(x) = \frac{1}{\sqrt{2\pi}} e^{-\frac{x^2}{2}}$.

(2)**(德莫佛-拉普拉斯(De Moivre-Laplace)定理）** 积分极限定理：对于任意的 x，恒有

$$\lim_{n\to\infty} P\left\{\frac{X-np}{\sqrt{np(1-p)}} \leqslant x\right\} = \int_{-\infty}^{x} \frac{1}{\sqrt{2\pi}} e^{-\frac{t^2}{2}} dt. \tag{13.8}$$

这个定理表明，二项分布以正态分布为极限. 当 n 充分大时，我们可以利用式(13.7)和式(13.8)来计算二项分布的概率.

关于二项分布的近似计算式，设 $x \sim B(n,p)$，试求 $P\{m_1 < x \leqslant m_2\}$

解：

$$P\{m_1 < x \leqslant m_2\} \sum_{k=m_1}^{m_2} C_n{}^k p^k (1-p)^{n-k} = P\left\{\frac{m_1-np}{\sqrt{np(1-p)}} < \frac{x-np}{\sqrt{np(1-p)}} \leqslant \frac{m_2-np}{\sqrt{np(1-p)}}\right\}$$

$$\approx \Phi\left(\frac{m_1-np}{\sqrt{np(1-p)}}\right) - \Phi\left(\frac{m_2-np}{\sqrt{np(1-p)}}\right)$$

例 4　10 部机器独立工作，每部停机的概率为 0.2，求 3 部机器同时停机的概率.

解： 10 部机器中同时停机的数目 X 服从二项 $n=10, p=0.2, np=2, \sqrt{npq}\approx 1.265$.

(1) 直接计算 $P\{X=3\}=C_{10}^{3}\times 0.2^{3}\times 0.8^{7}\approx 0.2013$.

(2) 若用局部极限定理近似计算

$$P\{X=3\}=\frac{1}{\sqrt{npq}}\varphi\left(\frac{k-np}{\sqrt{npq}}\right)=\frac{1}{1.265}\varphi\left(\frac{3-2}{1.265}\right)=\frac{1}{1.265}\varphi(0.79)=0.2308$$

(3) (2)的计算结果与(1)相差较大，这是由于 n 不够大.

例 5　产品为废品的概率为 $p=0.005$，求 10 000 件产品中废品数不大于 70 的概率.

解： 10 000 件产品中的废品数 X 服从二项分布，$n=10\,000, p=0.005, np=50, \sqrt{npq}\approx 7.053$.

$$P\{X\leqslant 70\}=\Phi\left(\frac{70-50}{7.053}\right)=\Phi(2.84)=0.9977$$

正态分布和泊松分布虽然都是二项分布的极限分布，但后者以 $n\to\infty$，同时 $p\to 0, np\to\lambda$ 为条件，而前者则只要求 $n\to\infty$ 这一条件. 一般来说，对于 n 很大，p(或 q)很小的二项分布($np\leqslant 5$)用正态分布来近似计算不如用泊松分布计算精确.

例 6　每颗炮弹命中飞机的概率为 0.01，求 500 发炮弹中命中 5 发的概率.

解： 500 发炮弹中命中飞机的炮弹数目 X 服从二项分布，$n=500, p=0.01, np=5, \sqrt{npq}\approx 2.2$. 下面用三种方法计算并加以比较：

(1) 用二项分布公式计算：

$$P\{X=5\}=C_{500}^{5}\times 0.01^{5}\times 0.99^{495}=0.17635$$

(2) 用泊松公式计算，直接查表可得：

$$np=\lambda=5, k=5, P_5(5)\approx 0.175467$$

(3) 用拉普拉斯局部极限定理计算：

$$P\{X=5\}=\frac{1}{\sqrt{npq}}\varphi\left(\frac{5-np}{\sqrt{npq}}\right)\approx 0.1793$$

可见后者不如前者精确.

习题 13-2

1. 设某妇产医院生男婴的概率为 0.515，求新生的 10 000 个婴儿中，女婴不少于男婴的概率？

2. 设供电网中有 10 000 盏灯，夜晚每一盏灯开着的概率都是 0.7，假设各灯开、关时间彼此无关，计算同时开着的灯数在 6 800 与 7 200 之间的概率.

3. 将一枚硬币投掷 49 次，(1) 求至多出现 28 次正面的概率；(2) 求出现 20～25 次正面的概率.

4. 一生产线生产的产品成箱包装，每箱的重量是随机的. 假设每箱平均重 50 kg，标准差 5 kg. 若用最大载重量 5 t 的汽车承运最多可以装多少箱才能保障不超载的概率大于 0.977.

复习题 13

一、选择题(20 分)

1. 设随机变量 $E(\xi)=\mu$,方差 $D(\xi)=\sigma^2$,则由切比雪夫不等式有 $P\{|\xi-\mu|\geqslant 3\sigma\}\leqslant$(　　).

A. $\frac{1}{4}$　　B. $\frac{1}{6}$　　C. $\frac{1}{9}$　　D. $\frac{1}{16}$

2. 若随机变量 $X\sim B(1\,000,0.01)$,则 $P(4<X<16)\geqslant$(　　).

A. 0.925　　B. 0.825　　C. 0.9　　D. 0.725

3. 如果离散型随机变量 $X_1,X_2,\cdots,X_n$ 相互独立且皆服从参数为 $\lambda\ (\lambda>0)$ 的泊松分布,则当 n 充分大时,离散型随机变量 $Y=$(　　)近似服从标准正态分布.

A. $\dfrac{\sum\limits_{i=1}^{n}X_i-\lambda}{\lambda}$　　B. $\dfrac{\sum\limits_{i=1}^{n}X_i-\lambda}{\sqrt{\lambda}}$　　C. $\dfrac{\sum\limits_{i=1}^{n}X_i-n\lambda}{n\lambda}$　　D. $\dfrac{\sum\limits_{i=1}^{n}X_i-n\lambda}{\sqrt{n\lambda}}$

4. 如果离散型随机变量 $X_1,X_2,\cdots,X_n$ 相互独立且皆服从 0—1 分布 $B(1,p)$,则当 n 充分大时,离散型随机变量 $X=\sum\limits_{i=1}^{n}X_i$ 近似服从(　　)分布.

A. $E(\lambda)$　　B. $N(0,1)$

C. $N(np,np(1-p))$　　D. $B(1,p)$

5. 如果连续型随机变量 $X_1,X_2,\cdots,X_n$ 相互独立且皆服从参数为 $\lambda\ (\lambda>0)$ 的指数分布,则下列正确的是(　　).

A. $\lim\limits_{n\to\infty}P\left(\dfrac{\sum\limits_{i=1}^{n}X_i-\dfrac{n}{\lambda}}{\dfrac{n}{\lambda^2}}\leqslant x\right)=\Phi(x)$　　B. $\lim\limits_{n\to\infty}P\left(\dfrac{\lambda\sum\limits_{i=1}^{n}X_i-n}{\sqrt{n}}\leqslant x\right)=\Phi(x)$

C. $\lim\limits_{n\to\infty}P\left(\dfrac{\sum\limits_{i=1}^{n}X_i-\dfrac{1}{\lambda}}{\dfrac{1}{\lambda^2}}\leqslant x\right)=\Phi(x)$　　D. $\lim\limits_{n\to\infty}P\left(\dfrac{\lambda\sum\limits_{i=1}^{n}X_i-n}{n}\leqslant x\right)=\Phi(x)$

其中 $\Phi(x)$ 为标准正态分布函数.

二、填空题(20 分)

1. 设随机变量 X 满足:$E(X)=\mu,D(X)=\sigma^2$,则由切比雪夫不等式,有 $P\{|X-\mu|\geqslant 4\sigma\}\leqslant$ ________.

2. 已知随机变量 X 存在数学期望 $E(X)$ 和方差 $D(X)$,且数学期望 $E(X)=10$, $E(X^2)=109$,利用切比雪夫不等式估计概率 $P(|X-10|\geqslant 6)\leqslant$ ________.

3. 已知随机变量 X 的方差为 4,则由切比雪夫不等式估计概率 $P(|X-E(X)|\geqslant 3)\leqslant$ ________.

4. 若随机变量 $X\sim B(n,p)$,则当 n 充分大时,X 近似服从正态分布 N(________, ________).

5. 设随机变量 X 和 Y 的数学期望是 2，方差分别为 1 和 5，而且 X 和 Y 相互独立，则根据切比雪夫不等式 $P\{|X-Y|\geqslant 6\}\leqslant$____________.

三、计算题(48 分)

1. 已知正常男性成人血液中，每毫升含白细胞数的平均值是 7 300，均方差是 700，利用切比雪夫不等式估计每毫升血液含白细胞数在 5 200～9 400 之间的概率.

2. 设一袋味精的重量是随机变量，平均值 100 g，标准差 2 g. 求 100 袋味精的重量超过 10.05 kg 的概率.

3. 某种电子元件的寿命服从数学期望为 2 的指数分布，各元件的寿命相互独立，随机取 100 个元件，求这 100 个元件的寿命之和大于 180 的概率.

4. 某厂有 400 台同型机器，各台机器发生故障的概率均为 0.02，假如各台机器相互独立工作，试求机器出现故障的台数不少于 2 台的概率.

5. 某单位设置一个电话总机，共有 200 个电话分机，设每个电话分机有 5%的时间要使用外线通话，假设每个分机使用外线通话是相互独立的，问总机需要多少外线才能以 90%的概率保证每个分机要使用外线时可供使用.

6. 某人寿保险公司为某地区 100 000 人保险，规定投保人在年初向人寿保险公司交纳保险金 30 元，若投保人死亡，则人寿保险公司向家属一次性赔偿 6 000 元，由历史资料估计该地区投保人死亡率为 0.003 7，求人寿保险公司一年从投保人得到净收入不少于 600 000 元的概率.

四、综合题(12 分，2 选 1)

1. 设供电网中有 10 000 盏灯，夜晚每一盏灯开着的概率都是 0.7，假设各灯开、关时间彼此无关，计算同时开着的灯数在 6 800 与 7 200 之间的概率.

2. 设一大批产品中一级品率为 10%，现从中任取 500 件，这 500 件中一件级品的比例与 10%之差的绝对值小于 2%的概率.

第 14 章

统 计 推 断

数理统计是一个应用广泛的数学分支,它以概率论的理论为基础,研究如何**根据实际观察到的随机试验的结果,对有关事件的概率或随机变量的分布、数字特征做出估计或推测.**

在概率论中,我们所研究的随机变量,其分布都是已知的,在这一前提下去研究它的性质、特征和规律性.但在实际问题中,随机变量的分布通常是未知的,或者是不完全知道的(如不知道它的某些参数).为此,我们要进行抽样调查,进行观测或试验来取得信息,从而对整体做出推断.这种推断,是应用概率论的原理,对所研究对象整体的统计规律性做出估计和推断,**这就是数理统计学的研究方法.**从理论上讲,只要对随机变量进行足够多次的试验或观察,其内在的规律性就一定能呈现出来.但是,在实际情况下所允许的试验或观察次数永远只能是有限次的,有时甚至是少量的,因而所做出的结论就不可能绝对正确,总会带有一定的不确定性,即推断是在一定概率下的推断.因此,**我们所关心的问题是怎样利用有限的数据资料来尽可能地做出精确而可靠的结论.**

本章目标

了解抽样调查的意义和常用方法.理解总体、样本、样本容量、统计量、样本的分布函数与样本矩等基本概念.理解点估计和它的无偏性、有效性概念,并掌握最大似然估计法.理解置信区间与置信度概念,并掌握单正态总体情况下参数的区间估计的求法(即会求均值和方差的置信区间).了解假设检验的基本思想,并会对正态总体的参数进行假设检验.掌握 χ^2 分布临界值表、t 分布临界值表和 F 分布临界值表的查法.

14.1 抽样及其分布

一、总体

在数理统计中,把所研究对象的全体称为总体,总体中的每个元素称为个体.例如,研究某班学生的身高时,该班全体学生构成总体,其中每个学生都是一个个体;又如,考查某兵工厂生产炮弹的射程,该厂生产的所有炮弹构成总体,其中每个炮弹就是一个个体.

在具体问题的讨论中,我们关心的往往是研究对象的某一数量指标(如学生的身高),它是一个随机变量,因此,总体又是指刻画研究对象某一数量指标的随机变量 X.当研究的指标不止一个时,可将其分成几个总体来研究.今后,凡是提到总体就是指一个随机变量.随机变量的分布函数以及分布律(离散型)或概率密度(连续型)也称为总体的分布函数以及分布律或概率密度,并统称为**总体的分布**.

总体中所包含的个体总数称为**总体容量**. 如果总体的容量是有限的,则称为**有限总体**;否则称为无限总体. 在实际应用中,有时需要把容量很大的有限总体当作是无限总体来研究.

二、样本

在数理统计中,总体 X 的分布通常是未知的,或者在形式上是已知的但含有未知参数. 那么为了获得总体的分布信息,从理论上讲,需要对总体 X 中的所有个体进行观察测试,但这往往是做不到的. 例如,由于测试炮弹的射程试验具有破坏性,一旦我们获得每个炮弹的射程数据,这批炮弹也就全部报废了. 所以,我们不可能对所有个体逐一加以观察测试,而是从总体 X 中随机抽取若干个个体进行观察测试. 从总体中抽取若干个个体的过程称为**抽样**,抽取的若干个个体称为**样本**,样本中所含个体的数量称为**样本容量**.

假如抽取了 n 个个体,且这 n 个个体的某一指标为$(\xi_1,\xi_2,\cdots,\xi_n)$,称这 n 个个体的指标$(\xi_1,\xi_2,\cdots,\xi_n)$为一个子样或样本,$n$ 称为这个子样的容量.

抽取样本是为了研究总体的性质,为了保证所抽取的样本在总体中具有代表性,抽样方法必须满足以下两个条件:

(1) 随机性:每次抽取时,总体中每个个体被抽到的可能性均等.

(2) 独立性:每次抽取是相互独立的,即每次抽取的结果既不影响其他各次抽取的结果,也不受其他各次抽取结果的影响.

这种随机的、独立的抽样方法称为**简单随机抽样**,由此得到的样本称为**简单随机样本**.

对于有限总体而言,有放回抽样可以得到简单随机样本,但有放回抽样使用起来不方便. 在实际应用中,当总体容量 N 很大而样本容量 n 较小时(一般当 $N\geqslant 10n$ 时),可将不放回抽样近似当作有放回抽样来处理. 对于无限总体而言,抽取一个个体不会影响它的分布,因此,通常采取不放回抽样得到简单随机样本. 以后我们所涉及的抽样和样本都是指简单随机抽样和简单随机样本.

例 1 某地电视台想了解某电视栏目(如:每晚九点至九点半的体育节目)在该地区的收视率情况,于是委托一家市场咨询公司进行一次电话访查.

(1) 该项研究的总体是什么?

(2) 该项研究的样本是什么?

解:(1) 该项研究的总体是该地区全体电视观众;

(2) 该项研究的样本是该地区被电话访查的电视观众.

例 2 为了了解统计学专业本科毕业生的就业情况,我们调查了某地区 30 名 2000 年毕业生的统计学专业本科生实习期满的月薪情况.

(1) 什么是总体? (2) 什么是样本? (3) 样本容量是多少?

解:(1) 总体是该地区 2000 年毕业的统计学专业本科生实习期满后的月薪;

(2) 样本是被调查的 30 名 2000 年毕业的统计学专业本科生实习期满后的月薪;

(3) 样本容量为 30.

三、统计量

在实际应用中,人们对总体 X 的分布是毫无所知的. 借助于总体 X 的样本 $X_1,X_2,\cdots,X_n$,对总体 X 的未知分布进行合理的推断,这类问题统称为统计推断问题.

在利用样本对总体进行推断时，常常借助于样本的适当函数. 利用这些函数所反映的总体分布的信息来对总体的所属类型，或者对总体中所含的未知参数做出统计推断. 通常把这样的函数称为统计量.

1. 统计量的定义

定义 1 设 $X_1,X_2,\cdots,X_n$ 是来自总体 X 的一个样本，$g(X_1,X_2,\cdots,X_n)$是 $X_1,X_2,\cdots,X_n$ 的函数. 如果 $g(X_1,X_2,\cdots,X_n)$中不含未知参数，则称 $g(X_1,X_2,\cdots,X_n)$为统计量，当 $X_1,X_2,\cdots,X_n$ 的样本值取定一组值，则 $g(X_1,X_2,\cdots,X_n)$称为统计量的一个观测值.

例 3 设总体 $X\sim B(1,p)$，$P\{x=1\}=p$，$P\{x=0\}=1-p$，其中 $p>0$ 为未知参数，X_1，$X_2,\cdots,X_n$ 为来自总体 X 的一个样本，指出下列函数哪些是统计量，哪些不是统计量.

① X_1+X_2； ② $\max\limits_{1\leqslant i\leqslant n}\{X_i\}$； ③$X_n+2p$； ④$(X_n-X_1)^2$.

解：据统计量定义，统计量必须满足两个条件：

(1) 它是样本 $X_1,X_2,\cdots,X_n$ 的函数.

(2) 它不含未知参数. 在①～④中，它们都是样本 $X_1,X_2,\cdots,X_n$ 的函数，但③含未知参数 P，所以①，②及④中的函数都是统计量，③中的函数不是统计量.

2. 常见统计量

设 $X_1,X_2,\cdots,X_n$ 是从母体 X 中抽取的一个容量为 n 的子样，

(1) 样本均值
$$\overline{X}=\frac{1}{n}\sum_{i=1}^{n}X_i$$

(2) 样本方差
$$S^2=\frac{1}{n-1}\sum_{i=1}^{n}(X_i-\overline{X})^2$$

注意：$\overline{X}$ 与 S^2 独立.

(3) 样本标准差
$$S=\sqrt{\frac{1}{n-1}\sum_{i=1}^{n}(X_i-\overline{X})^2}$$

(4) 样本 k 阶原点矩
$$A_k=\frac{1}{n}\sum_{i=1}^{n}X_i^k,k=1,2,\cdots$$

(5) 样本 k 阶中心矩
$$B_k=\frac{1}{n}\sum_{i=1}^{n}(X_i-\overline{X})^k,k=1,2,3,\cdots$$

$$E(\overline{X})=\mu,D(\overline{X})=\frac{\sigma^2}{n},E(S^2)=\sigma^2,E(S*^2)=\frac{n-1}{n}\sigma^2,$$

其中 $S*^2=\dfrac{1}{n}\sum\limits_{i=1}^{n}(X_i-\overline{X})^2$，为二阶中心矩.

例 4 在一本书上我们随机地检查了 10 页，发现每页上的错误数为

4 5 6 0 3 1 4 2 1 4

试计算其样本均值，样本方差和样本标准差.

解：样本均值 $\overline{x}=\dfrac{x_1+x_2+\cdots+x_n}{n}=\dfrac{4+5+\cdots+4}{10}=3$，

样本方差 $s^2=\dfrac{1}{n-1}\sum\limits_{i=1}^{n}(x_i-\overline{x})^2=\dfrac{1}{9}[(4-3)^2+(5-3)^2+\cdots+(4-3)^2]=3.78$

例 5 从某班级的英语期末考试成绩中，随机抽取 10 名同学的成绩分别为：100，85，70，65，90，95，63，50，77，86. (1) 试写出总体，样本，样本值，样本容量；(2) 求样本均值，样本方差及二阶原点矩.

解：(1) 总体：该班级所有同学的英语期末考试成绩 X.

样本：$(X_1, X_2, X_3, \cdots, X_{10})$.

样本值：$(x_1, x_2, \cdots, x_n) = (100, 85, 70, 65, 90, 95, 63, 50, 77, 86)$.

样本容量：$n = 10$.

(2)
$$\bar{x} = \frac{1}{10}\sum_{i=1}^{n} x_i = \frac{1}{10}(100 + 85 + \cdots + 86) = 78.1$$

$$s^2 = \frac{1}{n-1}\sum_{i=1}^{n}(x_i - \bar{x})^2 = \frac{1}{9}[21.9^2 + 6.9^2 + \cdots + 7.9^2] = 252.5$$

$$a_2 = \frac{1}{n}\sum_{i=1}^{n} x_i{}^2 = \frac{1}{10}\sum_{i=1}^{10} x_i{}^2 (100^2 + 85^2 + \cdots + 86^2) = 6\,326.9$$

四、三个常用的抽样分布

数理统计研究的对象，大部分问题与正态分布有关.从本节开始介绍三个在数理统计中常用的来自正态总体的统计量.

1. χ^2 分布的概念

定义 2　设，$(X_1, X_2, \cdots, X_n)$是正态总体 $N(0,1)$的样本，称统计量 $\chi^2 = \sum_{i=1}^{n} X_i^2$ 所服从的分布为自由度是 n 的 χ^2 分布，记为 $\chi^2 \sim \chi^2(n)$，其密度函数为

$$f(x) = \begin{cases} \dfrac{1}{2^{n/2}\Gamma\left(\dfrac{n}{2}\right)} x^{\frac{n}{2}-1} \mathrm{e}^{-\frac{x}{2}} & x \geqslant 0 \\ 0 & x < 0 \end{cases} \tag{14.1}$$

这里自由度 n 是式(14.1)右端所包含的独立变量的个数.其中 $\Gamma\left(\frac{n}{2}\right)$是 Γ 函数 $\Gamma(x) = \int_0^{+\infty} t^{x-1}\mathrm{e}^{-t}\mathrm{d}t$ 在 $x = \frac{n}{2}$ 处的值.

$\chi^2(n)$分布的概率密度 $f(x)$的图像如图 14-1 所示.

$\chi^2(n)$分布的密度曲线随自由度 n 的取值不同而不同，且是不对称的，但随着 n 的增大逐渐趋于对称.

作为一种常用的统计量分布，χ^2分布是很难利用其密度函数作概率计算的，故对其编制了统计用表.与 χ^2分布有关的概率计算，通常是通过查 χ^2分布的上 α 分位数表来完成的.

称满足

$$P(\chi^2 > \chi_\alpha^2(n)) = \int_{\chi_\alpha^2(n)}^{\infty} f(x)\mathrm{d}x = \alpha$$

$(0 < \alpha < 1)$的点 $\chi_\alpha^2(n)$为 $\chi^2(n)$分布的上 α 分位数，如图 14-2 所示.

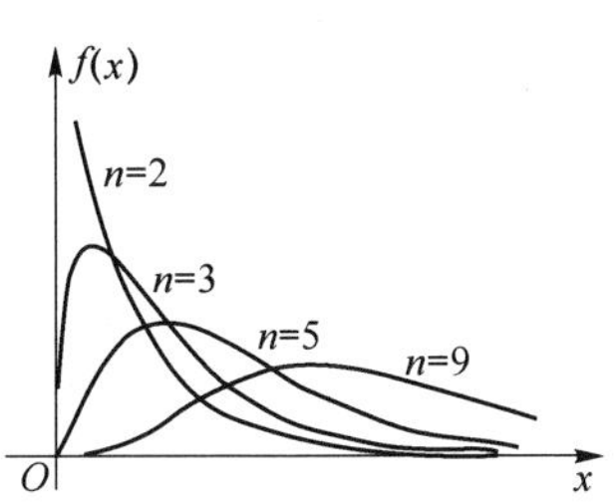

图 14-1　$\chi^2(n)$分布的概率密度

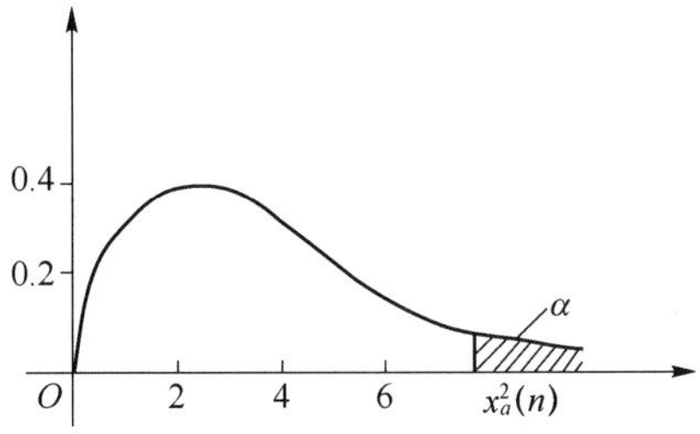

图 14-2

作为 χ^2 变量的两个重要数字特征，有下面的结论：
若统计量 $\chi^2 \sim \chi^2(n)$，则 $E\chi^2 = n, D\chi^2 = 2n$
此外，χ^2 分布具有下列重要性质：

若 $\chi_1^2 \sim \chi^2(n_1), \chi_2^2 \sim \chi^2(n_2)$ 且 χ_1^2 与 χ_2^2 相互独立，则

$$\chi_1^2 + \chi_2^2 \sim \chi^2(n_1 + n_2)$$

证明从略.

一般地，若 $\chi_i^2 \sim \chi^2(n_i), i=1,2,\cdots k$ 且相互独立，则

$$\sum_{i=1}^{k} \chi_i^2 \sim \chi^2\left(\sum_{i=1}^{k} n_i\right)$$

该性质称为独立 χ^2 变量的可加性.

2. t 分布

定义 3 设随机变量 $\xi \sim N(0,1), \eta \sim \chi^2(n)$，且 ξ 与 η 相互独立，则称随机变量

$$t = \frac{\xi}{\sqrt{\frac{\eta}{n}}}$$

服从自由度为 n 的 t 分布，记作 $t \sim t(n)$.
t 变量的分布密度为：

$$f_t(x) = \frac{\Gamma\left(\frac{n+1}{2}\right)}{\sqrt{n\pi}\,\Gamma\left(\frac{n}{2}\right)}\left(1+\frac{x^2}{n}\right)^{-\frac{n+1}{2}}, \quad (-\infty < x < \infty)$$

$t(n)$ 分布的密度函数 $f_t(x)$ 的图形如图 14-3 所示.
$t(n)$ 分布的密度曲线关于 $x=0$ 对称，其形状与 $N(0,1)$ 分布的密度曲线相似，但较平坦. 可以证明，当 n 充分大时，$t(n)$ 分布将趋于 $N(0,1)$ 分布（当 $n \geqslant 30$ 时，两者便很相似）. 同样，与 t 分布有关的概率计算，通常不是通过其分布密度 $f_t(x)$ 作直接计算，而是通过查 t 分布的上 α 分位数表或双侧 α 分位数表来完成的.

称满足

$$P(t > t_\alpha(n)) = \int_{t_\alpha(n)}^{\infty} f_t(x)\,\mathrm{d}x = \alpha \quad (0 < \alpha < 1)$$

的点 $t_\alpha(n)$ 为 $t(n)$ 分布的上 α 分位数（图 14-4），而称满足

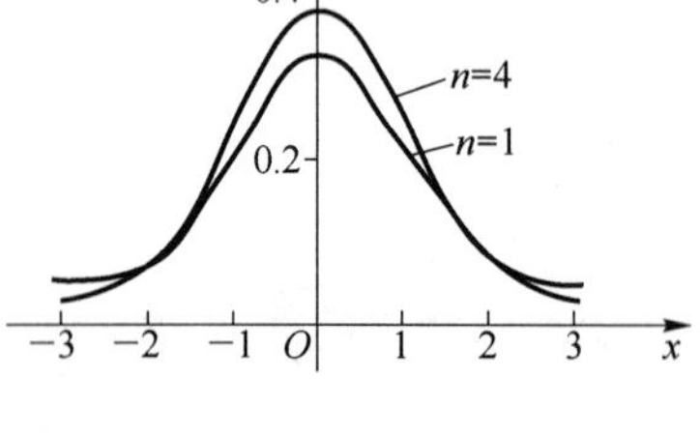

图 14-3

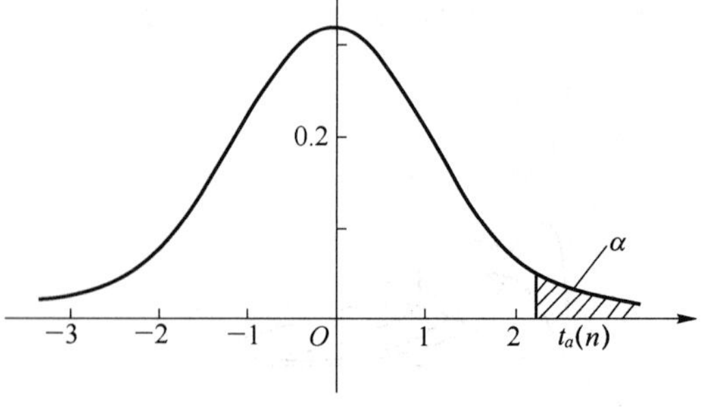

图 14-4

$$P(|t|>t_{\frac{\alpha}{2}}(n))=\int_{-\infty}^{-t_{\frac{\alpha}{2}}(n)}f_t(x)\mathrm{d}x+\int_{t_{\frac{\alpha}{2}}(n)}^{\infty}f_t(x)\mathrm{d}x$$

$$=\frac{\alpha}{2}+\frac{\alpha}{2}=\alpha\quad(0<\alpha<1)$$

的点 $t_{\frac{\alpha}{2}}(n)$为 $t(n)$分布的双侧 α 分位数.

3. *F* 分布

定义 4　设随机变量 $\xi\sim\chi^2(n_1)$，$\eta\sim\chi^2(n_2)$，且 ξ 与 η 相互独立，则称随机变量

$$F=\frac{\frac{\xi}{n_1}}{\frac{\eta}{n_2}}$$

服从自由度为(n_1,n_2)的 F 分布，记作 $F\sim F(n_1,n_2)$. 其中，n_1 为第一自由度，n_2 为第二自由度.

F 变量的分布密度为

$$f_F(x)=\begin{cases}\dfrac{\Gamma\left(\dfrac{n_1+n_2}{2}\right)}{\Gamma\left(\dfrac{n_1}{2}\right)\Gamma\left(\dfrac{n_2}{2}\right)}\left(\dfrac{n_1}{n_2}\right)^{\frac{n_1}{2}}x^{\frac{n_1}{2}-1}\left(1+\dfrac{n_1}{n_2}x\right)^{-\frac{n_1+n_2}{2}} & x>0\\ 0 & x\leqslant 0\end{cases}$$

$F(n_1,n_2)$分布的密度函数 $f_F(x)$的图形如图 14-5 所示.

$F(n_1,n_2)$分布的密度曲线是不对称的，其形状与自由度，$n_1\,n_2$ 的取值有关.

由 F 分布的定义易知，若 $F\sim F(n_1,n_2)$，则$\dfrac{1}{F}\sim F(n_2,n_1)$.

同样，与 F 分布有关的概率计算，通常不是通过其分布密度 $f_F(x)$作直接计算，而是通过查 F 分布的上 α 分位数表来完成的.

称满足

$$P(F>F_\alpha(n_1,n_2))=\int_{F_\alpha(n_1,n_2)}^{\infty}f_F(x)\mathrm{d}x=\alpha\quad(0<\alpha<1)$$

的点 $F_\alpha(n_1,n_2)$为 $F(n_1,n_2)$分布的上 α 分位数，如图 14-6 所示.

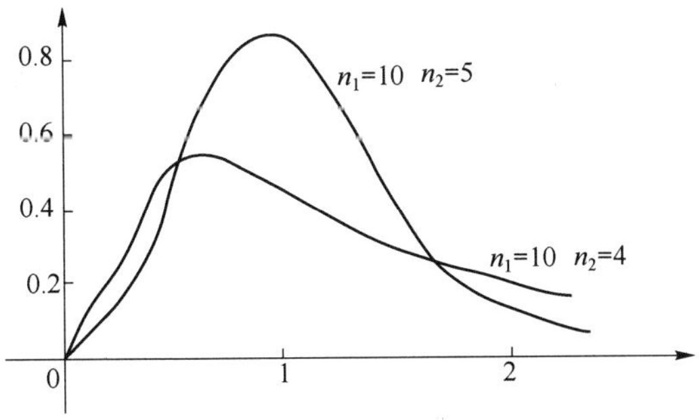

图 14-5

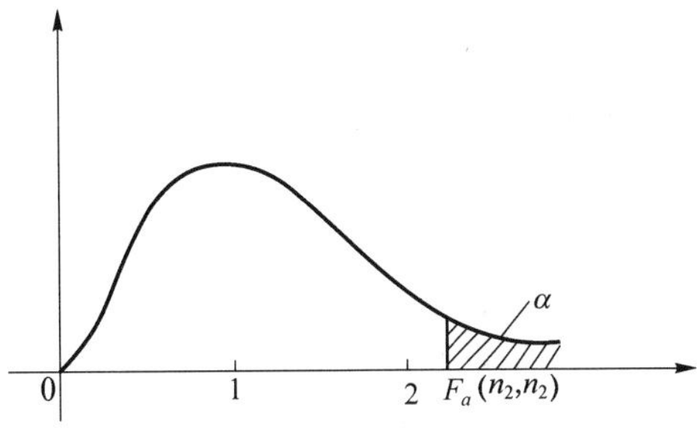

图 14-6

F 分布的上 α 分位数有如下性质：

$$F_{1-\alpha}(n_1,n_2)=\frac{1}{F_\alpha(n_2,n_1)}$$

这是因为，设 $\xi \sim F(n_1, n_2)$，则有：$\frac{1}{\xi} \sim F(n_2, n_1)$

若 $x = F_\alpha(n_1, n_2)$，则：

$$p(\xi > x) = 1 - p(\xi \leqslant x) = \alpha$$

$$p\left(\frac{1}{\xi} > \frac{1}{x}\right) = p(\xi \leqslant x) = 1 - \alpha$$

故
$$\frac{1}{x} = F_{1-\alpha}(n_2, n_1) \qquad x = \frac{1}{F_{1-\alpha}(n_2, n_1)}$$

据此性质，可用来求 F 分布表中未列出的一些上 α 分位数.

习题 14-1

一、填空题

1. 设来自总体 X 的一个样本观察值为：2.1，5.4，3.2，9.8，3.5，则样本均值=________，样本方差=________.

2. 在总体 $X \sim N(5, 16)$ 中随机地抽取一个容量为 36 的样本，则均值 $\overline{X}$ 落在 4 与 6 之间的概率 =________.

3. 设 $X_1, X_2, \cdots, X_n$ 为总体 $X \sim N(0, 0.5^2)$ 的一个样本，则 $P\left(\sum_{i=1}^{n} X_i^2 > 4\right)$________.

二、选择题

1. 设 $F_n(x)$ 是经验分布函数，基于来自总体 X 的样本，而 $F(x)$ 是 X 总体的分布函数，对于每个给定的 x，$F_n(x)$（　　）则下列命题错误的为

A. 是分布函数　　　　B. 依概率收敛于 $F(x)$

C. 是一个统计量　　　　D. 其数学期望是 $F(x)$

2. 设总体 X 服从 0－1 分布，$X_1, X_2, \cdots, X_5$ 是来自总体 X 的样本，$\overline{X}$ 是样本均值，则下列各选项中的量不是统计量的是（　　）.

A. $\min\{X_1, X_2, X_3, X_4, X_5\}$　　　　B. $X_1 - (1-p)X$

C. $\max\{X_1, X_2, X_3, X_4, X_5\}$　　　　D. $X_5 - 5\overline{X}$

3. 设 $X_1, X_2, \cdots, X_n$ 是正态总体 $N(\mu, \sigma^2)$ 的一个样本，其中 μ 已知而 σ^2 未知，则下列各选项中的量不是统计量的是（　　）.

A. $\sum_{i=1}^{n} (X_i - \mu)^2$　　　　B. $\frac{1}{n}\sum_{i=1}^{n} (X_i - \overline{X})^2$

C. $\sum_{i=1}^{n} \left(\frac{X_i}{\sigma}\right)^2$　　　　D. $\min\{X_i\}$

4. 设 $X_1, X_2, \cdots, X_n$ 是正态总体 $N(\mu, \sigma^2)$ 的一个样本，$\overline{X}$ 和 S^2 分别为样本均值和样本方差，则下面结论不成立的有（　　）.

A. $\overline{X}$ 与 S 相互独立　　　　B. $\overline{X}$ 与 $(n-1)S^2$ 相互独立

C. $\overline{X}$ 与 $\frac{1}{\sigma^2}\sum_{i=1}^{n} (X_i - \overline{X})^2$ 相互独立　　　　D. $\overline{X}$ 与 $\frac{1}{\sigma^2}\sum_{i=1}^{n} (X_i - \mu)^2$ 相互独立

三、解答题

1. 设 X_1, X_2, X_3 是总体 $N(\mu, \sigma^2)$ 的一个样本，其中 μ 已知而 $\sigma>0$ 未知，则以下的函数中哪些为统计量？为什么？

(1) $X_1+X_2+X_3$； (2) $X_3+3\mu$； (3) X_1； (4) μX_2^2；

(5) $\dfrac{\sum_{i=1}^{3} X_i}{\sigma^2}$； (6) $\max\{X_i\}$； (7) $\sigma+X_3$.

2. 在总体 $N(52, 6.3^2)$ 中随机地抽取一个容量为 36 的样本，求样本均值 $\overline{X}$ 落在 50.8 与 53.8 之间的概率.

14.2 点 估 计

统计推断就是利用样本资料信息对总体作推断，由于信息的有限性，样本的随机性，做出的推断不可能绝对准确，这种不确定性可用概率大小来衡量.

例如，某批产品的次品率是个未知数，可以从中抽取 100 件，如有 5 件次品，则这 100 件产品的次品率为 0.05，可以用样品的次品率作为整批产品次品率的估计.

又如，某地成年人的身高，可随机抽取 m 个成年人，这 m 个成年人的平均身高可作为该地成年人平均身高的估计.

参数估计 在已知总体分布的类型时，总体分布中的一些参数往往未知，利用样本的资料信息来估计总体分布中的一些未知参数(平均值、标准差、比率等).

引例 某地水稻面积为 10 000 亩，随机抽取 4 块稻田，亩产分别为 300，350，400，450，求该地平均亩产量及总产量的估计.

设平均亩产量 μ，样本均值 $\overline{X}=375$，平均亩产量估计 $\hat{\mu}=\overline{X}=375$，总产量的估计 $10\,000\,\hat{\mu}$. 由于样本的随机性，$\hat{\mu}$ 的具体值不同，就存在一个估计“好坏”的标准，即要求保证估计量有较大的概率取值在被估计参数的附近，而且估计量的方差尽量小.

点估计 设总体 X 的分布函数为 $F(x;\theta)$，其中 θ 是一个未知的数或一个向量. 若总体样本 $X_1, X_2, \cdots, X_n$，构造一个统计量 $T(X_1, X_2, \cdots, X_n)$，作为参数 θ 的估计，称 T 为 θ 的估计量，记作 $\hat{\theta}$，即 $\hat{\theta}=T(X_1, X_2, \cdots, X_n)$，它是一个随机变量.

$(x_1, x_2, \cdots, x_n)$ 是样本 $X_1, X_2, \cdots, X_n$ 的一个观测值，将 $(x_1, x_2, \cdots, x_n)$ 代入 $T(X_1, X_2, \cdots, X_n)$ 中得到 T 的具体数值，称为 θ 的估计值.

同一个未知参数可用不同的方法求得其估计量.

点估计的步骤

(1) 构造统计量以此作为 θ 的估计量；(2) 评价估计量的好坏.

一、矩法估计

k 阶样本原点矩 $A_k=\dfrac{1}{n}\sum_{i=1}^{n} X_i^k$；$k$ 阶样本中心矩 $B_k=\dfrac{1}{n}\sum_{i=1}^{n}(X_i-\overline{X})^k (k=1,2,\cdots)$ k 阶总体原点矩 $\mu_k=EX^k$；k 阶总体中心矩 $\nu_k=E(X-EX)^k$(k 为正整数)

方法　样本矩作为总体矩的估计量.

理论背景：样本 $X_1,X_2,\cdots,X_n$ 是独立同分布 $EX_i=EX$，因而 $X_1^m,X_2^m,\cdots,X_n^m$ 也是独立同分布，$EX_i^m=EX^m$，由大数定律知，$\frac{1}{n}\sum_{i=1}^{n}X_i^m\to EX^m$（依概率）

所以对充分大的 n，有 $\frac{1}{n}\sum_{i=1}^{n}X_i^m\approx EX^m$

由于中心矩可用原点矩表示，所以只讨论原点矩.

设 θ 为 m 个参数组成的 m 维向量 $\theta=(\theta_1,\theta_2,\cdots,\theta_m)$，即 $F(x;\theta)=F(x;\theta_1,\theta_2,\cdots,\theta_m)$

（总体原点矩估计）$\hat{\mu}_k(\theta_1,\theta_2,\cdots,\theta_m)=\frac{1}{n}\sum_{i=1}^{n}X_i^k$（样本原点矩）$(k=1,2,\cdots,m)$，由此得到 m 个联立方程，解之得 $\hat{\theta}_1,\hat{\theta}_2,\cdots,\hat{\theta}_m$，称之为矩法估计量.

例 1　求总体均值 μ、方差 σ^2 的矩估计.

解：$\hat{\mu}_1=\frac{1}{n}\sum_{i=1}^{n}X_i,\mu_1=EX;\hat{\mu}_2=\frac{1}{n}\sum_{i=1}^{n}X_i{}^2,\mu_2=EX^2$

所以，$\hat{\mu}=\frac{1}{n}\sum_{i=1}^{n}X_i=\overline{X},\hat{\sigma}^2=\frac{1}{n}\sum_{i=1}^{n}(X_i-\overline{X})^2=S_n^2$

即矩法估计中总体均值的估计量为样本均值，总体方差估计量为样本方差.

例 2　两点分布 $X=\begin{cases}1, & \text{若 } A \text{ 发生}\\ 0, & \text{若 } A \text{ 不发生}\end{cases}$，设 $P(A)=p$，求 p 的矩估计.

解：$\hat{\mu}_1=\frac{1}{n}\sum_{i=1}^{n}X_i,\mu_1=EX=p$，所以，（概率 $\hat{p}=\overline{X}=\frac{\mu_n}{n}$（频率））

例 3　总体 $X\sim U[0,\theta]$，求 θ 的矩估计.

解：$\mu=EX=\frac{\theta}{2}$

$\hat{\mu}=\frac{1}{n}\sum_{i=1}^{n}X_i=\overline{X}$，所以，$\hat{\theta}=2\overline{X}$

二、极大似然估计

这里介绍估计的另一种常用方法——极大似然估计法.

极大似然估计最早是由高斯于 1821 年提出，但一般将之归功于英国统计学家 Fisher, R. A，因为 Fisher, R. A 在 1922 年证明了极大似然估计的性质，并使得该方法得到了广泛的应用.

先看一个简单的例子：

某位同学与一位猎人一起外出打猎，一只野兔从前方窜过. 只听到一声枪响，野兔应声倒下. 如果要你推测，是谁打中的呢？你会如何想呢？

你就会想，只发一枪便打中，猎人命中的概率一般大于这位同学命中的概率. 看来这一枪有极大的可能是猎人射中的.

这个推断很符合人们的经验事实，这里的“极大的可能”就是“极大似然”之意.

这个例子所做的推断已经体现了极大似然法的基本思想.

极大似然法的基本思想在社会思维意识中常有所体现. 例如，某地发生了一个疑难案件，警察欲破案或民众推测嫌疑人，一般是将重点集中在作案可能性较大的可疑人身上. 这就是极大似然估计法的基本思想.

一般地，设总体 X 的分布函数为 $F(x,\theta)$，其中 θ 是未知参数($\theta\in\Theta$，θ 不同，总体也不同)．$X_1,X_2,\cdots,X_n$ 为来自于总体 X 的样本，若 $x_1,x_2,\cdots,x_n$ 为样本 $X_1,X_2,\cdots,X_n$ 的样本值(观察值，发生的事件)，问 $x_1,x_2,\cdots,x_n$，是从哪个总体中抽出的？(即 θ 应取多少？)

直观的想法是：小概率事件在一次试验中一般不会发生，而大概率事件常常会发生；反之，如果在一次实验中，某个随机事件发生了，若问是什么样的情况引起的，我们往往会认为极有可能是使这个随机事件发生的概率最大的那个情况所引起的．

下面，分连续型总体和离散型总体两种情况进行讨论．

连续型总体参数的极大似然估计

单参数情形的极大似然估计

极大似然法就是选取总体参数 θ 的估计值 $\hat{\theta}$，使得样本 $(X_1,X_2,\cdots,X_n)$ 落在点 $(x_1,x_2,\cdots,x_n)$ 的邻域内的概率 $=\left(\prod_{i=1}^{n}f(x_i;\theta)\right)\cdot\prod_{i=1}^{n}\Delta x_i$ 达到最大，也就是使 $\prod_{i=1}^{n}f(x_i;\theta)$ 达到最大值．

记 $L(\theta)=L(x_1,x_2,\cdots,x_n;\theta)=\prod_{i=1}^{n}f(x_i;\theta)$，

称 $L(\theta)=L(x_1,x_2,\cdots,x_n;\theta)$ 为似然函数．

定义 1 如果 $L(\theta)=L(x_1,x_2,\cdots,x_n;\theta)$ 在 $\hat{\theta}$ 达到最大值，则称 $\hat{\theta}$ 是 θ 的极大似然估计．

即如果选取使下式

$$L(\hat{\theta})=\max_{\theta\in\Theta}L(\theta)$$

成立的 $\hat{\theta}$ 作为目的估计，则称 $\hat{\theta}$ 是 θ 的极大似然估计．

因此，求总体参数 θ 的极大似然估计值 $\hat{\theta}$ 就是求似然函数的最大值问题．

根据微积分的知识，要使 $L(\theta)$ 达到最大值，若 $L(\theta)$ 可导，$\hat{\theta}$ 必满足

$$\frac{\mathrm{d}}{\mathrm{d}\theta}L(\theta)=0$$

通常用简化求法：因为 L 与 $\ln L$ 在同一值处达到最大，$\hat{\theta}$ 也可由

$$\frac{\mathrm{d}}{\mathrm{d}\theta}\ln L(\theta)=0$$

求得，这在计算上常常带来方便．

例 4 设总体 X 服从参数为 λ 的指数分布，即有概率密度

$$f(x,\lambda)=\begin{cases}\lambda\mathrm{e}^{-\lambda x}, & x>0\\ 0, & x\leqslant 0\end{cases},\quad(\lambda>0)$$

又 $x_1,x_2,\cdots,x_n$ 为来自于总体 X 的样本值，试求 λ 的极大似然估计．

解：似然函数为

$$L=L(x_1,x_2\cdots,x_n\lambda)=\lambda^n\prod_{i=1}^{n}\mathrm{e}^{-\lambda x_i}=\lambda^n\mathrm{e}^{-\lambda\sum_{i=1}^{n}x_i}$$

于是

$$\ln L=n\ln\lambda-\lambda\sum_{i=1}^{n}x_i,$$

$$\frac{\mathrm{d}\ln L}{\mathrm{d}\lambda}=\frac{n}{\lambda}-\sum_{i=1}^{n}x_i$$

方程
$$\frac{\mathrm{d}\ln L}{\mathrm{d}\lambda}=\frac{n}{\lambda}-\sum_{i=1}^{n}x_i=0,$$
的根为
$$\hat{\lambda}=\frac{n}{\sum\limits_{i=1}^{n}x_i}=\frac{1}{\bar{x}}.$$

经验证，$\ln L(\lambda)$在$\lambda=\hat{\lambda}=\frac{1}{\bar{x}}$处达到最大，所以$\hat{\lambda}$是$\lambda$的极大似然估计.

三、估计量优良性的标准

同一个未知参数可能有若干种不同的估计，需要对参数的估计的优良性进行评价.

估计量是随机变量，不同的观测结果就会得到不同的参数估计值，因而一个好的估计应在多次重复试验中体现出其优良性.

1. 无偏性

一个好的估计量其不同的估计值应在未知参数真值的附近，由此引出无偏性标准.

定义2 设$\hat{\theta}$为θ的一个估计量，若$E\hat{\theta}=\theta$，则称$\hat{\theta}$为θ的无偏估计量.

意义 若多次相互独立地重复用无偏估计量$\hat{\theta}$进行实际估计，所得估计值的算术平均值与θ的真值基本上相同.

在科学技术中，称$E\hat{\theta}-\theta$为用$\hat{\theta}$估计θ时产生的系统偏差，$E\hat{\theta}=\theta$的实际意义是指估计量没有系统偏差，只有随机偏差.

2. 有效性

定义3 设$\hat{\theta}_1$、$\hat{\theta}_2$为θ的两个无偏估计量，若$D\hat{\theta}_1<D\hat{\theta}_2$，则称$\hat{\theta}_1$比$\hat{\theta}_2$有效的无偏估计量.

设$\hat{\theta}_1$为θ的无偏估计量，如果任意无偏估计量$\hat{\theta}$，都有$D\hat{\theta}_1<D\hat{\theta}$，则称$\hat{\theta}_1$为$\theta$的有效估计量.

3. 一致性

一个好的估计量应是无偏的，且是具有较小方差的，同时当样本容量无限增大时，估计量能在某种意义上无限地接近于未知参数的真值. 由此引入一致性(相合性)标准.

定义4 设$\hat{\theta}_n(X_1,X_2,\cdots,X_n)$为未知参数$\theta$的估计量，若对任意的$\varepsilon>0$，均有$\lim\limits_{n\to\infty}P(|\hat{\theta}_n-\theta|<\varepsilon)=1$，则称$\hat{\theta}$为参数$\theta$的一致估计量.

习题 14-2

1. 设$\xi_1,\cdots,\xi_n$是来自两点分布的一个子样，试求成功概率p的矩法估计量.
2. 已知母体ξ均匀分布于(α,β)之间，试求α,β的矩法估计量.
3. 对容量为n的子样，求密度函数$f(x;a)=\begin{cases}\frac{2}{a^2}(a-x), & 0<x<a\\ 0, & 其他\end{cases}$中参数$a$的矩法估计量.

4. 设样本 $X_1, X_2, \cdots, X_n$ 取自服从几何分布的总体 X，其分布列为

$$P(X=k)=p(1-p)^{k-1}, \quad k=1,2,\cdots\cdots$$

式中，p 未知，$0<p<1$，求 p 的矩法估计量.

5. 设总体 $X\sim B(n,p)$，从总体 X 中获取样本 $X_1, X_2, \cdots, X_n$，求出参数 n、p 的矩法估计量.

6. 设 X 服从几何分布 $P(X=k)=p(1-p)^{k-1}$，$k=1,2,\cdots$，从中获得样本 $X_1, X_2, \cdots, X_n$，求 p 与 $E(X)$ 的极大似然估计.

7. 为检验某种自来水消毒设备的效果，现从消毒后的水中随机抽取 50 升，化验每升水中大肠杆菌的个数（一升水中大肠杆菌的个数服从泊松分布），化验结果如下：

大肠杆菌个数/升	0	1	2	3	4	5	6
升　数	17	20	10	2	1	0	0

试问平均每升水中大肠杆菌个数为多少时，才能使出现上述情况时的概率为最大.

14.3　参数的区间估计

一、置信区间

引例　某批轮胎寿命（公里）$X\sim N(\mu, 4\,000^2)$，从中随机抽取 100 个轮胎，其平均寿命为 32 000 公里，求轮胎平均寿命的区间估计.

解：点估计 $\hat{\mu}=\overline{X}=32\,000$（公里）

因为 $X\sim N(\mu, 4\,000^2)$，所以 $U=\dfrac{\sqrt{n}(\overline{X}-\mu)}{\sigma_0}\sim N(0,1)$，由 $P(|U|<U_{1-\frac{\alpha}{2}})=1-\alpha$ 查正态表得 $U_{1-\frac{\alpha}{2}}$

对于 $\alpha\in(0,1)$ 有 $P(-U_{1-\frac{\alpha}{2}}<U<U_{1-\frac{\alpha}{2}})=1-\alpha$，查表可得 $U_{1-\frac{\alpha}{2}}$

正态表 $\Phi(u)$，$U_{1-\frac{\alpha}{2}}$ 时查 $1-\dfrac{\alpha}{2}$

例如，取 $\alpha=0.05$，$U_{1-\frac{\alpha}{2}}=z_{0.975}=1.96$，所以 $P\left(-1.96<\dfrac{\sqrt{n}(\overline{X}-\mu)}{\sigma_0}<1.96\right)=0.95$

由 $-1.96<\dfrac{\sqrt{n}(\overline{X}-\mu)}{\sigma_0}<1.96$ 解得，$\overline{X}-1.96\dfrac{\sigma_0}{\sqrt{n}}<\mu<\overline{X}+1.96\dfrac{\sigma_0}{\sqrt{n}}$

又由 $\overline{X}=32\,000$，$n=100$，$\sigma_0=4\,000$ 得，$31\,216<\mu<32\,784$

$1-\alpha=0.95$ 称为置信水平，(31216, 32784) 称为 μ 的置信区间.

定义 1　总体分布有一个未知参数 θ，由样本 $X_1, X_2, \cdots, X_n$ 确定的两个统计量 $\bar{\theta}(X_1, X_2, \cdots, X_n)$ 和 $\underline{\theta}(X_1, X_2, \cdots, X_n)$，对于给定的 $\alpha\in(0,1)$，满足 $P(\underline{\theta}<\theta<\bar{\theta})\geqslant 1-\alpha$，则称随机区间 $(\underline{\theta}, \bar{\theta})$ 为 θ 的置信区间，$1-\alpha$ 称为置信水平（度、系数、概率），α 称为显著水平，$\underline{\theta}$，$\bar{\theta}$ 分别称为置信下限、上限.

意义：保证参数 θ 有 $1-\alpha$ 的概率落在区间 $(\underline{\theta}, \bar{\theta})$ 中. α 通常取 0.05、0.1、0.01

参数的区间估计的原则：在保证有一定的置信度下，尽可能地提高精确度.

二、构造未知参数 θ 的置信区间的方法

(1) 抽样得样本 $X_1,X_2,\cdots,X_n$，构造一个包含 θ 的函数 $g(X_1,X_2,\cdots,X_n;\theta)$，$g(X_1,X_2,\cdots,X_n;\theta)$ 分布已知的，且分布与 θ 无关.

(2) 对给定的置信水平 $1-\alpha$，根据 $g(X_1,X_2,\cdots,X_n;\theta)$ 的分布函数，确定 a,b 使 $P(a<g(X_1,X_2,\cdots,X_n;\theta)<b)=1-\alpha$.

(3) 由 $a<g(X_1,X_2,\cdots,X_n;\theta)<b$ 解得 $\underline{\theta}<\theta<\overline{\theta}$，即 θ 的置信水平为 $1-\alpha$ 的置信区间.

三、单个正态总体均值 μ 的置信区间

正态总体（$X\sim N(\mu,\sigma^2)$），在置信水平 $1-\alpha$ 下，对总体未知均值 μ 的区间估计.

(1) 总体方差 σ^2 已知时，由引例易知，μ 的置信区间 $\left(\overline{X}-U_{1-\frac{\alpha}{2}}\frac{\sigma}{\sqrt{n}},\overline{X}+U_{1-\frac{\alpha}{2}}\frac{\sigma}{\sqrt{n}}\right)$

置信系数越大，α 越小，$U_{1-\frac{\alpha}{2}}$ 越大，区间估计的长度越长，精确度越低；样本容量 n 越大，区间估计的长度越短，精度越高.

(2) 总体方差 σ^2 未知时，$T=\frac{\sqrt{n}(\overline{X}-\mu)}{S}\sim t(n-1)$，$P(-t_\alpha<T<t_\alpha)=1-\alpha$，所以，$\mu$ 的置信区间 $\left(\overline{X}-t_\alpha(n-1)\frac{S}{\sqrt{n}},\overline{X}+t_\alpha(n-1)\frac{S}{\sqrt{n}}\right)$

$t_\alpha(n-1)$ 查 t 表中的 α 及自由度 $n-1$ 而得.

例 1 某厂生产的化纤强度服从正态分布，长期以来其标准差稳定在 $\sigma=0.85$，现抽取了一个容量为 $n=25$ 的样本，测定其强度，算得样本均值为 $\overline{x}=2.25$，试求这批化纤平均强度的置信水平为 0.95 的置信区间.

解：这是方差已知时正态均值的区间估计问题. 由题设条件 $1-\alpha=0.95$，$\alpha=0.05$，查表知 $u_{0.975}=1.96$，于是这批化纤平均强度的置信水平为 0.95 的置信区间为

$$\left(\overline{X}-U_{1-\frac{\alpha}{2}}\frac{\sigma}{\sqrt{n}},\overline{X}+U_{1-\frac{\alpha}{2}}\frac{\sigma}{\sqrt{n}}\right)=\left(2.25-1.96\times\frac{0.85}{\sqrt{25}},2.25+1.96\times\frac{0.85}{\sqrt{25}}\right)$$
$$=(2.25-0.3332,2.25+0.3332)$$

即这批化纤平均强度的置信水平为 0.95 的置信区间为(1.916 8,2.583 2).

例 2 总体 $X\sim N(\mu,\sigma^2)$，α^2 已知，问样本容量 n 取多大时才能保证 μ 的置信水平为 95% 的置信区间的长度不大于 k.

解：由已知条件得 μ 的 0.95 置信区间为

$$\left(\overline{X}-U_{1-\frac{\alpha}{2}}\frac{\sigma}{\sqrt{n}},\overline{X}+U_{1-\frac{\alpha}{2}}\frac{\sigma}{\sqrt{n}}\right)$$

其区间长度为 $2u_{1-\alpha/2}\sigma\sqrt{n}$，若使 $2u_{1-\alpha/2}\sigma\sqrt{n}\leqslant k$，只需 $n\geqslant(2/k)^2\sigma^2u_{1-\alpha/2}^2$.

由于 $u_{1-\alpha/2}=1.96$，故 $n\geqslant(2/k)^2\sigma^2\,1.96^2=\left(\frac{3.92\sigma}{k}\right)^2$，即样本容量 n 至少取 $\left(\frac{3.92\sigma}{k}\right)^2$ 时，才能保证 μ 的置信水平为 95% 的置信区间的长度不大于 k.

例 3 0.50，1.25，0.80，2.00 是取自总体 X 的样本，已知 $Y=\ln X$ 服从正态分布 $N(\mu,1)$.

(1) 求 μ 的置信水平为 95% 的置信区间；

(2) 求 X 的数学期望的置信水平为 95% 的置信区间.

解:(1) 将数据进行对数交换,得到 $Y=\ln X$ 的样本值为:$-0.6931, 0.2231, -0.2231, 0.6931$. 它可看作是来自正态分布 $N(\mu,1)$的样本,其样本均值为 $\bar{y}=0$,由于 $\sigma=1$ 已知,因此,μ 的置信水平为 95%的置信区间为:$\left(\bar{Y}-U_{1-\frac{\alpha}{2}}\frac{\sigma}{\sqrt{n}}, \bar{Y}+U_{1-\frac{\alpha}{2}}\frac{\sigma}{\sqrt{n}}\right)=(-0.9800, 0.9800)$

(2) 由于 $EX=e^{\mu+\frac{1}{2}}$ 是 μ 的严增函数,利用(1)的结果,可算得 X 的数学期望的置信水平为 95%的置信区间为$(e^{-0.98+0.5}, e^{0.98+0.5})=(0.6188, 4.3929)$.

例 4　在一批货物中随机抽取 80 件,发现有 11 件不合格品,试求这批货物的不合格品率的置信水平为 0.90 的置信区间.

解:此处 $n=80$ 较大,可用正态分布求其近似置信区间. 不合格品率的 $1-\alpha$ 近似置信区间为

$$\left(\bar{x}-u_{1-\frac{\alpha}{2}}\sqrt{\frac{\bar{x}(1-\bar{x})}{n}}, \bar{x}+u_{1-\frac{\alpha}{2}}\sqrt{\frac{\bar{x}(1-\bar{x})}{n}}\right)$$

此处 $\bar{x}=\frac{11}{80}=0.1375$, $u_{0.95}=1.645$,因而不合格品率的置信水平为 0.90 的置信区间为

$$\left(0.1375-1.645\sqrt{\frac{0.1375\times 0.8625}{80}}, 0.1375+1.645\sqrt{\frac{0.1375\times 0.8625}{80}}\right)=(0.0742, 0.2008)$$

四、单个正态总体方差 σ^2 的置信区间

1. μ 已知方差 σ^2 的置信区间

正态总体($X\sim N(\mu,\sigma^2)$)方差 σ^2 的置信度为 $1-\alpha$ 的置信区间

$\chi^2=\frac{1}{\sigma^2}\sum\limits_{i=1}^{n}(X_i-u)^2\sim\chi^2(n)$,对于给定的 α 和 n,注意 χ^2 的图形,

则
$$P\left\{\chi^2_{1-\frac{\alpha}{2}}(n)<\frac{\sum\limits_{i=1}^{n}(X_i-\mu)^2}{\sigma^2}<\chi^2_{\frac{\alpha}{2}}(n)\right\}=1-\alpha$$

于是得到了方差 σ^2 的置信度为 $1-\alpha$ 的置信区间

$$\left(\frac{\sum\limits_{i=1}^{n}(X_i-\mu)^2}{\chi_{\frac{\alpha}{2}}{}^2(n)}, \frac{\sum\limits_{i=1}^{n}(X_i-\mu)^2}{\chi_{1-\frac{\alpha}{2}}{}^2(n)}\right)$$

2. μ 未知方差 σ^2 的置信区间

正态总体($X\sim N(\mu,\sigma^2)$),在置信水平 $1-\alpha$ 下,对总体未知方差 σ^2 的区间估计. $\frac{(n-1)S^2}{\sigma^2}\sim\chi^2(n-1)$, $P\left\{\chi^2_{1-\frac{\alpha}{2}}(n-1)<\frac{(n-1)S^2}{\sigma^2}<\chi^2_{\frac{\alpha}{2}}(n-1)\right\}=1-\alpha$ 总体方差 σ^2 的置信区间 $\left(\frac{(n-1)S^2}{\chi^2_{\frac{\alpha}{2}}(n-1)}, \frac{(n-1)S^2}{\chi^2_{1-\frac{\alpha}{2}}(n-1)}\right)$.

注意:$(n-1)S^2=nS_n^2=\sum\limits_{i=1}^{n}(X_i-\bar{X})^2$;$x^2_\alpha(n)$ 查 x^2—分布表中 α 及自由度 n 而得.

例 5　用一个仪表测量某一物理量 9 次,得样本均值 $\bar{x}=56.32$,样本标准差 $s=0.22$.

(1) 测量标准差 σ 大小反映了测量仪表的精度,试求 σ 的置信水平为 0.95 的置信区间;

(2) 求该物理量真值的置信水平为 0.99 的置信区间.

解:(1) 此处$(n-1)s^2=8\times 0.22^2=0.3872$,查表知

$\chi^2_{0.025}(8)=2.1797$，$\chi^2_{0.975}(8)=17.5345$，$\sigma^2$ 的 $1-\alpha$ 置信区间为

$$\left(\frac{(n-1)s^2}{\chi_{1-\alpha/2}(n-1)},\frac{(n-1)s^2}{\chi_{\alpha/2}(n-1)}\right)=\left(\frac{0.3872}{17.5345},\frac{0.3872}{2.1797}\right)=(0.0221,0.776)$$

从而 σ 的置信水平为 0.95 的置信区间(0.1487,0.4215).

(2) 当 σ 未知时，μ 的 $1-\alpha$ 置信区间为

$$(\bar{x}-t_{1-\frac{\alpha}{2}}(n-1)s/\sqrt{n},\bar{x}+t_{1-\frac{\alpha}{2}}(n-1)s/\sqrt{n}).$$

查表得 $t_{1-0.005}(8)=3.3554$，因而 μ 的置信水平为 0.99 的置信区间为

$$(56.32-3.3554\times 0.22/\sqrt{9},56.32+3.3554\times 0.22/\sqrt{9})=(56.0739,56.5661).$$

例 6 已知某种材料的抗压强度 $X\sim N(\mu,\sigma^2)$，现随机地抽取 10 个试件进行抗压试验，测得数据如下：

482　493　457　471　510　446　435　418　394　469.

(1) 求平均抗压强度 μ 的置信水平为 95%的置信区间；

(2) 若已知 $\sigma=30$，求平均抗压强度 μ 置信水平面为 95%的置信区间；

(3) 求 σ 的置信水平为 95%的置信区间.

解：(1) 经计算得，$\bar{x}=457.5$，$s=35.2176$，在 σ 未知时，μ 的置信水平为 95%的置信区间为

$$(\bar{x}-t_{1-\alpha/2}(n-1)s/\sqrt{n},\bar{x}+t_{1-\alpha/2}(n-1)s/\sqrt{n})$$

查表得，$t_{1-0.025}(9)=2.2622$，因而 μ 的置信水平为 95%的置信区间为

$$(457.5-2.2622\times 35.2176/\sqrt{10},457.5+2.2622\times 353.2176/\sqrt{10})=(432.3064,482.6936).$$

(2) 在 $\sigma=30$ 已知时，μ 的置信水平为 95%的置信区间为

$$\left(\overline{X}-U_{1-\frac{\alpha}{2}}\frac{\sigma}{\sqrt{n}},\overline{X}+U_{1-\frac{\alpha}{2}}\frac{\sigma}{\sqrt{n}}\right)$$

查表得，$u_{1-\alpha/2}=1.96$，置信水平为 95%的置信区间为

$$(457.5-1.96\times 30/\sqrt{10},457.5+1.96\times 30/\sqrt{10})=(438.9058,476.0942).$$

(3) 此处，$(n-1)s^2=11\,162.5141$，取 $\alpha=0.05$，查表得 $\chi^2_{0.025}(9)=2.7004$，

$\chi^2_{0.975}(9)=19.0228$，因而 σ^2 的置信水平为 95%的置信区间为

$$\left(\frac{11\,162.5141}{19.0228},\frac{11\,162.5141}{2.7004}\right)=(586.7966,4\,113.6521)$$

由此可以得到 σ 的置信水平为 95%的置信区间为(24.2239,64.1378).

习题 14-3

一、填空题

1. 设总体 $\overline{X}\sim N(\mu,\sigma^2)$，若 σ^2 已知，总体均值 μ 的置信度为 $1-\alpha$ 置信区间为 $\left(X-\lambda\frac{\sigma}{\sqrt{n}},X+\lambda\frac{\sigma}{\sqrt{n}}\right)$，则 λ 的值为____________.

2. 设由来自正态总体 $X\sim N(\mu,1)$ 的容量为 100 的样本的均值为 5，则 μ 的置信度为 0.95 的置信区间为____________.

二、选择题

1. 设总体 $X\sim N(\mu,\sigma^2)$，σ^2 未知，设总体均值 μ 的置信度 $1-\alpha$ 的置信区间长度 l，那么 l 与 a 的关系为(　　).

A. a 增大，l 减小　　B. a 增大，l 增大

C. a 增大，l 不变　　D. a 与 l 关系不确定

2. 设总体 $X\sim N(\mu,\sigma^2)$，且 σ^2 已知，现在以置信度 $1\sim\alpha$ 估计总体均值 μ，下列做法中一定能使估计更精确的是(　　).

A. 提高置信度 $1-\alpha$，增加样本容量　　B. 提高置信度 $1-\alpha$，减少样本容量

C. 降低置信度 $1-\alpha$，增加样本容量　　D. 降低置信度 $1-\alpha$，减少样本容量

3. 设 $(X_1,X_2,\cdots,X_n)$ 是正态总体 $X\sim N(\mu,\sigma^2)$ 的样本，统计量 $U=(\overline{X}-\mu)/(\sigma/\sqrt{n})$ 服从 $N(0,1)$，又知 $\sigma^2=0.64$，$n=16$，及样本均值 $\overline{X}$，利用 U 对 μ 做区间估计，若已指定置信度 $1-\alpha$，并查得 $|U|$ 的临界值为 $U_{1-\frac{\alpha}{2}}=1.96$，则 μ 的置信区间为(　　).

A. $(\overline{X},\overline{X}+0.396)$　　B. $(\overline{X}-0.196,\overline{X}+0.196)$

C. $(\overline{X}-0.392,\overline{X}+0.392)$　　D. $(\overline{X}-0.784,\overline{X}+0.784)$

三、计算题

1. 某车间生产自行车中所用小钢球，从长期生产实践中得知钢球直径 $X\sim N(\mu,\sigma^2)$，现从某批产品里随机抽取 6 件，测得它们的直径(单位：mm)为 14.6，15.1，14.9，14.8，15.2，15.1，置信度 $1-\alpha=0.95$(即 $\alpha=0.05$)

(1) 若 $\sigma^2=0.06$，求 μ 的置信区间.　　(2) 若 σ^2 未知，求 μ 的置信区间.

(3) 求方差 σ^2 的置信区间.

2. 设总体 $X\sim N(\mu,0.9^2)$，当样本容量 $n=9$ 时，测得 $\overline{X}=5$，求未知参数 μ 的置信度为 0.95的置信区间.

3. 某商场每天每百元投资的利润率服从正态分布，均值为 μ，方差为 σ^2，长期以来 σ^2 稳定于 0.4，现随机抽取的五天的利润率为

$$-0.2,0.1,0.8,-0.6,0.9$$

试求 μ 的置信水平为 0.95 的置信区间.

4. 某行业职工的月收入服从 $N(\mu,\sigma^2)$，现随机抽取 30 名职工进行调查，求得他们的月收入的平均值 $\overline{x}=696.20$ 元，标准差 $S=136.10$ 元，试求 μ 的置信水平为 0.95 的置信区间.

5. 某单位职工每天的医疗费服从 $N(\mu,\sigma^2)$ 现抽查了 25 天，得 $\overline{x}=170$，$S=30$ 元，试求职工每天医疗费均值 μ 的置信水平为 0.95 的置信区间.

6. 为研究某汽车轮胎的磨损特性，随机取 16 个轮胎实际使用. 记录到磨坏时所行驶的路程(单位：公里)算得 $\overline{x}=41\,116$，$S=6\,346$. 若此样本来自正态总体 $N(\mu,\sigma^2)$，μ,σ^2 未知. 求该轮胎平均行驶路程 μ 的 0.95 置信下限.

7. 用仪器间接测量炉子的温度，其测量值服从正态分布 $N(\mu,\sigma^2)$，其中 μ,σ^2 未知. 用该仪器重复测量炉子的温度五次，结果为(　　).

1250　　1265　　1245　　1265　　1275

试求 σ 的置信度 0.95 置信上限.

8. 某商店为了解居民对某种商品的需求，调查了 100 家住户，得出每户每月平均需要量为 5 公斤，标准差为 1.5 公斤. (1) 试就一户居民对该商品的平均月需求量作置信水平为 0.99

的区间估计.(2) 如果这个商店要供应一万户,该商店对此种商品至少要准备多少才能以 0.99 的概率满足需要.

9. 为了解灯泡使用时数均值 μ 及标准差 σ,测量了 10 个灯泡,得 $\overline{x}=1\ 650$ 小时,$s=20$ 小时.如果已知灯泡使用时间服从正态分布,求 μ 和 σ 的 95%的置信区间.

10. 岩石密度的测量误差服从正态分布,随机抽测 12 个样品,得 $s=0.2$,求 σ^2 的置信区间($\alpha=0.1$).

14.4 假设检验

统计推断中的另一类重要问题是假设检验.当总体的分布函数未知,或只知其形式而不知道它的参数的情况时,常需要判断总体是否具有我们所感兴趣的某些特性.这样,就提出某些关于总体分布或关于总体参数的假设,然后根据样本对所提出的假设作出判断:是接受还是拒绝.这就是本章所要讨论的假设检验问题.先从下面的例子来说明假设检验的一般提法.

一、引例

据报载,某商店为搞促销,对购买一定数额商品的顾客给予一次摸球中奖的机会,规定从装有红、绿两色球各 10 个的暗箱中连续摸 10 次(摸后放回),若 10 次都是摸得绿球,则中大奖.某人按规则去摸 10 次,皆为绿球,商店认定此人作弊,拒付大奖,此人不服,最后引出官司.

我们在此并不关心此人是否真正作弊,也不关心官司的最后结果,但从统计的观点看,商店的怀疑是有道理的.因为,如果此人摸球完全是随机的,则要正好在 10 次摸球中均摸到绿球的概率为 $\left(\frac{1}{2}\right)^{10}=\frac{1}{1\ 024}$,这是一个很小的数,一个统计的基本原理是在一次试验中所发生的事件不应该是小概率事件.现在既然这样小概率的事件发生了,就应当推测出此人摸球不是随机的,换句话说有作弊之嫌.

上述的这一推断,实际上就是假设检验的全部过程.它一般包含了这么几步:提出假设,抽样,并对样本进行加工(构造统计量),定出一个合理性界限,得出假设是否合理的结论.为了便于操作,我们将结合实例,把这一过程步骤表述得更加形式化一点.这里要说明一点的是所谓"小概率事件".究竟多大概率为小概率事件?

下面我们用假设检验的语言来模拟商店的推断:

(1) 提出假设:

H_0:此人未作弊;H_1:此人作弊.

这里 H_0 称为**原假设**,H_1 称为**备选假设或对立假设**,备选假设也可以不写.

(2) 构造统计量,并由样本算出其具体值:

统计量取为 10 次摸球中摸中绿球的个数 N.由抽样结果算出 $N=10$.

(3) 求出在 H_0 下,统计量 N 的分布,构造对 H_0 不利的小概率事件:

易知,在 H_0 下,即如果此人是完全随机地摸球的话,统计量 N 服从二项分布 $B(10,1/2)$.其分布列为 $p_k=C_{10}^k\left(\frac{1}{2}\right)^{10}$,$k=0,1,2,\cdots,10$.那么此人摸到的绿球数应该在平均数 5 个附近,所以对 H_0 不利的小概率事件是:"绿球数 N 大于某个较大的数,或小于某个较小的数."在此问题中，若此 H_0 不成立，即此人作弊的话，不可能故意少摸绿球，因此只需考虑事件“N 大于某个较大的数”，这个数常称为临界值，即某个分位数.

(4) 给定显著性水平 α，确定临界值：

即取一数 $n(\alpha)$ 使得 $P\{N>n(\alpha)\}=\alpha$. 如取 $\alpha=0.01$，由分布列算出：

$$p_{10}=1/1\,024\approx0.001,\quad p_9=10/1\,024\approx0.01,\quad p_9+p_{10}\approx0.011$$

对于这种离散型概率分布，不一定能取到 $n(\alpha)$. 取最接近的 n，使当 H_0 成立时，$P\{N>n\}\leqslant\alpha$，因此 $n=9$. 即该小概率事件是 $\{N>9\}$.

(5) 得出结论：

已算得 $N=10$，即 $\{N>9\}$ 发生了，而 $\{N>9\}$ 被视为对 H_0 不利的小概率事件，它在一次试验中是不应该发生的，现在 $\{N>9\}$ 居然发生了，只能认为 H_0 是不成立的，即 H_1：“此人作弊”成立.

这一推断过程，也是假设检验的一般步骤，在这些步骤中，关键的技术问题是确定一个适当的用以检验假设的统计量，这个统计量至少应该满足在 H_0 成立的情况下，其抽样分布易于计算(查到). 当然还应该尽量满足一些优良性条件，特别是在参数检验中.

二、假设检验的基本思想

1. “实际统计推断原理”(小概率原理)—小概率事件在一次试验中几乎(一般)是不会发生的.

2. 具有概率性质的反证法

(1) 用了反证法的思想.

(2) 不同于确定性数学中的反证法.

在假设检验中要用到两个假设，把需要检验的假设称为原假设或零假设记为 $H_0(\cdots)$，与 H_0 对立的假设，称为对立假设或备择假设，记作 $H_0(\cdots)$. 我们约定 H_1 是 H_0 对立面的全体. 假设是否正确有待用样本做检验. 通常给定一个临界概率 α，在有原假设 H_0 成立的条件下，如果出现事件的概率大于或等于临界概率 α，就做拒绝原假设 H_0，接受备择假设 H_1 的决定. 通常称此临界概率为显著性水平. 根据不同的问题可取不同的 α 值，通常取 0.05 或 0.01 等.

三、假设检验问题的一般提法

假设检验分下列三种提法：

(1) $H_0:\mu=\mu_0$；$H_1:\mu\neq\mu_0$（μ_0 为已知常数），其中备择假设 H_1 表示 μ 可能大于 μ_0，也可能小于 μ_0，称为**双侧(边)备择假设**. 称这种假设检验为**双侧(边)假设检验**.

(2) $H_0:\mu\leqslant\mu_0$；$H_1:\mu>\mu_0$（μ_0 为已知常数）的假设检验称为**右侧(边)检验**.

(3) $H_0:\mu\geqslant\mu_0$；$H_1:\mu<\mu_0$（μ_0 为已知常数）的假设检验称为**左侧(边)检验**.

右侧(边)检验和左侧(边)检验统称为**单侧(边)检验**.

为检验提出假设，通常需要构造检验统计量，并取总体的一个样本值，根据该样本提供的信息来判断假设是否成立，当统计量取某个区域 W 中的值时，我们拒绝原假设 H_0，则称区域 W 为**拒绝域**，拒绝域的边界点称为**临界点**.

四、两类错误

由于我们是根据样本做出接受 H_0 或拒绝 H_0 的决定，而样本具有随机性，因此在进行判断时，可能会犯两个方面的错误：一类错误是，当 H_0 为真时，而样本的观察值 U_0 落入拒绝域 W 中，按给定的法则，我们拒绝了 H_0，这种错误称为第一类错误. 其发生的概率称为犯第一类错误的概率或称弃真概率，通常记为 α，即

$$P\{拒绝H_0 \mid H_0 为真\}=\alpha$$

另一种错误是，当 H_0 不真时，而样本的观察值落入拒绝域 W 之外，按给定的检验法则，我们却接受了 H_0. 这种错误称为第二类错误，其发生的概率称为犯第二类错误的概率或取伪概率，通常记为 β，即

$$P\{接受H_0 \mid H_0 不真\}=\beta$$

显然这里的 α 就是检验的显著性水平. 总体与样本各种情况的搭配如表 14-1 所示.

表 14-1

H_0	判断结论		犯错误的概率
真	接受	正确	0
	拒绝	犯第一类错误	α
假	接受	犯第二类错误	β
	拒绝	正确	0

对给定的一对 H_0 和 H_1，总可以找到许多拒绝域 W. 当然我们希望寻找这样的拒绝域 W，使得犯两类错误的概率 α 与 β 都很小. 但是在样本容量 n 固定时，要使 α 与 β 都很小是不可能的，一般情形下，减小犯其中一类错误的概率，会增加犯另一类错误的概率，它们之间的关系犹如区间估计问题中置信水平与置信区间的长度的关系那样. 通常的做法是控制犯第一类错误的概率不超过某个事先指定的显著性水平 $\alpha(0<\alpha<1)$，而使犯第二类错误的概率也尽可能地小. 具体实行这个原则会有许多困难，因而有时把这个原则简化成只要求犯第一类错误的概率等于 α，称这类假设检验问题为显著性检验问题，相应的检验为显著性检验. 在一般情况下，显著性检验法则是较容易找到的，我们将在以下各节中详细讨论.

在实际问题中，要确定一个检验问题的原假设，一方面要根据问题要求检验的是什么，另一方面要使原假设尽量简单，这是因为在下面将讲到的检验法中，必须要了解某统计量在原假设成立时的精确分布或渐近分布.

五、假设检验的一般步骤

无论是参数检验还是非参数检验，其原理和步骤都有共同的地方，我们将通过上面的例子来阐述假设检验的一般原理和步骤.

假设检验的步骤可归纳如下：

第一步，根据实际问题提出原假设 H_0，备择假设 H_1（有时不写出）.

第二步，确定检验用的统计量，并写出它的分布.

第三步，根据给出的显著性水平 α，在原假设 H_0 成立的条件下，有统计量的分布表查；写出 H_0 的拒绝域 W.

第四步，根据抽样资料计算统计量的样本观测值 t，如果 $t\in W$，则拒绝原假设 H_0；否则不拒绝原假设 H_0.

例 1　某工厂生产的固体燃料推进器的燃烧率服从正态分布 $N(\mu,\sigma^2)$，$\mu=40$ cm/s，$\sigma=2$ cm/s，现用新方法生产了一批推进器，从中随机取 $n=25$ 个，测得燃烧率的样本均值为 $\bar{x}=41.25$ cm/s. 设在新方法下总体均方差仍为 2 cm/s，问这批推进器的燃烧率是否较以往生产的推进器的燃烧率有显著的提高？取显著性水平 $\alpha=0.05$.

解：根据题意需要检验假设

$H_0:\mu\leqslant\mu_0=40$（即假设新方法没有提高燃烧率）

$H_1:\mu>\mu_0$（即假设新方法提高了燃烧率）这是右边检验问题，

拒绝域为 $U=\dfrac{\bar{x}-\mu_0}{\sigma/\sqrt{n}}\geqslant z_{0.05}=1.645$. 因为 $U=\dfrac{\bar{x}-\mu_0}{\sigma/\sqrt{n}}=3.125>1.645$.

U 值落在拒绝域中，故在显著性水平 $\alpha=0.05$ 下拒绝 H_0. 即认为这批推进器的燃烧率较以往有显著提高.

六、单个正态总体的均值，方差的假设检验

1. σ^2 已知关于 μ 的假设检验

设总体 $X\sim N(\mu,\sigma^2)$，方差 σ^2 已知，检验假设

$$H_0:\mu=\mu_0;H_1:\mu\neq\mu_0\text{（}\mu_0\text{ 为已知常数）}$$

由

$$\overline{X}\sim N\left(\mu,\frac{\sigma}{n}\right),\frac{\overline{X}-\mu}{\sigma/\sqrt{n}}\sim N(0,1),$$

我们选取

$$U=\frac{\overline{X}-\mu}{\sigma/\sqrt{n}}$$

作为此假设检验的统计量，显然当假设 H_0 为真（即 $\mu=\mu_0$ 正确）时，$U\sim N(0,1)$，所以对于给定的显著性水平 α，可求 $U_{\frac{\alpha}{2}}$ 使

$$P\{|U|>U_{\frac{\alpha}{2}}\}=\alpha$$

如图 14-7 所示，即

$$p\{U<-u_{\alpha/2}\}+p\{U>u_{\alpha/2}\}=\alpha$$

从而有

$$p\{U>u_{\alpha/2}\}=\frac{\alpha}{2}$$

$$p\{U\leqslant u_{\alpha/2}\}=1-\frac{\alpha}{2}$$

利用概率 $1-\dfrac{\sigma}{2}$ 反查标准正态分布函数表，得双侧 α 分位点（即临界值）$U_{\frac{\alpha}{2}}$.

这里我们是利用 H_0 为真时服从 $N(0,1)$ 分布的统计量 U 来确定拒绝域的，这种检验法称为 U 检验法.

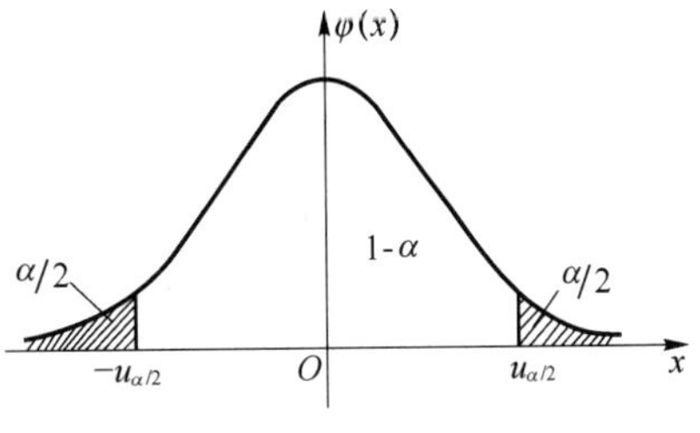

图 14-7

例 2　某切割机在正常工作时，切割每段金属棒的平均长度为 10.5 cm，标准差是 0.15 cm，今从一批产品中随机的抽取 15 段进行测量，其结果如下：

10.4　10.6　10.1　10.4　10.5　10.3　10.3　10.2

10.9　10.6　10.8　10.5　10.7　10.2　10.7

假定切割的长度服从正态分布,且标准差没有变化,试问该机工作是否正常?

解:因为 $X\sim N(\mu,\sigma^2)$, $\sigma=0.15$,

要检验假设 $H_0:\mu=10.5, H_1:\mu\neq 10.5$,

$n=15, \bar{x}=10.48, \alpha=0.05$,则 $\dfrac{\bar{x}-\mu_0}{\sigma/\sqrt{n}}=\dfrac{10.48-10.5}{0.15/\sqrt{15}}=-0.516$,

查表得 $u_{0.05}=1.645$,于是 $\dfrac{\bar{x}-\mu_0}{\sigma/\sqrt{n}}=-0.516<u_{0.05}=1.645$,

故接受 H_0,认为该机工作正常.

2. σ^2 未知关于 μ 的假设检验

使用 U 检验法时总体方差 σ^2 必须已知,而在实际问题中,σ^2 常常是未知的. 为此,统计量中的 σ^2 必须考虑用其估计值 S^2 来代替. 如果在大样本情况下作这一替代,有大数定律可知统计量仍能服从标准正态分布. 对于小样本,也用 S^2 来代替 σ^2 就不妥当了. 现在介绍一种使用于正态总体的小样本检验方法:t—检验法它同样可以检验正态总体均值 μ 是否等于(或大于,或小于)μ_0.

设 $X_1, X_2, \cdots, X_N$ 是来自正态总体 $X\sim N(\mu,\sigma^2)$ 的一个样本,方差 σ^2 未知的假设检验:

$$H_0:\mu=\mu_0;H_1:\mu\neq\mu_0(\mu_0 \text{ 为已知常数})$$

用样本方差 $S^2=\dfrac{1}{n-1}\sum\limits_{i=1}^{n}(X_i-\overline{X})^2$ 代替 σ^2,则有 $\dfrac{\overline{X}-\mu_0}{S/\sqrt{n}}\sim t(n-1)$.

选取样本 $X_1, X_2, \cdots, X_N$ 的统计量

$$t=\frac{\overline{X}-\mu_0}{S/\sqrt{n}}$$

作为此假设检验的统计量,显然当假设 H_0 为真(即 $\mu=\mu_0$ 正确)时,t 服从自由度为 $n-1$ 的 t 分布,所以对于给定的显著性水平 α,查 t 分布表确定临界值 $t_{\frac{\alpha}{2}}$,使得

$$p\{|t|>t_{\frac{\alpha}{2}}\}=\alpha$$

根据样本观测值计算统计量 t 的值. 若 $|t|>t_{\frac{\alpha}{2}}$,则拒绝假设 H_0,若 $|t|\leqslant t_{\frac{\alpha}{2}}$,则接受 H_0.

例 3　某日用化工厂用一种设备生产香皂,其厚度要求为 5 cm,今欲了解设备的工作性能是否良好,随机抽取 10 块香皂,测得平均厚度为 5.3 cm,标准差为 0.3 cm,试分别以 0.01,0.05的显著性水平检验设备的工作性能是否合乎要求.

解:根据题意,香皂的厚度指标可以认为是服从正态分布的,但总体方差未知,且为小样本. 这是一个总体均值的双边检验问题.

(1) 提出假设:$H_0:\mu=5$(合乎质量要求),

$H_1:\mu\neq 5$ (不合乎质量要求).

(2) 建立检验统计量.

由题目的条件,检验统计量为

$$t=\frac{\overline{X}-\mu_0}{S/\sqrt{n}}$$

(3) 当 $\alpha=0.01$ 和自由度 $n-1=9$,查表得 $t_{\alpha/2}(9)=3.2498$,拒绝域为 $(-\infty, -3.2498)$ 及 $(3.2498, \infty)$,接受域为 $(-3.2498, 3.2498)$.

当 $\alpha=0.05$ 和自由度 $n-1=9$，查表得 $t_{\alpha/2}(9)=2.2622$，拒绝域为 $(-\infty,-2.2622)$ 及 $(2.2622,\infty)$.

（4）计算实际检验量的值：

$$t=\frac{\overline{X}-\mu_0}{s/\sqrt{n}}=\frac{5.3-5}{0.3/\sqrt{10}}=3.16$$

（5）当 $\alpha=0.01$ 时，$3.16\in(-3.2498, 3.2498)$，落入接受域，故接受原假设 H_0，认为在 $\alpha=0.01$的显著性水平下，设备的工作性能尚属良好. 当 $\alpha=0.05$ 时，$3.16\in(2.2622,\infty)$，落入了拒绝域，因此要拒绝原假设 H_0，认为在 $\alpha=0.05$ 的显著性水平下，设备的性能与良好的要求有显著性差异.

同样的检验数据，检验的结论不同，这似乎是矛盾的. 其实不然，当在显著性水平 $\alpha=0.01$ 时接受原假设，只能是认为在规定的显著性水平下，尚不能否定原假设. 接受 H_0，并不意味着有绝对的把握保证 H_0 为真. 我们从此例看到，在 95%的置信水平上否定原假设，但是却不能在 99%的置信水平上否定原假设.

3. 单个正态总体方差的假设检验

设 $X\sim N(\mu,\sigma^2)$，$X_1,X_2\cdots X_n$ 是取自 X 的一个样本，$\overline{X}$ 与 S^2 分别为样本均值与样本方差.

（1）检验 $H_0:\sigma^2=\sigma_0^2$，$H_1:\sigma^2\neq\sigma_0^2$，其中 σ_0 为已知常数.

如果 H_0 属真，则统计量 $\chi^2=\dfrac{(n-1)S^2}{\sigma_0^2}-\chi^2(n-1)$，故选取 χ^2 作为检验统计量，相应的检验方法称为 χ^2 检验法.

对于给定显著性水平 α，选取 $\chi^2_{\alpha/2}(n-1)$，和 $\chi^2_{1-\alpha/2}(n-1)$使

$$P\{\chi^2<\chi^2_{1-\alpha/2}(n-1)\}=\alpha/2 \text{ 和 } P\{\chi^2>\chi^2_{\alpha/2}(n-1)\}=\alpha/2$$

由此可得拒绝域为：$W=[0,\chi^2{}_{1-\alpha/2}(n-1)]\cup[\chi^2{}_{\alpha/2}(n-1),+\infty]$

例 4　某自动机床加工套筒的直径 X 服从正态分布. 现从加工的这批套筒中任取 5 个，测得直径分别为 $x_1,x_2,\cdots,x_5$，经计算得到 $\sum\limits_{i=1}^{5}x_i=124(\mu\text{m})$，$\sum\limits_{i=1}^{5}x_i{}^2=3139(\mu\text{m}^2)$. 试问这批套筒直径的方差与规定的 $\sigma^2=7(\mu\text{m}^2)$有无显著差别？$(\alpha=0.01)$

解：① $H_0:\sigma^2=\sigma_0{}^2=7$，$H_1:\sigma^2\neq7$.

② 选取检验统计量$\dfrac{(n-1)S^2}{\sigma_0{}^2}\sim\chi^2(n-1)$.

③ H_0 的拒绝域 W_0：$\dfrac{(n-1)S^2}{\sigma_0{}^2}<\chi^2{}_{1-\frac{\alpha}{2}}(n-1)$，或$\dfrac{(n-1)S^2}{\sigma_0{}^2}>\chi^2{}_{\frac{\alpha}{2}}(n-1)$.

④ 计算$\dfrac{(n-1)S^2}{\sigma_0^2}=\dfrac{\sum\limits_{i=1}^{5}x_i{}^2-\dfrac{9}{25}\left(\sum\limits_{i=1}^{5}x_i\right)^2}{7}=9.1$，查表 $\chi^2_{0.05}(4)=14.860$，$\chi^2_{0.95}(4)=0.209$.

⑤ 判断. 因为 $0.207<\chi^2=9.1<14.860$. 所以在显著水平 $\alpha=0.01$ 下，H_0 相容.

（2）单侧检验

例 5　某种导线的电阻服从 $N(\mu,\sigma^2)$，μ 未知. 该种导线其中一个质量指标是电阻标准差不得大于 0.005 Ω. 现从中抽取了九根导线测其电阻，测得样本标准差 $s=0.0066$. 试问在 $\alpha=0.05$ 水平上能否认为这批导线的电阻波动合格？

解：① $H_0:\sigma\leqslant 0.005$，$H_1:\sigma>0.005$

$H_0:\sigma^2\leqslant 0.005^2$，$H_1:\sigma^2>0.005^2$

② H_0 的拒绝域 $W_0:\frac{(n-1)S^2}{{\sigma_0}^2}>\chi_\alpha^2(n-1)$.

③ 计算$\frac{(n-1)s^2}{{\sigma_0}^2}=\frac{8\times 0.006\,6^2}{0.005^2}=13.94$，查表 $\chi_{0.05}^2(8)=15.507$.

④ 因为 $13.94<15.507$，所以在 $\alpha=0.05$ 水平下认为这批导线的电阻波动合格.

习题 14-4

一、填空题

1. 设 $X_1,X_2,\cdots,X_n$ 是来自正态总体的样本，其中参数 μ,σ^2 未知，则检验假设 $H_0:\mu=0$ 的 t—检验使用统计量 $t=$____________.

2. 设 $X_1,X_2,\cdots,X_n$ 是来自正态总体的样本，其中参数 μ，未知，σ^2 已知.要检验假设 $\mu=0$ 应用________检验法，检验的统计量是________；当 H_0 成立时该统计量服从________.

3. 要使犯两类错误的概率同时减小，只有________.

当 H_0 成立时该统计量服从____________.

4. 设 $X_1,X_2,\cdots,X_n$ 是来自正态总体的样本，其中参数 μ 未知，要检验假设 $H_0:\sigma^2=\sigma_0^2$，应用________检验法，检验的统计量是________；当 H_0 成立时，该统计量服从________.

二、选择题

1. 在假设检验中，用 α 和 β 分别表示犯第一类错误和第二类错误的概率，则当样本容量一定时，下列说法正确的是（　　）.

A. α 减小 β 也减小

B. α 增大 β 也增大

C. α 与 β 不能同时减小，减小其中一个，另一个往往就会增大

D. A 和 B 同时成立

2. 在假设检验中，一旦检验法选择正确，计算无误（　　）.

A. 不可能做出错误判断　　B. 增加样本容量就不会做出错误判断

C. 仍有可能做出错误判断　　D. 计算精确些就可避免错误判断

3. 在一个确定的假设检验问题中，与判断结果有关的因素有（　　）.

A. 样本值及样本容量　　B. 显著性水平 α

C. 检验的统计量　　D. A 和 B 同时成立

4. 在假设检验中，记 H_1 为备择假设，则称（　　）为犯第一类错误.

A. H_1 真，接受 H_1　　B. H_1 不真，接受 H_1

C. H_1 真，拒绝 H_1　　D. H_1 不真，拒绝 H_1

三、解答题

1. 根据以往资料分析，某种电子元件的使用寿命服从正态分布，$\sigma=11.25$.

现从周内生产的一批电子元件中随机的抽取 9 个，测得其使用寿命为(单位：时)：

2315，2360，2340，2325，2350，2320，2335，2335，2325

问这批电子元件的平均使用寿命可否认为是 2350 时($\alpha=0.05$).

2. 某厂生产的维尼伦在正常生产条件下纤度服正态分布 $N(1.405,0.048)$，某日抽取 5 根纤维，测得其纤维度为 1.32 1.55 1.36 1.40 1.44. 问这天生产的维尼伦纤度的均值有无显著变化. ($\alpha=0.05$)

3. 在正常情况下，某肉类加工厂生产的小包装精肉每报重量 X 服从正态分布，标准差 $\sigma=10$. 某日抽取 12 包，测得其重量(单位：g)为

501　497　483　492　510　503　478　494　483　496　502　513

问该日生产的纯精肉每包重量的标准差是否正常($\alpha=0.10$).

4. 某种轴料的椭圆度服从正态分布. 现从一批该种轴料中抽取 15 件测量其椭圆度，计算得到样本标准差 $S=0.035$. 试问这批轴料椭圆度的总体方差与规定方差 ${\sigma_0}^2=0.0004$ 有无显著差($\alpha=0.05$).

5. 已知某种化学纤维的抗拉度服从正态分布，标准差 $\sigma_0=1.2$. 改工艺后提高了抗拉强度，要求标准差仍为 σ_0，现从改进工艺的产品中抽取 25 根纤维测其抗拉强度，计算得到的样本标准差为 $S=1.28$. 问改进工艺后纤维的抗拉强度是否符合要求($\alpha=0.05$).

6. 一个研究的假设是：湿路上汽车刹车距离的方差显著大于干路上汽车刹车距离的方差. 在调查研究中，以同样速度行驶的 16 辆汽车分别在湿路和干路上检测刹车距离. 在湿路上，刹车距离的标准差为 32 英尺，在干路上，标准差是 16 英尺.

① 对于 0.05 的显著性水平，样本数据是否能够证明湿路上刹车距离的方差比干路上刹车距离方差大的结论？

② 就驾驶安全性方面的建议而言，你的统计结论有什么含义？

7. 一工厂生产的某种电缆的抗断强度的标准差为 240 kg，这种电缆的制造方法改变以后取 8 根电缆，测得样本抗断强度的标准差为 205 kg，假设电缆抗断强度服从正态分布 $N(\mu,\sigma^2)$，给定显著水平 $\alpha=0.05$. 试问改变制造方法后，电缆抗断强度是否显著变小.

复习题 14

一、填空题(20 分)

1. 设 $\hat{\theta}_1,\hat{\theta}_2$ 均是未知参数 θ 的无偏估计，若满足____________，则称 $\hat{\theta}_1$ 比 $\hat{\theta}_2$ 更有效.

2. 设 $X_1,X_2,\cdots,X_{16}$ 为取自总体 $X\sim N(0,0.5^2)$ 的一个样本，若已知 $\chi^2_{0.01}(16)=32.0$，则 $P\{\sum\limits_{i=1}^{16}X_i^2\geqslant 8\}=$____________.

3. 设总体 $X\sim N(\mu,\sigma^2)$，若 μ 和 σ^2 均未知，n 为样本容量，总体均值 μ 的置信水平为 $1-\alpha$ 的置信区间为 $(\overline{X}-\lambda,\overline{X}+\lambda)$，则 λ 的值为____________.

4. 设 $X_1,X_2,\cdots,X_n$ 为取自总体 $X\sim N(\mu,\sigma^2)$ 的一个样本，对于给定的显著性水平 α，已知关于 σ^2 检验的拒绝域为 $\chi^2\leqslant\chi^2_{1-\alpha}(n-1)$，则相应的备择假设 H_1 为____________.

5. 设总体 $X\sim N(\mu,\sigma^2)$，σ^2 已知，在显著性水平 0.05 下，检验假设 $H_0:\mu\geqslant\mu_0$，$H_1:\mu<\mu_0$，拒绝域是____________.

二、选择题(20 分)

1. 设 X_1,X_2,X_3 是取自总体 X 的一个样本，α 是未知参数，以下函数是统计量的为(　　).

A. $\alpha(X_1+X_2+X_3)$　B. $X_1+X_2+X_3$　C. $\frac{1}{\alpha}X_1X_2X_3$　D. $\frac{1}{3}\sum_{i=1}^{3}(X_i-\alpha)^2$

2. 设 $X_1,X_2,\cdots,X_n$ 为取自总体 $X\sim N(\mu,\sigma^2)$ 的样本，$\overline{X}$ 为样本均值，$S_n^2=\frac{1}{n}\sum_{i=1}^{n}(X_i-\overline{X})^2$，则服从自由度为 $n-1$ 的 t 分布的统计量为(　　).

A. $\frac{\sqrt{n}(\overline{X}-\mu)}{\sigma}$　B. $\frac{\sqrt{n}(\overline{X}-\mu)}{S_n}$　C. $\frac{\sqrt{n-1}(\overline{X}-\mu)}{\sigma}$　D. $\frac{\sqrt{n-1}(\overline{X}-\mu)}{S_n}$

3. 设 $X_1,X_2,\cdots,X_n$ 是来自总体的样本，$D(X)=\sigma^2$ 存在，$S^2=\frac{1}{n-1}\sum_{i=1}^{n}(X_i-\overline{X})^2$，则(　　).

A. S^2 是 σ^2 的矩估计　B. S^2 是 σ^2 的极大似然估计

C. S^2 是 σ^2 的无偏估计和相合估计　D. S^2 作为 σ^2 的估计其优良性与分布有关

4. 设总体 $X\sim N(\mu,\sigma^2)$，σ^2 已知，μ 未知，$x_1,x_2,\cdots,x_n$ 是来自总体的样本观察值，已知 μ 的置信水平为 0.95 的置信区间为(4.71,5.69)，则取显著性水平 $\alpha=0.05$ 时，检验假设 $H_0:\mu=5.0$，$H_1:\mu\neq5.0$ 的结果是(　　).

A. 不能确定　B. 接受 H_0　C. 拒绝 H_0　D. 条件不足无法检验

5. 在假设检验中，如果拒绝 H_0，我们(　　).

A. 可能犯第一类错误　B. 不可能犯错误

C. 一定会犯错误　D. 可能犯第二类错误

三、计算题(48 分)

1. 设随机变量 X 的概率密度为：$f(x)=\begin{cases}\frac{2x}{\theta^2}, & 0<x<\theta\\ 0, & 其他\end{cases}$，其中未知参数 $\theta>0$，$X_1,\cdots,X_n$ 是来自 X 的样本，求(1) θ 的矩估计；(2) θ 的极大似然估计.

2. 设总体 $X\sim N(0,\sigma^2)$，且 $x_1,x_2\cdots x_{10}$ 是样本观察值，样本方差 $s^2=2$.

(1) 求 σ^2 的置信水平为 0.95 的置信区间；(2) 已知 $Y=\frac{X^2}{\sigma^2}\sim\chi^2(1)$，求 $D\left(\frac{X^2}{\sigma^3}\right)$ 的置信水平为 0.95 的置信区间；($\chi^2_{0.975}(9)=2.70$，$\chi^2_{0.025}(9)=19.023$).

3. 设总体 X 服从参数为 θ 的指数分布，其中 $\theta>0$ 未知，$X_1,\cdots,X_n$ 为取自总体 X 的样本，若已知 $U=\frac{2}{\theta}\sum_{i=1}^{n}X_i\sim\chi^2(2n)$，求：

(1) θ 的置信水平为 $1-\alpha$ 的单侧置信下限；

(2) 某种元件的寿命(单位:h)服从上述指数分布，现从中抽得容量为 16 的样本，测得样本均值为 5 010(h)，试求元件的平均寿命的置信水平为 0.90 的单侧置信下限. ($\chi^2_{0.05}(31)=44.985$，$\chi^2_{0.10}(32)=42.585$).

4. 某工厂正常生产时，排出的污水中动植物油的浓度 $X\sim N(10,1)$，今阶段性抽取 10 个水样，测得平均浓度为 10.8(mg/L)，标准差为 1.2(mg/L)，问该工厂生产是否正常？($\alpha=0.05$，$t_{0.025}(9)=2.262\,2$，$\chi^2_{0.025}(9)=19.023$，$\chi^2_{0.975}(9)=2.700$)

5. 设 X_1,X_2,X_3,X_4 为取自总体 $X\sim N(\mu,4^2)$ 的样本，对假设检验问题 $H_0:\mu=5,H_1:\mu\neq 5$，(1) 在显著性水平 0.05 下求拒绝域；(2) 若 $\mu=6$，求上述检验所犯的第二类错误的概率 β.

6. 已知某种材料的抗压强度 $X\sim N(\mu,\sigma^2)$，现随机地抽取 10 个试件进行抗压试验，测得数据如下：482,493,457,471,510,446,435,418,394,469.

(1) 求平均抗压强度 μ 的点估计值；

(2) 求平均抗压强度 μ 的 95%的置信区间；

(3) 若已知 $\sigma=30$，求平均抗压强度 μ 的 95%的置信区间；

(4) 求 σ^2 的点估计值；

(5) 求 σ^2 的 95%的置信区间.

四、综合题(12 分,2 选 1)

1. 设总体 X 的概率密度为

$$f(x)=\begin{cases}\lambda a x^{a-1}\mathrm{e}^{-\lambda x^a}, & x>0\\ 0, & x\leqslant 0\end{cases},(\lambda>0,a>0)$$

据来自总体 X 的简单随机样本$(X_1,X_2,\cdots,X_n)$，求未知参数 λ 的最大似然估计量.

2. 某医院用光电比色计测得病人的尿汞含量 x 与消光系数 y 的读数结果如下表所示. 试解决下列问题：

(1) 填写下表；

(2) 计算 x,y 的样本相关系数 r；

(3) 在显著性水平 $\alpha=0.01$ 下检验 x,y 间线性相关关系的显著性

$$(r_{0.01}(3)=0.959,r_{0.01}(4)=0.917,r_{0.01}(5)=0.874)$$

案例3 概率统计在风险管理中的应用

A3.1 风险与风险管理

决策理论家把风险定义为损失的不确定性，这种不确定性又可分为客观的不确定性和主观的不确定性. 客观的不确定性是实际结果和预期结果的差离，它可以使用统计学工具加以度量. 主观的不确定性是个人对客观风险的评估，它同个人的知识、经验和心理状态有关，不同的人面临相同的客观风险会有不同的主观不确定性. 长期以来，统计学家把风险定义为实际结果和预期结果的离差度. 风险一般具有以下因素：(1)事件；(2)事件发生具有不确定性；(3)风险的结果；(4)风险产生的原因.

风险管理是企业用于管理、监控、降低风险的一整套政策和方法. 其目的是通过测量、分析、监控和处理企业面临的各种风险，实现企业承担的风险规模与结构的优化，以及风险与回报的平衡. 风险管理师使企业在风险最低的前提下，追求收益最大化；或在收益一定的前提下，追求风险最小化. 风险管理是一种机制，通过这种机制我们可以发现、评估主要的风险，然后制订、实施相应的对策，把风险控制在企业所能接受的范围内. 从本质上讲，风险管理就是应用一般的管理原理去管理一个组织的资源和活动，并以合理的成本尽可能减少意外事故损失和它对组织的不利影响.

A3.2 风险估测中的应用

风险估测就是对风险进行衡量，是风险管理中不可或缺的重要一环. 衡量风险的重要性在于它能使风险管理人员判断各类风险发生的可能性及后果的严重性，并选择相应的控制风险的方法. 概率统计在风险衡量中运用非常广泛，对损失风险的衡量就可以运用概率分布的知识加以实现.

A3.2.1 最大似然估计法

设总体分布的函数形式已知，但有一个或几个参数 $\theta i(i=1,2,\cdots,k)$ 未知. 在所有可能的值中选取一个值使样本观察结果出现概率最大，把这个选取的值作为 θi 的估计值，记作 θi，并称之为未知参数 θi 的最大似然估计值. 如果货物的损失金额服从正态分布

$f(x,\mu,\sigma^2)=\dfrac{1}{\sqrt{2\pi}\mu}\mathrm{e}^{-\frac{(x-\mu)^2}{2\sigma^2}}$，其中 $f(x,\mu,\sigma^2)$ 是随机变量的概率密度函数；σ^2 是随机分布方差；μ 是随机分布的数学期望. 利用该公式就可以计算出所示的平均估计值和标准差估计值. 例如，随机抽取某公司货物运输过程中 200 次货物损耗资料，得到其分组频数分布如表 A3-1.

表 A3-1

损失金额/元	次数	损失金额/元	次数
0～200	5	1 000～1 200	37
200～400	8	1 200～1 400	28
400～600	13	1 400～1 600	22
600～800	30	1 600～1 800	7
800～1 000	45	1 800～2 000	5

样本的似然函数为 $L=\prod_{i=1}^{n}\frac{1}{\sqrt{2\pi}\sigma}\mathrm{e}^{-(x-\mu)^2/2\sigma^2}=\left[\frac{1}{\sqrt{2\pi}}\right]^n\left[\frac{1}{\sqrt{\sigma^2}}\right]^{n/2}\mathrm{e}^{\frac{1}{2\sigma^2}\sum_{i=1}^{n}(x_i-\mu)^2}$

$$\ln L=n\ln\frac{1}{\sqrt{2\pi}}-\frac{n}{2}\ln\sigma^2-\frac{-}{2\sigma^2}\sum_{i=1}^{n}(x_i-\mu)^2$$

对 μ 求一阶导数且令一阶偏导数等于零得：

$$\frac{\partial\ln L}{\partial\mu}=\frac{1}{\sigma^2}\sum_{i=1}^{n}(x_i-\mu)=0$$

计算得 $\hat{\mu}=\frac{1}{n}\sum_{i=1}^{n}x_i=\bar{x}$

对 S^2 求一阶导数且令一阶偏导数等于零得：

$$\frac{\partial\ln L}{\partial\mu^2}=-\frac{n}{2\sigma^2}+\frac{n}{2\partial^4}\sum_{i=1}^{n}(x_i-\mu)^2=0$$

计算得 $$\hat{\sigma}=\frac{1}{n}\sum_{i=1}^{n}(x_i-\hat{\mu})^2=\frac{1}{n}\sum_{i=1}^{n}(x_i-\bar{x})^2$$

代入数据可算得

$\hat{\mu}=(100\times5+300\times8+500\times13+700\times30+900\times45+1\,100\times37+1\,300\times28+1\,500\times22+1\,700\times7+1\,900\times5)/200=1\,005$

同理可算得 $\sigma^2=151\,105$　则$\hat{\sigma}=388$.

货物损失的平均估计值是 1 005，标准差的估计值是 388.

A3.2.2　区间估测

设总体的分布函数 $f(x,\theta)$ 中的 θ 为位置参数，由样本确定的两个统计量 θ_1 和 θ_2 对于给定的概率 $1-\alpha$. 有 $p(\hat{\theta}_1\leqslant\theta\leqslant\hat{\theta}_2)=1-\alpha$ 成立. 则随机区间 $(\hat{\theta}_1,\hat{\theta}_2)$ 称为参数 θ 的对应于置信概率 $(1-\alpha)$ 的置信区间. 置信区间表达了区间估计的精确性. α 为显著性水平，表达了区间估计的不可靠概率，根据风险资料不同可采取不同的区间估测的方法.

设样本来自正态总体 $N(\mu,\sigma^2)$. 当 n 充分大时，其样本平均值也是一个服从正态分布的随机变量. 令 $Z=(\bar{x}-\mu)/\sigma_{\bar{x}}$，则 Z 为服从标准正态分布的随机变量，若已知样本均值 $\bar{x}$ 和样本误差 $\sigma_{\bar{x}}$ 可以估测总体均值所在的区间由极限定理，当 n 足够大时可以以样本标准差 S 即最大似然点估计值$\hat{\sigma}$代替总体标准差 σ. 即 $\sigma=\frac{\hat{\sigma}}{\sqrt{n}}$. 根据表 A3-1 的数据，$\bar{x}=1\,005$，$\hat{\sigma}=388$，$\sigma_{\bar{x}}=\frac{388}{\sqrt{200}}=27.7$ 因此，该商场可估测货物平均损失金额，不同区间估计的可靠性不同：

在 $(\bar{x}\pm\sigma_{\bar{x}})$ 即 $\{1\,005-27.7,1\,005+27.7\}$ 之间的可靠性为 68.26%；

在 $(\bar{x}\pm2\sigma_{\bar{x}})$ 即 $\{1\,005-2\times27.7,1\,005+2\times27.7\}$ 之间的可靠性为 95.44%；

在 $(\bar{x}\pm3\sigma_{\bar{x}})$ 即 $\{1\,005-3\times27.7,1\,005+3\times27.7\}$ 之间的可靠性为 99.74%.

A3.3　风险评价中的应用

企业面临多种风险，在一定条件下企业侧重于其中很关键的某一风险或某一部分风险管理. 如果已知某一风险事故发生所导致损失的概率分布就能算出风险的期望值 μ 与方差 σ^2 及标准差 σ 期望值是平均受损额、方差与标准差都是显示风险损失的变动幅度. 标准差越大风险越难把握，但是其平均受损额很大时一般的损失变动可以认为相对风险都大. 真实反映风险大小的量是差异系数 σ/μ.

A3-2 某超市损失的概率分布表

某超市雨天损失的概率分布表					
损失金额/万元	1.5	2.8	3.6	3.9	4.1
概率	0.07	0.18	0.35	0.24	0.16
某超市高温天气损失的概率分布表					
损失金额/万元	0.6	0.8	1.1	1.5	2.3
概率	0.15	0.2	0.35	0.25	0.05

由雨天造成的损失分布表得

期望值 $\mu=\sum_{i=1}^{5}x_ip_i=1.5\times0.07+2.8\times0.18+3.6\times0.35+3.9\times0.24+4.1\times0.16=3.461$

方差 $\sigma^2=\sum_{i=1}^{5}(x_i-\mu)^2p=(1.5-3.461)^2\times0.07+(2.8-3.461)^2\times0.18+(3.6-3.461)^2\times0.35+(3.9-3.461)^2\times0.24+(4.1-3.461)^2\times0.16=0.4662$

标准差 $\sigma=0.6827$(万元)

差异系数 $V=\sigma/\mu=0.6827/3.461=0.1973$

同理可得因高温天气损失概率分布数据得

期望值 $\mu=1.125$(万元)

标准差 $\sigma^2=0.4085$(万元)

差异系数 $V=0.3631$

高温天气损失的差异系数大于雨天损失的差异系数,差异系数越大其风险也就越大,说明该超市因高温天气引起的损失风险大于雨天的损失风险.

A3.4 风险决策中的应用

A3.4.1 两种分布在风险管理决策中的应用

风险管理决策时风险管理的一个重要环节,只有正确的决策才能以最小的成本得到最大的安全保障的总目标.由概率统计原理对风险系数进行分析可直接得出风险决策.常见的离散型随机变量的概率分布有两点分布、二项分布和泊松分布.两点分布只适用于一次随机试验的简单情况,在决策管理中很少适用.二项分布以伯努利概型为背景的一种重要分布,它是多个两点分布的叠加.伯努利概型研究的实际问题是多次独立重复试验的情况.在每次的独立重复试验中,随机事件发生的概率总是相同的.假设概率值为 p,在 n 次独立重复试验中,随机事件发生的次数用随机变量 x 表示,则 x 服从参数为 n,p 的二项分布.在 n 次独立重复试验中,随机事件发生 k 次的概率为 $p\{x=k\}=c_n^kp^k(1-p)^{n-k}$.

在实际问题中,很多商品的销售量都是服从二项分布的.因为每件商品都只有售出和库存两种状态,而每件商品售出的概率在一段时间内是基本固定的.因此商品的进货量即为二项分布中的参数 n.参数 p 的值可利用树立统计方法进行估计,估计公式为 $p\approx f_n=m_n/n$.其中 f_n 为所考查的 n 件商品售出的频率.m_n 为所出售的商品的件数.

在管理工作中最常用的分布式泊松分布,若随机变量 x 的所有可能取值为自然数,而取值为 k 的概率为 $p\{x=k\}=\lambda^ke^{-\lambda}/k!$.其中 $\lambda>0$ 为常数.则 x 服从参数为 λ 的泊松分布.例如,某企业有同类型设备 300 台,各台工作是独立的,每台发生故障的概率均为 0.01.为保障设备发生故障又不能及时维修的概率小于 0.01,那么需要配备维修工人多少名(假设一台设备的故障可由一人处理).

设需要配备维修工人为 N 人,同一时刻发生故障的设备为 X 台,由题意 X 满足 $p\{x>n\}\leqslant 0.01$. 又知 X 服从二项分布. 即 $X\sim B\{300,0.01\}$. 由泊松定理知 X 近似服从泊松分布,其中 $\lambda=np=3$. 所以

$$p(x>N)=1-\sum_{k=0}^{n}\frac{3^{k!}}{k}\mathrm{e}^{-\lambda}=1-\sum_{k=0}^{n}\frac{3^k}{k!}\mathrm{e}^{-3}<0.01;\text{ 得到}\sum_{k=0}^{n}\frac{3^k}{k!}\mathrm{e}^{-3}>0.99$$

查泊松分布表得 $\sum_{k=0}^{7}\frac{3^k}{k!}\mathrm{e}^{-3}=0.988\,095$, $\sum_{k=0}^{8}\frac{3^k}{k!}\mathrm{e}^{-3}=0.996\,197$

因此 $N=8$,故应配备 8 名维修工最合适.

A3.4.2　风险管理决策的方法

决策有一定的风险,所以称之为风险型决策. 在进行风险决策时,面临不同的客观状态,根据不同的状态会有几种行动方案可供选择. 人们不能选择客观状态,但可以选择不同的方案. 对于如何选择一个最佳的行动方案,就是概率论与数理统计要解决的问题. 一般有以下三种常用的风险决策方法.

方法一:收益期望最大决策法

收益期望最大决策法就是在各种行动方案中选择收益期望最大的方案作为最优方案.

表 A3-3　某商场笔盒销售量的概率分布表

需求量/支	100	200	300	400	500	600
概率	0.05	0.1	0.26	0.35	0.15	0.1

当签字笔的进货量是 300 支时,如果市场需求为 100 支,则可以销售 100 支,每支笔卖 6 元,则可获利 600 元,还剩 200 支作为降价处理,每支笔卖 3 元,则共亏损 600 元. 此时获利为零;市场需求为 200 支时,获利 1 200 元减去亏损的 300 元得 900 元;市场需求为 300 元或大于 300 元时,获利 1 800 元.

当进货量为 300 支时收益的期望值为

$$0\times0.05+900\times0.10+1\,800\times0.25+1\,800\times0.35+1\,800\times0.15+1\,800\times0.10=1\,620(\text{元})$$

当进货量为 400 支时收益额期望值为

$$-300\times0.05+600\times0.10+1\,800\times0.25+1\,500\times0.35+2\,400\times0.35+2\,400\times0.15+2\,400\times0.10=1\,860(\text{元})$$

同理得:进货量分别在 100 元、200 元、500 元和 600 元时的收益分别为 600 元、1155 元、1 785 元和 1 575 元.

所以当签字笔的进货量在 400 支时收益的期望值为 1 860 元. 从长期来看,每年进货量为 400 支,则每年获得的平均利润为 1 860 元. 它是所有方案中期望获利最大的,可作为最佳方案.

方法二:损失期望值最小决策法

损失期望值最小决策法就是在各种行动方案中选择一个损失的期望最小的方案作为最优方案. 要使销售年利润最大,也就是使各种损失最小. 表 A3-3 的数据表明,销售签字笔的损失费有两部分. 一部分是签字笔的进货量大于需求时,因滞销而做降价处理;另一部分是当签字笔的进货量小于需求时,因缺货而失去销售机会的损失. 总损失费为滞销损失费或缺货损失费. 当决策方案为进货 300 支时,市场需求 100 支,则有 200 支作要做降价处理,每支亏 3 元,

出现滞销损失费 600 元;若市场需要 300 支时,此时总损失费为零.若市场需求量分别为 400 支、500 支、600 支时,出现缺货损失,损失费分别为:600 元、1 200 元、1 800 元,此时没有滞销损失.

进货 300 支时,损失费的期望值为

$$600\times0.05+300\times0.10+0\times0.25+600\times0.35+1\,200\times0.15+1\,800\times0.10=630(\text{元})$$

同理可算得损失费期望值分别为 1 650 元、1 950 元、630 元、390 元、465 元、675 元.比较各损失费的期望值可知,当进货量为 400 支时,损失费的期望值最小.每年进货 400 支,长期来看每年平均总损失费最小为 390 元,故为最佳方案.

方法三:等概率决策法

等概率决策法就是根据各种行动方案和各种自然状态的概率相等,计算可行方案作为最佳方案的收益期望值,选取收益期望最大的方案作为最佳方案的方法.当客观事物的结果不确定或信息不足时,不能确定哪种自然状态出现的可能性的大小时,就应假定各种自然状态发生的可能性的大小是一样的,即概率大小是相等的.按此概率分布计算收益期望值并比较大小,选择期望值最大的行动方案为最优方案.因为是等概率事件,所以在表 A3-3 中需求量在 100 支、200 支、300 支、400 支、500 支、600 支时的概率都是$\frac{1}{6}$.

当签字笔的进货量是 300 支时,如果市场需求为 100 支,则可以销售 100 支,每支笔卖 6 元,则获利 600 元,还剩 200 支作为降价处理,每支价格 3 元,共亏损 600 元,此时获利是零;市场需求是 200 支时,获利 1 200 元亏损 300 元得 900 元;市场需求为 300 支和 300 支以上时,获利 1 800 元.

当进货量为 300 支时收益的期望值为

$$(0+900+1\,800+1\,800+1\,800+1\,800)\times1/6=1350(\text{元}).$$

同理得:进货量分别为 100 支、200 支、400 支、500 支、600 支时的收益为 600 元、1 050 元、1 500元、1 500 元、1 350 元.所以当签字笔的进货量在 400 支和 500 支时,收益期望值为 1 500 元,是所有方案中期望获利的最大值.而从人力和物力等方面考虑,仍可选择进货 400 支为最佳方案.